Prestel **ATLAS**
Bildende **KUNST**

Prestel ATLAS Bildende KUNST

Herausgegeben von Stefanie Penck

Autoren
Gert Fischer, Christian Forster, Christiane Frirdich, Andrea Gottdang, Markus Hörsch, Eckhard Hollmann, Burkhard Körner, Petra Larass, Alexis Oepen, Stefanie Penck, Jörg Petrasch, Frank Purrmann, Volker Rößner, Victoria Salley und Sabine Wagner

Redaktion
Victoria Salley

Prestel
München · London · New York

Die Autoren und ihre Beiträge

Gert Fischer: Renaissance in Italien
Christian Forster: Romanik
Christiane Frirdich: Vorgeschichte und Frühe Hochkulturen
Andrea Gottdang: 19. Jahrhundert
Markus Hörsch: Romanik und Kunst der Renaissancezeit nördlich der Alpen
Eckhard Hollmann: 20. Jahrhundert (DDR)
Burkhard Körner: 19. Jahrhundert
Petra Larass: 20. Jahrhundert (bis 1945)
Alexis Oepen: Antike und Byzanz
Stefanie Penck: 20. Jahrhundert (ab 1945)
Jörg Petrasch: Vorgeschichte und Frühe Hochkulturen
Frank Purrmann: 18. Jahrhundert
Volker Rößner: Barock
Victoria Salley: Gotik
Sabine Wagner: Barock

INHALT

VORWORT

»All art has been contemporary.« *Maurizio Nannucci*

Jedes Werk trägt die Spuren seines Schöpfers, dessen Herkunft und der entsprechenden Zeit in sich, kein Kunstwerk dieser Welt kann isoliert für sich betrachtet und losgelöst von allen Einflüssen seiner Umwelt – seien sie politischer, geografischer, wissenschaftlicher, künstlerischer oder gesellschaftlicher Art – in seiner Gesamtheit verstanden werden. Trotz zunehmender Globalisierung und allmählich verschwindender Ländergrenzen im 21. Jahrhundert spielten immer und spielen noch die direkte Umgebung, der Aufenthaltsort, die Reisen, der genius loci der Künstlerinnen und Künstler eine entscheidende Rolle bei der Entstehung ihrer Werke. Auch politische und historische Ereignisse leisten ihren Beitrag, ermöglichen neue Techniken, treiben Künstler ins Exil, erlauben Begeisterung, Kritik und Gegenbewegung.

Der Prestel Atlas Bildende Kunst trägt diesen Phänomenen Rechnung, indem er in Karten, Grafiken und schematischen Übersichtsdarstellungen auf die Rahmenbedingungen, unter denen die einzelnen Epochen ihre Meisterwerke hervorgebracht haben, detailliert eingeht. Es werden unter anderem Stationen der Reisen nachgezeichnet, bedeutende Museumsgründungen und sämtliche Lebensdaten der Künstler genannt, um ein möglichst umfassendes Bild der Bildenden Kunst der westlichen Welt zu zeichnen. In langjähriger Arbeit ist es so gelungen, einen leicht verständlichen Überblick über die zahllosen Phänomene der Bildenden Kunst in einem Band zusammenzustellen.

Der Atlas richtet sich an all diejenigen, die einen fundierten Einstieg in das vielfältige Gebiet der Bildenden Kunst erhalten und auf einen Blick möglichst viele Details erfassen möchten. Für diejenigen, die ihr bereits vorhandenes Wissen vertiefen wollen, bietet er eine gute Grundlage, um sich in einem zweiten Schritt mit der umfassenden Fachliteratur zu den jeweiligen Gebieten auseinanderzusetzen. Um die Fülle an Meisterwerken noch überschaubar zu halten, liegt das Hauptaugenmerk dieses Buches auf der Bildenden Kunst, die Architektur wird nur an den Stellen behandelt, wo sie unmittelbar zum Verständnis der angrenzenden Gattungen notwendig ist. Der Anhang enthält ein umfangreiches Namen- und ein ausführliches Stichwortregister sowie eine weiterführende Bibliografie.

Um die Reduktion auf das Wesentliche zu erreichen und damit das Verständnis des Gesamten zu erleichtern, konzentriert sich der Atlas auf eine Auswahl bedeutender Künstler und ihrer Werke. Das Ziel war es, nicht eine massenhafte Sammlung von Namen, Daten und Werken zusammenzustellen, sondern stattdessen einen klaren Überblick über das komplexe Gebiet der Kunst von den ersten künstlerischen Äußerungen der frühen Menschheit bis in die Gegenwart aufzuzeigen, der anhand der verschiedenen grafischen Darstellungen auf einen Blick nachvollziehbar gemacht wird.

Danken möchte ich allen Autorinnen und Autoren, die in vielen konstruktiven Diskussionen die Idee dieses Buches aufgenommen, erweitert und in ihren Beiträgen umgesetzt und mitgestaltet haben.

Stefanie Penck
März 2002

VORGESCHICHTE

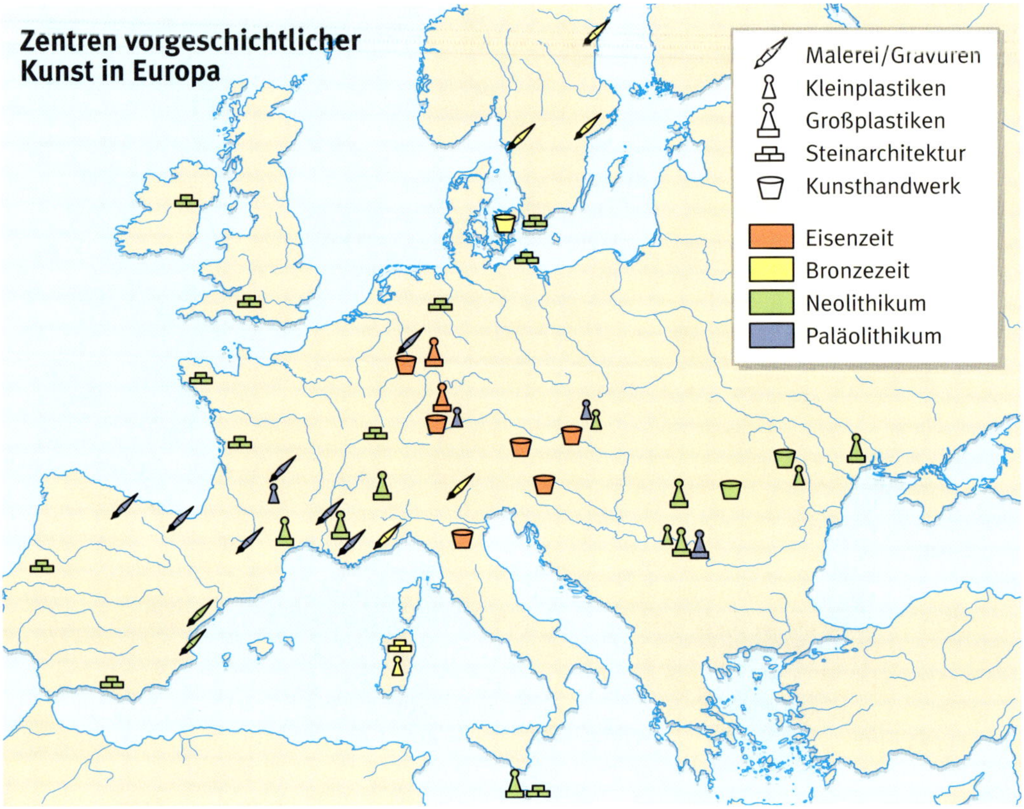

Die Vorgeschichte umfasst alle Epochen der Geschichte vor der Herausbildung der Staaten und der Erfindung der Schrift. Die Gemeinschaften sind in der Regel sehr klein und erreichen erst gegen Ende der Vorgeschichte regelmäßig mehrere tausend Individuen. Das Kennzeichen der Wirtschaftsweise ist die sog. häusliche Produktion, bei der jeder Haushalt prinzipiell sämtliche Artikel des täglichen Gebrauchs selbst herstellt. Folglich gibt es auch keine gesellschaftliche Arbeitsteilung und keine professionellen Künstler. Erst im jüngeren Abschnitt der Vorgeschichte dürften, mit Erfindung der Metallverarbeitung, handwerkliche Spezialisierungen entstanden sein.

Die Vorgeschichte wird nach den jeweils charakteristischen Rohmaterialien für Werkzeuge, Waffen und Schmuckgegenstände sowie der Lebens- und Wirtschaftsweise in die Epochen Paläolithikum, Neolithikum, Bronze- und Eisenzeit unterteilt.

PALÄOLITHIKUM (Altsteinzeit)

Das Paläolithikum umfasst die Zeit von vor zwei Millionen Jahren bis, je nach geografischer Region, etwa zwischen 8000 und 3000 v. Chr. Diese Epoche ist durch die nicht sesshafte Lebensweise, die Nahrungsmittelgewinnung ausschließlich durch Jagen und Sammeln sowie die Steinbearbeitung durch Schlagen gekennzeichnet. Die starken klimatischen Schwankungen (Warm- und Kalt-/Eiszeiten) während dieser Epoche haben sich in Europa besonders deutlich auf Fauna und Flora und damit auf die Lebensbedingungen der Men-

Chronologische Tabelle vorgeschichtlicher Kunstzentren in Europa

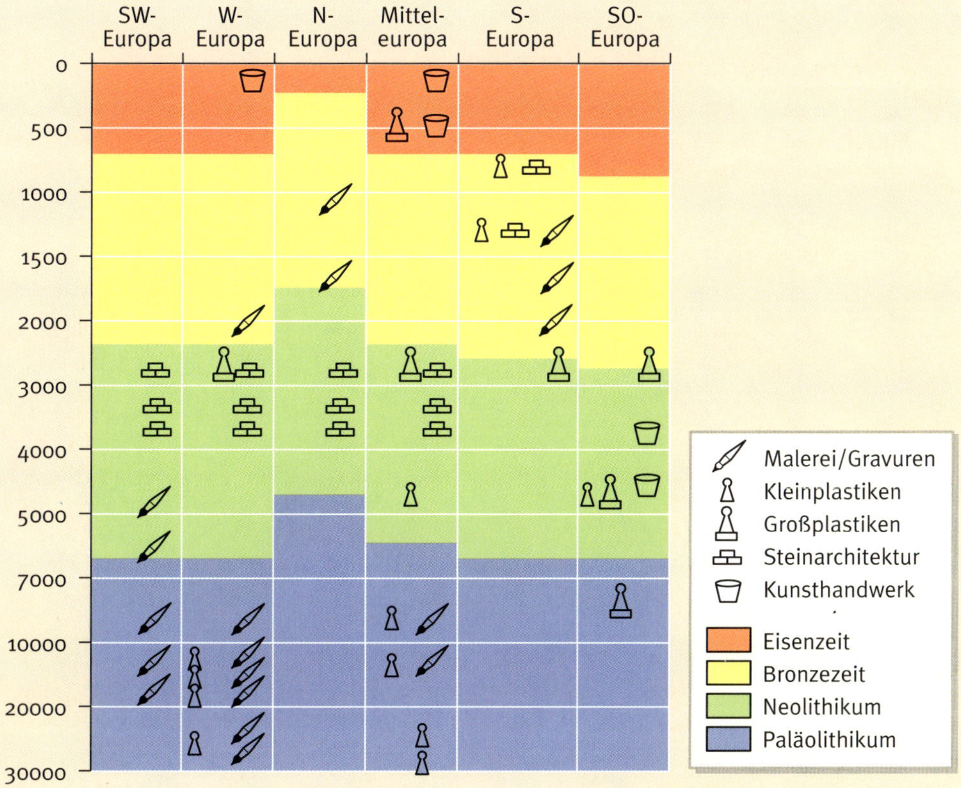

schen ausgewirkt. In den Eiszeiten ist im südl. Mitteleuropa und in Westeuropa eine tundrenartige Kaltsteppe verbreitet, die in etwas wärmeren Abschnitten auch Taigawaldelemente enthalten kann. Während des jüngeren Abschnittes der letzten Kaltzeit (Weichsel-/Würmeiszeit) ab 33 000 v. Chr. löst in Europa der moderne Mensch (Homo sapiens sapiens) den Homo erectus und den Neanderthaler (Homo sapiens neanderthalensis) ab. Der letzte Abschnitt der Altsteinzeit, das Jungpaläolithikum, wird in Aurignacien (33 000–26 000 v. Chr.), Gravettien (25 000–18 000 v. Chr.) und Magdalénien (13 000–8000 v. Chr.) unterteilt. Aus drei Höhlenfundstellen des südwestdt. Aurignacien stammen die ältesten Kunstwerke der Menschheit überhaupt: Aus Elfenbein geschnitzte, 5–10 cm große naturalistische **Halb- und Vollplastiken**, die Mammute, Höhlenlöwen, Wildpferde und Bisons darstellen. Neben wenigen stark stilisierten anthropomorphen Darstellungen gibt es eine aufrecht stehende, 28 cm hohe Plastik eines Mensch-Löwe-Mischwesens. Die Plastik des Gravettiens erstreckt sich von Frankreich bis Südrussland mit einem ausgeprägten Zentrum in Niederösterreich und Südmähren. Kennzeichnend für die mensch- und tiergestaltige Plastik ist eine Kombination aus naturalistischen und stark abstrahierenden Elementen bei sehr sorgfältiger technischer Ausführung. Herausragend ist das erste echte Porträt aus Dolní Věstonice – ein 5 cm großer Frauenkopf aus Elfenbein, der die in derselben Fundstelle bestattete Frau mit partieller Gesichtslähmung zeigt. Aus den mährischen Fundstellen

Wildpferd, Elfenbeinplastik aus dem Vogelherd bei Stetten auf der Schwäbischen Alb, Aurignacien, 32.–29. Jt. v. Chr., L. 4,8 cm, Tübingen, Institut für Ur- und Frühgeschichte. Unter den 15 Kleinplastiken dieser und benachbarter Fundstellen fand sich nur diese eine Pferdedarstellung, die betont geschwungene Formgebung ist für alle Kunstwerke charakteristisch und damit das wesentliche Merkmal des ältesten Kunststils überhaupt.

Sog. **Schwarze Venus** aus Dolní Věstonice, Mähren, gebrannter Ton, Gravettien, H. 11,5 cm. Kennzeichen der Venusstatuetten sind die stark betonten Brüste und Becken.

Saal der Stiere von Lascaux, Südwestfrankreich, weitläufiger Höhlenraum ca. 30 m vom Eingang entfernt, Magdalénien. Höhepunkt der paläolithischen Höhlenkunst.

stammen außerdem die einzigen gebrannten Tongegenstände des Paläolithikums – mehrere tausend Bruchstücke und vollständige Statuetten. Kunstgegenstände des Magdalénien sind vergleichsweise gleichmäßig über Europa verteilt. Neben stark stilisierten Statuetten, die mindestens teilweise Frauen abbilden, sind Gravierungen auf Knochen- und Geweihgeräten sowie Steinplatten charakteristisch. Die wichtigsten Motive sind dabei neben anthropomorphen Gestalten, die den Statuetten entsprechen, sehr wirklichkeitsgetreue Tiere.

Die aus bis zu 25 Häusern bestehende Siedlung sesshafter Jäger und Fischer am Eisernen Tor, Lepenski Vir, gehört an das Ende der paläolithischen Kulturentwicklung (Epipaläolithikum, 7. Jt. v. Chr.). Bemerkenswert sind hier lebens- und überlebensgroße Steinskulpturen anthropomorpher Köpfe, die z. T. durch große runde Augen und wulstförmige Lippen fischartig wirken.

Das Zentrum der paläolithischen **Höhlenkunst** liegt im franko-kantabrischen Kernland. Die gemalten Bilder, Gravuren und seltenen Reliefs in Stein und Lehm befinden sich oft im dunklen, unzugänglichen Teil der Höhlen. Die wichtigsten Motive sind durchweg im Profil dargestellte Tiere, am häufigsten Pferde, Wisente, Mammute, Nashörner, Rentiere, Steinböcke und Hirsche, gefolgt von Punkten, Handschablonen, stilisierten Vulven und als Schamanen interpretierte Gestalten mit tier- und menschenartigen Merkmalen. Kennzeichnend ist, dass die einzelnen Tiere – Szenen mit mehreren Tieren sind selten – in unterschiedlichen Maßstäben, z. T. sogar direkt nebeneinander, sehr naturnah, manchmal nur mit wenigen aussagefähigen Strichen dargestellt sind. Die Entwicklung erstreckt sich von einfarbigen, oft nur aus Strichen bestehenden Motiven im Aurignacien (28 000 v. Chr.) bis zu mehrfarbigen, häufig ausgemalten Tieren am Ende des Magdalénien (8000 v. Chr.).

NEOLITHIKUM (Jungsteinzeit)

Das Neolithikum wird durch das Auftreten von Ackerbau und Viehzucht, die Sesshaftigkeit, die Keramikproduktion und die Bearbeitung der Steingeräte durch Schleifen definiert. Anfang und Ende variieren je nach geografischer Region stark. Im europ.-nordafrik.-vorderasiat. Raum werden die neolithischen Kulturerscheinungen im sog. fruchtbaren Halbmond, einem von Südägypten über Palästina und Nordsyrien bis zum Zagros reichenden Gebiet von ca. 10 000 bis 7000 v. Chr. entwickelt. Danach findet ihre Aus-

breitung über das Mittelmeer und über Südosteuropa nach Mittel-, West- und Nordeuropa statt.
Im jüngeren Abschnitt des Neolithikums tritt zum ersten Mal in Form der sog. **Megalithgräber** massiv verbreitet eine Steinarchitektur auf. Nur auf Malta wurden auch steinerne Gebäude (Tempel) für die Lebenden erbaut.
Verzierungen auf Steinen der Megalithbauwerke finden sich besonders häufig in Irland, der Bretagne und auf Malta. Es überwiegen Wellenlinien, Kreise und Spiralen; seltener kommen bildliche Darstellungen (Steinbeilklingen, geschäftete Steinbeile, Krummstäbe, naturalistische Stiere und abstrakte, anthropomorphe Gesichter) vor. Im Verbreitungsgebiet der Megalithbauten gibt es neben unbearbeiteten Menhiren (große aufgerichtete Steine, bis 20 m Höhe und 350 t Gewicht) sog. **Statuenmenhire**, meist etwa lebensgroße, menschenförmige Steinskulpturen. Oft beschränken sich die bildhauerischen Ausarbeitungen auf das Gesicht, teilweise sind zusätzlich Gürtel, Halsbänder, Krummstäbe, Äxte, Beile, Pfeil und Bogen abgebildet. Statuenmenhire reichen geografisch (Ukraine) und zeitlich (Bronzezeit) über die Verbreitung der Megalithgräber hinaus. Außer den Statuenmenhiren gibt es im europ. Neolithikum nur noch aus dem Bereich der Vinča-Kultur (Serbien, rumän. Banat) lebensgroße anthropomorphe **Statuen** (dort aus Ton). Weit verbreitet sind dagegen kleine (5–20 cm große), in der Regel kultisch interpretierte Tonfigürchen von Menschen – teils naturalistisch, teils stilisiert, teils abstrakt – und Tieren. Besonders zahlreich sind sie in den Siedlungen der Lengyel- (Mähren, Niederösterreich, Südwestslowakei), Vinča- und Cucuteni-Tripolje-Kultur (Moldau, Ukraine).

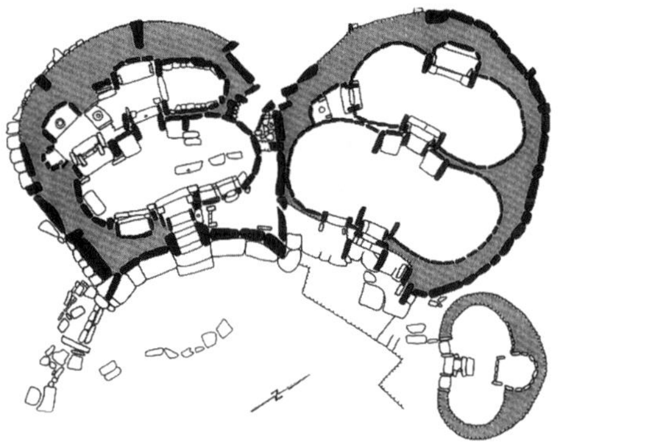

Megalithtempel von Mnajdra, Malta, 4. Jt. v. Chr., Grundriss des aus drei Tempeln bestehenden Komplexes.

Im 4. Jt. v. Chr. breiten sich die **Megalithgräber** (Großsteingräber) von ihrem atlantiknahen Entstehungsgebiet (Südspanien, Portugal, Westfrankreich, Südwestengland, Wales, Irland, Norddeutschland, Dänemark, Südschweden) nach Osten und Süden aus. Die Entwicklung geht generell von einfachen Dolmen (eine Seite offen, drei seitliche Steine, ein Deckstein) über Langdolmen, Ganggräber (seitlicher Eingang) zu Galeriegräbern (Eingang an einer Schmalseite) die jeweils nach Region meistens mit Stein- (bes. in der Bretagne) oder Erdhügeln (bes. Skandinavien, Norddeutschland) überdeckt waren. Kuppelgräber (Tholoi) mit falschen Gewölben finden sich auf der Iberischen Halbinsel besonders häufig. In der Bretagne und in Südengland gibt es sog. henges (kreisförmige Bauten aus Holz), Steinkreise und -alleen, die in Südengland in Verbindung mit Erdwerken (Graben-Wall-Anlagen aus Erde), Grabhügeln und sog. cursus (von Gräben und Wällen begrenzte, bis zu 10 km lange und 50 m breite Wege) eine rituelle Landschaft bilden. Am Ende der Jungsteinzeit (ab 2500 v. Chr.) wird in Stonehenge das bekannteste und eindruckvollste Megalithbauwerk überhaupt errichtet.

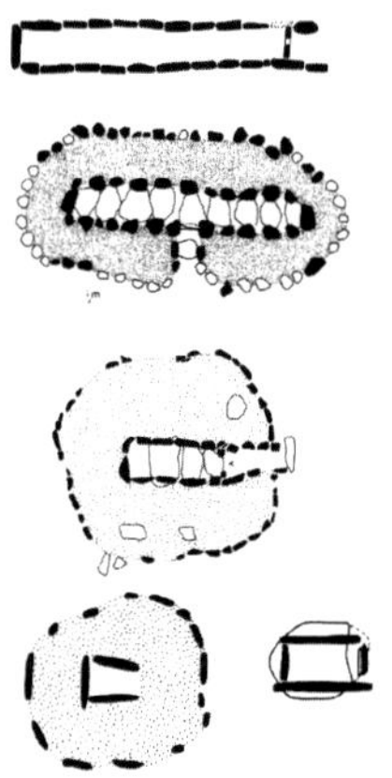

Die wichtigsten Belege neolithischer Malerei in Europa stammen aus der span. Levante. Die ältesten **Gemälde**, aus der Zeit der Kardial Keramik (6. Jt. v. Chr.), waren in deutlich über dem Talgrund liegenden Abris (Felsdächern, Halbhöhlen) angebracht und wahrscheinlich weithin sichtbar. In das jüngere Neolithikum datieren großflächige, aus zahlreichen kleineren Figuren zusammengesetzte Bilder, die Jagd- und Kampfszenen zeigen.
Die Keramiken der Cucuteni-Tripolje- und der Petreşti-Kultur (Siebenbürgen) können als

Felsmalerei aus dem Abri Pla de Petracos, span. Levante, Kardial-Kultur, 6. Jt. v. Chr. Kennzeichnend für die Felsmalerei der Kardial-Kultur ist der expressionistische Stil.

Statuenmenhir von Saint-Sernin-sur-Rance, Südfrankreich, rotbrauner Sandstein, 4./3. Jt. v. Chr., H. 120 cm. Reich gestalteter Menhir, bei dem neben Gesicht, mehrreihiger Kette und Gürtel auch die Rückfront reliefiert ist.

Bemalte Keramik vom »Schanzboden« bei Falkenstein, Niederösterreich, Stufe 1 der Mährisch Bemalten Keramik, 59.–57. Jh. v. Chr. Eines der kunsthandwerklich am weitesten entwickelten Produkte der mitteleurop. Jungsteinzeit.

die einzigen **kunsthandwerklichen Produkte** des Neolithikums angesprochen werden. Der Nachweis spezieller Töpferöfen, in denen Brenntemperaturen von über 1100 °C erreicht werden, und Töpfereibezirken außerhalb der Siedlungen lässt auf erste handwerkliche Spezialisten schließen. Die vor dem Brand aufgetragene Bemalung findet sich innen und außen auf den Gefäßen. Die Entwicklung reicht von mehrfarbiger über zweifarbige zu einfarbiger Bemalung. Die wichtigsten Motive sind flächendeckende, lineare und gebogene Haken, Tropfen, Kreise, Rauten, Spiralen und Wellenlinien. Selten kommen stark stilisierte Menschen und Tiere vor.

BRONZEZEIT

Die Gewinnung und Verarbeitung von Kupfer reicht bis weit in das Neolithikum zurück (5. Jt. v. Chr.), ohne dass dadurch das kulturelle und gesellschaftliche Umfeld grundlegend verändert wird. Anfang des 3. Jt. v. Chr. wird im Vorderen Orient begonnen, mit der Legierung von Kupfer zunächst mit Arsen und dann mit Zinn zu experimentieren. Ab der Mitte des 3. Jt. v. Chr. breitet sich von dort die Kenntnis der voll entwickelten Bronzemetallurgie aus. Aufgrund der technischen Komplexität und der wenigen Zinnlagerstätten (Cornwall, Erzgebirge, Usbekistan/Afghanistan) in der Alten Welt erreicht die Entwicklung von handwerklichen Spezialisten und vertikaler gesellschaftlicher Gliederung nun eine bis dahin unbekannte Geschwindigkeit.

Bronzezeitliche, noch nicht hochkulturliche **Steinarchitektur** stammt aus Sardinien. Die Tradition mit großen Steinen zu bauen reicht dort mit Megalithgräbern in die Frühbronzezeit (1800–1500 v. Chr.) zurück. Nuraghen (von Norax – Gründungsheld der Stadt Nora) – Türme, meist aus großen Steinen, z. T. von Steinhäusern und weiteren Befestigungsmauern umgeben – gehören in die mittlere und späte Bronzezeit (1500–800 v. Chr.). Aus dieser Zeit stammen auch die größten Megalithgräber (tomba di giganti) und in Felsen eingehauene bzw. gemauerte, eingetiefte Quellheiligtümer.

Auf Sardinien und Korsika gibt es **Statuenmenhire**, die vermutlich die neolithische Tradition vom europ. Festland fortsetzen. In der span. Estremadura werden Menhire aufgestellt, die aufgrund eingravierter Schwerter, Schilde, Wagen oder bewaffneter Menschen typologisch zwischen Großplastiken und Malereien/Gravuren vermitteln. In Griechenland, Norditalien und Süddeutschland sind vereinzelt ähnliche Stelen gefunden worden. Der Guss **bronzener Kleinplastiken** erreicht

in der Spätbronzezeit auf Sardinien seinen Höhepunkt. Neben den am meisten abgebildeten Menschen (Hirten, Krieger, Priester, Mutter mit Kind) und Tieren (Hirsche, Rinder, Vögel, Schafe) finden sich vergleichsweise häufig Boots- und Schiffsmodelle.
Ein wichtiges Kennzeichen der bronzezeitlichen Kunst sind die oft sehr große Flächen bedeckenden Gravierungen von Felsen unter freiem Himmel aus Schweden und den Alpen. Die Zentren der alpinen **Felsbildkunst** befinden sich am schwer zugänglichen Mont Bego in den Seealpen und in dem offenen und weiten Val Camonica nordwestlich des Gardasees jeweils mit mehreren zehntausend Zeichnungen. Die Gravuren wurden durch Picken mit Steinspitzen oder Metallmeißeln auf Bergfelsen oder einzeln liegenden Blöcken angebracht. Am Mont Bego (2100–1900 v. Chr.) herrschen geometrische Muster (Kreise, Rechtecke, Gitter), Bukranien (Rindergehörne), Rinder, artenmäßig nicht identifizierbare Tiere, Rindergespanne z. T. mit Pflug oder Wagen, Dolche, Stabdolche (quer an einen Bronze- oder Holzstab angebrachte Dolchklingen) und Menschen z. T. beim Pflügen, mit Dolchen oder mit Stabdolchen vor. Im Val Camonica (2000–500 v. Chr.) sind durch zusätzlich vorhandene Menschen- und Tiergruppen, Herden, Jagdszenen, Häuser, Speicher, Webstühle und Landkarten die Motive vielfältiger und die Bilder komplexer. Bei den skandinav. Felsbildern, deren Zentren im südl.

Felsgravuren vom Mont Bego, franz. Seealpen auf 2300 m NN, Frühbronzezeit, H. (der anthropomorphen Figur) 50 cm. Sog. Häuptling, eine der wenigen komplexeren menschengestaltigen Figuren, Dolche und geometrisches Muster.

Bootsmodell mit drei Affen aus Sardinien, Übergang von der Bronze- zur Eisenzeit, 8./7. Jh. v. Chr., Bronze, L. 13,6 cm. Die humorige Darstellung ist nicht nur für die Bronzezeit Sardiniens einzigartig, sondern hat auch in der gesamten Vorgeschichte wenig Vergleichbares.

und mittleren Schweden liegen, gibt es neben Gravuren vereinzelt auch Malerei. Von ihren alpinen Gegenstücken unterscheiden sie sich bei nur wenigen gleichen Motiven deutlich durch das häufige Vorkommen von Männern mit Schild und Lanze, axttragenden Männern mit umgegürtetem Schwert, Elchen, Elchjagden mit Hunden und v. a. von Booten und Schiffen in dutzenden verschiedenen Formen. Besonders in Hinblick auf das **Kunsthandwerk** ist gegenüber den vorangegangenen Epochen eine quantitative und qualitative Steigerung festzustellen. Die umfangreichsten und eindrucksvollsten Belege für die hochentwickelte

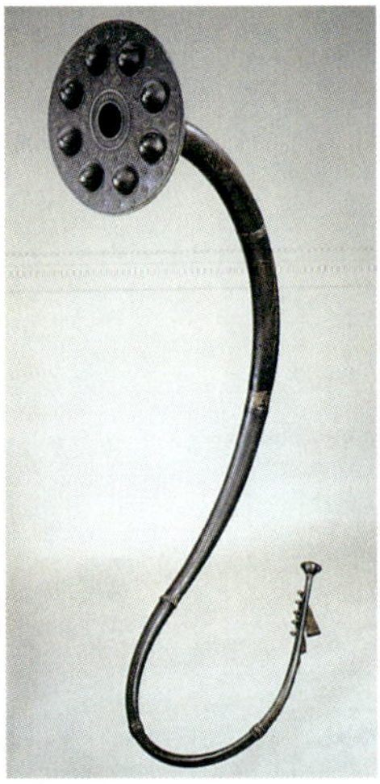

Lure aus einem Moor bei Brudevælte, Seeland, späte Bronzezeit, 9./8. Jh. v. Chr., Bronze, Durchmesser der Schmuckscheibe 29 cm. Luren werden oft paarweise mit je einem rechts- und einem linksgeschwungenen Instrument gefunden.

Statue vom sog. Fürstengrabhügel am Glauberg, Hessen, 5. Jh. v. Chr., Buntsandstein, H. 186 cm. Das Rückenteil des Panzers dieser lebensgroßen Statue ist mit blattförmigem Muster verziert.

Situla aus Vače, Slowenien, 6. Jh. v. Chr., Bronzebleche vernietet, Boden angefalzt, getrieben und graviert., H. 24 cm. Chrakteristisch der vollständig im figuralen Stil der Situlenkunst verzierte Gefäßkörper.

Metallverarbeitung stammen, vielleicht überlieferungs- und forschungsbedingt, mit bis zu 1,5 m großen Bronzen aus Mittel- und Nordeuropa. Unter künstlerischen Gesichtspunkten sind neben Helmen, Schilden, Panzern, Eimern, Amphoren, großen Speichenrädern, Kultwagen, sog. Trommeln und Luren v.a. Rasiermesser mit sehr sorgfältig ausgeführten, feinen, detaillierten Gravierungen, bei denen Schiffe ein zentrales Motiv darstellen, besonders erwähnenswert.

EISENZEIT

Eisengegenstände kommen, vermutlich als Abfallprodukt der Kupfererzverhüttung, im Orient seit dem 3. Jt. und in Mitteleuropa seit 1700 v. Chr. vereinzelt vor. Zwischen 1200–1000 v. Chr. ersetzt im östlichen Mittelmeer das Eisen die Bronze als Rohmaterial für Werkzeuge und Waffen. Da die frühen Eisengeräte nicht härter als die bronzenen Gegenstücke sind, jedoch erheblich höheren Arbeitsaufwand erfordern, breitet sich die neue Technologie nur langsam, vorzugsweise in Zeiten schlechter Bronzeversorgung, nach Norden und Westen aus.
Die wichtigsten Kunsterzeugnisse der europ. Eisenzeit, die noch keine hochkulturlichen Merkmale aufweisen, sind **Steinskulpturen**, die in Süd- und Westdeutschland ihren Schwerpunkt haben. Diese Stelen befanden sich ursprünglich überwiegend an Grabhügeln. Das Spektrum reicht von unbearbeiteten Steinen über einfache, grob behauene, nur ornamental verzierte Skulpturen bis zu sorgfältig ausgearbeiteten, etwa lebensgroßen anthropomorphen Plastiken. Vergleichbare hölzerne Götterfiguren dürften wesentlich weiter verbreitet gewesen sein, als dies durch die aufgrund schlechter Erhaltungsbedingungen wenigen Funde zu erschließen ist.
In der Eisenzeit erreicht das vorgeschichtliche **Kunsthandwerk**, besonders die Metallverarbeitung, in Europa seinen künstlerischen und technischen Höhepunkt. Die in Treibtechnik gearbeiteten Situlen (Bronzeeimer) der älteren Eisenzeit des Ostalpenraums und der Umgebung von Bologna sind reich, in der Regel flächendeckend, in Friese gegliedert mit Bil-

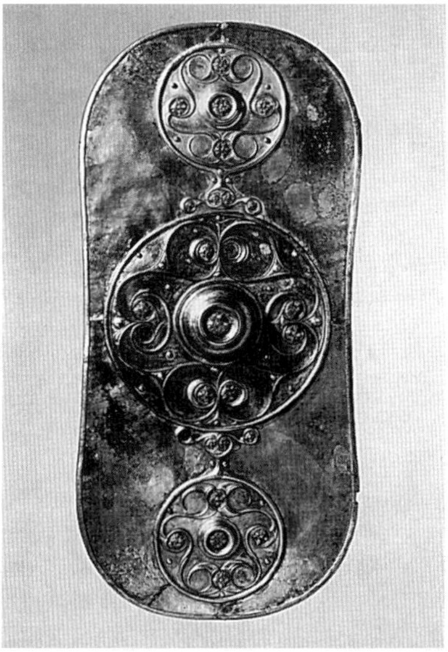

Prunkschild aus der Themse bei Battersea, England, später Latène-Stil, 1. Jh. v./1. Jh. n. Chr., Bronze mit Email eingelegt, L. 77,5 cm. Auffallend an diesem Objekt ist die Betonung der Symmetrie, kennzeichnend für den Stil der Britischen Inseln sind die kunstvoll modellierten Linien.

dern verziert. Neben Reihen (Prozessionen?) von Frauen, Männern, Kriegern und Tieren (Hirsche, Löwen, Fabeltiere) sind szenische Darstellungen von Festen, Gelagen, Orgien und Wettkämpfen (Boxkämpfen?) besonders beliebt. Aus einem Grab in Hochdorf, bei Stuttgart, stammt eine 2,7 m lange Kliene (Bronzeliege), deren acht Füße anthropomorphe Tragfiguren darstellen. Die gesamte Rückenlehne ist mit einem gepunzten Bilderfries verziert. Die Motive – Schwertkämpfe und Fahrten mit vierrädrigen Wagen – erinnern an die Bilder der Situlen sowie die Felsbilder der Bronzezeit. Schnabelkannen, häufig mit Ornamenten im oberen Bereich verziert oder mit Applikationen von Tier- und Menschenfiguren oder Gesichtern, stammen überlieferungsbedingt am häufigsten aus dem mittleren Westdeutschland. In der jüngeren Eisenzeit (5.–1. Jh. v. Chr.) schufen die Kelten in West- und Mitteleuropa den sog. Latène-Stil, der auf Kunstwerken, jedoch auch besonders zahlreich auf einfachen Gebrauchsgegenständen wie Zaumzeug, Achssplinten, Schilden, Schwertgriffen usw. anzutreffen ist. Kennzeichnend sind runde, ineinander verschlungene Muster aus Kreisen, Haken, Spiralen, Ranken, Palmetten und Fischblasen, mit einem barock wirkenden Hang zur Übertreibung und zum Grotesken.

FRÜHE HOCHKULTUREN

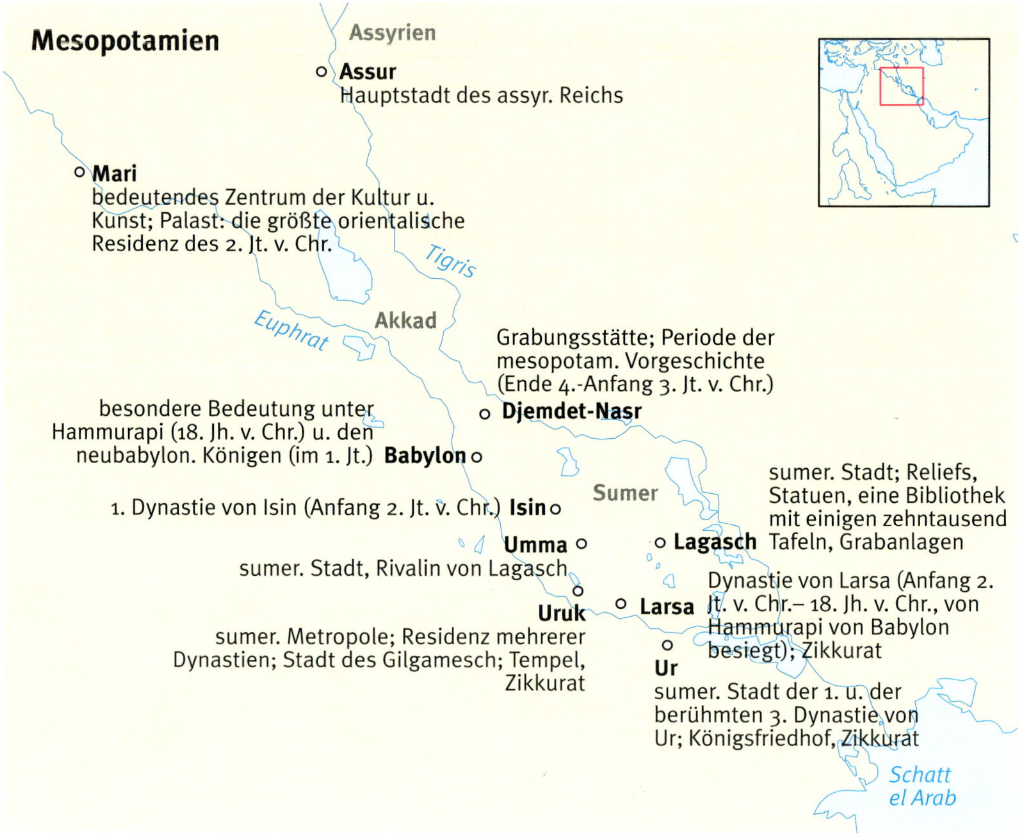

MESOPOTAMIEN

Das Gebiet der mesopotam. Kultur erstreckt sich über die Flüsse Euphrat und Tigris hinaus. Von den armen. Bergen im Norden ist es eine weite Fläche von mehreren tausend Kilometer Länge, die sich zum Persischen Golf hin senkt. Sie endet im Westen an der syrisch-arab. Wüste, während sie im Osten von der iran. Hochebene begrenzt wird. Weitgehend sehr fruchtbares Schwemmland; v. a. im Süden ohne nennenswerte Stein- oder Erzvorkommen.

Das vorsumerische Mesopotamien (die großen vorgeschichtlichen Zentren 8.–4. Jt. v. Chr.) Erste landwirtschaftliche Ansiedlungen; Bewässerungssysteme, Tempelbauten, Verteidigungsanlagen.

Die **Keramik** wird durch ihre Ornamente zu einer Luxusware; das Dekor ist z. T. rein abstrakt ausgebildet: Verbindungen horizontaler, vertikaler und schräger Linien; mit Winkeln, Mäandern, Zickzack- und Treppenmustern. Daneben geometrische Konstruktionen – Quadrate, Rechtecke, Rauten – sowie vielfältige Verbindungen zu komplexen Kompositionen. Ein naturalistischer Figurenstil findet sich eindrucksvoll auf Schalen: hirschartige Tiere in wilder Jagd um einen Baum; langgefiederte Wasservögel mit Fischen im Schnabel; vier Frauen in der Mitte eines Kranzes aus Skorpionen bilden die vier Balkenteile eines Kreuzes, während der Wind ihre langen aufgelösten Haare erfasst. Jeder Kunstgegenstand ist hier mehr oder weniger auch ein Kultgegenstand. Ein anderes häufig auftretendes Motiv, die Girlande, ausgebildet als Fries kreis- oder rautenförmiger Elemente mit herabhängenden Fransen oder aus sich an den Händen haltenden Menschen im Tanz oder Reigen, schmückt den Hals zahlreicher Tongefäße. Keramik vom Tell Halaf dokumentiert einen stilisierten und schematisierten Naturalismus: pferdeähnliche Tiere im Galopp, kauernde Antilopen mit gestreckten Ohren, auffliegende Vögel, geflügelte Tiere mit ausgebreiteten Fittichen vor sternenübersätem Hintergrund. Andere Motive sind das mehr oder weniger deformierte Bukranion und die Doppelaxt. Menschen werden selten und ohne Einzelheiten abgebildet. Gesicht und Körper erscheinen als dunkle Flecken.

Bei den frühesten **Rundbildern** handelt es sich um bemalte Terrakottafiguren im Stile von Muttergottheiten: weibliche Gestalten, meist in hockender Stellung mit massigem Leib und schweren hängenden Brüsten; der Kopf ist durch eine einfache Streckung der Tonmasse nur angedeutet. Stilistisch und wohl auch inhaltlich von diesen unterscheiden sich die jüngeren schlanken, aufrechtstehenden grazilen männlichen und weiblichen Terrakottafiguren Südmesopotamiens. Deren Gesichtspartie ist auffällig reptilartig ausgebildet, der Kopf trägt einen kegelförmigen Aufbau; die Körper werden durch leichte Farbtupfen oder durch kleine Tonplättchen an den Schultern akzentuiert; Hände an den Hüften, häufig ein Kind an der Brust.

Weibliche Terrakotte der frühen Warka-Periode, Ur, 1. Hälfte 4. Jt. v. Chr.; gelblich grauer gebrannter Ton, Kopfaufbau mit Bitumen bedeckt.

Die frühsumerische Epoche (Uruk-/Djemdet-Nasr-Periode, ca. 3500 – 2900 v. Chr.)
Frühe Stadtstaaten mit gut organisierten Bewässerungssystemen. Einführung der Schrift um 3000 v. Chr. Der Stadtgott ist Oberherr der Stadt; die Verwaltung konzentriert sich im Bereich des Tempels.

Das **Rollsiegel** ist Träger erzählender Darstellungen aus dem Themenbereich des Tempel- oder Gottesdienstes; auch Darstellung von Stieren und Ähren als Sinnbild der Feldbestellung. Der Inhalt steht über dem formalen

Stempel weisen flache oder konvexe Körper und Griffe verschiedenster Gestalt auf; auf der Stempelfläche abstrakt und später figürlich gravierte Muster. Prähistorische Stempelsiegel wurden zur Versiegelung von Vorratsgefäßen auf Tonklumpen gedrückt und identifizierten Inhalt oder Besitzer. Das **Rollsiegel** ist ein in der Längsachse durchbohrter zylindrischer Stein, dessen gesamte Oberfläche mit eingeschnittenen Darstellungen versehen werde. Abgerollt in Ton hinterlässt das Siegel einen endlosen Fries. Die Einführung des Rollsiegels im 4. Jt. v. Chr. scheint mit der komplexer werdenden städtischen Verwaltung, deren Mittelpunkt der Tempel war, in Verbindung zu stehen.

Frauenkopf, Uruk, frühsumer., 2. Hälfte 4. Jt. v. Chr.; H 20,1 cm, weißer Marmor, Bagdad, Nationalmuseum des Irak. Teil eines Rundbildes oder ehemals zusammengesetzten Bildwerkes, dessen farbige Einlagen in Augen und Brauen und sonstiger Schmuck – die Haare trugen evtl. eine Auflage aus Edelmetall – vermutlich durch Raub verloren ging.

Prinzip; Perspektiven und Proportionen sind von untergeordneter Bedeutung. Figuren werden ohne bindendes Kompositionsschema locker neben- und übereinander gesetzt. Sehr plastische Herausarbeitung der wesentlichen Züge von Gebäuden, Pflanzen, Menschen und Tieren.

Reliefgefäße aus Stein: Verbindung von Flach- und Hochrelief, oft in parallel übereinander angeordneten Bildstreifen mit kultischen Darstellungen; gelegentlich Vollplastik; geschlos-

Mesopotamische Rollsiegel

Neubabylonisch

Neusumerisch

Assyrisch

Hochdynastisch

Kassilisch

Frühdynastisch

Larsa

Frühsumerisch

sene, monumentale Formen. Bildthema ist oft der Kampf gegen wilde Tiere und der Schutz der Herden, aber auch domestizierte Tiere und Getreide als Anspielung auf geheiligte Gaben des fruchtbaren Landes. Daneben eingelegte in horizontalen und vertikalen Streifen angeordnete, farbenprächtige Mosaikbänder aus verschiedenen Materialien.
Rundbilder: vor allem Tierplastik – Stier- und Widderfigürchen; stark zusammengekauerte Stellungen, die die kompakte Struktur des steinernen Werkstückes weitgehend ausnutzen; Farbkontraste durch ornamentale Einlagen und Inkrustationen. Größere und weniger geschlossene Formen werden aus verschiedenfarbigen, kostbaren Werkstoffen zusammengesetzt.

Frühdynastische Epoche
(ca. 2900–2400 v. Chr.)
Die Bedeutung der Städte steigt auf Kosten kleinerer Orte; zunehmende gesellschaftliche Schichtungen; Wachstum materiellen Wohlstandes; königliche Förderung handwerklicher Spezialisten. Fernhandel und kriegerische Auseinandersetzungen.
Themen der zeitgenössischen Kunst sind häufig die Vorbereitung zum Krieg, Schlachten oder Siegesfeierlichkeiten. **Rollsiegel** bilden dagegen vor allem den Tierkampf ab: Menschliche oder teilweise menschliche Figuren töten Angreifer, die domestizierte Herden bedrohen. Die Form des Rollsiegels gewinnt zunehmend an Bedeutung als Bildraum. Das Bildfeld wird horizontal stärker ausgefüllt, die Figurengröße orientiert sich an der Siegelhöhe. Die Erzählung wird zu einem ununterbrochenen Figurenband, dessen Gestalten auch körperlich durch halten, beißen oder überkreuzen miteinander verbunden sind.
Rundbilder: Beterfiguren – kleine, oft nicht mehr als 40 cm hohe Statuetten von Männern und Frauen in anbetender Haltung, die im Namen der Gläubigen im Tempel vor dem Götterbild Gebete und Fürbitten aussprachen. Meist stehend, mit gefalteten Händen oder einen Becher oder eine Pflanze haltend; die Gesichter sind sehr ausdrucksvoll, die Augen häufig riesig, starr geradeaus blickend; große Unterschiede in Stil und handwerklicher Qualität, bedingt durch räumlich/zeitliche Stellung und Auftraggeber.
Flachbildnerei: Reliefdekor auf sog. Weihplatten, möglichen Votivgegenständen, mit Durchbohrungen in der Mitte zur Anbringung an Tempelwänden. Neben Beispielen typischer Geschehen finden sich erstmals historische Darstellungen von Ereignissen, Besitzerlegenden auf Siegeln, Namensbeischriften auf Reliefs. Die berühmte Geierstele schildert z. B. den Sieg des Königs Eannatum von Lagasch über die Nachbarstadt Umma.
Reich ausgebildete figürliche **Einlegearbeiten**, Mosaiken aus Edelmetallen, Lapislazuli, Muscheln, roten und schwarzen Steinen; Szenen aus der Tempelwirtschaft und historische Darstellungen. Kompositionsschema dieser Friese auf Bauwerken und Gegenständen ist die Reihung.

Beterstatuette eines Mannes mit Becher und einer Frau, Eschnuna (Tell Asmar), frühdynastisch, Wende 4. zum 3. Jt. v. Chr.; geäderter Gipsstein, Haar und Bart mit Bitumen geschwärzt, Augen aus Muschel und schwarzem Kalkstein in Bitumen eingelegt, Bagdad, Nationalmuseum des Irak. Der Becher kennzeichnet den Mann als Teilnehmer eines kultischen Symposions.

Detail der Friedensseite der sog. Standarte, Königsfriedhof in Ur, frühdynastisch, 1. Hälfte 3. Jt. v. Chr.; H 20,3 cm, B 48,3 cm, Holzkasten mit Mosaiken aus Muschel, rotem Kalkstein und Lapislazuli, befestigt mit Bitumen, London, British Museum. Die in Streifen auf der Kriegs- und Friedensseite angeordneten Mosaiken stellen wohl ein historisches Ereignis dar, über das jedoch darüber hinaus nichts bekannt ist; ebenso ist die Funktionsdeutung als Standarte ungesichert.

Siegesstele des Naram-sin, Königs von Akkad, Susa, reichsakkadisch, 3. Viertel 3. Jt. v. Chr.; rötlicher Sandstein, H. 2m, Paris Louvre. Die Stele stellt einen Kriegszug des Naram-sin – durch den Hörnerschmuck des Helmes als göttlich gekennzeichnet – gegen einen Fürsten der Lulubäer, einem Volk im östl. Bergland, dar. Ursprüngliche Inschrift wurde durch eine elamische fast vollständig getilgt, als die Stele im 12. Jh. v. Chr. von dem Elamierkönig Schutruknachchunte als Kriegsbeute in Elam aufgestellt wurde.

Kleines Sitzbild des Gudea I., Gottesvogtes von Lagasch, Tell Loh, neusumerisch, 22. Jh. v. Chr.; H 45 cm, Diorit, Paris Louvre. Die Inschrift auf dem Schoß enthält eine Weihung an den Gott Ningirsu, in dessen Tempel das Bildwerk aufgestellt war, um für das Leben des Gudea I. zu beten.

Die reichsakkadische Periode (Sargon und das akkadische Weltreich, ca. 2400–2200 v. Chr.)
Die Akkader schaffen ein Imperium, dessen Herrscher über einst unabhängige Stadtstaaten gebietet; militärische Stärke und ein neues Konzept eines göttlichen Königtums.
Die teils schematische Formelhaftigkeit früherer **Rollsiegel** wird durch die Darstellung der kämpferischen Einzelhandlung zwischen Tieren und Helden (z. B. Gilgamesch und Enkidu) ersetzt; Bilderzählungen mythischer Stoffe. Erste Beispiele der Einführungsszene: der/die Betende wird von einer niederen Gottheit vor einen thronenden Gott geführt.
Rundbilder: Herrscherstatuen; die Bevorzugung einer gebundenen, kompakten Form erzeugt den Eindruck von Monumentalität auf Kosten der Beweglichkeit. Der Herrscher von Akkad tritt häufig als Sieger auf, ist gelegentlich mit dem Zeichen der Göttlichkeit (Hörnerkrone) ausgezeichnet.
Flachrelief: Darstellungen akkadischer Siege, Gefangennahme von Gegnern; v. a. auf Stelen Ereignisse in Horizontalstreifen; allerdings werden Kompositionen aus Einzelkampfszenen gegenüber der Darstellung geschlossener Formationen bevorzugt.

Die neusumerische Periode (Uruk V / Ur III ca. 2200–2000 v. Chr.)
Sumer. Renaissance; Zentren Lagasch, Uruk, Ur unter den Königen der 3. Dynastie. Wiederaufnahme traditioneller sumer. Vorstellungen auf religiösem, polit. und staatl. Verwaltungssektor.
Themen der darstellenden Kunst sind die Beziehungen und Verpflichtungen der Könige den Göttern und der Städte den Königen und Göttern gegenüber. **Reliefs** und **Rollsiegel** zeigen Beter und ihre persönlichen Gottheiten vor thronenden Göttern. Auch in der Großplastik stellt die thronende Figur den Gott dar, erkennbar an Hörnerkrone, Falbelgewand und Thron. Neu in dieser Periode ist die Darstellung der Königsverehrung, in der sich der halb göttliche Status der Herrscher der 3. Dynastie von Ur spiegelt.
Statuen des Gudea I., Gottesvogtes von Lagasch, mit gefalteten Händen in demütiger Haltung; Kleidung von mönchischer Einfachheit; Inschriften berichten über Taten zur Verherrlichung der Götter; kleine menschenköpfige Stiere; **Stelen** zur Darstellung historischer Ereignisse und Götterverehrung – Rückkehr zur traditionellen Aufteilung des Bildraumes in Felder.
Auf **Rollsiegeln** vorherrschend die Einführungsszene als Dreiergruppe bestehend aus thronendem Hauptgott, einführender Göttin und Beter; seltener Figurenbandszenen. Einförmigkeit in Komposition und Einzelformen. Die Darstellung von Göttern in menschlicher Gestalt wird zur Regel. Daneben auch im Flachrelief, z. B. auf **Steingefäßen** Tiersymbolik. Aus Bronze gegossene **Gründungsfiguren**: kniender Gott, der einen Nagel einschlägt, Korbträger, liegender Stier zum Schutz des Gebäudes vor bösen Mächten. Kultische und mythische Darstellungen finden sich jetzt v. a. auf **Terrakottareliefs**.

Die Isin-, Larsa- und altbabylonische Epoche (ca. 2000–1800 v. Chr.)

Nach dem Untergang der 3. Dynastie von Ur rivalisierende Dynastien in Isin und Larsa. Einigung Mesopotamiens unter Hammurapi von Babylon.

Das dreigliedrige Dekor der **Rollsiegel** wird durch hinzufügen weiterer Figuren und Nebenmotive belebt. Die Einführungsszene erscheint verschiedentlich als Einzelelement, das mehr oder weniger beziehungslos neben anderen Gottheiten, Menschen, Stiermenschen und Tieren steht. **Terrakottareliefs** schildern z. T. äußerst lebendig vielfältige Vorgänge im Leben der Menschen und Götter, Kult und Vorstellungswelt ihrer Hersteller: ein Bauer reitet ein Buckelrind, ein Musiker beim Harfespiel, Schausteller, Boxer, Tischler bei ihren jeweiligen Verrichtungen, Darstellungen der Hirschjagd, die Bedrohung der Herden durch Raubtiere, Bilder von Dämonen und Gottheiten. **Steinreliefs** sind nur vereinzelt überliefert. Berühmtestes Beispiel ist die Gesetzesstele des Hammurapi, die den betenden König vor dem thronenden Sonnengott zeigt.

Aus dem Bereich der **Rundplastik** sind Statuen von Göttern und Herrschern bekannt. Kleinere Statuetten stellen Gläubige mit Opfertieren dar. Typologisch einzigartig sind zwei Bronzeskulpturen mit Gold- bzw. Silberauflage, bei denen es sich um Weihegaben zur Aufstellung im Tempel handelt. Die eine zeigt drei gestreckt auf den Hinterfüßen stehende Bockshornziegen, deren Hörner ineinander verschlungen drei Bögen bilden. Am Sockel der Statuette halten zwei bärtige Gestalten ein kleines Becken. Die zweite Statue ist die eines Gläubigen im Kniefall. Hierbei handelt es sich, wie eine Inschrift auf dem Sockel belegt, um einen Lunanna, der für sein eigenes und das Leben des Hammurapi betet. Aus Susa stammt eine Gruppe von mit feinen Ritzlinien verzierten **Gefäßen** aus bituminösem Stein, deren Füße und Griffe als Bogenhornziegen ausgebildet sind. Besonders eindrucksvoll sind die z. T. lebensgroßen **Löwenskulpturen**, die als Torwächter an den Eingängen bedeutender Bauwerke aufgestellt waren. Im Palast des Zimrilim zu Mari konnten zahlreiche Reste

Löwenkopf aus Terrakotta (Fundort unbekannt), Larsa-Periode, 1. Viertel 2. Jt. v. Chr.; H 59 cm, gebrannter Ton, Paris, Louvre. Nah verwandte Terrakottalöwen wurden im larsazeitlichen Schaduppum (Tell Harmal) beiderseits des großen Tempels gefunden.

Detail des großen Wandgemäldes im Palast des Zimrilim in Mari, Larsa-Periode, 1. Viertel 2. Jt. v. Chr. Paris, Louvre. Das Bild mit Palmen, fürbittender Göttin und Mischwesen ist unmittelbar auf den dünnen Lehmputz der Wand gemalt.

Löwin aus Terrakotta, Dur Kurigalzu, kassit. Periode, 3. Viertel 2. Jt. v. Chr.; H 7 cm, gebrannter Ton mit Spuren roter Farbe, Bagdad, Nationalmuseum des Irak.

von **Wandmalereien** freigelegt werden: Dekorationen geometrischer Art, ornamentale Horizontalbänder, in Streifen übereinander geordnete Bildfriese mit gereihten kultischen und historischen Darstellungen, kriegerische und religiöse Szenen, aber auch Szenen aus dem alltäglichen Leben und Reste mosaikartiger Wandverkleidung. Die Farbskala war sehr reichhaltig: schwarz, ockerrot, orange, ockergelb, blau, grün und weiß.

Die kassitische Periode in Babylonien (ca. 1800–1200 v. Chr.)

Auf den Fall der Hammurapi-Dynastie folgten Machtkämpfe, sich ständig ändernde polit. Bündnisse aber auch weitreichende Handelsbeziehungen. In Babylonien übernahmen die Kassiten die Macht.

Die frühesten kassit. **Rollsiegel** schließen stilistisch an die larsazeitliche Glyptik an. Die

Geflügelter Stiergott, Lamassu, Kalchu, neuassyr., 9. Jh. v. Chr.; H 3,14 m, Alabaster, London, British Museum. Die monumentalen Torwächter stehen in einer langen Tradition. Löwen aus Ton und Bronze schützten bereits Tempel der Ur III- und Larsa-Zeit.

Dekor an der Außenfront des Thronsaales in Babylon, Zeit Nebukadnezars II (604–62 v. Chr.); farbig emaillierte Ziegel. Ein Haupteingang und zwei Seiteneingänge führen vom Hof in den 60 m breiten Thronsaal, in dem der König bei offiziellen Anlässen erschien.

Figuren erscheinen jedoch oft überlang, die Modellierung vergleichsweise oberflächlich. Reifkassit. Rollsiegel weisen als Hauptbestandteil eine Inschrift, oft ein Gebet, auf. Die Darstellung der sehr schlanken Figuren – häufig nur ein Beter oder ein Gott mit oder ohne Nebenfiguren (Kreuz, Raute, Halbmond, Rosette; Fliege, Biene, sitzender Hund, Heuschrecke, Gazellenkopf) – tritt dagegen in den Hintergrund. Eine neue Denkmälergattung sind Grenzsteine, sog. **Kudurrus**. Sie sind zwischen 0,30 und 1 m hoch mit ovalem, quadratischem oder rechteckigem Grundriss und oben konischem Ende. Neben der Inschrift (zumeist Landschenkungsurkunden) ist die Oberfläche mit Reliefs überzogen, meist in Bildstreifen übereinander geordnet. Dargestellt werden Göttersymbole, Götter, der König und der Beschenkte. Auch **Wandreliefs aus modellierten Ziegeln** sind in dieser Periode das erste Mal belegt. Unter den Rundskulpturen sind vor allem z. T. sehr lebensnahe und unkonventionelle Tierplastiken erwähnenswert.

Die mittelassyrische und neuassyrische Periode (1380–625 v. Chr.)

Assur entwickelt sich nach der Befreiung von der Vorherrschaft der Mitanni zur Militärmacht mit einem ausgedehnten Reich.

Die Gestaltung der **Rollsiegel** unterscheidet sich deutlich von der kassit. Glyptik Südmesopotamiens. Die Darstellungen bestehen in der Regel aus einem Fries, dessen Komposition heraldisch, später auch freier angelegt ist. Fabelwesen (Flügelpferde, Sphingen und Kentauren) in Kampfszenen mit Menschen und Löwen, friedliche Tierszenen, kultische Motive und die Anbetung anthropomorpher Gestalten. In die neuassyr. Periode fällt die Entstehung einer Bauplastik großen Stils mit propagandistischem Hintergrund: die Verherrlichung des Königs und seiner Taten. **Orthostatenreliefs**: hohe reliefierte Steinplatten; leicht erhabene, fast ebene Flachbilder, ursprünglich wohl koloriert; Bauinschriften ergänzen und erläutern die Bilddarstellung. Terrakottaplatten mit Glasurmalerei oder mit Glasurfarbe bemalte Ziegelsockel. Themen der auf den Wandverkleidungen dargestellten Bildzyklen sind die ruhmreichen Taten des Herrschers, magisch-rituelle sowie Kampf- und Jagdszenen, Schlachten, Sieges- und Huldigungsszenen. **Wandmalereien** und die Türverkleidungen aus **relieftragenden Bronzeblechen** präsentieren ähnliche Inhalte und Formate. Ausstattung der Palasträume mit Mobiliar und Geräten, die mit Elfenbeinschnitzereien, Steinen, Glasinkrustationen und edlen Metallen geschmückt sind. **Rundplastische Skulpturen** sind dagegen selten. Monumentale Götter-, Fürsten- und Beamtenstatuen mit zylindrischer Grundform, deren Oberfläche mit den zeichnerischen Mitteln des Flachreliefs schematisierend bearbeitet werden. Eine merkwürdige Mischung aus Rundbild und Relief stellen die monumentalen Torwächterfiguren (z. B. aus dem Palast von Kalchu) dar: geflügelte Mischwesen mit Stierkörper und bärtigem Götterkopf mit Rinderohren. Lediglich ihr Kopf ist voll ausgearbeitet, der Körper erscheint als um die Ecke biegendes Relief.

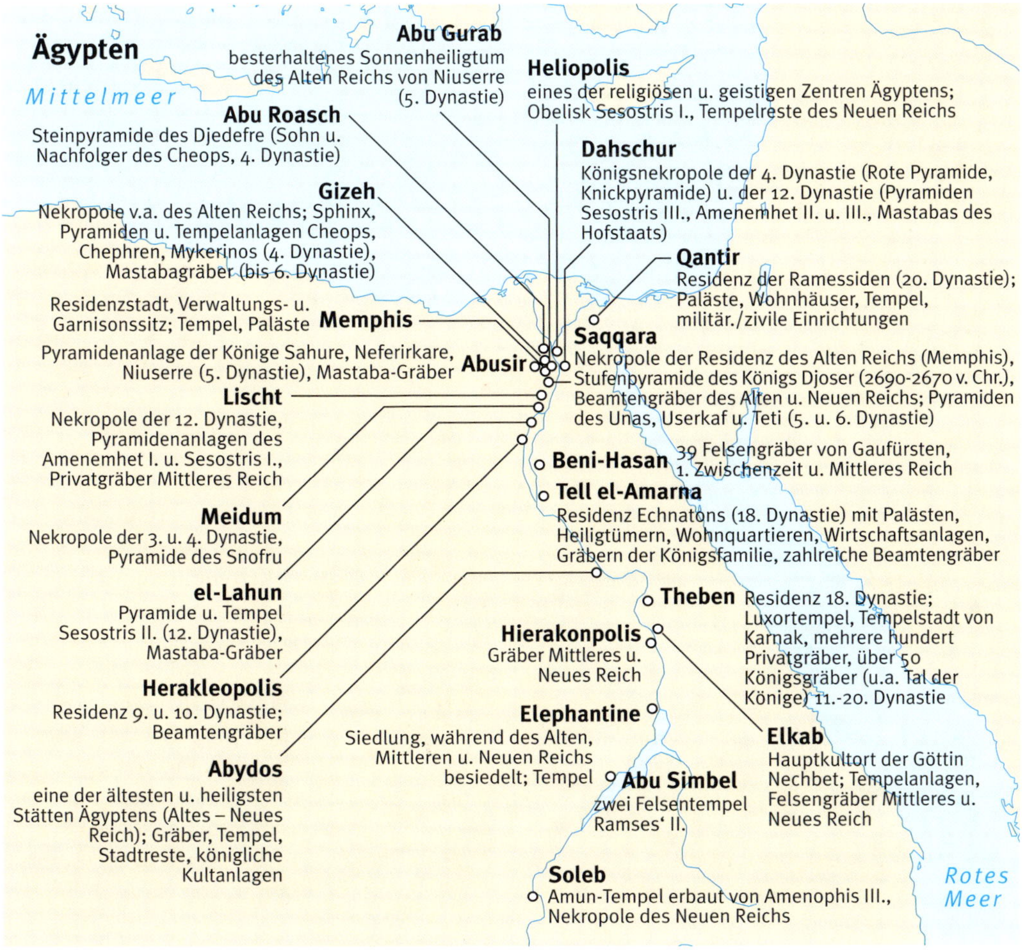

Die neubabylonische Periode

(626–539 v. Chr.)

Die Babylonier fallen in Assyrien ein, beenden die dortige Herrschaft und errichten ein eigenes Reich bis nach Syrien und Palästina.

Die wichtigste künstlerische Leistung dieser Zeit liegt auf dem Gebiet der Architektur und ihres Dekors. Bekanntestes Beispiel ist die Prozessionsstraße durch Babylon, vom Hauptheiligtum des Stadtgottes Marduk durch das Ischtar-Tor, deren Fronten mit farbig glasierten **Reliefziegeln** verkleidet waren. Die **Glyptik** knüpft an einheimische Traditionen des späten 2. Jt. an. Die **Kudurru** führen Traditionen der Kassitenzeit weiter.

ÄGYPTEN

Altes Reich

(3.–8. Dynastie; um 2700–2150 v. Chr.)

Das ägypt. Kunstschaffen ist in Form von Plastiken, Reliefs und Malereien aus Gräbern und Tempeln überliefert. Dagegen liegen von den aus ungebrannten Lehmziegeln errichteten Wohngebäuden nur einzelne Fragmente des Wand- und Fußbodendekors vor. Die Königsideologie, der Götter- und Jenseitsglaube sind Grundlage und Ursache des Kunstschaffens. Die Kunst ist entsprechend zweck- und situationsgebunden, Form und Inhalt sind durch den rituellen Verwendungszweck vorgegeben. Die königliche Grabarchitektur wird durch den Pyramidenbau dominiert. Ihre De-

Die **aspektive Darstellung**: Die ägypt. Flachbildnerei will ihren Gegenstand in seiner Ganzheit erfassen und abbilden. Vollständigkeit ist Voraussetzung dafür, dass die Abbildung ihre Funktion erfüllen kann. Die einzelnen Bestandteile werden daher jeweils in ihrem charakteristischen Aspekt gezeigt: im Profil, der Vorderansicht, von oben oder im Aufriss, die verschiedenen Ansichten zu einer Komposition verbunden. Ebenso standardisiert sind die **Maßverhältnisse** des menschlichen Körpers. Ein Gitternetz, das den Darstellungen als rote oder schwarze Hilfslinien unterlegt wird, unterteilt den menschlichen Körper in 18 Einheiten.

Die Bedeutung der abgebildeten Personen wird über ihre relative Größe ausgedrückt. Ein **Farbkanon** regelt die Verwendung der Farben (Weiß, Rot, Gelb, Grün, Blau und Schwarz, selten Mischfarben), deren korrekte Verwendung Voraussetzung für die Lebensfähigkeit oder Funktionalität der abgebildeten Personen oder Gegenstände ist.

Vogelfang mit dem Zugnetz, Jahreszeitenkammer im Sonnenheiligtum des Königs Niuserre, 5. Dynastie, um 2375 v. Chr., H 51 cm, B 71 cm, Kalkstein, bemalt, Berlin, Ägypt. Sammlung.

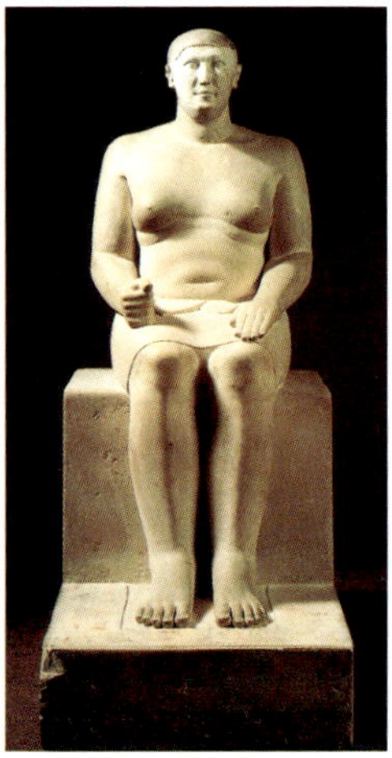

Sitzfigur des Hemiunu, Gizeh, Westfriedhof, Mastaba, 4. Dynastie, um 2580 v. Chr.; H 155,5 cm, Kalkstein, bemalt, Hildesheim, Pelizaeus-Museum. Der Wesir Hemiunu wurde von Cheops mit der Erbauung seiner Pyramide beauftragt.

koration beschränkt sich auf wichtige Opferszenen. Die Tempel der Pyramidenkomplexe enthielten Königsstatuen und Stelen sowie Reliefs, die u. a. den König in einer Vielzahl von Szenen zeigen. Die Grabform der Beamtenschaft ist die **Mastaba**. Sie besteht aus einem unterirdischen Grabbereich mit der Sargkammer und einem Graboberbau, einem rechteckigen Tumulus mit geböschten Seitenwänden. In einer diesem Oberbau angeschlossenen Grabkapelle werden die Opfer für den Toten an einer Scheintür abgelegt. Die Grabdekoration umfasst Bilder und Texte in Malerei und Relief; sie zeigt den handelnden und den Handlungen entgegennehmenden Grabherrn in Zusammenhängen, die zur Darstellung seiner Position geeignet sind. Der individuelle Bezug der idealerweise alters- und emotionslosen Abbildungen wird durch Beischriften mit Namen und Titel hergestellt. Die Darstellungen übertragen Themen, die Realität des Diesseits in das Jenseits. Zentraler Bestandteil der Abbildungen ist die Speisetischszene, die den Grabherrn und das Opfer zeigt, daneben Opferträger mit Gaben sowie Szenenfolgen, die die Produktion der für das Opfer bestimmten Gaben darstellen; Ackerbau in allen Aspekten, Viehzucht, Weinherstellung, Fisch- und Vogelfang, Jagd, Schlachtung, Schifffahrt, Szenen aus dem Handwerk; Darstellungen, die den Grabherrn bei der Fahrt in das Papyrusdickicht (den Ort der Wiedergeburt und -belebung) zeigen.

Die **Rundplastik** als vollgültige Wiedergabe der dreidimensionalen Realität erfüllt wichtige Funktionen in Grab- und Tempelzusammenhängen: Sie ist Ersatzkörper des Dargestellten, der Gottheit oder des Bestatteten, der der Plastik durch das Ritual der Mundöffnung zugeordnet und über eine Inschrift identifiziert wird. Mit Tilgung der Inschrift endet die Existenz der/s Abgebildeten. Ebenso wie die Königsgräber enthalten die Mastabas Grabstatuen des Bestatteten. Dargestellt wird der Grabherr allein oder mit Frau oder Mutter und Kindern. Mann und Frau sind oft gleich groß bzw. die Frau ist realistisch kleiner, aber z. T. auch sehr viel kleiner; bei Zweiergruppen sitzt meist der Mann, die Frau steht, selten umgekehrt; Berührungen an Schultern, Armen und Händen sind üblich. Männer zeigen deutliche Schreithaltung, Frauen geschlossene Beine oder enge Schreithaltung. Bei Sitzstatuen ruhen die Hände auf den Schenkeln. Stehende Steinstatuen weisen an der Rückseite einen Stützpfeiler, Gruppen eine Rückenplatte auf. Daneben gibt es Statuen, die direkt in den anstehenden Felsen skulptiert sind. Unbelebte Dienerstatuen ohne namentliche Kennzeichnung fungieren als dreidimensionales Abbild der von ihnen ausgeübten Tätigkeiten. Ihre Funktion entspricht derjenigen der Wanddekoration.

Pektoral der Prinzessin Mereret, Dahschur, Grab der Mereret, 12. Dynastie, um 1840 v. Chr.; 7,9 cm x 10,5 cm, Gold, Karneol, Lapislazuli und Fayence, Kairo, Ägypt. Museum. Die Grabanlage der Prinzessin befand sich im Pyramidenbezirk ihres Vaters, Sesostris III. Dargestellt ist ihr Bruder, Amenemhet III., der mit der Axtkeule Feinde erschlägt.

Vögel im Akazienbaum, Beni Hassan, Grab des Chnumhotep II., 12. Dynastie, um 1880 v. Chr.; Malerei auf verputztem Kalkstein.

Mittleres Reich (11.–12. Dynastie; um 2000–1750 v. Chr.)

Die Tradition der Pyramidengräber des Alten Reichs endet zunächst mit dem Niedergang von Memphis als Hauptstadt des Landes. Die **Königsgräber** des Mittleren Reichs werden während der 11. Dynastie im oberägypt. Theben, von dem die neuerliche Reichseinigung ausgeht, als Felsengräber mit vorgelagertem Terrassentempel angelegt. Die Grabkomplexe der 12. Dynastie weisen dagegen wieder die Grundformen der Pyramidenanlagen des Alten Reichs auf.

In den **Felsgräbern der Gaufürsten und Beamten** findet sich häufig reine Malerei, die sich freier in der Fläche entfalten kann als das Relief; auf die durchlaufende Registerlinie wird oft verzichtet; die Farbpalette wird durch Zwischentöne bereichert, in der Naturschilderung finden sich z. T. komplexe Kompositionen. Die Themenkreise sind aus dem Alten Reich bekannt. Die **Grabstele** gehört zur Minimalausstattung eines jeden Grabes, um das Weiterleben nach dem Tode zu gewährleisten. Ihr Dekorationsprogramm beinhaltet Inschriften, v. a. den Opfertext, in dem um die Versorgung mit den wichtigsten Dingen für das Jenseits gebeten wird. Unverzichtbar sind weiterhin eine Darstellung des Grabherrn sowie der mit Speisen überhäufte Opfertisch. Die Stelen sind zumeist im Halbformat mit oben gerundetem Abschluss gehalten. Die figürlichen Darstellungen werden in erhabe-

Sarg des Senbi (Ausschnitt), Meir, 12. Dynastie, um 1920 v. Chr.; 63 x 212 cm, Holz, bemalt, Kairo, Ägypt. Museum. Dargestellt sind die architektonischen Details des Wohnhauses für die Ewigkeit: Unterbau und Pfosten der Konstruktion, Tür, Matten, Teppiche und Bänder, mit denen die Fassade behängt ist.

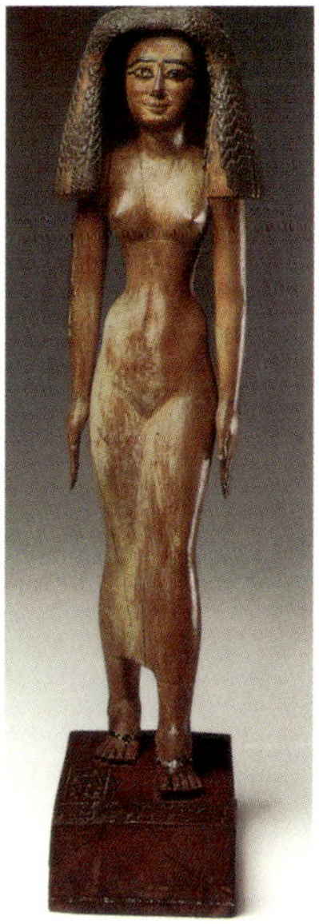

Statuette der Iimernebes, Theben, 12. Dynastie, um 1900 v. Chr.; H 48 cm, Holz, Leiden, Rijksmuseum van Oudheden. Holzstatuetten sind meist feingliedriger gearbeitet als vergleichbare Steinfiguren; ohne Rückenpfeiler.

nem, die Texte in versenktem Relief gearbeitet. Ebenfalls notwendig zur Grabausstattung gehört die **Statue der/s Bestatteten.** Sie wird in der Sargkammer und nunmehr auch öffentlich aufgestellt und gewinnt Denkmalcharakter. Die technische Perfektion der größtenteils kleinformatigen Plastiken zeigt sich bei der zunehmenden Bearbeitung von Hartgesteinen wie Diorit oder Granit. Die **Särge** sind reich dekoriert. Sie werden durch Form (meist rechteckig) und Bemalung zum Wohnhaus für die Ewigkeit. Häufig befindet sich an der Kopfseite nach Osten ein Augenpaar sowie die Scheintür, die dem Verstorbenen die Sicht nach außen bzw. einen Aus- und Eingang bieten. Als weiteres Motiv erscheint der Gerätefries, eine Zusammenstellung von Gebrauchsgegenständen in Bildform. **Uschebtis** sind kleine Statuen, mumienförmige Grabbeigaben, die an Stelle des Grabherrn im Jenseits Arbeiten verrichten müssen. **Dienerfiguren** werden bis zu Beginn der 12. Dynastie v. a. aus Holz gefertigt, bemalt, z. T. auf Brettern zu umfangreichen Modellgruppen kombiniert.

Jeder Tempel hat eine **Statue des Gottes** enthalten, die als lebendes Abbild gilt; heute meist durch Raub weitgehend verloren, da ganz oder z. T. aus Edelmetall. **Königsstatuen** opfern als oberste Kultherren den Göttern, Statuengruppen stellen eine magische Sicherung des Kultes dar, indem sie die Rolle des Königs und seine Beziehung zu den Göttern plastisch erläutern. Die **private Tempelplastik** stellt Personen dar, die nicht aktiv am Kult beteiligt, jedoch berechtigt sind, das Kultgeschehen zu schauen; häufig passive, hockende Haltung oder Ruheposition.

Viehzählung (Modell), Theben-West, Grab des Meketre, 11. Dynastie, um 1990 v. Chr.; Holz, bemalt, Kairo, Ägypt. Museum. Der Grabherr beobachtet auf einem Sessel sitzend die zur Zählung vorbeigetriebenen Rinder und die Bestrafung eines Hirten.

Deckenbild der Sargkammer Sethos' I. (Ausschnitt), Theben-West, Tal der Könige, 19. Dynastie, um 1280 v. Chr. Die astronomische Decke, die sich über dem Sarg wölbt, erlaubt der Seele des toten Herrschers den direkten Aufstieg in den Himmel.

Goldsarg des Tutanchamun, Theben-West, Tal der Könige, 18. Dynastie, um 1325 v. Chr.; L 1,88 m, Gewicht 110,4 kg, Gold mit Einlagen, Kairo, Ägypt. Museum. Die Mumie des Königs war von vier Schreinen (Zedernholzplanken überzogen mit einer vergoldeten Stuckschicht als Träger der Dekoration, jeweils am Ostende eine Doppelflügeltür, und insgesamt drei anthropomorphen Särgen umgeben.

Bild auf dem Deckel der Elfenbeintruhe des Tutanchamun, Theben-West, Tal der Könige, 18. Dynastie, um 1325 v. Chr.; Holz, Elfenbein, Bronze, Kairo, Ägypt. Museum. Die Stilistik ist noch eng mit der Amarna-Kunst verbunden. Möglicherweise wurde sie in den frühen Regierungsjahren des Königs hergestellt, als dieser noch unter dem Namen Tutanchaton in der Stadt seines Vaters Echnaton residierte.

Informelle Kunst Überlieferungsbedingt sind nur wenige Beispiele erhalten, die einen Eindruck von dem künstlerischen Schaffen außerhalb des sakralen Kontextes bieten können: dazu zählen wenige Dekorationsfragmente aus Wohngebäuden in einem ausgeprägt naturalistischen Stil. Lebensnahe, keineswegs alters- und emotionslose Porträts scheinen den Bildhauern nach Ausweis einer Anzahl von Porträtstudien aus Gipsstuck aus Tell el-Amarna als Vorlagen für ihre Arbeiten gedient zu haben. Faszinierend sind schließlich die karikaturähnlichen Zeichnungen auf Papyri oder Ostraca, in denen Tiere bekannte Szenen aus den formalen Dekorationsprogrammen parodieren.

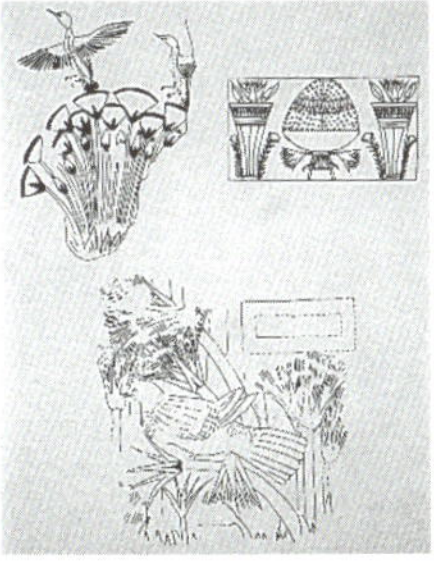

Neues Reich (18.–20. Dynastie; um 1550–1100 v. Chr.)

Das Dekorationsprogramm der Königsgräber (Tal der Könige in Theben) orientiert sich v. a. am Inhalt der sog. Jenseitsbücher, in denen die ägypt. Vorstellungen vom unterweltlichen Jenseits in Wort und Bild wiedergegeben sind. Die unterweltliche Darstellung soll es dem verstorbenen König ermöglichen, sich dem Kreislauf des Lebens anzuschließen, um selbst zu ewigem Leben zu gelangen. Die himmlische Sphäre wird durch eine gestirnte, später auch gewölbte Decke mit astronomischen Darstellungen abgebildet. Die **Steinsarkophage** der Könige haben zunächst die Form einer Kartusche, später wird halbplastisch die Gestalt des Königs auf dem Deckel wiedergegeben. Dekorationselemente sind die vier Schutzgöttinnen Isis, Nephthys, Selket und Neith, die vier Horussöhne (Schutzgötter der Kanopenkrüge), der Einbalsamierungsgott Anubis und die Himmelsgöttin Nut. Später v. a. Themen aus den Jenseitsbüchern. Im Inneren der Sarkophage befinden sich die inneren Särge, von deren ursprünglicher Pracht

Oberteil einer Kolossalfigur Ramses' II., Theben-West, Totentempel Ramses' II., 19. Dynastie, um 1260 v. Chr.; erhaltene H. 267 cm, Assuan-Granit, London, British Museum.

das einzige erhaltene Ensemble des Tutanchamun eine Vorstellung gibt. Aus dessen Grab konnten etwa 5000 Einzelobjekte, Schreine und Särge, Goldmaske und Thronsessel, Götter- und Königsfiguren, Schmuck und Mobiliar geborgen werden. Zusätzlich zu den Gräbern ließen die Könige monumental ausgestattete Totentempel anlegen, in deren Kolossalstatuen sich die göttliche Qualität des verstorbenen Herrschers ausdrückt.

Privatgräber: Auch hochstehende private Persönlichkeiten werden in Felsgräbern beigesetzt, deren Größe von Einkammeranlagen bis zu wahren Felspalästen reicht. Das prächtige Dekorationsprogramm, ausgeführt in **Relief und Malerei**, dient der Selbstdarstellung des Bestatteten, der Darstellung seiner gesellschaftlichen Stellung und des Kultes für seine Person. **Statuen** finden sich im Neuen Reich in vielfältigen Zusammenhängen: Standstatuen von Bestatteten und ihren Familienangehörigen, Figürchen von Dienerinnen und sog. Beischlaferinnen, Beterstatuetten und Götterstatuen sowie Uschebtis in Gräbern und Grabtempeln; Schreiber und Beterstatuen sowie Sitzstatuengruppen in Tempelhöfen zur Teilnahme an den täglichen Opfern für den Gott. Hinzu tritt in Privathäusern der Typ der Ahnenbüste, in der sich Verehrung für verstorbene Vorfahren ausdrückt.

Amarna-Stil In den siebzehn Jahren seiner Regentschaft führt Amenophis IV.-Echnaton (1351–1334 v. Chr.) eine neue Religion ein, die Aten – der Sonnenscheibe – als einzigem Gott huldigt, und erbaut in der Nähe des heutigen Tell el-Amarna eine neue Hauptstadt. Die Kunst dieser Periode ist geprägt durch die Notwendigkeit, andere als die traditionellen Dekorationsthemen zu entwickeln. Häufig erscheint jetzt die königliche Familie in privaten Szenen oder bei Opferhandlungen. Auffällig sind auch die ungewöhnlichen Körperproportionen in den Königsdarstellungen, die sich deutlich von früheren idealisierenden Formen unterscheiden. Insgesamt erscheint die Kunst von Amarna oft naturalistischer und freier als traditionellere Arbeiten, hält jedoch an den grundlegenden Darstellungsprinzipien fest.

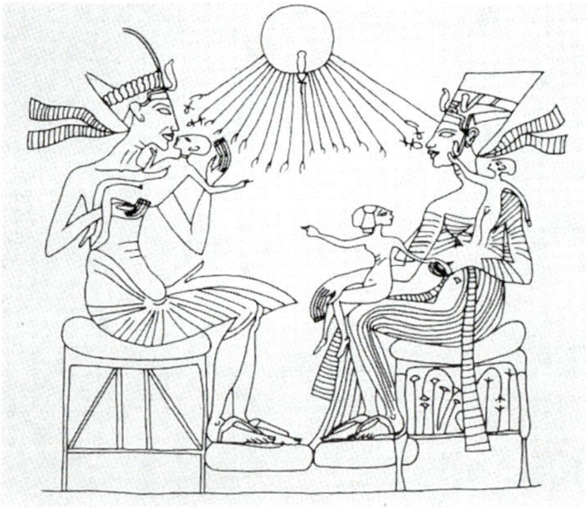

DIE HETHITER

Die Vorläufer des hethitischen Großreichs (bis um 1900 v. Chr.)

Im ausgehenden 3. Jt. v. Chr. entstehen in den späteren zentralen Regionen des Hethiterreichs Orte, deren Größe einen stadtähnlichen Charakter nahe legt, Sitze feudaler Dynastien, in denen sich die polit. und kultische Macht konzentriert. Aus den Nekropolen dieser Niederlassungen sind z.T. äußerst reiche Grabausstattungen überliefert. Die Gräber, z.B. in Alaca Hüyük und Horoztepe, enthielten zahlreiche Kunstgegenstände aus Gold, Silber, Elektron, Kupfer und Bronze. Zu nennen sind hier u.a. **Metallgefäße** aus Gold und Silber: Schnabelkannen, hohe Kelche und bauchige Vasen mit scharfem Umbruch unterhalb des Halsfeldes, mit Kanneluren oder alternierenden Riefelungen, deren Form und Oberflächencharakter als Vorbild für einen Teil der gleichzeitigen Keramikproduktion dient. Daneben gehören zu den Grabbeigaben zahlreiche **Bronzeplastiken**: Vollplastisch gegossene, schwere Tierfiguren, Hirsche, Stiere und Feliden, z.T. stark stilisiert und abstrahiert, in den kennzeichnenden Zügen jedoch auch naturalistisch ausgebildet, stehen in der Regel auf einer mitgegossenen dornenartigen Basis zur Befestigung in einem Sockel oder Träger; bronzene Aufsätze in Scheibenform unterschiedlicher Größe, z.T. durchbrochen als Gitterwerk gearbeitet oder mit kleinen beweglichen Anhängern und Ansätzen in Form von Blüten oder kleinen Vögeln, teilweise mit vollplastischen Tierfiguren kombiniert, bei denen einzelne Körperpartien, ähnlich wie bei den Tierplastiken, mit Gold- oder Silberfolie oder -inkrustationen hervorgehoben sein können.

Statuette einer stehenden Frau, Horoztepe, aus einem Grab, um 2000 v. Chr.; H 20,4 cm, Bronze, Augen ehemals eingelegt, Nationalmuseum Ankara.

Als **Metallformen** werden jene Keramiken beschrieben, deren Formmerkmale auf das Vorhandensein gleichzeitiger Metallgefäße hinweisen, von denen sie entlehnt zu sein scheinen. Die dünnwandigen, eleganten Gefäße bestehen aus feinem Ton mit rotem oder braunrotem Überzug und sind hochglänzend poliert.

Die Zeit der assyrischen Handelsniederlassungen (19. und 18. Jh. v. Chr.)

Zu Beginn des 2. Jt. v. Chr. entstehen enge Beziehungen zwischen Mesopotamien und Mittelanatolien durch die Einrichtung assyr. Handelsniederlassungen in Kleinasien (u. a. werden Zinn und Textilien gegen Silber und Gold aus Anatolien getauscht), in deren Verlauf die Keilschrift auch in den Fürstenhöfen der Hethiter zur Verwendung kommt.

Ein sehr lebendiger, kreativer Gestaltungswille drückt sich in der **Keramik** aus, deren Formen und Oberflächen häufig an Metallgefäße denken lassen, die, selten überliefert, wohl in größerer Zahl vorhanden gewesen sein dürften.

Die Keramik dieser Zeit ist verspielt und erschöpft sich nicht in Zweckformen. Kännchen werden zu Zwillingen verdoppelt, Henkel zoomorph und anthropomorph sowie Mündungen von Kannen zu Stier- und Widderköpfen mit dem Maul als Ausguss gestaltet. Liegende Tiere oder Tierprotome zieren Vasenränder. Unfunktional erscheint ein in der Mitte einer Schale angebrachter vollplastischer Vogel. In vielen Fällen ist der Gefäßkörper als funktionales Merkmal der Gestalt der dargestellten Gegenstände oder Tiere untergeordnet. Gefäßen werden die Form von Weintrauben, Schuhen, Muscheln oder Schnecken verliehen. Rhytons und Libationsgefäße bilden Löwen, antilopenartige Tiere, Eber, Widder oder Stiere ab. In der Glyptik wird das mesopotam. **Rollsiegel** übernommen. Das Dekor bildet eine eigene anatol. Gruppe aus, in der sich einheimische Vorstellungen spiegeln. Eigentlicher Träger der anatol. Glyptik bleibt aber das **Stempelsiegel** mit flacher Siegelplatte, kegelförmigem Griff und durchbohrtem Knauf; gewöhnlich aus Stein, selten aus Metall oder Ton; sehr vielseitige Motive: Spiral- und Flechtbänder, Tierköpfe und ganze Figuren von Adler, Flügelgreif, Hase und Löwe als Einzelbilder oder in Kombination; auch Darstellungen von Menschen

Yazilikaya Felstempel, 1,5 km nordöstl. von Bogazköy-Hattusa; 1834 von Ch. Texier entdeckt. Felsgruppe mit zwei natürlichen Kammern im Innern, die Relieffriese mit Darstellungen von Göttern des Hethiter-Reichs enthalten. Vorgelagert ein Tempelbau nach dem Vorbild der allseitig freistehenden Tempel der Hauptstadt. Geschaffen z. Zt. des Großkönigs Tudhalija IV. (13. Jh. v. Chr.), der zweimal in Felsreliefs dargestellt ist.

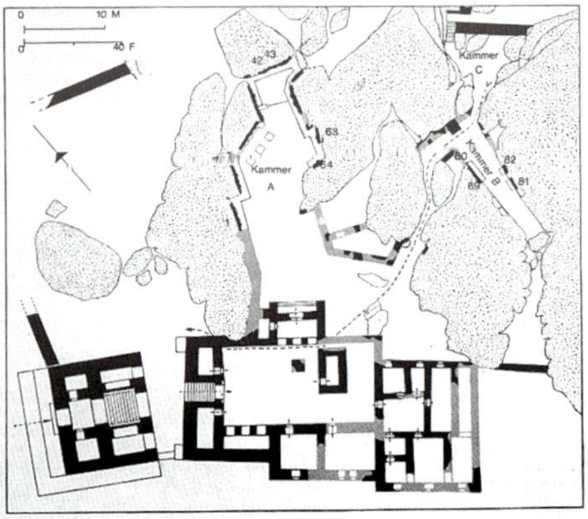

Rhyton in Form eines Löwen, Kültepe, 18. Jh. v. Chr., Ton, rotbraun glasiert, Nationalmuseum Ankara.

und Göttern bei kultischen Verrichtungen. Die Ausführung schwankt stark zwischen zeichnerischer Flachheit bis zu einer plastisch erscheinenden Modellierung. Echte vollplastische Bildwerke sind selten. Hauptsächlich existieren kleine, flache Statuetten, die in Blei gegossen sind und wohl Schutzgötter abbilden.

Das hethitische Reich (bis um 1200 v. Chr.)
Um 1700 v. Chr. streben Lokalfürsten nach der Kontrolle über größere Gebiete. Die Hethiter errichten ihre Hauptstadt in Hattusa (Bogazköy). Im 15. Jh. v. Chr. konkurriert das hethit. Großreich mit Ägypten um die Beherrschung Westasiens und die großen Handelswege und war bis zu seinem Zusammenbruch um 1200 v. Chr. eine der Großmächte der damaligen Welt.
Reliefgefäße aus Ton stellen Themen aus dem kultischen Bereich dar. Mit ihrer Aufteilung in Reliefzonen (Friesbänder) erinnern sie an ältere Beispiele aus dem vorderasiat. Raum, z. B. an die berühmte sumer. Reliefvase aus Alabaster aus Uruk, schließen jedoch in der Formgestaltung, der Oberflächenbehandlung und der Farbgebung an anatol. Traditionen an. Auch die Tradition des **tierförmigen Gefäßes** setzt sich fort, z. B. mit einer zweiköpfigen Ente aus Bogazköy, und wird z. T. ins Große, wenn nicht Monumentale gesteigert. Ein Beispiel hierfür bilden zwei Terrakotta-Stiere aus Bogazköy, die trotz ihrer unhandlichen Größe (Höhe: 90 cm) Gussöffnungen in Rücken und Nüstern aufweisen. Viele Gefäße in Tiergestalt und Kultbilder, v. a. Statuetten von Gottheiten (u. a. verschiedenen weiblichen Göttern, dem Wetter-, Berg-, Sonnen- und Mondgott) werden aus Metall u. a. kostbaren Materialien gefertigt: Elfenbein, Elektron,

Zwölfgötter mit Spitzmütze, Leibrock, Ohrring und Sichelschwert, Yazilikaya, Kammer B, Westwand, (Detail), 1250–1220 v. Chr., Kalkstein.

Statuette eines stehenden Gottes mit hoher Spitzmütze, Dogantepe, 14.–13. Jh. v. Chr.; H. 21,5 cm, Bronze, Augäpfel und Brauen ehemals eingelegt, Arme ehemals eingesetzt und mit Stiften befestigt.

Gold und Lapislazuli, Bronze, Eisen. Häufig bestehen sie aus einer Kombination mehrerer Materialien.
Da von der monumentalen Architektur des Hethiterreichs nur Fundamente und Wandsockel, nicht aber die Wände selbst erhalten sind, beschränkt sich der Nachweis von **Wandmalereien** auf einige sehr kleine farbige Fragmente aus der Königsburg von Hattusa.
Vollplastische monumentale Kunst ist im Reich der Hethiter so gut wie unbekannt.
Die Staatskunst ist v. a. in den Wandreliefs in Alaca Hüyük, den großen Felsreliefs und den monumentalen Torskulpturen in Bogazköy überliefert. Die sehr flachen, z. T. nur in Umrissen angelegten Reliefs in Alaca Hüyük (Themen: Opferzug, Szenen eines Kultfestes, Jagd und Tiere) sind an der Außenseite von Sockelsteinen angebracht. Häufig deutlich plastischer aus dem Stein herausgearbeitet erscheinen die Reliefs, die aus Felsen gemeißelt werden. Die Formen und Inhalte dieser Einzelmotive oder Bildfriese sind typisiert. Einzelbilder (v. a. Gottheiten) erscheinen wie in Yazilikaya hintereinander aufgereiht, relativ starr und unbeweglich. Jede Figur belegt einen Typus, der sich so auch in anderen Darstellungsformen – wenn auch nirgendwo in dieser

Größe und Geschlossenheit – wiederfindet. Stilistisch sind diese hohen Reliefs den großen Torskulpturen in Hattusa vergleichbar, die aus den die Durchgänge flankierenden Torpfeilern herausgemeißelt werden.

ÄGÄIS (Minoer und Mykener)

Die ältesten Hochkulturen in der Ägäis sind die minoische auf Kreta und die myken., die zu Beginn des 16. Jh. v. Chr. auf dem griech. Festland unter dem Einfluss der Minoer entsteht. Um die Mitte des 15. Jh. v. Chr. bringen die Mykener Kreta unter ihre Kontrolle. Die myken. Zivilisation verschwindet gegen Ende des 2. Jt. v. Chr.
Alte Paläste um 2000–1700 v. Chr. / Zerstörung der Paläste durch Erdbeben / **Neue Paläste** 17.–13. Jh. v. Chr.

Elfenbeinkunst: Verarbeitung von Elfenbein zu Statuetten, plattierten und inkrustierten Schmuckelementen auf hölzernen Möbeln und geschnitztem Toilettegerät entwickelt sich etwa ab 1600 v. Chr. Statuetten aus dem Palast von Knossos auf Kreta stellen akrobatische Stierspringer dar. In Palaikastro/Kreta wurde eine 50 cm hohe, mit kostbaren Steinen und Metall verzierte Statuette eines stehenden Mannes aus Nilpferdelfenbein gefunden. Auf dem Festland stellen myken. Elfenbeinkünstler sehr fein gearbeitete Plastiken her: z. B. die auch religionsgeschichtlich interessante Gruppe der zwei sitzenden, ein Kind bewachenden Frauen oder den Kopf eines Kriegers mit Helm aus gefassten Eberzähnen, wohl Teil einer groß dimensionierten Statuette. Aus Elfenbein werden Reliefplättchen mit Schmuckdekor und ausgeschnittene Einlegemotive als Dekor auf Möbeln (Tischen, Thronsitzen, Fußstützen) und Wagen hergestellt. Motive sind Löwen, Palmen, Muscheln, Kriegerköpfe mit Eberzahnhelmen, Greife; Sphingen und Krokodile zieren oft Kämme, weibliche Figuren finden sich häufig auf säulen- oder palmenförmigen Spiegelgriffen. Tierkämpfe (z. B. Stierfangszene; Raubkatzen verfolgen Wildenten) werden auf Pyxiden (Schmink- oder Salbdosen) oder sehr flachen kleinen Kästchen dargestellt.

Kauerndes Kind, Palaikastro, Ostkreta, spätminoisch I; H. 4 cm, Elfenbein.

Krater mit plastischen Blüten, Alter Palast von Phaistos, mittelminoisch II (Kamares-Stil); H 45,5 cm, Ton.

Die bunte oder mit heller Farbe auf dunklem Grund bemalte **Keramik** der Alten Paläste (Kamares-Stil) ist von äußerster Feinheit. Die allerfeinsten Gefäße bezeichnet man als Eierschalenware. Neben Muscheln, Oktopoden, Fischen und Fröschen kommen v. a. als dekorative Muster mehr oder weniger stilisierte Pflanzenformen, margeriten, iris- und anemonenartige Blüten und naturfernere Ornamente wie Schuppenmuster, S-Linien, Efeugirlanden, Rosetten, Feuerräder, Gitter und korallenartige Gebilde, Kombinationen von Mäandern und Federn, Dornspiralen oder Blumensterne vor. Mit den Neuen Palästen entwickelt sich eine Keramik mit dunkler Dekoration auf hellem Grund: Wellenlinien, Spiralen, Scheiben Punktrosetten, Doppelbeile, Papyros, Olivenzweige, Blattstreifen, Bukranien sowie eine Vielzahl naturalistischer Pflanzenbilder – Sternanemonen, Lilien, Krokus, Iris, Gräser, Schilf und Efeu (Flora-Stil); Meeresszenen, Oktopoden, Purpurschnecken, Seesterne, Algen und v. a. Delphine (Meeres-Stil). Der Palast-Stil bringt schließlich die Abkehr vom Naturalismus, abstrakte Darstellungen und stilisierte Motive.
Monumentale Plastik und große **Steinreliefs** sind in der minoischen Kunst unbekannt, auf dem Festland selten. Die bekanntesten Beispiele sind die Stelen aus den Schachtgräbern von Mykene, mit Bildreliefs aus dem Kriegs- und Jagdleben des Toten, und das Löwentor aus der Burg von Mykene. Reliefdarstellungen sind auf Steatitgefäßen bezeugt. Sie zeigen u. a. Gebäude, Säulenhallen, Berglandschaften

Steingefäß, Kato Zakro, spätminoisch I; geäderter Marmor.

Weiße Lilien im Blumengarten, Fresko aus der Villa in Amnissos, mittelminoisch III / um 1600 v. Chr.; H 1,80 m. Blütenform in den Malgrund eingetieft, mit dicker weißer Farbe aufgelegt.

mit Heiligtümern und wandelnden Pilgern. Der sog. Prinzenbecher aus Hagia Triada zeigt vermutlich Kinder in einer Spielszene als Prinz, Offizier und Soldaten. Die Schnittervase gibt ein ländliches Fest, evtl. mit religiösem Hintergrund, wieder. Ein großer, 46,5 cm hoher Trichterrhyton weist in vier Zonen unterteilt Darstellungen verschiedener Sportarten auf. **Kleinplastiken** aus Fayence, Bronze, Stein und Elfenbein bilden, mit Ausnahme der bekannten Schlangengöttinnen, v. a. Sterbliche ab: Betende, Stierspringer, Kinder und Tiere. Steinerne Vasen, Lampen, Muscheln und Reliefstreifen belegen das hohe technische Geschick und das große Können der Künstler. Tonstatuetten stellen männliche und weibliche Adoranten, Tiere, Hirten mit Ochsenherde, kleine Haustiere oder Tauben, Wiesel oder Nachbildungen von Teilen des menschliche Körpers dar. V. a. die Frauenstatuetten weisen eine Vielfalt unterschiedlicher Gewänder, Hüte und Frisuren auf.

Wandmalereien und **Stuckreliefs** dienen der künstlerischen Ausgestaltung der Gebäude. Malereien bedecken die Wände, die Decken sind oft mit Flächenmustern ausgestaltet, bemalte Fußböden sind belegt. Stiere und Stierspiele gehören zu den beliebtesten Bildern; daneben Prozessionen, Dämonen, Fabeltiere, Tanz und Spiel, Landschaftsdarstellungen mit Pflanzen und Tieren. Miniaturfresken zeigen eine Vielzahl von Menschen bei kultischen Feiern, myken. Friese Jagd- und Kampfszenen. Die kret. **Metallkunst** ist v. a. durch Schmuckgegenstände, rundplastische Gestalten aus Gold, Bronzevasen, Lampen und flache Schalen mit oft eleganten Dekorationen überliefert. Seltener sind Waffenfunde, u. a. goldgefasste Schwertgriffe aus der Nekropole von Knossos. Zahlreiche Metallarbeiten sind dagegen in den myken. Gräbern des Festlandes gefunden worden. Die berühmtesten sind die Schachtgräber von Mykene: Goldschmuck, goldene Diademe oder Halbdiademe, Brustplatten und Masken aus Gold, Goldbecher, Goldtassen und zahlreiche Waffen. V. a. Dolche weisen Einlegearbeiten aus Gold, Silber oder aus Legierungen von Gold, Silber und Kupfer und aus schwarzem Niello auf. Hinzu kommen Ritzung, Gravierung und Punzierung. Themen sind u. a. Tierkämpfe, die Löwenjagd, jagende Leoparden und Meerestiere.

ANTIKE

Griechenland

GEOMETRISCHE ZEIT (950–700 v. Chr.)

Bezeichnung **geometrischer Stil** leitet sich von den einfachen Dekorformen wie Kreis, Raute, Dreieck, Zickzack und Mäander ab, mit der die Keramik verziert ist. Daneben entsteht eine neue Bilderwelt mit stark reduziertem Formenrepertoire, wobei besonders die Vasenmalerei in Attika durch einen schemenhaften Figurenstil und zeichenhaftes Erzählen charakterisiert ist. Dabei bleiben die ersten Tierfriese und Menschenfiguren, die im 8. Jh. entstehen, zunächst dem strengen Ornamentsystem untergeordnet (Dipylon-Werkstatt in Athen, 770/50), das den Rhythmus der Gefäßform betont. Erst um 750 beginnen mythologische Themen und Darstellungen der Klage um den aufgebahrten Toten (Prothesis), Leichenprozession (Ekphora) und Reigentanz, aber auch von Jagden und kriegerischen Ereignissen die Gefäßwände von Amphoren, Krateren, Hydrien, Kannen und Pyxiden zu überziehen. Der Figurenstil beschränkt sich auf einfache Bildchiffren: Silhouetten von Schilden und Helmbüschen charakterisieren den Krieger, breite Brust und kräftige Schenkel bei auffällig kleinen Köpfen zeichnen den männlichen Körper aus.

Lebensgroße Skulpturen sind unbekannt, auch wenn am Beginn vieler griech. Götterkulte ein aus Holz geschnitztes Bildwerk (**Xoanon**) steht. Dagegen haben sich Statuetten aus Stein, Terrakotta, Metall, Bein und Holz erhalten, die als Votivgaben gestiftet werden oder als Zierappliken an Keramik und Bronzegerät dienen. Die Skulptur, besonders die Kleinplastiken von Menschen und Tieren, folgt bei additivem Aufbau des Körpers den Gesetzen der Vereinfachung der Formen auf das Wesentliche. Zu den dargestellten Themen gehören Gottheiten, adlige Krieger (*Lanzenschwinger*), sog. Muschelhornbläser und mythische Kampfgruppen. Mit figürlichen Reliefs verzierte Beine von Dreifußkesseln aus Bronze finden sich als Votivgaben vor allem im Zeusheiligtum von Olympia (2. Hälfte 8. Jh.).

ARCHAISCHE ZEIT (700–480 v. Chr.)

Orientalisierender Stil (720–650 v. Chr.) Zunehmende Handelskontakte im Zuge eines wirtschaftlichen und polit. Aufschwungs bringen die griech. Welt im Zeitalter der Kolonisation in Kontakt mit orientalischen Motiven Vorderasiens und Ägyptens und führen zu einer Auflösung der geometrischen Formen. Diese Berührung mit vegetabiler Ornamentik, Pflanzenmotiven (Lebensbaum, Rosette), einer fremden Tierwelt (Stiere, Löwen) und phantastischen Fabelwesen (Greif, Sphinx) verleiht der Vasenmalerei, aber auch Skulptur, Relief und Kleinkunst neue Impulse. Bronzekessel mit vollplastischen Tierprotomen, die in Olympia, Samos, Delphi und Athen gefunden wurden, lösen im 7. Jh. den Dreifußkessel als Weihgeschenk ab. Im 7. Jh. lebt auf Melos und in der Argolis die Kunst des Steinschnitts (**Glyptik**) wieder auf; wiederum auf Melos und Rhodos entsteht filigraner und granulierter Goldschmuck.
Neben den Kunstlandschaften Attika, Chalkis und Rhodos kommt im 7. Jh. besonders der Stadt Korinth durch ihren Handel mit Ionien und dem Osten eine führende Rolle bei der Umwandlung orientalischer Vorbilder zu. Hier entwickelt sich eine Töpferkunst, deren Produkte aufgrund ihres hervorragenden Glanztones und eines vielfigurigen Miniaturstils weit exportiert werden. Ein Hauptwerk der protokorinthischen Vasenmalerei ist die *Chigi-Kanne* (um 640) mit Schlachtreihen gepanzerter Krieger. Neben mythologischen Themen sind vor allem Tierfriese mit streng stilisierten, vegetabilen Füllmotiven (Punktrosetten) im Bildfeld für Korinth charakteristisch. In den korinthischen Metopenbildern von Kalydon und Thermos (letztes Drittel 7. Jh.) lassen sich erste Beispiele monumentaler Tafelmalerei fassen. Daneben gibt es auch mit figürlichen Reliefs verzierte Tongefäße, wie ein um 670 gefertigter Reliefpithos aus Mykonos mit Szenen aus dem trojanischen Krieg zeigt.

Früharchaische Zeit (um 650–580 v. Chr.) Kurz vor Mitte des 7. Jh. setzt die Großplastik auf Kreta, der Peloponnes und den ionischen Kykladen (besonders Naxos und Paros) ein. Die Zeitspanne von 660–620 v. Chr. wird nach dem kretischen Künstler Daidalos als **daidalische Periode** der archaischen Kunst bezeichnet. Die Entwicklung der Skulptur ist regional geschieden, so können fortschrittliche Werke neben Nachzüglern stehen. Die Skulptur der archaischen Zeit ist bestimmt durch Ausgewogenheit der plastischen Massen, Proportionen der Maße und organische Übergänge. Die Skulpturen waren ursprünglich farbig gefasst. An frühen Skulpturen sind die Artemisstatue der Nikandre auf Delos (2. Viertel 7. Jh.) und die Mädchen-Statuette von Auxerre in Paris (Mitte 7. Jh.) zu nennen. Löwen sind ebenfalls

Kouros – Kore (griech. Jüngling – Mädchen) seit Beginn des 20. Jh. gebräuchliche Bezeichnung für nackte Jünglings- bzw. bekleidete Mädchenstatuen der archaisch-griech. Plastik. Sie folgen weitgehend einem Grundschema: frontal aufrechtstehend mit leicht vorgestelltem linken Bein, herabhängenden bzw. leicht angezogenen Armen mit zur Faust geballten, fest am Oberschenkel anliegenden Händen. Neben der ornamentalen Gestaltung von Muskelzeichnung, langem Haupthaar und Ohren ist der um 600 einsetzende, heiter wirkende Gesichtsausdruck bei geradeaus gerichtetem Blick typisch, der geistige bzw. seelische Inhalte vermitteln soll (archaisches Lächeln).

Apoll von Tenea, um 570 v. Chr., Marmor, Höhe 152 cm, München, Glyptothek

Entwicklung griech. Plastik: Geometrische Zeit (1) – Archaische Zeit (2) – Klassik (3) – Hellenismus (4)

1 Krieger, aus Olympia, um 750 v. Chr., Bronze, Olympia, Museum.

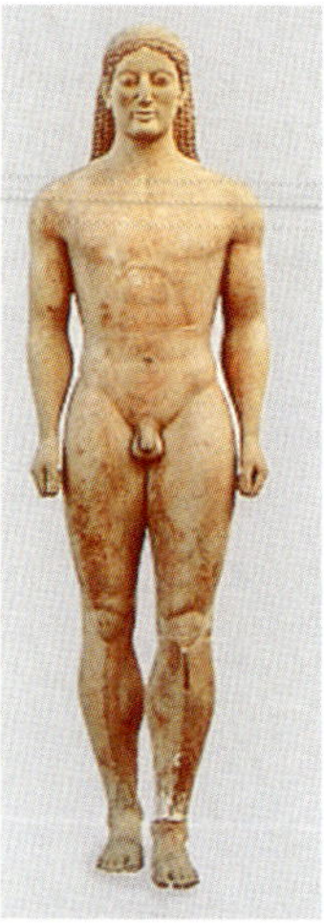

2 Grabstatue des Kroisos, um 520 v. Chr., aus Anavyssos (Attika), Marmor, Athen, Nationalmuseum.

3 Speerträger (Doryphoros), um 400 v. Chr., Marmorkopie nach einem Bronzeoriginal des Polyklet, Neapel, Museo Archeologico Nazionale.

4 Schlafender Satyr (sog. Barberinischer Faun), attisch, um 220 v. Chr., München, Glyptothek.

sehr beliebt, jede griech. Landschaft entwickelt im 7. Jh. ihren eigenen Typus: Wasserspeier-Löwe in Olympia, monumentaler Löwe als Grabwächter auf Keos, Löwenterrasse im Apollonheiligtum auf Delos, jeweils 2. Hälfte 7. Jh.

Zu den bedeutendsten Schöpfungen der daidalischen Plastik zählen die athletisch durchgeformten Jünglingsstatuen, die als **Kouroi** bezeichnet werden und Götter, Heroen oder als monumentale Grabstatuen den idealisierten Toten darstellen.

Relief Durch ihre Bindung an die Fläche unterscheidet sich Reliefskulptur (Hoch- und Flachrelief) grundsätzlich von der Freiplastik. Zu den bedeutenden Werken griech. Reliefkunst gehören Reliefs mit sakralem Inhalt an öffentlichen Bauten und Heiligtümern (Fries vom Siphnierschatzhaus in Delphi; Panathenäen-Fries am Parthenon der Athener Akropolis), aber auch Grabreliefs (Kerameikos-Friedhof in Athen) sowie Heroen- und Votivreliefs. Eine Sonderform stellt das historische Relief in der röm. Kunst dar.

Als ältestes Beispiel gilt der Kouros von Anavyssos in New York (spätes 7. Jh.), daneben sind der Kopf eines Kouros vom Dipylon in Athen (625–600), der Kouros von Sunion (um 610), die Statuen des Kleobis und Biton in Delphi (frühes 6. Jh.) sowie die Kouroi von Melos und Tenea (Mitte 6. Jh.) zu nennen. Aus der Zeit um 600 hat sich in Olympia ein überlebensgroßer Kopf der Hera (?) erhalten, bereits in das frühe 6. Jh. gehört die *Stehende Göttin von Berlin* aus Attika.

Bronzene Großplastik beschränkt sich noch auf Standbilder aus getriebenem Bronzeblech (sog. Sphyrelata) wie die Trias *Apollon, Artemis und Leto* von Dreros auf Kreta (650–625). Zahlreiche Statuetten von Gottheiten, Menschen und Tieren aus Stein, Ton, Elfenbein und Bronze (Beginn der Technik des Hohlgusses) haben sich überliefert.

Hocharchaische Zeit (580/70–540/30 v. Chr.)

Zu den Hauptwerken der Skulptur zählen der monumentale Kouros von Samos (um 570) und zwei Werke von der Athener Akropolis: der *Kalbträger* (Moschophoros, 570/60) sowie der *Rampin-Reiter* (560/50). Um die Mitte des 6. Jh. entstehen die bekleideten Mädchenstatuen (Korai bzw. Koren), die als Weihestatuen in Heiligtümern aufgestellt wurden. Vorläufer ist die *Hera des Cheramyes* aus Samos im Louvre (570/60) sowie die Kore Phrasikleia aus Attika in Athen (um 540). Neben Augen, Lippen, Haaren und Schmuck waren auch Webmuster und Bordüren der Textilien an archaischen Koren in polychromer Malerei ausgeführt. Eine ganze Reihe solcher Statuen, darunter auch die Kore des Bildhauers Ante-

nor (um 525), fand sich im sog. Perser-Schutt auf der Athener Akropolis. Darstellungen aus der Götter- und Heldensage an Giebeln, Friesen und Metopen archaischer Heiligtümer strahlen Gegenwärtigkeit und Lebenskraft aus (Giebel des Alten Athena-Tempels in Athen, um 570; Westgiebel des Artemis-Tempels von Korfu, spätes 6. Jh.).
Gegen Ende des 7. Jh. lösen attische Werkstätten Korinth in der Vasenmalerei ab. Sie entwickeln die **schwarzfigurige Vasenmalerei**, im engeren Sinne eine an die Fläche gebundene Zeichenkunst. In schwarzem Glanzton auf rötlichen Grund aufgetragene Umrisszeichnungen der Figuren werden durch Ritzlinien gegliedert und mit einer polychromen Malerei versehen. Nach dem Brennen aufgetragene, bunte Farbpigmente setzen zusätzliche, leider vergängliche Akzente. Neben mythischen Episoden und Kampfszenen, als Hauptmotive schwarzfiguriger Vasenmalerei, werden auch Momentaufnahmen aus dem täglichen Leben dargestellt. Nur wenige Vasenmaler und Töpfer sind über Signaturen namentlich bekannt, doch können heute zahlreiche anonyme Meister unterschieden werden. Der schwarzfigurige Stil erreicht unter Exekias und dem Amasis-Maler eine Blüte (560–520).

Exekias, Meerfahrt des Dionysos, Innenbild einer schwarzfigurigen Trinkschale, 540/535 v. Chr., München, Staatliche Antikensammlungen. Der ruhende Dionysos segelt in einem von Delphinen umgebenen Schiff über das korallenrote Meer, an dessen Mast als Symbol der Gottheit ein mit Reben behangener Weinstock emporrankt.

Andodikes, Herakles und Zerberus, Amphora, 520–510 v. Chr., Paris, Louvre. Amphoren dieser Form nahmen beim griechischen Symposion den ungemischten Wein auf.

Spätarchaische Zeit (540/30–500/480 v. Chr.)

Besonders in Athen und Attika sind zahlreiche spätarchaische Bildwerke erhalten, von denen oft sogar die Namen ihrer Schöpfer überliefert sind. Entspricht die Grabstatue des Kroisos von Anavyssos (um 520) noch weitgehend dem Kouros-Typus, so sprengt das stark bewegte Bildnis des Aristodikos in Athen (510/500) bereits das Kouros-Schema. Schließlich markieren die vollplastischen Giebelgruppen des Aphaia-Tempels auf Ägina in München (Westgiebel vor 500; Ostgiebel vor 480) einen Höhepunkt. Bedeutende Beispiele für spätarchaische Reliefskulptur finden sich im Apollonheiligtum von Delphi: Fries des Schatzhauses der Siphnier (kurz vor 525) sowie Metopen des Athener-Schatzhauses (510/500). Aus dem privaten Bereich sind die reliefierten Grabstelen eines Diskusträgers (Mitte 6. Jh.) und des Aristion (spätes 6. Jh.) zu nennen. An Großbronzen ist der im Hohlguss-Verfahren hergestellte Apoll von Piräus (530/20) erhalten.
Die **rotfigurige Vasenmalerei**, die um 530 in attischen Töpferwerkstätten aufkommt und um 500 die schwarzfigurige Technik ablöst, beruht auf dem Prinzip der Aussparung der Figuren bei gleichzeitigem Einsatz von Glanztonlinien für die reiche Binnenzeichnung. Sie erlaubt durch Loslösung von der Profilansicht eine Verkürzung der Darstellung und plastische Gestaltung. Neben mythischen Themen

Freiplastik Die griech. Plastik aus Holz, Ton, Stein und Bronze (Hohlguss und Toreutik), aber auch aus Edelmetallen und Elfenbein hat ihren Ursprung in den Götterbildern, deren älteste wohl aus Holz gefertigt waren und nicht mehr erhalten sind. Mit dem Aufkommen der Großplastik im 7. Jh. v. Chr. verwendete man vornehmlich Marmor für Götter- und Grabstatuen. Ab dem 5. Jh. v. Chr. setzt sich die Bronze in der Technik des Wachsgusses aus verlorener Form durch, während Kleinplastik in Bronzevollguss gefertigt wird. Die in Etrurien beliebte großformatige Tonplastik bleibt in Griechenland verhältnismäßig selten. Ab der späten Klassik, besonders aber im Hellenismus und in der röm. Kaiserzeit, tritt neben Bildwerke religiösen Inhalts zunehmend profane Plastik zur staatlichen (Herrscherbildnisse) und privaten Repräsentation.

und Alltagsbildern bereichern Motive aus dem dionysischen Themenkreis sowie das Training in der Palästra, Symposion und Liebeswerbung die Bilderwelt der Vasen. Um 500 ist eine große Zahl von erstklassigen Vasenmalern fassbar: Andokidesmaler, Oltos, Psiax, Euphronios und Euthymides, zu ihnen treten im 5. Jh. die Schalenmaler Duris, Onesimos und der Brygosmaler sowie der Berliner Maler, der Kleophradesmaler und der Panmaler.
Bei den ältesten **Tafelbildern** der Frühzeit handelt es sich um Malereien auf gebrannten Tontafeln als Votivbilder und Verkleidungsplatten (z.B. Metopen), deren Farbigkeit durch den Brennvorgang verhältnismäßig gut erhalten ist. Im Poseidonheiligtum von Korinth und auf der Athener Akropolis hat sich eine große Zahl archaischer Tonpinakes erhalten. Malereien auf Holztafeln in enkaustischer Technik sind nur in geringem Maße bekannt (Funde von Pitsà bei Korinth). Um die Mitte des 6. Jh. setzt mehrfarbige Malerei in Temperatechnik auf Stein bzw. Stuck ein, die im späten 4. Jh. eine Blüte erlebt (Marmorgemälde in Heiligtümern und auf Grabstelen; farbige Fassung von Marmorgeräten, wie Thronen und Sarkophagen).

KLASSISCHE ZEIT (480–323 v. Chr.)

Frühklassik – Strenger Stil (um 500/490–460/50 v. Chr.) An der Wende vom 6. zum 5. Jh. vollzieht sich ein durchgreifender Wandel in der griech. Kunst: Der Mensch löst sich aus den kollektiven Formen des archaisch-mythischen Denkens und entdeckt ein Bewusstsein für das eigene Individuum. In der Plastik weicht das archaische Lächeln einem ernsten Ausdruck, die Figuren treten aus dem festen Achsengefüge heraus und durchbrechen das Gesetz der Frontalität: So sind beim ponderierten Stand des *Kritios-Knaben* von der Athener Akropolis (um 480) bereits Stand- und Spielbein unterschieden, ein Kontrapost angedeutet und der Kopf nach rechts gewendet. Neben dem *Blonden Kopf* von der Akropolis in Athen (um 480) und der *Tyrannenmördergruppe* des Kritios und Nesiotes auf der Athener Agora (477/76) als Ersatz für die berühmte Bronzegruppe des Antenor (509) zählen die monumentalen Giebelfiguren und Metopenreliefs des Zeustempels von Olympia (um 470–456) zu den bedeutendsten Schöpfungen des Strengen Stils. Aus dem Meer beim Kap Artemision stammt das Bronzeoriginal des

Hauptvertreter griechischer Bildhauer

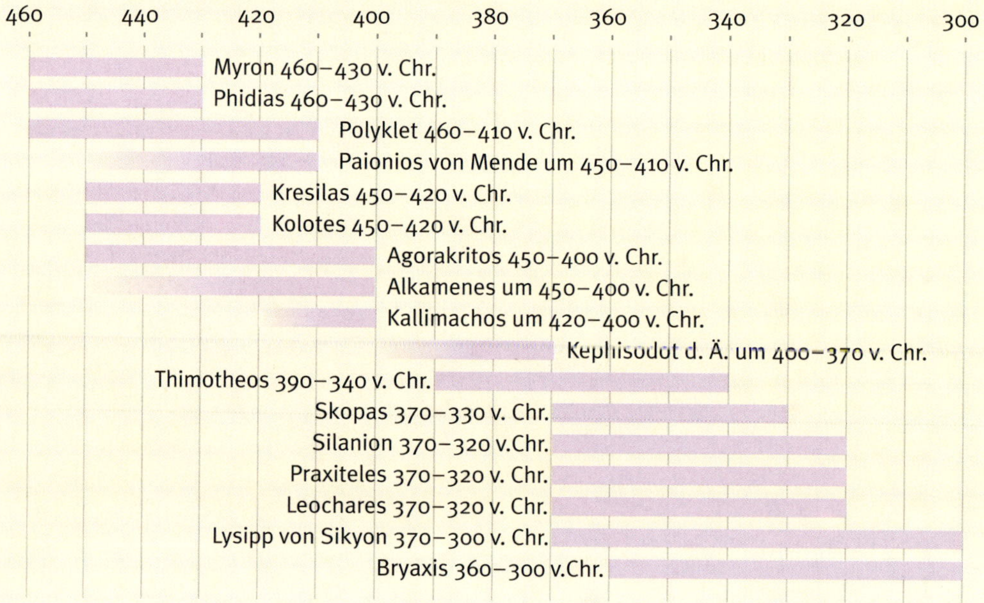

Künstler griechischer Tafelmalerei mit Hauptwerken

	Nordöstliche Peloponnes	Athen	Ostionien
vor 600 v. Chr.	**Kleanthes v. Korinth** **(Arideikes v. Korinth)** **(Telephanes v. Sikyon)** **Ekphantos v. Korinth**		**Saurias v. Samos** **Bularchos**
500 v. Chr.	**Kimon v. Kleonai**	**Eumares v. Athen**	
500–450 v. Chr.		**Polygnot v. Thasos:** Wandgemälde im Heiligtum von Thespiai, in der Bunten Halle (Stoa Poikile) in Athen und in der Knidierhalle in Delphi; Ausmalung des Dioskurenheiligtums in Athen; Odysseus und Nausikaa; Achill auf Skyros **Mikon v. Athen:** Amazonenschlacht **Panainos von Athen**	
450–400 v. Chr.		**Agatharch v. Samos** **Pauson v. Athen** **Apollodoros v. Athen:** Betender Priester; Vom Blitz getroffener Ajax **Parrhasios v. Ephesos:** Herakles für das Heiligtum von Lindos; gefesselter Prometheus; Archigallus; Perseus, Herakles und Meleager	**Androkydes v. Kyzikos** **Zeuxis v. Herakleia:** farbige Ausstattung des Palastes von Archelaos I. von Makedonien in Pella; Helena; Alkmene; Penelope; Marsyas; Boreas; Triton; Pan; Altes Weib; Kentauren-Familie
400–350 v. Chr.	**Eupompos v. Sikyon** **Pamphilos v. Amphipolis** **Pausanias v. Sikyon** **Melanthios v. Sikyon:** Aristratos, Tyrann von Sikyon, als Sieger im Wagenrennen	**Aristeides v. Theben:** Perserschlacht; Dionysos; Tragischer Dichter; Knabe; Sterbende Mutter **Euphranor v. Isthmus**	**Timanthes v. Kythnos:** Iphigenienopfer **Kydias v. Kythnos:** Argonautenbild
350–300 v. Chr.	**Nikophanes**	**Nikias v. Athen:** Io; Andromeda; Nekyomantie; Sieg beim Wagenrennen **Nikomachos v. Theben:** Raub der Proserpina; Gemäldeschmuck für das Grabmal des Dichters Telestes **Aristeides II** **Philoxenos v. Eretria:** Sieg Alexanders über Dareios	**Protogenes v. Kaunos:** Gründungheros Jalysos; ausruhender Satyr; keuchender Jagdhund **Apelles v. Kolophon:** Aphrodite Anadyomene; Artemis; Charis; Tyche; Verleumdung; Donner, Wetterleuchten und Blitz; Festaufzug des Megabyzos; Alexander mit Blitz; Alexander als Sieger mit Nike und Dioskuren; Alexander als Friedensbringer **Aëtion:** Hochzeit Alexanders mit Roxane **Athenion von Maroneia:** Achill unter den Töchtern des Lykomedes
300–??? v. Chr.		**Peiraïkos v. Athen (?)**	**Antiphilos v. Ägypten** **Theon v. Samos**

blitzeschleudernden Zeus in Athen (2. Viertel 5. Jh.). In der Reliefskulptur ist eine Eigenbedeutung des Reliefs gegenüber dem Hintergrund festzustellen, wie das Weihrelief eines siegreichen Knaben aus Sunion (nach 480) und die Grabstele Giustiniani in Berlin (Mitte 5. Jh.) zeigen. Meisterwerke der großgriechischen und sizilischen Plastik: *Thronende Göttin* aus Tarent (nach 480), der bronzene *Wagenlenker von Delphi* (um 470), die Metopen des Hera-Tempels von Selinunt (um 460) und die zeitgleichen Reliefs am *Ludovisischen Thron* in Rom.

Die Tafelmalerei auf Pinakes und Tabulae setzt im 5. Jh. mit Polygnot v. Thasos, dem Erfinder der Vierfarbenmalerei, ein. Sein Nachfolger Apollodoros soll nach Plinius der erste Schattenmaler gewesen sein, Parrhasios war für seine Zeichenkunst und Zeuxis wegen seiner illusionistischen Effekte berühmt.

Hochklassik (450–390 v. Chr.) Aufgrund seiner politischen Macht nach den Perserkriegen zieht Athen Mitte des 5. Jh. Bildhauer aus allen Teilen der griech. Welt an. Zu den bedeutendsten zählen Myron (Diskuswerfer sowie Athene und Marsyas), Alkamenes, Agorakritos und Phidias. Letzterer erschafft die im Altertum berühmten Goldelfenbeinstatuen des Zeus in Olympia und der Athena Parthenos in Athen und wirkt maßgeblich an der Bauskulptur des Parthenon auf der Athener Akropolis mit (448–432): Figuren der beiden Giebelfelder mit der Geburt der Athena und dem Wettstreit der Göttin mit Poseidon um Attika sowie die 92 Parthenon-Metopen und den Panathenäenfries von ca. 160 m Länge. Dem Bildhauer Polyklet von Argos gelingt es, bei seinen nur über röm. Kopien überlieferten Standbildern des Doryphoros/Kanon (um 440) und des Diadumenos (um 420) tragende und lastende Teile des Körpers in ein harmonisches Gleichgewicht zu setzen, in dem sich Anspannung und Entspannung um einen Schwerpunkt in der Mitte die Waage halten. In diesem Bemühen um ideale Maßverhältnisse und Proportionen des menschlichen Körpers, Symmetrie und Rhythmus liegt die Kraft der klassischen Skulptur mit ihrer Erfassung des Körpers bis in das letzte Detail. Die Generation nach der Vollendung des Parthenon wird als die Zeit des **Reichen Stils** bezeichnet. Veränderungen bei der Ponderation und im Verhältnis von Körper und Gewand belegen die Reliefs der Nike-Balustrade auf der Akropolis von Athen (410–407) sowie private Grabmäler wie das der Hegeso (410–400), der Theano (um 390) und des Dexileos (394/93) in Athen.

Im Gegensatz zur rotfigurigen Vasenmalerei erzielen weißgrundige **Lekythen** (Ölkannen), die im 5. Jh. für den Totenkult hergestellt werden, Raumwirkungen mit Glanztonzeichnungen und Pinselmalerei in leuchtenden Farben. Zu den bedeutendsten Lekythenmalern zählt der Achilles-Maler aus der Zeit um 430. Ab der 2. Hälfte des 5. Jh. wird in Unteritalien auf Gefäße mit schwarzem Glanztonüberzug der Figurenschmuck mit dem Pinsel und Erdfarben aufgemalt (sog. **Apulische Vasen**). Angeregt von der monumentalen Wandmalerei versuchen die Vasenmaler, die Kompositionen auf das kleinere Format zu übertragen und überfrachten dabei oft die Gefäße bis hin zu einem Prunkstil in der 2. Hälfte des 4. Jh.

Spätklassik (390–323 v. Chr.) Die spätklassische Skulptur des 4. Jh. zeichnet sich durch stärkere Bewegung und raumgreifende Entfaltung der Figuren aus. Von Skopas, Timotheos, Leochares und Bryaxis stammen die Skulpturen und Friese vom Grabmal des persischen Satrapen Mausolos von Halikarnassos (um 350, London) mit dynamischen Bewegungen und leidenschaftlicher Mimik. Eine Besonderheit stellt die Porträtstatue des Mausolos selbst dar: Zum ersten Mal ist in der griech. Kunst individuelle Charakteristik zu fassen. Dagegen handelt es sich bei den in Kopien überlieferten Bronzebildnissen des Platon, Sokrates und der drei Tragiker aus dem 3. Viertel des 4. Jh. um typisierte Idealporträts. Prägt zunächst noch die männliche Gestalt die Auffassung des weiblichen Körpers, so wird in der späten Klassik die weibliche Eigenart erkannt: Dies zeigt sich einmal bei der in Gewänder von üppiger Fülle gehüllten *Demeter von Knidos* (340–330, London), aber auch in der *Knidischen Aphrodite des Praxiteles* (um 330). Sein Hermes mit dem Dionysosknaben in Olympia

(330/20) liefert ein Beispiel für die Erfassung des Kindlichen. Derselben Stilstufe gehört ein Bronzebildnis aus dem Meer bei Antikythera in Athen an, das einen jungen Mann mit ausgreifender Armbewegung zeigt. Der ebenfalls im Meer bei Marathon entdeckte Bronzejüngling in Athen verbindet sich bereits mit dem Stil des Bronzebildhauers Lysipp v. Sikyon, von dem sich Alexander d. Gr. porträtieren lässt. Zu seinen Spätwerken zählt die in röm. Kopien erhaltene Statue des Apoxyomenos *(Schaber)* im Vatikan.

Eine große Zahl attischer Grabreliefs des 4. Jh. führt die seelische Verbundenheit zwischen Verwandten vor, wobei in der 2. Hälfte des 4. Jh. die zunehmende Loslösung der Reliefs vom Hintergrund zu beobachten ist (Stele vom Ilissos in Athen; Grabstele von Rhamnus). In gänzlich anderer Tradition stehen die beiden mit polychromen Reliefs verzierten Sarkophage aus Sidon in Istanbul *(Klagefrauen-Sarkophag*, nach 360; *Alexander-Sarkophag*, 330/20).

HELLENISMUS (323 v. Chr.–31 v. Chr.)

Mit dem Tod Alexanders d. Gr. und der Aufteilung des Reiches an seine Nachfolger (Diadochen) endet die Führung des griech. Mutterlandes auf polit. wie künstlerischem Gebiet. Diese Rolle fällt nun den Diadochenhöfen in Alexandria, Antiochia, Pergamon und Nikomedeia zu. Entstanden in der griech. Welt der Stadtstaaten Bildwerke im öffentlichen Auftrag oder als Stiftungen Einzelner, so bestimmen in hellenistischer Zeit vorwiegend die Ideen des Künstlers und des Publikums die bildende Kunst. Ab dem 3. Jh. zeigt sich ein verstärktes Interesse an kunsttheoretischen Fragen, das seinen Niederschlag in den kunstwissenschaftlichen Schriften eines Xenokrates von Athen und Antigonos von Karystos findet.

Frühhellenismus (323–250 v. Chr.) Die meist in röm. Kopien überlieferte Skulptur des frühen Hellenismus ist von Überschneidungen und gegensätzlichen Rhythmen geprägt. Die kompliziertere Komposition der Figuren wird um ein neues Zentrum arrangiert. Bedingt

Derveni-Krater, 330/320 v. Chr., Bronze und Silber, vergoldet, Thessaloniki, Archäologisches Museum. Auf dem Mischkrug umtanzen Mänaden und Silenen das Liebespaar Dionysos und Ariadne in bacchantischer Ekstase. Unter den bärtigen Köpfen, welche die von vollplastischen Frauenfiguren flankierten Volutengriffe zieren, erscheint Herakles mit dem Löwenfell. Inschrift am Gefäßrand nennt Aristeiunios aus Larissa als Besitzer.

durch die Aufstellung in Nischen bilden sich eindeutige Ansichtsseiten aus. Beim Kultbild der Themis von Rhamnus (um 300) ist die Vertikale betont, das kleinteilig wiedergegebene Gewand führt ein Eigenleben und grenzt den Körper nach außen ab. Diese Entwicklung führen die Ehrenstatue des Redners Demosthenes (280/79) und der kynische Philosoph in Delphi (Mitte 3. Jh.) fort. Im frühen Hellenismus liegt der Höhepunkt der Produktion von polychrom bemalten Terrakotta-Statuetten, die nach ihrem Fundort in Böotien als *Tanagra-Figuren* bezeichnet werden.

Wandmalereien auf geglättetem Kalkmörtelgrund dienen der Verzierung von Tempeln, Profanbauten (hellenistische Wohnbauten auf Delos) und Gräbern (makedonische Kammergräber von Vergina und Lefkadia). Wandmalereien in Tempeln und anderen öffentlichen Bauten sind meist verloren, neben einigen archaischen sind vornehmlich frühhellenistische Grabgemälde erhalten.

Im frühen Hellenismus erreicht die **Tafelmalerei** mit plastisch-räumlichen Darstellungen eine Hochblüte und bringt es rasch zu großer Popularität. Künstler wie Apelles, Nikomachos, Aëtion und Protogenes werden besonders von den Stadtgemeinden und den repräsentationsbewussten Diadochen gefördert. Leider hat keines der literarisch überlieferten, auf Holztafeln gemalten Meisterwerke, an denen besonders die Lebensnähe (mimesis bzw. veritas) als wichtigstes Kriterium künstlerischer Qualität gerühmt wurde, überdauert. Neben zahlreichen literarischen Beschreibungen können die griech. Vasenmalerei,

Sog. Nyx aus dem Nordfries des Pergamon-Altars, 164–159 v. Chr., Berlin, Pergamon-Museum. Eumenes II. lässt sich auf einem Hügel vor der kleinasiatischen Stadt Pergamon zur Erinnerung an die Siege seines Vaters Attalos' I. über die Gallier den Großen Altar errichten, dessen fast 120 m lange Hochreliefs den heftigen Kampf der Götter gegen die Giganten erzählen.

Nike von Samothrake, um 190 v. Chr., Paris, Louvre. Die Statue der geflügelten Siegesgöttin mit dramatisch bewegtem Gewand schwebt siegbringend auf den Bug eines Schiffes herab. Das überlebensgroße Bildnis wurde von von einem rhodischen Bildhauer geschaffen und als Weihgeschenk der Rhodier für einen Seesieg über Antiochos III. von Syrien (222–187 v. Chr.) nahe des Kabiren-Heiligtums auf der Insel Samothrake aufgestellt.

die röm.-campanische Wandmalerei in den Vesuvstädten und röm. Mosaikkopien (Alexanderschlacht in Neapel) nur einen schwachen Reflex des einst Vorhandenen bieten.

Hochhellenismus (250/40–160/50 v. Chr.) Das *Mädchen von Antium* in Rom, die *Kauernde Aphrodite des Doidalses* und der *Knabe mit der Gans (Ganswürger des Boethos?)* sind Meisterwerke aus dem 3. Viertel des 3. Jh. mit gegensätzlichen Bewegungen und Überschneidungen. Ein gutes Beispiel für die im 3. Jh. vorherrschende Freude an geschlossenen Gruppenkompositionen ist die *Große Gallier-Gruppe Ludovisi* in Rom (240–200). An der Wende zum 2. Jh. wird diese **geschlossene Form** überwunden und von der **offenen Form** bzw. vom **pathetischen Stil** abgelöst, für den der *Barberinische Faun* (Ende 3. Jh., München) und die *Nike von Samothrake* (um 190, Paris) charakteristisch sind. Die hochdramatische, flächig komponierte Handlung der 120 m langen Friese des *Pergamon-Altars* (um 180, Berlin), dessen stark bewegte und von Pathos erfüllte Figuren sich von der Wandfläche des Altarsockels zu lösen scheinen, stellt einen Höhepunkt der pergamenischen Kunst dar.

Späthellenismus (150–31 v. Chr.) Ab der 2. Hälfte des 2. Jh. kommt es neben einer Weiterführung des hellenistischen Barock zu einem ersten Klassizismus in der Skulptur (**Kopistenzeit**). Besonders in Athen (neuattische Kunst) werden in großem Umfang Kopien berühmter klassischer Bildwerke geschaffen, die heute eine Vorstellung vom Aussehen verlorener griech. Meisterwerke geben können. Retrospektive Rückgriffe auf klassische Werke sind am Relief einer schwärmenden Mänade in Rom und an der *Aphrodite von Melos* in Paris, beide aus dem Ende des 2. Jh., zu beobachten. Als Folge der Herrscherbildnisse seit Alexander blüht die Porträtkunst: Bronzestatue eines Herrschers im Thermenmuseum in Rom (Mitte 2. Jh.), Hippokrates in Kos (2. Hälfte 2. Jh.) und ein bronzener Kopf aus Delos (Anfang 1. Jh.) mit stark individualisierten Zügen. Das im 1. Jh. beliebte Prinzip der Einansichtigkeit von Skulpturen führen Werke wie die Statuette einer knienden Aphrodite in Rhodos, die Gruppe *Pan-Aphrodite-Eros* in Athen, die *Drei Grazien* in Siena und schließlich die *Laokoon-Gruppe* im Vatikan wirkungsvoll vor Augen.
Die späthellenistische **Malerei** zeigt das Atmosphärische in einer Landschaft mit plastischen Felsformationen und Schichtung der Raumebenen, die den Sakralidyllen der röm.-campanischen Wandmalerei als direkte Vorbilder gedient haben.
Das Zeitalter des Hellenismus endet mit dem Tod der letzten Ptolemäerkönigin Kleopatra VII. im Jahre 31 v. Chr.

Rom

Die Grundlagen der röm. Kunst bilden die altital. Kulturen (**Villanova-** und **Terramare-Kultur**) in Verbindung mit etruskischer Tradition und die griech., insbesondere hellenistische Kunst. Letztere gelangt durch Vermittlung der Etrusker sowie über Großgriechenland (Magna Graecia = Unteritalien und Sizilien) nach Rom. Zwischen 7. und 1. Jh. v. Chr. verschmelzen italische, etruskische und griech. Elemente zu einer röm. Kunst, die unter der Herrschaft des Kaisers Augustus ihre erste Blüte erreicht. Werke röm. Kunst sind keine Schöpfungen eines einzelnen Volkes, sondern entstehen unter dem Geist und der polit. Herrschaft Roms. Im polyethnischen und multikulturellen Röm. Reich, das bei seiner größten Ausdehnung vom Zweistromland bis zum Atlantik und von den Britischen Inseln bis Nordafrika reichte, wirken gleichzeitig verschiedene Stile, Genres und Ikonografien. Diese Vielschichtigkeit spiegelt auch der unterschiedliche Geschmack verschiedener sozialer Schichten wieder: Die aristokratische Oberschicht Roms neigt eher der hellenistischen Kunst und klassizistischen Eleganz zu, nicht-aristokratische Schichten bevorzugen auf altitalischer Tradition basierende, naturalistische Darstellungen sowie einen ausdrucksstarken Stil ohne verfeinerte Posen (plebejische bzw. populäre Kunst). Diese Strömung ist in der frühen Kaiserzeit (*Grabmal des Eurysaces* in Rom, um 30 v. Chr.) zunächst nur unterschwellig spürbar, doch später beginnt sie auf kaiserliche Monumente Einfluss zu gewinnen (*Trajan-Säule* in Rom) und bestimmt schließlich im 3. Jh. n. Chr. die röm. Kunst.

Etruskische Phase (Königszeit, 7./6. Jh. v. Chr.) Archäologische Funde auf dem Palatin deuten auf einen Zusammenschluss der Latiner und Sabiner zu einer Stadtgemeinde unter etruskischem Einfluss in der 1. Hälfte des 8. Jh. v. Chr. hin. Das sagenhafte Gründungsdatum Roms (ab urbe condita) wird erst viel später auf den 21. 4. 753 v. Chr. festgesetzt. Am Ende des 7. Jh. v. Chr. gründet Tarquinius Priscus eine etruskische Königsdynastie in Rom, die ein Jahrhundert an der Macht bleibt und gegen Ende des 6. Jh. v. Chr. durch die republikanische Regierungsform ersetzt wird. Etruskisches Erbe bleibt in religiösen Einrichtungen und der Architektur, v. a. dem Tempelbau, greifbar.

Italische Phase (5./4. Jh. v. Chr.) Kennzeichnend für die frühe Republik sind soziale Spannungen zwischen den landbesitzenden Patriziern und den Plebejern (Handwerker, Bauern etc.). Aus der Zeit bald nach 500 v. Chr. stammt die archaisch-etruskische Bronzeplastik der *Kapitolinischen Wölfin* in Rom. Die Herrschaft über die ganze italische Halbinsel um 270 v. Chr. bringt die Römer in Kontakt mit den griech. Formen Mittel- und Süditaliens. Beginn der Porträtkunst und der Triumph- bzw. Schlachtenmalerei.

Griechisch-hellenistische Phase (3./2. Jh. v. Chr.) Die Expansion Roms in die hellenistische Welt spielt eine wichtige Rolle bei der Hellenisierung der röm. Kunst. Nach dem Sieg über die Makedonen (168 v. Chr.) und der Zerstörung Korinths (146 v. Chr.) gelangt eine Fülle von erbeuteten Kunstschätzen aus dem griech. Osten nach Rom. Statuen, Gemälde und kostbares Gerät werden als Trophäen öffentlich aufgestellt und regen die eigene Kunstproduktion an. Griech. Baumeister, Bildhauer und Maler erhalten Aufträge in Rom, das zu einem Zentrum späthellenistischer Kunst wird. Nach dem Vorbild hellenistischer Fürsten beginnt die röm. Aristokratie bedeutende Kunstsammlungen anzulegen, wobei der Bildungsanspruch von griech. Kultur geprägt ist. Nach Feldherrn und Statthaltern östl. Provinzen umgeben sich auch bürgerliche Kreise mit griech. Kunstwerken.

Spätrepublikanische Zeit (Ende 2. Jh.–Ende 1. Jh. v. Chr.) Gilt in der bildenden Kunst als Frühzeit der röm. Antike. Im Gegensatz zur Idealisierung und Heroisierung der griech. Skulptur strebt das spezifisch röm. Genre der Porträtkunst eine möglichst genaue Wiedergabe der individuellen Gesichtszüge des Dargestellten an. Der Bronzekopf des *Brutus* (4.–1. Jh. v. Chr., Rom) und die lebensgroße Bronze des *Arringatore* (Anfang 1. Jh. v. Chr., Florenz) sind frühe Zeugnisse für Bildnisse von Persönlichkeiten. Beide Werke zeigen die Verschmelzung etruskisch-italischer und griech. Traditionen. Die republikanischen Hermen, Büsten und Kopfporträts mit ihrem strengen Realismus ohne jede Beschönigung gehen auf die aus Wachs geformten Bildnisse der Ahnen zurück, die im Atrium des röm. Hauses ausgestellt gewesen und bei Begräbnissen dem Verstorbenen vorangetragen worden sind. Im 1. Jh. v. Chr. setzen griech. Bildhauer diese Totenmasken in steinerne Porträtbüsten veristischer Tradition um, die als spätrepublikanische Porträts bis in die Kaiserzeit beliebt sind. Nach Kontakten mit der hellenistischen Plastik sind Verfeinerungen im röm. Porträt zu beobachten: Köpfe des Pompeius in Kopenhagen und des Cicero in Rom.

Bronzestatue des Aulus Metellius, sog. Arringatore, gefunden am Trasimenischen See, Anfang I. Jh. v. Chr., Florenz, Museo Archeologico. Physiognomie und Togatracht des lebensgroßen Standbildes eines Beamten verraten röm. Einfluss von nüchterner Sachlichkeit.

Zu den bedeutendsten Schöpfungen der spätrepublikanischen Zeit zählt im 1. Jh. v. Chr. das **Historienrelief**: Dokumentation von historischen Ereignissen (Feldzüge, Triumphe) und öffentlichen Zeremonien (Opfer, Staatsakte). In ihnen werden realistische und symbolische Bildinhalte kombiniert. Vorbilder sind in der etruskischen Zeremonien- und Sepulkralkunst, der griech. Historienmalerei und den gemalten Schaubildern zu suchen, die bei den Triumphzügen nach siegreichen Feldzügen mitgeführt und später in Tempeln und öffentl. Bauten aufgestellt werden. So verknüpft der Fries am *Altar des Domitius Ahenobarbus* (115–97 v. Chr., Paris und München) die mythische Hochzeit von Poseidon und Amphitrite mit einer realistischen Darstellung des röm. Census. Auch der 14 v. Chr. geschaffene Fries mit Legenden aus der Frühzeit Roms an der Basilica Aemilia auf dem Forum Romanum führt im Sinne eines ideologischen Programms die Bestrafung der Tarpeia vor. Einen Eindruck der frühen Historiengemälde vermittelt das wohl älteste erhaltene Wandgemälde mit Szenen aus einem Samnitenfeldzug aus einem Grabmal am Esquilin.
Ausgehend vom reichen Denkmälerbestand in den Vesuvstädten Pompeji und Herculaneum gelang es der Forschung, anhand der Gestaltungsprinzipien der Wandmalereien vier Stile

zu unterscheiden, von denen die ersten beiden in die Zeit der Republik, die beiden letzten in die Kaiserzeit fallen (vgl. Grafik S. 48).

KAISERZEIT (31 v. Chr.–285 n. Chr.)

Nach dem Sieg über Marcus Antonius und Kleopatra bei Actium (31 v. Chr.) begründet Octavian/Augustus das Principat. Aus ideologischen Gründen fördert Augustus in der Kunst einen Klassizismus, der sich am Goldenen Zeitalter der klassischen griech. Kunst orientiert. Die bewusst für kaiserliche Propaganda eingesetzte Kunst strebt nach Einfachheit, Ausgewogenheit und Würde nach dem Vorbild der Werke **Phidias'** und **Polyklets**. Rückbesinnung auf die moralischen Tugenden der Republik und Unterordnung der eigenen Interessen zum Wohl der Allgemeinheit begründen eine Ära von dauerhaftem Frieden und Wohlstand. Die häufige Verwendung floraler Ornamente in Plastik, Malerei und dekorativer Kunst soll vermitteln, dass Mäßigung und ehrliche Arbeit reiche Früchte tragen.
Aus der Kaiserzeit sind eine Vielzahl von **Kaiserbildnissen** erhalten, die als Kopien der offiziellen Porträtbüste im Reich verbreitet wurden. Bei längerer Regierungszeit eines Kaisers kann sich dieses Bildnis wandeln, sodass oft mehrere Typen überliefert sind. Privatporträts orientieren sich an den aktuellen Bildnissen des Kaiserhauses. Zu den bekanntesten Porträts des iulisch-claudischen Kaiserhauses, die den Kaiser und seine Familienangehörigen glatt, abgeklärt und vom Alter unberührt darstellen, zählt der in mehr als 150 Exemplaren erhaltene Augustus-Typus *Prima Porta*. Es ist nach einer Panzerstatue im Vatikan benannt, die den Kaiser in einer polykletischen Pose zeigt (nach 18 v. Chr.). Auch die weiblichen Idealporträts folgen dem neoklassischen Stil (Agrippina d. Ä. in Rom). Röm. Frauenporträts lassen sich oft anhand der Frisuren datieren, da sich diese mit jeder Generation ändern. Propagandistisch eingesetzt wird auch die Kombination von Porträtköpfen der Kaiser mit heroischen Götterbildern und idealisierten Athletenstatuen, wie eine Kolossalstatue des Claudius aus Lanuvium (42/43 n. Chr., Vatikan) zeigt. Der von Augustus eingeführte

Panzerstatue des Augustus aus dem Haus der Livia bei Prima Porta, nach 18 v. Chr., Marmorkopie nach einem Bronzeoriginal, Rom, Vatikanische Museen. Neuer Typus von idealisiertem Herrscherbildnis, das dem Kaiser zur Steigerung seiner Autorität übermenschliches Format verleiht. Der mit allegorischen Darstellungen geschmückte Brustharnisch führt die neue Siegesideologie vor.

Rom, **Ara Pacis** (Gesamtansicht), 13–9 v. Chr. Den eigentlichen Altar umschließt eine Einfriedung aus Marmor, deren allegorische und historische Reliefs über einer rankengeschmückten Sockelzone den Frieden (pax augusta) und das Goldene Zeitalter (aurea aetas) als Leitmotive augusteischer Politik vorführen.

neoklassizistische Stil hält sich nach seinem Tod noch etwa ein halbes Jahrhundert in der öffentlichen und privaten Kunst. Die Flavischen Kaiser orientieren sich zunächst wieder am strengen spätrepublikanischen Typus des 1. Jh. v. Chr. Domitian schätzt den barocken Stil, unter Trajan erfolgt eine Rückbesinnung auf augusteische Formen. Hadrian, der verstärkt griech. Elemente in der röm. Kunst fördert, führt bei den Kaiserporträts als Ausdruck seines Philhellenismus den bärtigen Philosophentypus ein. Mark Aurels bronzene Reiterstatue in Rom, um 165 n. Chr. nach dem Sieg

über die Parther errichtet, zeigt den Kaiser in der Pose des siegreichen Triumphators. Unter Mark Aurel, Commodus und Septimius Severus verstärkt sich die Tendenz, Haare und Gewänder durch tiefe Rillen zu zergliedern, bis das Porträt unter Caracalla zu einem Verismus zurückfindet, der auch für die expressiven Bildnisse der Soldatenkaiser im 3. Jh. n. Chr. prägend ist. Die plebejische Tradition bleibt während der gesamten Kaiserzeit besonders beim Privatporträt an Grabmälern fassbar.
Die Historienreliefs an der 9 v. Chr. eingeweihten *Ara Pacis Augustae* (Altar des augusteischen Friedens) auf dem Marsfeld in Rom führen für die augusteische Ideologie wichtige Themen vor: Neben Göttern, mythischen Gestalten und Personifikationen wie Mars, Romulus, Aeneas und Tellus bzw. Italia wird die kaiserliche Familie bei einer Opferprozession gezeigt. Der Habitus erinnert an griech. Weihreliefs. Anhand der Porträts sind einzelne Mitglieder des Kaiserhauses zu benennen. Zwei Reliefs mit starker räumlicher Wirkung im Durchgang des Titus-Bogens in Rom (81 n. Chr.) zeigen den von Roma und Victoria begleiteten Kaiser beim Triumphzug sowie die reiche Kriegsbeute aus dem Tempel in Jerusalem. Die Reliefplastik der flavischen Zeit ist weniger um realistische Wiedergabe, sondern eher um illusionistische Wirkung mittels schimmernder Oberflächen neben tiefen Schatten (Chiaroscuro-Effekt) bemüht. Barocker Zierrat erfreut sich zunehmender Beliebtheit. Diese für röm. Historienbilder typische Vermischung allegorischer Gestalten und historischer Personen findet sich auch an den *Cancelleria-Reliefs* in Rom (83/85 bzw. 92/96 n. Chr.), am Trajansbogen von Benevent (114 n. Chr.) und am Bogen des Septimius Severus in Rom (203 n. Chr.). Eine Besonderheit in der Behandlung des Raumes stellen die beiden Ehrensäulen Trajans und Marc Aurels in Rom dar, deren fortlaufende Reliefs sich spiralförmig um einen Säulenschaft emporwinden: Die *Trajans-Säule* (113 n. Chr.), deren Reliefs barocke Formen der Flavier mit Elementen griech. Komposition verbinden, erzählt auf 200 m die Daker-Feldzüge; die

Stile der Wandmalerei in der Republikanischen und der Kaiserzeit

		Charakteristika	Beispiele
Republik	**1. Stil (200–80 v. Chr.)**	Marmortäfelung imitierende Bemalung von Wandfeldern	Basilika auf dem Forum von Pompeji (2. Hälfte 2. Jh. v. Chr.), Casa del Cinghiale u. Haus der Diadumeni (beide Pompeji)
	2. Stil (80–20 v. Chr.)	Darstellende Malerei: räumliche Tiefe durch Architekturfassaden im Vordergrund mit illusionistischen Landschaftsausblicken, z.T. von Figuren bevölkert	Villa von Boscoreale (New York), Villa dei Misteri in Pompeji, Haus der Livia auf dem Palatin in Rom
Kaiserzeit	**3. Stil (20/30 v. Chr.–Mitte 1. Jh. n. Chr.)**	Architektursystem und perspektivischer Illusionismus des 2. Stils werden beibehalten, dunkle Felder schließen die Ausblicke: szenische Darstellungen (Vorbilder in der griech. Tafelmalerei) werden zu Gemälden an der Wand	Haus des M. Lucretius Fronto in Pompeji, zahlreiche impressionistische Landschaftsbilder in Pompeji
	4. Stil (Mitte 1. Jh. n. Chr.–frühes 2. Jh. n. Chr.)	Zunahme der malerischen Effekte und überladene Ornamentik führen zu barocker Wirkung	Haus der Vettier und Haus des Pinarius Cerialis in Pompeji, Domus Aurea in Rom

Mark-Aurel-Säule preist die Kriege gegen Sarmaten und Germanen (196 n. Chr.). Der Apotheose des Kaisers Antoninus Pius und seiner Gemahlin Faustina d. Ä. dient dagegen ein reliefierter Säulensockel (nach 161 n. Chr., Vatikan). Der gedrungene Figurenstil der Militärparade auf den Nebenseiten verrät das Eindringen plebejischer Tradition in die offiziellen Staatsmonumente.

Die statuarische Idealplastik bleibt auch in der Kaiserzeit im Gegensatz zur Reliefskulptur von eher geringer Bedeutung. Einige Bildhauer, deren Werke in Stil und Sujet von Vorbildern der griech. Klassik abhängen, sind namentlich bekannt und stammen wohl aus Unteritalien. Ein klassizistisches Beispiel, das polykletische und praxitelische Stilmerkmale zitiert, ist die Ildefonso-Gruppe (2. Viertel 1. Jh. n. Chr., Madrid). Hadrian ließ nicht nur zahlreiche Kopien berühmter klassischer Bildwerke zum Schmuck seiner prächtigen Villa in Tivoli anfertigen, sondern wählte auch für die Ehrenstatuen seines verstorbenen Lieblings Antinous den Typus griech. Götter und Jünglinge. Reliefverzierte Sarkophage mit komplexer Bilderwelt dienen wohlhabenden Römern als Grablegen und werden meist sichtbar in Mausoleen aufgestellt. Neben Importen aus Griechenland mit vorwiegend mythologischen Themen (neuattische Sarkophage) und Kleinasien mit üppigem vegetabilem Dekor und statuenhaften Figuren vor reicher Architekturstaffage (Girlanden- und Friessarkophage aus Dokimeion; Sidamara-Sarkophage) werden ab der 1. Hälfte des 2. Jh. n. Chr. auch in Rom Sarkophage produziert. Beliebte Motive sind: mythologische Darstellungen (Adonis, Bacchus, Endymion, Meleager, Musen), Hirtengenre, Jahreszeitensymbolik (Badminton-Sarkophag, um 260 n. Chr., New York), militärischer Sieg (ludovisischer Schlachtensarkophag, 251 n. Chr., Rom) und Szenen aus dem Alltagsleben begüterter Kreise.

In der Wandmalerei entwickeln sich zwei Stilarten (vgl. Graphik S. 48), ein **anti-illusionistischer** und ein **barocker Stil**. Unter Hadrian kehrt man zum anti-illusionistischen, dritten Stil zurück.

In den Ruinen der 256 n. Chr. von den Pathern zerstörten röm. Grenzfestung Dura Europos am oberen Euphrat, sind Reste einer gegen Mitte des 3. Jh. n. Chr. errichteten Synagoge mit biblischen Szenen und einer christlichen Hauskirche mit Taufraum (232/33 n. Chr.) sowie alt- und neutestamentlichen Szenen gefunden worden. Diese zählen zu den frühesten Wandmalereien des christlichen Ostens.

Neben Stillleben mit Lebensmitteln und Alltagsgerät haben gemalte Porträts überdauert, z. B. *Bildnis des Terentius Neo und seiner Gemahlin* in Pompeji. Im 2. Jh. n. Chr. entstehen Mumienbildnisse aus der Oase von **El Fayum** (Ägypten): lebendige Wiedergabe individueller Gesichtszüge von Verstorbenen in enkaustischer Technik bzw. in Temperamalerei auf Holztafeln, bei maltechnischer Anknüpfung an hellenist. Traditionen. Meisterwerke röm. Bildniskunst sind ferner die Privatporträts auf Goldfoliengläsern des 3. Jh. n. Chr.

Seit dem 1. Jh. v. Chr. zieren Stuckreliefs Decken und Wände öffentlicher wie privater Räume mit mythologischen Themen und fantastischen Architekturen, die röm.-campanischer Wandmalerei ähneln (Räume unter der Villa Farnesina in Rom und Stabianer Thermen in Pompeji). Während der julisch-claudischen Epoche sind mit Themen der griech.

Gemma Augustea, um 10. n. Chr., Wien, Kunsthistorisches Museum. Bei diesem kostbarsten Beispiel röm. Kameenschnitts verleiht die geschickte Ausnutzung eines zweischichtigen arabischen Sardonys dem feinen Relief Plastizität. Augustus thront wie Jupiter neben Roma und empfängt den Kronprinzen und siegreichen Feldherrn Tiberius. Im unteren Register errichten römische Soldaten neben gefangenen Barbaren ein Tropaion aus erbeuteten Waffen.

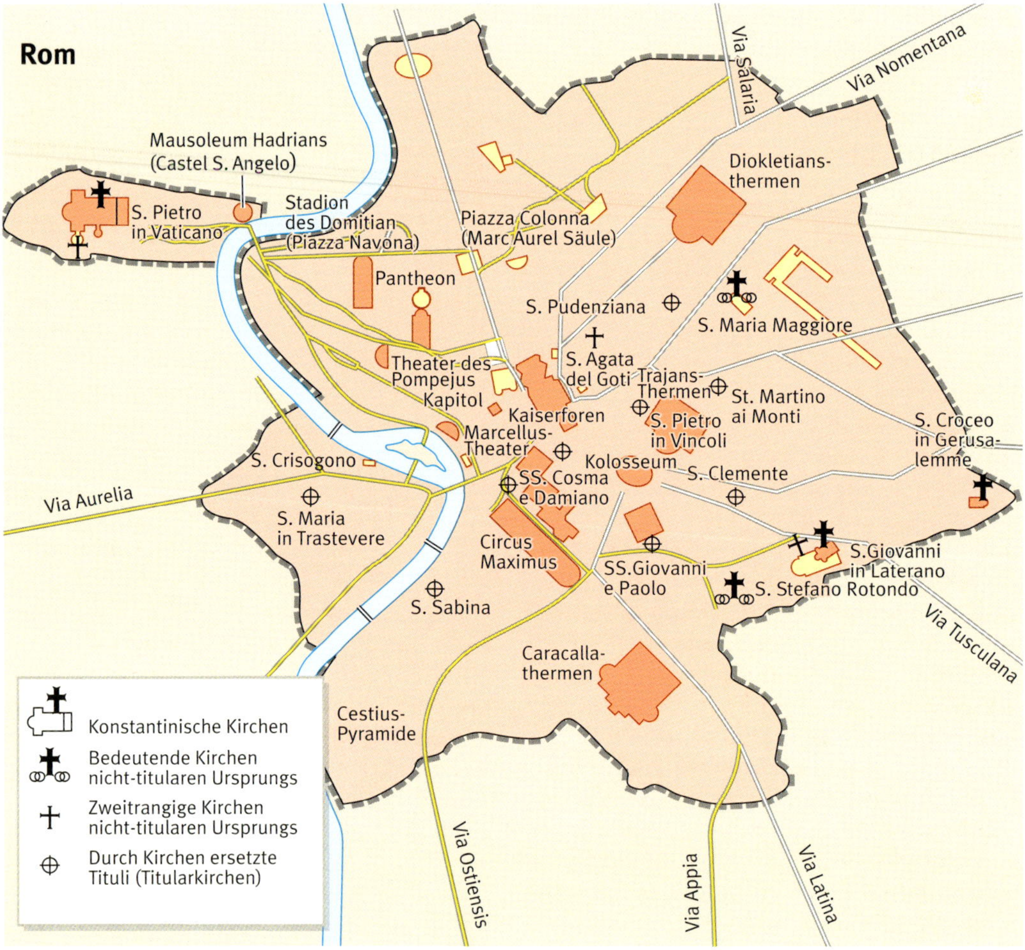

Mythologie verzierte Tonplaketten *(Campana-Reliefs)* als dekorative Architektur-Elemente besonders beliebt.

Polychrome Bodenmosaiken stehen zunächst ganz in hellenistisch-italischer Tradition. In der röm. Kaiserzeit bilden sich technische und stilistische Varianten aus: Insbesondere schwarz-weiße Bodenmosaiken *(Neptun-und-Amphitrite-Mosaik* in den Neptun-Thermen von Ostia, 139 n.Chr.) und das bei den Griechen unbekannte Wandmosaik, das besonders in der spätröm. Zeit eine Blüte erlebt.

Zu den teuren Luxusartikeln gehören elegant verzierte Prunkgefäße aus Silber (Schatz von Boscoreale; Hildesheimer Silberfund) mit figürlichem und ornamentalem Dekor sowie kostbare Gemmen und Kameen, deren Schnitt seit dem Hellenismus eine hohe Perfektion erreicht. Über den ästhetischen Reiz als Meisterwerke der Glyptik hinaus liefern röm. Münzen wertvolle Informationen über offizielle röm. Ikonografie. Aufgrund ihrer weiten Verbreitung im Reich als Zahlungsmittel nach griech. Vorbild eignen sich ihre Bilder und Legenden vorzüglich für Propagandazwecke. Gegen Ende des 1. Jh. v. Chr. setzt in Arretium/Arezzo die Produktion glänzend rötlicher Keramik (**Terra sigillata**) ein, deren figürlicher und ornamentaler Dekor aus Modeln geformt werden. Später wird dieses Tongeschirr auch in Süd- bzw. Mittelgallien (Bassanac, Graufesenque, Lezoux), Kleinasien und Nordafrika gefertigt. Zunächst Luxusartikel, kann **röm. Glas** nach der Erfindung des Glasblasens um 50 v. Chr. in großem Umfang hergestellt werden. Verschiedene Farben, Formen und Verfahren erlauben eine große Vielfalt mit mehreren Produktionszentren im Röm. Reich.

SPÄTANTIKE (285 n. Chr.–527 n. Chr.)

Nach einer Zeit der Unruhen an den Grenzen des Reiches und schwerer wirtschaftlicher Krisen im Laufe des 3. Jh. n. Chr. gelingt es Diokletian, mit einer Reichsreform und Einrichtung der Vier-Kaiser-Herrschaft (Tetrarchie) die Verhältnisse zu konsolidieren. Konstantin I. vereinigt die vier Reichsteile wieder unter seine Alleinherrschaft, verlegt 324/330 n. Chr. die Hauptstadt des Imperium Romanum von Rom an den Bosporus und erhebt das Christentum zur Staatsreligion. Nach dem Tod Theodosius' I. kommt es 394 n. Chr. zur Reichsteilung: Während sich die östl. Reichshälfte mit der Hauptstadt Konstantinopel zu einem stabilen Staat entwickelt, zerfällt der Westteil des Reiches mit seinen wechselnden Kaiserresidenzen (Rom, Mailand, Trier und Ravenna) nach der Plünderung Roms durch den Westgotenkönig Alarich im Jahre 410 n. Chr. allmählich in den Wirren der **Völkerwanderung**. Diesen Prozess kann auch die kurzlebige Restauration des Imperium Romanum unter Justinian I. nicht aufhalten.

Spätantike Denkmäler bleiben zwar weiter dem pagan-röm. Vermächtnis verpflichtet, Darstellungsmodi folgen jedoch zunehmend lokalen Stiltendenzen. Vielfalt zwischen traditioneller Bindung und zukunftsorientierter Innovation wird bestimmend, in der sich eine im Umbruch befindliche Gesellschaft widerspiegelt. Die Christliche Kunst schafft im allgemeinen keine neue Formensprache, sondern bedient sich als Zweig der spätröm. Kunst der imperialen Ikonografie.

Aus der Tetrarchen-Zeit sind mehrere **Staatsmonumente** überliefert: Um 300 n. Chr. lässt Galerius in seiner Residenz Thessaloniki zur Verherrlichung des Sieges über die Perser ein reliefverziertes Tetrapylon errichten. 303 n. Chr. erbaut Diokletian auf dem Forum Romanum ein programmatisches Fünfsäulenmonument, von dem die reliefverzierte Dezennalienbasis erhalten ist. Die beiden Tetrarchengruppen aus rotem Porphyr an der

Nordwestseite der Basis des **Theodosius-Obelisken**, 390 n. Chr., Konstantinopel, Hippodrom. Beispiel für spätantike Triumphalkunst und höfischen Klassizismus der theodosianischen Epoche. Der anlässlich eines Sieges errichtete ägypt. Obelisk zeigt an allen vier Seiten seines Marmorsockels figürliche Reliefs kaiserlicher Repräsentation sowie Szenen vom Geschehen im Hippodrom und von der Aufstellung des Obelisken.

Fassade von S. Marco in Venedig stammen von einem Säulenmonument in Konstantinopel (293–305 n. Chr.). Nach seinem Sieg über Maxentius ehrt der röm. Senat Konstantin mit einem Triumphbogen in Rom (312–315 n. Chr.), an dem Spolien älterer Siegesmonumente in Verbindung mit zeitgenössischen, formal und inhaltlich neuartigen Relieffriesen der imperialen Propaganda dienen. Mit Theodosius I. (379–395 n. Chr.) übernimmt Konstantinopel die Führung als Zentrum repräsentativer Triumphalkunst. Die Idee der röm. Reliefsäulen von Trajan und Marc Aurel wird von den oström. Kaisern Theodosius und Arcadius in Konstantinopel erneut aufgegriffen (386 bzw. 402 n. Chr.). Von den überlebensgroßen Kaiserstatuen, die für Konstantinopel literarisch bezeugt sind, hat sich nur eine nach Barletta verschleppte Kolossalstatue aus Bronze erhalten, die nach neueren Erkenntnissen Kaiser Leon I. (457–474 n. Chr.) darstellt.

Beim spätantiken Porträt von Mitgliedern des Kaiserhauses, hohen Beamten und Privatpersonen ist eine Hinwendung zum ausdrucksstarken, aber unpersönlichen **Idealbildnis** zu beobachten. Individuelle Züge treten gegenüber einem gesteigerten Sinn für das Spirituelle, einer deutlichen Betonung der Augen sowie der transzendenten Eigenschaften des

Christus zwischen den Aposteln, Ende 4. Jh. n. Chr., Mailand, S. Lorenzo Maggiore, Kapelle des hl. Aquilinus, Mosaik in der westlichen Apsis. Auf diesem frühen Beispiel eines goldgrundigen Mosaiks erscheint der jugendliche Christus als Lehrer thronend inmitten der zwölf Apostel.

Herrschers zurück, wie ein Porträtkopf des Diokletian (284–305 n. Chr., Istanbul), zwei Kolossalbildnisse Konstantins I. aus der Maxentiusbasilika (nach 313 n. Chr.) und im Konservatorenpalast in Rom (um 335 n. Chr.) sowie ein Bronzekopf Konstantins aus Niš (324/25 n. Chr., Belgrad) zeigen. Die theodosianische Hofkunst findet zu einem eleganten Klassizismus mit überlängten, feingliedrigen Formen zurück: Statue Valentinians II. (375–392 n. Chr.) aus dem kleinasiat. Aphrodisias; *Schöner Kopf* (um 400 n. Chr., München); Bildnis des Kaisers Arcadius (nach 400 n. Chr., Istanbul). Neben plastischen Kaiserbildnissen entstehen Statuen und Porträts hoher Reichsbeamter aus Kleinasien (5. Jh. n. Chr.) sowie der expressive Porträtkopf des *Eutropios* aus Ephesos (3. Viertel 5. Jh. n. Chr., Wien).

Zwei Arkosolgräber in der Katakombe »Anonima di Via Anapo«, Rom, konstantinisch. Rotumrandete Felder zieren Darstellungen aus dem Alten und Neuen Testament: Jünglinge im Feuerofen mit weiblicher Orans, Meerwurf und Ausspeiung des Jonas sowie eine Apostelversammlung mit Christus.

Sarkophage mit paganem wie christlichem Bildschmuck werden in denselben stadtröm. Werkstätten gefertigt, wobei pagane Sarkophage zunehmend verdrängt werden. Streng rationalisierte Arbeitsweisen erlauben besonders in konstantinischer Zeit die massenhafte Fertigung reliefgeschmückter Sarkophage. Als ältester Sarkophag mit christlicher Thematik gilt der Wannensarkophag aus Sta. Maria Antiqua in Rom (um 270 n. Chr.). Neben einfachen Riefelsarkophagen und den zunächst vorherrschenden, sicher auf Vorrat gefertigten Fries-Sarkophagen mit biblischen Themen werden mehrzonige Stücke mit ausgefallener Ikonografie bzw. mit Porträtbüsten der Toten von begüterten Kreisen bestellt (Sarkophag der Adelphia in Syrakus, 340/50 n. Chr.; Säulensarkophag des Stadtpräfekten Junius Bassus im Vatikan, 359 n. Chr.). Sonderformen für Mitglieder des Kaiserhauses stellen die Porphyrsarkophage in Rom und Konstantinopel dar (Sarkophage der Helena und der Constantina im Vatikan, 350–360 n. Chr.). Erweiterung des Themenrepertoires in der 2. Hälfte des 4. Jh. n. Chr.: zyklisch-narrative Kompositionen (Durchzug durch das Rote Meer), Apostelversammlungen mit Christus und Darstellungen der Gesetzesübergabe (traditio legis), die sicher von monumentalen Vorbildern in Malerei und Mosaik abhängig sind. Nach der Plünderung Roms durch die Goten

Alarichs im Jahre 410 n. Chr. endet die stadtröm. Sarkophagproduktion. Neue Zentren: Südgallien (Marseille, Arles und Aquitanien), Ravenna und Konstantinopel (*Prinzensarkophag von Sarigüzel* in Istanbul, um 500 n. Chr.; Scheinsarkophage von Taskaşap und vom Silivri Kapı, um 500 n. Chr.).
Abgesehen von spätantiken Wand- und Deckenmalereien in den Hanghäusern von Ephesos und einer bemalten Kassettendecke in der Kaiserresidenz Trier (um 315 n. Chr.), stammt die weitaus größte Zahl von Denkmälern aus sepulkralem Kontext: unterirdische Gemeindefriedhöfe Roms (Calixtus-, Commodilla-, Domitilla-, SS. Marcellino e Pietro-, Priscilla-Katakombe) sowie eine Reihe privater Hypogäen (Aurelier-Gruft am Viale Manzoni in Rom). Zu der sich ab dem frühen 3. Jh. n. Chr. ständig erweiternden Bilderwelt der ausgemalten Arkosol- und Kammergräber gehören neben allegorischen und symbolischen Darstellungen vor allem narrative Szenen aus dem Alten und Neuen Testament, meist auf hellem Grund in einem Rahmensystem breiter Linien gemalt. Schatten unterstreichen die Plastizität der Körper, deren dunkle Umrisslinien sie deutlich vom Hintergrund absetzen. In der bedeutenden Privatkatakombe an der Via Latina stehen alttestamentliche Themen neben Jenseitsbildern des paganen Mythos (2. Hälfte 4. Jh. n.Chr.).
Polychrome **Bodenmosaiken** mit komplizierten geometrischen Dekoren und figürlichen Darstellungen zieren während der Spätantike privaten und öffentlichen Raum: mythologische Themen, die vom klassischen Bildungsanspruch der Auftraggeber künden, Szenen aus dem Alltag der besitzenden Schichten (Jagd, Zirkusspiele, Landleben etc.) und religiöse Inhalte in christlichen Kultbauten (Südkirche von Aquileia, 310–320 n.Chr.; Samson-Mosaik in Misis-Mopsuestia, um 500 n. Chr.). Weite Verbreitung bestimmter ornamentaler Motive und figürlicher Sujets, z.B. Orpheus unter den Tieren, lassen auf die Verwendung von Musterbüchern schließen. Im ganzen Reich arbeiteten Mosaikwerkstätten z.T. mit überregionaler Ausstrahlung, wie reiche Funde in den Westprovinzen (Hispanien, Britannien, Gallien, Germanien), Nordafrika und dem Nahen Osten belegen. Zu den bedeutendsten Komplexen gehören die Mosaikböden der Villa von Piazza Armerina auf Sizilien (frühes 4. Jh. n. Chr.), die Funde in Antiochia und Apameia sowie Bodenmosaiken aus dem Peristyl des Großen Kaiserpalastes in Konstantinopel (Mitte 5. Jh. n. Chr.). Die Entwicklung führt von einer Einteilung der Böden in Felder hin zu großen Flächen mit einheitlichen Mustern.

Zweizoniger **Säulensarkophag des Stadtpräfekten Junius Bassus**, Vatikan. Über die Inschrift mit dem Todesdatum des Junius Bassus (25.8.359) kann der Sarkophag mit zugehörigem Deckel annähernd fest datiert werden. Alt- und neutestamentliche Szenen, Passion und die himmlische Herrschaft Christi sowie die Martyrien der Apostelfürsten füllen die Nischen seiner Front.

Theodosius-Missorium, Madrid, Real Academia de la Historia. Das anlässlich seiner Dezennalienfeier gefertigte und über die Inschrift auf das Jahr 388 fest datierte Silbermissorium gehört zu den bedeutendsten Werken spätantiker Toreutik. Theodosius I., in der überhöhten Mittelnische einer prächtigen Fassade, überreicht einem hohen Reichsbeamten die Ernennungsurkunde, flankiert von seinem Mitkaiser Valentinian II. und seinem Sohn Arcadius. Darunter lagert die Erdgöttin Tellus mit drei Eroten als Allegorie eines glücklichen Zeitalters.

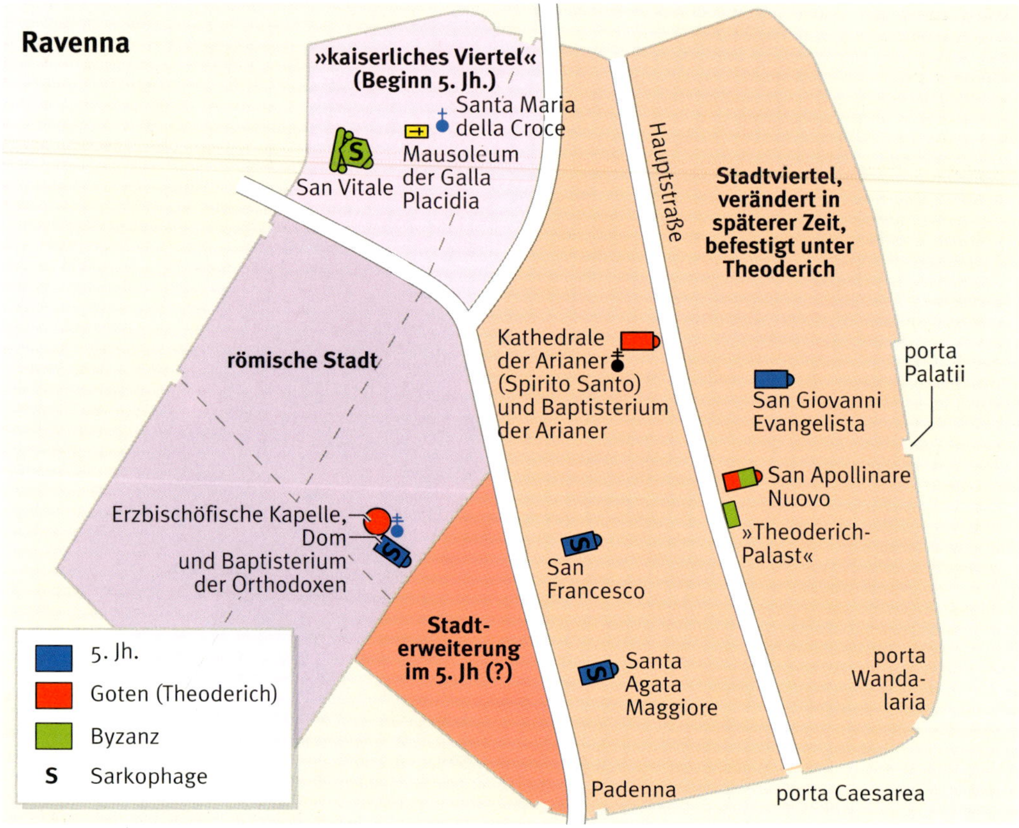

Besondere Perfektion erlangt das Wand- und Gewölbemosaik in der Spätantike durch den Einsatz von Mosaikwürfeln aus farbigem Glas und Goldfolie: Die Leuchtkraft der Darstellungen wird dadurch erheblich erhöht und damit eine transzendentale Wirkung der Bilder in christlichen Kultbauten erzielt. Frühe Beispiele sind das Kuppelmosaik von Centcelles in Spanien und die Gewölbemosaiken von Sta. Costanza in Rom (beide um 350 n.Chr.). Monumentale Apsismosaiken und narrative Bildzyklen finden sich in den röm. Kirchen Sta. Pudenziana (380 n.Chr.) und Sta. Maria Maggiore (430/440 n.Chr.). Neben den Baptisterien in Mailand (S. Aquilino, um 380 n.Chr.) und Neapel (S. Giovanni in Fonte, um 400 n.Chr.), besitzt **Ravenna**, letzte Hauptstadt des Westreiches, die meisten Monumente: Mausoleum der Galla Placidia (um 440 n.Chr.), Baptisterium der Orthodoxen (um 458 n.Chr.), erzbischöfliche Kapelle und Baptisterium der Arianer (um 500 n.Chr.), erste Ausstattung von S. Apollinare Nuovo als Palastkirche Theoderichs (500–526 n.Chr.). Aus der Zeit um 500 n.Chr. stammen das Apsismosaik der Kirche Hosios David und die Kuppelmosaiken der zur Georgskirche umgewandelten Galeriusrotunde in Thessaloniki. Ein beliebtes Dekorationssystem im 4.Jh. n.Chr. sind ornamentale und figürliche Inkrustationen aus bunten Marmorsorten (**opus sectile**): Privatbasilika des Junius Bassus in Rom (um 330 n.Chr.); Versammlungshaus einer Korporation in Ostia (Ende 4. Jh. n.Chr.).

Im 4. Jh. n.Chr. wird die bisher übliche Papyrusrolle durch den gebundenen Kodex verdrängt, dessen Pergamentseiten ein ausführlicheres Erzählen in Bildern gestatten. Die erhaltenen Mosaik-Bilderzyklen lassen vermuten, dass es schon früh illustrierte Bibelhandschriften gab. Sieht man von dem nur in späteren Kopien erhaltenen Philocalus-Kalender des Jahres 354 n.Chr. ab, so gehören die Fragmente der Quedlinburger Itala in Berlin (um 400 n. Chr.) zu den frühesten Zeugnissen **spätantiker Buchmalerei**. Daneben haben sich in der Biblioteca Vaticana zwei illustrierte Vergil-Handschriften erhalten (Vergilius Vaticanus, um 430 n. Chr., Vat. lat. 3225; Vergilius Romanus, spätes 5. Jh. n. Chr., Vat. lat. 3867). Ebenfalls auf antiker Bildtradition basieren die erhaltenen Blätter der Ilias Ambrosiana in Mailand (Cod. Ambros. F 205 Inf.) mit illusionistischen Szenen aus Homers Ilias, die um 500 n. Chr. zu datieren sind. Friede und Wohlstand des 4. Jh. n. Chr. spiegelt **silbernes Prunkgeschirr** der privaten Repräsentation wider. Zu den bedeutendsten zählen die Funde von Mildenhall und Kaiseraugst, der Silberschatz vom Esquilin (um 380 n.Chr.) und der jüngst entdeckte Seuso-Schatz. Dargestellt sind mythologische und christliche Inhalte, aber auch politische Propaganda. So bedenken Kaiser etwa zu Regierungsjubiläen hochgestellte Persönlichkeiten mit programmatischen Silberschalen (Theodosius-Missorium, um 388 n. Chr., Madrid). Auch christlich-liturgisches Gerät hat überdauert, wie ein Silberreliquiar in Mailand (nach 382 n. Chr.) und die Silberpatene des Paternus in St. Petersburg (491–518 n. Chr.) zeigen.

Ebenfalls zu den Luxuserzeugnissen zählen Arbeiten aus **Elfenbein**. Der kaiserlichen und aristokratischen Selbstdarstellung dienen zweiflügelige Schreibtäfelchen aus Elfenbein mit Reliefschmuck (Diptychen), die beim Amtsantritt hoher Beamter im ganzen Reich verschickt werden. Anhand der Inschriften können 34 von 44 erhaltenen Konsulardiptychen 18 Konsuln zugeordnet und zwischen 406 und 540 n. Chr. meist auf das Jahr fest datiert werden: Probianus-Diptychon in Berlin, gegen 400 n. Chr.; Stilicho-Diptychon in Monza, um 400 n. Chr.; Diptychon des Boethius in Brescia, 487 n. Chr. Bei Vermählungen von Angehörigen mächtiger Adelsfamilien werden Hochzeitsdiptychen verschickt (Symmachi-Nicomachi-Diptychon in London und Paris, gegen 400 n. Chr.), die zu den elegantesten plastischen Werken der Spätantike zählen.

Daneben finden Elfenbeinarbeiten mit vorwiegend neutestamentlicher Thematik als Reliquiare und liturgische Gefäße im kirchlichen Kontext Verwendung, wie die Lipsanothek von Brescia (360/70 n. Chr.), die Reidersche Tafel in München und die Elfenbein-Pyxis mit Christus als Lehrer in Berlin (beide um 400 n. Chr.).

Zu den bedeutendsten Schöpfungen spätantiker Glaskunst gehört neben den farbigen Diatretgläsern aus Köln, deren durchbrochenes Gitterwerk durch kunstvolles Hinterschleifen der Gefäßwandung entstand, die Gruppe der **Goldgläser**, in deren Böden mittels Blattgoldfolien alltägliche und religiöse Darstellungen erhalten geblieben sind. Ebenfalls charakteristisch für das 4. Jh. n. Chr. sind die Glasschalen mit Schliffdekoren mythischen, christlichen und weltlichen Inhalts.

Im trockenen Wüstenklima Ägyptens blieb eine große Zahl spätantiker **Textilien** erhalten. Während es sich bei den Antinoë-Seiden um antike Importe handelt, stammen Leinengewebe mit ornamentalen und figürlich verzierten Besätzen aus heimischer Produktion. Großformatige Wandbehänge aus Wolle und Leinen mit mehrfarbig gewirkten oder aufgemalten figürlichen Motiven und narrativen Szenen in mehreren Registern geben eine Vorstellung von der Malerei im spätantiken Ägypten (Meleager-und-Atalante-Stoff in Bern, um 400 n. Chr.).

Diptychon (Triptychon) Zwei (oder drei) mit Scharnieren verbundene Tafeln aus Holz, Elfenbein, Bein oder Metall, deren Innenseiten mit einer Wachsschicht überzogen waren, auf die man schreiben konnte. Die Außenseiten können mit Reliefs verziert sein, die ursprünglich farbig gefasst waren.

Diptychon des Anastasius, 517 n. Chr., Elfenbein, 36x13cm (je Flügel), Paris Bibliothèque Nationale

BYZANZ

Der moderne Begriff Byzanz leitet sich vom Namen der um 660 v. Chr. gegründeten griech. Koloniestadt Byzantion ab. Kaiser Konstantin I. verlegt die Hauptstadt des Röm. Reiches (von nun an Konstantinopel) 325 n. Chr. an den Bosporus und lässt sie auf das Prächtigste ausbauen. Zunächst reicht das Byzant. Reich als Fortsetzung des Imperium Romanum vom Euphrat bis zur Iberischen Halbinsel und von Nordafrika bis nach Britannien. In den folgenden Jahrhunderten wird dieses Reich immer kleiner, bedingt durch die Wirren der Völkerwanderung, den Verlust von Nordafrika, Ägypten, Palästina und Syrien an die Araber, die Normannen im Westen, die Seldschuken im Osten und die slawische Bedrohung des Balkans. 1204 erobern die Truppen des Vierten Kreuzzugs unter Führung der Venezianer die Stadt. Durch deren Plünderung gelangen zahlreiche Kunstwerke nach Westeuropa und beeinflussen dort die mittelalterl. Kunst. Nach dem Intermezzo eines lateinischen Kaiserreichs am Bosporus, das bis 1261 dauert, erlebt Byzanz unter der Dynastie der Palaiologen noch eine späte Blüte, die allerdings mit der Eroberung Konstantinopels durch die Osmanen 1453 ein rasches Ende findet.

FRÜHBYZANTINISCHE ZEIT

Regierungsantritt Justinians I. (527) – Beginn des Bilderstreits (um 730)

Skulptur Nach extremer Stilisierung und Reduktion der plastischen Formen kommen im 6. Jh. die persönlichen Züge des Menschen zum Tragen: Kopf einer Kaiserin in Mailand (*Theodora*?, um 540). Das Herrscherbildnis greift den Realismus republikanischer Porträts auf, wie der aus rotem Porphyr gefertigte Kaiserkopf (Carmagnola, *Justinian I.*?, 540/50) an der Fassade von San Marco in Venedig zeigt. Der Kopf eines alten Mannes aus Ephesos (heute in Wien) belegt diese Tendenz auch für das Privatporträt. Während die figürliche Großplastik um 600 endet, bleibt das Relief mit graphisch-linearer Wirkung bestehen: seltener figürliche Themen, stattdessen ausgeklügelte geometrische Formen.

Kaiser Justinian mit seinem Gefolge, S. Vitale, Ravenna, 2.Viertel 6.Jh. Das Kaisermosaik im Presbyteriumsbereich der Kirche zeigt Justinian und Bischof Maximian in Begleitung hoher Würdenträger und Kleriker. Mit seinem Gegenstück, das der Kaiserin Theodora im Kreis ihrer Hofdamen vorbehalten ist, verbindet es Macht und Glauben im Sinne des mittelalterl. Weltbildes und spiegelt das göttliche Königtum des byzant. Kaisers.

Boden- und Wandmosaik Die seit der Antike beliebten Fußbodenmosaiken werden noch bis weit in das 6. Jh. hinein verlegt. Ablösung der bisher üblichen geometrischen Dekore von vegetabilen und figürlichen Motiven (*Jagdmosaik aus Apameia*, 539, Brüssel). Zentren sind: Italien, Griechenland, Syrien mit Antiochia, Palästina, Nordafrika. Wachsende Bedeutung erhält das Wand- und Gewölbemosaik, das – trotz theologischer Bedenken gegenüber der Ausstattung der Kirchen mit Bildern – zunehmend den Innenraum christlicher Kultbauten schmückt. Blau- und goldgrundige Mosaiken an Wänden und Wölbungen unterstreichen zusammen mit virtuos eingesetzter Lichtführung den transzendentalen Charakter der Bilder, deren spiritueller Gehalt gegenüber einer realistischen Darstellung an Bedeutung gewinnt, und deren Bildkompositionen von einer hierarchischen Symmetrie geprägt sind. Im Gegensatz zu den Mosaiken in Rom und Ravenna lassen sich die frühbyzant. Wandmosaiken im Osten nicht genauer datieren.

Rom: SS. Cosma e Damiano (526–530); S. Lorenzo f.l.m., (578–590); Sta. Agnese f.l.m., Apsis (625–638); S. Stefano Rotondo (um 650).

Ravenna: Sant' Apollinare Nuovo (um 520) sowie Prozessionsmosaiken (um 560); S. Vitale,

Verklärung Christi, 548–565, Apsismosaik in der Marienkirche des Katharinenklosters, Sinai, Ägypten. Im Zentrum des Apsismosaiks erscheint in einer blauen Mandorla Christus zwischen den Propheten Moses und Elias, umrahmt von Medaillons mit Köpfen der Apostel, der 16 Propheten und König David als Verweis auf die davidische Abstammung Christi.

Ikone Zunächst diente die Tafelmalerei der Verbreitung von Kaiserporträts sowie den Amtsbildnissen staatlicher und kirchlicher Würdenträger. Ab dem 6. Jh. entwickelt sich die Ikone (griech., Bildnis) zu einem Verehrungsbild und erhält damit eine neue Funktion: Durch die Betrachtung der bildlichen Darstellungen werden – unabhängig von der angewandten Technik – die dargestellten göttlichen und heiligen Personen gewissermaßen geistig gegenwärtig. In der Tafelmalerei, deren früheste Beispiele aus dem 6. Jh. sich in der Sammlung des Katharinenklosters auf dem Sinai erhalten haben, werden Farbpigmente mit heißem Wachs (Enkaustik) oder Eigelb (Tempera) gebunden und auf den Bildträger aufgetragen.

Apostel Petrus, Ikone, Enkaustik auf Holz, 2. Hälfte des 6. Jh., Katharinenkloster, Sinai.

Barberini-Diptychon. 2. Drittel 6. Jh., Elfenbein, Paris, Louvre. Vier Tafeln dieses ursprünglich fünfteiligen Flügels eines Diptychons sind erhalten und zeigen den mit Christi Hilfe sieghaften Kaiser zu Pferd. Personifikationen, Würdenträger des Reiches und Barbaren huldigen ihm.

Kaisermosaiken und Presbyterium (546–547); Sant' Apollinare in Classe, Apsis (um 549, 675).
Sinai: Apsismosaik des Katharinenklosters (548–565).
Parenzo/Poreč: Basilika Eufrasiana (540/550)
Zypern: Kiti, Apsis der Panhagia Angeloktistos (um bzw. kurz nach 600); Lythrankomi, Apsis der Panhagia Kanaharia (um 600).
Thessaloniki: Hagios Demetrios, Votivmosaiken (nach 634).
Die Ausstattung der justinianischen Hagia Sophia in Konstantinopel war noch rein ornamental.

Wandmalerei Im Osten ist Wandmalerei vornehmlich im funeralen Kontext erhalten, vorherrschend in ornamentalem Dekor. Ausnahme sind die figürlich ausgemalten Grabbauten der Nekropole von El-Bagawat (Ägypten).

Tafelmalerei Zwei Ikonen (Christus und Petrus) in enkaustischer Malerei gelangen Mitte des 6. Jh. als kaiserliche Geschenke an das Katharinenkloster auf dem Sinai. Die Brustbilder stehen in der Tradition antiker Mumienporträts. Eine weitere Ikone mit Christus und der Gottesmutter zwischen Theodor und Georg gehört bereits dem 7. Jh. an. Eher volkstümlich-narrativen Charakter zeigt der bemalte Holzdeckel eines Reliquienkästchens aus Palästina (Vatikan). Im Westen ist in Rom eine Marien-Ikone aus dem 7. Jh. erhalten.

Buchmalerei Der *Wiener Dioskurides*, ein reich illustriertes heilpflanzenkundliches Werk des Arztes Pedanius Dioskurides, ist ein Auftragswerk der Kaisertochter Juliana Anicia und offenbar in Konstantinopel vor 527/28 entstanden. Da die Verwendung von Purpur kaiserliches Privileg ist, werden die drei für den Kaiser gefertigten Purpur-Codices (Purpurgruppe) ebenfalls in Konstantinopler Ateliers hergestellt worden sein: Die von mehreren Malern illustrierte *Wiener Genesis* (Wien, Cod. theol. gr. 31) umfasst Teile des Alten Testaments, der *Codex Rossanensis* in Rossano und die Fragmente des *Codex Sinopensis* (Paris, Cod. suppl. gr. 1286) beinhalten Teile des Neuen Testaments. Teilweise ganzseitige Illustrationen sowie mehrere Randminiaturen enthält der *Rabbula-Codex* aus einem nordmesopotam. Kloster (Florenz, Bib. Laur. plut. I, 56, um 585).

Elfenbeinschnitzerei Um 550 entsteht in Konstantinopel als Geschenk des Kaisers die Elfenbein-Cathedra des Bischofs Maximianus von Ravenna, an deren Bildtafeln sich drei verschiedene Meister identifizieren lassen. Aus der gleichen Werkstatt stammt das *Christus-und-Maria-Diptychon* in Berlin, das Christus und die Gottesmutter nach Art der Kaiserbilder thronend zeigt. Auf dem fünfteiligen *Barberini-Diptychon* in Paris triumphiert der unter dem Schutz Christi siegreiche Kaiser zu Pferd über die Barbaren.

Bilderstreit (Ikonoklasmus) Vom Kaiserhof ausgehende geistige Bewegung, die in zwei Phasen zwischen 726 und 843 bildliche Darstellungen unterdrückt und jede Verehrung von Bildern verbietet. Ausmaß und Umfang des Bilderstreits sind in der Forschung umstritten.

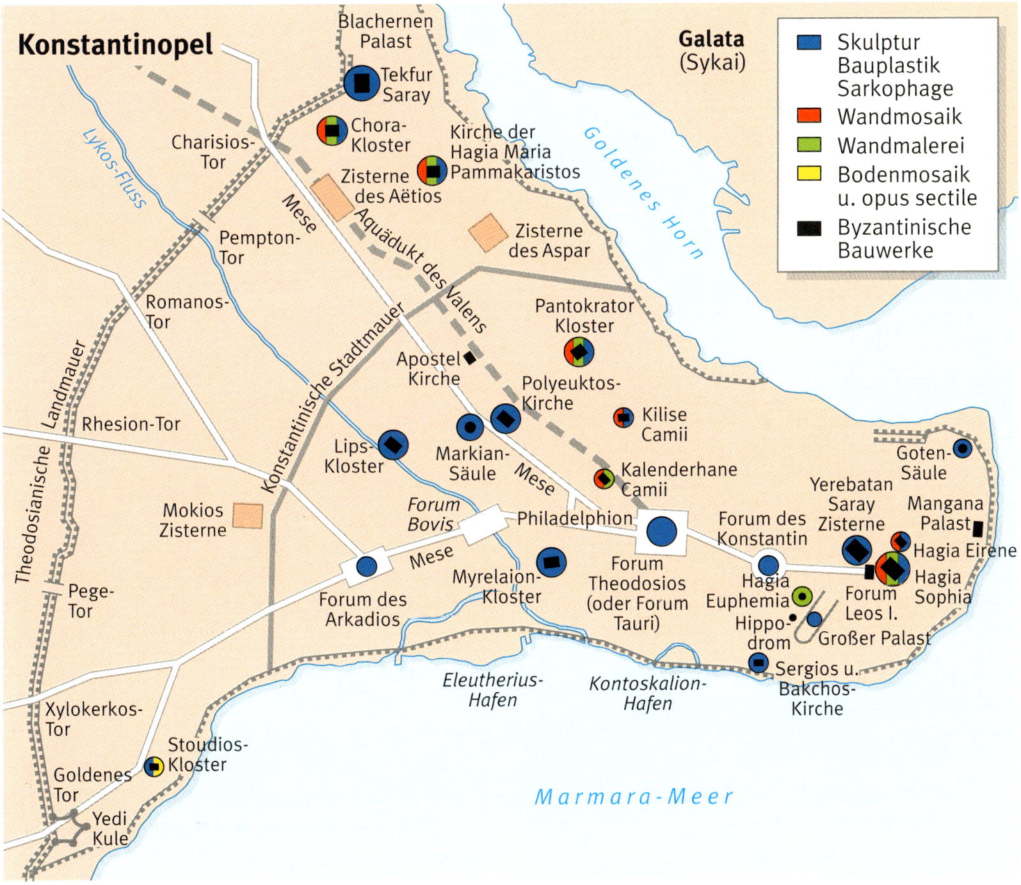

Toreutik Neben aufwändigem Goldschmuck zur privaten Repräsentation werden teilvergoldete Schalen und Kannen aus Silberblech getrieben, die über offizielle Stempel datiert werden können. Sie sind als Schaustücke für Reichsbeamte oder Geschenke an Barbarenfürsten gefertigt worden. An Formen der Antike knüpfen Schalen mit mythologischen Themen (Silberplatten in St. Petersburg) und der Zyklus der *Davidschalen* in Nikosia und Washington an (Anlehnung an hellenistische Reliefkunst). Zum liturgischen Gebrauch entstehen Kreuze, Patenen und Kelche mit symbolischem und reichem figürlichen Dekor (Kreuz Justins II., 565–578, Vatikan; Patenen aus Riha und Stuma in Washington und Istanbul).

Textilien Seit dem 3. Jh. wird in Syrien und Kleinasien Seide gewebt. In justinianischer Zeit gelingt es, eine eigene Seidenproduktion einzurichten und damit das persische Monopol zu umgehen. Kostbare Seidengewebe aus Byzanz mit ornamentalem und figürlichem Dekor gelangen schon früh in den Westen und sind dort in Kirchenschätzen erhalten.

MITTELBYZANTINISCHE ZEIT

Ende des Bilderstreits (843) – Eroberung Konstantinopels durch den Vierten Kreuzzug (1204)

Der Mangel an erhaltenen Denkmälern muss nicht zwingend auf die Zerstörungen durch die Bilderstürmer (**Ikonoklasten**) zurückgeführt werden, da schon in frühbyzant. Zeit im Osten eine Zurückhaltung gegenüber bildlichen Darstellungen festzustellen ist. Zudem haben sich wohl die erheblichen finanziellen Lasten der Perser- und Araberkriege ungünstig auf das Kunstschaffen ausgewirkt. Mit dem Sieg der Bilderfreunde kommt es unter den beiden Dynastien der **Makedonen** (867–1056) und der **Komnenen** (1081–1185) zu einem andauernden Aufschwung der Künste mit der Hauptstadt Konstantinopel als kulturell bestimmendem Mittelpunkt des Reiches. Die Kunstwerke folgen festgelegten Grundschemata und dienen bei weitgehend einheitlicher Stilentwicklung als Träger kaiserlicher Ideologie und christlicher Lehre.

Skulptur Die Großplastik kommt vollständig außer Gebrauch. Zur Architekturplastik (Kapitelle, Schrankenplatten etc.) treten ab dem 10. Jh. auch figürliche Marmorreliefs (Reliefikonen), die direkt vom kleinformatigen Elfenbeinrelief abhängig sind und Christus, Maria, Engel und Heilige frontal stehend oder thronend zeigen. Daneben finden sich vereinzelt Darstellungen von Kaisern und mythologischen Figuren. Metallreliefs wurden wegen des hohen Materialwertes meist eingeschmolzen.

Wandmosaik und Wandmalerei In engem Zusammenhang mit der Kreuzkuppelkirche, einem neuen Kirchentyp der makedonischen Zeit, steht das hierarchisch gegliederte **byzantin. Bildprogramm**.
Bedeutendste erhaltene Beispiele: Wandmalereien der Kılıçlar Kilise im kappadokischen Göreme (Ende 9. Jh.), Mosaikschmuck der Klosterkirchen von Hosios Lukas (1. Viertel 2. Jh.), Nea Moni auf Chios (1042–1055) oder Daphni bei Athen (um 1100). Im Westen treten zu diesen die von byzant. Künstlern gesetzten Mosaikenzyklen auf Sizilien und in Venedig (vgl. S. 82). Die spätkomnenische Wandmalerei der 2. Hälfte des 12. Jh. geht neue Wege hinsichtlich Bildkomposition und dynamischer Farbigkeit, eine Entwicklung, die schließlich in einer Form des Manierismus ihren Höhepunkt findet: Nerezi, Panteleimon-Kirche (1164); Kurbinovo, Georgskirche (1191).

Byzantinisches Bildprogramm Das Brustbild des Christus Pantokrator erscheint in der Kuppel, während in der Apsiskalotte ein jugendlicher Christus auf dem Schoß der Gottesmutter thront. In einer zweiten Ebene finden sich Engel und Engelwesen, denen in einer irdischen Ebene schließlich Propheten, Apostel und Heilige folgen. Daneben gehören einige weitere Szenen zum festen Inventar des Systems: Verkündigung, Geburt, Taufe, Verklärung, Auferstehung (Anastasis), Himmelfahrt, Offenbarung (Epiphanie) und Marientod.

Geburt Christi, 11. Jh., Mosaik, Kloster Hosios Lukas, Griechenland.

Buchmalerei Aus der Zeit nach dem Ende des Bilderstreits datieren eine Reihe von Psalterien mit skizzenhaften Randillustrationen historischen Inhalts, die im Umfeld des Patriarchats entstanden sind (z. B. *Chludov-Psalter* in Moskau; Psalter im Pantokratoros-Kloster auf dem Berg Athos, Cod. 61). In der 2. Hälfte des 9. Jh. führen eine für Basileios I. gefertigte Handschrift der *Homilien des Gregor von Nazianz* (Paris, Cod. gr. 510) und die christliche *Kosmologie des Kosmas Indikopleustes* (Vat. gr. 699) in ganzseitigen Miniaturen plastische Präsenz der statuarisch wirkenden Figuren vor kontrastreichen Hintergründen vor. Mit dieser Gruppe stilistisch nah verwandt sind die Mosaiken des 9. und frühen 10. Jh. der Konstantinopler Hagia Sophia sowie der Klosterkirchen von Hosios Lukas und Nea Moni auf Chios. Im 10. Jh. lässt sich in der mittelbyzant. Buchmalerei anhand eingestreuter Personifikationen und illusionistisch begriffener Landschaften eine Hinwendung zu antikischen Formen beobachten. Sogar die Form der antiken Buchrolle mit einer Aneinanderreihung narrativer Szenen lebt wieder auf, wie der *Josua-Rotulus* (Vatikan, Pal. gr. 431) zeigt. Auch die Gruppe um den *Pariser Psalter* (Cod. gr. 139) knüpft mit ihrer opulenten Farbigkeit, den klassisch komponierten Szenen und statuarischen Posen der Figuren deutlich an antike Traditionen an. Ab dem 11. Jh. sind zwei parallele Strömungen zu unterscheiden: repräsentative Handschriften mit üppiger Farbigkeit und zarte Miniaturen des style mignon. Die liturgischen Handschriften der komnenischen Buchmalerei entwickeln in der 2. Hälfte des 12. Jh. einen dynamischen Stil.

Staurothek von Stuben (sog. Limburger Staurothek), 955–963, Limburg an der Lahn, Domschatz. Als eines der bedeutendsten Werke mittelbyzant. Emailkunst umschließt die Limburger Staurothek, die als Beutestück der Kreuzfahrerzeit nach Limburg gelangte, eine Kreuzreliquie.

Schnitzkunst Neben Elfenbein dienen zunehmend Bein und Steatit als Werkstoff für kunstvolle Schnitzereien, die ursprünglich farbig gefasst waren. Die Gruppe der Rosettenkästchen aus dem späten 10. bzw. frühen 11. Jh. zieren mythologische und christliche Themen (*Veroli-Kästchen*, Ende 10. Jh., London). Einzelne Platten, aber auch Diptychen und Triptychen mit reichem Figurenschmuck dienen dagegen der privaten Frömmigkeit (*Harbaville-Triptychon*, Mitte 10. Jh., Paris; *Krönung Konstantins VII.*, um 944, Moskau). Die bisherige Scheidung in Romanos-, Nikephoros-, Rahmen- oder malerische Gruppe ist ebenso wie deren Datierung in das 10. Jh. zu überdenken. Viele dieser Stücke gelangen in den Westen, wo sie als begehrte Kostbarkeiten oft kopiert werden.

Goldemail Die seit der Antike bekannte Emailtechnik erlebt in den kaiserlichen Werkstätten der makedonischen und komnenischen Herrscher eine Hochblüte. Diese äußerst kostbaren, für Propagandazwecke gefertigten Objekte dienen in erster Linie kaiserlicher Selbstdarstellung: *Votivkrone Leons VI.* (um 900, Venedig), *Kelch Romanos I.* (um 940), *Staurothek* (um 964/65, Limburg), *Monomachos-Krone* (1042–50, Budapest) und *Reif der Stephanskrone* (1074–77, Budapest). Gruben- und Zellenschmelz werden nebeneinander virtuos eingesetzt, weitere Akzente durch Emailauflagen bei Treibarbeiten aus Edelmetall (*Michaelsikone*, spätes 10. Jh., Venedig). Der durchsichtige Glasfluss wird von opak wirkenden Farben abgelöst. Ab dem späten 11. Jh. ist ein zunehmend malerischer Stil zu beobachten, dessen Figuren von einer dichten Binnenzeichnung geprägt sind. Diese Tendenz erreicht im Manierismus der spätkomnenischen Zeit ihren Höhepunkt. Neben der hauptstädtischen Produktion scheint es auch in Georgien ein Zentrum der Emailkunst gegeben zu haben (*Chachuli-Triptychon*).

Textilien Die Datierung und Zuweisung von Geweben mittelbyzant. Zeit stellt nach wie vor ein Problem der Forschung dar. In Sogdien, Persien, Syrien, Kleinasien und Byzanz wurden Seidenstoffe gewebt, deren Motive aus dem spätantiken, byzant. und sassanidischen Formenrepertoire stammen. Neben gewebten Seidenstoffen fanden auch mit Ornamenten und Bildern bestickte Textilien als Träger polit. Propaganda sowie als liturgische Gewänder und Tücher Verwendung.

SPÄTBYZANTINISCHE ZEIT (1261–1453)

Zerstörungen und Plünderungen während der **Herrschaft der Lateiner** (1204–1261) vertreiben viele Künstler, die in den noch byzant. beherrschten Staaten Nikaia, Trapezunt und Epirus eine neue Heimat finden oder die Kunstproduktion in Serbien, Makedonien und Bulgarien beleben. Nach der Rückeroberung der Hauptstadt im Jahre 1261 durch die in Nikaia herrschenden Palaiologen kommt es bis zur Eroberung Konstantinopels durch die Türken (1453) zu einer letzten Blüte, deren Stil nach der regierenden Dynastie benannt ist. Neben Konstantinopel gewinnen nun auch andere Regionen an Bedeutung: die Schwarzmeerküste bis Trapezunt, die kleinasiatische Küste, Thessalonike mit dem Berg Athos und das Despotat von Mistras auf der Peloponnes.

Ikone des Erzengels Michael, frühes 14., Jh., Athen, Byzantinisches Museum. Das Brustbild des Führers der himmlischen Heerscharen vereint kraftvolle Monumentalität mit zarter Linienführung sowie meisterhaftem Spiel von Licht und Schatten.

Skulptur Ein rundplastisches Standbild des Erzengels Michael, das Kaiser Michael VIII. vor der Apostelkirche aufstellen ließ, ist nur über literarische Quellen greifbar. Marmorreliefs knüpfen an die mittelbyzantinische Tradition an. In der Zeit zwischen 1290 und 1320 entstehen in Konstantinopel von theodosianischer Reliefplastik beeinflusste Werke: v. a. figürlich wie ornamental verzierte Umrahmungen aus Marmor an Arkosolgräbern (Chora-Kloster, Lips-Kloster) und Wandikonen (Chora-Kloster, Kalenderhane Camii), reliefierte Templa und mit Büsten geschmückte Kapitelle.

Deësis-Mosaik, Südempore der Hagia Sophia, Konstantinopel, 3. Drittel 13. Jh. Das goldgrundige Mosaik von differenzierter Farbigkeit und naturnaher Wirkung zeigt Christus mit Maria und Johannes dem Täufer in einer Dreifigurengruppe.

Wandmalerei, Wandmosaik und Tafelmalerei Die Monumentalmalerei wendet sich im 13. Jh. zunächst vom Manierismus der spätkomnenischen Zeit ab und bevorzugt plastische Formen und kräftige Polychromie: Klosterkirchen von Studenica (1208/09), Mileševa (um 1230) und Sopočani (um 1265). Erstes Hauptwerk in Konstantinopel: **Deësis** auf der Südempore der Hagia Sophia, deren differenzierte Farbigkeit vom hohen Können der Mosaizisten zeugt. Dagegen bleiben die Mosaiken der Grabkirche des Michael Glabas beim Pammakaristos-Kloster (um 1310–20) noch deutlich einem klassischen Stil verhaftet. Einen neuen Manierismus mit überzeichneten Körperformen bildet die **Malerschule des**

Milutin in Ohrid am Ende des 13. Jh. aus. In Konstantinopel wird diese Strömung erst um 1320 bei den Mosaiken und Wandmalereien des Chora-Klosters greifbar. Hochpalaiologischer Stil wirkt bis nach Mistras und bestimmt dort ab der Mitte des 14. Jh. die Wandmalereien mit ihren weiten Landschaften und figurenreichen Gruppen. Elemente hochpalaiologischen Stils lassen sich auch in der Tafelmalerei fassen, die durch byzant. Künstler, wie Theophanes den Griechen, vermittelt bis nach Moskau und Nowgorod wirken.

Buchmalerei Palaiologische Handschriften folgen dem Vorbild der Illustrationen der Makedonischen Renaissance des 10. Jh. (*Pariser Psalter*, Cod. gr. 510). Daneben sind die wenig qualitätvollen Handschriften der *Nikaia-Gruppe* um das Evangeliar aus Karahissar (St. Petersburg, Cod. 105) zu nennen. Erst ab der Mitte des 14. Jh. entstehen einige Handschriften, deren originell komponierte Miniaturen mit flächigen, komplementären Farbwerten zusätzlich durch raffinierte Binnenzeichnung belebt werden (Sinai, Cod. 152 a; Paris, Cod. gr. 1242).

David beim Leierspiel, Pariser Psalter, fol. IV, frühes 10. Jh., Paris, Bibliothèque Nationale (Cod. gr. 139) Mit Rückgriffen auf antikische Bildelemente wie Personifikationen und Landschaftsgestaltung ist der wohl in kaiserlichem Auftrag illuminierte Pariser Psalter mit seinen Vollblattminiaturen von üppiger Farbigkeit einer der Hauptvertreter der Buchmalerei des 10. Jh.

ROMANIK

Bezeichnung für europ. Kunstepoche zwischen 1050 und 1200 zu Beginn des 19. Jh. eingeführt, als erkannt wird, dass sich die Kirchenbaukunst jener Zeit bewusst an der röm. Antike orientiert. Dies tut die Gotik zwar ebenfalls, doch weit weniger deutlich. Auch die vorangegangenen Epochen greifen fortwährend auf Motive und Techniken der röm. Kaiserzeit zurück, wegen der Zäsuren im Geschichtsverlauf (Christentum, Völkerwanderung, Eroberung Roms und die darauf folgende polit. Neuordnung) tritt diese Tatsache erst ins Bewusstsein, als die kunsthistorischen Begriffe bereits geprägt sind.

VORROMANISCHE KUNST: KAROLINGISCHE EPOCHE

Gallo-fränkische Basiliken aus dem 5. Jh. (später umgebaut oder zerstört): La Daurade in Toulouse, St.-Germain-des-Prés in Paris, St.-Jean in Lyon und St. Gereon in Köln sind – im

Inneren mit Goldmosaiken, vergoldeten Holzdecken und verschiedenfarbigen Marmorfußböden ausgestattet – Zeugnisse aufwändiger Kunsttätigkeit in einer Epoche der Umwälzungen und Kriege. Seit der Taufe des Frankenkönigs Chlodwig 497 stellt die christliche Religion eine Verbindung zwischen den fränkischen Invasoren und der antiken Kultur her. In Frankreich, Spanien, England und Italien kommt die künstlerische Produktion vielleicht nie ganz zum Erliegen. Das Kunstschaffen in Byzanz besitzt Kontinuität: Werkstätten in Konstantinopel versorgen den Westen mit Kunstgegenständen und regen die dortigen Kunstzentren zur Nachahmung an. Auf der ital. Halbinsel lebt der byzant. Einfluss in der langobardischen Kunst fort.

Karl der Große, der das Langobardenreich erobert (774) und dessen Hofkunst von hier wichtige Anregungen erhält, strebt danach, das Röm. Reich wiederherzustellen (renovatio imperii romanorum). 800 Kaiserkrönung in Rom durch Papst Leo III. Zentraler Ort der karolingischen Kunst ist Aachen, ein röm. Badeort, den Karl der Große nach byzant. und päpstlichem Vorbild zur Hauptstadt des Frankenreichs macht. Vom Palastkomplex ist nur noch die Pfalzkapelle (786–um 800) erhalten. Ihr Baumeister Odo kommt aus Metz. Karl selbst soll den Bau entworfen haben. Um die Kapelle einzurichten, bestellt er Handwerker aus dem Mittelmeerraum, da die Technik des Mosaiks, der Marmorbearbeitung und des Bronzegusses nördl. der Alpen in Vergessenheit geraten ist. Das silberne und goldene Inventar wird bereits 881 von den Normannen geraubt, Bronzetüren und Emporengitter mit antiken Zierelementen sind bis heute erhalten geblieben.

Die Architektur bezeugt den Anspruch Karls, mit dem byzant. Kaiser zu konkurrieren. Wegen des Zentralbau-Motivs, ihrer technisch schwierigen Kuppelwölbung, reichen Ausstattung und Funktion als Hofkirche mit einer Loge für den Kaiser, gilt die Aachener Pfalzkapelle als indirekte Nachahmung der von Kaiser Justinian I. errichteten oström. Staatskirche Hagia Sophia (532–537). Unmittelbares Vorbild ist jedoch San Vitale in Ravenna. Den größten Teil der Marmorsäulen, Kapitelle und Marmorplatten für das Emporengeschoss lässt Karl aus dem Exarchenpalast von Ravenna herbeischaffen, einen geringeren aus Rom. Die Spolien sollen Aachen durch Assoziationen mit Rom, Ravenna und Byzanz in die Reihe dieser Städte stellen.

Aachen, Hofkapelle (Dom), Innenansicht, 789–812. Von einem sechzehneckigen zweigeschossigen Umgang umschlossen, steigt im Inneren ein achteckiger, von einer Kuppel überwölbter Zentralraum in eine Höhe von 32 Metern.

Karls vom Papst verliehenes Kaisertum beruht auf realer Machtbasis: Mit Unterwerfung der Langobarden schützt er die polit. Unabhängigkeit des Papstes. In Kriegen gegen Sachsen und Araber in Spanien bekämpft er das Heidentum. Unter dem wiederherzustellenden

Spolie (lat. spolia, Beute) Bezeichnung für ein aus älteren Bauten stammendes und wiederverwendetes Baustück, v. a. antike Säulen und Kapitelle, aber auch Mosaiken, die z. B. Karl der Große aus Trier nach Aachen schaffen lässt. Spolien werden häufig, als Symbol ihres Herkunftsortes, zum Zeichen der Herrschaftslegitimation und des Kontinuitätsanspruches eingesetzt.

Römischen Reich versteht er das frühchristliche der Kaiser Konstantin und Theodosius. Die Stadt Rom ist durch das Wirken der Apostel Petrus und Paulus und ihrer Nachfolger, der Päpste, spirituelles Zentrum dieses Reichs. Mit den Antikenbezügen in ihrem eigenen Kunstschaffen stellen sich die Franken in diese Tradition.

Skulptur

An der Aachener Hofschule entsteht eine Sammlung antiker Kunsterzeugnisse, die als Anregung für Elfenbeinschnitzer und Goldschmiede dienen. Sie stellen Schatzkunst her, Schreine für Reliquien und Elfenbeintafeln, die in Buchdeckel oder Altäre eingelassen sind. Der elfenbeinerne Deckel des *Lorscher Evangeliars* folgt der Fünfteiligkeit sog. Kaiserdiptychen, die ein neu ernannter Konsul dem röm. Kaiser überreichen lässt. In der Mitte thront die Gottesmutter, auf das Kind zeigend, eingerahmt von zwei Aposteln. Der untere Bildstreifen erzählt die Geburt Christi, während auf der oberen Tafel eine Christusbüste in einem Bildnisschild (Clipeus) von zwei Engeln getragen wird, ein antik-imperiales Motiv, das noch in der frühromanischen Steinskulptur verwendet wird.

Weiterverwendung antiker Formen der Bauplastik (korinthisches Kapitell, vegetabiles Fries, Mosaik) im Frühmittelalter. Liturgisches Mobiliar aus Kalkstein und Marmor wie Chorschranken (Metz, Mitte 8. Jh.), Throne (elfenbeinerner Stuhl Maximilians, Ravenna, 546–556), Baldachine (Ravenna, S. Apollinare in Classe, um 800) und Sarkophage (Jouarre, Ende 7. Jh.) erhält reichen Dekor aus geometrischen, pflanzlichen, tierischen und figürlichen Motiven. Doch das Flachrelief dominiert. Der Bruch zur Antike besteht im Verschwinden der lebensgroßen menschlichen Figur. Eine Erscheinung wie die Prozession mit (überlebensgroßen) Darstellungen weiblicher Heiliger im langobardischen Cividale (S. Maria della Valle, Mitte 8. Jh.) ist singulär.

Erst die spätkarolingische Kunst führt die Großplastik in Nordeuropa wieder ein. Schriftquellen belegen das Vorhandensein monumentaler Kruzifixe und Reliquienstatuen. Architekturgebundene Stuckplastik lebensgroßer Engelfiguren im Westwerk von Corvey (vor 885) ist in Fragmenten erhalten und für St.-Riquier in Centula durch Beschreibungen verbürgt.

Im profanen Bereich wird die Tradition des frei aufgestellten Herrscherbilds wieder aufgegriffen, das bis in die christliche Spätantike hinein der Verherrlichung der Kaiser gedient hat (Statue des Marcian, 450/457, Barletta): Karl der Große lässt die Reiterstatue Theoderichs aus Ravenna nach Aachen schaffen, Karl der Kahle sein steinernes Abbild auf dem Giebel der Klosterkirche von Glanfeuil anbringen. Trotz ihrer geringen Höhe von 24 cm hat auch die bronzene Reiterstatuette Karls des Großen aus dem Metzer Domschatz (Paris, Louvre) Rang und Funktion eines Denkmals.

Buchmalerei

Karls renovatio-Anspruch schließt die Bewahrung klassischer lateinischer Literatur durch Abschrift ein. Im Vordergrund steht jedoch der Wunsch nach verbindlichen, möglichst originalgetreuen Textausgaben der heiligen Schriften, der mit der Ablösung der gallikanischen Liturgie durch den röm. Ritus einhergeht.

Die Hofschule befindet sich zunächst in Aachen, später, unter Karl dem Kahlen, in Reims. Größere Unternehmen wie Kopie und Illustration ganzer Bibeln führt das Klosterskriptorium von St.-Martin in Tours aus. Bei der Kopie spätantiker Buchrollen und Codices wird auch deren Illustrationsstil nachgeahmt. Zwei stilistische Richtungen bilden sich aus. Die eine spiegelt das Wiener Krönungsevangeliar, in dessen atmosphärischen Landschaften und perspektivischen Architekturkulissen **antiker Illusionismus** angestrebt wird, wider. Die zweite Richtung führt den **abstrakteren Stil** der insularen Buchkunst fort, die, von irischen und engl. Missionaren nach Deutsch-

Liturgie (gallikanisch, röm.) Form des Gottesdienstes. Karl der Große führt die stadtröm. Liturgie in seinem Reich ein, die den sog. gallikanischen Ritus ablöst. In Spanien wird erst nach 1085 die röm. Liturgie anstelle des mozarabischen Ritus übernommen.

land gebracht, schon die vorkarolingische Malerei geprägt hat.

Mosaik und Wandmalerei

Bei Rekonstruktion des Kuppelmosaiks der Aachener Pfalzkapelle im 19. Jh. Rückgriff auf Zeichnungen und Beschreibungen, die den mittelalterlichen Zustand überliefern: Die 24 Ältesten der Apokalypse erheben sich von ihren Thronen, um Christus zu huldigen. Strittig ist, ob Christus ursprünglich nur in Gestalt des Lamm Gottes im Zentrum der Kuppel zu sehen war und der thronende Allmächtige erst im 12./13. Jh. dazukam.
Die Künstler, die in Aachen tätig sind, werden von Karl an seinen Berater Theodulf von Orléans weitervermittelt. Dessen Kapelle in Germigny-des-Prés enthält heute das einzige karolingische Mosaik nördl. der Alpen. Zeichnungen belegen, dass der Zentralbau nach dem Vorbild des salomonischen Tempels, wie er im dritten Buch der Könige im Alten Testament geschildert wird, vollständig mit Palmen- und Engelmosaiken geschmückt war.
Weniger kostspielig als Mosaiken und daher der gebräuchlichere Dekor sind Wandmalereien. Nur wenige Beispiele sind erhalten, mit über 80 Einzelbildern der größte Zyklus überhaupt in St. Johann im graubündischen Müstair. Qualitativ herausragend sind die von griech. Künstlern geschaffen Fresken in S. Maria foris portas im lombardischen Castelseprio (2. Hälfte 9. Jh.?).

VORROMANISCHE KUNST UNTER DEN OTTONISCHEN HERRSCHERN

Nach einem Jahrhundert polit. Wirren, das der Abdankung Karls des Kahlen 877 folgt, lebt zur Zeit des sächsischen Kaiserhauses (962–1024) die künstlerische Produktion wieder auf. Nach dem Leitnamen dieses Geschlechts, **Otto**, wird die Epoche benannt. Die Kunstwerkstätten befinden sich nun nicht mehr am Hof, sondern verteilen sich auf die wichtigsten Reichsklöster und Bistümer mit Spezialisierung auf bestimmte Techniken: Bronzeguss in Mainz und Hildesheim, Elfenbein in Metz und Lüttich, Goldschmiedekunst in Köln und Regensburg. Wie das polit. Pro-

Evangelist Johannes, Krönungsevangeliar, Aachen, um 800, Wien, Kunsthistorisches Museum, Schatzkammer. Die Evangelisten der Autorenbilder ähneln in Gewandung und körperlicher Plastizität den Philosophen in der antiken Malerei.

Kaiser Otto II., Einzelblatt aus einem Registrum Gregorii, Trier, Ende 10. Jh., Chantilly, Musée Condé. Dem Kaiser huldigen die vier Provinzen des Reichs. Der Maler versucht, Räumlichkeit darzustellen, indem er die Bildelemente hintereinander staffelt.

Germigny-des-Prés, Apsismosaik mit Bundeslade, vor 806. In Anlehnung an den salomonischen Tempel ausgestattet, blieb allein das Mosaik in der Ostapsis erhalten. Es zeigt die Bundeslade, flankiert von Engeln, und die Hand Gottes.

Bernwardstür, Detail, Bronze, 4,72x2,28 m, Hildesheim, Dom. Die Tradition spätantiker Holztüren (Mailand, S. Ambrogio, 4. Jh.; Rom, Sta. Sabina, um 430) wird über die Bronzetüren der Dome in Hildesheim und Augsburg (beide Anfang 11. Jh.) zur Bernwardstür fortgeführt.

gramm der Kaiser – manifestiert in der Krönung Ottos I. in der Aachener Pfalzkapelle – orientiert sich der Kunststil an der Karolingerzeit. Seit der Heirat Kaiser Ottos II. mit Theophanu, einer Prinzessin aus der makedonischen Dynastie, gelangt byzant. Klein- und Textilkunst in zuvor nicht gekannten Mengen in die dt. Länder und beeinflusst deren Erzeugnisse.

Eine feste Residenz bildete das dt. Königtum im Mittelalter nicht aus. Die reisenden Könige bevorzugen lediglich den Ort ihrer künftigen Grablege. Otto I. wählt hierzu Magdeburg und erhebt es zum Erzbistum. Über die römerzeitlichen Bistümer und altfränkischen Klöstern an Rhein und Maas hinaus, erweitert sich das Blickfeld der Kunstgeschichte damit um eine neue Region: das Herzogtum Sachsen.

Skulptur

Die ältesten erhaltenen Großplastiken des Mittelalters stammen aus ottonischer Zeit: Neben Kruzifixen *(Gero-Kreuz*, 969/976, Köln) handelt es sich dabei um unterlebensgroße Kultbilder der Madonna *(Goldene Madonna*, um 980, Essen) und verehrter Heiliger *(St. Fides*, 10. Jh., Conques), die allesamt Reliquien enthielten. Die Reliquienverehrung gründet im Glauben an die dauerhafte Heilspräsenz der Blutzeugen Christi in ihren sterblichen Überresten. In jedem Altar wird eine Reliquie beigesetzt. Gleichzeitig dient er als Tisch für das eucharistische Opfer und steht im Mittelpunkt der christlichen Messfeier. 1019 stiftete Heinrich II. der Basler Kathedrale anlässlich ihrer Weihe ein goldenes Antependium. Durch Körpergröße und -breite wird der zentrale Christus vor den Heiligen und Engeln in den seitlichen Arkaden hervorgehoben. Zu seinen Füßen bitten winzig Heinrich und Gemahlin Kunigunde um gnädige Anerkennung ihrer Stiftung.

Im Vergleich mit der karolingischen Kunst vereinfacht der **ottonische Stil** die Körper auf stereometrische Formen und strebt größere Nüchternheit und Feierlichkeit an. Dank der perfektionierten Bronzegusstechnik können nun erstmals narrative Figurenzyklen in einem plastischen Medium gestaltet werden. Mit ihrem spiralförmig nach oben abgerollten Relief ahmt die Bernwardsäule im Hildesheimer Dom (Anfang 11. Jh.) die Säulenmonumente Trajans und Hadrians nach. Auf der Säule war ein Kreuz angebracht. Ähnlich wie im Falle des goldenen Triumphbogens des Einhard (820/830, nur über eine Zeichnung bekannt), der als Sockel für ein Reliquienkreuz dient, bleibt die antike imperiale Symbolik Christus vorbehalten.

Madonna mit Kind, Lothringen (?) Ende 10. Jh., Elfenbein, 22 x 10 cm, Mainz, Mittelrheinisches Landesmuseum.
Die Figurengruppe stellt in ihrer beinahe vollrunden Ausführung eine Ausnahme dar. Der menschliche Körper ist auf wenige stereometrische Formen reduziert. So wirkt die Skulptur monumental, trotz ihrer geringen Größe.

Bischof Bernward, der Auftraggeber der Hildesheimer Tür und Säule, nimmt am Hofe als Erzieher von Theophanus Sohn Otto III. eine wichtige Stellung ein. Er bereist Frankreich und Italien und hinterlässt mit der Klosterkirche St. Michael, in der er begraben wird, einen Bau von höchstem architektonischen Anspruch. Auffälligerweise ist die Langhauswand weitgehend ungegliedert, die architektonische Formensprache schlicht. Durch Bernwards Biografen Thangmar ist bekannt, dass die großen Wandflächen Fresken trugen. Am Außenbau dominiert die glatte Wand. Ein steinernes Figurenprogramm an einer Fassade ist nur in einem singulären Beispiel vor der Jahrtausendwende greifbar (Köln, St. Pantaleon, 984/996).

Buch- und Wandmalerei

Könige und hohe Geistliche bestellen kostbar ausgestattete Bücher in den Zentren ottonischer Kunst Trier, Köln, Fulda, Regensburg und allen voran auf der Insel Reichenau im

Bodensee. Am Anfang stehen Kopien nach karolingischen Handschriften *(Gero-Codex*, Reichenau, 965/970), starke Farbkontraste und monumentale Hauptfiguren kennzeichnen die weitere Entwicklung. Die ottonische Malerei strebt nicht mehr dem antiken Vorbild nach, illusionistische Räume zu schaffen, sondern arbeitet mit verschiedenfarbigen Schichten. Architekturgebilde gliedern die Bildfläche und rahmen die handelnden Figuren, ohne ihnen dabei plausiblen Raum zu schaffen.
Durch Umbau, technische Unbeholfenheit und mangelndes Interesse, aber auch durch Restaurierungen im 19. und 20. Jh., sind die meisten Wandmalereien zerstört. Vermutlich besaß die große Mehrheit der Kirchen ein gemaltes Bildprogramm. Der größte ottonische Zyklus in Deutschland befindet sich in St. Georg in Oberzell auf der Insel Reichenau. Stellvertretend für die untergegangene Malerei der oberital. Metropole Mailand, eines der wichtigsten Kunstzentren in ottonischer Zeit, mit großem Einfluss auf das Skriptorium der Reichenau, stehen die Fresken in S. Vincenzo a Galliano bei Cantù (um 1007).

ROMANIK

In der Kunstgeschichte beginnt die Romanik um 1050 (premier âge roman). Dies hat u.a. seinen Grund in wichtigen polit. Ereignissen: endgültige Spaltung der West- und der Ostkirche 1054, normannische Eroberung Süditaliens, Siziliens (1030–91) und Englands 1066 (dargestellt auf dem Teppich von Bayeux, 1066–77), Beginn des Investiturstreits. Unterstützt von den mächtigen Reformklöstern Cluny, Montecassino, Stavelot und Gorze bestreiten die Päpste das kaiserliche Gewohnheitsrecht, die Bischöfe der Reichskirche zu ernennen, und verweisen darauf, dass die Apostel von Christus selbst eingesetzt wurden, sie aber, die Päpste, die Nachfolger der Apostel seien.

Skulptur bis 1100

Während sich die ottonische Kunst weitgehend auf die plastischen Medien beschränkt, werden in der Romanik erstmals seit dem Ende der Antike wieder Steinskulpturen in großer Menge hergestellt.

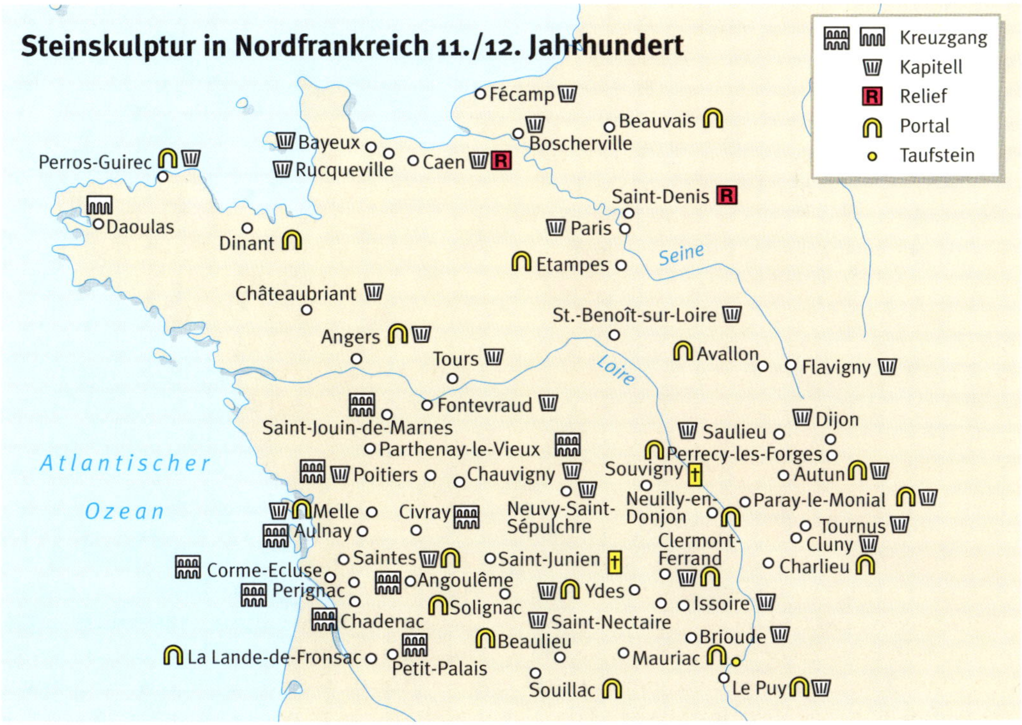

Steinskulptur in Nordfrankreich 11./12. Jahrhundert

Thronender Christus am Portal von St. Emmeram, Regensburg, 1049–1064, Kalkstein. Das älteste, noch am originalen Ort erhaltene Figurenportal. Die Mönche von St. Emmeram behaupten, die Reliquien des Hl. Dionysius zu besitzen und treten damit in Konkurrenz zum Grabkloster der franz. Könige, St.-Denis bei Paris. Untermauerung ihres Anspruchs mit einer bildlichen Darstellung der beiden Patrone Dionysius und Emmeram zu Seiten Christi.

Kapitell (korinthisch, ionisch, dorisch, Würfelkapitell; lat. capitellum, Köpfchen) architektonisches Bindeglied zw. Stütze (Säule, Pfeiler) und Auflager (Bogen, Gebälk); das nach der antiken Säulenordnung höchstrangige korinthische Kapitell besteht aus einem Akanthusblattkranz mit vier die Deckplatte tragenden Blattvoluten an den Ecken. Das Würfelkapitell, eine sehr einfache Form des Hochmittelalters, besteht aus einem Würfel, der zur Säule hin abgerundet ist.

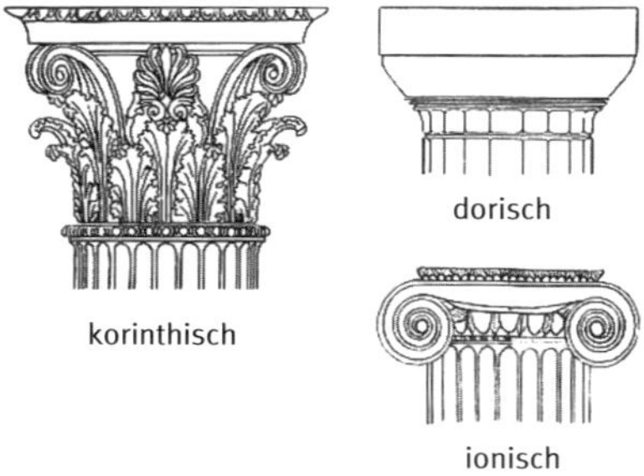

Ambo (griech. ambon, Erhöhung) Kanzelartiges Podest zur Verlesung des Evangeliums oder der Epistel. Ab dem 13. Jh. in den Lettner eingebaut oder durch die Kanzel ersetzt.

Hoher Grad an Plastizität wird in drei Steinreliefs erreicht, die um 1050 in die Zwickel des Doppelnischenportals von St. Emmeram in Regensburg eingefügt werden.
In der zweiten Hälfte des 11. Jh. werden vermehrt Ausstattungsstücke in Stein gefertigt und mit Figurenreliefs geschmückt, die man vorher in kostbaren Materialien ausgeführt hätte: Steinbildhauer treten in Konkurrenz zu Goldschmieden, Elfenbeinschnitzern und Bronzegießern. Auffällig ist die Qualität der Steinskulptur an liturgischen Möbeln wie Ambonen (Mailand), Thronen (Canosa, Bari) und Tischaltären (Toulouse).
Dennoch finden sich die eigentlichen Erfindungen der romanischen Skulptur im Bereich der Bauplastik: Das erzählende Kapitell und die figürliche Ausstattung von Kirchenportalen.

Kapitellskulptur in Frankreich Die massenhafte Produktion von antikisierenden Kapitellen mit Palmetten-, Flechtwerk- und Figurenschmuck erfolgt durch Künstler-Steinmetze. Seit karolingischer Zeit dient das **korinthische Kapitell** dazu, einen in der christlichen Antike wurzelnden Herrschafts- und Repräsentationsanspruch zu veranschaulichen (Aachen, Cluny, Speyer). Bald nach 1000 erlebt diese höchstrangige Form des antiken Kapitells in franz. Klosterbauten eine Renaissance. Gleichzeitig Einfügung von Figuren in die Kapitelle (St.-Bénigne, Dijon, Anfang 11. Jh.; St.-Benoît-sur-Loire, Westvorhalle, vor 1030). Später wird der Kapitellaufbau vereinfacht, um mehrfigurigen Erzählungen Platz zu bieten, bis hin zu friesartigen Zyklen über mehrere Kapitelle. In Kirchenschiffen und in hochromanischen Kreuzgängen findet sich an den Kapitellen das Universum christlichen Heilsdenkens. Das Böse hat darin seinen festen

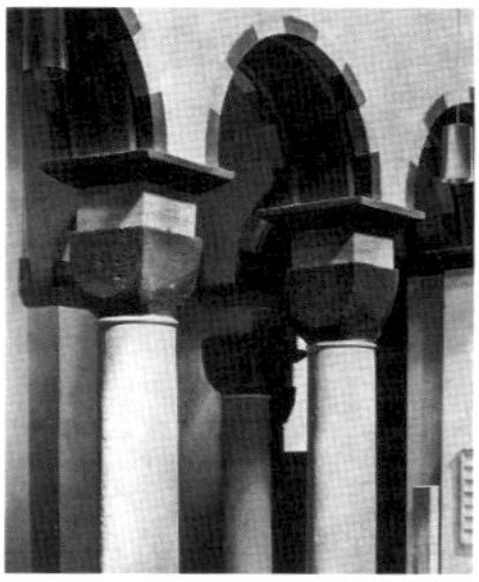

Würfelkapitell aus St. Michael, Hildesheim, Anfang 11. Jh. Die Blattkapitelle der antiken Tradition werden in ottonischer Zeit entweder stark vereinfacht (Gernrode) oder durch Würfelkapitelle (St. Michael) ersetzt.

Akanthuskapitell, Speyer, Dom, Afrakapelle, vor 1106. Die antiken Formen, die während der Regentschaft Kaiser Heinrichs IV. am Dom in Speyer verwendet werden, sind Symbole seines imperialen Anspruchs.

Platz und erscheint in Gestalt von wilden Tieren, Mischwesen, Obszönitäten und deformierten Körpern.
Zu den größten Verlusten durch die Franz. Revolution gehört die dritte Klosterkirche des Reformklosters **Cluny** in Burgund, das zum Zentrum eines gewaltigen Klosterverbands geworden ist und, nur dem Papst unterstellt, große geistliche und weltliche Macht ausübt. Die 1088 begonnene Kirche ist im Hochmittelalter das größte Gebäude des Abendlandes (im 19. Jh. bis auf einige Bauteile der Südseite abgetragen). Vom reichen antikisierenden Bauschmuck sind nur Fragmente erhalten, u.a. acht Kapitelle der Marmorsäulen des Chores. In die korinthische Struktur sind teils Mandorlen eingefügt, die allegorische Figuren umrahmen. Die Darstellungsform der Allegorie entspricht dem theologischen Denken der Zeit, das Gottes Schöpfung kategorisiert und in jeder ihrer Erscheinungen einen tieferen Sinn voraussetzt, der in Bezug zur Heilsgeschichte stehen soll. Da die Kapitelle den ranghöchsten Raum der Kirche in Cluny umgeben, das Sanktuarium, in dem die Messen gefeiert werden, sollen sie Wert und Rang des monastischen Lebens veranschaulichen.

Kapitell mit Flucht nach Ägypten, St.-Benoît-sur-Loire, Westvorhalle, Erdgeschoss, 1026. In die Struktur des korinthischen Kapitells erzählende Bilder zu zwingen, ist einer der maßgeblichen Erfindungen der romanischen Kunst.

Kapitell mit Personifizierung der Töne der gregorianischen Kirchenmusik, ehem. Cluny, Chorumgang, 1088/1110, Cluny, Musée lapidaire du Farinier.

Portalskulptur im 12. Jahrhundert

Cluny und Santiago de Compostela Maßgeblich für die weitere Entwicklung wird das (nur in Zeichnungen überlieferte) Westportal von Cluny (1106–12), ein Säulenportal, das in einen rechteckigen Vorbau mit abschließendem Gesims eingetieft ist. Sein Aufbau nimmt Bezug auf antike Triumphbogen und Stadttore. Hier treten erstmals Türsturz, Tympanon und Archivolten zusammen als Bildträger in Erscheinung und ermöglichen eine hierarchische Gliederung des Bildprogramms. An einigen Kirchen am Pilgerweg nach Santiago de Compostela haben sich ähnliche Portale erhalten, so in Toulouse (St.-Sernin, Porte Miègeville, 1110/15) und León (San Isidoro, Puerta del Cordero, 1100/10). Am Zielort selbst, der Ka-

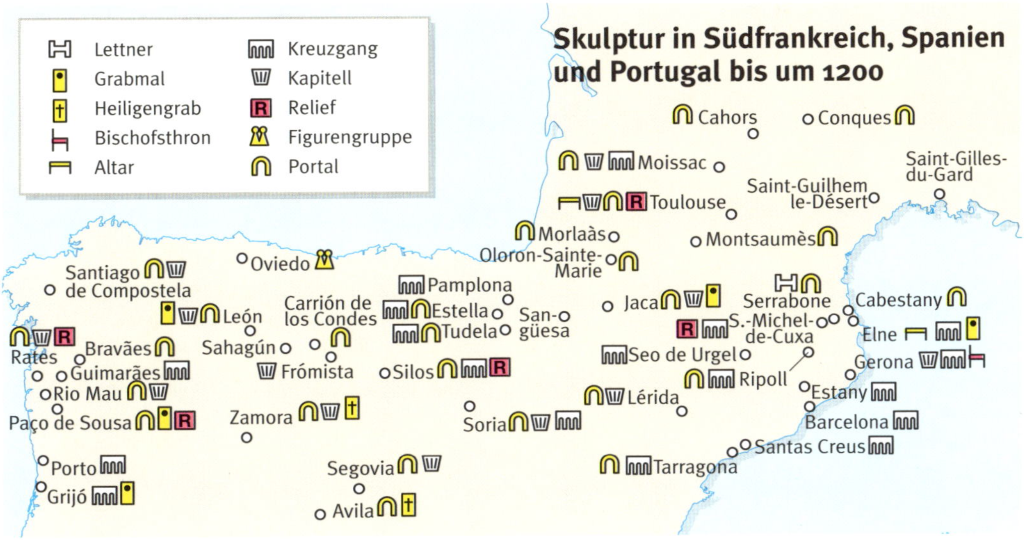

Cluny, Westportal, 1106-12 (Rekonstruktion von K. J. Conant). Der triumphale Charakter des Westportals ist der symbolischen Bedeutung der Klosterkirche als Himmlisches Jerusalem angemessen. Das ikonografische Programm ist mittels der architektonischen Elemente, Türsturz, Tympanon und Archivolten, hierarchisch gegliedert.

Santiago, Puerta de las Platerías, Detail, Anfang 12. Jh. Eine Neuerung sind die figürlich skulpierten Säulenschäfte des Doppelportals. Von nun an kann sich das Figurenprogramm auf das Portalgewände ausdehnen. Der reiche Figurenschmuck stammt z.T. vom Nordportal der Kathedrale, das im 18. Jh. abgetragen wurde.

Conques, Ste.-Foy, Westportal, Tympanon, Detail, 2. Viertel 12. Jh. An Pilgerkirchen wie in Conques wird das Weltgericht zum Thema der Portalskulptur und konfrontiert den Betrachter mit den schrecklichen Konsequenzen seines sündhaften Tuns.

thedrale des Apostels Jakobus d. Ä., waren bei Baubeginn 1075 drei Portale vorgesehen, eines an der Westfassade und je eines an den Querhausstirnwänden. Erhalten ist nur die Puerta de las Platerías (1100) am südl. Querhaus. Neu sind die figürlich skulpierten Schäfte der Gewändesäulen. In gotischer Zeit entwickeln sich diese Säulenfiguren zu monumentaler Gestalt, Schaftreliefs stellen jedoch nicht den Ursprung des Bildwerks an der Säule dar: Die

Tympanon – Gewände – Archivolten Struktive Glieder eines Portals, bestehend aus einem Bogenfeld, das auf einem Türsturz oder Konsolen lastet (griech., tympanon, Handtrommel), und einer Laibung, die von der Außenwand zum Portal hinführt (Gewände), oft gestuft und mit eingestellten Säulen versehen. Auf ihr lasten Bogensteine (Archivolten), die das Gliederungssystem des Gewändes fort- und um das Tympanon herumführen. Alle diese Bauteile können im Hochmittelalter mit Skulpturen besetzt sein.

große Verbreitung von Säulenfiguren in ganz Europa lässt sich nicht einzig auf die bedeutenden frühgotischen Portale von St.-Denis und Chartres zurückführen. Säulen und Pfeiler werden spätestens im 11. Jh. mit lebensgroßen Bildern von Aposteln und Heiligen bemalt (Tours, Musée Gouin, um 1050; Bethlehem, Geburtskirche, 1130/40), um die Allegorie zu veranschaulichen, welche die Apostel und ihre Nachfolger, die Bischöfe, als Säulen der Kirche bezeichnet.

Der Transfer von Vorbildern aus der Monumentalmalerei in die Skulptur ist vor allem in den Christusdarstellungen der Tympana zu fassen. Das Feld zwischen Türsturz und Entlastungsbogen bleibt in der Antike ohne figürlichen Schmuck. Erst aus dem 9. Jh. sind mit Mosaiken versehene Bogenfelder an Portalen der Hagia Sophia in Konstantinopel erhalten und solche mit Gipsplastik im Hildesheimer Dom (um 872). Bogenfelder entstehen außerdem beim Anlauf von Tonnen oder Kreuzgewölben an der Wand, in frühchristlichen Katakomben und später in mittelalterlichen Krypten (St.-Germain, Auxerre, 841–859) oft mit figürlichen Szenen bemalt.

Der Ort für Darstellungen des Jüngsten Gerichts ist die innere Westwand einer Kirche, wo sich das Geschehen über mehrere Register erstreckt (Müstair, St. Johann, um 800; Sant' Angelo in Formis, Ende 11. Jh.). In Conques und Autun Übernahme des Weltgerichts in die Portalskulptur: Ausführlich und eindringlich werden die Laster und ihre Bestrafung vorgeführt. Dabei ist das Thema des Gerichts im 12. Jh. keineswegs dominant. Das zentrale Motiv der abendländischen romanischen

Sant'Angelo in Formis, innere Westwand, Jüngstes Gericht, um 1080, Gesamtansicht. Der traditionelle Ort für die Darstellung des Weltgerichts ist die westliche Innenwand des Kirchenbaus. Das Jüngste Gericht folgt hier dem byzant. Schema, bestehend aus einer Majestas-Darstellung mit Gruppenkompositionen.

Majestas Domini (lat., Hoheit, Herrlichkeit, Würde des Herrn) Altchristliches, im ganzen Mittelalter zentrales Motiv. Bevorzugter Anbringungsort ist die Apsiskalotte über dem Hauptaltar. Visionäre Schau Christi als Herrscher im Jenseits (nach EZ 1,26f. und Apk 4): Häufig von der Mandorla gerahmt, thront Christus auf der Weltkugel oder dem Regenbogen und ist umgeben von den vier Evangelisten, als Personen oder durch ihre Symbole vertreten.

Kunst bleibt der auferstandene, jenseitige, triumphierende Christus, die sog. **Majestas Domini** (nach Ez 1,4–28 und Apk 4,2–11).

Norditalien um 1100 Frühe romanische Bauskulptur Italiens tritt überwiegend in der Lombardei auf und ist auf flach reliefierte Ranken, Flechtwerk-, und Tiermotive an Portalen und Fensterrahmen beschränkt (Como, S. Abbondio, vor 1095; Mailand, S. Ambrogio, um 1100–10). Ähnliche Motive an den Domen von Mainz, Speyer und Lund (um 1104) lassen darauf schließen, dass lombardische Steinmetze Anfang 12. Jh. nördl. der Alpen sehr gefragte Handwerker sind. Die monumentale Skulptur Italiens entsteht jedoch erst im Zuge der von der Bürgerschaft getragenen Domneubauten in der Emilia (Modena, Piacenza, Parma, Cremona, Ferrara). Wiligelmus, ein Bildhauer, dessen Werkstatt Anfang 12. Jh. in Cremona, Nonantola und Polirone tätig ist, wird an der Westfassade der Kathedrale von Modena inschriftlich gerühmt. Dem Hauptportal vorgeblendet ist eine baldachinhafte Vorhalle, deren schlanke Säulen auf dem Rücken zweier antiker Löwen stehen. Im Gegensatz zu franz. Portalen befindet sich das Figurenprogramm nicht im Tympanon, sondern auf Reliefs zu beiden Seiten des Mittelportals. Vor dem Einbau der Seitentüren (um 1220) waren die Reliefbänder mit Szenen aus der Genesis auf gleicher Höhe versetzt. Die Meisterschaft des Wiligelmus wird auch am antikisierenden Dekor des Portalrahmens, den fein gemeißelte Ranken, in die Menschen, Tiere und Fabelwesen eingewoben sind, deutlich.

Frankreich In der 1. Hälfte des 12. Jh. lassen sich grob sechs Bildhauerschulen unterscheiden. Der Stil von Cluny wirkt in Burgund weiter (Vézelay; Perrecy-les-Forges; Montceaux-l'Etoile; Anzy-le-Duc). In Vézelay (Ste.-Madeleine, 1125–35) ist das Programm des Hauptportals erstmals auf die Seitenporta-

Modena, Kathedrale, Westfassade, Genesisfries, Marmor, nach 1099. Vermutlich von antiken Werken angeregt, führt Wiligelmus den großformatigen Figurenzyklus in die mittelalterliche Bauskulptur ein.

Berzé-la-Ville, Oberkapelle, Apsisausmalung, Majestas Domini mit Aposteln, Anfang 12. Jh. In den Apsiskalotten, über dem heiligsten Bereich der Kirche, thront häufig der allmächtige Christus. Dieses in der Malerei oder im Mosaik schon früh entwickelte Programm versetzt die romanische Skulptur in die Bogenfelder der Portale.

St.-Gilles-du-Gard, Kathedrale, Westfassade, 1140/50. Diese einzigartige Portalanlage ist einer röm. Theaterbühne nachempfunden. Architekt und Bildhauer verwenden durchwegs antikisierende Formen, die sie an röm. Bauornamentik, spätantiken Sarkophagen und röm. Kleinkunst studieren konnten.

le ausgedehnt. Die triumphale Pfingstdarstellung mit der übergroßen zentralen Christusfigur wird in den seitlichen Darstellungen der Geburt und der Himmelfahrt Christi in einen chronologischen Bezug gesetzt.

Nicht von der Skulptur Clunys, sondern von der einzigen greifbaren cluniazensischen Wandmalerei in Berzé-la-Ville ist der Stil des Gislebertus abgeleitet, dessen Werkstatt Portale und Kapitelle von St.-Lazare in Autun mit überdehnten, zierlichen, dabei zu starkem Ausdruck fähigen Figuren versieht (um 1135). Das Fragment des Türsturzes vom verlorenen Nordportal mit der liegenden Eva des Sündenfalls gehört zu den bedeutendsten Schöpfungen mittelalterlicher Kunst (heute Autun, Musée Rolin).

In den beiden wichtigsten Werkstätten des Languedoc entstehen die Porte Miègeville von St.-Sernin in Toulouse (1110–15) und das Südportal der Abteikirche St.-Pierre in Moissac (1120–35), stilistisch gefolgt von den Portalen in Beaulieu-sur-Dordogne und Souillac. Aquitaniens Bauskulptur entwickelt sich früh und eigenständig. Die Portale entbehren eines Tympanons und versammeln das Skulpturenprogramm in den Archivolten. Die Kirchenfassaden sind als Schaufronten oft in ganzer Höhe durch Blendbögen strukturiert (Saintes, Ste.-Marie-des-Dames, 1115–25) und bei besonders ehrgeizigen Bauten mit einem umfangreichen Bildprogramm ausgestattet, so an der Kathedrale von Angoulême (1120–28) und der Stiftskirche Notre-Dame-la-Grande in Poitiers (um 1120–30).

Während die Gotik von der Île-de-France aus in die meisten Landschaften eindringt, bleibt man in der Provence einer eklektizistischen Antikenrezeption treu. Die Dreiportalanlage in St.-Gilles-du-Gard um 1140–50 folgt im Aufbau einer röm. Bühnenfassade. Man spricht von romanischer Renaissance, die auch nach Italien wirkt (Mailand, Kathedrale, Apostelreliefs, 1185–87). In St.-Trophîme in Arles (vor 1178?) Anwendung der Komposition von St.-Gilles auf ein einziges Portal.

Spanien Die bedeutendsten Bildzyklen Spaniens gegen Mitte 12. Jh. finden sich in den Kreuzgängen von Pamplona (um 1130–40) und Santo Domingo de Silos (Mitte 12. Jh.). Sechs der hochrechteckigen Reliefs an den Eckpfeilern des Kreuzgangs von Silos zeigen Darstellungen von der Kreuzabnahme bis Pfingsten, darunter die berühmte Szene des ungläubigen Thomas, der vor den versammelten Aposteln seinen Finger in die Seitenwunde Christi legt. Zum gegenseitigen Austausch Nordspaniens

Skulptur in Italien bis um 1200

mit dem Languedoc (Toulouse, Moissac) gesellt sich nach Mitte des 12. Jh. ein starker burgund. Einfluss: Apostelfries der Westfassade von Santiago in Carrión de los Condes (um 1170), Westportal von San Vicente in Avila (1170–80), Südportal von Santa María la Real von Sangüesa (um 1170). Neben Akanthuskapitellen gelangen über den Umweg Burgund (Avallon) auch Gewändefiguren aus dem frühgotischen Kronland Frankreichs (Chartres) nach Spanien. Ihren Höhepunkt erreicht die gotisierende Richtung im Pórtico de la Gloria (1188–1200), der gewaltigen westl. Dreiportalanlage der Kathedrale von Santiago de Compostela.

Italien In Norditalien führt der Bildhauer Nicholaus die Kunst des Wiligelmus fort. Dank Inschriften ist sein Wirken zwischen 1122–39 in der Emilia, in Piemont und sogar in Sachsen (Königslutter) nachweisbar. In gleicher Weise wie in Modena sind die Portale der Kathedralen von Piacenza (1122–30), Ferrara (um 1135) und S. Zeno in Verona (um 1138) strukturiert. Am Dom von Verona (ab 1139) treten erstmals Gewändefiguren auf. Der Meister der dritten maßgeblichen Werkstatt der Emilia ist ebenfalls namentlich fassbar: Benedetto Antelami stattet um die Jahrhundertwende das Baptisterium von Parma am Innen- und Außenbau mit einem umfang-

Benedetto Antelami, Kreuzabnahme Relief, dat. 1178, Marmor, Parma, Dom. Schon in diesem Frühwerk ist Antelamis monumentaler Stil zu erkennen, der in den beiden rundplastischen, in Nischen eingestellten Prophetenfiguren zu Seiten des Hauptportals der Kathedrale von Fidenza (ehem. Borgo San Donnino, 1179–96) gipfelt.

reichen Skulpturenprogramm aus (1196–um 1220).

In den mittelital. Landschaften Latium, Kampanien und Umbrien sind figürliche Reliefs, die in Portalzusammenhängen auftreten, vergleichsweise selten (Spoleto, S. Pietro fuori le mura, um 1200; S. Clemente a Casauria, 1225–30). Die Bildhauerkunst konzentriert sich auf Ausstattungsstücke wie Lettner (Modena, 1170–75), Taufbecken (Lucca, San Frediano, um 1150), Osterleuchter (Rom, S. Paolo fuori le mura, um 1190) und die zahlreich erhaltenen Kanzeln (Moscufo, Sta. Maria del Lago, 1159; Salerno, Kathedrale, 1180–81). Türpfosten und

-stürze überziehen vegetabile Ornamente, die antiken Vorlagen sehr genau nachempfunden oder mit Spolien kombiniert sind. Im Türsturz des Hauptportals der Kathedrale von Salerno (Porta dei Leoni, Ende 11. Jh.) Kopie eines antiken Architravs.
Die Ende des 11. Jh. in großer Zahl gegründeten Kathedralen Apuliens werden mit Bauskulptur reich ausgestattet. Narrative Zyklen sind bis Mitte 12. Jh. selten und übernehmen Motive aus Norditalien und dem Languedoc (Bari, S. Nicola, Porta dei Leoni, Anfang 12. Jh.; Monte Sant'Angelo, S. Giovanni in Tumba, Mitte 12. Jh.).
Obwohl Mitte des 12. Jh. einige Motive und Stilphänomene der franz. Kathedralgotik übernommen werden, behält man in Italien eine eigenständige, an der Antike orientierte Haltung bei, die zweihundert Jahre später in die Renaissance mündet.

Deutsches Reich Beginn der Gestaltung von Kirchenportalen in Anlehnung an antike Stadttore und Triumphbogen um 1100 (Ostportale des Mainzer Doms), ab Mitte des 12. Jh. nehmen figürliche Darstellungen zu. Geografische Nähe zu Frankreich begünstigt die Entwicklung in Lothringen (Verdun, Kathedrale, Ostportale und Apsisreliefs, 1140–50) und Belgien (Tournai, Kathedrale, Portale, 1140–50). Süddeutschland profitiert von nordital. Entwicklungen bis nach 1200 (Andlau, 1130–40, Gurk, um 1170, Marien-Tympanon in Salzburg, 1220–30), dabei reicht der Einfluss der lombardischen Skulptur bis ins Maasland (Nivelles, Ste.-Gertrude, Westportale 1166–85) und nach Sachsen (Königslutter, nach 1135). Die qualitätvollsten Skulpturen entstehen um 1160 in Köln, befinden sich aber nicht mehr am originalen Platz. (Tympana von St. Cäcilien und St. Pantaleon, Schnütgen-Museum, Köln). Größere Figurenprogramme wie die Basler Galluspforte (um 1200) oder der Fassadenschmuck von St. Jakob in Regensburg (um 1190) sind selten und reichen an den Reichtum franz. und ital. Portale nicht heran.

Skulptur im Ausstattungsbereich

Stein und Stuck Als kultischer Mittelpunkt im christlichen Sakralbau wird der Hauptaltar durch ein Ziborium überhöht und mit Schranken gegen den Laienbereich abgegrenzt. Einen Eindruck von dieser im Frühmittelalter üblichen Gestaltung vermitteln heute noch ital. Kirchen (Torcello, S. Maria Assunta, 10./11. Jh.). In der Romanik erste Ausstattung der Abschrankungen wie Lettner, Emporenbrüstungen und Chorschranken mit einem Figurenprogramm aus Stein. Die frühesten und dabei höchst qualitätvollen Beispiele finden sich in St.-Sernin von Toulouse. Liturgiereformen und der Säkularisation ist eine Unzahl von Lettnern zum Opfer gefallen (Fragmente in Chichester, Durham, Chur, St. Paul im Lavanttal, Trier).
Das *Heilige Grab* in Gernrode (um 1080?) steht mit seiner monumentalen Stuckplastik heute zwar einzigartig da, doch ist davon auszugehen, dass das liturgische Schauspiel, das sich an Ostern in und vor dieser Anlage abspielte, in nahezu jeder Stifts- und Klosterkirche aufgeführt wurde. Die Meisterschaft sächsischer

Baldachin urspr. Bezeichnung eines Prunkhimmels aus Stoff, übertragen auf die auf Säulen stehende steinerne Überdachung von Thronen, Altären, Gräbern und Kanzeln.
Ziborium (lat. cibus – Speise; griech. kibórion – Gehäuse) wird der steinerne Altarbaldachin nach dem Behälter für das eucharistische Brot genannt, der daran befestigt ist.

Chorschranke – Lettner (lat. lectorium – Lesepult) dient der Abschrankung des Chors vom Laienbereich. Die niedrigen Chorschranken aus Stein oder Stuckplatten sind häufig mit Reliefs und Malereien verziert. In der Frühzeit hängen an von Säulen getragenen Balken Vorhänge. Seit dem 12. Jh. ist der Lettner in Kloster- und Kathedralkirchen die gebräuchlichste architektonische Abschrankung. Er besitzt Durchgänge und auf Höhe der Tribüne eine Kanzel, von der Evangelium und Epistel verlesen werden. Romanisches Beispiel: Modena, um 1180.

Gernrode, Heiliges Grab, Anfang 12. Jh., Stuck. Dieses herausragende Beispiel für die Anwendung von Stuckplastik im mittelalterl. Herzogtum Sachsen hat einen liturgischen Zweck. Es ist in ein österliches Schauspiel einbezogen, in dem Sterben und Auferstehung Christi nachvollzogen und gefeiert werden.

Reliquiar – Reliquienschrein (lat. reliquiae, Überbleibsel, Rest) Behältnis für Heiligenreliquien. In karolingischer Zeit meist ein kleiner Gegenstand in Form einer Börse oder eines Kästchens aus Elfenbein oder Metall, z. T. bereits haus- und sarkophagförmige Reliquiare. Reliquienschreine haben seit 1100 meist die Gestalt einer Basilika (ältestes erhaltenes Beispiel Visé, St.-Martin, Hadelinusschrein, Mitte 11. Jh.) und sind prachtvoll mit Gold und Edelstein verziert.

Stuckplastik belegen auch die Chorschranken von Hildesheim (nach 1193) und Halberstadt (Liebfrauenkirche).
Um dem Schaubedürfnis der Pilger nachzukommen und wohl auch aus Gründen der Selbstdarstellung, beginnen Klöster im 11. Jh. Heiligenleiber in Schreinen hinter dem Altar auszustellen (so noch im Kölner Dom). Dass solche Schreine nicht nur aus kostbaren Edelmetallen bestehen können, sondern auch aus Stein, beweist die Anlage in S. Vicente in Avila (Ende 12. Jh.) mit Reliefdarstellungen des Martyriums.
Neben Christus und den Heiligen ist in der Kirche immer auch der verstorbene Stifter darstellungswürdig. Die älteste lebensgroße Grabfigur im Merseburger Dom stellt **Rudolf von Schwaben** dar, den Gegenkönig Heinrichs IV., um 1080 als flaches Relief in Bronze gegossen. Die ältesten Grabtumben mit den Darstellungen eines Verstorbenen in Stein (Schaffhausen, Neuenburg-Grablege, um 1100) und Stuck (Quedlinburg, Äbtissinnengrabsteine, Anfang 12. Jh.) entstehen nicht viel später.

Metallarbeiten In der Geschichte der mittelalterlichen Skulptur nehmen die Metall-

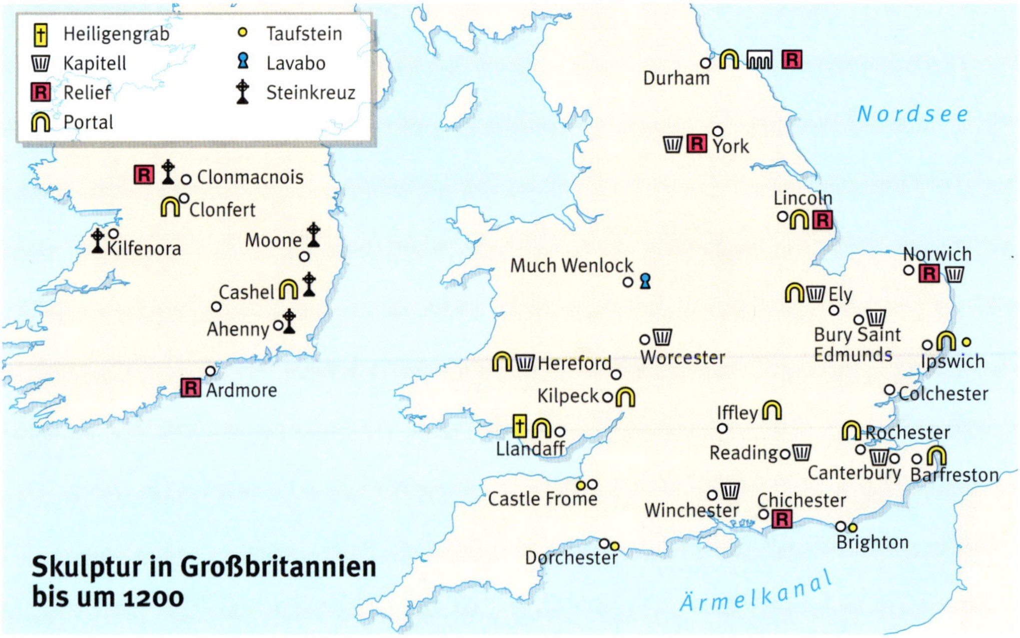

Tumba – Gisant Die Tumba ist, neben der in den Boden eingelassenen Grabplatte, die gebräuchlichste Form des Grabmonuments im Mittelalter. Kastenförmiger Bau mit Deckplatte, die in Bronze- oder Steinrelief meist Wappen, Inschrift und Kreuz zeigt. Seit um 1100 tritt die Darstellung des Verstorbenen auf, zunächst in Relief, später als plastisch ausgearbeitete Liegefigur (Gisant). Anfänglich wird der Tote als Lebender gezeigt, im Laufe des Mittelalters tritt die jugendliche Idealisierung zugunsten eines verstärkten Realismus zurück.

künstler, Gold- und Silberschmiede sowie Bronzegießer eine Vorreiterrolle ein, angefangen mit der Hildesheimer Domtür bis zu Nikolaus von Verdun, dem Meister des Dreikönigsschreins in Köln (1180–1220). Gold- und Bronzewerkstätten befinden sich im 12. Jh. in Lüttich, Aachen, Köln, Magdeburg, Limoges, St.-Denis, Benevent und Verona. Hier entstehen Reliquiare, siebenarmige Leuchter, Lichtkronen (Großkomburg, 12. Jh.), Kruzifixe und liturgisches Gerät. Die größten Sammlungen von Schatzkunst befinden sich in Conques und Berlin (Welfenschatz, Kunstgewerbemuseum).

Stilprägend ist um 1100 vor allem das **Maasland**. Am Taufstein in St-Barthélemy in Lüttich (1111–18) führt der Künstler, wohl Renier de Huy, mit den eng von Togen umschlungenen Figuren der Taufe Christi vor, zu welch überzeugender Plastizität er durch Antikenstudium gelangt. Zweite große Künstlerpersönlichkeit ist der Goldschmied Roger von Helmarshausen. Auch er scheint aus dem Maasland zu kommen (Stavelot), arbeitet dann aber in der Abtei Helmarshausen an der Weser. Um 1100 verfasst er das einmalige Kompendium *De diversis artibus*, ein Handbuch aller Kunsttechniken.

Holz Romanische Holzkruzifixe sind in großer Zahl erhalten. Hervorzuheben ist der Volto Santo in Lucca (Kathedrale), das überall in Europa zitierte Kultbild eines mit langem Gewand gekreuzigten Christus (sog. *Imervard-Kruzifix* in St. Blasius, Braunschweig, 1173–88). Die heutige Figur entsteht erst um 1200–20 als

Taufbecken des Renier de Huy, 1107–1118, Bronze, Lüttich, St.-Barthélemy. Die Taufe Christi folgt bewusst einer traditionellen Ikonografie, daher der formelhafte Wellenberg des Jordanflusses. Großen Wert legt der Künstler hingegen auf die naturalistische Körperlichkeit der Figuren, die ohne Antikenstudium nicht denkbar wäre.

Nachbildung des Urtyps, der laut Überlieferung im 8. Jh. nach Lucca gekommen ist; ältere Kopie in Sansepolcro (Kathedrale, 8.–9. Jh.).

Buch- und Tafelmalerei

Die zunehmende Produktion von Handschriften im 11. und 12. Jh. geht mit den zahlreichen monastischen Neugründungen einher, liegt aber auch am gesteigerten Interesse an theologischer und profaner Bildung. Unüberschaubar ist die Zahl der Texte mit Zierinitialen, Einzelbildern und Bilderzyklen. Neben wichtige liturgische Bücher (Psalter, Evangeliar und Lektionar) treten neue, gleichfalls illuminierte Gattungen: Heiligenlegenden, Kirchenväterkommentare und profane Texte wie Rechtssammlungen und Enzyklopädien. Bibeln sind in ottonischer Zeit kaum hergestellt worden. Bedarf entsteht erst, als die Reformpäpste des 11. Jh. von den religiösen Gemeinschaften fordern, die Heilige Schrift zu studieren, und die Cluniazenser den Brauch einführen, beim Chorgebet und zur Mahlzeit gemeinsam in der Bibel zu lesen. Um 1070 Bildung privater Skriptorien in Rom, die sog. Riesenbibeln für den Export nach Norden kopieren und mit Bildern ausstatten.

Zentren der Buchmalerei sind bis ins letzte Viertel des 12. Jh. noch immer überwiegend Benediktinerabteien, in Burgund die Ordens-

Weltgerichtstafel, Tempera auf Holz, 1061–71, 289 x 242 cm, Rom, Pinacoteca Vaticana. Mit der Tafel aus der Damenstiftskirche S. Maria in Campo Marzio ist ein besonders frühes Exemplar von Tafelmalerei erhalten.

häupter Cluny und Cîteaux, in Nordfrankreich St.-Bertin und St.-Amand, in England St. Albans, Bury St. Edmunds, Canterbury und Winchester. In Spanien fällt auf, dass der *Beatus-Kommentar* zur Apokalypse mit seinen über hundert Bildern neben der Bibel am häufigsten kopiert wird. Skriptorien befinden sich in Reformklöstern wie Ripoll und Santo Domingo de Silos.

Im Dt. Reich ist nach Regionen zu unterscheiden. Von größter Bedeutung ist das heutige Belgien mit den Klöstern in Lüttich (Liège), Sint Truiden, Floreffe, Averbode und Stavelot. Zu Köln besteht enger Kontakt. Im Herzogtum Sachsen spiegelt die Buchmalerei des Klosters Helmarshausen die Kunst des hier ansässigen berühmten Goldschmieds **Roger** wider. In Süddeutschland sind es vor allem Hirsau und die von hier aus refomierten Benediktinerklöster Zwiefalten, Regensburg-Prüfening, Admont und St. Peter in Salzburg, die in theologischer wie künstlerischer Hinsicht die größte Wirkung entfalten. Leider ist der in der 2. Hälfte des 12. Jh. im Elsass entstandene *Hortus Deliciarum*, eine in reichstem Maße bebilderte Sammlung theologischen Wissens, der von der Äbtissin Herrad von Landsberg für die Damen ihres Stifts Hohenburg verfasst wurde, 1871 verbrannt und nur aus Nachzeichnungen bekannt.

Die christliche Tafelmalerei geht zurück in konstantinische Zeit. Ikonen mit dem Abbild Christi und der Madonna sind nicht nur in der Ostkirche, sondern auch in Rom verbreitet (Capella Sancta Sanctorum, Salvatorikone; Sta. Maria in Trastevere, Madonna della Clemenza, beide 8. Jh.). Sie werden bei Prozessionen durch die Stadt getragen und sonst an der Chorschranke oder am Altar befestigt. Bis ins 9. Jh. gilt die Vorschrift, dass auf dem Altar nichts außer dem Messgerät stehen darf. Der Altartisch wird jedoch mit vorgehängten Tüchern und Tafeln geschmückt. Allseitig mit Gold- und Silbertafeln verkleidete Altäre sind als kostbare herrschaftliche oder bischöfliche Stiftungen selten (Mailand, S. Ambrogio, 842–847). Preiswerter sind steinerne, textile, metallene, elfenbeinerne oder bemalte hölzerne Antependien; es werden auch Fresken unmittelbar auf den Altarblock aufgetragen (Civate, Oratorio di S. Benedetto, 11. Jh.). Im Laufe des 11. Jh. werden **Retabel** an der Rückseite auf der Altarmensa angebracht. Zunächst aus getriebenem Metall (Venedig, S. Marco, sog. Pala d'Oro, um 1105 mit späteren Ergänzungen; Antependium aus St. Castor in Koblenz, um 1160, Paris, Musée Cluny; Stavelot, Remaklusaltar (zerst.), vor 1158), werden sie später als Tafelgemälde ausgeführt. Die ältesten dt. Retabel mit aufgemaltem Programm stammen aus dem 12./13. Jh. (Soest, Walpurgiskloster, heute Münster, Landesmuseum).

Antependium (lat. ante [altarem] pendere, vor dem Altar hängen) Verkleidung der Vorderseite des Altares in Form eines bestickten Tuches oder einer metallenen, steinernen oder hölzernen Tafel. Mit dem sich im 11. Jh. vollziehenden Wandel in der Ausrichtung des die Messe zelebrierenden Priesters, der nun vor den Altar tritt, wird das Antependium auf den Altar gehoben. Der Aufsatz an der Altarrückwand, das **Retabel** (lat. retabulum – Rückwand) wird mit einem Bildprogramm ausgestattet. Es kann aus einer bemalten Holztafel, Edelmetall oder einer skulptierten Steinplatte bestehen.

Wandmalerei und Mosaik

Westlicher, römischer und italo-byzantinischer Stil um 1100 Der romanische Figurenstil ist von zwei gegensätzlichen Tendenzen geprägt, einer abstrakten, die den überlängten Körper in geometrische Formen segmentiert, und einer klassischen, die diese Segmente mit starken Weißhöhungen und Schattierungen modelliert. Durch die vorherrschende abstrakte Auffassung werden Bewegungen und Gesten herausgestellt, Umriss- und Binnenlinien des Gewandes stehen im Dienst des

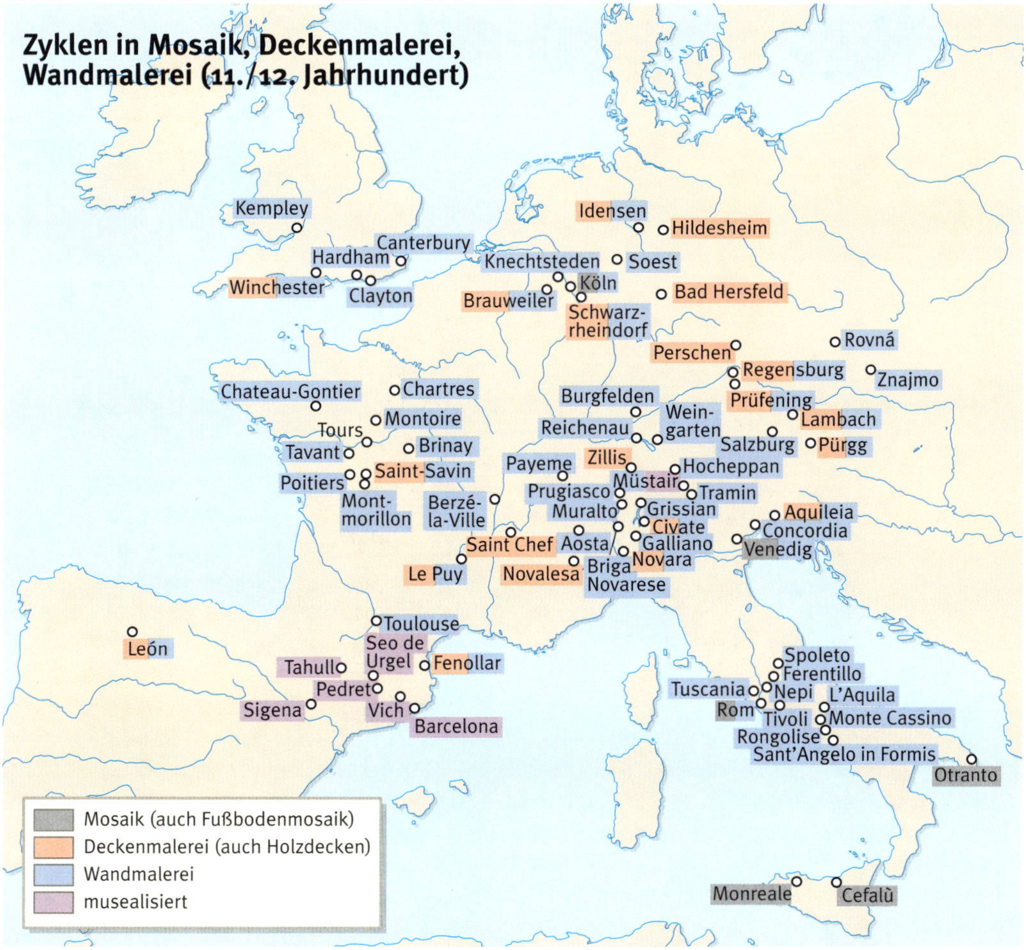

Zyklen in Mosaik, Deckenmalerei, Wandmalerei (11./12. Jahrhundert)

emotionalen Ausdrucks. Je nach Kunstkreis dominieren ottonische, westl. oder byzant. Elemente.

In Frankreich, England und Spanien hat die byzant. Kunst bis zur Mitte des 12. Jh. nur wenig Einfluss. Den größten Zyklus romanischer Wandmalerei in Frankreich um 1100 enthält die Abteikirche St.-Savin-sur-Gartempe.

Die Apsisausmalung der Kapelle in Berzé-la-Ville (Anfang 12. Jh.) gibt wohl Aufschluss über die untergegangene Ausmalung in Cluny, da sie zur Sommerresidenz der Äbte des cluniazensischen Mutterklosters gehört hat. Angesichts der papstunmittelbaren Stellung Clunys verwundert es nicht, im Stil der vielen parallelen Linien, die die Gewänder der Figuren überziehen, ein Charakteristikum der röm. Malerei wiederzufinden. Aus der päpstlichen Ikonografie ist das Motiv abgeleitet, dass der thronende Christus Petrus eine Gesetzesrolle aushändigt (Traditio legis).

In immer neuen Wellen beeinflusst die byzant. Kunst die Entwicklung des romanischen Stils in Italien und in Deutschland. Ausgangspunkte sind z.T. die oström. Vorposten in Italien, Venedig und Sizilien, doch spielen leicht zu transportierende Kleinkunst und Handschriften im Prozess des künstlerischen Austauschs die größere Rolle. Analog zur byzant. Kunst sind vereinfacht drei Phasen zu unterscheiden: Mitte bis Ende 11. Jh.; der **frühkomnenische Stil** bis zur Mitte 12. Jh; die **spätkomnenische Zeit,** die 1204 mit der Eroberung Konstantinopels durch die Kreuzfahrer endet (vgl. S. 59 f.).

St.-Savin-sur-Gartempe, Abteikirche, Deckenmalerei, Gott segnet das Opfer Abels, um 1100. Das Tonnengewölbe des Langhauses ist mit Genesisszenen bemalt. Der Ausschnitt zeigt den streng linearen Stil, der auch die modellierenden Lichtflecken in Striche, Ringe und Kerben auflöst.

Lambach, Stiftskirche, Westchor, Ende des Herodes, vor 1089. Die Verarbeitung byzant. Vorlagen aus dem Veneto (Venedig, San Marco, Narthexmosaiken, 1. Drittel 11. Jh.), wird an der Hintergrundarchitektur mit teilweise perspektivischen Bogenöffnungen und dem grünlichen Inkarnat der Figuren deutlich.

Desiderius, Abt von Montecassino, beruft um 1066 griech. Mosaizisten, um seine neu erbaute Basilika auszustatten und einheimische Kräfte ausbilden zu lassen. Da vom Wand- und Fußbodendekor jener Meister kaum etwas überdauert hat, sind die Auswirkungen auf die nachfolgende Kunstproduktion Montecassinos schwer einzuschätzen. Zumal der Kontakt zwischen dem Kloster und dem byzant. Hof von jeher sehr eng war. Am unmittelbarsten zeugen die Fresken in der Cassineser Eigenkirche Sant'Angelo in Formis (1072–87) vom Einfluss der angeworbenen Künstler. Der monumentale Christus, der ohne Mandorla in der blauen Apsiskalotte thront, und die Erzengel im Bildstreifen darunter folgen byzant. Figurentypen.
In Süddeutschland erleichtert die Nähe zu Italien stets den Import von Kunst aus dem Süden. In den Fresken der Stiftskirche im oberösterr. Lambach (vor 1089) werden byzant. Vorlagen aus dem Veneto von Salzburger Künstlern, die von der ottonischen Tradition ihrer Heimat geprägt sind, verarbeitet.

Sizilianische und venezianische Mosaiken
In Sizilien und Apulien regieren normannische Eroberer über Italiener, Griechen und Araber. Traditionen aller Bevölkerungsgruppen finden Eingang in Kunst und Architektur. Nach seiner Krönung zum ersten König von Sizilien 1130 errichtet Roger II. die Kathedrale von Cefalù (1131–66/70) als Grablege seiner Dynastie und in der Hauptstadt Palermo einen Palast mit Kapelle, die Cappella Palatina S. Pietro (1131–40). Sein Enkel Wilhelm II. gründet 1172 in Monreale auf königlichem Boden eine Kathedrale, die dem Einfluss des Erzbischofs von Palermo entzogen ist (1189 weitgehend vollendet). Alle drei Bauten werden von eigens engagierten griech. Künstlern mit Mosaiken ausgestattet. In ikonografischer Hinsicht und aus Rücksicht auf die neuartige Architektur, die den überkuppelten byzant. Zentralbau mit der westl. Basilika verbindet, entstehen Zyklen, die im oström. Kulturkreis keine Parallele haben. Und doch kann kein Zweifel an der Herkunft der ausführenden Kräfte sein. In Sizilien gewinnt man einen Überblick über die stilistische Entwicklung in Byzanz selbst. Die Mosaiken im Presbyterium und in der Vierungskuppel der Palatina (bis 1143) zeigen den linearen Figurenstil der frühkomnenischen Malerei. Ausschmückung des Langhauses derselben Kapelle mit Mosaiken unter Rogers Nachfolger Wilhelm I. (1154–66). Die ausführliche Darstellung alttestamentarischer Ereignisse an der Hochschiffwand geht auf die frühchristliche Praxis zurück und ist in Byzanz ohne Parallele. Dennoch folgt man auch hier der byzant. Stilentwicklung: Die Gewänder scheinen wie nass am Körper zu kleben, sodass sich die Rundungen deutlich abzeichnen. In Monreale schließlich (ca. 1180–90) ist der manierierte dynamische Stil der spätkomnenischen Zeit anzutreffen. Derselbe Stil findet sich an der Darstellung der Himmelfahrt Christi in der Ende des 12. Jh. ausgeschmückten Hauptkuppel in San Marco in Venedig. Ob über Sizilien und Venedig oder direkt aus Byzanz importiert, der spätkomnenische Stil wirkt im Dt. Reich das ganze 13. Jh. hindurch im sog. Zackenstil weiter.

Monreale, Dom, Nordquerhaus, Erschaffung der Engel, Mosaik, 1183/89. In den Mosaiken verbinden sich byzant. mit westl. Traditionen. Die Gewänder sind in unruhige Bewegung versetzt, die Falten werden vervielfacht und kantig gebrochen, zeigen so Gesten großer Anspannung.

Civate, S. Pietro al Monte, Innenansicht nach Osten mit Drachenkampf, um 1093/97. Auf der gegen das Kirchenschiff gerichteten Lünette ist der apokalyptische Kampf der Engel gegen den siebenköpfigen Drachen dargestellt, ein Sinnbild für die göttliche Verheißung der Erlösung.

Ausmalungsprogramme und Ikonografie

Die christliche Ikonografie bezieht ihre Themen aus den Evangelien, der Apostelgeschichte und dem Alten Testament, sowie deren Auslegung durch die Kirchenväter und mittelalterliche Theologen. Das Alte Testament habe prophezeit, so die Christen, was das Wirken Jesu auf Erden dann erfüllte (= Typologie). In Alt-St. Peter in Rom sind daher Ereignisse des Alten Testaments auf der einen Hochschiffwand den Taten Christi auf der anderen gegenübergestellt. Wie die liturgischen Lesungen dient die Bildausstattung des Kirchenraums als Beweis für Heilsgeschichte und Erlösungsversprechen, während der Sakralbau selbst das Himmlische Jerusalem symbolisiert. Davon gibt S. Pietro al Monte nahe Civate eine gute Vorstellung. Der vormals im Osten gelegene Chor mit drei Apsiden wird Ende 11. Jh. zur Eingangshalle umgebaut und ausgemalt. Mehrere Visionen der Johannes-Apokalypse (Offb. 11,19–12,10) sind hier zu einem Simultanbild vereint, einige Motive entstammen der Kommentarliteratur. Im Gewölbe des dahinter anschließenden Jochs ist als letzte Verheißung das Himmlische Jerusalem dargestellt.

Je nach Themenwahl und Darstellungsart können Wandmalereien an die Emotionen der Betrachter appellieren und auf zeitgenössische polit. Verhältnisse anspielen. So in der Hauskapelle des Kölner Erzbischofs Arnold von Wied in Schwarzrheindorf bei Bonn, die dieser nach seiner Rückkehr vom 2. Kreuzzug 1151 gründet. Der Malereizyklus in der Unterkirche, der in 16 Szenen die Vision Ezechiels von der Zerstörung des Alten und der Gründung des Neuen Jerusalems darstellt und die Vertreibung der jüdischen Händler aus dem Tempel durch Christus in Bezug dazu setzt, propagiert den Kreuzzug als gottgefälliges Werk.

GOTIK

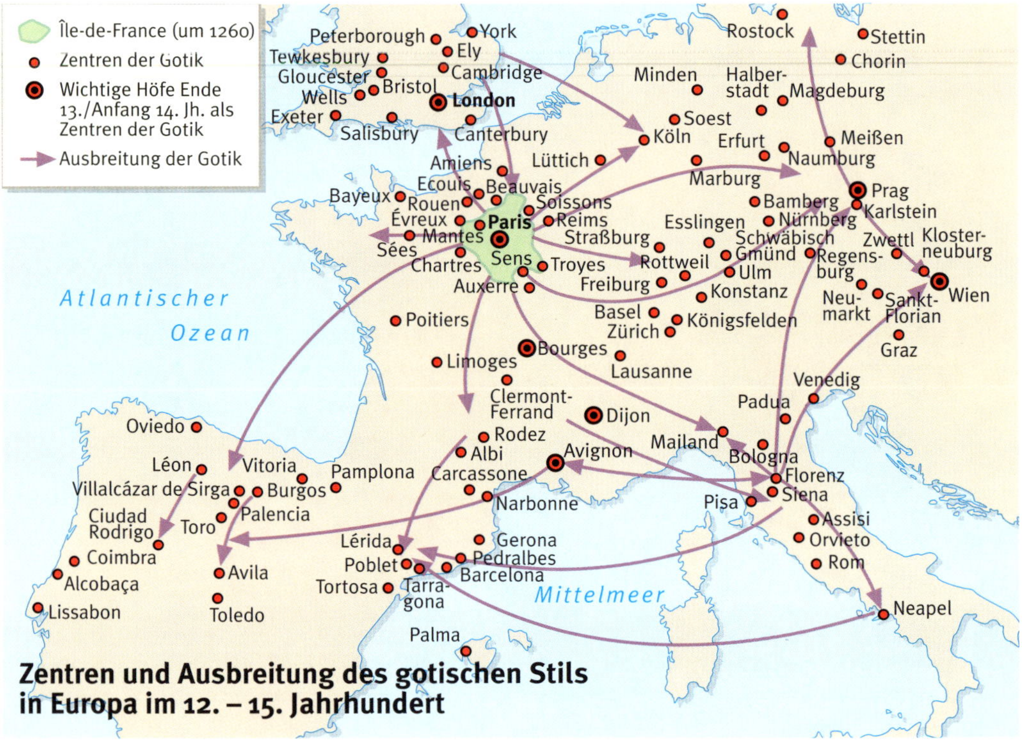

Zentren und Ausbreitung des gotischen Stils in Europa im 12. – 15. Jahrhundert

Stil der hoch- und spätmittelalterlichen Kunst in Europa. Der Begriff wird im 15. Jh. von Giorgio Vasari geprägt, basierend auf der Ansicht, zwischen Antike und Renaissance läge ein barbarisches Mittelalter, dessen Urheber die Goten seien. Ende 18./Anfang 19. Jh. wird er von seiner negativen Konnotation befreit und als Stilbezeichnung auf die Kunst der Zeit zwischen Romanik und Renaissance angewendet.
Ursprung der gotischen Architektur und Skulptur ist die historische Landschaft Île-de-France um Paris etwa ab dem 2. Drittel des 12. Jh. Von hier erfolgt die Ausbreitung in die angrenzenden europ. Länder. Die Entwicklung vollzieht sich in regionalen Varianten, entsprechend unterschiedlich ist die Chronologie der Stilstufen Früh-, Hoch- und Spätgotik. Lediglich in der Zeit um 1400 entsteht ausgehend von den Höfen in Paris, Prag, Avignon und Burgund eine einheitliche Formensprache, die als Internationale Gotik bezeichnet wird. Eine Sonderstellung nimmt Italien ein: Hier kann sich die Gotik nur bedingt durchsetzen.
Die Formensprache der Gotik, die zunächst in der Architektur begründet wird, prägt in der Folge alle übrigen Künste. Sie entsteht in einem komplexen Geflecht aus polit., kirchlich-religiösen und kulturellen Bedingungen. Das franz. Königtum versucht der territorialen Zersplitterung seiner Macht entgegenzuwirken, die kirchlichen Reformbewegungen haben ebenso Anteil an der Kunstentwicklung wie das erstarkende städtische Bürgertum. An den großen franz. Kathedralbauten entstehen Bauhütten, die mönchische Bauverbände ablösen. Serielle Produktionen werden eingeführt und das Handwerk wird in Werkstätten und Zünften organisiert.

Jahr	Historische/Politische Ereignisse	Kunst und Kultur
1140–44		Chor von St.-Denis
1145–55		Königsportal Chartres
1147–49	2. Kreuzzug (Abt Suger von St.-Denis)	
um 1180		Verglasung von Canterbury
um 1190 –1220		Dreikönigsschrein in Köln des Nikolaus von Verdun
1202	Fibonacci: »Liber Abaci« (Einführung der arabischen Zahlen in Europa)	
1204	Eroberung Konstantinopels, Gründung des Lateinischen Kaiserreichs	
1209/10	erste Franziskanergemeinschaft (Franz von Assisi, 1182–1226)	
1215	Magna Carta Libertatum	
1220–37		Bamberger Domskulptur
1225–30		Skulptur des südl. Querhauses des Straßburger Münsters
1230/50	Ebstorfer Weltkarte (Rundkarte, Mittelpunkt Jerusalem)	
vor 1233		Heimsuchungsgruppe des Reimser Westportals
1230–50		Figuren des Westportals von Wells
1239	Ludwig der Heilige empfängt die Dornenkrone	
1245–54	Rudolf von Ems: »Weltchronik«	
1250–59		Historia Anglorum von Mathew Paris
1253–70		Psalter des Hl. Ludwig
bis 1260		Stifterfiguren und Verglasung in Naumburg
1263–73	Legenda Aurea des Jacobus de Voragine	
1266	Eroberung Neapels durch Karl von Anjou, Ende der Stauferherrschaft in Süditalien	
1268	erste Papiermühlen in Italien	
1272		Douce-Apokalypse
1271–95	Reisen des Marco Polo (1299: Reisebericht)	
1282		Arnolfo di Cambio, Grabmal des Kardinals de Braye
um 1300	Erfindung des Silbergelbs	Giotto di Bondone, Fresken in der Oberkirche von S. Francesco in Assisi
nach 1300		Weltchronik des Rudolf von Ems. Der Stricker: Karl der Große
1309–76	Residenz der Päpste in Avignon	
1315		Simone Martini, Maestà im Palazzo Pubblico von Siena
1339–1453	Hundertjähriger Krieg (Frankreich und England)	
1356	Goldene Bulle zur Regelung der Königswahl im Dt. Reich	
1347–51	Pest in Europa	
um 1365		Brustbild Rudolfs IV. von Österreich
1373		Hl. Wenzel des Peter Parler im Veitsdom in Prag
1378–1417	Abendländische Kirchenspaltung (Schisma)	
1394–99		Altar der Kartause von Champmol des Melchior Broederlam; Portal der Kartause von Champmol von Claus Sluter
um 1400	Entwicklung des Holzschnittes in Europa	Schöne Madonna von Krumau
1400		»Goldene Bulle« Wenzels IV.

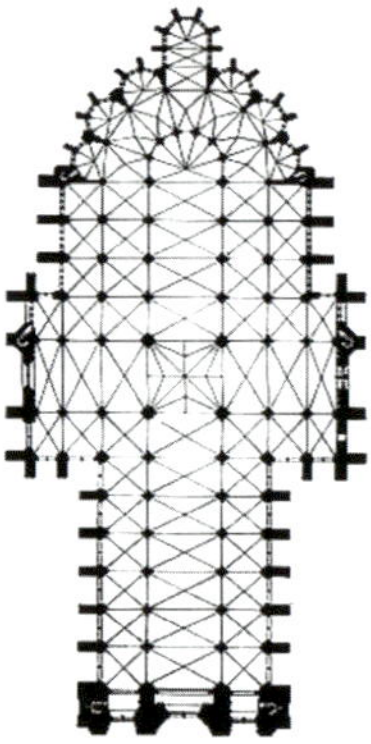

Amiens, Kathedrale, 1220, Fassade, Langhaus nach Osten, Grundriss, Aufriss. Klassischer Bau der franz. Hochgotik: dreischiffiges Langhaus, wenig ausladendes, dreischiffiges Querhaus, Umgangschor mit durchgehendem Kapellenkranz, dreigeschossiger Aufriss. Reihung gleicher Bauglieder und durchgehende Lichtführung (Triforium wird durchfenstert) erwirken ein einheitliches Raumgefüge.

ARCHITEKTUR

Von der Kathedrale gehen die Innovationen der frühen Gotik aus, ihre Struktur und ihr Formenrepertoire prägen alle übrigen Künste. In ihr verschmelzen bestehende Elemente (Spitzbogen, Kreuzrippe, Strebesystem) zu einer Einheit und entfalten eine kühne Dynamik.

Den Beginn der gotischen Architektur markiert in **Frankreich** der Neubau des Chores von St.-Denis unter Abt Suger von 1141–44. Er vereint die wesentlichen Stilmerkmale des neuen Stils, wie reduzierte Mauermassen, einheitliches Raumgefüge, stark durchfensterte Wandflächen, die in der Folge konsequent weiterentwickelt werden. Das Streben nach dem konsequent konstruierten Raum mit edelsteinhaftem Licht findet in den hochgotischen Kathedralen von Chartres, Reims und Amiens seinen Höhepunkt. Die eindrucksvollen technischen Leistungen in Amiens sind v.a. durch Vereinfachung des Steinversatzsystems und fortschreitende Arbeitsteilung bedingt, mit der eine umfangreiche serielle Steinherstellung einher geht.

Der gotische Stil tritt in **England** bereits vor dem Ende des 12. Jh. im Neubau von Canterbury auf. Die Adaption erfolgt in regionaler Abwandlung. Abweichend von der franz. Gotik gibt es selten Chöre mit polygonalem Umgang und Kapellenkranz. Auch die Westfassaden haben nichts mit der franz. Auffassung gemein. Die engl. Gotik zeichnet sich durch extreme Zierfreudigkeit und Feinlinigkeit aus.

Im **Deutschen Reich** wird die neue Bauweise erst im 13. Jh. aufgegriffen. Der größte gotische Kirchenbau soll ab 1248 der Kölner Dom werden, der in Grund- und Aufriss dem franz.

Bauhütte, mittelalterlicher Werkstattverband der an einem größeren Kirchenbau beschäftigten Steinmetze mit eigener Hüttenordnung. Technische und künstlerische Kenntnisse werden innerhalb der Bauhütte als Hüttengeheimnisse streng gehütet. Lehrzeit bis zum Baumeister: 4–5 Jahre. In der Bauhütte entsteht auch die Bauplastik (Einheitlichkeit von Architektur und Plastik). Überlieferungen der Bauhütten sind nahezu vollständig verloren. Erhalten geblieben ist nur ein Teil eines hochgotischen Hüttenbuches des Villard de Honnecourt aus dem 1. Drittel des 13. Jh. mit technischen und figürlichen Zeichnungen sowie Erläuterungen.

Zisterzienser – Vermittler der Gotik Der 1098 gegründete, streng zentralisierte Reformorden ist maßgeblich an der Verbreitung der gotischen Architektur in Europa beteiligt. Grundlegend dafür ist das Interesse des auf Reduktion der Architekturformen bedachten Ordens an technischen Neuerungen. Mit seiner raschen Ausbreitung gelangt auch die Architektur, die das konstruktive Element der Gotik, monastisch purifiziert, vollkommen aufgenommen hat, überall nach Europa (Roche Abbey in Yorkshire, um 1170; Alcobaça, um 1200; Ebrach, Michaelskapelle, 1200–07). V.a. in Italien, das traditionell keine enge Beziehung zu Frankreich hat, sind die Zisterzienser Vermittler der neuen Architektur (Fossanova, 1187–1208; S. Galgano bei Siena, 1224–88).

Schema folgt (19. Jh. vollendet). Im 14. Jh. setzt sich ein neuer Kirchentyp mit gleich hohen Mittel- und Seitenschiffen durch: die Hallenkirche.
Eine Sonderstellung nimmt **Italien** ein. Der Stil wird nicht von ital. Baumeistern aufgegriffen, sondern Ende des 12. Jh. von Zisterziensern nach Italien gebracht und dient zunächst den Bettelorden im 13. Jh. als Vorbild für ihre Kirchenbauten. Es entstehen große schmucklose Räume, in denen das gotische Konstruktionsprinzip stark zurücktritt.
In **Spanien** wird der neue franz. Stil in den seit 1230 vereinten Königreichen Kastilien und León in den Kathedralen Burgos, Toledo und León programmatisch als religiöser Herrschaftsstil eingeführt. In Katalonien tritt der neue Baustil erst im 14. Jh., vermittelt über Bettelordenskirchen, auf.

Hauptwerke europäischer Sakralarchitektur 1100–1400 (Baubeginn)

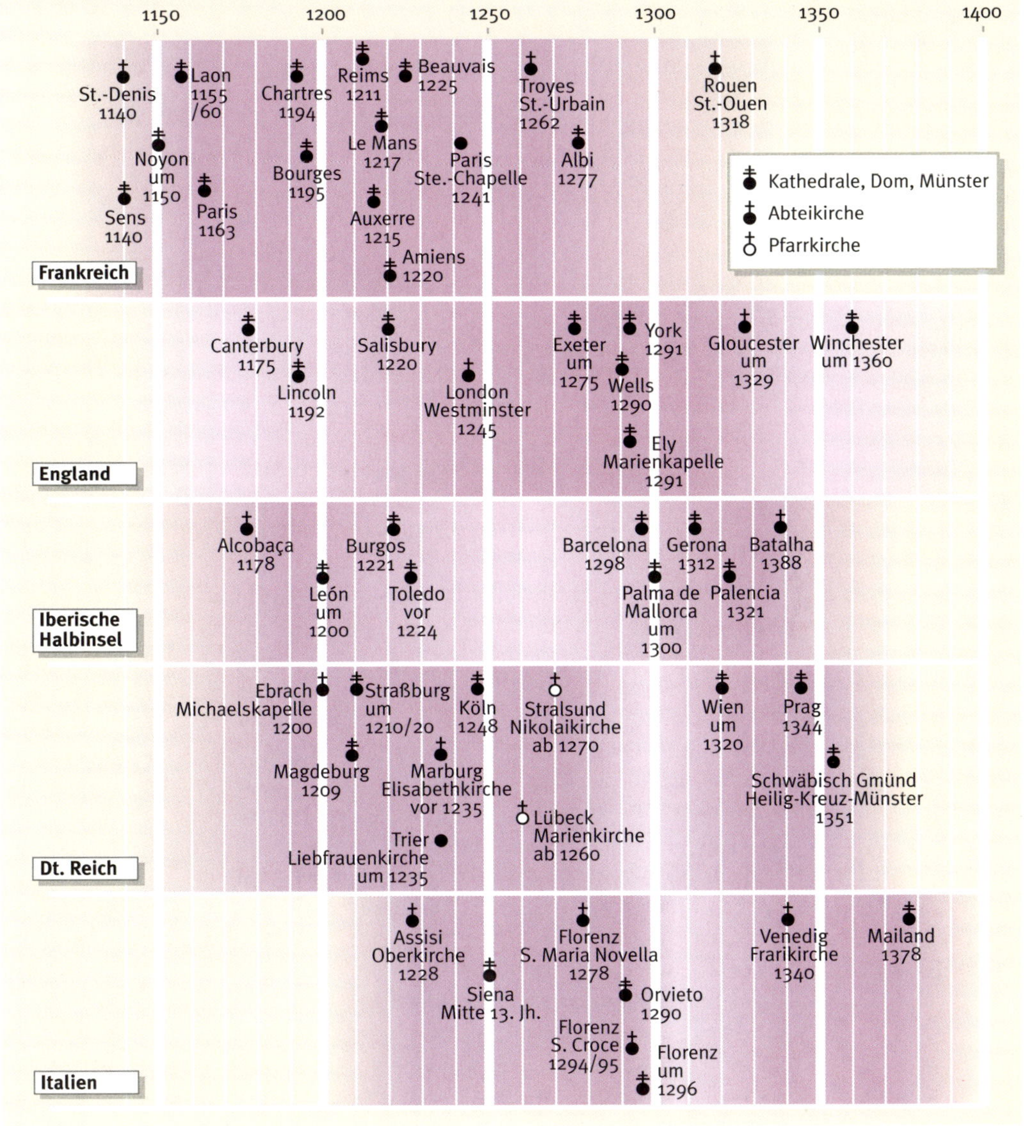

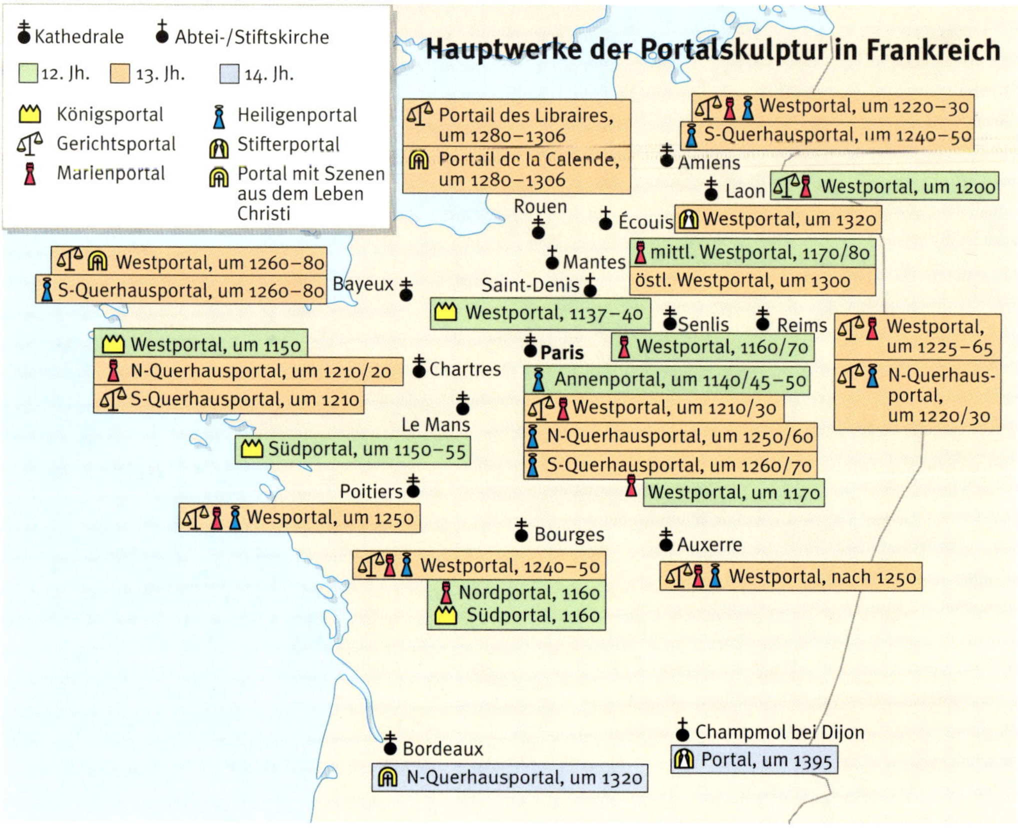

SKULPTUR

Frankreich

Die gotische Skulptur entsteht mit der in der Île-de-France gründenden gotischen Architektur. Im 12. und 13. Jh. bilden Bild- und Bauwerk eine Einheit. Die bedeutendste plastische Aufgabe stellen die großen Portalanlagen dar, für die Statuen entstehen, die sich der seit der Antike nicht mehr vorkommenden Freifigur annähern. Sie bilden mit dem architektonischen Gerüst eine Einheit, die sich erst allmählich zu lösen beginnt und werden deshalb auch als Säulenfigur bezeichnet.
Am Beginn dieser Entwicklung stehen die Portalanlagen von St.-Denis (vor 1140; weitgehend zerstört) und Chartres (Königsportal, 1145–55) mit ihren langen, streng frontalen, im Blockumriss gebundenen Gewändefiguren. Gegen 1200 ist die Skulptur Nordfrankreichs von einer neuen Monumentalität und antikisierenden Stilelementen geprägt. Das Antikisieren ermöglicht die körperliche Belebung der Skulptur. Die fein gefältelten, fließenden Gewänder können entweder wie in den Archivolten von Laon (um 1200) zur schwingenden Bewegung oder wie in den Querhausportalen von Chartres (um 1204–1230) zur Betonung des ruhigen Lineaments eingesetzt werden. Im 13. Jh. wird das Antikisieren aufgegeben. Ausdruck der Gemütsbewegung und zeitgenössische Kleidung treten in der Plastik auf (Amiens, *Vierge Dorée*, 1240/45; Reims, Gerichtsportaltympanon, um 1230). Die größten Skulpturenportale entstehen bis zur Mitte des Jh. in Amiens, Reims und Paris. Um die Jh.mitte vollzieht sich eine Änderung in der Monumentalskulptur, die von Paris ausgeht. Der menschliche Körper und seine Bewegungsmöglichkeiten werden deutlicher wahrgenommen, die Figuren werden, bei zunehmender Stilisierung, agiler und zierlicher (Paris, nördl. Querhausportal, 1245–50). Ende

Portalprogramme Die großen Figurenportale dienen der Darstellung des Heilsgeschehens. Zentrale Themen sind den Tympana zugewiesen; in den frühen, streng hierarchisch geordneten Königsportalen des franz. Kronlands die Majestas und das Jüngste Gericht. Im Zuge zunehmender Marienverehrung erfolgt im 12. Jh. ein Wechsel von christologischen zu mariologischen Programmen, beherrschendes Bild wird die Krönung Mariens. Aufgrund der wachsenden Zahl der Portalanlagen an den Kathedralen erweitert sich das Programm um Heiligenszenen. Das Tympanon wird untergliedert und bietet narrativen Szenen Platz. Die Gewände werden mit symbolischen Darstellungen der Tugenden und Laster, der freien Künste, der Jahreszeiten oder Monate bevölkert, sodass das Portal ein Abbild des gesamten bekannten Kosmos dieser Zeit umfasst.

des 13. Jh. stellt die monumentale Portalplastik keine führende Aufgabe mehr dar.
Ab Ende des 13. Jh. entsteht eine Vielzahl monumentaler stehender Marienfiguren mit Kind, die einem gleichen formelhaften Stil mit sanft s-förmig geschwungenen Umrissen und reicher Gewandfältelung folgen.
In den 1260er Jahren gibt **Ludwig der Heilige** 16 Gräber franz. Könige für die Grablege in St.-Denis in Auftrag, die alle den höfisch verfeinerten Stil der Pariser Kunst zeigen. Ins 14. Jh. fällt mit Bildhauern wie **Jean de Liège** und **André Beauneveu** die Glanzzeit der Grabplastik. Die Körper besitzen Volumen, der Typus ist aristokratisch.

England

Aufgrund der Bilderstürme in den Reformationskriegen lässt sich von der engl. Kathedralskulptur nur ein fragmentarisches Bild gewinnen. Das franz. Figurenportal bleibt England fremd, die Skulptur wird in umfangreichen Zyklen in Nischen eingestellt über die gesamte Fassade verteilt (Apostelstatuen, York, um 1200–10; Wells, um 1230; Exeter, 1350–65). In der sog. Renaissance des 12. Jh., der antikisch angeregten Kunst, hat England eine wichtige Rolle gespielt. Beachtenswert ist die Skulptur im Innenraum, v. a. die physiognomisch charakterisierten Kopfkonsolen. Mitte des 13. Jh. entstehen in Westminster

Königsportal, Chartres, Notre-Dame, 1145–55. Schlanke, hohe Figuren mit zarter Linienführung, die eng mit dem architektonischen Gerüst verbunden sind und sich nicht aus dem Blockumriss lösen.

Apostel, Chartres, Notre-Dame, Südquerhaus, um 1204–10. Antikisierende Gewänder mit straffer Faltengebung, die zurückgenommene Räumlichkeit und Betonung der Linie bewirkt Gleichberechtigung von Architektur und Skulptur.

Heimsuchung (vor 1233?)/**Verkündigung** (vor 1233? und 1245/50) und **Darbringung** (vor 1233?)/**Joseph und die Magd Maria** (1255/60), Reims, Notre-Dame, mittleres Westportal. Das Westportal zeigt alle Stile der franz. Skulptur des 13. Jh.: antikisierende Figurenauffassung in der Heimsuchung, strenge, schmächtige Formen in der Darbringung und Verkündigungsmaria, zierliche, höfische Figuren mit pointierter, bewegter Gewandgestaltung und sprechenden Köpfen im Verkündigungsengel, Joseph und der Magd.

André Beauneveu, Gisant Karls V., um 1346–66, St.-Denis: Traditioneller Typus der Grabfigur, neu ist die Ausführung des Antlitzes als lebensgetreues Bildnis mit ausgeprägter Physiognomie.

Grabmal des Ritters Robert Curthouse († 1134), letztes Viertel 13. Jh., Holz gefasst, Gloucester: Engl. Tendenz zum Wirklichkeitssinn kommt in der ungewöhnlichen, seit dem 13. Jh. verbreiteten Haltung des Ritters, Sohn Wilhelms des Eroberers, zum Ausdruck.

Grabmal König Eduards II. († 1327), um 1330–35, Purbeck-Marmor, Caen-Stein, Alabaster, Gloucester: Das stilisierte Idealbildnis des Herrschers, das durch die Wahl des Materials und dessen verfeinerte Behandlung malerisch in Szene gesetzt wird, ist ein Meisterwerk der engl. Hofkunst.

Portal der Virgén Blanca (Hauptportal), León, 2. Hälfte 13. Jh.: Aufbau und Ikonografie des Figurenportals nach franz. Vorbild; stilistisch wird die Puerta de la Coronería in Burgos fortgeführt in eine farbige, extravagante Bildsprache.

Skulpturen (Verkündigung und Engel in Triforiumszwickeln), deren schlanke Gestalten, in lange, fein gefältelte Gewänder gehüllt, der engl. Buchmalerei näher stehen als kontinentaler Skulptur. In Lincoln wird um 1270–80 die Komposition der Engel in Chorzwickeln mit anderem Formwillen wiederholt. Sie sind in schwere, füllige Gewänder gekleidet und kräftiger in der Körperbehandlung.

Die Sepulkralskulptur hat sich in größerem Umfang erhalten. Vorherrschend ist die auf einer Steintumba ruhende Grabfigur. Die Tumba ist häufig von einem Baldachin überfangen, dessen reiche Architektur an Heiligenschreine erinnert. Neben farbig gefassten Holzfiguren wird – wie auch zur Gliederung der Architektur – farbiger Purbeck-Marmor verwendet, der zur Steigerung der Varietas mit anderen Materialien wie Alabaster kombiniert wird. In der Gestaltung des Gisants weisen die engl. Beispiele einen großen Variantenreichtum auf. In Westengland tritt im 13. Jh. die bewegte Liegefigur mit angewinkelten Beinen und halbgezogenem Schwert auf. Daneben entstehen Werke der Hofkunst mit zu Idealtypen stilisierten Fürstenbildnissen.

Spanien und Portugal

Die von Frankreich ausstrahlende Gotik trifft in **Spanien** auf eine neue künstlerische Strömung, eine eigenständige Weiterentwicklung der Romanik. Dieser sog. span. Protogotik gehört u.a. der *Pórtico de la Gloria* des **Meister**

Grabmal der Infanten von Kastilien, Villalcázar de Sirga, S. María, um 1309: traditioneller Sarkophag mit Liegefiguren in ungewöhnlicher Haltung und Gewandung. Der wachsenden Bedeutung des Totenkultes wird in den die Bestattung darstellenden Reliefs des Sarkophages Rechnung getragen.

Mateo in Santiago de Compostela (um 1188–1200) an. Die Entwicklung des neuen Stils erfolgt regional.

Anders ist dies in den seit 1230 vereinigten Königreichen Kastilien und León durch wachsende polit. Beziehungen zu Frankreich und Deutschland. Die Bildhauerschulen der großen Kathedralen von Burgos und León orientieren sich ikonografisch und stilistisch am franz. Kronland. Die figurenreichen Portalanlagen finden in Kastilien eine große Nachfolge. Zahlreiche Grabmäler der Kleriker und Adeligen bieten ein weiteres Aufgabenfeld.

Katalonien und Aragón weisen starke eigene Traditionen auf. Erst in den 1270er Jahren wird in Tarragona durch **Meister Barthomeu** eine an nordfranz. Modellen orientierte Portalskulptur eingeführt. Anfang des 14. Jh. nimmt die plastische Produktion, vornehmlich liturgische Ausstattung und Grabplastik, sprung-

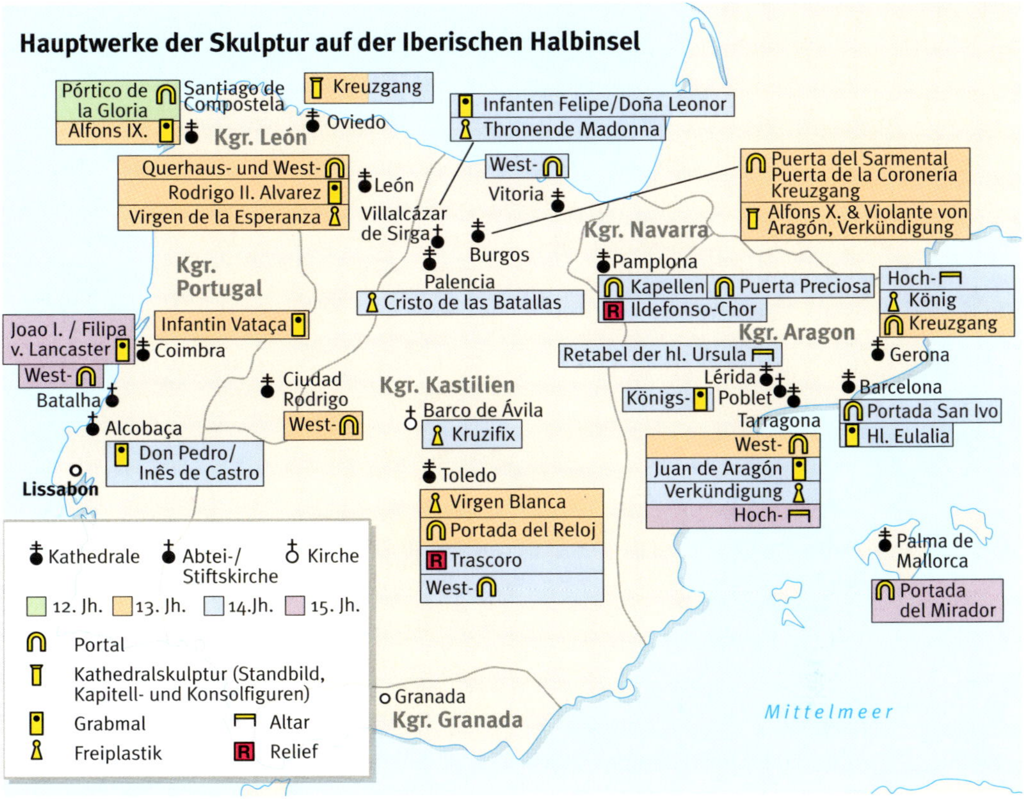

haft zu. Analog zu den internationalen Handelsbeziehungen arbeiten neben einheimischen franz., ital., dt., engl. und burgund. Künstler.

In **Portugal** fasst die Gotik ebenfalls erst Ende des 13. Jh. Fuß. Zentren der Bildhauerkunst sind neben der Residenzstadt Coimbra Lissabon und Évora. Wichtigstes Aufgabenfeld ist die Grabskulptur. In den 30er Jahren führt **Meister Pere aus Aragón** einen verbindlichen Typus ein: auf Löwen ruhender Sarkophag mit Gisant, dessen Wandungen spitzbogige Blendarkatur mit Figuren zieren. Die prächtigsten Beispiele sind die zwei Sarkophage Don Pedros und Inês de Castros in Sta. Maria in Alcobaça, zw. 1360–67.

Italien

In Italien erfolgt in der 2. Hälfte des 13. Jh. eine Umformung der Stilelemente, begleitet von einem Rückgriff auf röm. und byzant. Formen. Dies führt zu einer klassischen Auffassung der Skulptur, die häufig als Protorenaissance bezeichnet wird. Zentrum dieses neuen Stils ist die Toskana mit Niccolò Pisano, der eine die ganze Epoche prägende Bildhauerschule begründet hat. Die ital. Skulptur ist – anders als in Frankreich – nicht vornehmlich an die Architektur gebunden, neben Reliefs strebt sie zur Freifigur.

Die herausragenden Künstlerpersönlichkeiten, deren Werk über die Grenzen der Toskana hinaus prägend ist, sind neben **Niccolò Pisano** seine Schüler **Giovanni Pisano** und **Ar-**

Protorenaissance Von dem Kunsthistoriker Jacob Burckhardt geprägter Begriff für Tendenzen intensiver Antikenrezeption in der süd- und mittelital. Architektur und Plastik des 12. und 13. Jh. Der vornehmlich in der Bauornamentik und Architektur gründende Stil ist nicht als Grundlage der Renaissance zu verstehen. Niccolò Pisano mit seiner deutlich an antike Sarkophagplastik anknüpfenden Skulptur ist der bedeutendste Vertreter dieser Stilrichtung.

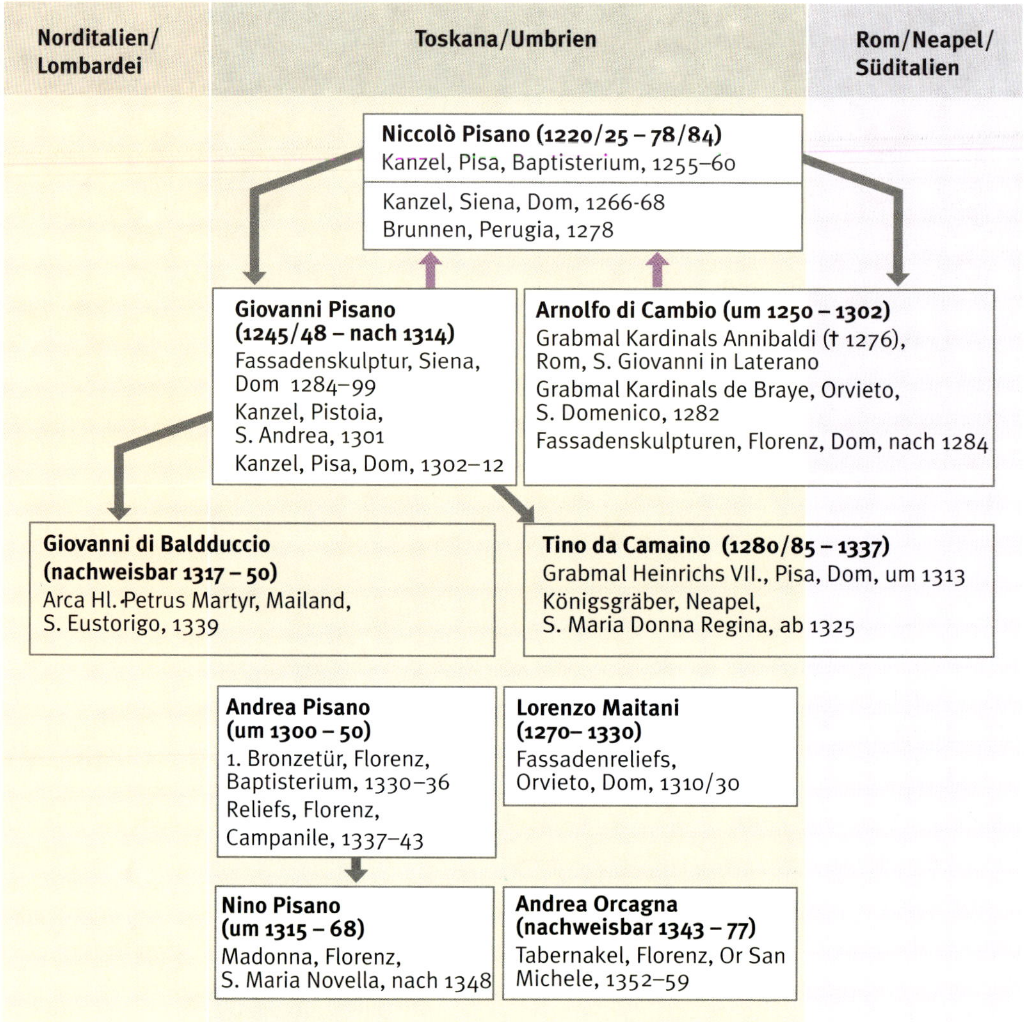

Bildhauer des Trecento in Italien ➡ Lehrer-Schüler-Verhältnis ➡ Mitarbeit

nolfo di Cambio. Die Kanzelreliefs Niccolòs beleben in Bildaufbau und Figurenauffassung den Reliefstil spätantiker Sarkophage wieder. Sein Sohn **Giovanni Pisano** verbindet die klassische Form mit Anregungen, die er von der Skulptur des franz. Kronlandes empfangen hat, zu einem spannungsgeladenen dynamischen Stil. **Arnolfo di Cambio,** der seit 1277 im Dienste Karls von Anjou steht und somit im Kontakt zur franz. Kunst, entwickelt trotz gleicher Voraussetzung eine andere, ruhigere Formensprache.

Giovanni di Balduccio und **Tino da Camaino,** Schüler Giovanni Pisanos, verbreiten seinen Stil in Norditalien und Neapel. Im ersten Drittel des 14. Jh. beginnt mit den Arbeiten **Lorenzo Maitanis** und **Andrea Pisanos**, eine neue Entwicklung, die der Eleganz der westl. Kunst nahesteht. Die kleinteiligen, malerisch ausgestatteten Reliefs der Domfassade von Orvieto entsprechen dem Sieneser Stil. Pisanos Bronzereliefs der Florentiner Baptisteriumstür zeigen in ihrer ruhigen Komposition und Massenwirkung die Schulung Giottos, in der gefälligen, langgezogenen Faltengebung über Elfenbeine vermittelte Pariser Anregungen.

Niccolò Pisano, Kanzel, Pisa, Baptisterium, 1260. Kombination romanischer (Löwenbasen), gotischer (Dreipässe) und spätantiker Elemente. Reliefs zeigen kraftvollen, aus antiken Reliefs entnommen Stil.

Giovanni Pisano, Kreuzigung, Kanzel, Pisa, Dom, 1302–11. Wohlgeordnete Bildfelder Niccolòs werden zugunsten realistischer, dramatischer Schilderung dynamisiert. Ausdrucksvolle Physiognomien verweisen auf franz. Portaltympana.

Synagoge und sog. **Elisabeth**, Bamberg, Dom, Georgenchor, zw. 1225–37, Auseinandersetzung mit der Antike kann zur Wiederentdeckung sinnlicher Schönheit (vgl. Synagoge) oder zu einer herben, pathetischen Charakterisierung (vgl. sog. Elisabeth) führen.

Deutsches Reich

Im Dt. Reich tritt die gotische Skulptur nicht vor 1220 auf. Anders als in Frankreich entstehen mit wenigen Ausnahmen (u. a. Straßburg) keine ausgedehnten Portalanlagen. Bedeutende Zyklen werden für Innenräume geschaffen (Bamberg, Mainz, Naumburg).

In Sachsen entstehen zw. 1220–35 Werke, die antikisierende Anregungen aus Frankreich und England mit eigenen Traditionen verbinden (*Halberstädter* und *Wechselburger Triumphkreuz*, *Goldene Pforte* in Freiberg). Die Bedeutung des neuen franz. Stils zeigt die Bamberger Domskulptur, für die zw. 1220–37 eine in Reims geschulte Bildhauerwerkstatt engagiert wird. Im Gegensatz zu den franz. Skulpturen sind die Bamberger nicht in die Architektur eingebunden und besitzen eine der Freifigur nahe kommende Eigenständigkeit. Die zweite große Dombauhütte im Dt. Reich, Straßburg, greift ebenfalls antikisierende franz. Impulse zur psychologischen Charakterisierung der Skulptur des Südquerhauses (*Marientod*, *Ecclesia/Synagoge*, 1220/30) auf. In den klugen und törichten Jungfrauen des Magdeburger Paradiesportales (um 1250) zeichnet sich eine neue Figurenauffassung mit Tendenzen zum Naturalismus ab; sie äußert sich in der Darstellung zeitgenössischer Kleidung und ausgeprägter Mimik. Eine Sonderstellung nimmt die Skulptur des Naumburger Domes ein, nicht nur wegen der ungewöhnlichen Aufstellung der Stifter im Chor, sondern auch in der Lebensnähe und dem V[illegible]rismus im Habitus der Zeit um 1[illegible] den Stifterfiguren und dem Lettner in Na[illegible]burg stammen der Westlettner in Mainz und die monumentalen Figuren in Meißen aus derselben Werkstatt.

Ende 13. Jh. entsteht an der Straßburger Westfassade einer der größten Skulpturenzyklen des Mittelalters. Analog zur franz. Entwicklung folgen die Figuren einem höfischen Idealtypus und sind, durch die Gewandgestaltung betont, stark bewegt. In der 1. Hälfte des 14. Jh. entwickeln sich schlanke, entkörperlichte Figuren, mit zurückgenommenen Helldunkel-Wirkungen (Propheten in Freiburg i.Br., um 1320/30 und in Rottweil, vor 1340). Anders die

Farbige Skulptur Monumentalplastik des Mittelalters ist häufig farbig gefasst; belegt durch erhaltene Beispiele (u. a. Porta Picta, Lausanne; Stifterfiguren und Lettner, Naumburg) und neuere Forschung. Die Ausführung reicht von Höhungen/Akzentuierungen (Augen, Lippen) über Vergoldung einzelner Partien bis zu vollflächiger Bemalung.

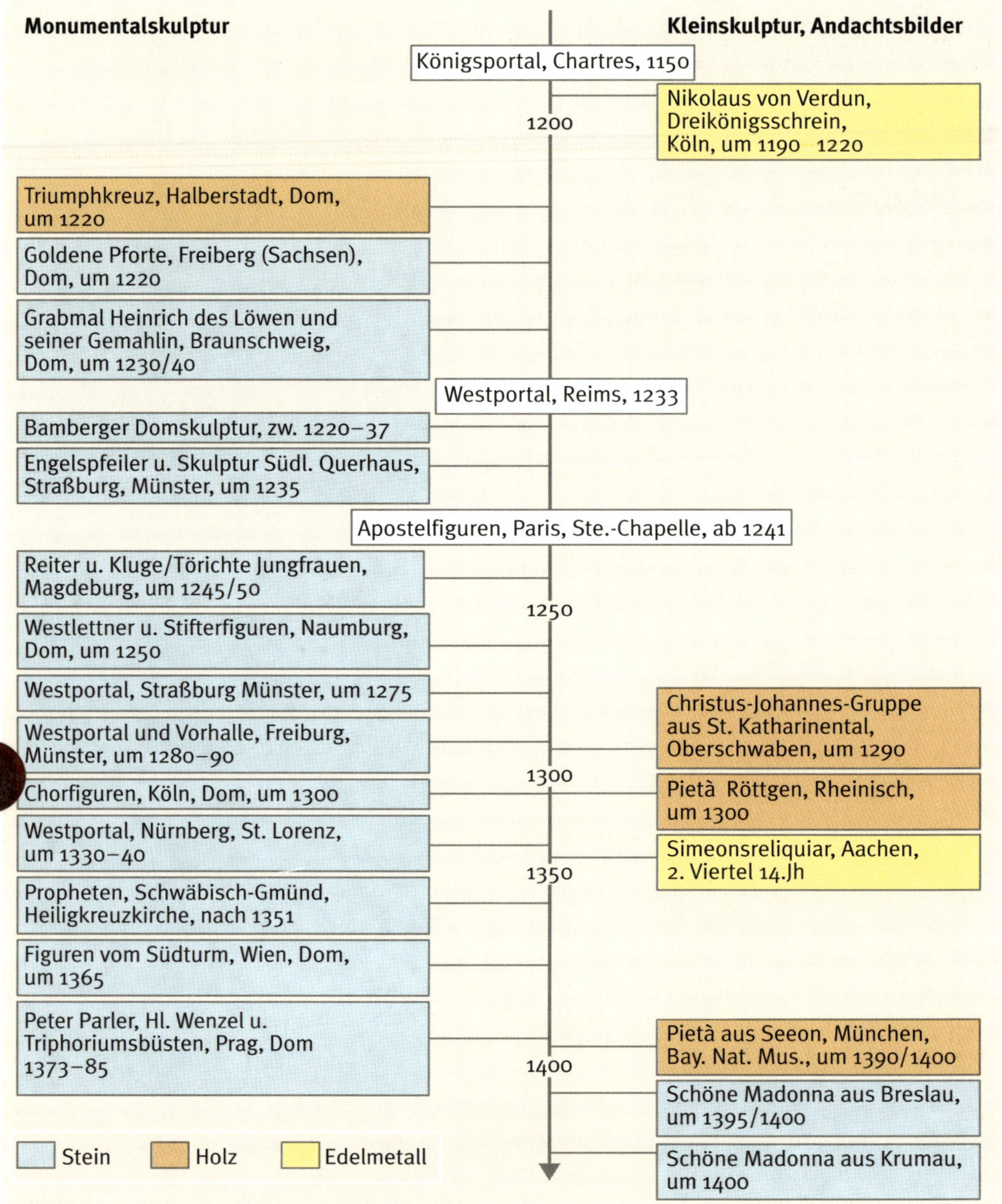

Hauptwerke der Skulptur im Deutschen Reich

Chorfiguren des Kölner Domes (vor 1322), deren Körper zugunsten eines dekorativen, den plastischen Wert allein bestimmenden Faltenwurfes zurücktreten.

Um 1350 setzt ein grundlegender Stilwandel ein, der in einer neuen Auffassung des Menschlichen gründet. Anstelle formelhaft vergeistigter Skulpturen entstehen körperhaft schwere, in den Raum ausgreifende Figuren. Dieser neue Stil ist eng mit der Künstlerfamilie **Parler** verbunden. Erstmals tritt sie in Schwäbisch-Gmünd auf, ihre bedeutendsten Werke entstehen im Auftrag Karls IV. seit 1356 in Prag. Die Skulptur am Übergang zum

Propheten, Straßburg, Münster, Westportal, um 1280–1300. Vom höfischen Ideal durchdrungene Figuren, deren Körperformen unter den schmiegsamen Gewändern zu spüren sind. Kopf und Gewand unterstreichen die Bewegung der Skulptur.

Ekkehard und Uta, Naumburg, Dom, Westchor, um 1250. Wirklichkeitsnähe der höfisch idealisierten Figuren wird durch Verismus in der Darstellung erreicht.

Hl. Wenzel, Prag, Veitsdom, Wenzelskapelle, vor 1373. Ausdrucksstarker Realismus – verstärkt durch die farbige Fassung – verleiht räumliche Ausstrahlung.

Internationalen Stil löst sich aus ihrem Zusammenhang mit der Architektur. Deutlich wird dies an den durch Prag beeinflussten Fürstenfiguren des Südturmes vom Stephansdom in Wien (um 1359–65), die sich als individualisierte Herrscherbildnisse geben.

Neue Bildaufgaben und die Internationale Gotik

Im Dt. Reich treten in der Plastik des 14. Jh. neue Bildtypen auf, die im 12./13. Jh. in der Mystik und religiösen Dichtung vorbereitet wurden und den Andachtsbildern zugerechnet werden können.

In der Folge Erneuerung der Ikonografie: Eingebürgerte Themen wie Kreuzigung und Schmerzensmann werden mit gesteigertem Pathos dargestellt, neue Themen wie die aus dem Abendmahl isolierte Christus-Johannes-Gruppe und die Pietà werden eingeführt. Die Ausführung erfolgt vornehmlich in Holz; die farbige Fassung verleiht dem gesteigerten Gefühl Ausdruck.

> **Andachtsbild**, appellativer Bildtyp, Pathos und Emotionalität im Ausdruck soll den Rezipienten zum Mit- und Nachempfinden anregen. Das Andachtsbild fokussiert auf einen Aspekt aus einem größeren Erzählzusammenhang, wichtig ist nicht die naturalistische Darstellung, sondern die Inszenierung der Gemütsbewegung.

Einer der wichtigsten Typen des Andachtsbildes ist die Christus-Johannes-Gruppe, die, einem festen Kanon folgend, die mystische Verschmelzung zweier Seelen veranschaulichen soll. In der Miniaturmalerei tritt sie bereits im 12. Jh. auf. Plastische Hauptwerke entstehen Ende des 13. und Mitte des 14. Jh. im schwäbischen und Bodenseeraum, vornehmlich in Frauenklöstern verbreitet.

Die Pietà, auch Vesperbild, zeigt die trauernde Muttergottes mit dem toten Christus. Das Sujet, in der religiösen Dichtung des 12./13. Jh. vorbereitet, wird aus der Kreuzabnahme und Beweinung herausgelöst und tritt Anfang des 14. Jh. zum Andachtsbild isoliert in der dt. Plastik auf. Neben der drastischen Schilderung des Leidens existiert die sog. Freudvolle Pietà, in der Maria die Trauer mit der Freude über das Wissen der durch den Opfertod vollbrachten Erlösung verbindet (Bamberg, St. Martin, Anfang 14. Jh.). Um etwa 1380–90 entsteht in Prag, im Zusammenhang mit dem Weichen Stil, das sog. Schöne Vesperbild, das in großer Zahl hergestellt, exportiert und nachgeahmt wird. In ihm wird die Drastik des Leidens zugunsten verinnerlichter Trauer aufgegeben.

Internationale Gotik

Ende des 14. Jh. vollzieht sich in den großen Kunstzentren ein Wandel in der Formensprache, mit dem eine Steigerung der Ausdruckskraft einhergeht. Durch Austausch der höf.

Christus-Johannes-Gruppe, Sigmaringen, um 1330, Eichenholz gefasst, vergoldet, H. 89 cm, Berlin, SMPK. Festes Schema – an Christus gelehnter Johannes, ineinandergelegte Hände, Umarmung des Johannes durch Christus – entspricht der visionären Bildvorstellung, die zur seelischen Vereinigung mit Gott führen soll.

Pietà Roettgen, Rheinland, um 1300, Lindenholz gefasst, H. 88,5 cm, Rheinisches Landesmuseum, Bonn, Steigerung des unermesslichen Leidensausdrucks durch drastische Darstellung des ausgemergelten, blutenden Leibes Christi und des schmerzerfüllten Gesichtes Mariens.

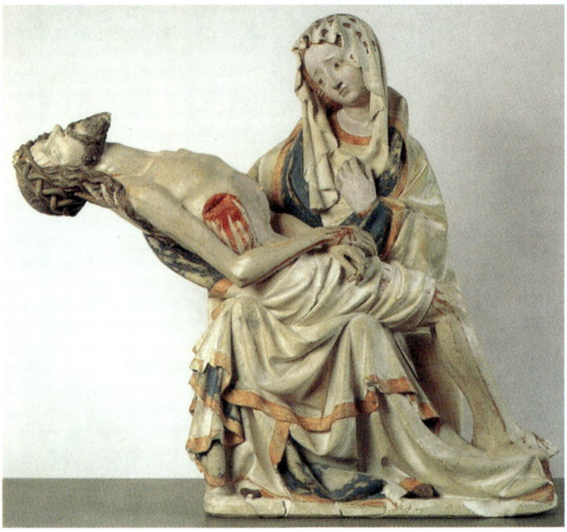

Pietà aus dem Kloster Seeon, Prag, um 1400, München, Bayerisches Nationalmuseum, Kalkstein gefasst. Dem Weichen Stil entsprechend Gewandführung zur Inszenierung des Inhaltes sowie zur Ästhetisierung der Form eingesetzt und Drastik des Geschehens zurückgenommen

Sog. **Schöne Madonna**, gilt als Inbegriff des Internationalen Stils, doch finden sich die typischen Merkmale auch an Skulpturen anderer Sujets (Heiligenstatuen, Vesperbilder etc.). Sie zeichnen sich durch Wirkungsqualität in der intimen, direkten Beziehung zw. Mutter und Kind, (stereotyper) Psychologisierung und Versinnlichung bis zur Erotik aus sowie durch ihre biegsame, elegante Körperbewegung.

Schöne Madonna aus Krumau, Böhmen, um 1400, Kalkstein gefasst, Wien, Kunsthistorisches Museum, H. 112 cm

(Avignon, Paris, Dijon, Prag, Wien, London, Mailand) und städt. Zentren (Köln, Hamburg, Nürnberg, Siena, Florenz, Venedig) werden die Voraussetzungen rasch verbreitet. Die neuen Mäzene, die sich selbst in der Förderung der Kunst verherrlichen, treten in Form individueller Bildnisfiguren an Kirchen und Portalen auf. Parallel steigt der Bedarf an wertvollen Skulpturen zur privaten Andacht bzw. Stiftung.

Der Charakter des Internationalen Stils – Blüte etwa von 1380 bis 1420 –, tritt in der Plastik deutlich zutage. Ausgehend von der gotischen Formensprache wird die körperbetonte, diesseitige Statuarik (vgl. Parlerplastik) zugunsten zunehmend feingliedriger, ätherischer Figuren aufgegeben. Gewänder gewinnen an Stofflichkeit und Dreidimensionalität, überformen den Körper. Charakteristisch ist die beidseitige Konturierung der Figur durch Faltenkaskaden. Die Faltenmodellierung, in bisher ungekanntem Reichtum, ist weich, ohne Grate und arbeitet mit starken Helldunkel-Kontrasten. Die vollendete Rhythmisierung der Gestalten wird durch die kalligraphisch-lineare Faltengebung unterstrichen. Dramatisches wird gemildert (vgl. sog. Schöne Pietà).

Namentlich bekannte Künstler des 13. und 14. Jahrhunderts

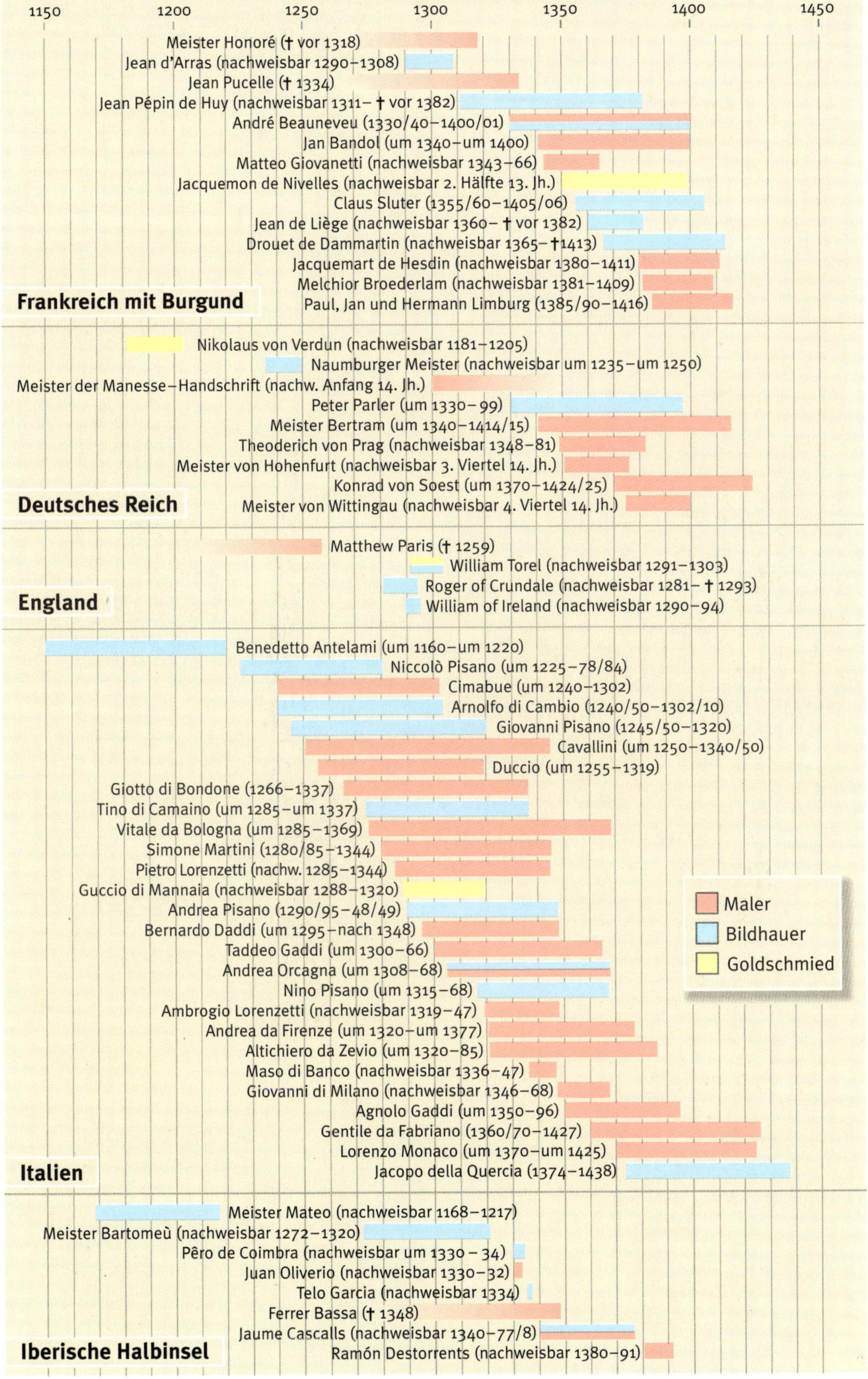

BUCHMALEREI

Die Miniaturmalerei verliert im Laufe des 13.–15. Jh. ihre Schulprägung und nähert sich einem gesamteurop. Stil. Künstlerpersönlichkeiten gewinnen an Gewicht. Zugleich verändert sich die Trägerschaft, die bisher dem geistlichen Gebrauch vorbehaltene Handschrift wird verweltlicht.

Psalter, liturgisches Buch mit 150 Psalmen, die Bestandteil des Stundengebetes sind, verbreitetstes Buch des Mittelalters. Illuminiert mit ornamentierten und figürlichen Initialen sowie Illustrationen. Wird zunehmend von Laien verwendet. Seit dem 13. Jh. in der franz., burgund. und engl. Hocharistokratie luxuriös ausgestattetes Andachtsbuch.
Stundenbuch, reich illuminierte Handschrift, für das Stundengebet der Laien, v.a. mit der franz. Miniaturmalerei verbunden.

Frankreich

Um 1200 entstehen im Umkreis des franz. Hofes Hauptwerke der frühgotischen Miniaturmalerei (sog. *Ingeborg-Psalter*, *Psalter der Blanca von Kastilien*). Stilistisch orientieren sich diese Luxushandschriften an der antikisierenden Malerei der Zeit, farblich mit dominierendem Rot und Blau auf Goldgrund an der zeitgenössischen Glasmalerei. Augenfällig ist das bis Mitte des 13. Jh. vorherrschende Primat der Glasmalerei in der Gestaltung der zw. 1200 und 1235 entstandenen *Bibles moralisées*. Mitte des 13. Jh. zeichnen sich die hochgotischen Pariser Miniaturen durch klare Umrisslinien, gleichmäßige Flächenfüllung und starke Farbigkeit aus (*Psalter Ludwigs des Heiligen*, um 1253–70).
Mit den Werken des **Meisters Honoré** erneuert Paris seine führende Stellung. Neu sind die Plastizität der Faltenmotive durch markante Licht- und Schattengebung und die Landschaftsmotive, die sich zwischen die Figuren und den gemusterten Hintergrund schieben. Eine eher malerische Auffassung kündigt bereits die nächste Generation an, deren herausragendster Vertreter **Jean Pucelle** ist. Seine Werke bezeichnen den Höhepunkt der Pariser Hofmalerei. Neben der Tradition der Pariser Schule verarbeitet er Einflüsse der ital. Trecentomalerei (v. a. Duccio). Charakteristisch ist die plastisch durchgebildete und räumliche Malweise sowie das differenzierte Kolorit bis hin zur Grisaille-Malerei.

England

Im 12. Jh. erlebt die Buchmalerei eine Blüte. Zu Beginn des 13. Jh. beginnt sie sich an franz., der Glasmalerei verpflichteten Vorbildern zu orientieren. Wie in Frankreich dominieren im Umkreis des Hofes Psalter und Stundenbücher. Besonders beliebt sind bis ins 14. Jh. Apokalypsen (*Douce Apocalypse*, um 1270) und Bestiarien mit eindringlichen Illustrationen, die wohl auch als Unterhaltungsliteratur abenteuerlichen Inhalts dienen.
Die antikisierende Formensprache hält sich in der engl. Malerei bis Mitte des 13. Jh. (*Amesbury-Psalter*, 1250/55). In der *Historia Anglorum* (1250/55) des **Matthew Paris** aus St. Albans, der die Tradition der lavierten Federzeichnung wieder einführt, ist der antike Pathos des *Dreikönigsschreins* des Nikolaus von Verdun oder des *Ingeborg-Psalters* zu spüren.
Im 14. Jh. bleibt Ostengland führend. Höhepunkt bilden die *Psalter der Queen Mary* (An-

Concordia novi et veteris testamenti. Bible moralisée, Paris 1220/30. Wien, Österr. Nationalbibliothek, Cod. 2554, fol. 4r. Wirkungsvolle Körpermodellierung durch Faltenführung und Farbschattierungen. Typologische Anordnung der Szenen und Farbigkeit an zeitgenössischer Glasmalerei orientiert.

Jean Pucelle, Verkündigung an Maria, Stundenbuch der Jeanne d'Évreux, Paris 1325–28, 9 x 6 cm. New York, The Cloisters, fol. 16r. Neue räumliche Auffassung setzt Kenntnisse ital. Trecentomalerei voraus. Mit Grisaille-Figuren wird die Ausdrucksweise der Glasmalerei umgekehrt.

Marginal-/Randillustration, dekorative oder szenische Illustration, häufig profanen Inhalts, die in Inhalt und Form in keinem Zusammenhang mit dem Text stehen muss. Anfänge in der romanischen Buchmalerei, Höhepunkt im 14. Jh., im 15. Jh. ist sie fester Bestandteil der Komposition.

fang 14. Jh.), des *Robert de Lisle* (vor 1339) und des *Luttrel* (1340), die in der komplexen Gesamtkomposition sowie der Farb- und plastischen Gestaltung franz. und ital. Buchmalerei nahe stehen. Charakteristisch sind v. a. die lebendigen Trabantenszenen, die immer stärkere Bedeutung erlangen.
Ende des 14. Jh. dringen verstärkt fläm. und ital. Motive in die englische Buchmalerei ein.

Deutsches Reich

Im Dt. Reich bleibt die Handschriftenproduktion Sache der Klöster (s. S. 79) und öffnet sich, regional verschieden, nur langsam neuen Entwicklungen.
Innovative Zentren Ende des 13. Jh. sind Köln, mit Dombauhütte und Universität offen für neue Ideen, und das Gebiet zwischen Bodensee und Zürich, in dem zahlreiche Weltchroniken eigener Prägung entstehen: Farbintensive, deckende Miniaturen repräsentieren mit lieblichen Gesichtern und zierlichen Gesten den höfischen Stil. In dieses Umfeld gehört die *Manessische Liederhandschrift*, die wichtigste Sammlung mittelhochdt. Minnedichtung.
Die Werkgruppe um den verlorenen *Willehalm-Codex* und das *Graduale von Wettingen* vom Anfang des 14. Jh., die in ihrer kalligrafischen Auffassung sowie der transparenten Farbigkeit Kenntnisse der engl. Malerei verrät, wird unter Vorbehalt nach Köln lokalisiert.
Daneben tritt Österreich zu Beginn des Jh. mit dem Kloster St. Florian als Vermittler franz. Malerei hervor. Um 1330 werden auch sienesische und giotteske Anregungen aufgegriffen. In Böhmen ist die gleiche Tendenz zur Assimilation franz., engl. und ital. Einflüsse zu beobachten (*Passionale der Äbtissin Kunigunde*, Prag, 1312–21).

Christus lehrt im Tempel. Queen Mary's Psalter, Ostengland (?), Anfang 14. Jh., London, British Museum, MS. Royal 2 B. VIII, fol. 151r. Typisch engl. kalligrafische Feinheit; in den Marginalien Auseinandersetzung mit der realistischen Wiedergabe profaner Themen.

Herr Alram von Gresten. Manessische Liederhandschrift, Zürich (?), um 1300–40. Heidelberg, Universitätsbibliothek, Cod. pal. germ. 848, fol. 311. Autorenbild als Standesbild mit Merkmalen der Tätigkeit des Autors. Mit schwarzem Stift skizziert und deckenden Farben unter Freilassung des Hintergrundes ausgeführt.

Italien

Ital. Buchmalerei, lange byzant. geprägt, ist eng mit der Monumentalmalerei verbunden. Im Trecento werden in den Zentren Bologna, Florenz, Siena, der Lombardei und dem Hof der Anjou in Süditalien Giottos Errungenschaften, Monumentalität und plastische Durchformung des Körperlichen, mit regionalen und nordalpinen Traditionen verbunden. In der venez. Buchmalerei hingegen, die deutliche Analogien zur Mosaikkunst aufweist, bleibt Byzanz bestimmend.

Internationale Gotik

Um 1400 sorgen die großen Höfe Paris, Burgund, Berry, Prag und Wien mit ihrer prächtigen Hofhaltung für eine Blüte der Buchmalerei.
Im Auftrag Jean de Berrys gestalten die bedeutendsten frankofläm. Maler, u. a. André Beauneveu, Jacquemart de Hesdin und die **Brüder Limburg**, unzählige Prachthandschriften. In ihnen verbinden sich traditionelle Gewanddrapierungen und leuchtende Farbigkeit mit neuen, auch von ital. Meistern beeinflussten

Brüder Limburg, Der Monat Juni. Très Riches Heures de Duc de Berry, um 1415, Chantilly, Musée Condé (ms. 65), fol. 6v. Detailgetreue Architektur- und Landschaftsdarstellungen in grafischer Klarheit, höfischer Eleganz und kostbarer Farbpalette – Internationale Gotik in höchster Vollendung.

Titelseite der Goldenen Bulle, Prag, 1400. Wien, Österr. Nationalbibliothek, Cod. 338, fol. 1r. Überwuchernde kostbare Dekoration mit allegorisch-verschlüsselten Darstellungen, Primat des Schmuckwerks – typisch für die höfische Kunst Wenzels IV.

Tendenzen zu Porträthaftigkeit und naturgetreuer Landschaftsschilderung. Mit Karl IV. als Mäzen entwickelt auch die Prager Buchmalerei ein neues Verständnis für plastische Darstellung und ein gesteigertes Interesse an Wirklichkeitsnähe. Über dynastische Verbindungen wird der Prager Stil an den Wiener Hof vermittelt (*Klosterneuburger Antiphonar*, 1420er Jahre).

GLASMALEREI

Der Aufriss hochgotischer Kirchen stellt die Glasmalerei vor immense Aufgaben. Bereits Abt Suger rühmt das wunderbare und ununterbrochene Licht von St.-Denis, das nach der neoplatonischen Lichtmetaphysik den Betrachter vom Irdischen zum Überirdischen erheben soll.

Frankreich

Beispiellose Blüte der Glasmalerei Anfang des 13. Jh. Aufgrund stark reduzierter Wandflächen übernimmt sie einen bedeutenden Teil des ikonografischen Programms. Einen ersten Höhepunkt stellen in den beiden ersten Jahrzehnten die Zyklen von Chartres und Bourges dar. Thema und Gestaltung nehmen auf Ort und Höhe der Anbringung Rücksicht: narrative kleinteilige Zyklen im Erdgeschoss, Einzelfiguren und wenige, größere Szenen im Obergaden. Die Farbigkeit ist in einem tiefen Blau-Rot-Akkord gehalten. Einzelne Szenen sind vor teppichartig gemustertem Grund in Medaillons zu geometrischen Mustern zusammengefügt. Die Formensprache, anfänglich noch an dem antikisierenden Stil der Kunst um 1200 orientiert, wird zunehmend hochgotisch. Höhepunkt dieser Entwicklung ist die Ste.-Chapelle. Maßwerkunterteilung der Fensterflächen in schmale, hohe Lanzetten und vereinfachte Eisenarmierung bedingen die serielle Anordnung der Szenen ohne Hierarchisierung, sodass eine gleichmäßige Lichtwand entsteht.

Ab den 1260er Jahren erfolgt ein Wechsel: Abkehr vom Medaillon-Schema und Rückkehr zur Monumentalität – anstelle kleinteiliger Szenen großformatige Figuren unter Baldachinen – sowie Aufhellung der Farbigkeit und Verwendung von Grisaille.

Die Entdeckung des Silbergelbes um 1300 eröffnet neue gestalterische Dimensionen, es ermöglicht zwei Farben ohne Bleistege nebeneinander zu setzen. Inspiriert von der Pariser

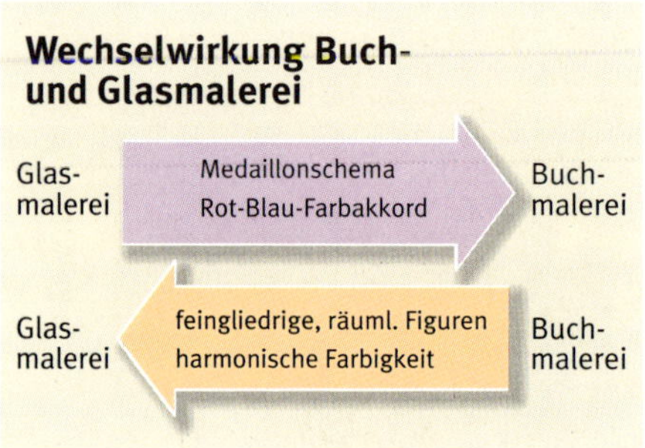

Grisaille-Malerei monochrome Malerei in Graustufen. Als ornamental gestaltetes Glasfenster erstmals im 12. Jh. nach dem von Bernhard von Clairvaux formulierten Bilderverbot für Zisterzienserkirchen. Wird in allen Malereigattungen aufgegriffen. Seit dem späten 13. Jh. verstärkt verwendete Grisailleverglasung aufgrund besserer Beleuchtung der Architektur und Geschmackswandel zu noblen Materialien.

Buchmalerei setzt sich Ende 13./Anfang 14. Jh. in ganz Europa ein feingliedriger, harmonisch farbiger Stil durch.

England

Analog zur frühen Reaktion Englands auf die Neuerungen der nordfranz. Baukunst zeigt auch die Glasmalerei Entsprechungen. In Farbigkeit, Anordnung und antikisierendem Stil gibt es Parallelen zwischen den Fenstern von Canterbury um 1180 und denen von Chartres und Bourges.

Die weitere Entwicklung nimmt jedoch einen eigenen Weg. Grisailleverglasung wird bereits vor 1230 verwendet und bleibt in Kombination mit farbigen Scheiben eine Konstante. Das Maßwerkfenster entwickelt in England ungeheure Dimensionen. Ost- und Westfassaden werden als gläserne Wände gestaltet. Das ab 1270 verbreitete Registerfenster eignet sich besonders für die Darstellung stehender Figuren unter Baldachinen. Die Entwicklung und Verwendung des Silbergelbes vollzieht sich zeitgleich zu Frankreich.

Italien

Im stark der Wand- und Tafelmalerei zugeneigten Italien bleibt die Glasmalerei Randerscheinung. Der um 1253 von einer mitteldt. Werkstatt geschaffene Fensterzyklus in S. Francesco in Assisi entspricht in Stil und Farbigkeit nördl. Vorbildern. Die 30 Jahre jüngere Apsisrose des Domes von Siena weist eine ganz andere Sprache auf als die franz., engl. und dt. Glasmalerei der Zeit: hellere kühle Farbigkeit und perspektivische Gestaltung, wodurch die Figuren Dreidimensionalität erhalten. Diese neue Auffassung von Bildräumen, wurzelt in der ital. Trecentomalerei. Sie wird von den Wand- und Tafelmalern auf die Glasmalerei übertragen.

Deutsches Reich

Die dt. Glasmalerei folgt im frühen 13. Jh. eigenen Gesetzen. Neben dekorationsreicher Kleinteiligkeit und zackenbrüchigem Stil wird der Rot-Blau-Akkord mit Gelb und Grün zu einem typischen Farbklang verbunden.

Innovative und weit ausstrahlende Zentren der Glasmalerei entstehen ab ca. 1260 an den

Paris, Ste.-Chapelle, Oberkapelle, 1241–48. Edelsteinhafte Farbigkeit, kleinteiliges Medaillonschema – typische Fenstergestaltung bis zur Mitte des 13. Jh.

Rouen, St.-Ouen, Chor, um 1340. Lichte Farbigkeit durch Silbergelb und Grisaille, Standfiguren unter Baldachinarchitekturen, Plastizität durch differenzierte Schattenmalerei – charakteristische Merkmale ab der 2. Hälfte des 13. Jh.

Gloucester, Kathedrale, Ostchor, um 1340-60. Engl. Eigenart: große, panelierte Ost- und Westfenster, deren lichte Farbigkeit eine gute Ausleuchtung des Kirchenraumes gewährleistet.

Siena, Dom, Apsisrose, 1287/88. Charakteristische Fenstergestaltung ohne Maßwerk seit Ende des 13. Jh. Gerade geschnittene Bildfelder folgen der bildhaften Gesamtkomposition.

	Frankreich	England	Italien	Deutsches Reich
1150		um 1180 Canterbury		nach 1176 Straßburg
1200	um 1200–30 Chartres um 1210 Bourges vor 1240 Reims 1241–48 Paris, Ste.-Chapelle	um 1220/25 Salisbury um 1240 Lincoln		
1250	um 1270 Troyes, St.-Urbain um 1280 Sées	um 1260 York, „Five Sisters" 1285–90 York, Chapter House 1294 Oxford, Merton College Chapel	vor 1253 Assisi, S. Francesco 1287/88 Siena, Apsisrose	um 1250 Naumburg 1260–1340 Straßburg 1260–1320 Köln 1260–1320 Königsfelden
1300	1325–38 Rouen, St.-Ouen um 1340 Évreux, Chor Obergaden	1301 Exeter, Ostfenster		1340 Wien
1350		um 1350 Gloucester, Ostfenster	1365 Florenz, S. Maria Novella	1380 Wien, Habsburgerfenster 1370–1400 Erfurt
1400	um 1400/05 Bourges, Ste.-Chapelle um 1400 Évreux, Chor sog. königliches Fenster	1405–08 York, Ostfenster	um 1410 Perugia, S. Domenico	1380–1420 Rothenburg o. d. Tauber, St. Jakob

- Vollfarbig – Medaillon-Schema
- Grisaille – Medaillon-Schema
- Grisaille – monumentale Figuren
- Vollfarbig – monumentale Figuren
- perspektivische Bildräume

Entwicklung der Glasmalerei 12.–15. Jahrhundert

großen Kathedralbauten Straßburg und Köln. Der Straßburger Fenstertyp mit den von Baurissen abgeleiteten Baldachinen wird für den gesamten südwestdt. Raum verbindlich. Die Baldachingestaltung gewinnt zunehmend an Bedeutung, bis zu seiner verselbstständigten Form in der Katharinenkapelle im Straßburger Münster. Trotz der Tendenz zur Aufhellung in Frankreich und England ist die generelle Ablehnung von Grisaille Bestandteil dieser Strömung. Im Gegensatz zu Straßburg weist die in über 50 Jahren entstandene Chorverglasung des Kölner Domes eine partielle Grisailleverglasung auf. Tendenzen zu räumlicher Wirkung, die über Italien vermittelt wurden, zeigt der vollfarbige Zyklus von Königsfelden. Mit dem Festhalten an den aus Straßburg bekannten zweidimensionalen, gemusterten Hintergründen wird diese Tendenz jedoch negiert. Die Schönlinigkeit ist Ausdruck der Kunst in der 1. Hälfte des 14. Jh.

Mitte des 14. Jh. tritt die Dreidimensionalität in den zu Bildräumen gestalteten Rahmenarchitekturen und den betonten Körpervolumen verstärkt auf. Zudem wird Alltägliches in den Darstellungen aufgegriffen. Der neue Stil nimmt seinen Anfang im Umkreis der parlerischen Bauhütten in Prag (die dortigen Glasmalereien gingen im 15. Jh. in den Hussitenkriegen verloren), Wien, Nürnberg und Ulm.

Internationale Gotik

Gegen Ende des 14. Jh. nähern sich die Zentren an. Der Internationale Stil schlägt sich, vermittelt durch Miniatur- und Tafelmalerei in der Glasmalerei nieder. Zur parlerischen Architektur- und Figurenauffassung tritt eine Betonung des Individuellen und ein ausgeprägter Detailreichtum. Insgesamt kommt es zur Aufhellung und malerischen Verfeinerung, wodurch die Zeichnung stärker hervortritt.

MALEREI

»Gotische« Malerei tritt um 1200 in der Glas- und Buchmalerei auf; Wandmalerei ist kaum erhalten. Mit dem Ende des 13. Jh. setzt sich in den Fresken von S. Francesco in Assisi eine neue Bildauffassung in der Monumentalmalerei durch. Von der ital. Trecentomalerei gehen unmittelbare Impulse nach Avignon und Böhmen. Ein zukunftsweisendes Phänomen ist die Entstehung und Verbreitung des Tafelgemäldes seit dem 13. Jh. Ende des 14. Jh. mündet die Malerei in die verfeinerte Formensprache des Internationalen Stils.

Italien

Ende des 13. Jh. ist Rom der Sammelpunkt künstlerischer Kräfte. Der seit der Eroberung Konstantinopels dominierende byzant. zeichnerische Flächenstil, geht, orientiert an der röm. Antike, in einer gewissen Raumhaftigkeit und Körpermodellierung auf. Führende Künstlerpersönlichkeiten sind Pietro Cavallini und Jacopo Torriti. Aufträge der Päpste ziehen Künstler von außerhalb an, u. a. Cimabue, Giotto di Bondone und den Florentiner Bildhauer Arnolfo di Cambio. Sie werden Vermittler der neuen Figurenauffassung. Mit dem Weggang der Päpste nach Avignon verlassen auch die Künstler Rom.
Zentren der Trecentomalerei sind Florenz mit Giotto, Siena mit Duccio di Buoninsegna und Simone Martini sowie die Werkstätten von Assisi.
Giotto, Schüler Cimabues, entwickelt aus Antikenstudium und zeitgenössischer Plastik eine monumentale Bildsprache mit einfachen Kastenräumen und Gefühl für Gewicht und Masse der Körper. Parallel dazu bildet **Duccio**

Königsfelden, Abteikirche, um 1330. Bildhaft räumlich gestaltete Szenen, eingebunden in das traditionelle ornamentale Bildsystem mit blau-roten Hintergründen und aufwändigen Architekturen.

Straßburg, Münster, Katharinenkapelle, 1340–49. Gestaltungssystem aus Standfiguren unter ausgedehnten Baldachinarchitekturen vor monochrom blauroten Hintergründen.

Wien, Dom, ehem. Fürstenkapelle, um 1380. Zusammenfassung der Fensterfläche zu einer einheitlichen räumlichen Architekturbühne, in der die Habsburger, in porträthafter Weise dargestellt, thronen.

Giotto, Noli me tangere, Arenakapelle Padua, um 1305, Fresko. Streng geordnete Bildräume, sparsames Beiwerk, kubisch-massive Formen und ruhige geschlossene Figurengruppen kennzeichnen Giottos Werk.

Duccio, Noli me tangere, Rückseite der Maestà, Siena, 1311, Tempera auf Holz, Siena, Dommuseum. Komposition sowie Architektur- und Landschaftsschilderung vergleichbar mit Giotto; kostbare Farbigkeit auf Goldgrund und Goldhöhung folgen der byzant. Konvention.

Simone Martini, Verkündigung, Siena, 1333, Tempera auf Holz, Florenz, Uffizien. Konventionelle zierliche Figuren, miniaturhafte Einzelheiten, Farbreichtum und Schönlinigkeit charakterisieren den in Wechselwirkung mit franz. Buchmalerei stehenden Stil Martinis.

in Siena, ebenfalls ausgehend vom Byzantinismus Cimabues, einen Stil, der bei Bemühung um plastische Ordnung die Wirkung der Farbigkeit betont. Noch eindrücklicher als Duccio prägt sein Schüler, **Simone Martini**, die Sieneser Schule. Seine Fresken in S. Francesco in Assisi sind im Vergleich mit denen Giottos weniger massiv, die Figuren leichter, Einzelheiten gewinnen an Bedeutung. Sein verfeinerter, empfindsamer Malstil lässt ihn zum Miniaturist des Trecento werden.

Giottos ruhiger, schwerer Stil wird bei seinen Schülern (Bernardo Daddi, Taddeo Gaddi, Maso di Banco) unter Sieneser Einfluss anekdotisch und reicher in der Farbigkeit. Die Sieneser Pietro und Ambrogio Lorenzetti schließlich manifestieren einen Stil, der sienesische und florentinische Elemente zusammenführt. Nach den einschneidenden Pestjahren um 1348 ist eine Entwicklung zur lehrhaft-programmatischen Malerei (z. B. Francesco Trainis *Triumph des Todes*, Pisa, Campo Santo, um 1350) festzustellen.

Provinzielle Schulen, begünstigt durch den Aufstieg der Städte, machen sich den neuen Stil Giottos und Martinis zu eigen. Das Fresko wird zur eigentlichen Gattung Italiens. In der Lombardei, die in engem Kontakt zu Frankreich und dem Rheinland steht, stellt Giovanni da Milano die Verbindung zu Mittelitalien her. In Padua und Verona repräsentieren Altichiero und Giusto de'Menabuoi die Monumentalmalerei am besten. **Altichiero** entwickelt an Giotto anknüpfend neue tiefenräumliche Bildarchitekturen in denen Figuren, die einer v. a. höfisch geprägten Kunst entstammen, agieren (z. B. *Fresko der Familie Cavalli* in Sta. Anastasia, Verona, ca. 1370).

In Venedig bleibt bis in die Mitte des 14. Jh. mit der Bauhütte von San Marco Byzanz dominierend. Bei Paolo Veneziano treten ab 1335 byzant. Vorbilder zugunsten eines plastischen, ins Trecento weisenden Stils in den Hintergrund.

Frankreich

Franz. Tafelmalerei ist im Gegensatz zur Buchmalerei nur lückenhaft überliefert. In der 1. Hälfte des 14. Jh. wird ital. Kunst über den päpstl. Hof in Avignon vermittelt. Angeregt durch den Stil der dort tätigen Künstler, v. a. des Sienesen Simone Martini, der bis an den Pariser Hof wirkt, gelangt Jean Pucelle zu einer neuen Plastizität.

Madonna und Kreuzigung, Köln, um 1340, Tempera auf Holz, Berlin Gemäldegalerie. Einfache, starke Binnenzeichnung verweist auf Glasmalerei, aber auch, ebenso wie die Throngestaltung, auf ital., die Figurenanordnung auf franz. und engl. Vorbilder.

Deutsches Reich/Österreich/Böhmen

Die Frühgeschichte der dt. Tafelmalerei ist eng mit Soest verbunden. Der bizarre Zackenstil der erhaltenen Soester Altäre (2. Hälfte 13. Jh.), der byzant. sowie Anregungen aus der engl. Buchmalerei aufnimmt, ist beispielhaft für weite Bereiche der dt. Malerei um die Mitte des 13. Jh.

Um 1300 setzt in Köln, dem Schnittpunkt europ. Verkehrswege, eine beachtliche Produktion kleiner Di- und Triptychen ein. In Farbigkeit und Linienführung gehen lokale Traditionen, u. a. aus der Glasmalerei, mit engl., franz. und ital. Einflüssen eine Synthese ein. (*Verkündigung* und *Darstellung*, um 1300; Chorschranken des Domes, um 1330/40).

Tafelbild – Altarbild – Privates Bild Ital. Pala (Altarbild) entwickelt sich aus östl. Ikone und franziskanischer Gebetsmystik. Wird erweitert zum Polyptychon mit starrer Struktur (auch in Spanien). Im Norden enge Bindung an Reliquienkult und erzählende Funktion der Tafel. Verbindung von verschließbarem Reliquienschrein und bemalten Flügeln führt im 15. Jh. zum Wandelalter. 2. Hälfte des 14. Jh.: privates Andachtsbild, Stifterbild, Bildepitaph; führt zum Porträt der Neuzeit als selbstständiges Bildthema.

Drei Marien am Grabe und Noli me tangere, Klosterneuburger Altar, 1324, Tempera auf Holz, Stift Klosterneuburg: Giotteske Anleihen in Komposition und Landschaft (vgl. Abb. S. 104), flache Figurenauffassung folgt nordwestl. Kanon.

Meister Theoderich, Hl. Hieronymus, Kreuzkapelle auf Burg Karlstein, Prag, um 1360–65, Tempera auf Holz, Prag, Národní Galerie. Ikonenhafte Heiligendarstellung, bewusst unräumlich, blockhaft. Plastizität durch Helldunkelwirkung und Leuchtkraft der Malerei.

In einigen österr. Werken aus dem 1. Drittel des 14. Jh. sind Anleihen und wörtliche Motivzitate aus Giottos Fresken zu erkennen. Mit kalligrafischer Faltengebung und flächiger Figurenauffassung stehen sie in der Tradition des Nordens.

Kulturelles Zentrum des Reiches ist in der Regierungszeit Kaiser Karls IV. (1346–78) Prag. Bis zur Mitte des 14. Jh. ist der Stil in einzelnen Motiven geprägt durch ital. Gestaltungsweisen. Die kalligrafische Zeichnung und Farbgebung bleibt der westl. Kunst verpflichtet (Meister von Hohenfurt, Meister der Glatzer Madonna). In der Ausstattung der Kreuzkapelle auf Burg Karlstein durch **Meister Theoderich** entsteht ein Stil, der sich nicht ausschließlich von franz. oder ital. Vorbildern herleiten lässt. Neu ist die Auffassung des Lichtes, das nicht geführt wird, sondern die Figuren selbst scheinen zu leuchten. Mit dem **Meister von Wittingau**, dessen Werk in den Internationalen Stil mündet, endet die Schule der böhmischen Malerei.

Die enge Verbindung Böhmens mit dem norddt.-hanseatischen Raum schlägt sich im Kunstschaffen dieser Region nieder. **Meister Bertram von Minden** führt mit der realistischen Präzision einzelner Motive und der Faltengebung des *Grabower Altares* (um 1379) eine Tendenz ein, die bereits auf den Internationalen Stil um 1400 hinweist und prägend bleibt.

Spanien

Die Malerei ist – analog zur Plastik – lange an romanische Traditionen gebunden. Lokale Zersplitterung des Landes führt zu isolierten Entwicklungen. Katalonien im 14. Jh. führend, nimmt, geografisch und politisch bedingt, ital. und provençalische Impulse auf. Sieneser Kunst wird über katalanische Künstler am

Ferrer Bassa, Anbetung der Könige, Michaelskapelle des Klarissinnenklosters Santa Maria, Pedralbes, 1346, Wandmalerei. Komposition verrät Kenntnis der Werke Giottos und der Sienesen. Feste, räumlich empfundene Formen und konzentrierte Reglosigkeit zeichnen die hell in den Vordergrund gerückten Szenen aus.

päpstlichen Hof in Avignon vermittelt. In der 2. Hälfte des Jh. ist Barcelona künstlerisches Zentrum. **Ferrer Bassas** Wandmalereien der Michaelskapelle des Klosters von Pedralbes zeigen schwere Figuren und das Ambiente der Sieneser Malerei. **Lluís Borrassá** übernimmt neben sienesischer auch franz.-burgund. Anregungen. Leuchtende Farben, elegante Bewegungen und realistische Detailschilderungen, z. B. in der Geburtszene vom Altar aus Santa Creus (1403–11), zeichnen ihn als Vertreter des Internationalen Stils aus.

England

Lückenhafte Überlieferung der Wand- und Tafelmalerei Englands lässt kaum Aussagen über spezifische Stilmerkmale und Künstler zu. Der Hof von Westminster erhält unter Heinrich III (1216–72), der bekanntermaßen ital. und franz. Künstler verpflichtete, impulsgebende Bedeutung. Die großangelegte Ausstattung Westminsters mit Wandmalerei (u. a. Freskenzyklus der Königshalle, 1263–67) ist zerstört. Lediglich einige Retabelfragmente geben Auskunft über die Verschmelzung kontinentaler Stilmerkmale mit insularen, aus der Buchmalerei und Skulptur bekannten Charakteristika.

Internationale Gotik

Die europ. Malerei zeigt seit der 2. Hälfte des 14. Jh. keine gravierenden stilistischen Unterschiede. Sie folgt einem franz. und ital. beeinflussten Stilideal, das in den Internationalen Stil führt. Soziologische Grundlage bilden die eng verflochtenen Herrscherhäuser mit ähnlicher höfischer Kultur. Merkmale sind: Schönlinigkeit, exquisite Farben und detaillierte Landschaftsschilderungen. Besonders in Florenz und Norditalien werden von Malern wie Lorenzo di Monaco und Gentile da Fabriano diese Tendenzen aufgegriffen. Für die Höfe in Paris und Dijon arbeiten vornehmlich Künstler aus Flandern (u. a. Melchior Broederlam, Jean Malouel). Im West- und Norddeutschen Raum dominiert das Werk Konrad von Soests, der geprägt durch die Kunst des Meister Bertram realistische Tendenzen mit der Formensprache des Internationalen Stils verbindet. Beispielhaft für die Internationa-

Hl. Petrus, Retabeldetail, Westminster Abbey, London, um 1280, Malerei auf Holz. Körperbewegung und Faltengebung der schlanken Figur mit zarten Gesichtszügen wird durch gekurvte Linien bestimmt. Räumliche Wirkung ist trotz der Arkadenrahmung nicht beabsichtigt, Zweidimensionalität bleibt vorherrschend.

Melchior Broederlam, Mariä Verkündigung und **Heimsuchung** (Altarflügel, Kartause von Champmol), Dijon, 1394–99, Malerei auf Holz, Dijon, Musée des Beaux Arts.
Meister des Wilton-Diptychon, Wilton Diptychon, um 1395, Tempera auf Holz, London, National Gallery.

Neue Intensität der Farbigkeit und Lichtwirkung zugunsten einer Entkörperlichung. Gewänder gewinnen an Stofflichkeit und durch Faltenreichtum an Dreidimensionalität. Bildmotive werden in architektonischen oder Landschaftsraum als Bedeutungsbereich für seelisches Erleben integriert.

lität dieser Werke steht das Wilton-Diptychon, dessen Herkunft aus einer franz.-burgund. oder engl. Werkstatt bis heute nicht eindeutig geklärt werden konnte.

GOLDSCHMIEDEKUNST

Die Bedeutung der Goldschmiedekunst bleibt im Laufe des Mittelalters ungebrochen. Die erhaltenen Gegenstände, vornehmlich aus dem sakralen Bereich – profane Goldschmiedearbeiten wie Schmuck, Prunk- und Tafelsilber wurden häufiger eingeschmolzen –, zeugen von der großen Qualität der Werkstätten. Deutlich sind an ihnen stilistische wie inhaltliche Wechselbeziehungen zwischen Klein- und Monumentalkunst ablesbar. So in den überzeugend plastischen Figuren des Dreikönigsschreins in Köln von **Nikolaus von Verdun** oder in den Transluzidschmelzarbeiten am Sockel der Madonna mit Kind der Jeanne d'Évreux, die der Malerei eines Jean Pucelle nahe stehen. Die Arbeiten – liturgisches Gerät, Leuchter, Kreuze, Buchdeckel, Bischofsstäbe, Reliquienbehälter und Retabel – vereinen Architektur, Plastik und Malerei.

Sich wandelnde liturgische Bedürfnisse führen zu neuen Formen: Auf die Ende des 12. Jh. einsetzende Visualisierung des Reliquienkultes folgt eine vermehrte Produktion luxuriöser Reliquienschreine (Annoschrein, nach 1183; Elisabethschrein, 1235–49). Mit der Einführung des Fronleichnamsfestes 1264 und einem veränderten eucharistischen Kult, nach dem bereits das Schauen der Hostie heilsbringend ist, entstehen aufwändige Hostienmonstranzen (Kaiserpaarmonstranz Basel, 1347).

Die luxuriösen Objekte sind in so hohem Maße international, dass eine eindeutige Lokalisierung in eines der Zentren der Goldschmiedekunst – Paris, Venedig, Köln, Prag und später Aachen, Florenz, London, Wien und Nürnberg – oft nicht möglich ist. Die stilistische Verflechtung der Schatzkunst liegt sowohl in dem kleinen, untereinander verbundenen Auftraggeberkreis aus weltlichen und geistlichen Fürsten begründet als auch darin, dass die Kunstwerke – anders als in den übrigen Gattungen – verschickt werden können. So findet der Ende des 14. Jh. entstehende

Nikolaus von Verdun, Dreikönigsschrein, um 1190–1220, Köln, Dom, Silber vergoldet, Email, H. 153 cm. Die Prophetenfiguren des größten erhaltenen Reliquienschreins des Mittelalters zeugen von dem Antikenstudium, das in der Kunst um 1200 zu einer neuen Sinn- und Körperlichkeit führt.

Madonna mit Kind, Stiftung der Jeanne d'Évreux für St.-Denis, um 1339, Silber vergoldet, Transluzidemail, H. 69 cm, Paris, Louvre. Die elegante Haltung und die zierliche Gesichtsbildung des höfischen Stils des 14. Jh. wird in den Werken der Kleinkunst besonders anschaulich. Ein typisches Beispiel ist die Madonna der Jeanne d'Évreux mit ihrem leichten s-förmigen Schwung und dem sorgfältig ausgearbeiteten Linienspiel.

Karlsreliquiar, um 1350, Silber teilvergoldet, Transluzidemail, H. 125 cm, Aachen, Domschatz. Das Kapellenreliquiar demonstriert die Möglichkeit der Goldschmiedekunst auf dem Gebiet der konsequent durchgebildeten Architektur, Plastik und des Emails. Mit den sichtbaren Reliquien trägt es dem Schaubedürfnis der Gläubigen Rechnung.

Internationale Stil besonders in diesen Objekten seinen Niederschlag.

ELFENBEINSCHNITZEREI

Ab Mitte des 13. Jh. nehmen Elfenbeinschnitzereien einen neuen Aufschwung. Im Mittelpunkt stehen Pariser Werkstätten. Die Kombination von Elfenbein mit anderen Materialien weist auf die Verbindung zu Goldschmieden und Emailleuren hin. Stilistisch sind Bezüge zur Großplastik zu erkennen.
Auftraggeber sind nicht nur Fürsten und die Kirche, sondern auch Großbürger. Neben Buchdeckeln und einzelnen Statuen christl. Thematik entstehen v.a. Di- und Triptychen als Haus- und Reisealtäre und bis ins späte Mittelalter zahlreiche profane Gebrauchsgegenstände wie Spiegelkapseln, Kästchen und Kämme.
Der beherrschende Pariser Stil erschwert das Erfassen anderer lokaler Zentren in Frankreich, England und den Rheinlanden. Eine eigene bedeutende Stellung besitzen um 1300 die Elfenbeinplastiken von Giovanni Pisano. Ende des 14./Anfang des 15. Jh. entstehen umfangreichere Elfenbeine u. a. für Karl IV. und Jean de Berry, die dem Internationalen Stil um 1400 folgen. In Italien nimmt die in Florenz und Venedig tätige Schnitzerfamilie Embriachi seit Ende des 14. Jh. eine führende Stellung ein.

Sitzende Madonna mit Kind, 3. Viertel 13. Jh. (Sockel später), Elfenbein gefasst, Villeneuve-lès-Avignon, Stiftskirche Notre Dame, H. 45 cm. Die Elfenbeinfigur, deren hoher künstlerischer Rang in der Eleganz des Gewandflusses und der Feinheit des Gesichtes deutlich zum Ausdruck kommt, steht der zeitgenössischen Monumentalplastik des 13. Jh. nahe. Der Biegung des Elefantenzahnes hervorragend angepasst ist der zierliche Schwung der Gruppe.

Triptychon aus St.-Sulpice-des-Tarns, 1. Viertel 14. Jh., Elfenbein, H. 32 cm, Paris, Musée de Cluny. Die in gotische Arkaden eingestellten Figuren, die Szenen der Passion und der Jugend Christi schildern, sind in ihrer Bilderfindung und Figurenauffassung ins Miniaturhafte übertragene Großplastiken.

RENAISSANCE

Der Epochenbegriff der europ. Kultur des 15./16.Jh., von Jules Michelet und Jacob Burckhardt im 19.Jh. geprägt, leitet sich ab von rinascità, ital. Wiedergeburt, bei Vasari 1550 verstanden als die Wiedergeburt der Kunst, welche die des Mittelalters ablöste. Damit einen Geist der Erneuerung bezeichnend, der von Italien seinen Ausgang nahm. Im Zeitalter der großen Entdeckungen und Erfindungen, der zunehmenden Verweltlichung und der Glaubensspaltung, spiegelt vor allem die Kunst die neue Sicht auf die Welt. Hauptzentren der Kunstproduktion im 15.Jh. sind die reichen Handelsstädte Italiens und der Niederlande. Kennzeichnend ist eine neue Erfassung der Naturwirklichkeit, das Hervortreten von Künstlerpersönlichkeiten oder auch das Wiedererlangen einer Vorrangstellung der Malerei zur Darstellung neuer Inhalte. Mit Wurzeln bis in die Zeit Giottos um 1300 zurückreichend, entfaltet sich die Renaissance als neuer Stil der Kunst seit Beginn des 15.Jh. in Italien, während nördl. der Alpen die Kunst in Formen des Spätmittelalters zur reichsten Blüte gelangt, bis sie sich von der Synthese Dürers um 1500 an in ganz Europa verbreitet. Man unterscheidet die ital. Frührenaissance des 15. Jh., Hochrenaissance bis ca. 1520/30 und Spätrenaissance oder Manierismus bis Ende des 16. Jh.

Zentren der Renaissancekunst in Italien

Italien

FRÜHRENAISSANCE

Voraussetzungen schafft das Florieren von Handel und Handwerk in konkurrierenden, z.T. republikanischen Stadtstaaten, allen voran Florenz (Bankwesen, Tuchproduktion) und Venedig (Orienthandel). Geistige Grundlage bildet der sich mit Pertrarca und Boccaccio seit dem 14.Jh. entfaltende Humanismus, dessen Auseinandersetzung mit der Antike die weltliche Existenz des Menschen in den Mittelpunkt rückt. An die epochalen Errungenschaften Giottos anknüpfend, wird die Erfassung des Menschen als selbstbewusstes Individuum auch in der Kunst der Frührenaissance zu einem zentralen Thema. Entsprechend dem Ideal der Antike, begünstigt durch die Nähe ihres Erbes, wird jetzt die Natur zum maßgeblichen Vorbild. Gefördert von einer neuen wohlhabenden Bürgerschicht, geht die Erneuerung der Kunst zunächst von Florenz aus.

Begründung der Renaissancekunst in Florenz

Im Sinne Albertis kann ihre Entstehung als Gruppenleistung von Brunelleschi, Donatello und Masaccio angesehen werden, die als junge Künstler ihre neuen Ideen bei der Mitarbeit an drei großen Projekten verwirklichen.

Als Geburtsstunde der Renaissance gilt der 1401 ausgetragene Wettbewerb um eine neue Baptisteriumstür. Die beiden erhaltenen Bronzereliefs verdeutlichen den Unterschied zwischen der traditionellen Diagonalkomposition des **Ghiberti** und der zukunftweisenden,

Jahr	Historische/Politische Ereignisse	Kunst und Kultur
1401–02		Ghibertis u. Brunelleschis Wettbewerbreliefs (Florenz)
1417	Beendigung des Abendländ. Schismas, Papst Martin V. ab 1420 in Rom	
ab 1420		Brunelleschis Bau der Domkuppel (Florenz)
um 1427		Masaccios Zinsgroschen (Florenz)
1434	Cosimo de' Medici nach seinem Exil Oberhaupt der Republik Florenz	
1435	Eroberung Konstantinopels durch die Türken, griech. Gelehrte → Italien	Albertis Traktat De Pictura (ital. Ausgabe 1436)
1444/46		Donatellos Bronzedavid (Florenz)
um 1445	Erfindung des Buchdrucks mit bewegl. Lettern durch Gutenberg	
1452-66		Piero della Francescas Kreuzlegende (Arezzo)
1459	Gründung der Platonischen Akademie in Florenz durch Cosimo de' Medici	
1465–74		Mantegnas Camera degli Sposi (Mantua)
ab 1480		Leonardos Aufzeichnungen zum Malereitraktat
um 1482		Botticellis Primavera (Florenz)
1492	Entdeckung Amerikas durch Christoph Kolumbus	
1494	Italienzug Karls VIII. von Frankreich, Vertreibung der Medici bis 1512	
1494–98	Regierung des Bußpredigers Girolamo Savonarola in Florenz	
1497/98		Leonardos Letztes Abendmahl (Mailand)
1499	Eroberung Mailands und Genuas durch Ludwig XII. von Frankreich	
1499–1503		Signorellis Fresken des Weltendes (Orvieto)
1501–04		Michelangelos David (Florenz)
1505/06		Giorgiones Gewitter (Venedig)
ab 1506		Bramantes Neubau von St. Peter (Rom)
1508–12		Michelangelos Sixtinische Decke (Rom)
1509		Raffaels Schule von Athen (Rom)
1516–17		Tizians Assunta (Venedig)
1517	Luthers Anschlag der 95 Thesen an Wittenberger Schlosskirche	
1519–56	Herrschaft Karls V., Erbe Spaniens, 1530 Kaiserkrönung in Bologna	
1526–28		Pontormos Grabtragung Christi (Florenz)
1527	Sacco di Roma, Plünderung Roms durch kaiserliche Truppen	
1530	Reichstag zu Augsburg, ab 1531 Schmalkaldischer Bund der Protestanten	
1545–54		Cellinis Perseus (Florenz)
1545–63	Konzil von Trient in 3 Perioden, Grundlage der kath. Gegenreformation	
1546–64		Michelangelos Bauleitung von St. Peter (→ Kuppel)
1550		Vasaris Künstlerviten (2. erw. Aufl. 1568)
1571	Schlacht von Lepanto, Heilige Liga (Spa., Ven. u. Papstt.) besiegt Türken	
1572	Bartholomäusnacht, Massaker an franz. Hugenotten in Paris	
1573		Veroneses Gastmahl im Hause des Levi (Venedig)
1581–83		Giambolognas Raub der Sabinerin (Florenz)
1592/94		Tintorettos Letztes Abendmahl (Venedig)

Kirche · Staat · Florenz · Allgemein

Malerei · Skulptur · Architektur · Kunstliteratur

Ghiberti, Opferung Isaaks, 1401–02, **Brunelleschi**, Opferung Isaaks, 1401–02, Bronze, Florenz, Bargello. Wettbewerbreliefs zur Baptisteriumstür. Gegenüber Ghiberti ist bei Brunelleschi das Hauptmoment, aufs Dramatischste zugespitzt, im Zentrum dargestellt.

Ghiberti, Hl. Johannes d.T., 1413–16, Bronze, H. 255 cm; **Donatello**, Hl. Markus, 1411-13, Marmor, H. 236 cm, Florenz, Orsanmichele. Ghibertis noch spätgotische Gewandfigur verunklärt die Körperhaltung durch schönlinig geschwungene Falten. Donatellos Figur verkörpert den neuen Geist der Renaissance.

Masaccio, Zinsgroschen, um 1426/27, Fresko, 247 x 597 cm, Florenz, S. M. del Carmine. Gründungswerk der Renaissancemalerei. Über die Forderung des Steuereintreibers empört, holt Petrus erniedrigt ein Geldstück aus einem Fisch, das er schließlich gehorsam zahlt – Höhepunkt in der dramatischen Entwicklung der Petrusfigur.

Masolino, Sündenfall, um 1425/26, Fresko, Florenz, S. M. del Carmine, Brancacci-Kapelle

Masaccio, Vertreibung aus dem Paradies, um 1425/26, Fresken, Florenz, S. M. del Carmine, Brancacci-Kapelle. Entgegen Masolinos parallelisiertem Nebeneinander der Figuren, bildet Masaccio in krassem Realismus äußerste Gegensätze zur Einheit einer Gruppe, die der Engel noch überwölbt.

orthogonal gebaut und dabei zentrierten Bildform des **Brunelleschi**. Dennoch siegt Ghiberti, der bis 1424 die Nordtür ausführt, 1415–52 die berühmte *Paradiestür*. Brunelleschi wird führender Architekt (Domkuppel ab 1420).

Die Reihe der für Orsanmichele ab 1411 geschaffenen Nischenfiguren eröffnen **Donatello** und Ghiberti. Mit dem *hl. Markus* begründet Donatello den neuen Figurentyp der Renaissance. Der im antiken Kontrapost ponderierte Körper tritt unter der neuen Stofflichkeit des Gewandes hervor, der Blick ist aus leichter Bewegung gegen die Schulter herausgewendet. Raumerschließend artikuliert sich jetzt die Figur als selbstbewusstes Individuum. Es folgen der *hl. Georg*, in knapper Rüstung forsch auftretend, und der *hl. Ludwig*, dessen übergroßes Bischofsgewand wie eine Bürde auf ihm lastet.

Die Malerei der Renaissance begründet **Masaccio** mit den Fresken des Petruszyklus der Brancacci-Kapelle. Ihr neuer Realismus unterscheidet sie grundlegend von denen des Masolino, der 1424 den Zyklus begann. Masaccios weitreichende Neuerungen in Figurenauffassung und Bildkomposition gipfeln im Hauptwerk des sog. *Zinsgroschen*. Im Vordergrund ei-

Leon Battista Alberti (1404–72), Humanist, Künstler und bedeutendster Kunsttheoretiker der Frührenaissance. Sein über das 15. Jh. hinaus maßgebliches Lehrbuch der Malerei *De Pictura*, 1435, erhebt die bisher als Handwerk geltende Malerei (wie noch in Cennino Cenninis *Libro dell'-Arte*, um 1390) in den Rang einer freien Kunst. Im Zentrum steht die in Analogie zur Rhetorik gefasste Kunst der Bildkomposition einer Storia (erzählende Darstellung). Albertis Forderung nach Copia (Fülle von Figuren und Dingen) und Varietas (Verschiedenheit der Stellungen und Bewegungen der Figuren) innerhalb einer Darstellung mündet in seine weitreichende Affekten- und Figurenlehre (Gemütsbewegungen sollen durch Körperbewegungen ausgedrückt werden).

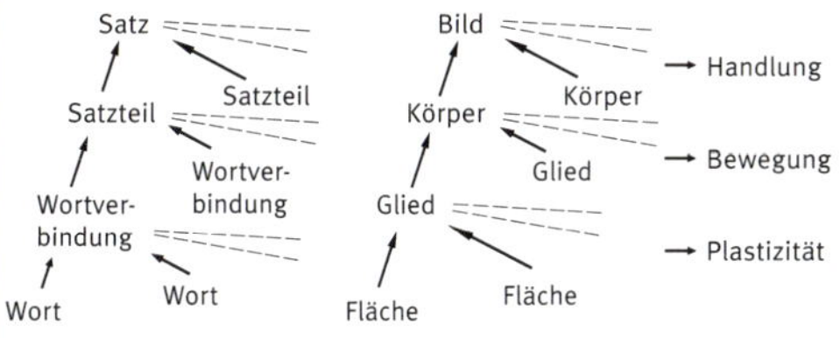

Übertragung des Modells der Rhetorik auf die Komposition der Malerei (nach Baxandall 1984)

Perspektive (lat. perspicere, hindurchsehen), ermöglicht die zweidimensionale Darstellung dreidimensionaler Objekte. Die dazu wohl von Brunelleschi um 1420 entwickelte Konstruktion der Zentralperspektive, die Masaccio erstmals in der Malerei realisierte, hat Alberti in seinem Malereitraktat grundlegend erörtert. Entscheidend ist, dass gegenüber dem als Fenster verstandenen Bild ein fester Betrachterstandpunkt geschaffen wird. Aus dessen Distanz heraus verkleinern sich die Dinge zum Augenpunkt des Bildes in jetzt messbarer Relation zueinander, bei Wahrung der Proportionen. Zudem wird das Maß des Menschen zum Grundmaß der Darstellung.

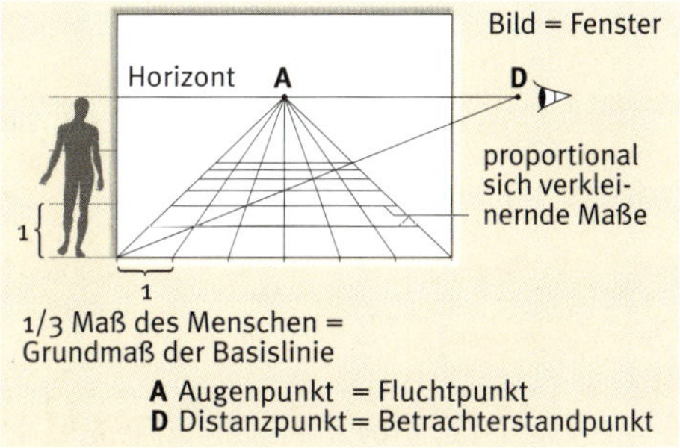

Konstruktion der Zentralperspektive nach Alberti

nes erstmals zentralperspektivischen Landschaftsraumes sind die Figuren, in festgefügter und gemessener Komposition, zu verschiedenen, emotional handelnden Charaktertypen gestaltet. Sie ermöglichen eine neue dramatische Erzählweise der Storia und erfüllen vorbildlich Albertis spätere Maxime von Copia und Varietas. Ein weiteres Hauptwerk, das *Trinitätsfresko* (1425/26, Sta. M. Novella), gilt als Inkunabel der Zentralperspektive.

MALEREI

Trotz Masaccios frühem Tod üben seine wenigen Werke größte Wirkung auf die nachfolgende Generation aus.

Florenz, 1. Hälfte des 15. Jahrhunderts

Der Malermönch **Fra Angelico** ist entscheidend an der Entwicklung des neuen Altarbildtypes der **Sacra Conversazione** beteiligt. Gegenüber den erzählerisch besonders reichen Storien der Nicolaus-Kapelle des Vatikan bestechen seine Fresken in den Klosterzellen von S. Marco durch ihre Schlichtheit. Figuren verschiedener Realitätsebenen unterstreichen den insgesamt meditativen Charakter. Bei **Filippo Lippi** sind die Figuren in ihrem stillen Dasein von zarter Lieblichkeit erfüllt, wobei Gotisches bis in seine späte Zeit der

Fra Angelico, Verkündigung Mariä, um 1440, Fresko, Florenz, S. Marco. In dem kargen, bogengewölbten Raum erzeugt das schwebende Verhältnis der von Demut erfüllten Figuren eine lyrische Stimmung.

Filippo Lippi, Verkündigung Mariä, um 1450, Tempera auf Holz, München, Alte Pinakothek. In prächtiger Renaissancearchitektur blüht der Engel, beim Eintreten noch unscheinbar, vor Maria in seiner Farbigkeit auf.

Pisanello, Vision des hl. Eustachius, um 1445, London, National Gallery. Dem Ritter erscheint das Kreuz im Geweih des Hirsches vor dunklem Grund einer mit Tiermotiven dekorativ ausgebreiteten Landschaft. Teppichartiges Ausdehnen der Landschaft bis an den oberen Bildrand ist typisch für intern. Gotik, im Gegensatz zum zentralperspektivischen Raum der Reinaissance.

Uccello, Schlacht von San Romano, um 1456, London, National Gallery. Das perspektivische Raster aus Lanzen- und Rüstungsteilen am Boden spiegelt den Ablauf des Geschehens vom geordneten Anrücken über den befehlgebenden Condottiere zum ungestümen Kampf.

Castagno, Die Condottieri Pippo Spano und Farinata degli Uberti, um 1450, Fresken, Florenz, Uffizien. Aus der Reihe seiner Uomini Famosi (berühmte Persönlichkeiten). Sie zeigen sich in ihrem Hervortreten aus der Scheinarchitektur voller Selbstbewusstsein.

Platonische Akademie, 1459 von Cosimo de' Medici in Florenz gegründet, bis 1492 von Lorenzo weitergefördert. Kreis führender Humanisten wie Cristoforo Landino, Angelo Poliziano und Pico della Mirandola um Marsilio Ficino. Auf Grundlage der Wiederentdeckung Platons und der Neuplatoniker wird in Verbindung von Philosophie und Theologie die Stellung des Menschen in einer hierarchisch geordneten Welt des Irdischen, Geistigen, Himmlischen und Göttlichen neu formuliert. Nachhaltige Wirkung auf die Kunst z. B. bei Botticelli oder Michelangelo. Die Schöpfung des Künstlers wird in ihrer Schönheit als von Gott inspiriert betrachtet.

großen Freskenzyklen in Prato und Spoleto nachklingt.

Der aus Venedig stammende **Domenico Veneziano** schafft in seinem Hauptwerk, dem *Sta. Lucia Altar*, die für das 15. Jh. gültige Form der Sacra Conversazione. In jetzt sonnenlichtdurchfluteter Architektur tritt der strenge Aufbau hinter die Qualität der Farbe zurück, die somit die thronende Madonna, den Höhepunkt der Darstellung, in die Reihe der Heiligen einbindet.

Die Möglichkeiten perspektivischer Darstellung sind ein Hauptanliegen des **Uccello**. Sie eröffnen ihm neue Ansichten der Dinge, die er zu stereometrisch plastischen Formen reduziert. Damit gelingt es ihm auch komplexe Themen, wie die auf drei Tafeln geschilderte *Schlacht von S. Romano*, in anschaulichen Strukturen von Angriff, Kampf, Niederlage und Sieg, klar gegliedert darzustellen. Uccello realisiert 1436 im Dom auch das erste Reiterbildnis als gemalte Skulptur, den in strengem Profil idealisierten Condottiere (Söldnerführer) John Hawkwood. Ein zweites wird dort 1456 von **Castagno** gemalt. Es zeigt Niccolo da Tolentino voller Stolz in bewegtem Schritt. Seine Figurenauffassung ist, neben gewagten perspektivischen Verkürzungen, stark vom Realismus Donatellos geprägt.

Internationale Gotik

Die Malerei des internationalen, höfischen Stils um 1400 findet auch in Italien gewisse Verbreitung. Vermittler sind nordital. Maler

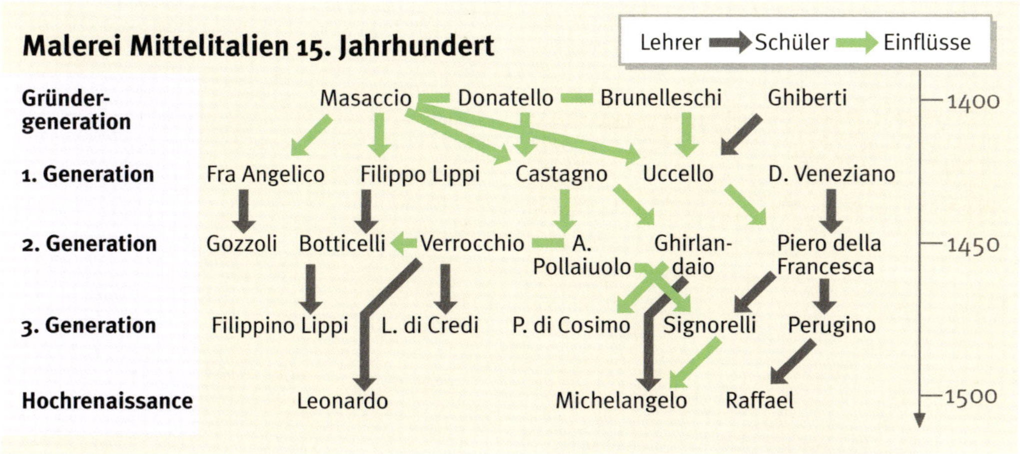

Gentile da Fabriano, Anbetung der Könige, 1423, Tempera auf Holz, 300 x 288 cm, Florenz, Uffizien. Bei aller Prachtentfaltung ist die Naturbeobachtung z. B. in der Pferdedarstellung oder den Nacht- und Landschaftsszenen der Predella nicht zu übersehen.

Gozzoli, Zug der Hl. Drei Könige (Detail), 1459, Fresko, Florenz, Palazzo Medici-Riccardi.
Im Zug des jüngsten Königs durch eine paradiesisch verklärte Landschaft führt Piero de' Medici vor Cosimo il Vecchio den Tross.

wie Stefano da Zevio aus Verona. Merkmale wie Schönlinigkeit, Freude an Ausschmückung und naturalistischen Details bleiben während der ersten Jahrzehnte des 15. Jh. in der Kunst vieler Städte Italiens lebendig.
Ihr bedeutendster Vertreter ist der an mehreren Orten und Höfen Italiens arbeitende **Gentile da Fabriano** aus Umbrien. In seinem Hauptwerk für Palla Strozzi, dem damals reichsten Kaufmann von Florenz, schildert er die *Anbetung der Könige* mit großem erzählerischen Aufwand und einer Fülle von naturalistischen Motiven.
Ihr letzter Vertreter und zugleich wichtige Gestalt des Quattrocento (15. Jh.) ist **Pisanello**. Von Gentile da Fabrianos Kunst ausgehend, arbeitet auch er für verschiedene Fürstenhöfe. Märchenhaftes Aufleben vergangenen Rittertums in teppichhaft ornamentalem Stil betont das Höfisch-Elegante seiner Kunst, wie die

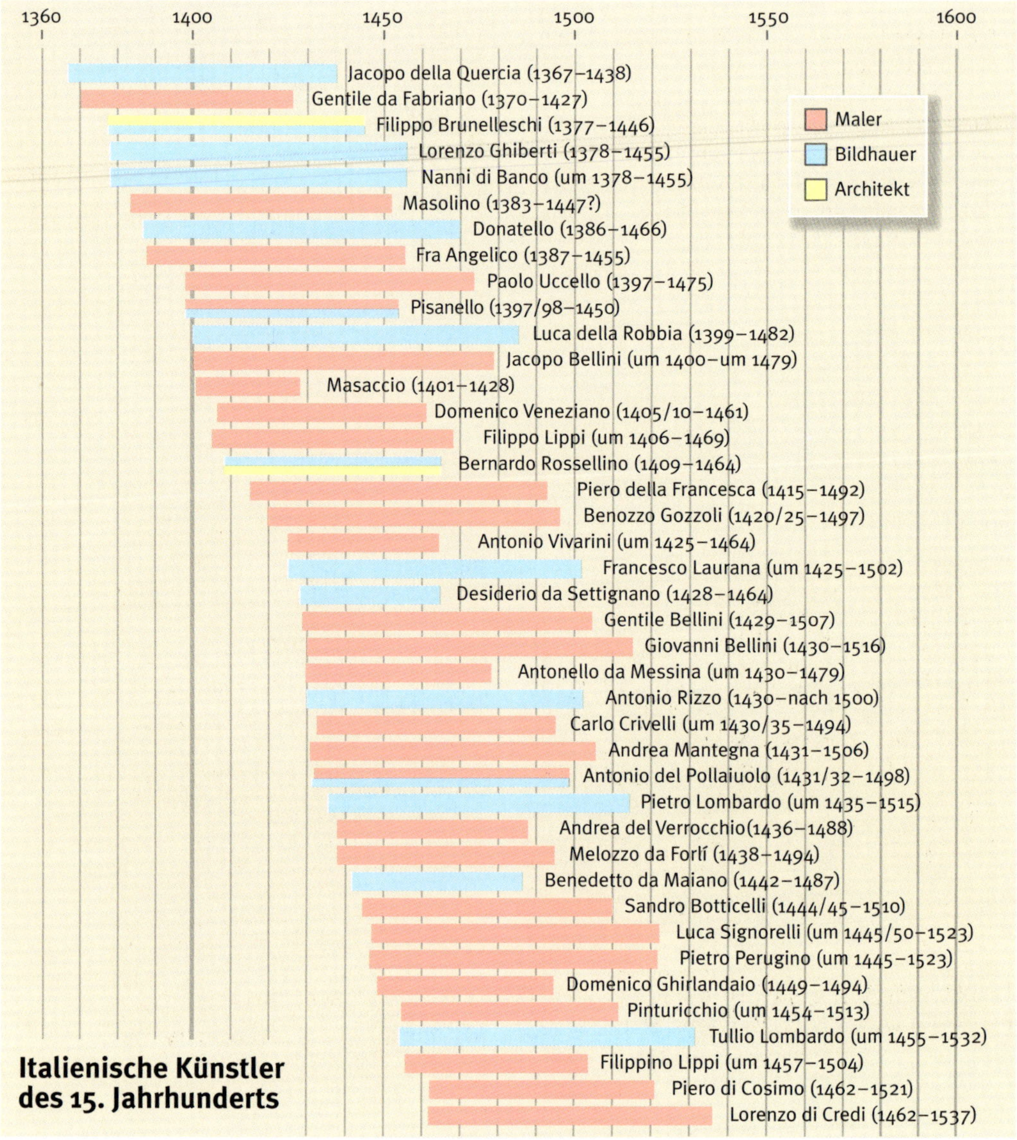

Italienische Künstler des 15. Jahrhunderts

Vision des Hl. Eustachius zeigt. Neben naturalistisch-dekorativen Tierzeichnungen, ist er als Schöpfer der Renaissance-Medaille von größter Bedeutung für die Entwicklung des Profilporträts. Berühmt sein *Bildnis der Ginevra d' Este*, um 1433 im Louvre.

Florenz, 2. Hälfte des 15. Jahrhunderts

Nach ihrem Aufstieg unterstreichen die Medici ihren Führungsanspruch auch durch eine gezielte Förderung der Künste. Dabei treten verstärkt neben christliche neue profane Inhalte. Mit zunehmender Antikenrezeption unter Wirkung der Platonischen Akademie werden mythologische Darstellungen immer wichtiger. Vermehrt halten auch Porträts namhafter Persönlichkeiten Einzug in Darstellungen religiöser Sujets. Durch zeitgenössische Kostüme, Stadt- oder Landschaftsporträts erhält der Bezug zur eigenen Gegenwart neues Gewicht.

Bestes Beispiel dafür ist **Benozzo Gozzolis** *Zug der Hl. Drei Könige* für die repräsentative Privatkapelle der Medici. Zu deren Rühmung

Die **Aktdarstellung** erlangt im Verlauf des 15. Jh. im Zuge des Studiums des menschlichen Körpers und der Antikenrezeption einen eigenen Darstellungswert. Gegenüber zuvor nur thematisch motivierten Darstellungen etwa von Adam und Eva, wird sie jetzt um ihrer selbst willen zum Ausdruck des bewegten Körpers in antikischer Idealität eingesetzt. Vorreiter ist neben Donatello vor allem Antonio Pollaiuolo, Höhepunkte bei Signorelli und Michelangelo.

überbietet er die Pracht von Gentiles *Anbetung* nicht nur durch die Fülle von Porträts, sondern auch durch die in hellem Licht paradiesisch anmutende toskanische Landschaft. Auch in **Ghirlandaios** großen Freskenzyklen, wie z. B. im Chor von S. Maria Novella, treten mit der Stifterfamilie weitere Zeitgenossen auf und bekunden ein öffentliches Interesse. Zusammen mit der Symmetrie aufwändiger Architekturen und symmetrischer Anordnung der Figuren, wobei das eigentliche Thema meist auf das Zentrum beschränkt ist, hebt er rühmend die Komposition der oft mit Genremotiven versetzten, eher prosaisch geschilderten Storien an.

Mit seinen mythologischen Darstellungen trägt **Antonio del Pollaiuolo,** Maler, Bildhauer und einer der ersten Kupferstecher Italiens, mit Einfluss auch auf Dürer, entscheidend zur Etablierung der autonomen Aktdarstellung bei. Vom Interesse an Anatomie geleitet, wird die bewegte Aktfigur bei ihm Ausdruck von Lebenskraft.

Berühmt sind vor allem die Mythologien des **Botticelli**, wie die für die Medici geschaffenen Werke der *Primavera* oder *Geburt der Venus*. In monumentalen, axialsymmetrisch angeordneten Figuren von herber Schönheit, die in ihren

Botticelli, Geburt der Venus, um 1482/83, Tempera auf Leinwand, Florenz, Uffizien. Die Windgottheiten Zephyr und Chloris treiben die Venus auf ihrer Muschel an die Küste, wo sie von einer Hore des Sommers mit einem Mantel empfangen wird. Unter Verwendung des Bildtyps der Taufe Christi erscheint Venus, Verkörperung der Schönheit und Liebe, im antiken Figurentyp der Pudica (der Schamhaften).

Piero di Cosimo, Venus und Mars, um 1505, Öl auf Holz, Berlin, Gemäldegalerie. Als Hochzeitsstück reich an Liebessymbolik: Venus lagert mit Amor dem schlafenden Mars gegenüber, während Putten mit der Rüstung des entwaffneten Kriegsgottes spielen.

Piero della Francesca, Anbetung des Hl. Holzes durch Königin von Saba und Begegnung mit König Salomon, nach 1452, Fresko, Arezzo, S. Francesco. Die Entwicklung des Vorgangs führt zum Erkennen des jetzt als Brücke und später als Kreuz Christi dienenden Hl. Holzes durch die Königin von Saba, wovon sie König Salomon berichtet.

Ghirlandaio, Geburt Mariä, 1486–90, Fresko, Florenz, S. M. Novella. Inmitten von Genremotiven tritt gemessenen Schrittes Giovanna Tornabuoni mit ihrem Gefolge auf, um Anna zur Geburt der Maria ihre Aufwartung zu machen.

Perugino, Schlüsselübergabe Petri, 1481/82, Fresko, Vatikan, Sixtinische Kapelle. Die im Zentrum betonte Übertragung der Macht an Petrus unterstreicht die darauf zurückgeführte Legitimität des Papsttums.

Signorelli, Auferstehung des Fleisches, 1499–1503, Fresko, Orvieto, Dom. Von kolossalen Engelsfiguren hervorgerufen, sammeln sich im Prozess der Belebung die einzelnen Gestalten zu Gruppen voller Liebe.

tänzerischen Haltungen Rückgriffe auf Gotisches erkennen lassen, versinnbildlichen sie neuplatonisches Gedankengut und werden zum Inbegriff der neuen mythologischen Darstellung. Unter Einfluss des Bußpredigers Savonarola kehrt sich Botticelli jedoch völlig von diesen ab und schafft religiöse Werke, wie die *Beweinung Christi* in München, in fast abstrakter Choreographie, voller Expressivität.
Auch die Kompositionen von **Filippino Lippi**, der 1481–83 behutsam die Fresken der Brancacci-Kapelle vollendet, sind von gesteigerter Gefühlsbetonung erregt. Um die Jahrhundertwende dagegen trägt bei **Lorenzo di Credi** und vor allem bei **Piero di Cosimo** die breite Naturschilderung der Landschaft entscheidend zu einer Beruhigung der Darstellung bei.

Umbrien

In enger Beziehung zur Florentiner Malerei sich entwickelnd, wird die umbrische Malerei nachhaltig von den Errungenschaften hinsichtlich perspektivischer Darstellung, stereometrischer Plastizität der Figur und wohlbedachter Farbgestaltung ihres bedeutendsten Malers **Piero della Francesca** geprägt. In seinem Hauptwerk, dem Freskenzyklus der *Geschichte des Hl. Kreuzes* in Arezzo, wird die Eigenart seiner gemessenen, in ruhiger Gelassenheit erzählenden Darstellungskunst deutlich. Indem er den Vorgang einer Handlung auf mehrere Figuren verteilt, erhalten die Szenen etwas Zeremonielles. Zusammen mit der Statuarik der Figuren in einfachen Haltungen und dem durchlichteten Kolorit entstehen Storien besonderer Feierlichkeit. In seinen späten Tafelbildern, wie den Porträts des *Montefeltro Diptychons*, verbindet sich die Idealität der Form mit niederl. beeinflusstem Detailreichtum der Farbe.
Neben Piero auch von dem in Urbino tätigen Niederländer Joos van Gent angeregt, entwickelt **Melozzo da Forlí** einen hohen Grad an Illusionismus. Berühmt das 1480/81 zur Gründung der Vatikanischen Bibliothek entstandene Fresko des monumentalen *Gruppenporträts mit Papst Sixtus* IV. An der Ausstattung der neu erbauten Sixtinischen Kapelle mit dem überaus ehrgeizigen Freskenprogramm der parallelisierten Moses- und Christusvita werden namhafteste Künstler beteiligt. Neben Botticelli und Ghirlandaio auch die umbrischen Maler Signorelli und **Perugino**. Mit der *Schlüsselübergabe Petri* gelingt Perugino eines seiner Hauptwerke, das sich bei allem Sentiment der Figuren durch Weiträumigkeit und Klarheit der Komposition auszeichnet. Sein Mitarbeiter **Pinturicchio** wird später vor allem für seine durch die antike Ornamentform der Groteske bereicherten Freskendekorationen geschätzt.
Signorelli, in dessen Fresken des *Weltendes* in Orvieto die seelisch bewegte Aktfigur zum wichtigsten Darstellungsmittel anschaulicher Bildstrukturen wird, bereitet Michelangelo den Weg.

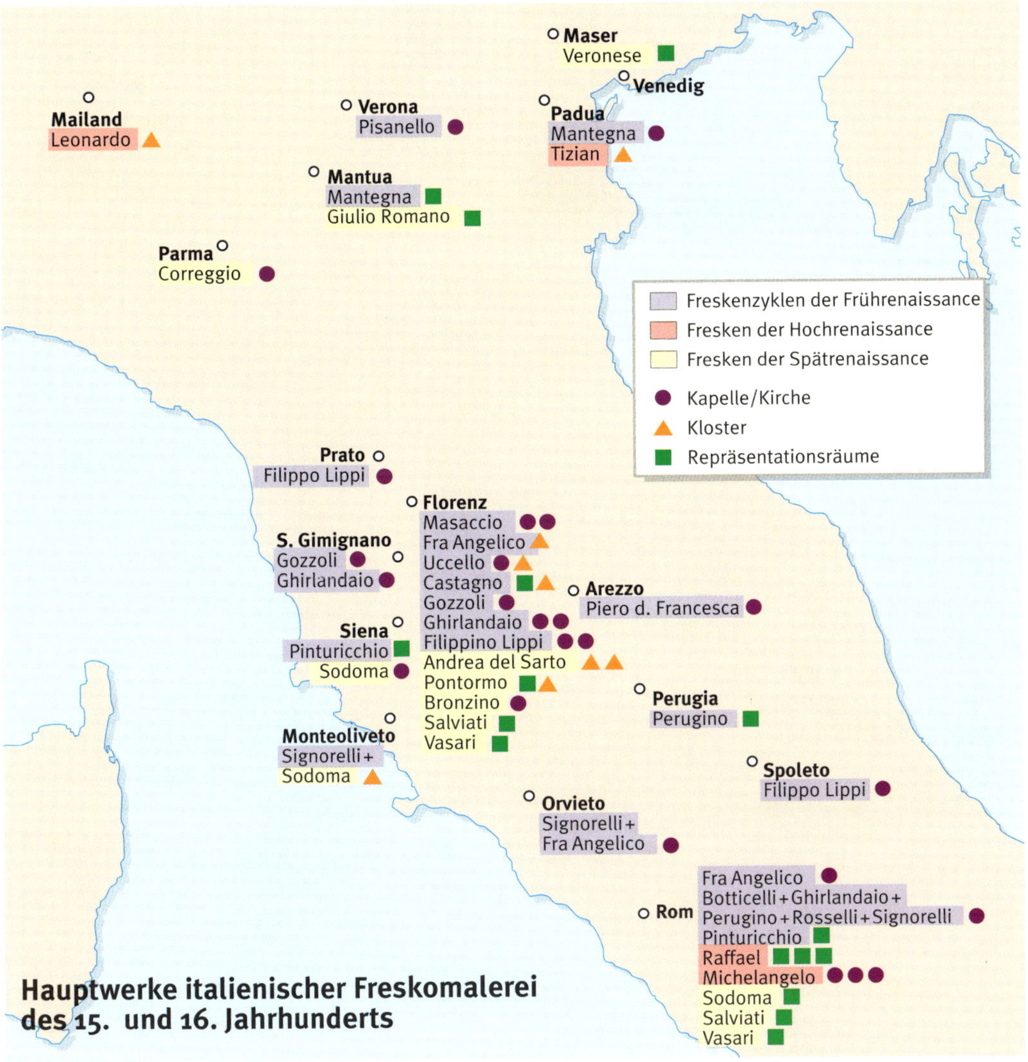

Hauptwerke italienischer Freskomalerei des 15. und 16. Jahrhunderts

Malerei Venedig und Oberitalien 15. Jahrhundert

Gentile Bellini, Prozession auf der Piazza S. Marco, 1496, Temp./Lw., 367 x 745 cm, Venedig, Accademia. Das bei der Prozession zu Ehren der Kreuzreliquie 1444 geschehene Wunder der Heilung eines Jungen ist Anlass der Porträtierung des Markusplatzes.

Domenico Veneziano, Sta. Lucia Altar, um 1445, Tempera auf Holz, 209 x 213 cm, Florenz, Uffizien. Typische Form der Sacra Conversazione des 15. Jh.; die thronende Madonna ist kompositionell in die Reihe der Heiligen (Franziskus, Johannes d.T., Zenobius und Lucia) einbezogen.

Carpaccio, Begegnung der hl. Ursula und Ätherius und Abreise der Pilger, (Detail), 1495, Tempera auf Leinwand, Venedig, Accademia. Hafenszene mit fantastischen, venez. inspirierten Architekturen voll alltäglicher Genremotive.

Sacra Conversazione (ital., heilige Unterhaltung), Darstellung der thronenden Madonna mit Kind und Heiligen an einem gemeinsamen Ort. Wohl von Fra Angelico um 1430 aus den Polyptychen des 14. Jh. entwickelter neuer Typus des Altarbildes. Blüte besonders in Venedig mit Höhepunkten bei Giovanni Bellini und Neufassung bei Tizian.

Mantegna, Deckenfresko der Camera degli Sposi, 1473/74, Mantua, Palazzo Ducale. Erste illusionistische Deckenmalerei mit Blick durch eine Öffnung auf den freien Himmel, an den Wänden Szenen der Familie Gonzaga mit ihrem Hofstaat.

Venedig

Innerhalb Italiens nimmt Venedig eine Sonderstellung ein. Durch seine geografische Lage, mit Handelsbeziehungen zum Osten und Norden, wird seine Kunst sowohl vom nördl. Naturalismus, als auch vom östl. Hang zu dekorativer Ausschmückung beeinflusst. Die Insellage mit ihrem feuchten Klima behindert die Entfaltung der Freskomalerei und begünstigt die rasche Durchsetzung niederl. Ölmalerei insbesondere auf Leinwand, was auch die Darstellung der von Wasser und Dunst geprägten Eigenart von Licht und Atmosphäre ermöglicht. Wichtigste Auftraggeber sind die vielen, z. T. sehr reichen Bruderschaften (Scuole).

In der ersten Hälfte des 15. Jh. werden einerseits Formen der Internationalen Gotik von

Giovanni Bellini, Pala di S. Zaccaria, 1505, Öl/Holz, 500 x 235 cm, Venedig, S. Zaccaria. In übergreifender Architektur und leuchtender Farbigkeit sind die Figuren von Petrus zu Hieronymus in eine Folge von Stadien innerer Sammlung gefasst, deren Stille der Engel zu lauschen scheint.

Tizian, Pesaro-Madonna, 1519–26, 478 x 266,5 cm, Venedig, S. M. dei Frari. Bahnbrechend die Versetzung von Maria und Kind aus dem Zentrum. Zusammen mit dem Handeln der Heiligen ist jetzt eine Storia gestaltet, mit Petrus als Vermittler zwischen der Ebene des Stifters und der unerreichbaren Höhe der Madonna.

Malern wie Giovanni d'Allemagna oder **Antonio Vivarini** bis zu dessen Bruder Bartolomeo tradiert, die sich noch in **Crivellis** gesteigerter Schmuckfreudigkeit äußern. Andererseits vermitteln in Venedig arbeitende Künstler wie Uccello und Castagno oder auch Donatello in Padua die florentinischen Neuerungen.

Die Aufgeschlossenheit gegenüber dem neuen Verhältnis von Figur und Raum in **Jacopo Bellinis** um 1450 entstandenen Skizzenbüchern führt vor allem bei seinem älteren Sohn **Gentile Bellini** zu aufwändig erzählten Storien vor großartigen Architekturprospekten, wie bei der *Prozession auf der Piazza S. Marco*. In ähnlicher Weise christliche Stoffe, etwa die Ursula-Legende, in die Gegenwart übertragend, gehört auch **Carpaccio** zu den größten Schilderern venez. Lebens.

Von großer Bedeutung ist sowohl **Mantegna** in Padua, dessen herbe, von Donatello und der Antike ausgehende Kunst in den illusionistischen Darstellungen der Camera degli Sposi gipfelt, als auch **Antonello da Messina**, der die Ölmalerei einführt und in ihrer Technik die ersten modernen Charakterporträts schafft. Im Dialog mit ihnen wird Gentiles Bruder **Giovanni Bellini** zum überragenden Künstler seiner Zeit, der das Thema der Madonna mit Kind oder der Sacra Conversazione, wie in S. Zaccaria, zur Vollendung führt. Mit der stillen Hoheit seiner Figuren oder dem Repräsentativen im farblichen Einbinden des Raumes in die Fläche und der stimmungshaften Atmosphäre der Farbe gelangt er zu Darstellungen, die, auch Dürer beeindruckend, zur Hochrenaissance überleiten.

Porträt (lat. protrahere, hervorziehen), Abbild eines Menschen, das eine bestimmte Persönlichkeit wiedergeben soll. Als autonome Darstellung in nachantiker Zeit im 15. Jh. nördl. und südl. der Alpen neu entstandene Bildgattung. In Italien herrscht zunächst in Anlehnung an röm. Kaisermünzen die Porträtbüste in reinem Profil vor (Pisanello), in den Niederlanden die im Dreiviertelprofil (Van Eyck). Das eigentlich moderne Porträt begründet Antonello da Messina durch die Darstellung des aus lebendiger Beziehung zum Betrachter hervorgebrachten Charakters des Porträtierten. Von Raffael und Tizian werden nahezu sämtliche weitere Porträttypen neugeprägt, z. B. Halb-, Ganzfiguren-, Gruppen- oder Selbstporträt.

Richtungsenergien im Aufbau einer Porträtfigur

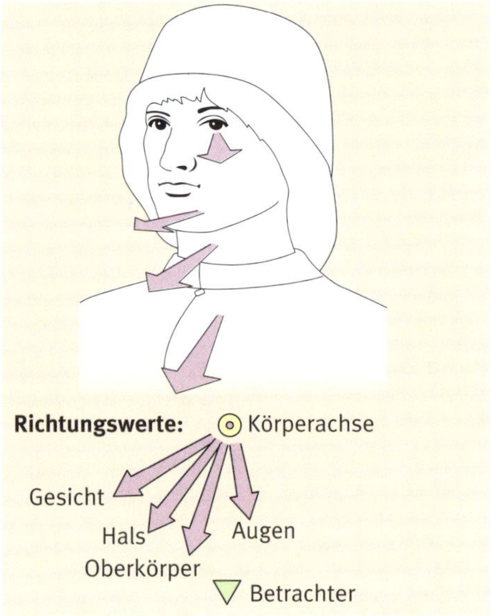

Piero della Francesca, Montefeltro Diptychon, nach 1472, Tempera auf Holz, Florenz, Uffizien. Die statische Profilansicht vor der Weite der Landschaft verleiht dem Herrscherporträt emblematische Ewigkeit.

Antonello da Messina, sog. Condottiere, 1475, Paris, Louvre. So bezeichnet aufgrund der im natürlichen Gegenüber zum Ausdruck gebrachten Charakterisierung von Energie, Tatkraft und Wille, etwa in Kinn, Wangen und Augen des Porträtierten.

Leonardo, Dame mit Hermelin, um 1485–90, Öl auf Holz, Krakau, Muzeum Narodowe. Steigerung zu spontaner Lebendigkeit. Im Innehalten der zwischen Körper und Blick divergierenden Bewegung ist der Moment des Aufschauens erfasst.

HOCHRENAISSANCE

Mit der Hochrenaissance erreicht die ital. Kunst von etwa 1500–20/30 eine Phase der Klassik, die entscheidend von den herausragenden Künstlerpersönlichkeiten Leonardo, Michelangelo, Raffael und Tizian geprägt wird. Sämtliche früheren Errungenschaften zusammenfassend und durch umfangreiche Studien gründlich vertieft, zeichnen sich die Darstellungen durch eine neue Klarheit der Komposition, Monumentalisierung der Form und ins Typische, ja Ideale gehende Figuren aus, bei einem Höchstmaß an geistiger Durchdringung des Themas. Zudem werden neue Bildtypen auf fast allen Gebieten geprägt. Charakteristisch auch das gleichzeitige Arbeiten in mehreren Gattungen, wie Malerei, Bildhauerei und Architektur.
Mit dem Wiedererstarken des Papsttums und dessen großen Erneuerungsprojekten (Neubau von St. Peter) konzentrieren sich alle Kräfte unter Führung Michelangelos und Raffaels in Rom. Die Konkurrenz untereinander beflügelt zu Höchstleistungen und Rom löst damit als neues Zentrum der Hochrenaissance das vorübergehend polit. geschwächte Florenz ab. Während die Kunst Venedigs mit Tizian besonders nachhaltig ihre Blüte fortsetzt, erlangt Mailand unter den Sforza Bedeutung durch das Wirken Leonardos.

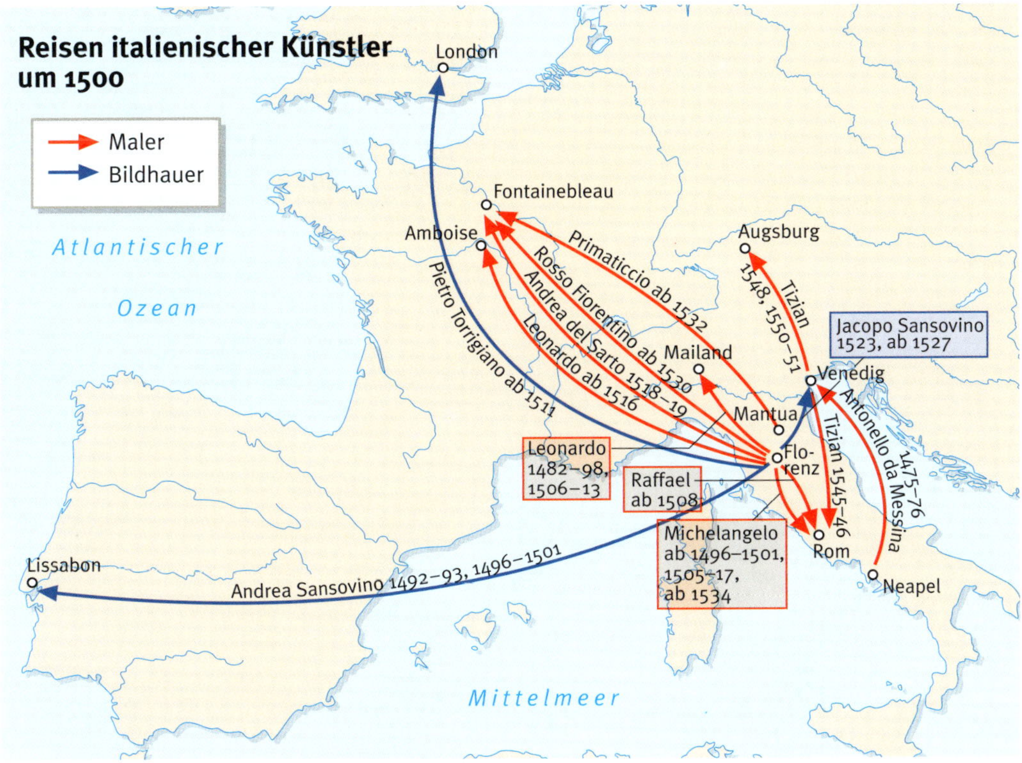

Ghirlandaio, Letztes Abendmahl, 1480/90, Fresko, Florenz, S. Marco. Die von symmetrischer Reihung der Figuren bestimmte, zeittypische Darstellung wird durch den Blick auf einen Garten mit Früchten und Vögeln aufgelockert.

Leonardo, Letztes Abendmahl, 1497/98, Temp.+Öl/ Wand, Mailand, S. M. delle Grazie. Gründungswerk der Hochrenaissance. In den dynamischen Gruppen zu Seiten der ruhigen Figur Christi wird der Verrat des Judas und der daraus folgende Tod Christi thematisiert.

Leonardo da Vinci Aus Vinci bei Florenz, anfänglich in der Werkstatt des Verrocchio, verbringt er seine fruchtbarsten Jahre in Mailand. Als wahres Universalgenie vor allem und in allem Wissenschaftler, erhebt er die Kunst der Malerei in den Rang der Wissenschaft. Zur künstlerischen Darstellung der Natur des Menschen und seiner Welt sucht er durch Analyse äußerer wie innerer Zusammenhänge der Dinge Grundgesetze der Natur zu erforschen. Seine etwa 1480 begonnenen Aufzeichnungen zu seinem Malereitraktat beinhalten u.a. Studien zu Anatomie, Bewegung und Proportion des menschlichen Körpers sowie zu optischen Problemen von Farb-, Luft- und Deutlichkeitsperspektive. Innerhalb seiner Farblehre liegt der Schwerpunkt auf Untersuchungen zu Licht und Schatten. Mit seinen Gemälden führt er das Helldunkel in die ital. Malerei ein. Berühmt sein sfumato zur Wiedergabe weicher Übergänge von Licht und Schatten, besonders an den Konturen. Dabei Gegensätze wie Ruhe und Bewegtheit oder Nähe und Ferne zur Einheit bringend,

Anatomie (griech., Zerschneiden) Wissenschaft vom Bau der Lebewesen, um durch Sektion den Organismus des Körpers zu erforschen, am Menschen systematisch erstmals in Italien am Beginn des 14. Jh. durchgeführt. Im 15. Jh. ist es nach Antonio del Pollaiuolo vor allem Leonardo, der etwa 1485–1515 intensive Anatomiestudien mit höchster Genauigkeit betreibt. Leonardo sucht die wechselwirksamen Funktionen von Skelett, Sehnen, Muskeln und Organen zu ergründen, um ausgehend von den inneren Zusammenhängen des Körpers in der Malerei eine naturgetreue Darstellung der Gestalt und Bewegung von Figuren zu gewinnen.

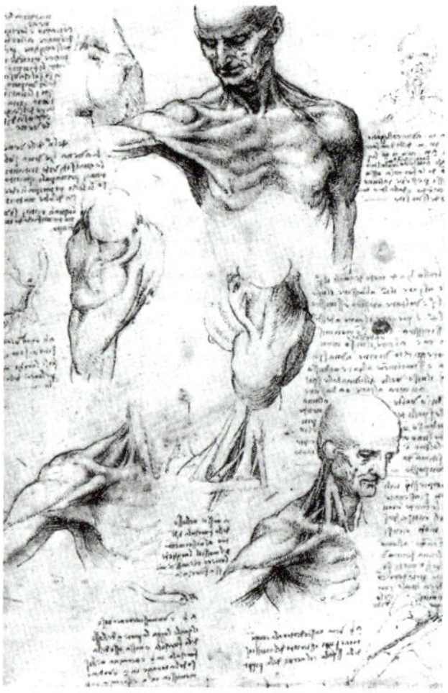

Leonardo, Anatomiestudie der Schulter, 1508–10, Feder, Windsor, Royal Library

Der **Entwurfsprozess** wird in der ital. Renaissance wesentlicher Bestandteil der innovativen Kompositionskunst. Dabei entstehen verschiedene Zeichnungstypen. Sie reichen vom Ureinfall, dem ersten rapiden Festhalten wesentlicher Züge einer Komposition, über die Skizze, ein in Formfindung weitergetriebener Entwurf, begleitet von Studien mit exakter Erfassung von einzelnen Objekten, Körperteilen, Figuren oder Gruppen, dazu Akt- und Gewandstudien, bis zur vollendeten Reinzeichnung. Mit einem Raster auf Karton vergrößert, kann dieser durch Punktierung auf den Bildträger übertragen werden. Während es im 14. Jh. vor allem Kopien nach bestehenden Werken gibt, überwiegen im 15./16. Jh. die am Naturvorbild orientierten Studien bei weitem, im 17. Jh. dann Ureinfälle und Skizzen.

reichen seine Darstellungen von zartesten seelischen Stimmungen, wie in der *Felsgrottenmadonna* (1483–86, Louvre), zu erregtesten im *Letzten Abendmahl*, oder von spontaner Lebendigkeit, wie im Porträt der *Dame mit dem Hermelin*, zu prozesshafter Dynamik in der Hintergrundslandschaft der *Mona Lisa* (1503–06, Louvre). 1517 dem Ruf Franz' I. folgend, verbringt er seine beiden letzten Jahre auf Schloss Cloux bei Amboise.

Michelangelo Aus Passion Bildhauer, schafft er, 1508 von Julius II. berufen, binnen vier Jah-

Hauptwerke der Renaissance für den Vatikan

Nikolaus V. (Parentucelli) 1447–55	Fra Angelico: Fresken der Nikolauskapelle (1447–49)
Sixtus IV. (Della Rovere) 1471–84	Melozzo da Forlí: Fresko der Bibliotheksgründung (1477) Bau der Sixtinischen Kapelle (1475–82 durch Baccio Pontelli) Perugino u.a.: Fresken der Sixt. Kapelle, Seitenwände (1482–83) Antonio del Pollaiuolo: Bronzenes Tumbengrab (1489–93)
Innozenz VIII. (Cibo) 1484–92	A. del Pollaiuolo: Wandgrabmal mit Tugend - Reliefs (1493–98)
Alexander VI. (Borgia) 1492–1503	Pinturicchio: App. Borgia (1492–94) [Michelangelo: Pietà, 1497–99]
Julius II. (Rovere) 1503–13	Michelangelo: Grabmal (1505–42), Sixtinische Decke (1508–12) Bramante: Neubau St. Peter (ab 1506); später Raffael, Sangallo Raffael: Stanzen (1508–14) [Sixtinische Madonna, um 1513]
Leo X. (Medici) 1513–21	Raffael: Teppichkartons für Sixtina (1515–19), Loggien (1518–19) Raffael, Giulio Romano: Sala di Constantino (1519–24)
Paul III. (Farnese) 1534–49	Michelangelo: Jüngstes Gericht (1536–41), Paolina (1541–49) Michelangelo: Bauleitung von St. Peter (1546–64) → Kuppel [Tizian: Porträts Pauls III. 1545/46] Della Porta: Grabmal (1550–74)

Malerei   Skulptur   Architektur

Michelangelo, Sixtinische Decke (Gesamtansicht), 1508–12; Jüngstes Gericht (Detail) 1534–41, Fresken, Vatikan, Sixtinische Kapelle. Weitreichende Prägung der Gestalt des Schöpfergottes. Bewunderung der überwältigenden terribilià Michelangelos. Nach Trienter Konzilbeschluss 1564 teilweise Übermalung der Akte des Jüngsten Gerichts wegen Verletzung des decoro (Angemessenheit) des hl. Ortes.

ren das gewaltige Deckenfresko der Sixtinischen Kapelle. Leidenschaftlich mit Thema und Ausführung ringend, entsteht in architektonischer Gliederung ein hierarchisch geordnetes theologisches Programm. Über alttestamentarischen Gestalten beherrschen kolossale Figuren von Propheten und Sibyllen Throne, die sich, bekrönt von reich bewegten nackten Jünglingen (Ignudi), in Bändern über die ganze Decke spannen, zwischen denen in neun Bildern die Genesis, von *Gottes Erschaffung der Welt* und der ersten Menschen bis zu *Sintflut* und *Trunkenheit Noahs*, erzählt ist. Die große Kraft der Darstellung äußert sich in Figuren, deren geistige Zustände durch physische Bewegtheit zum Ausdruck gebracht sind. Die Michelangelo dafür besonders geeignet erscheinende Aktfigur verwendet er später fast ausschließlich zur Darstellung von Erlösung und Verdammnis in seinem die Altarwand füllenden *Jüngsten Gericht*.

Raffael aus Urbino, Schüler Peruginos in Perugia, entfaltet in seinem kurzen Leben, begnadet von unerschöpflichem Gestaltungsver-

Raffael, Schule von Athen, 1509, Fresko, Vatikan, Stanza delle Segnatura. In die weite Hallenarchitektur sind unter die Philosophen und Naturwissenschaftler verschiedener Richtungen Platon und Aristoteles eingetreten, der eine nach oben auf die Wirklichkeit der Ideen weisend, der andere zur Erde, in den Bereich der Physik.

Raffael, Madonna d'Alba, um 1510, Öl/Holz, Washington, National Gallery. Pyramidale Komposition des ruhigen Lagerns. Das Kind im Schoß seiner Mutter ergreift in der Siegeshaltung der Auferstehung das von Johannes gehaltene Kreuz, Zeichen der Passion.

Giorgione, Das Gewitter, um 1505–6, Venedig, Accademia. Inkunabel der venez. Landschaftsmalerei, der zeitgenössischen Pastoraldichtung verwandt. In arkadischer Idylle herrscht zwischen dem jungen Mann und der nackten Mutter mit Kind eine gespannt ruhige Stimmung vor dem Sturm.

Tizian, Diana und Aktäon, 1556–59, Edinburgh, National Gallery. Das Eindringen des Jägers Aktäon in das Reich der Diana beim Bad mit ihren Nymphen, das selbst den Quellbrunnen aus der Waage zu bringen scheint, bestraft die Göttin mit tödlichem Blick.

mögen, ein so vielfältiges, von geistiger Tiefe durchdrungenes Werk, das wohl am deutlichsten von der optimistischen Welthaltung der Renaissance geprägt ist und bis weit ins 19. Jh. wirkt. Seine vom disegno bestimmten Darstellungen zeichnen sich aus durch eine außergewöhnliche Anmut der Figuren, Klarheit in

Disegno – colore (ital., Zeichnung – Farbe), Gegensatzpaar umfassenderer Begriffe, seit dem 16. Jh. in der Kunstliteratur (Vasari, Dolce) verwendet, um das Wesen der florentinisch-röm. Malerei eines Raffael vom venez. eines Tizian zu unterscheiden. Während die eine von der auf plastische Werte zielenden Zeichnung ausgeht, wird die andere von der zur Erzeugung von Atmosphäre eingesetzten Farbe bestimmt.

Form und Inhalt, Reinheit der Farbgebung unter Herausbildung der Trias Gelb, Rot und Blau sowie Konzentration aufs Wesentliche der thematischen Gestaltung. Zentraler Gesichtspunkt ist ihm dabei die Erfassung sozialen Verhaltens im Miteinander-Handeln der Personen. Dies erweisen bereits die zahlreichen Madonnenbilder seiner Florentiner Zeit, als auch spätere wie die *Madonna d' Alba*. In Rom, ab 1508, setzt er Meilensteine der Kompositionskunst in den großen Storien der Stanzen, den Privaträumen des Papstes. Beginnend in der Stanza della Segnatura mit dem Thema der Summe menschlicher Erkenntnis in der Gegenüberstellung von christlicher Theologie *(Disputa)* und paganer Philosophie *(Schule von Athen)*, ergänzt durch Poesie und Jurisprudenz. Weitere Themenschwerpunkte bilden Porträts, die in wegweisenden Typen den Charakter der Dargestellten aus ihrem Verhalten heraus erfassen, z. B. *Papst Julius II.* (1511/12, London) oder *Leo X. mit zwei Kardinälen* (1518/19, Florenz). Vor allem aber auch die großen mythologischen Darstellungen der Villa Farnesina in Rom, mit dem *Triumph der Galathea*, 1512, und der Geschichte von *Amor und Psyche*, 1517. Sein plötzlicher Tod verhindert die Vollendung seines letzten Altarbildes der *Verklärung Christi* (Vatikan). Es wird ausgestellt bei seiner Beisetzung im Pantheon.

Giorgione und Tizian In Venedig führt zunächst **Giorgione**, von Leonardos Helldunkel beeinflusst, unter besonderer Betonung der Landschaft poetisch gestimmte Darstellungen neuartiger Sujets ein, die in ihrem Sophismus von eigentümlicher Rätselhaftigkeit geprägt sind, z. B. allegorische Porträts (*Knabe mit Pfeil*; *Laura*, 1506, Wien) oder Landschaften,

Landschaftsmalerei Darstellung eines Naturausschnittes um seiner selbst willen, emanzipiert sich aus einer der Figurenmalerei untergeordneten Rolle am Ende des 15. Jh. südl. und nördl. der Alpen zu einer eigenständigen Gattung. Vorreiter sind Leonardo und Dürer. Im 16. Jh. etabliert sich im Norden die Überschau der sog. Weltlandschaft (Patinier, Bruegel), in Italien dagegen, unter Führung der venez. Malerei, die Nahsicht rahmender Formen mit Ausblicken. Erste Höhepunkte bei Giorgione, Tizian, Veronese und Tintoretto. An sie knüpft im 17. Jh. die klassische Landschaftsmalerei Annibale Carraccis, Claude Lorrains und Poussins an.

wie das berühmte *Gewitter* oder die *Drei Philosophen* (1508/09, Wien). Seinem kurzen, einflussreichen Schaffen schließt sich das epochale Werk **Tizians** an, der in nahezu sämtlichen Gattungen der Malerei bis ins hohe Alter hinein neue Maßstäbe setzt. Ganz aus der Farbe heraus gestaltet, bestimmen die Figuren durch Haltung und vor allem ihr Handeln den im Grunde dramatischen Wesenszug seiner Darstellungen. Dabei bringt Tizian das Repräsentative der venez. Bildform durch die Pracht ornamental die Bildfläche beherrschender Farb-Figuren zu voller Entfaltung. Dies gilt besonders für Werke der früheren Zeit, wie die triumphalen Altarbilder der *Assunta* (1516/18) und der *Pesaro-Madonna* in der Frari-Kirche, oder auch die von enthusiastischem Leben erfüllten Bacchanalien für den Herzog von Ferrara (1516–24). In den Porträts erreicht er höchste Präsenz der Dargestellten durch die Selbstverständlichkeit ihrer Haltung. Ihr Handeln wird wichtig im *Gruppenporträt Papst Pauls III. mit seinen Nepoten* (1546, Neapel) oder im *Reiterbildnis Kaiser Karls V. bei Mühlberg* (1548, Madrid). Mit dem wie von Leben durchdrungenen flechtwerkartigen Gewebe des Farbauftrags seines Altersstils gelangt er in den mythologischen Darstellungen, der sog. *Poesie* (1553–62) für Phillip II. von Spanien, zu einer unauflöslichen Einheit von Mensch und Natur in der bildlichen Vergegenwärtigung des Mythos.

Parmigianino, Madonna mit dem langen Hals, 1534, Florenz, Uffizien. Die manieriert elegante Überlängung der Figuren und der harte Bruch zur Kleinheit der Hintergrundfigur sowie der Säulenreihe entheben die Madonna und das in Anspielung auf die Pietà in ihrem Schoß schlafende Kind jedweder Realität.

Andrea del Sarto, Madonna delle Arpie, 1517, Florenz, Uffizien. Die zwischen Franziskus und Johannes Evangelist auf einem Podest in kontrapostischer Torsion stehende Madonna wirkt wie eine lebendige Statue, welche die Putten scheinbar zu drehen beginnen.

SPÄTRENAISSANCE IN MITTELITALIEN

Für die Kunst der Spätrenaissance, etwa vom Sacco di Roma 1527 an bis zum Ende des 16. Jh., wird auch die Bezeichnung Manierismus verwendet, abgeleitet von Vasaris Begriff der maniera, dem Stil, der Eigenart der Handschrift des Künstlers. In Bewunderung der

Giorgio Vasari (1511–74) Maler, Architekt und bedeutendster Kunstschriftsteller des 16. Jh. Berühmt als Vater der Kunstgeschichte durch das Werk *Le vite de' più eccellenti Pittori, Scultori ed Architettori* (1550, 2. erw. Auflage 1568), eine Sammlung von Lebensbeschreibungen ital. Künstler von Cimabue bis in seine Zeit. Wichtigstes Quellenwerk der ital. Kunst, Vorbild vieler folgender Schriften. Greift die antike Vorstellung von der Entwicklung der Kunst auf. Analog zu ihrer Blüte in der Antike und ihrem Niedergang im Mittelalter, fasst er den Aufstieg der Kunst in drei Stilstufen, von ihrer Wiedergeburt (rinascità) in der Zeit Giottos bis zur Vollendung in der Kunst Michelangelos, der nur noch Epigonentum folgen könne.

Rosso Fiorentino, Moses verteidigt die Töchter Jethros, 1523, Florenz, Uffizien. Kunstvolle Komposition flächenhaft das Bild füllender Aktfiguren. Die Bewegtheit steigert sich von den am Boden Liegenden zu äußerster Heftigkeit in der zentralen Figur Moses' und hält in dem vor Schreck erstarrten Mädchen an.

Pontormo, Grabtragung Christi, um 1526–28, Florenz, S. Felicità. Ein Hauptwerk antiklassischer Malerei. In Verschmelzung von Kreuzabnahme, Beweinung und Grablegung unterstreicht die übernatürliche Beleuchtung des verschlungenen Komplexes labil balancierender Figuren das Wirken einer äußeren Macht.

Bronzino, Allegorie mit Venus und Cupido, um 1545, London, National Gallery. In extrem an die Bildfläche gebundenen Haltungen erscheint Venus, umarmt von Cupido, als Verkörperung der Liebe, der ein Putto Rosen streut, um sie herum Personifikationen von Neid, Betrug, Torheit und Zeit.

Correggio, Io und Ganymed, um 1530, Wien, Kunsthistorisches Museum. Das Bildpaar schildert Liebschaften des Zeus, der sich in Gestalt einer Wolke der Nymphe Io nähert und als Adler den Knaben Ganymed entführt.

Allegorie (griech., Anderssagen) Darstellung eines abstrakten Begriffs oder Vorgangs, oft in Form einer Personifikation (z.B. Liebe, Gerechtigkeit). Im Unterschied zum sinnfälligen Symbol (z.B. Kreuz) muss ihre Bedeutung erst aus manchmal versteckten Hinweisen erschlossen werden. In der Renaissance werden christliche Allegorien teilweise durch mythologische ersetzt. Besonders in Manierismus und Barock sind allegorisch-verrätselte Darstellungen beliebt.

klassischen Kunst wird diese selbst, anstelle der Natur, zum Vorbild. Als Gegenreaktion auf ihre unerreichbare Größe werden jeweils einzelne Aspekte daraus aufgenommen und, oft ins Extreme übersteigert, zu Neuem weiterentwickelt. Entsprechend den verfeinerten höfischen Verhaltensweisen der Zeit, liegt die Betonung auf dem Kunstvollen, zuweilen Künstlichen, was auch mit einer gewissen Entindividualisierung des Menschen einhergeht, oft zugunsten einer von Außen bestimmten Wirklichkeit des Wundersamen. Bezeichnend ist auch, dass jetzt Werke ihrer Kunst wegen zum Sammelobjekt werden und es mit Vasari zur Entstehung der Kunst-Geschichte als Künstler-Geschichte kommt.

Zentrum des Manierismus ist Florenz, das 1532 Herzogtum wurde. Während **Fra Bartolomeo** und **Sodoma** noch der Hochrenaissance angehören, steht **Andrea del Sarto** am Übergang zum Manierismus. Neben bedeutenden Freskenzyklen und dem *Letzten Abendmahl* in S. Salvi (1526), ist ein weiteres Hauptwerk Sartos die *Madonna delle Arpie*, in der innerhalb einer ausgewogenen, an Raffael und Fra Bartolomeo orientierten Komposition monumentale, in michelangelesker Kraft leicht bewegte Figuren zu besonders atmosphärischer Feierlichkeit verbunden sind. Seine Schüler **Rosso Fiorentino** und **Pontormo** sind Hauptvertreter des Florentiner Frühmanierismus. Rosso, der 1530 an den Hof Franz I. nach Fontainebleau geht, gestaltet seine Kompositionen, ganz von Michelangelo beeindruckt, fast nur noch aus Figurenleibern, den Raum dabei völlig negierend. Bei Pontormo kommt eine Dürerrezeption hinzu, die einen mittelalterlichen Zug in Proportion und Haltung der emphatisch bewegten Figuren bringt. Ihre Bindung an die Fläche wird unterstützt durch intensive und in übernatürlichem Licht ausgezehrte Farben, wie die *Grabtragung Christi* eindrucksvoll zeigt. Höhepunkte manieristischer Porträtmalerei erzielt Pontormos Schüler **Bronzino**. In überscharfer Idealität, in der Fläche

Hauptwerke der Wand- und Deckengemälde in Venedig 15./16. Jahrhundert

Gentile Bellini	Kreuzreliquienzyklus, S. Giovanni Ev., 1496–1506 [Akademie]
Carpaccio	Ursulazyklus, S. Orsola, 1490–95 [Akademie] Hieronymus- u. Georgszyklus, S. Giorgio degli Schiavoni, 1502–07
Tizian	Tempelgang Mariä, S. M. della Carità, 1534–38 [Akademie] Szenen zum Alten Testament, S. Spirito, 1542–44 [S. M. della Salute]
Veronese	Sebastianszyklus (z.T. Fresken), S. Sebastiano, 1555–65 Hochzeit zu Kana, S. Giorgio Maggiore, 1562–65 [Paris, Louvre] Gastmahl des Levi, SS. Giovanni e Paolo, 1573 [Akademie] Triumph Venedigs, Collegio, 1575–77; Maggior Consilio, 1580–85
Tintoretto	Markuszyklus, S. Marco, 1548, 1562–66 [Akademie] Rochus-, Passions-, AT-, Christus-, Marienzyklus, S. Rocco, 1564–87 Mythologien, Anticol., 1576/77; Paradies, Mag. Consilio, 1588–94

Wandgemälde · Deckengemälde · Scuola · Kirche · Dogenpalast

verspannter, fast überheblich stolzer Haltungen bringt er die Unnahbarkeit der höfischen Gesellschaft zum Ausdruck. Auch in seinen szenischen Darstellungen und Allegorien verkörpern die Figuren die neuen ästhetischen Ideale von maniera, grazia (Anmut) und sprezzatura (Gespreiztheit).
Hauptwerke manieristischer Freskendekorationen entstehen unter den Raffaelschülern wie **Giulio Romano** in Rom und Mantua (Gigantenfresken des Palazzo del Tè, 1532–34) und **Salviati** in Rom und Florenz (Audienzsaal des Palazzo Vecchio, um 1550). **Vasari** liefert neben Werken in Rom die umfangreichsten Ausstattungen der Haupträume des Palazzo Vecchio in Florenz, bis hin zur Wunderkammer des Studiolo Francescos I. (1570–75).
In Parma gelangt **Parmigianino** in manieristisch überlängten Figuren von verführerischer Raffinesse zu höchster Eleganz, wie etwa in der *Madonna mit dem langen Hals* oder der als Venus mit Amor erscheinenden *Madonna mit der Rose* (um 1530, Dresden). Dagegen wird **Correggio** mit seinen Kuppelfresken in S. Giovanni Evangelista und dem Dom von Parma (1526–30) sowie erotischen Mythologien durch die Gestaltung frei bewegter Körper in lichtem Raum zu einem Wegbereiter des Barock.

VENEDIG

Innerhalb der malerisch-repräsentativen Bildtradition Venedigs bleiben hochrenaissante Auffassungen das ganze 16. Jh. hindurch erhalten. Zwar sind auch hier Dynamisierung der Komposition und Komplexität der Bewegungsmotive zur Ausdruckssteigerung eingesetzt, jedoch lässt sich nur bei den Bassani und

Lotto, Jüngling vor weißem Vorhang, um 1508, Wien, Kunsthistorisches Museum. Die realistisch ungeschönte Darstellung mit der spontanen Geste des offenen Mundes besticht durch die Unmittelbarkeit des forschend bis misstrauischen Ausdrucks. Rätselhaft die vom Vorhang rechts enthüllte Finsternis, in der die Flamme einer Öllampe aufscheint.

Bronzino, Eleonora da Toledo mit Sohn Giovanni, um 1545, Florenz, Uffizien. Die Idealisierung der in strenger Haltung, marmorhaftem Inkarnat und äußerst präzise wiedergegebener Staatsrobe dargestellten Frau des Großherzogs Cosimo I. wird noch dadurch betont, dass ihr Kopf wie bei einer Heiligen von einer Aura des Lichts umgeben ist.

Veronese, Gastmahl des Levi, 1573, 555 x 1280 cm, Venedig, Accademia. Größte Fassung seines Hauptthemas der Gastmähler. Ursprünglich als Letztes Abendmahl betitelt, ist in märchenhaft-feierlicher Architektur weder Verrat noch Eucharistie, sondern der Gegensatz zwischen der Profanität lärmender Festlichkeit und der im Zentrum völlig ruhigen Heiligkeit Christi thematisiert.

Tintoretto, Letztes Abendmahl, 1592–94, Venedig, S. Giorgio Maggiore. In diagonal-exzentrischer Fluchtung des dunklen Raumes steigern sich die Motive von den Genreszenen eines Gastmahls über die Einsetzung der Eucharistie durch Christus im Zentrum zur himmlischen Vision geisterhafter Engel des Lichts.

Tintoretto von Manierismus im eigentlichen Sinn sprechen.

Aus der Vielzahl hochrangiger Künstler, die zur besonders reichen Entfaltung der venez. Malerei im 16. Jh. beitragen, ist zunächst **Palma Vecchio** zu nennen. Als Maler der schönen Venezianerin bringt er durch farbenprächtige Zeitkostüme, den Betrachter ansprechende Blicke oder Landschaftsgründe eine irdische Note auch in seine religiösen und mythologischen Darstellungen. Während **Sebastiano del Piombo**, ab 1511 in Rom, venez. Kolorit mit michelangelesker Figurenauffassung verbindet, findet der auch in Bergamo und den Marken tätige **Lorenzo Lotto** zu thematisch und darstellerisch überraschend neuen Lösungen. Besonders seine Porträts erschließen durch subtilen Realismus und hintergründige Attribute neue Bereiche der Psyche des Dargestellten. In seiner Nachfolge stehen die Porträtisten **Moretto da Brescia** und vor allem **Moroni** in Bergamo, dessen Sachlichkeit und momenthaftes Helldunkel bereits Caravaggio vorausahnen lassen.

In der zweiten Jahrhunderthälfte setzt **Veronese** in seinem vielfältigen Werk vom Einzelporträt bis hin zu figurenreichsten Storien monumentaler Wand- und Deckengemälde dem tieftonigen Pathos des späten Tizian Reichtum und Pracht der venez. Welt in klarer Helle changierender Farbigkeit entgegen. Seine äußerst dekorativen, doch mit Ernst vorgetragenen Kompositionen zeichnen sich aus durch Schönheit (bellezza) der Gestalten und ihrer distinguierten Bewegtheit, Freiheit (licenzia) der Erfindung der Motive sowie Fantasie (fantasia) der Orte feierlicher Architekturen und Landschaften. Die Wirkung seiner Kunst reicht über die Barockmalerei hinaus bis Delacroix und Cézanne. **Jacopo Bassano** und seine große Familienwerkstatt betont dagegen das rustikal-ländliche Genre in manieristisch abstrakter Figurenkomposition vor dunklem Grund. Hauptvertreter des venez. Manierismus ist jedoch **Tintoretto**, der in virtuoser Malerei neben Veronese die umfangreichsten Storienzyklen Venedigs schafft. Laut seinem Wahlspruch Michelangelos disegno und Tizians Kolorit verbindend, gelangt er bei zunehmender Entindividualisierung der einzelnen Person zu ornamentaler Flächenkomposition fluchtender Räume, emphatisch bewegter Figuren und dramatischer Lichtregie. Im Spätwerk steigern fluoreszierende Lichtstimmungen die Vergeistigung der Darstellung des Wundersamen.

Paragone (ital., Vergleich), Wettstreit der Künste, welcher der Vorrang gebühre. Von Leonardo ausführlich erörtert, im 16. Jh. wichtiges Thema der Kunsttheorie. Bei den bildenden Künsten geht es vor allem um die Frage der besseren Naturnachahmung. Für die Malerei sprechen etwa die Möglichkeiten Vielfältigeres darzustellen und zu illusionieren, für die Skulptur dagegen real erfahrbare Gegenstände zu schaffen, die mehrere Ansichten in einer Darstellung vereinen.

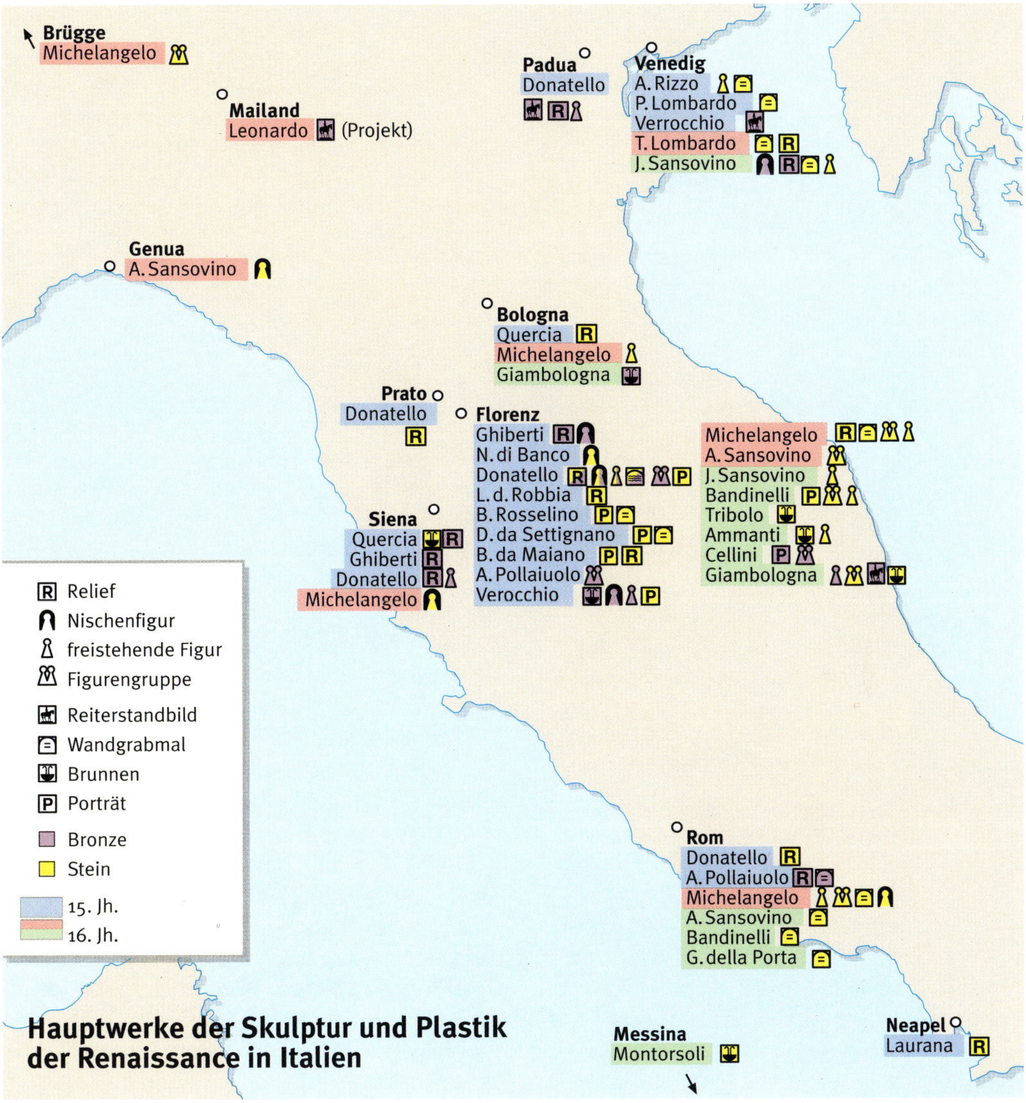

Hauptwerke der Skulptur und Plastik der Renaissance in Italien

SKULPTUR

Die Skulptur ist der eigentliche Vorreiter der Erneuerung der Kunst. In ihr ließ sich das zentrale Anliegen, den Menschen als selbstbewusstes Individuum zu erfassen, besonders plastisch realisieren. So gehen von ihr auch die entscheidenden Impulse der neuen Figurenauffassung aus. Das Relief gelangt analog zur Malerei zu einer zentrierten Bildform mit neuem Verhältnis von Figur und Raum in jetzt malerischem Helldunkel. Skulptur und Malerei befruchten sich gegenseitig und weisen parallele Entwicklungen auf, unterstützt durch Künstler, die in beiden Gattungen arbeiten.

Spezifisches Kriterium der Renaissanceskulptur ist ihre allmähliche Lösung aus dem architektonischen Zusammenhang des Sakralbaus und die damit einhergehende Ausbildung der freistehenden Statue. Das mit ihr verbundene Problem der Vielansichtigkeit wird zu einem wichtigen Argument der Paragone-Diskussion.

Luca della Robbia, Sängerkanzel (Detail), 1431/32–38, Marmor, H. 328 cm, Florenz, Domopera. In betont architektonischem Rahmen und reinstem relievo schiacciato rhythmische Gruppen voll Inbrunst musizierender, singender, tanzender Knaben und Mädchen.

Donatello, David, um 1444–46, Bronze, H. 158 cm, Florenz, Bargello. Erste nachantike Freistatue und Aktfigur in Lebensgröße. Runde Basis weist auf Rundumansicht. Völlig neue Auffassung des David-Themas. In anmutiger Schönheit und lässiger Haltung ganz in sich versunken, betont durch den Hut, der das Gesicht verschattet.

Antonio del Pollaiuolo, Herkules und Antäus, um 1470, Bronze, H. 45 cm, Florenz, Bargello. Die auf dreieckiger Basis vielansichtig gestaltete Gruppe von Herkules, der den seiner Erdkräfte beraubten Antäus erdrückt, ist Ursprung der zahlreichen Kampf- und Raptusgruppen des 16./17. Jh.

Donatello, Gattamelata, 1444–53, Bronze, H. 340 cm, Padua, Piazza del Santo. Die Idealisierung von Pferd und Reiter in ruhigem Profil, strengem Gleichmaß und antikischer Rüstung unterstreicht den Denkmalcharakter.

Verrocchio, Colleoni, 1479–88, Bronze, H. 395 cm, Venedig, Campo SS. Giovanni e Paolo. Mit energischem Bewegungszug des Pferdes über die Basis hinaus, ist der ins Veristische gesteigerte Condottiere beim Anführen seiner Truppen dargestellt.

Relievo Schiacciato (ital., gequetschtes Relief) Von Donatello um 1417 entwickelte Form des Flachreliefs zur Darstellung von Tiefenräumlichkeit. Nahe Gegenstände treten stärker erhaben hervor, fernere weichen dagegen, zunehmend flacher werdend, in den Reliefgrund zurück. Mit neuem Verhältnis von Figuren zum Raum oder Einführung von Zentral- und Luftperspektive werden zur Malerei analoge Probleme der Bildkomposition aufgegriffen. Nach Hauptwerken von Donatello, Ghiberti und Luca della Robbia wird es in Italien zur führenden Reliefform.

Frührenaissance

Die Vorbildhaftigkeit der Natur als oberste Maxime wird in der ital. Skulptur des 15. Jh. stärker als in der Malerei von der Rezeption antiker Werke bestimmt. Auf ihrer Grundlage hält nicht nur vermehrt antikisierendes Dekor Einzug, sondern entstehen auch Neuschöpfungen wie die freistehende Figur, die Porträtbüste oder das Reiterstandbild. Bevorzugte Materialien sind Marmor oder Bronze, im Sinne des zeitgenössischen Antikenverständnisses weitgehend ungefasst, daneben farbig glasierte Terrakotta.
Florenz nimmt wiederum die zentrale Stellung ein, wenngleich in Siena **Jacopo della Quercia** als weiterer maßgeblicher Bildhauer der Gründergeneration zu nennen ist, der in den Figuren des *Grabmals der Ilaria Carretto* in Lucca (um 1408), oder der *Genesis-Reliefs* von S. Petronio in Bologna (1425–37) eine neue, mächtige Körperlichkeit zum Ausdruck bringt. In Florenz ist ihm darin **Nanni di Banco** vergleichbar, der in den besonders deutlich an der Antike orientierten *Quattro Coronati* (1414–16) erstmals vier Gewandfiguren zu einer rhythmischen Gruppe in einer Nische an Orsanmichele vereint. Von epochaler Bedeutung ist jedoch das äußerst vielseitige Werk des Bildhauers und Plastikers **Donatello**.
Gegenüber **Luca della Robbia**, der sich vor allem auf glasierte Terrakottareliefs spezialisiert, reicht Donatellos Reliefkunst vom erstmals in relievo schiacciato gestalteten *Georgsrelief* von Orsanmichele (um 1417) über höchst illusionistische Darstellungen wie an seiner *Sängerkanzel* oder dem *Cavalcanti-Tabernakel* der

Wandgrabmal Seit dem 14. Jh. vorherrschender Grabmaltypus in Italien. Hauptwerke im 15./16. Jh. in Kirchen von Florenz, Venedig und Rom. Der Sarkophag befindet sich meist in einer architektonisch ausgeschmückten Wandnische, darüber die Bahre mit der tot dargestellten Liegefigur des Verstorbenen (nördl. der Alpen wird die Liegefigur auf der Tumba lebend dargestellt). Dabei vollzieht sich in der Renaissance ein thematischer Wandel. Statt der Sorge um ein zukünftiges Seelenheil steht die Rühmung der Vergangenheit des Toten im Vordergrund, etwa durch Darstellung seiner Tugenden. Folglich erscheint dann auch der Verstorbene selbst in sitzender oder stehender Gestalt. Das Grabmal wird zum Grabdenkmal.

Desiderio da Settignano, sog. Marietta Strozzi, um 1455, Marmor, Berlin, Staatl. Museen. Erste erhaltene Frauenporträtbüste des Quattrocento. Die strenge Axialität wird durch die Wendung des leicht angehobenen Kopfes belebt.

30er Jahre bis hin zu lebhaften Handlungen vielfiguriger Storien der Altarreliefs des Santo in Padua (1446–50), die in den späten Passionsszenen der Kanzeln von S. Lorenzo (1461–66) zu größter Expressivität gesteigert sind. In seinen Statuen bringt er im nun thematisierten Verhältnis von Körper, Haltung und Gewand das jeweils Charaktertypische der Figuren zur Anschauung, wie etwa das Asketische der Propheten des Campanile (1416–36). Mit dem berühmten Bronzedavid, wohl für den Innenhof des Palazzo Medici, entsteht nicht nur die erste vielansichtige Freistatue seit der Antike, sondern auch die erste lebensgroße, ins Idealschöne erhobene Aktfigur nachantiker Zeit. Bahnbrechend auch das erste neuzeitliche bronzene Reiterstandbild monumentaler Größe, das den Condottiere Gattamelata auf hohem Grabmalssockel, das Pferd in gemessenem Schritt ruhig führend, in befehlsgebender Geste platzbeherrschend vor dem Paduaner Santo zeigt.

Neue Maßstäbe setzt Donatello aber auch mit der realistischen Darstellung des *Niccolò da Uzzano* (um 1425–30) auf dem Gebiet der Porträtbüste des Quattrocento, die Bildhauer wie **Desiderio da Settignano, Laurana** oder **Benedetto da Maiano** zu höchst verfeinerter bzw. stilisierter oder naturalistischer Form führen. Ebenfalls an Donatello anknüpfend, findet das Wandnischengrab des 15. Jh. in **Bernardo Rossellinos** *Grabmal für Leonardo Bruni* in S. Croce (um 1448–50) seine klassische Ausprägung. Zu triumphaler Größe wachsen die Dogen-

Pietro Lombardo, Grabmal des Dogen Pietro Mocenigo, 1476–81, Kalkstein/Marmor, Venedig, SS. Giovanni e Paolo. Rühmung des Dogen als Feldherrn in Triumphbogenarchitektur mit Imperatoren über Herkulestaten. Krieger tragen Sarkophag mit der Inschrift EX HOSTIUM MANIBUS – aus der Kriegsbeute geschaffen. Christliches nur in oberster Zone.

grabmäler von **Antonio Rizzo** sowie **Pietro** und **Tullio Lombardo** in Venedig, die jetzt den Dogen auch als Standfigur wiedergeben. In **Antonio del Pollaiuolos** zweitem Papstgrabmal in Rom (1492–98) ist Innozenz VIII. zusätzlich thronend mit segnender Geste gezeigt. Wegweisend auch Pollaiuolos vielansichtige, ausgreifend bewegte Kämpfergruppe des *Herkules und Antäus* als Aktfiguren.

Verrocchio betont das Szenisch-Momentane seiner Darstellungen, wie in der Handlung der Nischenfigurengruppe mit *Christus und dem ungläubigen Thomas* von Orsanmichele (1467–83) oder in der stolzen Haltung des David (vor 1469), der soeben seine Tat vollbracht hat. Er

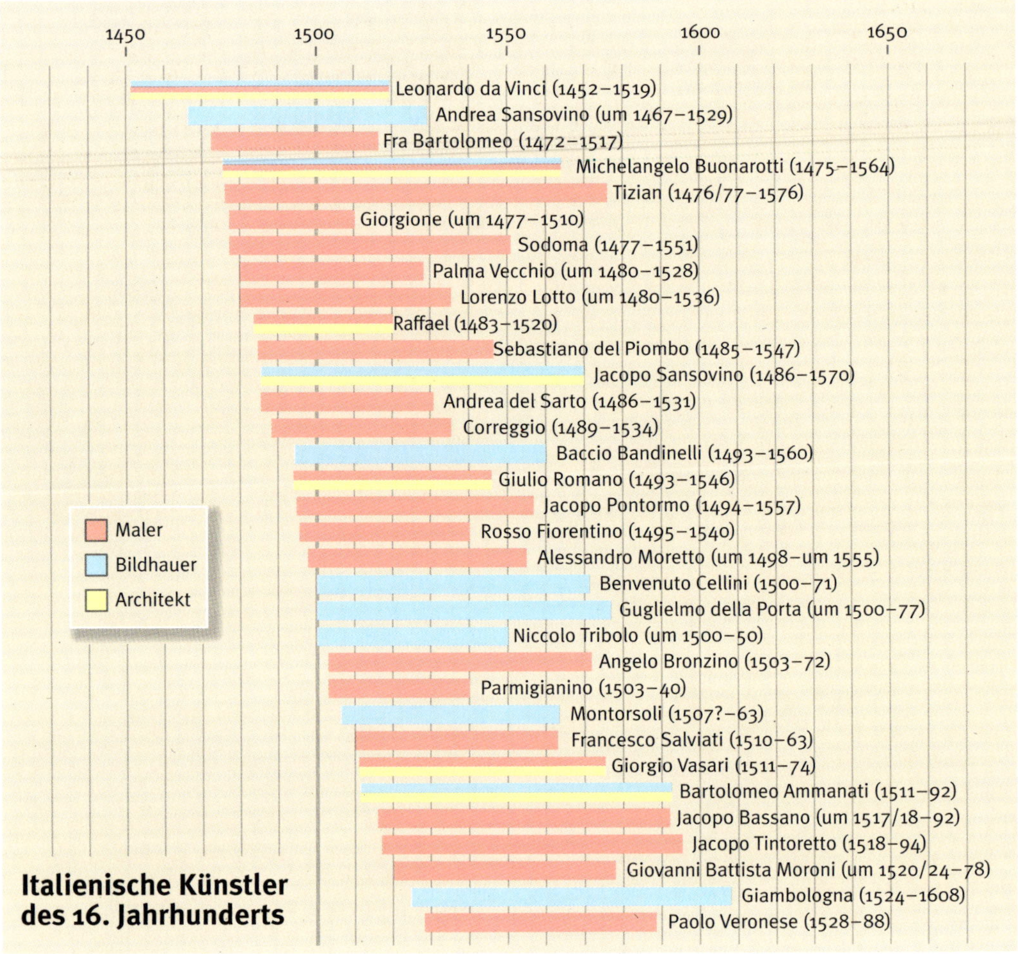

Italienische Künstler des 16. Jahrhunderts

antwortet Donatellos idealtypischen Gestaltungen auch mit dem Reiterdenkmal des Colleoni in Venedig, in dem er Pferd und Reiter in dynamisch momenthafter Aktion darstellt.
Das Projekt des Reiterstandbildes Ludovico Sforzas in Mailand, für das Verrocchios Schüler **Leonardo** in zehnjährigen Studien zunächst ein steigendes Pferd plant, ein neues zukunftweisendes Bronzegussverfahren entwickelt und das Tonmodell eines trabenden Pferdes in kolossaler Größe von 7,20 m realisiert, das 1499 von franz. Truppen zerstört wird, zeugt von seiner alles Bisherige übertreffenden hochrenaissanten Auffassung.

Figura serpentinata (ital., gewundene Figur), im Manierismus entstandene, spiralförmig aufgehende Kompositionsform der freistehenden Figur oder Gruppe, die den Betrachter zur Umschreitung anregt. Begriff von Lomazzo (1584) unter Berufung auf Michelangelo geprägt. Wandelt jedoch die thematisch motivierte Bewegtheit bei Michelangelo in manieristischem Sinne zu einer kunstvoll-artistischen um. An ihr wird die Schönheit der gewundenen Form, aber auch die Bewältigung von Schwierigkeiten der Ausführung bewundert. Hauptvertreter ist Giambologna, Nachwirkungen bis Donner (Mehlmarktbrunnen, Wien, 1737–39) oder Hogarth (Analysis of Beauty, 1753).

Hoch- und Spätrenaissance

Die ital. Skulptur des 16. Jh. ist in noch stärkerem Maße als das 15. Jh. dem Vorbild antiker Werke verpflichtet, die vermehrt zu begehrten Sammelobjekten werden. Ihre Rezeption wird befördert durch neue Funde aufsehenerregender Skulpturen wie der Laokoongruppe, des Apoll oder des Torso vom Belvedere.
Führender Künstler ist **Michelangelo**, dessen großartiges Werk, analog zu dem Donatellos im 15. Jh., die ital. Skulptur des 16. Jh. entscheidend prägt. Nach kurzer Lehre bei Ghirlandaio, beeindruckt von Skulpturen der Antikensammlung der Medici, entsteht 1496/97 als eines der ersten Hauptwerke die all'antica gestaltete Figur des trunkenen Bacchus. In Rom erlangt er erstmals höchsten Ruhm mit seiner lebensgroßen Gruppe der *Pietà* (1497–99), deren feierlicher Ernst besonders im jugendlichen Gesicht Mariens zum Ausdruck kommt. Bahnbrechend sein *David* in Florenz, die erste erhaltene Kolossalfigur seit der Antike, die neben dem gigantischen Ausmaß auch in Nacktheit und athletischer Körpergestalt von antiken Vorbildern, etwa den Dioskuren in Rom, ausgeht. Für das als gewaltiges Mausoleum geplante *Grab Julius'* II., das nur in reduzierter Form zur Aufstellung gelangt, entstehen 1513–30 so berühmte Werke wie der von physischer

Michelangelo, David, 1501–04, Marmor, H. 434 cm, Florenz, Accademia. Mit der entschiedenen Drehung ins Profil entsteht eine Idealpose, in der kampfbereite Kraft und ein drohender Gefahr begegnender Blick zum Ausdruck kommt. Als Sinnbild republikanischer Freiheit vor dem Palazzo Vecchio aufgestellt.

Jacopo Sansovino, Apoll, 1541–46, Bronze, H. 145 cm, Venedig, Loggetta. Die am Apoll vom Belvedere und an Raffaels Apolldarstellung in der Schule von Athen orientierte Nischenfigur verkörpert die Harmonie als eine der Tugenden Venedigs.

Michelangelo, Grabmal des Herzog Giuliano de' Medici, 1521–34, Marmor, Florenz, S. Lorenzo. Über der in alptraumhaften Schlaf versunkenen Nacht und dem hinter seinem kraftvoll gewölbten Rücken hervorschauenden Tag erhebt sich das Idealporträt des Herzogs in antiker Feldherrenrüstung.

Brunnen werden in der ital. Renaissance zu einer immer bedeutenderen Aufgabe der Skulptur. Als Typen sind zu nennen: im 15. Jh. Quercias Fonte Gaia (1409–20, Siena) in Form eines antiken Nymphäums, sonst kleinere Schalenbrunnen mit Bekrönungsfigur, z. B. von Verrocchio. Im 16. Jh. figurenreiche, mehrschalig aufragende Kandelaberbrunnen von Tribolo und Montorsoli. Letzterer prägt mit seinem Neptunbrunnen (1554–57, Messina) den ab da wichtigsten Typ des platzbeherrschenden Monumentalbrunnens. Aus einem großen, figurenbesetzten Becken erhebt sich auf einem Sockel die zentrale Hauptfigur oder -gruppe. Hauptwerke von Ammanati, Giambologna, de Vries (Augsburg). Bevorzugung von Figuren aus Mythologie und Wasserthematik. Kennzeichnend auch das mit feinen Strahlen gitterartige Wasserspiel, das sich im Barock zu rauschenden Fontänen wandelt.

Ammanati, Neptunbrunnen, 1560–75, Marmor/ Bronze, H. (Neptun) 560 cm, Florenz, Piazza della Signoria. Aus dem Becken, dessen Rand Seegottheiten mit Faunen und Satyrn bevölkern, erhebt sich auf einem von Seepferden gezogenen Triumphwagen Neptun – einer der größten Kolosse der Zeit.

Cellini, Perseus, 1545–54, Bronze, H. (Statue) 320 cm, Florenz, Loggia dei Lanzi. Als Friedensbringer und Ordnungsstifter Macht und Heldentum demonstrierend, präsentiert Perseus mit stolz erhobenem Arm, jedoch nachdenklichem Blick das abgeschlagene Haupt der Medusa.

Cellini, Salzfass Franz' I., 1540–43, Gold/Email, H. 26 cm, Wien, Kunsthistorisches Museum. Als Allegorie der Verschmelzung von Erde und Meer lagert Terra in Verschränkung der Beine mit dem gegenüber auf einer von Meerpferden gezogenen Muschel sitzenden Neptun. Triumphbogen und Schiffchen für Pfeffer und Salz. Am Sockel Windrichtungen und Tageszeiten.

Guglielmo della Porta, Grabmal Papst Pauls III., 1550–74, Bronze/Marmor, Rom, St. Peter. Michelangelo paraphrasierend, thront die ursprünglich für die höhere Aufstellung an einem Mausoleum geschaffene Figur des Papstes in friedenstiftender Geste über den Allegorien der Gerechtigkeit und Klugheit.

und geistiger Kraft erfüllte Moses, die Gruppe des über einen kauernden Alten jugendlich aufgehenden Siegers, oder die Louvre- und die nicht vollendeten sog. Boboli-Sklaven. Ihre partiell aus dem Marmorblock herausgearbeiteten, wie um Befreiung ringenden Körper veranschaulichen jedoch besonders deutlich Michelangelos Auffassung des Lebens als irdischen Kerker. Weiterer Höhepunkt ist die Medicikapelle mit ihrem Skulpturenensemble der gegenübergestellten Grabmäler der Herzöge Lorenzo und Giuliano de' Medici (1521–34). Auf ihren Sarkophagen lagern paarweise in gegensätzlich verschränkten Haltungen Allegorien der Tageszeiten, deren irdischer Welt der Trauer die darüber thronenden Herzöge enthoben, zur Gruppe der Madonna mit Kind an der Eingangswand blicken.

Neben Michelangelo ist der auch in Portugal und Rom tätige Florentiner Bildhauer **Andrea Sansovino** hervorzuheben, dessen betonte Statuarik sein Schüler **Jacopo Sansovino** zu raffaelesker Anmut verfeinert und in Venedig einer der bedeutendsten Bildhauer und Architekten der Zeit wird. Erbittertster Konkurrent Michelangelos ist **Bandinelli**, der mit seiner

Vielansichtigkeit Seit Donatellos Bronze-David (1444–46) wichtige Anforderung an die freistehende Skulptur, um von mehreren Seiten »schöne« Ansichten zu bieten. Die meist frontale Hauptansicht, deren Ausrichtung oft die Sockelform angibt, erschließt das Thema, Nebenansichten liefern weitere Aspekte. Wird im Manierismus zum entscheidenden Kriterium. Cellini fordert acht »gute« Ansichten einer Figur, während Bernini im Barock drei thematisch bedeutsame ausbildet.

Giambologna, Raub der Sabinerinnen, Marmor, Florenz, Piazza della Signoria, Loggia dei Lanzi.

derben Gigantengruppe des *Herkules und Kakus* (1525–34) für die Piazza della Signoria Michelangelos David überbieten wollte. In weiterer manieristischer Nachfolge Michelangelos stehen auch seine Schüler und Mitarbeiter, wie **Tribolo** und **Montorsoli**, deren Errungenschaften der Brunnenkunst im Florentiner Neptunbrunnen des Bandinelli-Schülers **Ammanati** ihren Höhepunkt finden. Ähnliche religiöse Skrupel, die Ammanati später seine vielen nackten Figuren bereuen ließ, veranlassen 1574 auch **Guglielmo della Porta** die Allegorien am *Grabmal Papst Pauls III.* nachträglich zu bekleiden. Weniger Skrupel prägen das nach seiner Autobiografie bewegte Leben des auch in Rom und am Hof Franz' I. in Frankreich arbeitenden Florentiner Goldschmieds und Bildhauers **Cellini**. Zeugnis seiner hohen Goldschmiedekunst ist das mit komplexem Figurenprogramm opulent ausgestattete *Salzfass Franz' I.* Nicht weniger berühmt sein im Auftrag Cosimos I. als politisches Emblem für die Loggia dei Lanzi geschaffener *Perseus*, der, in frontal gerichteter Haltung klar auf den rechteckigen Sockel bezogen, gemäß Cellinis Forderung auf acht Ansichtsseiten hin gestaltet ist. Die in manieristischem Sinne kunstvoll gewundene Bewegtheit der vielansichtigen figura serpentinata ist Hauptthema des aus dem fläm. Dounai stammenden **Giambologna**. Sein *Raub der Sabinerin* in der Loggia dei Lanzi komplettiert die auf der Piazza della Signoria in Florenz von Donatellos *Judith*, über Michelangelos *David* zu Cellinis *Perseus* reichende Reihe von Hauptwerken der ital. Renaissanceskulptur.

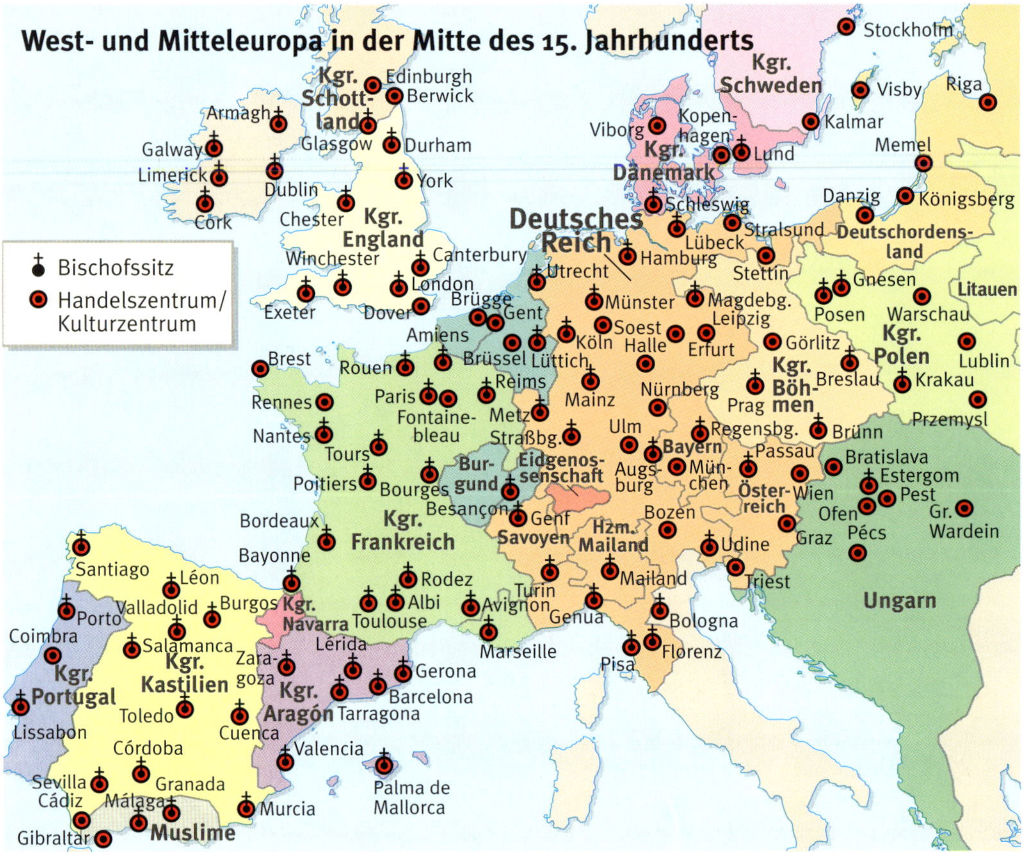

Kunst der Renaissancezeit nördlich der Alpen

DIE ALTNIEDERLÄNDISCHE MALEREI – ARS NOVA

Während sich in Italien seit dem 14. Jh. und zunächst vor allem in Florenz bildende Künstler, Dichter und Philosophen um eine bewusste Wiederaufnahme antiker Literatur und Kunst bemühten, ist davon noch zu Beginn des 15. Jh. nördl. der Alpen wenig zu bemerken. Der Begriff der Renaissance, der Wiedergeburt der Antike, ist hier also ungeeignet. Es hat sich aber, vor allem wegen der fehlenden theoretischen Begründung der Künste, auch kein adäquater und einheitlicher Begriff durchsetzen können. Notgedrungen spricht man häufig von Spätgotik – obwohl die Malerei des 15. Jh. mit der Hochgotik nur noch wenig gemein hat. Ebenso unbrauchbar ist die Bezeichnung frühe Niederländer für jene Gruppe von Künstlern, die in den Städten der südl. Niederlande (also vor allem des heutigen Belgien) eine neue Art der Malerei erfanden. Auch der im frankophonen Raum gängige Begriff der primitifs flamands lässt zumindest in deutscher Übersetzung falsche Assoziationen zu. Denn natürlich gab es auch vor den frühen Niederländern qualitätvolle niederl. Maler, ohne die **Robert Campin**, **Hubert** und **Jan van Eyck** nicht geworden wären, was sie waren: Erneuerer der Malerei, die ganz Westeuropa, einschließlich Italiens, zutiefst beeinflusst haben. Schon die Zeitgenossen sprachen deshalb von der ars nova, einer neuen Kunst, nicht aber von primitivem Neuanfang.

Dies gilt nicht für die Architektur: Sie verharrt in Westeuropa noch für ein gutes Jh. in den als angemessen erkannten Strukturen und Motiven der Gotik. Die Kunstrevolution der Zeit nach 1400 nutzt vielmehr das Medium der Tafelmalerei. Ist die Buchmalerei noch eine Generation früher, bei den Brüdern Limburg (s. S. 99), im Auftrag hochadeliger Mäzene die kostbarste und fortschrittlichste Gattung gewesen, wird sie nun durch die Tafelmalerei überflügelt, wenngleich weiterhin bedeutende Werke entstehen, gerade auch durch die Brüder van Eyck. Selbst die Skulptur, die seit der Romanik im Rückgriff auf die Antike ihren Rang als führende Gattung wieder erobert und behauptet hat, wird eine Zeit lang in die zweite Reihe gedrängt. Allein der Tafelmalerei ist es möglich, ein Fenster zur Welt zu öffnen. Diese Malerei darf nicht mit Realismus im Sinne einer möglichst authentischen Wiedergabe von irdischer Wirklichkeit verwechselt werden. Religiöse Themen beherrschen die Bilder, viele Einzelheiten stehen symbolisch für tiefere Bedeutungsschichten, und nach wie vor wird die zentrale Bildaussage häufig durch formale Betonung, z. B. durch Größe, hervorgehoben. Zudem sind Bilder in den Rahmen liturgischer Abläufe eingebunden, stehen als wandelbare Altarretabel in Kirchen und Kapellen.

Dennoch wird angesichts des *Mérode-Altars* Robert Campins (um 1375–1444) oder des *Genter Altars* der Brüder Hubert († vor 1427) und Jan (um 1390–1441) van Eyck sofort deutlich, dass die Welt hier mit ganz anderen Augen gesehen wird. In dem kleinen Triptychon Campins gilt die Aufmerksamkeit des Malers dem naturalistischen und realistischen Detail. Aber auch bei einem sehr großen Werk, wie dem theologisch, funktional und in seiner künstlerischen Entstehung komplexen Genter Altar der Brüder van Eyck äußert sich die neue Liebe zur Natur, zu den Gegenständen: sowohl in einer zuvor ungekannten Detailfreude, als auch in der großzügigen, gleichsam die ganze Welt umfassen wollenden Darstellung des Raums. In geöffnetem Zustand werden die übergroßen Gestalten des dreieinen Gottes, Marias und Johannes des Täufers auf den drei oberen Bildtafeln mit der sich weit öffnenden Paradieseslandschaft darunter kombiniert.

Robert Campin, Mérode-Altar, New York, The Metropolitan Museum of Art, The Cloisters Collection. Biblisches Geschehen und realistische Darstellung zeitgenössischer Wohnkultur werden in eins gesetzt: Maria sitzt bei der Verkündigung in einer behaglich ausgestatteten bürgerlichen Wohnstube, Josef geht nebenan in seiner Werkstatt seiner Handwerkstätigkeit nach.

Hubert und Jan van Eyck, Genter Altar, vollendet 1432, Gent, St. Bavo, 375 x 520 cm (geöffnet). In strahlendes Sonnenlicht ist der Garten getaucht, wo der Brunnen des ewigen Lebens sein Wasser verströmt und das auf dem Altar stehende Opferlamm, das sich für die Sünde der Welt hingegeben hat, von den sich allseits nähernden Heiligen und Auserwählten verehrt wird. Der Maler kann sich den Himmel kaum schöner vorstellen als die Erde, und der Domturm von Utrecht, der am Horizont erscheint, muss ihm ein Fingerzeig in die Ewigkeit gewesen sein.

Jan van Eyck ist in fürstlichen Diensten tätig, zuletzt für Herzog Philipp den Guten von Burgund, für den er auch in diplomatischer Mission unterwegs ist. Der formbewussteste Künstler der Zeit, **Rogier van der Weyden** (1399/1400–1464), ist seit 1435/36 Stadtmaler in Brüssel. Ihre unterschiedlichen Laufbahnen spiegeln die Komplexität der damaligen Niederlande, die die heutigen Beneluxstaaten und Teile Nordfrankreichs einschließen: Unterschiedliche Fürstentümer von Holland bis Flandern werden allmählich durch die Heiratspolitik der Herzöge von Burgund zu

Rogier van der Weyden, Columbaaltar, um 1455, Öl auf Holz, München, Alte Pinakothek. Die Hl. drei Könige des Mittelbildes vertreten zugleich die Lebensalter und nähern sich in vollendeter höfischer Eleganz und Etikette dem nackten künftigen Erlöser. Der jüngste König ist ein idealisiertes Porträt des späteren Herzogs Karls des Kühnen von Burgund. Der Stifter kniet, von Joseph und den anderen Personen unbemerkt, am linken Bildrand. Die ruinierte Mauer ist sein Gebetsstuhl, der Rosenkranz aus Korallenperlen Ausdruck seiner Frömmigkeit und zugleich Aufforderung an den Betrachter, es ihm gleich zu tun.

Rogier van der Weyden, Porträt einer Dame, London, National Gallery. Rogiers Porträts sind von großer Ruhe und Konzentriertheit. Der Hintergrund ist dunkel und gänzlich ungegliedert. Abschluss und zweiten Schwerpunkt erhält das Porträt durch die scheinbar auf dem unteren Bildrand gelagerten Hände.

einem größeren Staatenverbund. Eigenständig sind darin die großen Städte, die durch Handel und Gewerbe (Textilfabrikation) zu Reichtum gekommen sind, allen voran Tournai, Brügge, Gent, Brüssel. Rogier ist Schüler Robert Campins in Tournai, hat vermutlich studiert und pilgert 1450 nach Rom. In Italien werden die niederl. Maler damals sehr wohl wahrgenommen: Rogier arbeitet auf seiner Reise u. a. für die Familie Este in Ferrara.

Auch Rogiers Hauptwerke sind zumeist Altarbilder. Der theologisch vielschichtige *Johannesaltar* (Berlin, Gemäldesammlung) wie auch die Außenseiten des *Weltgerichtsretabels* im Hospital von Beaune greifen das auch von van Eyck angeschlagene Thema des Paragone, des Vergleichs der Künste auf: Die Malerei triumphiert über die Skulptur, indem sie sie illusionistisch vorführt und mit scheinbar leichter Hand alle Schwierigkeiten dreidimensionaler Darstellung meistert. In der großfigurigen *Kreuzabnahme* (Madrid, Prado) geht Rogier darüber hinaus, indem er die handelnden Figuren wie verlebendigte Skulpturen in einem überdimensionalen Altarschrein erscheinen lässt und das Mitleiden Marias eindrucksvoll herausstellt.

Zurückhaltender gibt sich der *Columbaaltar* (um 1455, benannt nach seinem Aufenthaltsort bis ins 19. Jh., der Kölner Columbakirche). Zwischen der Verkündigung an Maria und der Darstellung des Jesuskindes im Tempel auf den Flügeln ist die Epiphanie dargestellt, die Verehrung des Jesuskindes, in dem Gott Mensch geworden ist, durch die Hl. drei Könige. Der formalen Brillanz – die Wiedergabe der kostbaren Stoffe, deren Faltengebung bis ins Letzte gestaltet wird, die Farbgebung, die Flächenaufteilung sowie die Wiedergabe von Stadt und Landschaft – entspricht inhaltliche Tiefe. Die Szene ist vor der Stallruine dargestellt, die nach damaliger Ansicht zugleich Reste des Palastes des Königs David enthält, damit auf die Abstammung Jesu verweist und durch das Erscheinen des Messias auf die Überwindung des Alten Bundes, des Judentums. Auch auf die Erlösungstat selbst wird verwiesen: An dem Pfeiler über der versonnen ihr Kind betrachtenden Maria hängt ein Kruzifixus – als Vorausschau auf Leidensweg, Tod und Auferstehung Jesu.

Wie häufig in altniederl. Gemälden (vgl. Jan van Eycks *Madonna van der Paele*, Brügge, Groeningemuseum, u. v. a.) ist der Stifter in die Realitätsebene des Bildes einbezogen. Neben solchen Stifterbildern entwickelt sich das eigenständige Porträt zu einer zentralen Bildgattung. Alle großen niederl. Künstler haben hier hervorragende Werke hinterlassen (z. B. Robert Campin: *Porträt eines feisten Mannes*, Berlin; Jan van Eyck: *Hochzeitsbildnis der Arnolfinis*, London, National Gallery). Rogiers Brustbild einer noch sehr jungen, verheirateten Dame zeigt das häufig gewählte Brustbild ohne jedes Beiwerk. Dem gegenüber erweitert der in Brügge tätige **Hans Memling** (um 1430–1494) im Diptychon des Maarten van Nieuwenhove den Ausschnitt und bereichert den Hintergrund durch die Darstellung einer Fensterwand; zudem betet der Porträtierte zur

Madonna im linken Bildflügel, die als Zentralperson frontal gegeben ist.
Die Niederlande geben durch dichte Besiedlung und wohlhabende Auftraggeber vielen hervorragenden Malern Aufträge und Lohn. U. a. **Dirk Bouts** (um 1415/20–1475) und seinen Söhnen, dem Haarlemer **Geertgen tot sint Jans** (um 1460/65–1495) und **Hieronymus Bosch** (um 1450–1516), benannt nach seiner Heimatstadt 's-Hertogenbosch, dessen figurenreiche und fantastische Heils- und Höllenlandschaften weltberühmt sind. Die kühnsten Bilderfindungen, die an packender Wirkung kaum je wieder erreicht werden, schuf **Hugo van der Goes** (um 1440–1482). Dass viele niederl. Bilder nach Italien, vor allem aber auch nach Spanien geliefert werden, zeigt sein aus dem dortigen Kloster Monforte erworbenes Hauptwerk, die wie mit dem Weitwinkelobjektiv aufgenommene Anbetung der Könige.

Malerei des 15. Jahrhunderts in Spanien und Frankreich

Der Horizont der geistlichen und weltlichen Höfe ist international: Justus van Wassenhove, auch Justus van Gent genannt (um 1435/40–nach 1480), zieht nach Urbino, um dort für die Familie Montefeltro unter direktem Einfluss ital. Malerei seine Hauptwerke zu schaffen (*Allegorie der Musik*, London, National Gallery). Zur gleichen Zeit (1477) ist hier auch der Spanier **Pedro Berruguete** (um 1455–vor 1504) tätig. Eine genaue Aufteilung der umfangreichen Gemäldeaufträge an die beiden ist deshalb nicht möglich. Die Zusammenarbeit scheint auch deshalb so perfekt zu sein, weil Berruguete in Spanien die niederl. Technik der lasierenden Tafelmalerei erlernt hat. Seinen persönlichen Stil findet er in der Verbindung niederl. und ital. Erfahrungen (vgl. auch Antonello da Messina, S. 121 f.) und erhält, seit 1483 in Toledo ansässig, vor allem Aufträge in Kastilien.
Dass niederl. Malerei auf span. Maler starken Eindruck hinterlässt, zeigt sich auch bei **Bartolomé Bermejo** (um 1440–um 1500), dessen *Pietà mit hl. Hieronymus und Stifter* (um 1490, Barcelona, Kathedralmuseum) eine bei Rogier, Bouts und andern unbekannte Intensität

Hans Memling, Diptychon des Maarten van Nieuwenhove, 1487, Tempera auf Eiche, Brügge, Sint-Janshospitaal, Memling-Museum. Das Diptychon ist eine beliebte spätmittelalterliche Bildnisform, die den Auftraggeber in Devotion vor dem Erlöser oder der Muttergottes zeigt und auch auf Reisen mitgenommen werden kann.

Hugo van der Goes, Anbetung der Könige aus dem Monforte-Altar, um 1475, Öl auf Holz, Berlin, Gemäldegalerie. Die Berliner Anbetung der Könige brilliert in meisterlicher Lichtführung und Stoffgestaltung. In seinen späteren Bildern reduziert van der Goes solche illusionistischen Effekte.

Pedro Berruguete, Inquisitionsgericht unter dem Vorsitz des hl. Dominikus Guzman, von einem Altar aus Santo Tomás in Avila, um 1500, Öl auf Holz, Madrid, Prado. Die Darstellung eines Inquisitionsgerichts unter Leitung des hl. Dominikus verbindet großzügige Raumdarstellung im ital. Sinne mit präziser, detailreicher Erzählung und ist, obwohl es sich um ein historisches Ereignis des 13. Jh. handelt, auch Bildquelle für die Ketzerverfolgung im Spanien der Kathol. Könige Ferdinand und Isabella.

Enguerrand Quarton, Pietà aus der Kartause von Villeneuve-lès-Avignon, zwischen 1454-56, Öl auf Holz, Paris, Louvre. Der gemarterte Leib Jesu, dessen gestreckter Arm und die nicht abgewinkelten Beine noch die Form des Kreuzes spiegeln, hat sein Vorbild in Rogiers Johannesaltar, insgesamt aber ist Quartons Auffassung monumentaler.

Jean Hey, Maria in der Glorie, Mittelbild des Triptychons Pierres II. von Bourbon und der Anne de Beaujeu, zwischen 1499–1501, Öl auf Holz, Moulins, Kathedrale. Heys Malerei ist von fein changierendem Kolorit und – in der Tradition des Lehrers Hugo van der Goes – subtilster Lichtführung.

Jean Fouquet, Maria in der Engelsglorie, rechter Flügel des Diptychons des Etienne Chevalier, 1450–53, Mischtechnik auf Holz, Antwerpen, Koninklijk Museum voor Schone Kunsten. Maria weist dem nackten, auf den Stifter deutenden Kind im Akt der Interzession die Brust, d.h. es wird auf ihre Rolle als Fürbitterin vor dem zukünftigen Weltenrichter angespielt, die ihren Sohn daran erinnert, ihn einst aufgezogen und gesäugt zu haben. Die Darstellung trägt zugleich höfisch-erotische Züge und enthält ein Kryptoporträt der Mätresse König Karls VII., Agnes Sorel.

des Gefühlsausdrucks zeigt. Emotional zurückhaltender, aber in der Farbe intensiver als die niederl. Vorbilder sind die Bilder des **Fernando Gallego** (um 1440–nach 1507; *Thronende Madonna*, Salamanca, Kathedralmuseum).

Frankreich, durch die Auseinandersetzungen des Hundertjährigen Krieges (1339–1453) mit England und innere Machtkämpfe immer wieder bedroht, bringt trotz allem im Umkreis der diversen Residenzen und der königlichen Seitenlinien künstlerische Höchstleistungen hervor. Eine wichtige Rolle spielen neben Skulptur, Goldschmiede- und Teppichkunst vor allem die öffentlichen Einzüge der Herrscher, bei denen häufig allegorische Darstellungen im öffentlichen Raum als lebende Bilder arrangiert werden. Damit werden oft Maler beauftragt, von deren Werken mehr als in anderen europ. Ländern verloren ist.

In Südfrankreich zieht König René d'Anjou, nominell König von Jerusalem, bedeutende Künstler an seinen Hof, so den Südfranzosen **Nicolas Froment** (um 1430–1483/84, vgl. *Lazarustriptychon*, 1461, Florenz, Uffizien), dessen Rezeption niederl., aber auch ital. Malerei (er wohnt in Avignon, lange Zeit Sitz des Papstes und immer noch zahlreicher Italiener) in vielem seinen span. Zeitgenossen ähnelt. In königlichem Auftrag entsteht 1475/76 das Retabel des *Brennenden Dornbuschs* für die Karmeliterkirche in Aix-en-Provence, eine typologische Ausdeutung der alttestamentarischen Erzählung von der Erscheinung Gottes vor Mose im flammenden, aber nicht verbrennenden Dornbusch. Dies wurde auf Maria, die Christus jungfräulich gebar, bezogen.

Aus Nordfrankreich kommt **Enguerrand Quarton** (um 1415–nach 1466), nach kurzen Aufenthalten in Aix und Arles lässt auch er sich 1447 in Avignon nieder. Von heller Farbigkeit sind die *Schutzmantelmadonna* (1452, Chantilly, Musée Condé) und die *Marienkrönung* (1454, Villeneuve-lès-Avignon, Musée municipal), letztere von dem Kanoniker Jean de Montagnac für seine Grablege in der Kartause von Villeneuve gestiftet. Derselbe gibt auch die Pietà in Auftrag. Die Mariendarstellungen besitzen eine weiche Jugendlichkeit des Ausdrucks, die Einflüsse mehr oder minder verlorener franz. Malerei (Tours?) wahrscheinlich machen. Dies umso mehr, als ein weiterer bedeutender Niederländer, **Jean Hey** aus Brüssel (um 1450/60–nach 1504), nach seiner Übersiedlung ähnliche Stiltendenzen aufgreift. Der Schüler des Hugo van der Goes ist seit 1483/85 am Hof Peters II. von Bourbon und seiner Gemahlin, der Tochter König Ludwigs XI. und zeitweiligen Regentin, Anne de Beaujeu, in Moulins tätig. Hier steht noch heute das berühmte Triptychon mit der Madonna in der Engelsgloriole.

Gegenüber allen genannten Malern greift **Jean Fouquet** (um 1420–1480), der 1446–50 in Italien gelebt hat, am eindeutigsten und originellsten Errungenschaften der ital. Renaissance auf, so die (nie ganz akademisch durchgeführte) Zentralperspektive und klassisch-antike Architekturdetails; letztere allerdings bewusst nur dann, wenn er antike Themen behandelt (z.B. Illustrationen zu den Antiquités judaïques des Josephus Flavius, 1470–76) oder bei Darstellungen himmlischer Gefilde. In Tours als Hofmaler Ludwigs XI. ansässig, betreibt er eine große Werkstatt für Buchmalerei mit mehreren Mitarbeitern. Zwei seiner erhaltenen Hauptwerke entstehen für den Kanoniker Etienne Chevalier: ein Stundenbuch (um 1453, Paris und Chantilly) und das berühmte, für die Grabstätte in der Kirche von Melun bestimmte Diptychon von 1450–53, dessen Marienbild seine Wirkung aus dem Widerspruch zwischen der überirdischen Gloriole aus blauen und roten Engeln und der irdisch-klaren Beleuchtung bezieht.

Stefan Lochner, Anbetung der Könige, Mitteltafel des Dreikönigsaltars aus der Ratskapelle, 1442, Köln, Dom. Stefan Lochner steigert die schon zuvor bedeutende Kölner Malerei des Schönen Stils durch naturalistische Beobachtungen und eine kräftige, helle Farbigkeit.

Malerei des 15. und 16. Jahrhunderts in Deutschland

Die Niederlande gehörten zwar zum Heiligen Römischen Reich, doch gewannen sie aufgrund ihrer Wirtschaftsmacht, der Dichte ihrer städtischen Bevölkerung und der damit verbundenen kulturellen Bedeutung so großes Gewicht wie keine andere Region. Für den Westen Europas wird der das ganze 15. Jh. anhaltende Einfluss niederl. Malerei deutlich. In den Ländern des vielteiligen Deutschen Reichs ist er zunächst sehr viel geringer. Selbst im benachbarten Köln bleibt zunächst der Schöne Stil bestimmend, der auch die Werke **Stefan Lochners** (um 1400–1450/51) zutiefst geprägt hat. Sie bestimmt eine reiche Stofflichkeit, die Dargestellten sind zumeist von idealer, jugendlicher Schönheit, so auch die Heiligen auf dem *Altar der Stadtpatrone*, der 1442 für die Kölner Ratskapelle entsteht. Allerdings hindert ihn dies nicht daran, im *Zyklus der Apostelmartyrien* (Frankfurt/M., Städel) alle Tötungsarten aufs Genauste wiederzugeben.

Die polit. Vielfalt des Reiches, in dem sich geistliche und weltliche Territorien mit unabhängigen Städten mischen, spiegelt sich im künstlerischen Profil ihrer Regionen. Generell fällt die andere Art des in Deutschland gepflegten Realismus' ins Auge: Hier überwiegt

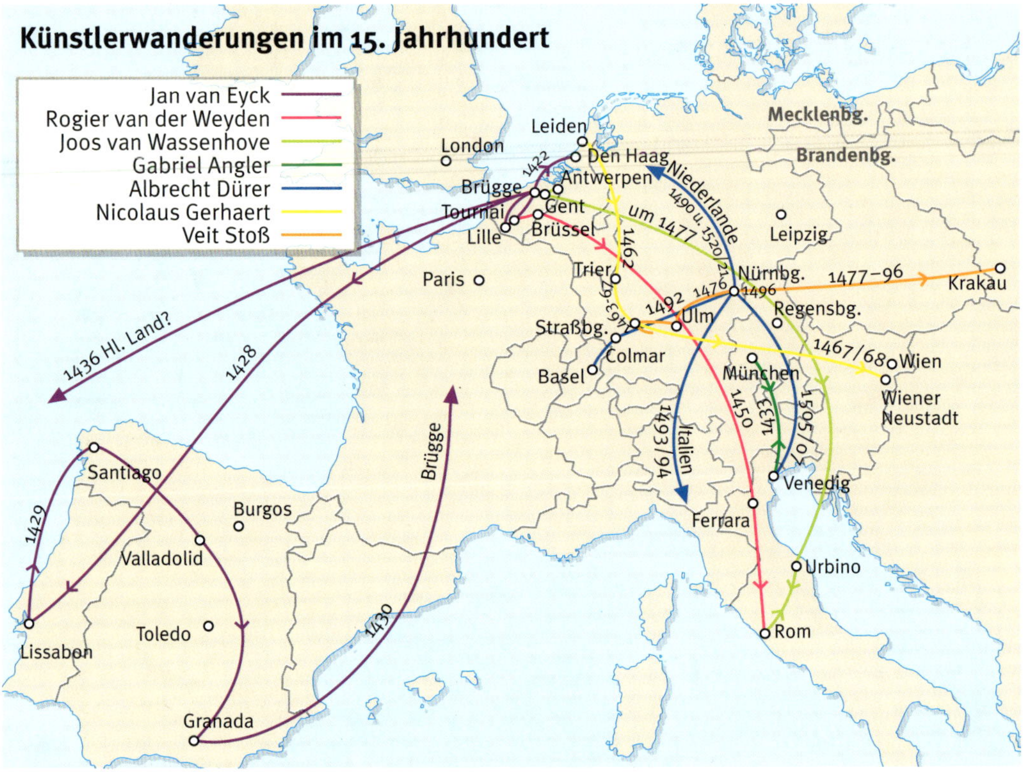

nicht die Freude an der Schönheit und den vielen Details der Natur, sondern das Streben, eindrucksvoll die Passion Christi und andere christliche Themen zu vergegenwärtigen. Diese Haltung vor allem süddt. Künstler ist mit dem Hinweis auf die böhmischen, z. T. extrem bildkritischen Reformbewegungen nur anzudeuten. Ihr bekanntester Vertreter und Märtyrer ist Jan Hus, 1415 in Konstanz verbrannt. Die darauf folgenden Hussitenkriege bis 1436 betreffen auch benachbarte Regionen Böhmens.

Bedeutsam sind die Konzilien von Konstanz (1414–18) und Basel (1431–49), große Kirchenversammlungen, die auch Künstlern und Schreibern Arbeit bringen. Die in Basel versammelten Kirchenfürsten wollen ein stärkeres Gegengewicht zum Papst. 1439 wählen sie mit Amadeus von Savoyen als Felix v. den letzten Gegenpapst, bis es 1449 durch die Vermittlung des Kardinallegaten Nikolaus von Kues zur Einigung mit Papst Eugen iv. kommt. Kirchen- und Reichsreform sind nach den Krisen der ersten Hälfte und der Beruhigung in der Mitte des 15. Jh. jedoch nur verschoben und sollen mit Beginn des 16. Jh. erneute Brisanz erhalten.

In den österr. Ländern, in Böhmen, Franken und Bayern mit seinen Hauptorten Regensburg und München ist in der Malerei immer wieder die Kenntnis ital. Kunst zu spüren, die sich aber noch kaum mit den Mitteln der dort aufblühenden Hochrenaissance artikuliert, eher auf die Malerei des 14. Jh. (Brüder Lorenzetti, Altichiero) zurückgreift. Dies gilt für den in Nürnberg tätigen **Meister des Tucheraltars** (tätig um 1440–50), dessen Hauptwerk, das ehem. Hochaltarretabel der Augustinerkirche *(Tucheraltar)*, heute in der Frauenkirche, zugleich auch Kenntnis niederl. Malerei belegt. Mehr noch für **Konrad Laib** (um 1400–nach 1457), dessen bedeutendste Werke zwei volkreiche *Kalvarienberge* in Wien (1449, Österr. Galerie) und Graz (1457, Dom) sind, die deutlich Vertrautheit v. a. mit der Paduaner Malerei belegen.

In Böhmen ist als bedeutendstes Werk des Passionsrealismus der Altar aus dem reformierten Benediktinerkloster in Raigern (Mähren) zu nennen. Es kombiniert zwei querrechteckige Tafeln der Kreuztragung und Kreuzigung und beeinflusst damit wohl das wichtigste, wenigstens in Einzelteilen erhaltene Altarwerk Bayerns: den ehem. Hochaltar der Benediktinerkirche Tegernsee, gemalt von **Gabriel Angler** aus München (um 1400/10–1462). Dieser ist 1433 nachweislich in Venedig, um Farbe zu kaufen, wohl für seinen ersten großen Auftrag, den Hochaltar der Stadtpfarrkirche St. Peter (verloren). Die Hauptbilder des Tegernseer Altars und die zugehörige Lettnerkreuzigung bestechen durch ihre dramatische Erzählweise. Da die Tegernseer Benediktiner der bedeutendsten Reformbewegung des Ordens im 15. Jh. angehören, wählt man eine bescheidene, in der Art der Grisaille gedämpfte Farbigkeit, die zugleich aber bei der Lettnerkreuzigung die aus der niederl. Malerei bekannte Imitation von Skulptur und Steinmaterial anstrebt.

In Ulm belegt der bedeutende Glasmalereizyklus der Familienkapelle der Besserer am Münster (um 1430), dass Beziehungen nach Westen, in den so genannten frankofläm. Bereich bestehen. Dies wird auch stets für den *Magdalenenaltar* des **Lukas Moser** (nachweisbar 1431/32 in Weil der Stadt) angenommen, dessen Herkunft aus Ulm wahrscheinlich ist. Gemeinsam mit dem in Basel und Genf tätigen Konrad Witz (um 1400/10–1445/46) gehört er zu den südwestdt. Pionieren einer noch in die Heiligenszene integrierten Landschaftsmalerei (Seefahrt der Heiligen). Weitgehende Selbstständigkeit erreicht diese Gattung erst in den Tafeln des Niederländers Joachim Patinir Ende des 15. Jh.

Das bedeutendste künstlerische Zentrum im Südwesten des Reiches ist die Reichsstadt Straßburg; selbst Metz, eine mittelalterliche Großstadt mit reichem Handelsbürgertum, orientiert sich künstlerisch an den Oberrhein. An herausragenden Straßburger Werken der Tafelmalerei ist freilich nur die *Karlsruher Passion* des zu seiner Zeit berühmten **Hans Hirtz** (um 1400–1462) erhalten, eine Folge verhältnismäßig kleinformatiger, aber in atmosphärischer Stimmung und Dramatik intensiver Szenen vom Gebet Christi am Ölberg bis zu seiner Kreuzannagelung. Niederl. und ital. Vorbilder werden verarbeitet, doch der Maler hat seinen ganz eigenen Darstellungsstil, der durch eine Fülle an Personen, Kleidungs- und Rüstungsdetails, aber auch durch genaue psychologische Beobachtung das grausame Geschehen realistisch macht.

Gabriel Angler, Kreuzigung aus dem ehem. Hochaltar-Retabel der Abtei Tegernsee, 1444/45, Öl auf Holz, Nürnberg, Germanisches Nationalmuseum. Die dramatische Verbildlichung des Leidens Jesu ist reich an drastischen Details und erzeugt eine bedrohliche Atmosphäre. Diese verstärkt allerdings der in der Barockzeit übermalte Himmel (ursprünglich: Brokathintergrund und Blendarkaden).

Lukas Moser, Magdalenenaltar (Detail), datiert 1432, Tempera auf pergamentbespanntem Eichenholz, Tiefenbronn, Pfarrkirche. Die frühen Landschaftsdarstellungen in Süddeutschland sind noch in legendarische Darstellungen eingebunden. Sie zeigen meist eine von ital. bzw. sog. franko-fläm. Vorbildern beeinflusste Aufsicht und beweisen ein feines Gespür für Atmosphäre.

Hans Hirtz, Karlsruher Passion, Gefangennahme, um 1450, Mischtechnik auf Nussholz, Karlsruhe, Staatliche Kunsthalle. Ein Hauptwerk süddt. Passionsrealistik, die den Betrachter zu genauer Beobachtung und Identifikation einlädt: Jesus bricht unter der Masse seiner teilweise karikaturhaft gezeichneten Verfolger beinahe zusammen, doch lässt er das zur Erlösung der Menschheit notwendige Leiden stoisch über sich ergehen.

Einfluss der Niederlande

Peter Hemmel von Andlau, hl. Katharina, Scheibe aus Straßburg, um 1480, Darmstadt, Hessisches Landesmuseum. Markenzeichen seiner erfolgreichen Glaskunst sind Farbbrillanz und die feine Zeichnung mittels Schwarzlot. Der verhärtete Faltenstil hingegen wird in der 2.Hälfte des 15. Jh. generell verbindlich.

Hans Pleydenwurff, Diptychon des Bamberger Domherrn Löwenstein, vor 1464, Basel, Öffentliche Kunstsammlungen (linke Tafel), Nürnberg, Germanisches Nationalmuseum (rechte Tafel), je 34 x 25 cm. Das Porträtdiptychon wird wegen seiner hohen, an den Niederländern geschulten Qualität als eines der wenigen eigenhändigen Werke Pleydenwurffs angesehen.

Für zwei weitere Gattungen der Malerei bildet Straßburg im 15. Jh. das Zentrum: Von hier gehen, vor allem durch den sog. **Meister E. S.**, wesentliche Impulse für die Entwicklung der Druckgrafik, vor allem des Kupferstichs, aus, und die Stadt bildet für Jahrzehnte ein Zentrum der Glasmalerei (Beispiele aus der Mitte des 15. Jh.: Walbourg im Nordelsass; Straßburg, St. Wilhelm; Metz, Kathedrale). In beiden Gattungen verstärkt sich schon in der Mitte des Jh. der Einfluss der Niederlande, vor allem Rogiers van der Weyden. Es entsteht der brillante, verhärtete Stil, dessen erfolgreichster Vertreter der Glasmaler **Peter Hemmel von Andlau** ist, der sich mit mehreren anderen Werkstätten zusammentut, um die Fülle der Aufträge aus ganz Süddeutschland bewältigen zu können (Nürnberg, St. Lorenz; München, Frauenkirche; Salzburg, Stift Nonnberg; Tübingen, Stiftskirche; Ulm, Münster und natürlich Straßburg).

Die Summe der Entwicklung im Elsass zieht – als Sohn eines Goldschmieds – für Grafik und Tafelmalerei **Martin Schongauer** (um 1450–1491). Seine Kupferstichfolge der Passion fasst die Dramatik der älteren Darstellungen formal strenger, unter Verarbeitung der flächenbewussten, Umrisse und Binnenfältelung der Gewänder präzis gestaltenden Kunst Rogiers, dessen Beauner Retabel er besucht hat. Zeichnerisch präzise ist auch die Grundtendenz seiner Tafelbilder (*Madonna im Rosenhag*, Colmar, Dominikanerkirche; *Anbetung der Hirten*, Berlin, Gemäldesammlung, um 1480). Schongauers Bildprägungen haben nachhaltige Wirkung: Ihnen folgt die gesamte elsässische Kunst Ende des 15. Jh., sie wirken aber auch durch die transportable Druckgrafik weit darüber hinaus. Neben dem in Mainz ansässigen sog. Hausbuchmeister, einem anderen Meister der Druckgrafik, ist Schongauer eine Hauptinspirationsquelle für den jungen **Albrecht Dürer**, der 1491 nach Colmar kommt, den Meister jedoch nicht mehr lebend trifft.

In der fränkischen Tafelmalerei werden bereits in der Mitte des 15. Jh. verstärkt niederl. Vorbilder rezipiert, vor allem von **Hans Pleydenwurff** (um 1430–72), der 1457 den Schwerpunkt eines offenbar größeren Familienbetriebs von Bamberg in die damalige Weltstadt Nürnberg verlegt. Eigenhändige Werke sind kaum erhalten, darunter aber das meisterliche Porträt des Bamberger Domherrn Graf Löwenstein (vor 1464), einst Teil eines Diptychons mit der Darstellung des Schmerzensmanns (Basel, Öffentl. Kunstsammlung). Weitere bedeutende Bilder aus dem Pleydenwurff-Umkreis sind die um 1453 entstandenen Flügel des ehem. Hochaltars der Bamberger Klarissenkirche mit Szenen aus dem Leben der hl. Clara (Bamberg, Altdeutsche Galerie der Bayer. Staatsgemäldesammlung) und der *Hofer Altar* (München, Alte Pinakothek). Darüber hinaus arbeitet in Bamberg **Wolfgang Katzheimer** (um 1450–1508), dem man neuerdings den Hersbrucker Hochaltar mit eindrucksvollen Passionsszenen zuschreibt (um 1470). Hier entstehen – noch vor Dürers berühmten Aquarellen! – die ersten topografisch genauen Stadtansichten der dt. Kunst (Berlin, Grafische Sammlung).

Nach Hans Pleydenwurffs Tod übernimmt, wie damals üblich durch Heirat der Malerwitwe, **Michael Wolgemut** (1434/37–1519) die Nürnberger Werkstatt. Zur Fertigung seiner großen Retabel, die hohes Ansehen genießen, zieht er bedeutende, namentlich meist nicht bekannte Bildhauer heran, oft auch weitere Maler (vgl. Retabel in Zwickau, St. Marien, 1478; *Pergensdörffer-Altar*, heute Nürnberg, Friedenskirche; *Schwabacher Altar*, unter Mitarbeit von Veit Stoß, nach 1504). Wolgemut wird Dürers Lehrmeister und sein Aussehen ist durch dessen Porträts überliefert.

Albrecht Dürer und seine Schüler

Die Epoche um 1500 prägt in Deutschland vor allem ein Künstler: Albrecht Dürer (1471–1528). Als Sohn eines Goldschmieds erlernt er zunächst dieses Handwerk. Aufgrund seiner zeichnerischen Begabung, die das Silberstift-Selbstbildnis des 13jährigen bezeugt, absolviert er eine Malerlehre bei Wolgemut, die ihm vor allem technische Kenntnisse vermittelt. Künstlerische Anregungen gewinnt er auf frühen Reisen (1490 Mittelrhein, vielleicht in die Niederlande, 1492 Colmar und Basel, 1493/94 erste Italienreise).

In Nürnberg zurück, heiratet er ins stadtbeherrschende Patriziat ein, und es gelingt ihm, zumal Kunsthandwerker in dieser Stadt keinen strengen zünftischen Regeln unterliegen, eine für die Zeit sehr freie Künstlerexistenz. Durch seine überragenden Fähigkeiten, seine umfassenden Interessen und nicht zuletzt die guten Beziehungen zu Nürnberger Humanisten (Willibald Pirckheimer, Conrad Celtis) sprengt er den geistigen Rahmen der spätmittelalterlichen Werkstatt, wie ihn Wolgemuts Betrieb verkörpert hat. Dürers Selbstbewusstein manifestiert sich in dem berühmten christusgleichen *Selbstporträt* von 1500 (München, Alte Pinakothek).

Die wirtschaftliche Basis bildet neben fürstlichen Aufträgen (z. B. für Kurfürst Friedrich den Weisen von Sachsen) der Verkauf erstklassiger Druckgrafik, für die Dürer ganz neue Qualitätsmaßstäbe setzt, insbesondere mit seinen frühen, ausdrucksstarken Holzschnittzyklen (*Apokalypse*, 1498; *Große Passion* 1498 ff., *Marienleben* 1501 ff.).

1505–07 folgt die zweite Reise nach Venedig, die durch Briefe an Pirckheimer dokumentiert ist. Nicht unkritisch, bewundert er vor allem Giovanni Bellini, Giorgione und Leonardo.

Albrecht Dürer, Melencholia I, Kupferstich, 1514. In diesem allegorischen Rätselbild verbindet Dürer seine technische Meisterschaft mit tiefgründigen Anspielungen auf das Wesen des Schöpfertums in Kunst und Philosophie.

Mathias Gotthard Neidhard, gen. **Grünewald**, sog. Stuppacher Madonna, ehem. in Aschaffenburg, Stiftskirche, 1517–29, Öl auf Holz, heute Stuppach, Kirche. Grünewald ist unter seinen Zeitgenossen derjenige, der am wenigsten Wert auf die exakte Zeichnung legt. Sein Metier ist die Farbe, die zum Teil sehr spontan und frisch aufgetragen wird, wie es gerade die Stuppacher Madonna belegt.

Hans Baldung gen. **Grien**, Die Wetterhexen, Holzschnitt. Hans Baldung entwirft vor allem in seiner Straßburger Zeit Bilder für ein humanistisch gebildetes Publikum, das wohl vor allem auch den aufreizenden Seiten der Darstellungen etwas abgewinnen kann.

Hans Süß von Kulmbach, Maria mit dem Kind und Heiligen, Epitaph für Lorenz Tucher († 1503), 1513, Öl auf Holz, Nürnberg, St. Sebald. Das dreiteilige, aber nicht bewegliche Epitaph, eine stark ital. beeinflusste Sacra Conversazione, hängt noch an seinem originalen Platz in St. Sebald.

Lukas Cranach d.Ä., Judith mit dem Haupt des Holofernes, um 1530, Öl auf Holz, Stuttgart, Staatsgalerie. Eine von vielen Versionen des in humanistischen Kreisen beliebten Themas, die aus der Cranach-Werkstatt geliefert werden.

Hans Holbein d. J., Porträt des Erasmus von Rotterdam, um 1523, Öl auf Holz, Privatsammlung. Der bedeutendste Humanist und Literat seiner Zeit nördl. der Alpen, Erasmus von Rotterdam, lebt längere Zeit in England, wo ihn Holbein porträtiert.

Albrecht Altdorfer, Geburt Marias, um 1520, Öl auf Holz, München, Alte Pinakothek. Der monumentale, perspektivisch kühn dargestellte Kirchenraum mit dem Engelskranz symbolisiert die Gleichsetzung der Muttergottes mit der Kirche.

1513/14 entstehen die sog. Meisterstiche, *Ritter, Tod und Teufel*, *Hieronymus im Gehäus* und vor allem *Melencholia* I, die tiefste Reflexion über das Wesen von Kunst und Philosophie in seiner Zeit.

Eine in der Knappheit mancher Formulierung bestechende Quelle bildet das Tagebuch der niederl. Reise, die er 1520/21 in Begleitung seiner Frau unternimmt. Ziel ist die Verlängerung der von Kaiser Maximilian I. († 1519) gewährten jährlichen Rente durch Karl V. und dessen Tante Margarethe von Österreich, Regentin der Niederlande († 1530). Dies weist auf den Bruch hin, den der Tod dieses um seine Memoria auf literarischem wie bildkünstlerischem Gebiet so besorgten Kaisers für Dürer bedeutet. In den 20er Jahre arbeitet Dürer an einer Reihe berühmter Porträts und vollendet theoretische Schriften über Messung, Festungsbau und Proportionslehre.

Dürer hat vergleichsweise wenige, aber talentierte Schüler: **Hans Süß von Kulmbach** (um 1480–1522) soll auch bei dem seit 1500 in Nürnberg anwesenden Venezianer Jacopo de' Barbari studiert haben. Stark renaissancehaft das Epitaph für Lorenz Tucher, von brillanter Farbigkeit seine Altarbilder (*Annenaltar*, Nürnberg, St. Lorenz). Ähnlich lebendige Originalität kennzeichnet die Werke **Hans Baldungs, gen. Grien** (1484/85–1545), der wohl als ausgebildeter Maler in Dürers Werkstatt arbeitet. Er ist ein Meister der Buchillustration und Grafik, vor allem der mehrfarbigen Claire-obscure-Holzschnitte. Besonders bekannt sind Einzelblätter mit skurrilen Themen, v.a. Hexen-Darstellungen. Unter den Tafelbildern ragen Madonnenbilder (Nürnberg, Germanisches Nationalmuseum) oder der Hochaltar des Freiburger Münsters (1512–17) heraus.

Der neben Dürer bedeutendste Maler des frühen 16. Jh., Mathis Gotthard Neithard, gen. **Grünewald**, (um 1475–1528), betreibt in Seligenstadt eine Werkstatt, steht nach 1510 im Dienste des Erzbischofs von Mainz und ist auch als Wasserbau-Ingenieur tätig. Zuvor hat er sich wohl in Nürnberg aufgehalten (hier entsteht sein frühestes Werk, der *Lindenhardter* Altar) und sich mit den Werken Dürers auseinandergesetzt. Grünewalds Hauptwerk ist zweifellos der monumentale *Isenheimer Altar* (Colmar, Musée d'Unterlinden, 1513–15), geschaffen für das dortige Antoniter-Spital. Das zweifach wandelbare Retabel zeigt außen die Kreuzigung, dann Verkündigung, Geburt und Auferstehung Christi, ganz innen den hl. Eremiten Antonius. In ikonografischer Fülle und künstlerischem Ausdruck vor allem der Farbe steht das Werk einzigartig da. Von einem ehemals in Aschaffenburg aufbewahrten *Maria-Schnee-Altar* stammt die *Stuppacher Madonna* (nach dem Aufbewahrungsort bei

Bad Mergentheim), eines der zartesten Marienbilder der Zeit, das mit der Darstellung der Kirche im Hintergrund auf die Gleichsetzung von Maria und Ecclesia hindeutet.

Lukas Cranach, die Donauschule, Hans Holbein

Lukas Cranach d. Ä. (1472–1553) aus Kronach in Franken und ebenfalls von Dürer beeinflusst, geht um 1500 nach Wien. Aus dieser Zeit datieren bedeutende Porträts der dortigen Humanisten. Seit 1505 ist Cranach Hofmaler der Kurfürsten von Sachsen in Wittenberg. Obwohl er auch umfangreiche Altarzyklen für katholische Auftraggeber fertigt (Halle, Dom, zerstört), wird er durch die bedeutende Rolle, die Sachsen für Martin Luther und die Reformation spielt, zum zentralen Maler der Reformation in Deutschland. Dies nicht zuletzt durch seine vielfach reproduzierten Porträts der sächsischen Fürsten, Luthers und seiner Frau Katharina von Bora. Neutestamentarische Themen wie Christus und die Kinder werden gleichsam zu protestant. Ikonen; allegorische Lehrbilder vermitteln die wichtigsten Grundsätze der neuen Lehre. Zu den beliebtesten Sujets der Zeit gehören moralisierende Themen wie die antike Lukrezia oder die jüdische Heldin Judith. Für seine oft höfischen Auftraggeber gibt Cranach ihnen eine Wendung ins Preziöse und Erotische.
Cranach ist zudem erfolgreicher Ratsherr, Bürgermeister und Stadtältester, Inhaber einer Apotheke und nicht zuletzt Chef eines großen Malereibetriebs, in dem neben seinen Söhnen viele Mitarbeiter für die Verbreitung des typischen Cranach-Stils sorgen. Diesen Großbetrieb (der z. T. zu Lasten der künstlerischen Qualität ging) hat er mit Tilman Riemenschneider gemein und dies unterscheidet ihn von individualistischeren Künstlern wie Dürer oder Veit Stoß.
In Wien pflegt Cranach noch einen weniger manierierten und in der Pinselschrift lockereren Stil, der ihn in die Nähe einiger anderer Maler rückt, die man heute unter dem unklaren Begriff **Donauschule** sammelt. Deren wichtigster Vertreter ist **Albrecht Altdorfer** (um 1480–1538), der Cranach wohl in Wien kennenlernt. Später in Regensburg ansässig, gehört er zu den bedeutendsten Aquarellisten seiner Zeit, malt faszinierende Landschaftsszenarien, kleinformatige, aber auch ein gewaltiges Weltpanorama wie die *Schlacht Kaiser Alexanders bei Issos* (München, Alte Pinakothek, 1529). Stets stellt Altdorfer eine korrekte Raum-Konstruktion nach ital. Vorbild hinter den Ausdruckswert zurück, so auch bei der Geburt Marias in der Kirche.
Die Blüte der nordalpinen Kunst in den ersten Jahrzehnten des 16. Jh. hat zahlreiche bedeutende Maler und Grafiker hervorgebracht. Besonders erwähnenswert: die Augsburger Hans Burgkmair d. Ä. (1473–1531), Hans Holbein d. Ä. und dessen noch wesentlich berühmterer Sohn Hans d. J. (1497–1543), der in London als der gefeierte Porträtist seiner Zeit stirbt, aus Köln der Meister des Bartolomäusaltars und Barthel Bruyn d. Ä. (1493–1555), aus den Niederlanden Quentin Massys (1465/66–1530), Jan Gossaert gen. Mabuse (1478/88–1532) und Barend van Orley (1491/92–1541).

SKULPTUR

Frankoflämische Grundlagen und Wirkungen

Schon Ende des 14. Jh. erreicht die franz. Hofkunst ihre außerordentliche Qualität und Strahlkraft vor allem durch Maler und Bildhauer des frankofläm. Bereichs, der reichen Handelsstädte der Niederlande und der Picardie, die auch enge wirtschaftliche Beziehungen zur Großstadt Paris unterhalten. Für die künftige Entwicklung der Skulptur, besonders auch gegenüber der für einige Zeit so innovativen Malerei, wird das alte Herzogtum Burgund unter den Herzögen aus dem Haus Valois besonders bedeutsam: Hier entsteht ihre Grablege in der Kartause von Champmol und es besteht unter jedem der vier großen Herzöge eine beachtliche Skulpturenwerkstatt. Der bedeutendste in dieser Reihe ist **Claus Sluter**, der durch seinen reichen und plastischen Figurenstil, zugleich aber durch die Verstärkung des Detailrealismus zu einem lange wirkenden Vorbild wird. Sluters Nachfolger sind sein

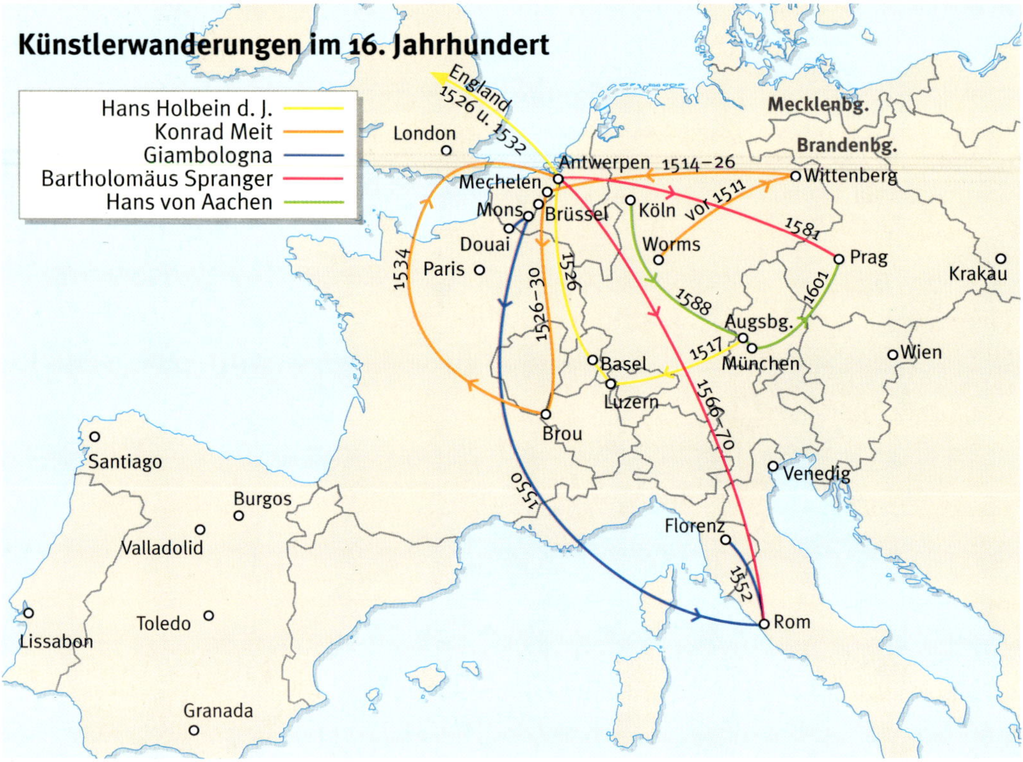

Neffe Claus de Werve, der Spanier Juan de la Huerta und Antoine le Moiturier (um 1425–nach 1494), alles bedeutende Bildhauer, von denen jedoch oft nur wenig erhalten ist (so Moituriers Grabmal des Philippe Pot aus Cîteaux, 1480–85, Paris, Louvre). Sehr reich aber ist noch immer die Überlieferung an Werken aus dem Umkreis dieser Meister.

Auch in anderen Regionen wird burgund. Kunst rezipiert, so im Süden Frankreichs, wo nur auf die Chorschanken der Kathedrale von Albi verwiesen sei, ein filigranes Meisterwerk, umstellt von zahlreichen Statuen der Propheten, Sibyllen und Heiligen. In Deutschland arbeitet der wohl in Burgund ausgebildete, aus Schwaben gebürtige **Hans Multscher** (um 1400–1467) für das bayerische Herzogshaus, bevor er 1427 das Bürgerrecht der Reichsstadt Ulm erhält. Sie wird damals Zentrum einer reichen Kunstproduktion, der Glas-und Tafelmalerei, vor allem aber auch qualitätvoller Skulptur. Diese Stellung behält Ulm bis zur Reformation, da Bildhauer wie Michel und Gregor Erhart oder Nikolaus Weckmann eine qualitativ hochstehende, umfangreiche Produktion entfalten. Multschers bedeutendste Werke sind Retabel (sog. *Wurzacher Retabel* in Berlin; Sterzing), Madonnenstatuen (Ulm, Museum; Landsberg/Lech) und der steinerne *Schmerzensmann* am Ulmer Münster.

Antwerpener Schnitzaltar, um 1521, Bielefeld, Altstädter Nikolaikirche. In ganz Europa sind die virtuos geschnitzten und prächtig gefassten Antwerpener Retabel beliebt. Kennzeichnend sind figurenreiche, dramatische Einzelszenen und im 16. Jh. ein geschwungener Abschluss.

In den burgund. regierten Niederlanden sind zwar zu jeder Zeit und in großer Menge Skulpturen entstanden, doch sind die meisten verloren, so die umfangreichen Zyklen an den Rathäusern von Brüssel, Brügge oder Leuven oder der üppige Lettnerschmuck vieler Kirchen. Auch die unzähligen Retabel und Einzelskulpturen in den Stadt- und Bettelordenskirchen werden durch Religionskriege und Barockisierungen zerstört. In Brüssel, Mechelen und vor allem Antwerpen entsteht eine Exportproduktion von Altaraufsätzen, die strengen Qualitätskontrollen unterworfen wird. Außerhalb der alten Niederlande sind in Frankreich, Spanien, Norddeutschland und Skandinavien noch Dutzende dieser figurenreichen erzählenden Flügelaltäre erhalten. In den Niederlanden selbst vermittelt höchstens St. Pieter in Leuven noch einen Eindruck von der Wirkung der reich ausgestatteten Pfarr- und Stiftskirchen.

Nikolaus Gerhaert van Leyden (um 1430–1473) gelingt es, den präzisen, formbewussten, dabei aber auch individuell-lebendig wirkenden Stil Rogier van der Weydens mit den Mitteln der Skulptur zu verwirklichen. Er ist allerdings nur außerhalb seiner Heimat nachweisbar, kommt nach Trier, Straßburg (1463/65) und schließlich nach Wien, wo er die Grabskulptur Kaiser Friedrichs III. im Stefansdom gestaltet. Obwohl niederl. Kunst in Süddeutschland nicht nur durch ihn rezipiert wird und von seinen Werken in Stein und Holz nur wenige erhalten sind (Selbstporträt, Straßburg, Frauenhaus-Museum; Kruzifix, Baden-Baden, Stiftskirche), bei anderen die Zuschreibung lange umstritten (von einem gleichrangigen Meister wohl z. B. die Madonna aus Dangolsheim, Berlin, Skulpturensammlung), ist Nikolaus Gerhaert doch von überragender Bedeutung für die Bildhauerei der 2. Hälfte des 15. Jh. gewesen. Dabei spielt auch das besonders in Straßburg blühende neue Medium des Kupferstichs eine wichtige Vermittlerrolle.

Spätgotische Schnitzer in Süddeutschland

Keiner der großen Bildhauer der Jh.wende bleibt ohne Kenntnis der dann als oberrhei-

Hans Multscher, Schmerzensmann, 1429, Stein, Ulm, Münster, Westportal. Die monumentale Figur steht am Türpfeiler des Ulmer Münsters. Von den älteren Formulierungen des schon im 14. Jh. beliebten Themas unterscheidet sie der subtile Naturalismus der Oberflächen.

Nikolaus Gerhaert van Leyden, Kruzifix, 1467, Stein, Baden-Baden, Stiftskirche. Im Kruzifix des Nikolaus Gehaerts verbindet sich eine klare Formgebung mit starkem Leidensausdruck. Derartige Werke haben alle nachfolgenden Bildhauer, aber auch Kupferstecher tief beeindruckt.

Veit Stoß, Englischer Gruß, 1517/18, gefasst, 3,70 x 3,20 m, H. der Hauptfiguren 2,20 m, Nürnberg, St. Lorenz. Wie ein Flügelretabel wurde der monumentale Rosenkranz mit der Verkündigung (daher der Name englischer Gruß) im Chor der Lorenzkirche nur zu hohen Festtagen gezeigt; das Jahr über war er durch eine Textilhülle geschützt. Die Farbfassung hatte sich so ausgezeichnet erhalten, bis Stoß' Hauptwerk Anfang des 19. Jh. herabstürzte und erst 150 Jahre später angemessen restauriert werden konnte.

Adam Kraft, Selbstporträt vom Sakramentshaus, 1493/95, Sandstein, gefasst, Nürnberg, St. Lorenz. Drei Figuren Krafts und seiner Gesellen tragen das bis ins Gewölbe reichende Tabernakel-Bauwerk. Dass diese Figuren als einzige Teile des Werks durch farbige Teilfassung verlebendigt werden, zeigt das Selbstbewusstsein der Nürnberger Künstler-Handwerker.

Michael Pacher, Marienkrönung des Hochaltars von St. Wolfgang am Abersee, 1481, Holz, gefasst, Malereien Öl auf Holz, Gesamth. 11,10 m. Die Wirkung der figurenreichen, von Gold flirrenden Schreine auf den zeitgenössischen Betrachter, der das Innenleben der Retabel nur an hohen Festtagen zu Gesicht bekam, ist heute kaum noch nachvollziehbar.

Hans Leinberger, Madonna, 1515–20, Holz, gefasst, H. 220 cm, Landshut, St. Martin. Unverkennbar ist Leinbergers plastischer Stil mit den röhrenartigen Parallelfalten. In der wuchtigen Plastizität der Figuren und dem ornamentalen Charakter der Falten sieht die Wissenschaft eine »barocke« Abwandlung der Spätgotik, die ihren Höhepunkt im Breisacher Retabel des Meisters H. L. erreicht.

Hans Witten, Schöne Tür, Portal der Annaberger Franziskanerkirche, 1512, heute Annaberg, St. Annenkirche. Ein Beispiel für die gelungene Verbindung von architektonischer Rahmung und lebhafter Darstellung, das auch nach dem Abbruch der Klosterkirche der Erhaltung für würdig befunden wurde.

Hans Brüggemann, Detail aus dem Bordesholmer Altar (ehem. Hochaltarretabel der Augustinerchorherren-Stiftskirche), 1516/21, Holz, ungefasst, Gesamth. 12,60 m, Schleswig, Dom. Eine eigenständige Weiterentwicklung der Antwerpener Retabelform, z. T. unter Verwendung Dürerscher Stiche, gelingt Brüggemann mit dem Bordesholmer Altar.

nisch etikettierten Kunst des Niederländers Nikolaus Gerhaert und seiner Nachfolger. Nürnberg als blühendes Handels- und Gewerbezentrum spielt wieder die zentrale Rolle. Hierher kommt der Schwabe **Veit Stoß** (um 1448–1533), sicher mit unmittelbarer Kenntnis Gerhaertscher Werke, welche er in einen eigenen Stil umsetzt: Er verbindet virtuos hinterarbeitete Gewänder, die zu großen Gesten benutzt werden, mit höchst sensibler Darstellung der Körperlichkeit und des seelischen Ausdrucks (*hl. Andreas*, Nürnberg, St. Sebald; *Englischer Gruß*, Nürnberg, St. Lorenz). Zwischen 1477–96 ist Stoß in Krakau, wo er mit dem Hochaltar der Marienkirche, dem *Slacker-Kruzifix* ebd. und dem *Grabmal König Kasimirs IV. Jagiello* im Dom auf dem Wawel (1492) Meisterwerke hinterlässt, die in Kleinpolen wiederum stilbildend wirken. Zum Spätwerk gehört der fragmentierte Bamberger Altar (Dom, ehem. für die Nürnberger Karmeliterkirche), in dessen Zentrum eine zarte, auf die früheren Effekte des Virtuosen weitgehend verzichtende Anbetung des Kindes steht. Stoß ist in Nürnberg nur einer von mehreren herausragenden Bildhauern. Nicht vergessen werden darf **Adam Kraft** (ca. 1460–1508), der sich und zwei Gesellen 1493–95 selbstbewusst als naturnahe Trägerfiguren seines Sakramentshauses für St. Lorenz darstellen lässt. Es ist zugleich ein Höhepunkt der zu großer Virtuosität gelangten Gestaltung von Kleinarchitekturen – Sakramentshäusern, Portalvorhallen und Lettnern (vgl. z. B. Sakramentshaus und Lettner von Lorenz Lechler in Esslingen, St. Dionys; Kanzelfuß von Anton Pilgram in Wien, St. Stefan u. v. a.). Es gibt aber auch bedeutende Werke der Nürnberger Bildhauerei, die (auch wegen der einseitigen Fixierung der Forschung auf große Namen) bis heute keinem Künstler zugewiesen werden können (Zwickau, Hochaltar; Hersbruck, Hochaltar). Entsprechend zur Blüte der Malerei um und nach 1500 erlebt die Skulptur eine Phase größter regionaler Differenziertheit. Manche Bildhauer (Hans Multscher, Veit Stoß) malen auch, aber einzigartig ist die Doppelbegabung des in Bruneck/Südtirol und seit 1484 in Salzburg tätigen **Michael Pacher** (um 1435–98), der sich zumeist als Maler bezeichnet. Am 1481 vollendeten Hauptwerk, dem Hochaltar der Wallfahrtskirche St. Wolfgang/Abersee, verbindet sich, wie es bei vielen Retabeln der Zeit, doch selten so glücklich geschieht, virtu-

ose Bildschnitzerei mit Malerei der doppelten Flügelpaare. Diese zeigt, dass Pacher die ital. Kunst der Zentralperspektive beherrscht und sie mit nördl. Gewandgestaltung und z. T. spätgotischen Architekturformen verbindet.
Im benachbarten Bayern ragt **Hans Leinberger** (um 1470–nach 1530) heraus, der in Landshut eine große Werkstatt betreibt und zeitweise im Dienst Herzog Ludwigs x. steht. Sein frühestes Werk ist der Hochaltar der Stiftskirche St. Kastulus in Moosburg (bis 1510); in Landshut ist die monumentale Madonna in St. Martin zu nennen.
In Franken ist neben Nürnberg Würzburg der künstlerische Hauptort. Hier lässt sich **Tilman Riemenschneider** nieder (1455/60–1531), der zunächst die Alabasterwerkstätten in Erfurt kennenlernt, dann aber auch die oberrheinische Kunst (Nikolaus Gerhaert) rezipiert. In Würzburg betreibt er als bischöflicher Hofkünstler eine große Werkstatt, der eine Fülle oft stark typisierter Figuren entstammt. Dieser Stil prägt die Kunst Unterfrankens. Riemenschneider fertigt auch Meisterwerke wie das *Grabmal Bischof Rudolfs von Scherenberg* im Würzburger Dom (1496–99), den *Rothenburger Heilig-Blut-Altar* (1501–04, St. Jakob) und den *Creglinger Altar* mit der *Aufnahme Mariens in den Himmel* (1505–10).
In Sachsen, das durch ergiebigen Edelmetall-Bergbau reich geworden ist, müssen bedeutende Kirchenneubauten (Zwickau, Annaberg, Schneeberg, Pirna etc.) ausgestattet werden. So kehrt Peter Breuer (1472/73–1541) nach seiner Ausbildung bei Riemenschneider in seine Heimat zurück (Pietà, Zwickau, St. Marien), auch Bildhauer aus anderen Regionen, wie **Hans Witten** aus Braunschweig (vor 1485–nach 1525), finden ein gutes Auskommen. Er entwirft dramatische, bewegte Figuren von geschlossener Form, oft auch große Kompositionen (*Geißelung Christi*, Chemnitz, Schlosskirche (nach 1502); *Tulpenkanzel*, Freiberg, Dom (um 1510), die z. T. wie das Portal der Chemnitzer Schlosskirche oder die *Schöne Tür* in Annaberg in enger Verbindung mit der Architektur stehen.
Am Niederrhein ist **Heinrich Douvermann** (um 1480–vor 1544) in Kalkar der Hauptvertreter der blühenden Altarbaukunst, die hier lange niederl. beeinflusst ist und meist mit hartem Eichenholz arbeitet – im Gegensatz zu Süddeutschland, wo häufig Linde verwendet wird. Die beliebte Darstellung des Stammbaums Jesu (Wurzel Jesse) wird in seinem *Xantener Marienaltar* (1536 vollendet) zu völlig frei gearbeitetem Astwerk, das die Figuren umwebt. Ähnlich frei und originell verarbeitet **Hans Brüggemann** (um 1480–um 1523) niederl. Vorbilder. Mit den 20 Bildnischen und über 400 Figuren des monumentalen Hochaltars für Stift Bordesholm bei Schleswig (1516–21, seit 1666 in Schleswig, Dom) steigert er die niederl. (Antwerpener) Vorbilder, die mit ähnlich reichen Szenarien gearbeitet haben. Und er übertrifft auch den Altar, den Claus Berg (um 1475–nach 1530), ein Bildhauer fränkischer Schulung, zur gleichen Zeit für die Grablege der dän. Könige in St. Canut in Odense fertigt, zu der Bordesholm, das ebenfalls vom Königshaus gefördert wird, in Konkurrenz treten will.

Das Eindringen der Renaissance in deutschen und niederländischen Städten

Nürnberg, Augsburg und Ulm im Süden Deutschlands, aber auch die blühende Stadtkultur in den Niederlanden stehen als wirtschaftskräftige Zentren und vor allem durch die engen Verbindungen nach Italien schon lange vor 1500 mit der dortigen Kunst in Verbindung. Eine an der Renaissance geschulte Bildhauerei entwickelt sich erst jetzt. Bezeichnend sind die Planänderungen an einem der herausragenden Bronzewerke der Zeit, dem

Peter Vischer d. Ä., dessen Söhne Hermann d. J. und Peter d. J., Sebaldusgrab, Auftrag 1488, Ausführung 1507/19, Bronze, Nürnberg, St. Sebald. Der ältere Heiligenschrein erhielt einen Tabernakel aus Bronze, der zentral im Chor von St. Sebald aufgestellt wurde. Ursprünglich wesentlich höher und in spätgotischen Formen geplant, reduzieren die Vischer-Söhne den Aufbau und gestalten die einzelnen Plastiken im Stil der Renaissance.

zunächst von **Peter Vischer d. Ä.** (um 1460–1529) seit 1488 geplanten *Sebaldusgrab* in St. Sebald zu Nürnberg. Seine Söhne Hermann d. J. und vor allem Peter d. J. haben es in stärker renaissancehaften Formen erst 1507–19 vollendet. Der Aufbau folgt im Grundschema spätgotischen Formen. Die Plastiken, z. B. die Putten und Apostelstatuen, zeigen einen idealisierten, italianisierenden Stil.
Aber es ist Augsburg, das in der Folgezeit die führende Rolle unter den süddt. Städten einnehmen soll und das sich sehr früh, vor allem in der Skulptur, der ital. Renaissance zuwendet. **Adolf Daucher** und sein Sohn Hans (1486–1538) erhalten den Auftrag, für Jakob Fugger, den Prinzipal einer der reichsten Patrizierfamilien der Zeit, die selbst den habsburgischen Kaisern durch Darlehen das Regieren ermöglichen, im Westteil des Langhauses von St. Anna eine Familienkapelle einzurichten (1509–12). Sie folgt in vielem ital. Vorbildern; originell sind die Putten auf der Abschrankung, von fast klassischer Schönheit die Beweinungsgruppe auf dem Altar.
In der Daucher-Werkstatt ist auch der junge **Peter Flötner** (um 1493–1546) tätig, der 1522 nach einem Italien-Aufenthalt in Nürnberg ansässig wird. Er gibt hier durch seine vielfältige Tätigkeit (Holzschnitte, Plaketten) besonders dem Kunsthandwerk neuen Auftrieb. Sein *Apollo-Brunnen* (1532) gehört zu den reinsten und bedeutendsten Werken der dt. Renaissance, vielleicht gerade weil er mehrere Vorbilder verarbeitet, vom antiken *Apollo von Belvedere*, über Jacopo de' Barbari bis zu Dürers *Apoll und Daphne*.
Nach dem durch die Reformation bewirkten Ende der großen Aufträge für religiöse Kunst entwickelt sich für die patrizischen Kreise Nürnbergs (und später Augsburgs) das Kunsthandwerk – im Übrigen auch als Exportartikel dieser blühenden Gewerbestädte – zur führenden Kunst. In Nürnberg sind vor allem der Goldschmied Wenzel Jamnitzer (1508–88) zu nennen, der eine große Werkstatt betreibt, später Hans Petzolt (1551–1633).

Veit Stoß (?), Zimburgis von Masowien, vom Grabmal **Kaiser Maximilians I.**, Modell 1507, Guss 1516, Bronze, Innsbruck, Hofkirche. Für sein Grabmal plant Maximilian einen umfangreichen Zyklus der bis ins Alte Testament zurückgeführten Vorfahren und der Heiligen des Hauses Habsburg. Von den 28 ausgeführten monumentalen Bronzestatuen der habsburgischen Ahnen und Verwandten werden elf zu Maximilians Lebzeiten gegossen (1508–18). Eine Gedenkstätte dieser Größe erfordert komplizierte Logistik. Die Modelle stammen von verschiedenen bedeutende Künstlern (Veit Stoß (?), Hans Leinberger u. a.), für den Guss sind Peter Vischer (1513), Stefan Godl (1518) und v.a. Gilg Sesselschreiber verantwortlich.

HÖFISCHE KUNST DES 16. JAHRHUNDERTS

Die Stiftungen der Jagiellonen und Habsburger

Die Einrichtung von Grablegen und Gedächtnisstiftungen ist für hochadelige Geschlechter in ganz Europa schon im 13. und 14. Jh. generell üblich. Am geeignetsten scheinen dafür eigene Klosterstiftungen, da diese Konvente die Fürbitte für die Seele der Verstorbenen intensiv und dauerhaft gewährleisten. So entstehen oft lange Begräbnistraditionen (z. B. der franz. Könige in der Abtei St.-Denis bei Paris), die natürlich auch der polit. Selbstdarstellung der Familien dienen, seit dem 12. Jh. z. T. auch mit Hilfe des Grabbildes. Im Dt. Reich sind die Verhältnisse aufgrund der Zersplitterung in mittlere und kleine Herrschaften komplex, ei-

ne einheitliche Herrschergrablege kann sich wegen des Wechsels der Königshäuser nicht bilden.
Seit dem 15. Jh. aber prägen im östl. Mitteleuropa zwei Dynastien das Bild: In ihrem großen Herrschaftsbereich zwischen Litauen und dem Schwarzen Meer die Jagiellonen (seit 1385/86), die vor allem die Kathedrale und das Königsschloss auf dem Wawel in der poln. Hauptstadt Krakau ausbauen. Unter König Sigismund I. (1506–48) und dessen Bruder, König Wladislaw II. von Böhmen (1471–1516), wird hier eine rein italienisch geprägte Renaissancekunst gefördert (Sigismundkapelle am Krakauer Dom). Mit entscheidend ist, dass schon zuvor unter dem ungar. König Matthias I. Corvinus (1458–90), der seinen Machtbereich bis in Lausitz ausgedehnt und den Wladislaw 1490 beerbt hat, die Orientierung nach Italien in Architektur und Bildhauerkunst ausschlaggebend geworden ist. Allerdings gestaltet zur gleichen Zeit in Prag Benedikt Ried in königlichem Auftrag kühnste spätgotische Schlingrippengewölbe (Prag, Hradschin, Wladislawsaal, 1493–1502).
Im Gegensatz dazu bleiben die Habsburger, polit. unter Kaiser Friedrich III. (1440–93) zeitweilig in Bedrängnis, zunächst der einheimischen, spätgotischen Kunst treu, deren Zentrum Wien mit Stefansdom und Hofburg, aber auch die Wiener Neustadt bildet (vgl. Friedrichs monumentales Grabmal des Nikolaus Gerhaert im Stefansdom). Durch kluge Heiratspolitik befindet sich Habsburg schon auf dem Weg zur Weltmacht: 1477 erbt es Burgund (Franche-Comté) mit den Niederlanden, 1516 Spanien. Die wirtschaftliche Unterstützung durch reiche Patrizier (Fugger und Welser) und die Steuereinnahmen der Niederlande ermöglichen Maximilian I. (1493–1519) eine wesentlich erweiterte Memoria: Jeden herkömmlichen Rahmen sprengt sein nie vollendetes Grabmal, das eine eigene Kirche erhalten soll und erst unter seinen Nachfolgern in der Hofkirche zu Innsbruck aufgestellt wird. Darüber hinaus pflegt Maximilian panegyrische höfische Epik *(Der Weißkunig)* und lässt die von ihm in Auftrag gegebenen Bücher und monumentalen, druckgrafischen Allegorien durch die bedeutendsten Künstler der Zeit gestalten (u. a. Dürer, *Triumphpforte;* am Gebetbuch waren neben ihm mehrere Maler beteiligt).
Auch Maximilians Tochter **Margarethe von Österreich** (1480–1530, seit 1508 Regentin der burgund. Niederlande), lässt für sich, ihren 1504 verstorbenen Mann, Herzog Philibert II. von Savoyen und dessen Mutter Marguerite de Bourbon in Brou bei Bourg-en-Bresse eine aufwändige, ganz westl. Standards verpflichtete Grabkirche errichten. Marguerite sieht sich

Konrad Meit, Der obere Gisant vom Grabmal der Margarethe von Österreich, um 1526, Marmor, Bourg-en-Bresse, Brou, St.-Nicolas-de-Tolentin. Die Grabmäler Margarethes und ihres Gemahls, Herzog Philiberts II. des Schönen von Savoyen, zeigen je zwei Darstellungen der Verstorbenen: oben Marmor-Gisants in irdischer Amtstracht, unten Alabasterbilder: idealisierte Darstellung der nackten Verstorbenen im Todesschlaf. Margarethe zeichnet ihr Grabmal durch einen monumentalen Baldachin aus, um ihre höhere Abkunft zu betonen.

Schule von Fontainebleau, sog. Flora-Meister (Ruggiero Ruggieri?), Geburt Amors, um 1560/65, Öl auf Holz, New York, Metropolitan Museum of Art. Zur Ausstattung der großen franz. Schlossbauten wurden seit dem 16. Jh. neben den noch immer beliebten Tapisserien mehr und mehr auch Stukkatur und Tafelgemälde meist mythologischen Inhalts herangezogen.

Francesco Primaticcio und **Germain Pilon**, Detail aus dem Grabmal König Heinrichs II. und seiner Gemahlin Katharina de' Medici, 1563/71, St.-Denis, ehem. Abteikirche (Stein, Bronze, durch Eugène Viollet-le-Duc nach Beschädigungen wiederhergestellt). Die Königsgräber des 16. Jh. in St.-Denis wandeln den Typus des Doppelgrabes ab: Die Figuren der lebenden Könige sind nun kniend dargestellt. Im klassisch-strengen Architekturaufbau sind drastisch-realistische Leichname dargestellt.

Meister der Grablegung von Chaource, Hl. Magdalena, Anfang des 16. Jh., Stein, Troyes, Ste.-Madeleine. Troyes ist um 1500 ein bedeutendes Zentrum franz. Bildhauerei, eine führende Künstlerpersönlichkeit der Meister der Grablegung von Chaource. Dessen trauernde Figuren sind von subtiler Sentimentalität, zu der auch die virtuos beherrschte Gewandgestaltung beiträgt.

Ligier Richier, Heiliges Grab, um 1550, St.-Mihiel, Stiftskirche St.-Etienne. Ligier Richier, der sich im Alter dem Calvinismus zu- und von der Kunst ganz abwendet, erschafft mit dem Heiligen Grab ein lebensgroßes, theatralisches Spitzenwerk dieses weitverbreiteten Darstellungstyps.

Amiens Chorschranke (Detail), Festnahme und Enthauptung des hl. Firminus, Amiens, Kathedrale. Die Chorschranken franz. Kathedralen wurden – oft über längere Zeiträume hinweg – mit umfangreichen Reliefzyklen ausgestattet. Leider sind nur wenige mittelalterl. Beispiele erhalten (Paris, Chartres, Amiens).

politisch in der Nachfolge der Burgunderherzöge und erinnert bewusst an deren Kartause von Champmol. Die üppige, fein ziselierte Steinmetzarbeit der Wappen und Devisen steht in der höfischen Tradition Frankreichs und span. Grabklöster (Kartause von Miraflores bei Burgos). Die herausragenden Grabskulpturen (Gisants und Putten) fertigt der aus Worms stammende **Konrad Meit** (um 1475 – nach 1550), seit 1512 Margarethes Hofkünstler. Oberrheinisch-spätgotisch geschult, gehört er dann zu den wichtigsten Vermittlern ital. Kunst in den Niederlanden, vor allem im Bereich der Kleinkunst (Judith, München, Bayer. Nationalmuseum).

Frankreich

Auf dem Weg der Entwicklung des Territorialstaats ist Frankreich seit dem Hohen Mittelalter weit vorangekommen. Im 16. Jh. manifestiert sich die Macht des Königtums in prächtigen, reich ausgestatteten Schlossbauten, beginnend mit dem Ausbau der mittelalterlichen Schlösser von Amboise, Blois und Fontainebleau, fortgesetzt und gesteigert in Chambord, dem Louvre, dem Tuilerien-Palast u. a. Seit den Zeiten Karls VIII., Ludwigs XII. und Franz' I. orientiert man sich stark nach Italien, nicht zuletzt wegen der polit. Ansprüche, die in Kriegen durchgesetzt werden sollen.

Einheimische Künstler wie der Hofmaler Jean Clouet (um 1475/80–vor 1541) erhalten starke Konkurrenz: Leonardo da Vinci stirbt in Amboise, der bekannte Architekturtheoretiker

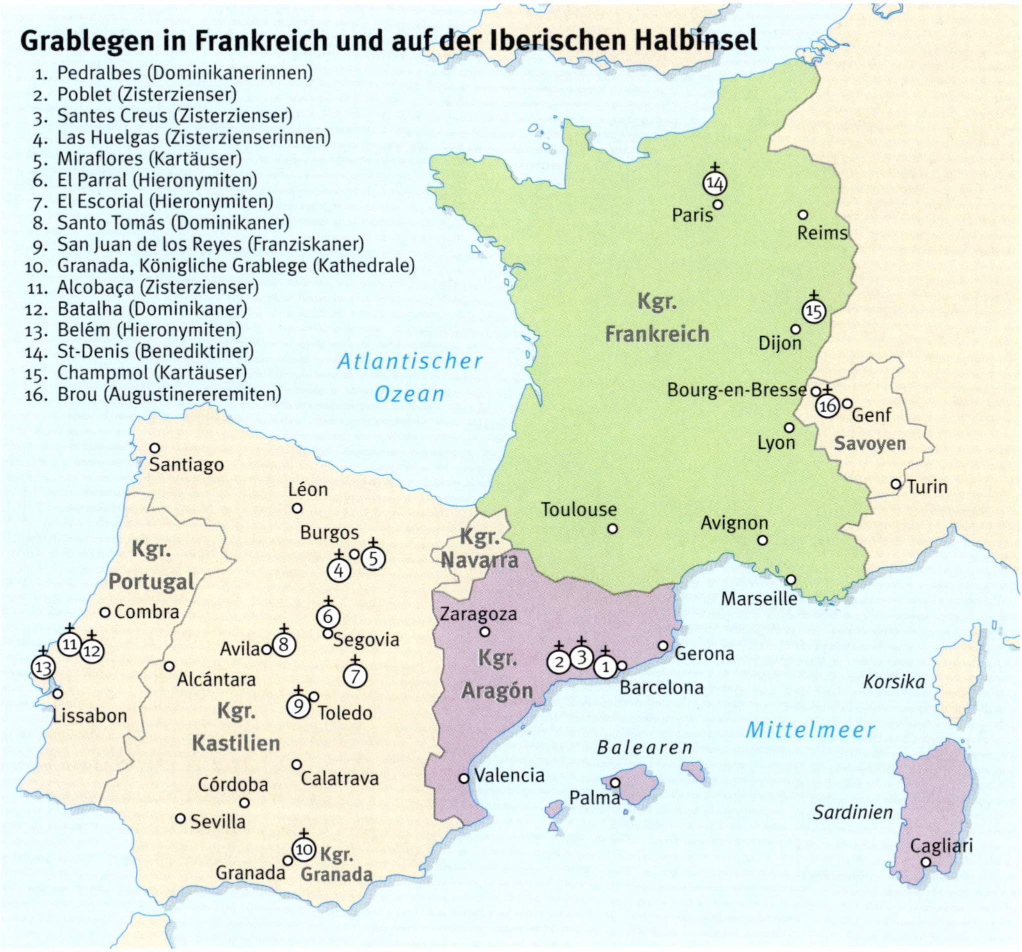

Sebastiano Serlio (1475–1554) in Fontainebleau. Auch später dominieren die Italiener: In Fontainbleau avanciert der Maler Rosso Fiorentino (1495–1540) zum Leiter der künstlerischen Unternehmungen, sein Nachfolger **Francesco Primaticcio** aus Bologna (1504–70), seit 1531 am Hof Franz I. tätig. Von Hause aus Maler, gestaltet er Raumausstattungen mit stark plastischem Stuck (Fontainebleau) und liefert zuletzt auch architektonische Entwürfe (Grabkapelle der Valois an St.-Denis, zerstört). Seine figurenreichen, kompliziert komponierten Gemälde zeigen ihn als Hauptvertreter des Manierismus (*Raub der Helena*, Barnard Castle), der heute mit dem Oberbegriff der Schule von Fontainebleau belegt wird, welcher die Notlage kaschiert, dass viele Zuschreibungen bis heute nicht gesichert sind.

Eine ganze Reihe talentierter Maler ital. und franz. Herkunft sind hier tätig, so Niccolò dell'Abbate, Ruggiero Ruggieri, Antoine Caron u. a.

Als Königin Anne de Bretagne ihren Eltern, dem letzten bretonischen Herzogspaar, in Nantes ein prunkvolles Grabmal (1502–07, ehem. Karmeliterkirche, heute Kathedrale) errichten lässt, wird die franz.-burgund. Tradition in Formen der ital. Renaissance transformiert. Zu den Trauerfiguren (Pleurants, hier in Tondi) kommen Apostel unter Arkaden und Darstellungen der Kardinaltugenden an den Ecken. Entwerfer ist der Hofmaler Jean Perréal aus Lyon (um 1460–1530), ausgeführt hat es der hochbetagte Michel Colombe aus Tours (um 1430 – um 1512), unter Beteiligung eines Italieners, Girolamo da Fiesole.

Gil de Siloë, Grabmal König Johanns II. und seiner Gemahlin Isabella von Portugal, 1486, Alabaster, Burgos, Kartause Miraflores. Zu den in Steinbehandlung und Dekor reichsten wie subtilsten Werken höfischer Grabkunst gehören die Grabmäler in Miraflores.

Damiàn Forment, Sto. Domingo de la Calzada, Hochaltar der Kathedrale (Detail), 1536/42. Die Fülle der Aufträge Forments, die meist in den für Spanien typischen Riesenretabeln mit einer Unzahl von Szenen bestehen, erfordert eine hohe Zahl von Mitarbeitern und Arbeitsteilung. Dennoch entstehen qualitätvolle Werke, besonders auch hinsichtlich der Farbfassung.

Diego de Siloë und Felipe Vigarny, Hochaltar, 1523–26, Capilla del Condestable, Burgos, Kathedrale. Bei der Ausstattung der noch spätgotischen, monumentalen Kapelle am Chor der Kathedrale vollzog sich der vollständige Wechsel zu ital. beeinflussten Renaissanceformen.

In ihrer Grablege in St.-Denis versuchen die franz. Könige des 16. Jh. nun alles Vorhergegangene zu übertreffen. So steigert das Grabmal Ludwigs XII. und seiner Frau Anne de Bretagne, dessen Skulpturen von Giovanni di Giusti Betti alias **Jean Juste** (1485–1549) stammen, die Grundformen des erwähnten Grabmals in Nantes. Aus dem Sarkophag wird eine Kapelle, in deren offenen Bögen die Apostel sitzen. Im Innern sind – in der Tradition des mittelalterlichen Doppelgrabes – die Leichname des Königspaars dargestellt, das auf dem Dach wie im Leben im Knien betend erscheint. Diesen Typ entwickelt das Grabmal König Heinrichs II. und seiner Gemahlin Katharina de' Medici, 1563–71 von **Francesco Primaticcio** (1504–70) und **Germain Pilon** (um 1525–90) monumentaler und in seiner Architektur wesentlich schlichter weiter.
Nicht vergessen werden darf, dass auch an der heute meist verlorenen Ausstattung der großen Kathedralen unentwegt weiter gearbeitet wird. Umso kostbarer sind die qualitätvollen Chorschranken von Chartres und Amiens, deren Entstehung sich jeweils vom 15. bis weit ins 16. Jh. zieht.
Daneben bestehen weitere Kunstzentren von beachtlicher Produktion, so für die Bildhauerei vor allem Troyes. Der hier ansässige Meister der Grablegung von Chaource ist bis heute namenlos geblieben. In seinem Umfeld entstehen subtile, an der Schwelle zur Renaissance stehende Skulpturen wie die hl. Magdalena in Troyes. Aber auch hierher kommt 1541 mit **Domenico del Barbiere** (Dominique Florentin, um 1506–65/75) ein Italiener, dessen *Christus an der Geißelsäule* deutlich die Beeinflus-

sung durch die Skulptur Michelangelos zeigt (um 1550, Troyes, St.-Nicolas). Immer wieder in Meudon und Fontainebleau tätig, sorgt er dafür, dass man auch in Troyes stets auf der Höhe höfischer Kunst bleibt, insbesondere natürlich bei den üblichen königlichen Einzügen, für die, wie schon im 15. Jh., häufig Maler und Bildhauer verpflichtet werden.
Im benachbarten Lothringen, in dem Städtchen St.-Mihiel, ist **Ligier Richier** (um 1500–67) tätig, der für die Herzöge von Lothringen und Bar arbeitet und viele spätmittelalterliche Typen in zeitgemäßer Formensprache mit neuem Leben füllt: Kreuzigungsgruppe, Pietà und die drastische Darstellung wurmzerfressener Toter, die sein berühmtestes Werk aufgreift, das stehende Skelett vom Grab des René de Châlons (nach 1544, Bar-le-Duc, St.-Pierre). In der Tradition der seit dem 14. Jh. bekannten und weit verbreiteten lebensgroßen Grablegungsgruppen (Tonerre, Hôtel-Dieu; Chaumont, Chaource u. v. a.) steht Ligiers lebhaftes Renaissancewerk in der Stiftskirche St.-Etienne in St.-Mihiel.

Spanien und Portugal

Die span. Einzelreiche werden durch die Heirat Ferdinands von Aragón und Isabellas von Kastilien, der sog. Katholischen Könige, vereinigt, welche auch mit der Eroberung Granadas 1494 die Reconquista beenden, der Herrschaft und weitgehend auch der Kultur des Islam ein Ende bereitend. Seit dem 14. Jh. ist die repräsentativste, von den jeweiligen Königshäusern gleichermaßen geförderte Bauaufgabe der iberischen Halbinsel die Errichtung und der Ausbau von Klöstern, denen oft Herrscherresidenzen angeschlossen sind. Beispiele reichen von Katalonien (Pedralbes bei Barcelona, die Zisterzienserabteien Poblet und Santes Creus) bis Portugal (Batalha, begonnen 1388). Ein Höhepunkt ist die strenge, regularisierte Anlage des Escorial (1563–86), errichtet unter König Philipp II. nach Plänen von **Juan Bautista de Toledo** († 1567) und **Juan de Herrera** (um 1530–97). Zu diesen Klöstern gehören meist auch Grablegen, sodass sich Architektur, Skulptur und seltener auch Malerei zu eindrucksvollen Ensembles fügen. Den oft verwirrend vielfältigen Eindruck erzeugt die

Bartolomé Ordoñez, Reliefs der westl. Chorwand der Kathedrale von Barcelona (Detail), Martyrium der hl. Eulalia, 1518–20. Der Chor und seine Ausstattung sind in Spanien seit der Romanik mit reichem architektonischen und skulpturalen Programmen versehen worden. Viele werden jedoch erst in Renaissance und Barock aufwändig erneuert.

span. Sonderform des Retabels, das sich zu raumhohen, vielszenigen Bildwänden entwickelt. Ein frühes, qualitätvolles Beispiel ist der Hochaltar der Kathedrale von Tarragona von **Pere Johan** (1425–36).
In Kastilien dominiert der niederl. Einfluss, u. a. vertreten durch den im Norden gebürtigen **Gil de Siloë** (um 1450 – nach 1500), der die königlichen Alabaster-Grabmäler der Kartause von Miraflores und (zusammen mit Diego de la Cruz) den dortigen Hochaltar fertigt. Das Grabmal des knienden Infanten Alonso († 1468), des Bruders Isabellas, zeigt in reichem architektonischen Rahmen den Verstorbenen zum ersten Mal nur kniend (1489–93). Den selben Meistern schreibt man die üppig mit Skulptur und Astwerk überzogenen Fassaden von San Pablo und San Gregorio in Valladolid zu (1487–96). Seit 1500 ist Gil, später auch sein Sohn **Diego de Siloë** (um 1495–1563) zusammen mit Felipe Vigarny an der Ausstattung der Capilla de Condestable der Kathedrale von Burgos beschäftigt, deren Retabel den Umschwung zur Renaissance markieren.
Mit der Durchsetzung der Renaissance, die in die ersten Jahrzehnte des 16. Jh. fällt (sog. plateresker Stil), ändern sich zwar die Einzelfor-

men, nicht aber die Struktur der großen Retabel oder der von jeher in span. Kirchen reich ausgestalteten Chorschranken. Das goldene Zeitalter der Entdeckungen beschert Spanien eine Welle von Neuausstattungen, Palast- und Klosterbauten. Zu den erfolgreichsten unter den vielen bedeutenden Bildhauern gehört **Damiàn Forment** (um 1475–1542). Allein in der Hauptstadt Aragóns, Zaragoza, stammen vier Retabel aus seiner offenbar großen Werkstatt (u. a. das 14 m hohe Werk der Wallfahrtskirche del Pilar, 1509–15), später kommen die der Kathedrale von Huesca, der Abteikirche von Poblet und schließlich 1536–42 der Kathedrale von Sto. Domingo de la Calzada hinzu.

Stärker durch die ital. Hochrenaissance und Michelangelo beeinflusst ist **Bartolomé Ordoñez** (1470–1520), der mit Diego de Siloë in Neapel tätig gewesen ist und seit 1515 in Barcelona die erst 1564 fertiggestellten Chorschranken der Kathedrale S. Eulalia errichtet. **Alonso Berruguete** (Sohn des Malers Pedro, um 1489–1561) und der später mit ihm befreundete Franzose Juan de Juni (1506–77) sind die bedeutendsten manieristischen Bildhauer (von letzterem Bildnisköpfe an San Marcos, León; Retabel für verschiedene Kirchen in Valladolid; Beweinung in der Kathedrale von Segovia).

Renaissance in den Niederlanden

Die Niederlande entwickeln sich als Folge der blutigen, zerstörerischen Religionskriege des 16. Jh. auseinander: Der Süden (Belgien) bleibt kath. und habsburgisch-span. dominiert, der Norden (Königreich der Niederlande) wird eigenständig, protestant. und bringt seine höchsten Leistungen auf dem Gebiet der Malerei hervor (Rembrandt). Im habsburgischen Süden, wo das spätgotische und dann auch in Renaissanceformen gefertigte Wandelretabel seine größte Blüte erlebt hat, behauptet sich die Skulptur. Seit ca. 1525 entstehen bedeutende Steinwerke in rein ital. Stil, so das nicht mehr wandelbare Marmorretabel des **Jean Mone** (vor 1500–48) in einer Seitenkapelle der Wallfahrtskirche St. Martin in Halle bei Brüssel (1530–33).

Jacques Dubrœucq (um 1505–94) lebt fünf Jahre in Rom, kehrt dann in seine Heimatstadt Mons (Bergen) zurück, wo er 1535–48 den Lettner der Stiftskirche Ste.-Waudru errichtet (1797 zerstört, nur die Reliefs erhalten), typisch in dem schon im 15. und dann bis ins 17. Jh. beliebten Gegensatz von schwarzem und weißem Marmor sowie der Verwendung von Alabaster für die figürlichen Teile. Als Hofkünstler der Regentin Maria von Ungarn, der Schwester Karls V., errichtet er Schloss Binche und ist auch sonst architektonisch tätig. Einer seiner Schüler ist **Giambologna** (Giovanni Bologna), 1529–1608), in Douai geboren und 1554 nach Italien verzogen, einer der einflussreichsten Bildhauer des 16. Jh.

Pokal mit Stammbaum Christi aus dem Lüneburger Ratssilber, 1562, Silber, Email, Berlin, Kunstgewerbemuseum. Städtische Schätze sind nur selten in der Vollständigkeit erhalten wie derjenige der norddeutschen Salz- und Handelsstadt.

Jacques Dubrœucq, Relief vom Lettner der Stitskirche Ste.-Waudru (Detail), 1535/48, Mons, Ste.-Waudru. Der leider in seine Einzelteile zerlegte Lettner ist eines der Hauptwerke des manieristischer Bildhauerei und Vorbild für viele ähnliche Kirchenausstattungen der Barockzeit.

Süddeutschland, Österreich, Böhmen

Auch im Dt. Reich dominieren spätestens seit der Mitte des 16. Jh. die Fürstenhöfe, und als föderales Gebilde mit vielen Zentren bringt es einen kaum überschaubaren künstlerischen Reichtum hervor. Daneben gibt es noch immer reiche Städte wie Lüneburg, das sich üppiges Ratssilber leistet. Es ist als einer der wenigen kommunalen Schätze dieser Art, die ja neben der Repräsentation auch stets der Geldanlage dienen, erhalten. Im Süden können Nürnberg und Augsburg ihr Niveau bis weit ins 17. Jh. halten, vor allem auf dem Gebiet des Kunsthandwerks. Die Verbindungen sind international und vor allem niederl. dominiert. Führende Künstler wie **Adriaen de Vries** (1546/50–1626) aus Den Haag, der sich um 1580 bei Giambologna aufhält und 1588 savoyischer Hofkünstler wird, kommt z. B. 1596–1602 nach Augsburg (*Merkur-* und *Herkulesbrunnen* 1599–1602).

Unter den Höfen müssen zumindest Landshut, München und Heidelberg, wo bedeutende Renaissanceschlösser entstehen, Stuttgart oder Dresden erwähnt werden, aber auch nordische Residenzen wie Celle, Wolfenbüttel oder Bückeburg in Schaumburg-Lippe mit seiner Schlossausstattung und dem Grabmal des Grafen Ernst von Adriaen de Vries in St. Martini zu Stadthagen (1618–21).

Der Magnet manieristischer Künstler im Dt. Reich aber ist der Hof Kaiser Rudolfs II. († 1612) in Prag, wo auch de Vries seit 1601 tätig ist. Hierher kommen Giuseppe Arcimboldo (1527–93), heute weltbekannt für seine aus Gegenständen der Natur oder Kunst zusammengefügten Bildnisse, sowie vielgereiste Männer wie der Antwerpener **Bartholomäus Spranger** (1546–1611) oder der Kölner **Hans von Aachen** (1552–1615), der zuvor in Augsburg und München, am Hof Herzog Wilhelms V., tätig gewesen ist.

Es versteht sich von selbst, dass Rudolf II. wie alle Fürsten seit dem 14./15. Jh. angemessene Repräsentation durch herausragende Stücke des Kunsthandwerks gewährleistet sehen will, in die oft auch kostbare natürliche Fundstücke und Mitbringsel aus den immer weiter erforschten neuen Kontinenten eingefügt werden. Zwar ist die Einrichtung von Kunst- und Wunderkammern, in denen neben künstlerischen Werken natürliche Fundstücke aller Art aufbewahrt werden, oder die Beschäftigung mit der Alchimie keinesfalls auf den Prager Hof beschränkt. Doch hat Rudolph II. ein besonders intensives Interesse an diesem Bereich, der zum Ursprung sowohl der modernen naturwissenschaftlichen Weltanschauung wie auch der Institution des Museums werden soll.

Adrian de Vries, Herkulesbrunnen, (Detail Skulpturengruppe), 1602, Augsburg. Öffentl. Wasserversorgung gehört seit dem Mittelalter zu den wichtigsten Aufgaben der Kommunen und oft werden die Brunnen als Zentren öffentlichen Lebens künstlerisch gestaltet. Die drei berühmten Augsburger Werke des 16. Jh. stehen in einer langen Tradition.

Anton Schweinberger, Seychellennuss-Kanne, um 1602, Silber, teilvergoldet, Wien, Kunsthistorisches Museum, Sammlung für Plastik und Kunstgewerbe. Solche Kunstkammerstücke gehören zu den Sammlungen aller Höfe des 16. Jh. Oft werden wie hier in einer kostbaren Fassung interessante Fundstücke aus den (aus europ. Sicht) neu entdeckten Weltgegenden präsentiert.

Hans von Aachen, Pan und Selene (?), 1600/05, Öl auf Holz, London, Privatbesitz. Eine äußerste Delikatesse in Farbgebung, aber auch den oft erotischen Sujets erreichen die Maler am Hofe Rudolfs II.

BAROCK

Historischer Hintergrund und Konfessionen Anfang des 17. Jahrhunderts in Europa

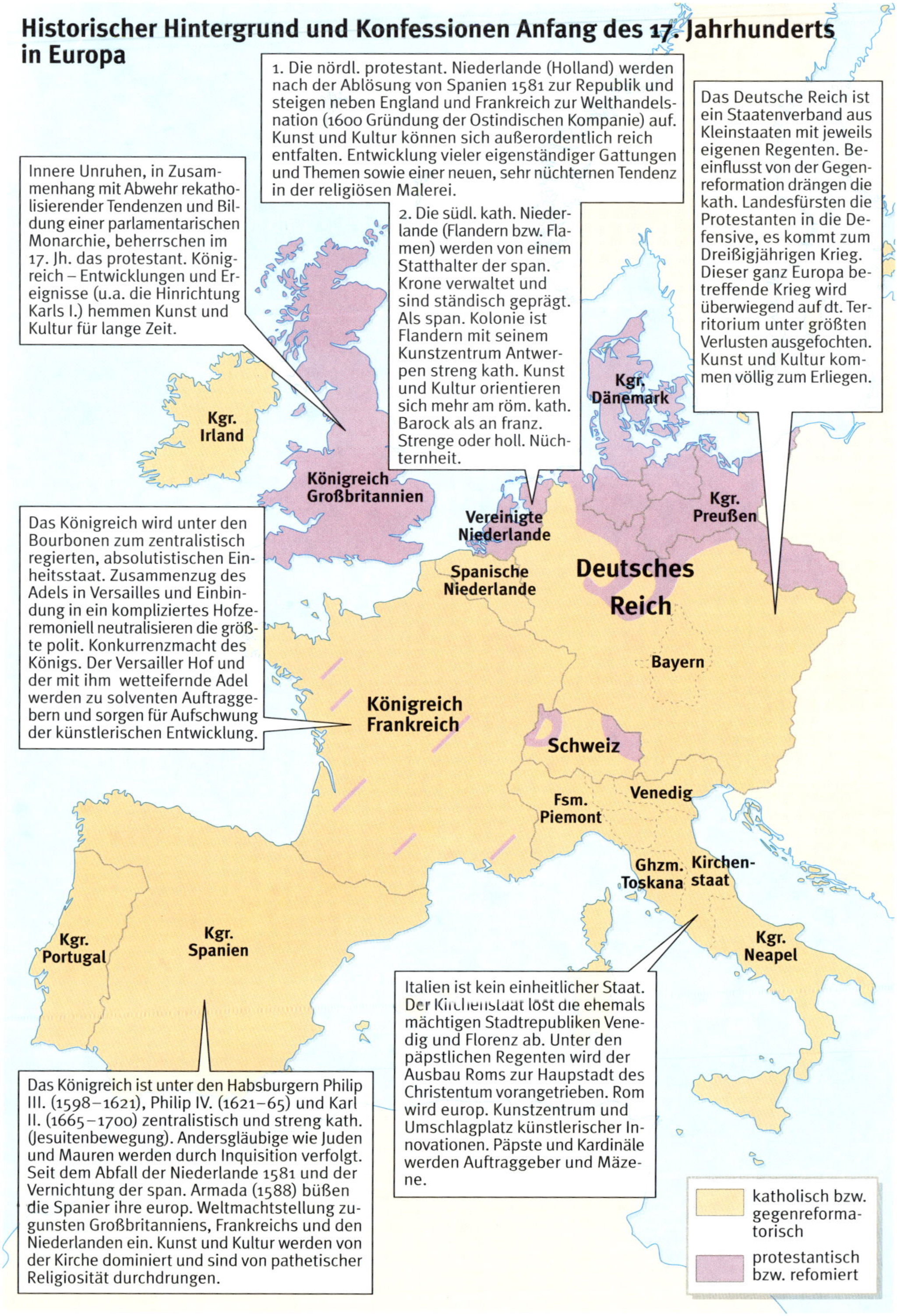

1. Die nördl. protestant. Niederlande (Holland) werden nach der Ablösung von Spanien 1581 zur Republik und steigen neben England und Frankreich zur Welthandelsnation (1600 Gründung der Ostindischen Kompanie) auf. Kunst und Kultur können sich außerordentlich reich entfalten. Entwicklung vieler eigenständiger Gattungen und Themen sowie einer neuen, sehr nüchternen Tendenz in der religiösen Malerei.

2. Die südl. kath. Niederlande (Flandern bzw. Flamen) werden von einem Statthalter der span. Krone verwaltet und sind ständisch geprägt. Als span. Kolonie ist Flandern mit seinem Kunstzentrum Antwerpen streng kath. Kunst und Kultur orientieren sich mehr am röm. kath. Barock als an franz. Strenge oder holl. Nüchternheit.

Innere Unruhen, in Zusammenhang mit Abwehr rekatholisierender Tendenzen und Bildung einer parlamentarischen Monarchie, beherrschen im 17. Jh. das protestant. Königreich – Entwicklungen und Ereignisse (u.a. die Hinrichtung Karls I.) hemmen Kunst und Kultur für lange Zeit.

Das Deutsche Reich ist ein Staatenverband aus Kleinstaaten mit jeweils eigenen Regenten. Beeinflusst von der Gegenreformation drängen die kath. Landesfürsten die Protestanten in die Defensive, es kommt zum Dreißigjährigen Krieg. Dieser ganz Europa betreffende Krieg wird überwiegend auf dt. Territorium unter größten Verlusten ausgefochten. Kunst und Kultur kommen völlig zum Erliegen.

Das Königreich wird unter den Bourbonen zum zentralistisch regierten, absolutistischen Einheitsstaat. Zusammenzug des Adels in Versailles und Einbindung in ein kompliziertes Hofzeremoniell neutralisieren die größte polit. Konkurrenzmacht des Königs. Der Versailler Hof und der mit ihm wetteifernde Adel werden zu solventen Auftraggebern und sorgen für Aufschwung der künstlerischen Entwicklung.

Italien ist kein einheitlicher Staat. Der Kirchenstaat löst die ehemals mächtigen Stadtrepubliken Venedig und Florenz ab. Unter den päpstlichen Regenten wird der Ausbau Roms zur Haupstadt des Christentum vorangetrieben. Rom wird europ. Kunstzentrum und Umschlagplatz künstlerischer Innovationen. Päpste und Kardinäle werden Auftraggeber und Mäzene.

Das Königreich ist unter den Habsburgern Philip III. (1598–1621), Philip IV. (1621–65) und Karl II. (1665–1700) zentralistisch und streng kath. (Jesuitenbewegung). Andersgläubige wie Juden und Mauren werden durch Inquisition verfolgt. Seit dem Abfall der Niederlande 1581 und der Vernichtung der span. Armada (1588) büßen die Spanier ihre europ. Weltmachtstellung zugunsten Großbritanniens, Frankreichs und den Niederlanden ein. Kunst und Kultur werden von der Kirche dominiert und sind von pathetischer Religiosität durchdrungen.

Auf die Kunst der Renaissance aufbauende und diese weiterentwickelnde Stilrichtung. Der Begriff Barock umschreibt eine von Italien ausgehende, sich über ganz Europa in unterschiedlicher Ausprägung und Intensität verbreitende Kunstauffassung. Diese Entwicklung verläuft aufgrund länderspezifischer polit. und historischer Gegebenheiten regional verschieden, so dass die Zeit des Barock in den einzelnen Ländern differiert: Italien ca. 1580–1680, Frankreich ca. 1660–1715, Niederlande ca. 1610–1670, Deutschland ca. 1650–1780. Der Epochenbegriff leitet sich wohl von dem portug. Wort barucca (unregelmäßige Perle) ab, verwendet im Sinne von regelwidrig, sonderbar. Mitte des 18. Jh. mit zunächst negativer Konnotation auf die den klassizistischen Prizipien nicht entsprechende Architektur angewandt, ab Mitte des 19. Jh. Übertragung auf alle Kunstgattungen mit positivem Auffassungswandel.

Der barocke Stil entsteht aus einer Weiterentwicklung und Neuinterpretation der Kunst in der Zeit ab 1570, bedingt durch veränderte historische, polit. und religiöse Verhältnisse. Träger dieser Kunst sind in erster Linie die Potentaten der **Gegenreformation** und des **Absolutismus**. Die Werke, in denen ein Zusammenspiel aller Kunstgattungen – Architektur, Skulptur, Malerei, Dekoration und Kunsthandwerk sowie Städte- und Gartenbau – und deren theatralische Inszenierung angestrebt wird, dienen der Verherrlichung und Legitimation ihrer Macht. Maßgeblich für die Gegenreformation ist das Konzil von Trient (1545–63), das die Einheit der durch die Reformation gespaltenen Kirche wiederherstellen soll. Dies führt jedoch zur Betonung der sog. Professio Fidei, der Stellung des Papstes als Vertreter Gottes auf Erden und verhindert eine konstruktive Lösung. Entscheidende Förderer und Verfechter des Katholizismus sind die Jesuiten.

So wie in Rom die Kunst allein der Verherrlichung der päpstlich-kath. Kirche und der Darstellung ihres Triumphes über alle Länder und Religionen dient, so nutzt **Ludwig** XIV. (1661–1715), der den Absolutismus in Frankreich zur Blüte führt, die Kunst zur Manifestation seiner alleinigen und unumschränkten Herrschaftsgewalt. Abbild und Symbol dieses absoluten Königtums ist das ab den 1660er Jahren ausgebaute Prunkschloss Versailles, in dem alle Kunstgattungen und eine eigens etablierte Kultur mit spezifischem Zeremoniell zur Verwirklichung eines noch nie dagewesenen Herrscherzentrums beitragen.

Jesuiten (Societas Jesu, Gesellschaft Jesu) Gegründet 1534 in Paris durch Ignatius von Loyola. Sein Orden wird als geistige Elitetruppe des Papstes zur Missionierung und Bekehrung von Heiden und Ketzern eingesetzt. Ignatius, ehem. Offizier, überträgt militärische Strenge, Disziplin und Organisationsstruktur auf den Orden und erreicht in kürzester Zeit eine Vormachtstellung: Leitung des Konzils von Trient, Berater an allen wichtigen kath. Höfen, Leitung zahlreicher Universitäten. Ausgezeichnet durch vielseitige Bildung avancieren sie zu gefragten Pädagogen. Der Gründungsbau Il Gesù in Rom wird zu ihrem weit verbreiteten architektonischen Erkennungszeichen in der kath. Welt.

MALEREI

Die Malerei wird verstärkt von der Kirche in den Dienst der gegenreformatorischen Bewegung oder von den absolutistischen Höfen programmatisch zur Verherrlichung des Regenten eingesetzt. Florenz und Venedig verlieren im Laufe des 17. Jh. als Kunstmetropolen an Bedeutung zugunsten der großen Zentren Paris, dem päpstlichen Rom sowie Orten von wirtschaftlicher Bedeutung und Handelsumschlagplätzen wie Neapel, Sevilla und Amsterdam. Bedingt durch polit. und wirtschaftliche Faktoren verändert sich häufig die Auftragslage in den einzelnen Städten, was zu größerer Fluktuation zwischen den Kunstzentren führt. Die Historienmalerei in monumentalem Format wird zur bedeutendsten Disziplin der aufkommenden Akademien und Malerschulen. Daneben treten Porträtmalerei mit Herrscherbildnis, aber auch neue Gattungen wie Stillleben und Genremalerei in allen Prägungen von naturgetreu bis romantisierend. Zunehmende Bedeutung erlangt neben der Freskomalerei das Leinwandgemälde, das

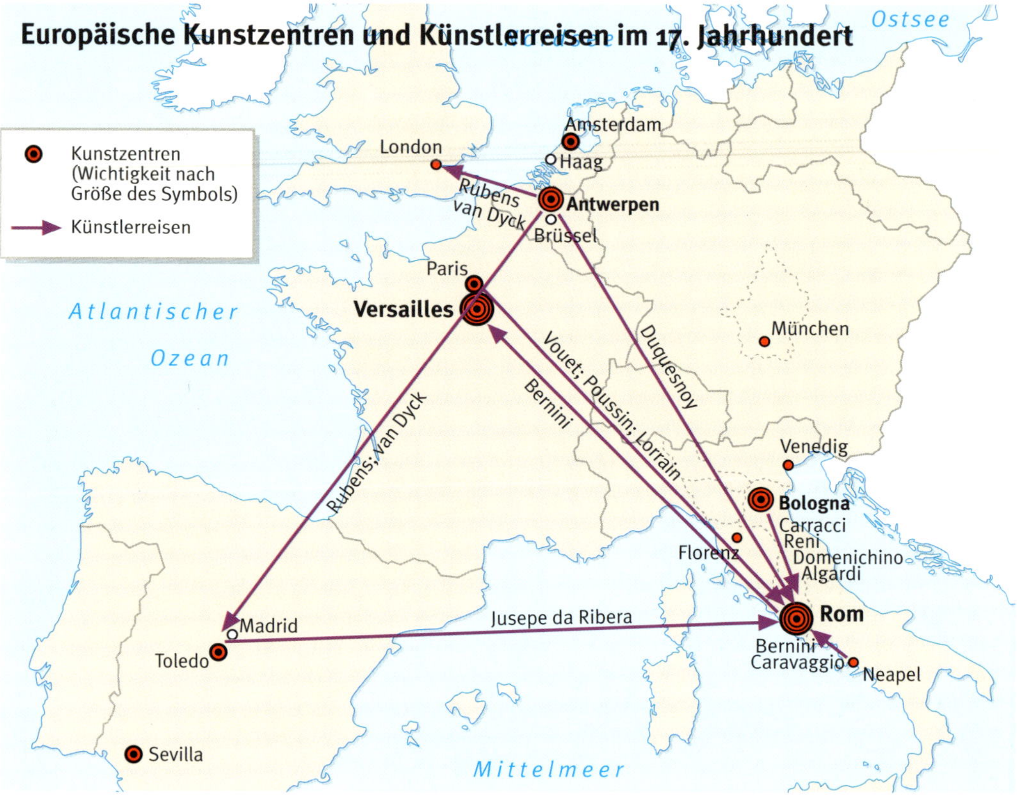

u.a. zum Sammelobjekt auch des Bürgertums avanciert.

Exemplarisch für den Übergang vom Manierismus zum Barock steht das Werk des Domenikos Theotokópoulos, gen. **El Greco** (1541–1614), dessen Werk aber nicht ohne Weiteres einzuordnen ist. Düstere, mystische Atmosphäre, Asymmetrie der Komposition, Formverzerrung zugunsten sehr schlanker, überlängter Proportionen und Expressivität der Farben zeigen noch deutlich manieristische Gestaltungsprinzipien. Dagegen weist z.B. das *Begräbnis des Grafen Orgaz* eine Malweise auf, die schwer auf Einflüsse eines anderen Malers zurückzuführen ist: grelle Farben, oft Massenkompositionen, deren Einzelszenen in horizontal gestaffelten Zonen seinen Gemälden eher flächenhaften Charakter verleihen. Durch collageartiges Überschneiden der Figuren entsteht keine Bildtiefe, sondern lediglich ein Davor und Dahinter, ohne jeden Anspruch auf Naturtreue, ähnlich der Ikonenmalerei. Daneben finden sich in El Grecos Gemälden bereits Tendenzen, die in der Malerei des 17. Jh. relevant werden: Vorliebe für Kompositionen, die nicht mehr geometrischen Figuren und der Symmetrie unterworfen sind, sondern allein von der Handlung der Personen bestimmt werden, dramatische Be-

El Greco, Begräbnis des Grafen Orgaz, um 1586, 488 x 360 cm, Toledo, St. Tome.

wegtheit und ein bisher noch nicht vorhandenes Interesse an Beleuchtungs- und Farbeffekten.

Italien

Um 1600 findet ein bewusstes Absetzen von der Malerei des Manierismus statt. Mit ihren überlängten Proportionen, unmotivierten Drehungen der Körperachse und ungreifbaren Räumen mit diagonalen Tiefenzügen entspricht sie nicht dem neuerlichen Anspruch auf unbedingte Naturtreue im Sinne von Richtigkeit, wie sie die Renaissancekunst entwickelt hat.

Umgesetzt werden die neuen Anforderungen im wesentlichen in zwei Strömungen, deren schulbildende Hauptvertreter **Annibale Carracci** (1560–1600) und **Michelangelo Merisi da Caravaggio** (1573–1610) sind:

Carracci – am klassischen Ideal geschulte Natur, Menschen mit ebenmäßigen Gesichtszügen im zeitlos antiken Gewand, in Landschaft oder Architektur dargestellt, dem Thema in würdiger Weise angemessen (decoro).

Caravaggio – Natur im realistischen Sinne, d. h. ungeschönte Darstellung einer Szene, Menschen scheinbar von der Straße in zeitgenössischer, manchmal zerlumpter Kleidung in Dunkelheit, nur von einer Lichtquelle beleuchtet oder grellem Licht ausgesetzt, wenig definierte, sparsam ausgestattete Schauplätze.

Annibale Carracci studiert Coreggios und Tizians Werke in Venedig und ist beeindruckt von Raffaels Malerei in Rom. Seine Werke sind nicht vergleichbar mit dem verhaltenen Gleichmut der Hochrenaissance, z. B. in Michelangelos *Pietà* von 1499. Seine Protagonisten strahlen in ihrer jugendlichen Ebenmäßigkeit Erhabenheit über alles Leid aus, trotzdem appelliert Carracci an das Gefühl: mit einer pathetischen, auf das Geschehen hinweisenden Geste und einer weichen Lichtführung, als Ausdruck der Hoffnung auf Erlösung.

Das Hauptwerk Carraccis, mit Agostino Carracci und seinem Schüler Domenichino ausgeführt, ist das Deckenfresko der **Galleria Farnese**, einem langen tonnengewölbten Raum für

Annibale Carracci, Maria mit dem Leib Christi, 1599/1600, Altargemälde, Neapel, Museo Nazionale

Annibale Carracci, Deckenfresko des Palazzo Farnese, 1597–1604.
Vereinigung der Errungenschaften der Hochrenaissance: graziöse Linienführung, gründliche Zeichnung, durchgebildete Anatomie, angemessenes Kolorit und Harmonie der Komposition.

sog. **Bologneser Schule**, ca. 1585 als Reaktion auf die vorherrschende Stilrichtung von Mitgliedern der Maler- und Kupferstecherfamilie Carracci als Accademia degli Incamminati (Akademie der auf den rechten Weg gebrachten) gegründet, gilt als Vorläufer neuzeitlicher Kunstakademien. Ausbildung basiert auf bewusster Rückbesinnung auf die bedeutendsten Künstler der ital. Hochrenaissance (Raffael, Michealangelo, Correggio, Tintoretto), Natur- und Modellstudium sowie theoretischen Studien. Bedeutende Schüler: Reni, Guerchino, Albani, Domenichino, Lanfranco.

Caravaggio, Johannes der Täufer, 1599/1600, Rom, Musei Capitolini, Pinacoteca Capitolina.

Caravaggio, Knabe, der von einer Eidechse gebissen wird, um 1595, London National Gallery.

die Skulpturensammlung der Familie Farnese. Ähnlich Michelangelos Fresko der Sixtinischen Kapelle (Abb. S. 125), ist die Decke durch gemalte architektonische Elemente und Ignudi (nackte Sitzfiguren) in Felder mit figürlichen Szenen aufgeteilt. Neben mythologischen Szenen und Tugendpersonifikationen befinden sich im Scheitel der Tonne, dem Zentrum, die Hauptszenen mit dem Triumphzug der Ariadne, flankiert von Pan und Diana sowie Merkur und Paris. Während Michelangelo in der Sixtina zwei Raumteile alternierend wiederholt, gliedert Carracci die Decke in einem hierachischen System, das sich dem Betrachter vom zentralen Hauptbild aus über ein ausgeklügeltes System der Abfolge wichtiger und weniger bedeutender Szenen erschließt. Überschneidungen täuschen zuweilen über den tatsächlichen Raumabschluss hinweg, z.B. an den Übergängen von Gewölbe zur Stirnseite der Wand, durch Fortsetzung der dekorativen Architekturmalerei. Hier finden sich frühbarocke illusionistische Tendenzen. Ein Vergleich der figürlichen Szenen mit denen Michelangelos veranschaulicht Carraccis bewusste Besinnung auf die Darstellung von idealer Natürlichkeit, durchdrungen von einer neuen Heiterkeit. Auch die Michelangelo nachgebildeten stein- und fleischfarbenen Atlanten und Ignudi werden lebendiger, sind in Haltung und Stimmung gelockert.

Michelangelo Merisi da Caravaggio, Vertreter der Darstellung ungeschönter Natur, geht nach seiner Lehre bei dem Mailänder Maler Simone Peterzano (Schüler Tizians) nach Rom. Während üblicherweise Heilige ihre Martyrien in der Gewissheit der Erlösung stoisch ertragend dargestellt werden, zeigt Caravaggio in seinen frühen Werken der 1590er Jahre, z.B. *Knabe, der von einer Eidechse gebissen wird*, erstmalig einen Moment, in dem ein einfacher Mensch wirklichen Ekel, Schreck und Schmerz empfindet, ohne tiefergehenden religiösen Hintergrund. Dargestellt sind oft wenige spotartig beleuchtete Einzelpersonen vor kaum definiertem Hintergrund, meist in einer Tätigkeit begriffen (Laute spielend, Obst schälend) oder in der Rolle eines Heiligen bzw. eines antiken Gottes. Typische Modelle des Künstlers sind sehr junge, hellhäutige Knaben mit dunklen Augen, fein geschwungenen Brauen und lockigem Haar. Allen Gemälden gemeinsam ist die Ausarbeitung bis dahin untergeordneter alltäglicher Dinge, in annähernd Stillleben-Niveau erreichender Qualität. Zeugnis dieses Interesses ist der 1598–1600 entstandene *Obstkorb*, vermutlich das erste ital. Stillleben.

Ab den späten 1590 er Jahren malt Caravaggio, u.a. von Kardinal Del Monte protegiert, in monumentalen Formaten überwiegend religiöse Themen: Die helle, flache Malerei der frühen Zeit wandelt sich zur, für Caravaggio charakteristischen Helldunkel-Malerei (ital. chiaroschuro), in der das Licht in einer dunkel gehaltenen Malerei aktiver Faktor der Handlung wird. In seinen Bildern dominiert Einfachheit, großformatige Figuren bilden Gruppen von statuarischer Festigkeit und Klarheit. Ein Vergleich seines Gemäldes *Judith und Holofernes* mit dem zeitgleich um 1599 entstandenen Altarbild *Maria mit dem Leichnam Christi* von Carracci veranschaulicht die deutlichen Unterschiede in der Darstellungsform. Caravaggio sucht nach der Wahrheit, nicht nach der von Carracci propagierten idealen Schönheit. Er wählt den Moment mit der höchsten Dramatik, in dem Judith eben dabei ist, voller Entsetzen über ihr Tun, dem sich noch aufbäumenden Holofernes die Kehle durchzuschneiden. Entsprechend eindrücklich und unkonventionell sind die Mittel seiner Schilderung: hellrotes Blut, das aus der Wunde strömt, keine Scheu vor der Hässlichkeit, d.h. vor der Realität, die v.a. in der Schilderung der alten zahnlosen Magd zum Ausdruck kommt. Statt der Darstellung eines zeitlosen, überhöhten Ideals zielt das Gemälde mit den angeschnittenen, nicht vollständig zu sehenden Randfiguren (Repoussoirfiguren) auf unmittelbare Dramatik ab, die durch Gesten und Gebärden erzeugt wird, vergleichbar einer Theaterszene. Die Lichtführung, welche die sparsam eingesetzten Farben Schwarz, Weiß, Rot und das Inkarnat aufleuchten lässt, unterstützt den Bühnenbildcharakter. Wahrscheinlich verletzt eben diese Inszeniertheit, das religiöse Empfinden der Kritiker und bringt Caravaggio den Vorwurf des mangelnden decoro ein. Aber gerade die biblischen Szenen, z. B. *Gastmahl in Emmaus*, 1601, die in ärmlichem Milieu mit Jüngern in z. T. zerschlissener Kleidung ohne Heiligenschein stattfinden, haben einen ungewöhnlich glaubwürdigen Charakter.

Caravaggios Interpretationen werden unter den Zeitgenossen derart kontrovers diskutiert, dass in der Barock-Malerei bereits früh von einem Richtungsentscheid zwischen Carraccis barockem Klassizismus und Caravaggios Helldunkel-Realismus gesprochen werden kann, der für die gesamte Epoche seine Gültigkeit behält. In Rom selbst setzt sich der

Caravaggio, Gastmahl in Emmaus, 1601, London, National Gallery. Jesus wird, nachdem er das Brot gebrochen hat, von seinen Jüngern erkannt. Beobachtung der Szene aus nächster Nähe.

Schematische Darstellung der Stilausprägungen in der europäischen Malerei des 17. Jahrhunderts

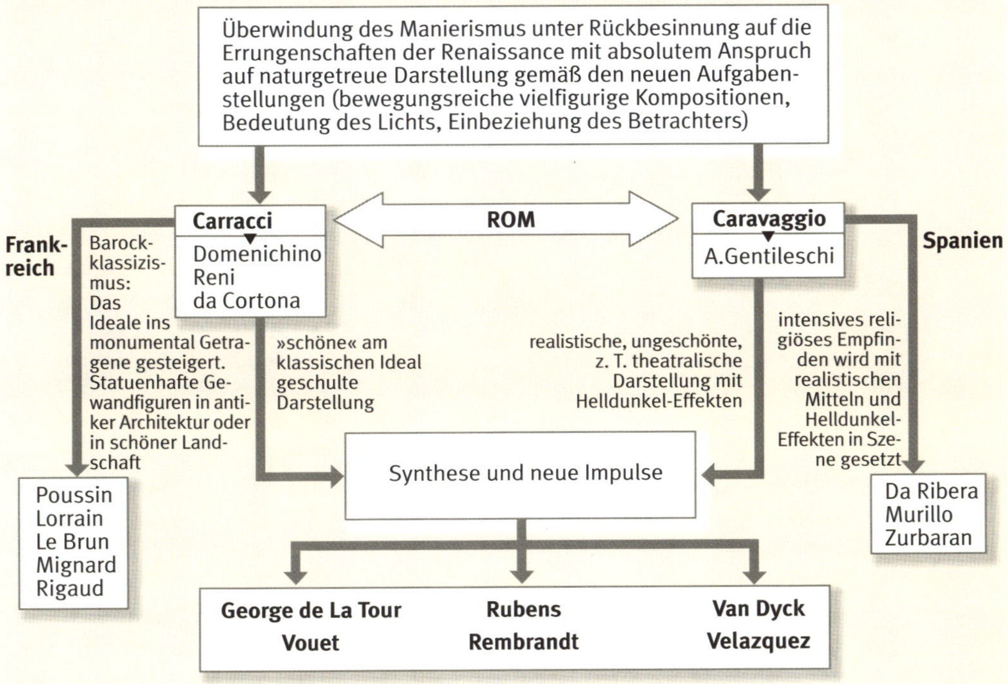

Guido Reni, Aurora, 1613, Rom, Fresko im Kasino des Palazzo Rospigliosil. Dargestellt ist der Aufgang der Sonne. Phoebus Apoll lenkt den Wagen mit den Sonnenrossen, der von einem Reigen von Horen umgeben ist. Voran schwebt Aurora, die Morgenröte, welche die Nacht vertreibt und den Tag verkündet. Klassizistische Richtung, die nicht nur das antike Schönheitsideal fordert, sondern auch auch eine gewisse Strenge und Monumentalität in der Komposition.

Pietro da Cortona, Der Raub der Sabinerinnen, um 1629, Rom, Pinacoteca Capitolina.
Vielfigurige Komposition nach akademischen Regeln. Idealisierte Menschen in klassisch antiker Architektur und Landschaft. Szenerie eines in die Tiefe gestaffelten Bühnenraums, im Vordergrund schön arrangierte Raptusgruppen.

Stil Carraccis durch, wohl weil die Kirche ihn geeigneter für die Rekatholisierung hält bzw. weil er dem Geschmacksempfinden der gegenreformatorischen Bewegung entgegen kommt.

Einer der erfolgreichsten Nachfolger Annibale Carraccis ist sein Schüler **Guido Reni** (1575–1642) aus Bologna. Obwohl er sich zunächst mit der Helldunkelmalerei Caravaggios auseinandersetzt, zeigt sein Fresko *Gang des hl. Andreas zur Kreuzigung* von 1609, S. Gregorio Magno in Rom, eine deutliche Rückbesinnung auf die Werke Raffaels. Das Deckenfresko der Aurora im Palazzo Rospigliosi in Rom von 1613 schließlich offenbart ihn als frühen Vertreter der akademisch-klassizistischen Lehre, der nicht rein aus natürlicher Intuition heraus, sondern konsequent nach theoretisch aufgestellten Regeln arbeitet. Der Kreis um Reni erhebt die Forderung, dass der Künstler die Natur zu idealisieren und zu verschönern habe und alles weglassen müsse, was nicht den Formgesetzen der antiken Skulptur entspricht.

Im Wettstreit mit Reni malt Domenichino Zampieri, gen. **Il Domenichino** (1581–1641) ebenfalls in S. Gregorio Magno eine *Geißelung des hl. Andreas*. Die zwei gegenüberliegenden Fresken stehen für die beiden konkurrierenden Kunstziele der akademischen Richtung des 17. Jh.: Komposition eines Bildes in erster Linie durch Anmut und Grazie (Reni) oder Bilderfindung und Bildgeschichte (Domenichino).

Neben Reni avanciert Giovanni Francesco Barbieri, gen. **Guercino** (1591–1666) zum erfolgreichen Maler in Rom; nach Renis Tod kehrt er nach Bologna zurück, um dessen Position als Haupt der Bologneser Schule zu übernehmen. In seinen religiösen Gemälden verbindet er klassizistische Forderungen mit Effekten der Helldunkel-Malerei Caravaggios.

Unterschiedliche Auffassungen von der Wirkungsweise großer Gemälde zeigen die Vertreter der hochbarocken Malerei **Pietro Berettini da Cortona** (1596–1669) und **Andrea Sacchi** (1599–1661). Cortona spricht sich für vielfigurige Historien mit Haupt- und Nebenhandlungen aus (vgl. *Raub der Sabinerinnen*, 1629), dagegen plädiert Sacchi für wenige Figuren, um eine größere Wirkung zu erzielen.

Einschneidende Veränderungen vollziehen sich in der Wand- und Deckenmalerei. Die spielerische Verunklärung der Raumgrenzen und Rahmenzonen durch Überschneidungen in Annibale Carraccis Farnesina-Fresken wird von da Cortona in der *Allegorie auf das Pontifikat Urbans VIII.* von 1633–39 fortgesetzt, er leitet so die Ausstattungskunst in neue Bahnen. Der Hauptunterschied und Fortschritt gegenüber Carraccis Fresko besteht in dem völligen Fortfall des architektonischen Gerüsts: Die Feldereinteilung der Renaissance und des Frühbarocks wird zugunsten eines großen gerahmten Deckenbildes im Mittelfeld des Gewölbes überwunden. Die Decke bildet keinen oberen Abschluss mehr, der Raum scheint sich zu öffnen. Die Voute, der Übergangsbereich von Wand zur Decke, wird durch figürliche Malereien negiert, die Raumgrenzen verunklärt. Neben Malerei wird figürlicher Stuck eingesetzt, um die Grenzen zwischen Architektur, Malerei und Skulptur zu verwischen. In der *Anbetung des Namen Jesu* (1676–79) in Il Gesù von **Giovanni Battista Gaulli** (1639–1709) überschneidet die Malerei an vielen Bereichen den stuckierten Bildrahmen. Die gesamte Darstellung ist einer einheitlichen Lichtkomposition unterworfen, welche den tatsächlichen Lichtverhältnissen entspricht. Kontraste von Licht und Schatten gewinnen das Übergewicht über die Farbe.

Fra Andrea Pozzo (1642–1709) führt in San Ignazio in Rom mit der *Allegorie auf das Missionswerk der Jesuiten* diese Entwicklung fort: Der Raum erweitert sich durch die gemalte zweigeschossige Architektur mit Arkaden, gekoppelten Säulen und vorspringenden Gesimsen. Diese Scheinarchitektur, dargestellt in starker Untersicht und zentralperspektivisch genau auf einen Betrachterstandort hin konzipiert (markiert durch eine im Boden eingelassene Porphyrplatte), setzt den Raum schachtartig nach oben fort und öffnet den Blick in den Himmel. Alle Figuren fügen sich im Größenverhältnis in diese Architektur ein.

Frankreich

In Frankreich greifen eine Reihe von Malern die Innovationen Caravaggios auf. In **George de La Tours** (1593–1652) Gemälden, einem der bedeutendsten **Caravaggisten** in Frankreich,

Pietro da Cortona, Verherrlichung der Regierung Papst Urbans VIII., 1633–39, Deckenfresko, großer Saal im 1. Obergeschoss des Palazzo Barberini in Rom.

Andrea Pozzo, Der hl. Ignatius heilt Pestkranke, Detail aus dem Deckenfresko von S. Ignazio in Rom, 1691–94. Perfekte Illusionismus-Malerei macht aus dem längsrechteckigen tonnengewölbten Raum einen lichtdurchfluteten Zentralraum.

Apotheose (Vergöttlichung), Gegensatz zur Ascensio (Himmelfahrt Jesu) und zur Assumptio (Himmelfahrt Mariae): Erhebung eines irdischen Menschen zur Würde eines Gottes oder Halbgottes. Im Absolutismus als Motiv zur Verherrlichung des weltlichen oder geistlichen Fürsten üblich: Herrscher oder hl. Gesprochener wird, auf Wolken schwebend oder in einem Wagen, gen Himmel getragen. Meist umgeben von den im Barock beliebten Putten (Kinderengeln) oder Genien (Schutzbefohlene). Als Wand- oder Deckengemälde programmatisch in repräsentativen Gebäuden (Kirchen und Residenzen) umgesetzt.

Illusionismus Durch künstler. Gestaltung entstehende Scheinwirklichkeit, v. a. in der Deckenmalerei zu höchster Vollendung gebracht. Aufbau von unten nach oben im wesentlichen immer nach gleichem Schema: reale Architektur, Übergangszone (Stuck oder Grisaillemalerei), gemalte architektonische Übergangszone mit Quadraturmalerei (perspektivische Architekturmalerei zur Erweiterung der Wände oder Decken im Innenraum), darüber öffnet sich der Himmel. Die Illusion eines geöffneten Raumes mit freiem Blick in den Himmel wird durch extreme Verkürzungen der aufsteigenden Figuren gesteigert.

sind die Beziehungen zu dem Werk des Italieners sehr deutlich. Auch er beleuchtet seine Figuren aus dem Dunkeln heraus, sie erscheinen jedoch nicht im fahlen weißen Kellerlicht, sondern im warmen Kerzenschein, gleichsam hinter einem grauen Schleier, der die Farben dämpft, weiche Konturen schafft und eine eher melancholische als pathetische Stimmung erzeugt. Wie Caravaggio verzichtet auch de La Tour oft auf Heiligen-Attribute. Doch malt er nicht ärmliche, nachlässig gekleidete, sondern noble, in ihrer Schlichtheit geadelte Personen, welche durch edle Gebärde und Haltung über eine mystische Aura verfügen. Auch er wählt für seine sakralen Erzählungen wenige großformatige Figuren von statuarischer Unbewegtheit. Dramatik und Hässlichkeit finden keinen Eingang in de La Tours Bilder.

Die konkrete Zuschreibung der Gemälde der **Brüder Le Nain** aus Laon wird in der Forschung diskutiert, weil sie nur mit dem Familiennamen signiert sind. Matthieu (1607–77) bevorzugt ländliche und religiöse Themen mit Anleihen bei Caravaggio und van Dyck und ist am stärksten der allg. Zeitströmung unterworfen. Louis' (1593–1648) Gemälde stehen unter deutlichem Einfluss ital. Genre-Malerei, u. a. karikierende Szenen aus dem bäuerlichen Leben (Bambocciaden). Die Kunst der Le Nain unterscheidet sich von der Caravaggios darin, dass ihren Themen unterschwellig moralisierend erscheinen.

Gründung der **Pariser Akademie** 1648, Schwerpunkt der Ausbildung liegt auf Theorie und Aktzeichnen. Wird zunächst nicht mit staatlichen Mitteln unterstützt und gerät in Konflikt mit den bestehenden Malergilden, die ihrerseits unter der Leitung von Simon Vouet die Académie de St. Luc als konkurrierende Schule etablieren. Beide verschmelzen 1651 zur Académie royale de Peinture et Sculpture, die zur geschmacksbestimmenden künstler. Schule, zur Vertreterin des franz. Nationalstils wird. In den Vorlesungen werden Kriterien zur exakten Beurteilung von Kunstwerken erarbeitet, die noch heute als Bewertungskriterien und -maßstab verbindlich sind (Erfindung, Proportion, Farbe, Ausdruck und Komposition), und eine strenge Hierarchie der Malereigattungen propagiert.

Der praktische Ausbildungsteil findet traditionell in der Werkstatt des Meisters statt. **Simon Vouet** (1590–1649), Gründungsmitglied und Meister der ersten Generation, ist seit 1613 in Rom, überwindet dort den Caravaggismus zugunsten breiter, barocker Fülle. Orientiert sich, zurück in Paris, an Reni und Domenichino und wird zum Wegbereiter des franz. Barockklassizismus. Er greift Caravaggios unbewegte Figuren auf und wandelt sie durch verhaltene Gesten und zurückgenommenes Auftreten in klassische Gewandfiguren um. Alle dynamische Heiterkeit eines Rubens, alle dramatische Theatralik eines Caravaggio weichen in Frankreich einer feierlichen hoheitsvollen Monumentalmalerei mit neuem Sinn für Ordnung, Maß und Klarheit.

Georges de La Tour, Die hl. Irene mit dem verwundeten Sebastian, 1640, Berlin, Gemäldegalerie.
Der vollkommene Körper des nur von einem einzigen Pfeil durchbohrten hl. Sebastian weist die klassischen, von der Akademie geforderten Eigenschaften auf.

Simon Vouet, Die Darbringung des Jesus im Tempel, 1641, Paris, Louvre.
Repoussoirfiguren trennen die Handlung vom realen Raum und schaffen angemessene Distanz zum Betrachter.

Akademie (griech.) Gelehrten- oder Kunstschule, geht auf die von Platon gegründete Philosophenschule im Hain des Heros Akademos (387 v. Chr.) zurück, nach deren Vorbild im 14. Jh. die früheste neuzeitliche Akademie gegründet wurde. Mit Ausbreitung des Absolutismus entstehen in fast allen europ. Hauptstädten Akademien als zentrale, staatl. Einrichtungen, die einen festgelegten Kunst-Kanon vertreten, der v. a. im 19. Jh. zunehmend in die Kritik gerät.

Bildgattungen und ihre Themen in der Malerei des 17. Jahrhunderts
(nach akademischer Rangordnung)

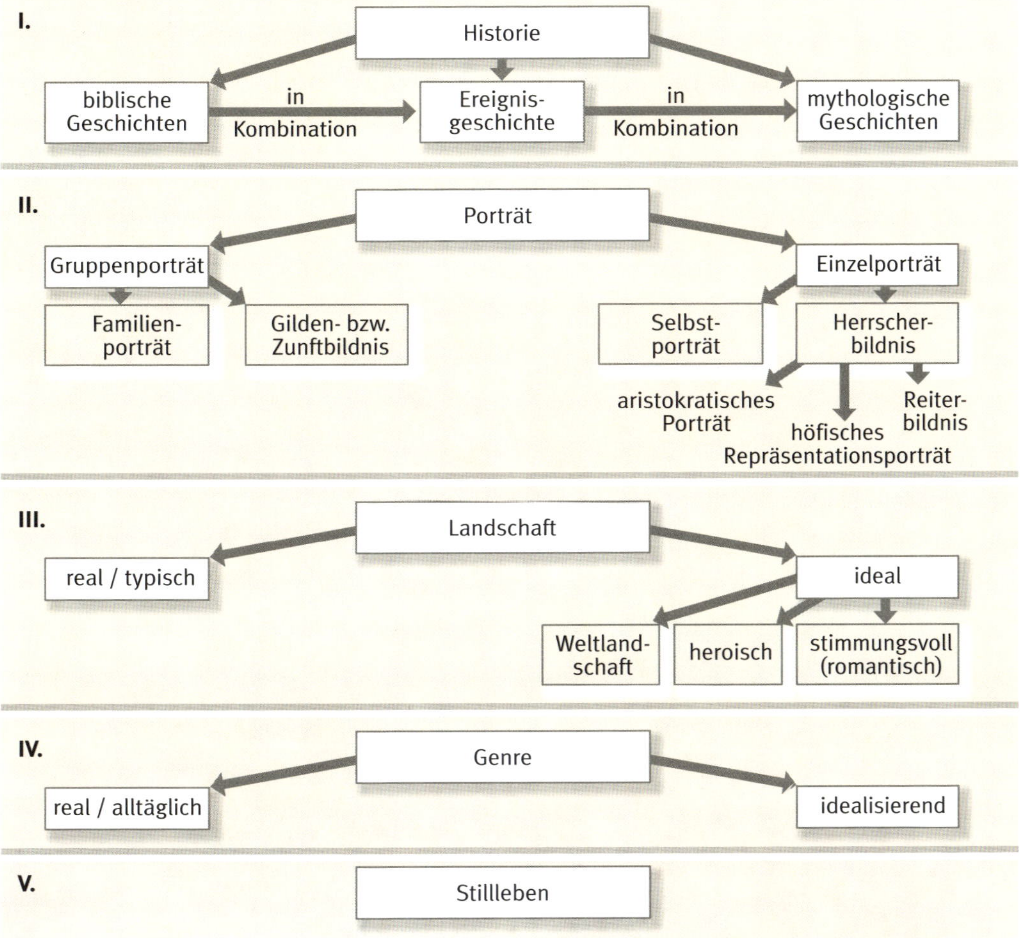

Einer der angesehensten Künstler der Akademie ist **Nicolas Poussin** (1594–1642), der es versteht, die postulierten Ideale auf die Landschaftsmalerei zu übertragen. Nach akademischer Arbeitsweise studiert er die Meisterwerke der antiken Plastik in Rom, die er in einfacher Anordnung in seinen Bildern arrangiert. Die Landschaft dient Poussin als Schauplatz für heroische Taten mythologischer Helden und wird deshalb **Heroische Landschaft** genannt (z. B. *Et in Arcadio Ego*). Zu diesem Zweck wird die sog. arkadische Landschaft mit Staffage aus oft mythologische Figuren, Architekturkulissen antiker Bauten und Trümmer, aber auch Fantasiearchitektur belebt und zu reiner idealer Größe erhoben. Dabei geht

Nicolas Poussin, Et in Arcadia ego, 1638/39, Paris, Louvre
»Et in Arcadia ego« (auch in Arkadien bin ich) lautet die Inschrift des Grabsteins, um den sich vier Figuren (Hirten) versammelt haben. Ich (= der Tod) herrscht auch in Arkadien, dem friedlichen Sehnsuchtsland der Schäferidyllen.

Nicolas Poussin, Gewitterlandschaft mit Pyramus und Thisbe, 1651, Frankfurt/M., Städel .

Claude Lorrain, Seehafen bei aufgehender Sonne, 1627, München, Alte Pinakothek.

Pierre Mignard, Das Paradies, 1663, Paris, Kuppelfresko der Kirche Val de Gras. Die Kirche gehört zu den bedeutendsten barocken Ensembles in Paris. In Anlehnung an das Domkuppelfresko in Parma schuf Mignard eine kreisförmige Komposition mit über 200 Figuren. Dargestellt ist Gottvater in der himmlischen Glorie, umringt von Heiligen und Märtyrern, sowie wichtigen kirchlichen Persönlichkeiten. Illusion eines sich öffnenden Himmels wird erweckt.

es Poussin auch um die Bewältigung künstler. Probleme, z. B. die Darstellung eines Gewitters, und erst sekundär um das Schicksal der Protagonisten, die zusammen mit anderen, winzig in der Landschaft erscheinenden Menschen der Macht des Wetters ausgeliefert sind (vgl. *Gewitterlandschaft mit Pyramus und Thisbe*, 1651).

Ebensolche Traumbilder des goldenen antiken Zeitalters sind es, die auch **Claude Lorrain** (1600–1682) zu seinen stimmungsvollen Landschaften inspirieren. Wie Poussin die antiken Plastiken, so studiert und zeichnet Lorrain die Landschaft der röm. Campagna, die Farben und Beleuchtungen des südl. Himmels und die Ruinen. Er gilt wie Poussin als Meister der Naturbeobachtung. Seine wohlkomponierten großen Hafen- und Landschaftsbilder mit antiker und religiöser Staffage, die von goldenem bis atmosphärisch türkisem Licht durchtränkt sind, werden im 19. Jh. sogar zum Vorbild für den engl. Landschaftsgarten.

Höfischer Barock in Versailles: **Charles Le Brun** (1619–90) kehrt nach einer Ausbildung in Rom 1646 nach Paris zurück und wird Gründungsmitglied und Direktor (1668) der Académie royale de Peinture et Sculpture. Er tritt 1661 in den Dienst König Ludwigs XIV. und leitet in oberster Instanz die Gesamtplanung des Großprojektes Versailles. In dieser Funktion ist Le Brun für die Innenausstattung (Kunstgewerbe, Teppichmanufaktur, Möbelentwürfe) ebenso verantwortlich wie für die Parkskulpturen. Es entsteht eine von ihm kontrollierte Hofkunst in Versailles. Durch die absolutistische Herrschaftsform wird diese verbindlich für ganz Frankreich und die Höfe Europas. Le Brun selbst fertigt zahlreiche Wandgemälde für Schloss Versailles, alle im Stil einer streng idealisierenden, feierlich getragenen Monumentalmalerei mit genau beobachteten historischen Details.

Pierre Mignard (1612–95), wie Le Brun ein Schüler Vouets, ist herausragend auf dem Gebiet der Großdekoration und ein großartiger Kolorist. Er ist Rivale Le Bruns, nicht zuletzt wegen des sog. Akademiestreits über das Primat von Zeichnung oder Farbe (dessins und couleur). Die Poussinisten und ihr Sprecher

Le Brun betrachten Poussin als den größten Maler der Zeit und geben der Umrisslinie, dem Prinzip der Zeichnung, den absoluten Vorrang. Pierre Mignard, der Le Brun im Direktorat der Akademie nachfolgt, ist Sprecher der Rubenisten, welche die koloristischen Fähigkeiten Rubens schätzen und die Farbe für wichtiger als die Zeichnung erachten.

In der Porträtkunst wird **Hyacinthe Rigaud** (1659–1743) zum führenden Maler nach akademischer Maßgabe. Er steht ganz in der Tradition des üppig ausgestatteten Repräsentationsbildnisses mit Standeszeichen und allegorischem Beiwerk, das der ältere **Philippe de Champaigne** (1602–74) entwickelt. Dieser fertigt, zwei Generationen vor Rigaud, als Hofmaler der Maria de' Medici u. a. mehrere Bildnisse von Kardinal Richelieu. Beide, Rigaud und Champaigne, bevorzugen Darstellungen überlebensgroßer Ganzfiguren in repräsentativer Haltung und zeremonieller Gewandung vor prächtigen Draperien. Während es bei Champaigne mehr um die Charakterdarstellung geht, scheint sich bei Rigaud alles um die Veranschaulichung der Amtsgewalt der Monarchie in Person des Königs zu drehen. Dies geschieht durch Insignien wie Krone und Zepter, aber auch durch Attribute wie die Säule als Zeichen der Macht, Würde und Beständigkeit. All dies vermittelt den Eindruck der Erhabenheit. Auch hier beim Porträt zeigt sich der höfische Stil in Strenge und Monumentalität.

Philppe de Champaigne, Porträt des Kardinals Richelieu, 1635–40, Paris, Louvre.

Hyacinthe Rigaud, Porträt Ludwig XIV., 1701, Paris, Louvre.

Spanien

Die künstler. Situation in Spanien hängt wesentlich mit dem Schwinden der polit. Vorherrschaft der span. Monarchie und der damit verbundenen schlechten Auftragslage zusammen. Der franz. Hof Ludwigs XIV. sowie der päpstliche Hof in Rom ziehen zahlreiche Künstler an. Die kath. Kirche und die seit der Gegenreformation aufblühenden Laien- und Mönchsorden werden in Spanien zu den wichtigsten Auftraggebern, die religiöse Themen programmatisch wachhalten. Die Inquisition fungiert als Zensor zur Prüfung religiöser Angemessenheit und die Kunst wird in den strengen Rahmen kath. Dogmatik eingeschlossen. Generell ist El Greco in der span. Malerei noch spürbar und die Auseinandersetzung mit

Chinamode Über die – sei etwa 1600 bestehende – ostindische Handelskompanie und den damit einhergehenden Warenimport verbreiten sich die Kunst und Kultur Asiens in Europa. V. a. chin. Kunsthandwerk und das bis dahin unbekannte Porzellan lösen wahre Begeisterungsstürme aus, so dass sich bis ins 18. Jh. ein eigenes Thema in der Kunst ausprägt: die Chinoiserie; Zierformen und Szenen aus dem Leben der Chinesen, die zur Ausstattung von Innenräumen, im Kunsthandwerk und in der Gartenkunst (Teehäuser) verwendet werden.
In Schlössern werden eigene Räume für das teure chin. Porzellan eingerichtet, das nach Größe sortiert und auf eigens gefertigten Konsolen oder Gesimsen aufgestellt wird.

Esteban Murillo, Hl. Familie mit dem Vögelein, 1650, Madrid, Prado.
Unter Verzicht von Attributen, werden Maria, Josef und das Jesuskind in einem genreartigen, privaten, famliären Zusammenhang dargestellt. Gefühle wie Elternsorge und Elternliebe werden erfahrbar; Heilige wirken als vertraute menschliche Wesen.

Francisco de Zurbaran, Die Vision des hl. Petrus Nolascus mit dem gekreuzigten Apostel Petrus, 1629, Madrid, Prado.

Velázquez, Las Meninas, 1656, 320 x 370 cm, Madrid, Prado. Mit diesem Bild entsteht gleichzeitig ein Porträt der Infantin, ein Porträt der Eltern sowie ein Porträt des Künstlers als angesehener Hofmaler.

Velázquez, Die Übergabe von Breda, 1635, Madrid, Prado.

dem Caravaggismus offensichtlich. Obwohl heiterer und insgesamt meist heller im Kolorit, bleibt das typische Chiaroscuro bei allen bedeutenden Malern erhalten.

Wichtiges Kunstzentrum ist Sevilla, in dem sich etwas freiere Themen entfalten können. Beispielhaft steht hierfür **Bartolomé Esteban Murillo** (1618–82) mit seinen Genrebildern oder den Darstellungen aus den Heiligenleben. Murillo schafft mit seinem goldbraunen Licht eine bezaubernde, fast romantisch-märchenhaft zu nennende Atmosphäre. Zu den großen Bilderfindern zählt auch **Francisco de Zurbaran** (1598–1664) aufgrund der großen Klosterzyklen, die thematisch neue Aufgaben an den Künstler stellen. So bietet z. B. die Heiligsprechung des Petrus Nolascus, Gründer des Klosters der Mercedarier, 1628 Anlass für die Darstellung seiner Visionen und Wundertaten noch im selben Jahr. Mit der bildlichen Verklammerung von Diesseits und Jenseits schafft Zurbaran einen neuen Bildtypus. Indem er keine kompositionelle Trennung von irdischer und himmlischer Sphäre vornimmt, verleiht er diesem visionären Geschehen einen sehr realistischen Charakter.

Jusepe de Ribera (1591–1652) ist ab 1610 hauptsächlich in Neapel tätig. Ausgehend von Caravaggios drastischem Realismus in der Darstellung und mit deutlicher Rezeption El Grecos, so etwa in den metallischen Farben, den Lichtreflexen, in der Gewandbehandlung und Unruhe in der Komposition durch Bilddiagonalen, malt Ribera zahlreiche Martyrien von Büßern, Heiligen und mythologischen Gestalten.

Diego Rodriguez de Silva y Velázquez (1609–60) stellt in seiner Frühzeit in Sevilla unter Einwirkung Caravaggios v. a. Genreszenen wie Volkstypen und Bodegones (Küchenstücke) in kräftigen Licht- und Schattengegensätzen dar. 1623 malt er ein Porträt Philips IV. von Spanien, das ihm die Ernennung zum Hofmaler in Madrid einbringt. Ausbildung eines persönlichen höfischen Porträtstils: Bildnisse in ganzer oder halber Figur vor dunklem Hintergrund, später insgesamt etwas aufgehellt, mit sorgfältiger Ausleuchtung der Einzelheiten, die dadurch plastischer hervortreten. Neuartig und wegweisend für die Porträtmalerei ist die Vornehmheit in der Haltung, die Würde bzw. Rang des Dargestellten trotz des Verzichts auf Allegorien oder Insignien der Macht offensichtlich werden lässt. Eine der berühmtesten und originellsten Bilderfindungen ist sein Werk *Las Meninas*. Die Vielschichtigkeit des

Gemäldes, das den Maler bei der Arbeit in den königlichen Gemächern zeigt, umringt von der Infantin Margarita und Mitgliedern des Hofstaates, entfernt in einem Wandspiegel erkennt man das Königspaar, erschließt sich erst bei genauem Hinsehen: Der Betrachter erlebt die Szene aus dem Blickwinkel des Königspaares und fühlt sich selbst beobachtet und einbezogen.

Seine Reiterporträts der Mitglieder des Königshauses in Schloss Buen Retiro in Madrid sind richtungweisend für den Typus des barocken Herrscherbildnisses, das v. a. für van Dyck und Le Brun relevant wird.

Auch in der Historienmalerei setzt Velázquez neue Impulse mit sensibler, emotional erfüllter Schilderung der Ereignisse. Maltechnisch wendet er sich von der Vielfarbigkeit ab, hin zur Verwendung weniger Lokalfarben, die er in vielen atmosphärischen Tonwerten und gebrochenen Zwischentönen einsetzt. Damit überwindet er zugleich das unvermittelt drastische Helldunkel Caravaggios, ohne auf Beleuchtungseffekte verzichten zu müssen. Der Gesamteindruck einer skizzenhaften, im Sinne von nicht bis ins letzte Detail ausgearbeiteter Malerei, wird Vorbild für den Impressionismus des 19. Jh.

Südliche Niederlande (Flamen)

Die fläm. Malerei im 17. Jh. mit Zentrum in Antwerpen wird wesentlich von zwei schöpferischen Künstlerpersönlichkeiten gestaltet und geprägt: Rubens und van Dyck.

Peter Paul Rubens (1577–1640) erhält als Hofmaler des span. Statthalters und Freund des Bürgermeisters wichtige Aufträge von den Jesuiten in Antwerpen, von König Ludwig XIII. von Frankreich, von König Philip III. von Spanien und Karl I. von England: großformatige Historienbilder und Allegorien für offizielle Verhandlungsräume, Kabinettbilder für Privathäuser, Staatsporträts. Entsprechend lang ist die Liste seiner Werke. Wie keiner vor ihm versteht Rubens es, die fläm. Tradition, ein puristisches Interesse an der Wiedergabe der sichtbaren Welt, alles Stofflichen bzw. der realen Oberfläche, mit seinen ital. Erfahrungen, den Errungenschaften der Renaissance, Caravaggios und Carraccis miteinander zu verschmelzen. Seine Neuerungen und Qualitäten: großformatige Bildkompositionen werden mühelos bewältigt; origineller Erzählstil und ideenreiche Bilderfindungen; alle Gegenstände erfassender einheitlicher Bewegungsstrom, Kraft und Dynamik; flüchtig lockere Pinselführung; Glanzlichter, Licht und Leuchtkraft sowie opulente Macht- und Prachtentfaltung und Lebensfrohsinn. Seine Werke zeichnen sich durch eine schwungvolle Gesamtkomposition aus, die zahlreiche Einzelaktionen zusammenhält und zu einem bewegten Ganzen fügt.

Peter Paul Rubens, Die Landung der Maria de' Medici in Marseille, 1625, Paris, Louvre. Rubens gelingt hier die Glorifizierung der Maria de' Medici (Mutter König Ludwig XIII. von Frankreich), die zum Zeitpunkt des Gemäldeauftrags bereits nicht mehr an der Macht war. Höchst diplomatisch und geschickt verbindet er Historie aus dem Leben der Auftraggeberin mit der mythologischen Götterwelt.

Peter Paul Rubens, Albert und Nikolaus, Porträt seiner beiden Söhne, 1626/27, Öl auf Holz, Vaduz, Fürst Liechtensteinische Gemäldegalerie.
Trotz nobler Kleidung und standesgemäßer Darstellung scheint es Rubens doch in erster Linie um die liebevolle Geschwisterbeziehung der beiden Brüder gegangen zu sein.

In dem von Maria de' Medici in Auftrag gegebenen, 1625 entstandenen Werk *Die Landung der Maria de' Medici in Marseille*, das die Taten der bereits abgedankten Regentin verherrlicht, kombiniert Rubens gleichberechtigt reale Historie mit der Welt der Mythologie. Die ehem. Regentin wird hier aber nicht mit den antiken Gottheiten gleichgesetzt, sondern steht vielmehr unter deren Schutz.

In der Bildniskunst bedient sich Rubens wie van Dyck dem Porträt in ganzer Figur, das am span. Hof zum verbindlichen Typus für das aristokratische Porträt wird. Dennoch schafft er ausgesprochen lebensnahe Darstellungen

Anthonis van Dyck, Lord John und Lord Bernard Stuart, 1638, London, Privatsammlung.
Allein durch Pose, Kostbarkeit der Kleidung und hochmütigen Blick offenbart sich hier adliges Standesbewusstsein und Selbstverständnis.

wie in dem Bildnis seiner beiden Söhne Albert und Nikolaus, das trotz absichtsvoller Hinweise auf die vornehme bürgerliche Abkunft (Säule als Würdemotiv, prächtige Kleidung) ein bemerkenswert kindgerechtes Abbild darstellt.

Anthonis van Dyck (1599–1641) ist neben Rubens, in dessen Werkstatt er zeitweilig tätig ist, der erfolgreichste fläm. Bildnismaler und gilt als Meister des aristokratischen Porträts. Gleich Velázquez geht es van Dyck in diesen Bildnissen um vornehme Haltung und aristokratische Ausstrahlung des Dargestellten. Als gefeierter Porträtist des Königshauses und Hochadels in England verfeinert er seine ernste Auffassung mit scharf beobachteter Individualität, ausgewogener Farbigkeit und Komposition.

Nördliche Niederlande (Holland)

Als Pendant zu Rubens in den nördl. Niederlanden gilt **Rembrandt Harmensz van Rijn** (1606–69), weil er ebenso erfolgreich, produktiv und umfassend in allen Bereichen der Malerei und Grafik wie Rubens in den südl. Niederlanden gewirkt hat. Rembrandt transformiert die traditionellen Themen und Gattungen der Malerei (Historie, Bildnis, Genre) in eine protestant.-nüchterne Betrachtungsweise, verzichtet gänzlich auf theatralisch-pathetische Mittel, die Ausdrucksform des kath. Barock sind. Er bedarf keiner lauten Gebärden, keines statuarischen Großformats in den Einzelfiguren, um den inneren Sinn des Geschehens auszudrücken. Seine Szenen in goldbraunem Licht scheinen weit entfernt aus großer Distanz heraus beobachtet und strahlen eine dem Gegenstand angemessene Ruhe und Andacht aus. Der Blick wird auf innere Vorgänge gelenkt, die sich auf den Gesichtern abspielen sowie in zurückhaltenden, aber wirkungsvollen Gesten angedeutet sind und sich so in konzentrierter Stille entfalten können (vgl. *Jacob segnet seine Enkel Ephraim und Manasse*, 1656). Biblische Szenen werden vermenschlicht und in einen häuslich familiären Zusammenhang gestellt. Allerdings nicht mit romantisierend-märchenhafter Tendenz, wie z. B. bei Murillos *Hl. Familie mit dem Vögelein*, sondern wirklichkeitsnah und nüchtern.

Bei Rembrandts Historienbildern, Gemälden mit biblischer Thematik, ist Caravaggios Einfluss im typischen Chiaroscuro offenkundig. Die authentische Schilderung der zunehmend reduzierten dunklen Räume und die sorgsame Ausleuchtung der wesentlichen Figuren und deren Handlungen verfehlen wie bei Caravaggio nicht ihre glaubhafte Wirkung.

Von großer Bedeutung ist Rembrandt auch für die **Grafik**, insbesondere die Radierung, die im Laufe des 17. Jh. aufgrund ihrer fein differenzierten Helldunkel-Wirkung dem Kupferstich den Rang abläuft. Diese Technik ermöglicht feinste Schattierungen bis hin zur malerischen Wirkung, so dass neben Reproduktionen auch Werke eigener Bilderfindungen entstehen, mit denen die Radierung zum künstler. Medium wird. Das umfangreiche Werk Rembrandts, der neben dem Franzosen Jaques Callot (1592–1653) und dem Niederländer Hercules Seghers (1589/90–1638/40) wichtig-

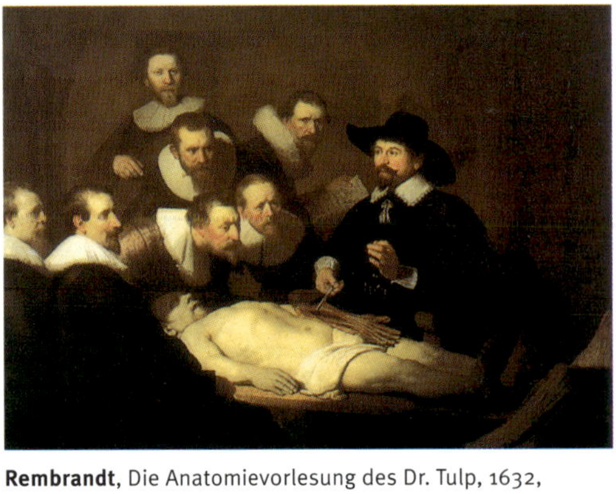

Rembrandt, Die Anatomievorlesung des Dr. Tulp, 1632, Den Haag, Maurithshuis.
Gruppenbild im formalen Gewand eines Historiengemäldes.

ster Vertreter dieser Kunstgattung ist, umfasst viele Themen und alle Gattungen. Unter Ausschöpfung aller Ausdrucksmittel des Verfahrens entwickelt er seine charakteristische Radierweise mit locker-skizzenhafter Strichführung und naturalistischem Helldunkel durch unterschiedlich dichte Schraffuren und starke Linien. Die entscheidende, von ihm geschaffene Neuerung besteht in der Anwendung mehrerer, miteinander kombinierter grafischer Techniken auf einem Blatt.

Fach- und Gattungsmalerei

Im Gegensatz zum übrigen Europa haben nach der Unabhängigkeitserklärung der Holländer absolutistische Auftraggeber wie Kirche und Landesfürsten keine führende Rolle. Vor allem der freie Kunstmarkt und die persönliche Geschmacksbildung in verschiedenen Kunstzentren bestimmen die Nachfrage und damit das Angebot der Maler. Hervorgerufen durch das vielseitige Interesse der Auftraggeber wird das Spezialistentum unter den Malern immer weitreichender.

Porträtmalerei Auch in der Porträtkunst ist Rembrandt wegweisend. An erster Stelle sind seine zahlreichen Selbstbildnisse zu nennen, die ihn in fast jeder Lebensphase zeigen und für sich betrachtet fast schon eine Künstler-Biografie darstellen. Daneben entstehen Porträts privater Auftraggeber, bescheiden im Auftreten und mit sittsamer Haltung. Rembrandt geht dem calvinistisch-protestant. geprägten Vorwurf der Selbstdarstellung, Eitelkeit und Hingabe an sinnliche Freuden und weltlichen Besitz höchst elegant aus dem Weg, indem er die Porträtierten in ihrer polit. und sozialen Funktion darstellt, meist sogar während einer Amtshandlung. Gilden in der Tradition mittelalterlicher Zünfte, Vereinigungen akademischer Berufe oder die bürgerliche Miliz, die sog. Schützengilde, lassen sich als Gemeinschaft porträtieren (vgl. Rembrandts *Nachtwache*, 1642). Entstehung des Gruppenporträts. Rembrandt gelingt es, die vielen Personen nicht steif nebeneinander aufgereiht vorzuführen, sondern jeden individuell in eine lockere, natürlich motivierte Komposition bzw. einen Handlungszusammenhang einzubinden. So erscheinen in der *Anatomievorlesung des Dr. Tulp*, 1632, die Mitglieder der Chirurgengilde möglichst groß und damit gleichberechtigt im Bild, ein wichtiger Akt, unter Beteiligung mehrerer Personen, entsprechend groß im Format.

Frans Hals, Die Regentinnen des Altmännerhauses zu Haarlem, 1664, Haarlem, Frans Hals Museum.
In der betont einfachen Komposition konzentriert sich der Blick des Betrachters allein auf die würdevollen »Regentinnen« vor dunklem Hintergrund, die Pflichtbewusstsein, Gutmütigkeit und Diszplin austrahlen. Lockerer, fast schon impressionistischer Pinselstrich, der Details flüchtig andeutet und die Konturen der Form beinahe auflöst.

Frans Hals (1581/85–1666) verleiht ebenso wie Rembrandt der Bildniskunst in Form von Gruppenporträts, z. B. Schützen- und Regentenstücke, neue Impulse. Seinem Ziel, den Menschen in einem flüchtigen Augenblick voller Freude und Lebendigkeit festzuhalten, entspricht die lockere Malweise mit fast schon impressionistisch zu nennendem Farbauftrag (*Mann mit dem Schlapphut*, um 1660). Schwarz und gebrochene Grautöne bleiben in seinem Spätwerk bestimmend, gepaart mit einem ernsten Zug der Figuren (*Die Regentinnen des Altmännerhauses zu Haarlem*, 1664). Unter Vernachlässigung aller Details und jeglichen Beiwerks, mit dem Zurücktreten alles Räumlichen (allein Gesichter, Hände, weiße Manschetten und Kragen treten aus dem Dunkel hervor) und der Konzentration auf den Ausdruck, stehen Hals' Werke gleichberechtigt neben den Porträts Rembrandts.

Landschaftsmalerei Alleiniger Bildgegenstand ist zunächst die heimische Landschaft ohne Idealisierung (im Gegensatz zu Poussin und Lorrain). Statt Herausragendem werden typische, scheinbar belanglose und be-

Jacop van Ruisdael, Wasserfall mit Bergschloss, 1665, Braunschweig, Herzog Anton Ulrich-Museum.

Willem Kalf, Stillleben mit Nautilusbecher, 1660, Madrid, Sammlung Thyssen.

scheiden auftretende Ansichten gewählt. Charakteristisch für **Jan van Goyen** (1596–1656) sind Flussszenen, in denen die silbrigen Grau- und Weißtöne des Wassers gegen das kräftige Braun und Gelb des Landes gesetzt sind. Die Horizontale wird zum entscheidenden Faktor des Kompositionsschemas. Als Meister der sog. Haarlemer Tonmalerei neigt er zu einem einheitlich kühlen Grauton, der alle Gegenstände wie in eine feuchte Atmosphäre hüllt. Van Goyen gilt als der nationalholl. Landschaftsmaler.

Diese Tradition führt sein jüngerer Kollege **Jacob Isaacksz van Ruisdael** (1629–82) erfolgreich fort. In seinem Frühwerk steigert Ruisdael gegenüber van Goyen die Vertiefung der farblichen Kontraste zwischen dunklem Vordergrund und leuchtendem blauen oder bewölktem Himmel. Bekannt für seine Panorama- und Dünenlandschaften mit niedriger Horizontlinie, kommt er später zu einem pathetisch-dramatischen Stil, bei dem er die Landschaftsschilderung ins Heroische und Monumentale steigert, vergleichbar mit akademischer Kunst, allerdings ohne Einsatz des klassischen Formenguts, wie z. B. antikisierender Architektur. Ruisdael schafft Fantasieansichten mit kahlen, sterbenden Bäumen, Ruinen und Bergschlössern, zerklüfteten Felsformationen, Gebirgsflüssen und Wasserfällen unter einem bewegtem Himmel, alles Elemente, die bereits einen Ausblick auf die romantischen Landschaften eines Caspar David Friedrich im 19. Jh. geben.

Eine Landschaftsmalerei neuer Prägung beherrscht der Radierer und Marinemaler **Salomon de Vlieger** (1601–53) mit seinen Seestücken, in denen er Schlachten oder auch Segelschiffe in friedlicher Mission auf aufgewühltem Meer abbildet.

Trompe-l'œil (franz. Augentäuschung) Gemälde oder Teil eines solchen, das durch naturalistische Genauigkeit den Eindruck von realen Gegenständen erweckt. Hervorgerufen durch Schattenschläge oder Anwendung perspektivischer Mittel, z. B. Fliegen, die scheinbar auf dem Rahmen sitzen. Besonders niederl. Stillleben zeichnen sich durch perfekte Beherrschung des Trompe-l'oeil-Effektes aus: Türen, Schränke und Fenster sind scheinbar geöffnet und Nägel, an denen banale Alltagsgegenstände aufgehängt sind, scheinen aus der Wand zu ragen.

Stilllebenmalerei: Der Reiz niederl. Stillleben besteht in der möglichst perfekten Nachahmung von Oberflächen mannigfaltiger Materialien – Blumen, tote Tiere, Früchte, Geschirr, Textilien etc. Das besondere Interesse für Stillleben in der niederl. Kunst führt zur Spezialisierung unter den Malern. So ist **Pieter Claesz** (1596/97–1661) perfekt in der Darstellung von Papier und Büchern, die scheinbar wahllos auf Tischen oder Sekretären übereinander gestapelt werden. **Frans Snyders**

(1579–1657) gilt u. a. als Meister des Wildbret- und Geflügelstilllebens.
Oft werden verschlüsselte Botschaften oder Lebensweisheiten symbolisiert. Verbreitet ist das Vanitas-Motiv: Faulende Früchte, welkende Pflanzen, abgebrannte Kerzen, Totenköpfe und umgestürzte Gegenstände versinnbildlichen die Vergänglichkeit alles Irdischen.
Willem Kalf (1619–93), der fast ausschließlich Stillleben malt, konzentriert sich auf die stoffliche Wiedergabe von besonders kostbaren Objekten wie venez. Glas, Silber, chin. und Delfter Porzellan, meist sorgsam auf einem Marmortisch und mit Perserteppichen arrangiert (*Stillleben mit Nautilusbecher*, 1660). Der Kostbarkeit der Gegenstände entspricht die Qualität seiner Malerei. Sie erreicht eine neue Dimension in Variation und Perfektion der Wiedergabe verschiedenster Oberflächen im Spiel mit dem Licht.

Genremalerei: Jan Vermeer van Delft (1632–75) steht für Genredarstellungen in Form von vornehmen bürgerlichen oder bäuerlichen Interieurs (Innenraumszenen) mit wenigen Personen, häufig nur einer einzigen Figur, die in ihrer Tätigkeit – Briefeschreiben, Lesen, Verrichtung häuslicher Tätigkeiten – für einen Moment lang innehalten. Die fein nuancierte Malweise mit klaren, hellen Farben verleihen den Bildern Ruhe und Distanz, einen fast stilllebenhaften Charakter von einzigartiger Intimität, z. B. in *Die Küchenmagd* von 1660, die beim täglichen Arbeitsablauf im Haus gezeigt wird.

Jan Vermeer, Die Küchenmagd, 1660, Amsterdam, Rijksmuseum.
Darstellung eines Bildausschnittes, in dem – voller Achtung vor dem Alltäglichen – nichts inszeniert zu sein scheint.

SKULPTUR

Die Stilbildung im 17 Jh. im Bereich Skulptur und Plastik hat ihren Ausgangspunkt ebenfalls in Rom und entwickelt sich analog zur Malerei: Die Überwindung des Manierismus zu einer neuen Kunst verläuft zunächst sachte, unter Rückbesinnung auf die Antike bzw. die Errungenschaften der Renaissance und artikuliert sich dann über eine einzige Künstlerpersönlichkeit: **Giovanni Lorenzo Bernini**, der Maßstäbe für barocke Bildwerke setzt.
Die Aufgaben der Skulptur haben sich gegenüber der Renaissance kaum verändert. Es zeigt sich jedoch eine deutliche Akzentuierung jener Gattungen, die für repräsentative Zwecke im Sinne der Staatsidee und des Herrscherkultes des Absolutismus besonders geeignet sind: Reiterstandbild, Grabmal und Porträt. Wenngleich profane Themen insgesamt dominieren, entstehen v. a. bedeutende Werke im Auftrag der Kirche (Altäre, Heiligenfiguren). Nach Anfängen im Manierismus belebt die Zeit des Barock die Bauplastik. Architektur und Bildhauerkunst wirken nicht nur eng zusammen, sondern der Baukörper wird entweder selbst zum plastisch geformten Gebilde oder zur Bühne für Figuren. Eine immer größere Rolle spielt die Skulptur im Städtebau, u. a. bei der Gestaltung von Plätzen durch Brunnen oder Reiterstandbilder. Wie in der Malerei lassen sich auch im Bereich der Skulptur eine barocke Richtung in Italien und eine klassizistische in Frankreich konstatieren.

Italien

Giovanni Lorenzo Bernini (1598–1680) wird aufgrund seiner überragenden Fähigkeiten zeitlebens von den Päpsten gefördert, aber auch Ludwig XIV. und private Auftraggeber erteilen ihm Aufträge. Sein bildhauerisches Werk umfasst alle Bereiche der Skulptur und Plastik: Porträtbüsten, Großdekorationen und Ausstattung, Brunnen, Grabmäler, religiöse oder mythologische Einzel- und Gruppen-

Die antike Skulptur und barocke Ausprägungen am Beispiel weiblicher Statuen

Amazone des Polyklet,
430–400 v. Chr.

klassisches Ideal und antikes Vorbild:

- idealer Körper
- zurückhaltende Bewegung
- Kontrapost
- Gewandbildung in der Bewegung angemessenen Falten
- geschlossener Kontur

→ Charakter eines zeitlos repräsentativen Standbildes

Giovanni Bernini, Engel
1667–69

naturalistische Interpretation:

- alles ist auf Bewegung hin angelgt
- Figur agiert raumgreifend
- weit ausladendes Gewand, dessen Faltengebung nicht mehr nur von der Körperhaltung motiviert ist
- Oberflächenmodellierung mit starker Licht- und Schattenwirkung
- bewegte, oft unterbrochene Umrisslinie, Linien führen weg von der Körpermitte

→ Charakter einer im Moment des Agierens zu Stein gewordenen Figur

Francesco Mocchi, Maria aus der Verkündigungsgruppe 1603–08

klassizistische Interpretation:

- Bewegung und Köperhaltung erscheinen zurückgenommen
- dezente Gesten und verhaltener Gesichtsausdruck
- fließender, geschlossener Kontur; grazile, gestreckte Linienführung
- Modellierung auf Andeutung schöner Körperlichkeit beschränkt

→ Charakter eines würdevoll anmutigen Standbildes

standbilder. Erste Erfolge hat er bereits mit den Werken für die Villa Borghese in den 20er Jahren: Die Marmorskulptur des *David* von 1623 zeigt im Vergleich mit Michelangelos *David* in Florenz einerseits Berninis Rückbesinnung auf schöne und naturalistisch dargestellte, klassische (antike) Figuren, ohne artifizielle Körperdrehungen und überlängte Gliedmaßen wie in der Zeit des Manierismus. Andererseits wird auf einen Blick deutlich, was die neue Barockskulptur ausmacht: Alle Ruhe, alles Zeitlose und alle Ausgewogenheit der Renaissance sind gewichen. Wenig ist vom wohlponderierten Wechsel von Stand- und Spielbein geblieben, keine über den Augenblick hinaus erhabenen Gesichtszüge, kein fließender graziöser Kontur, sondern Tatwille drängt die Figur zur Bewegung, Empfindung ist deutlich ablesbar, Körperbau und Gewand sind der Gemütsbewegung unterworfen. Alles fügt sich dem erzählerischen Moment, in dem David höchst konzentriert eben zum tödlichen Wurf gegen Goliath ausholt. Ähnlich wie bei Caravaggio erscheint dem Betrachter das Geschehen unmittelbar gegenwärtig. Noch realer und differenzierter artikulieren sich die Stadien des Kampfes beim Umlaufen der vollansichtigen Figur des David (Leserichtung von links nach rechts): Neben der Frontalansicht, welche die ganze Konzentration des bevorstehenden Wurfs erfasst, zeigt die zweite Profilansicht bereits die Gewissheit des Sieges.

Die Gruppe von *Daphne und Apoll*, 1622–25, gehört zu den berühmtesten Werken Berninis. Bei der Gattung des Gruppenstandbildes gelingt hiermit endgültig die Überwindung der **figura serpentinata** mit ihrer arrangierten Bewegung zugunsten raumgreifender Figuren, deren Bewegung sich allein aus ihren Handlungen erklärt. Als literarische Quelle liegen Ovids Metamorphosen zugrunde. Dargestellt ist der Moment, in dem Apoll die Begehrte ergreift und diese sich vor seinen Augen zu ver-

wandeln beginnt: Aus den Zehen sprießen bereits die Wurzeln, Beine und Rumpf werden eben von Baumrinde umschlossen und die Haare werden zu Blättern. Sonnengott Apoll verkörpert hier nicht Macht und Herrlichkeit, sondern jugendliche Schönheit und ungestümes Wesen eines Verliebten. Dieses wie das angstvolle Empfinden der Daphne können bis in die bewegten Haarspitzen hinein nachvollzogen werden.
Berninis Statuen sind mehr als nur Standbilder bzw. Abbilder, sie vermitteln dem Betrachter ein Bild der ganzen Geschichte. Daher spricht man von Berninis Bildwerken.
Eine wesentliche Bereicherung und zugleich Kennzeichen für die barocke Bildhauerkunst sind Berninis gattungsübergreifende Werke, mit denen die Grenzen zur Malerei (malerische Effekte des Lichts durch die Oberflächenmodellierung) oder Architektur übertreten werden. Das Bildwerk steht nicht mehr isoliert von seiner Umgebung auf einem Sockel, sondern kann Teil eines Gesamtkunstwerkes werden, dessen Bestandteile Architektur, Skulptur, bei anderen Künstlern auch die Malerei, eine unlösbare Verbindung miteinander eingehen.
Mit der plastischen Ausgestaltung der Familienkapelle der Cornari, S. Maria della Vittoria in Rom, 1647–52, inszeniert Bernini ein **Teatrum sacrum** (Heiliges Theater). Der Hauptaltar mit der *Verzückung der hl. Theresa* wird, umringt von lebensgroßen Büsten der Familienmitglieder, die gleich Theaterbesuchern in ihren Logen höchst angeregt das Geschehen über dem Hauptaltar verfolgen, mittels einer repräsentativen, konvex geschwungenen Doppelsäulenarchitektur zum realen Bühnenraum für die visionäre Schau. Unter Einbeziehung realer Gegebenheiten in der Kapelle und Variation von Materialien wird ein perfekter Grad an Illusionismus erreicht. Lichtstrahlen, die durch ein vorhandenes Fenster fallen, werden in goldenes Licht verwandelt, das Material wechselt von weißem Marmor für die Skulpturen über Buntmarmor für die Architektur zu Teilen aus Stuck, Oberflächen werden dem Thema entsprechend differenziert gestaltet. Aufgegriffen wird dies noch 70 Jahre später u. a in den Inszenierungen des Egid Quirin Asam in Weltenburg und Rohr.
Die Frage, ob es sich um Architektur oder Skulptur handelt, stellt sich auch im Falle des bronzenen Baldachin über dem Petrusgrab, den Bernini in den Jahren 1624–33 im Auftrag seines Förderers und Mäzens Papst Urban VIII. für St. Peter anfertigt. Mit der Idee, als Ziborium vier gedrehte monumentale Bronzesäulen auf Marmorpodeste zu stellen und mit einem Baldachin aus vier Voluten mit plastischen Figuren zu überkrönen, verbindet Ber-

Bernini, David, 1623, Marmor, Rom, Galleria Borghese.
Ablösung von der zeitlosen Darstellung der Reinaissancefigur, erzählerisches Moment tritt in den Vordergrund.

Bernini, Daphne und Apoll, 1622/25, Marmor, Rom, Galleria Borghese.
Gilt als Schlüsselwerk der barocken Skulptur.

Metamorphosen des Ovid In epischem Versmaß schildert der antike Dichter Ovid (43 v. Chr. – 18 n. Chr.) wundersame Verwandlungen von Menschen in tierische oder andere Wesen aus der griech. Mythologie. Seit der Renaissance sind sie zur unentbehrlichen Enzyklopädie der Mythologie geworden und damit für die Künstler zur verbindlichen Quelle allegorischer Darstellungen. Im Barock wird die durch Ovid verbreitete Mythologie zu einem der Hauptmotive von Gemälden und Skulpturen. Rubens fertigt für Philip IV. von Spanien einen ganzen Gemäldezyklus mit Themen aus den Metamorphosen, die Fresken der Galleria Farnese von Annibale Carracci basieren ebenso auf dieser Vorlage wie Berninis Bildwerke *Daphne und Apoll* und *Pluto und Proserpina* in der Villa Borghese in Rom.

Bernini, Baldachin, 1624–33, Marmor, Gold, Bronze, Höhe 28,5 m, Rom St. Peter.

Bernini, Vierströmebrunnen, 1648–51, Marmor, Travertin, Rom, Piazza Navona.

Alessandro Algardi, Grabmal für Leo XI., 1634–44, Marmor, Rom, St. Peter.

Bernini, Grabmal Urbans VIII., 1628–47, Marmor und Bronze, Rom, St. Peter.

Francesco Mocchi, Reiterstandbild des Alessandro Farnese, 1620–25, Bronze, Piazza Cavalli, Piacenza. Die in der Renaissance durch Donatellos *Gattamelata* und Verrochios *Colleoni*, wieder aufgegriffene antike Tradition der monumentalen Reiterstatue wird hier fortgeführt. Er stellt Pferd und Reiter bewegt in leichtem Trab und mit wehendem Mantel dar.

nini Architektur und Bildhauerkunst auf neue Weise. Ebenso geht er in der Gestaltung des *Vierströmebrunnens* auf der Piazza Navona in Rom, 1649–51, mit der Zusammenführung der unterschiedlichsten Formen und Gestaltungselemente weit über Errungenschaften manieristischer Figurenbrunnen hinaus. In dem den Platz beherrschenden Brunnenmonument überträgt er kontrastierend zur Architektur der städtischen Platzanlage einen Grottenberg aus der Landschaftskunst der Villengärten als Sockel eines Obelisken mitten in die Stadt, was bis dahin, ebenso wie die Verbindung des Ganzen mit einer Wasserfontäne, ohne Beispiel ist. Bernini folgt im Vierströmebrunnen der christlich-antiken Vorstellung, nach der die großen, die vier Weltteile befruchtenden Flüsse ihren Ursprung in einem Berg nehmen. Die vier Flussgötter versinnbildlichen die damals bekannten Erdteile: Ganges für Asien, Nil für Afrika, Rio de Plata für Amerika und Donau für Europa. Berninis Leistungen und Errungenschaften werden zum Maßstab für alle anderen Bildhauer.

Franceso Mocchi (1580–1654) ist Begründer eines neuen, barocken Typus des Reiterdenkmals. Er nähert sich zuweilen mit raumgreifenden Figuren und offenen, stark bewegten Umrisslinien dem Stil Berninis. In seinem Hauptwerk, der Figur der hl. Monika in der Vierung von St. Peter, bleibt die Bewegtheit auf das Einzelmotiv reduziert und erfasst nie das Ganze, die Formen erscheinen mehr hölzern geschnitten als modelliert.

François Duquesnoy, gen. Il Fiammingo (1597–1643), arbeitet seit 1618 in Rom. Zunächst beschäftigt er sich mit Elfenbeinarbeiten und der Restaurierung von antiken Figuren. Neben Berninis *Hl. Bibiana* von 1624 ist die *Hl. Susanna* von Duquesnoy die qualitätvollste, eigenständigste Heiligenfigur der Zeit. Die Susanna ist eine der wenigen Heiligen, die ihren Blick nach unten auf den Betrachter gerichtet hat. Scheint es Bernini bei der Hl. Bibiana um die Darstellung des momentanen seelischen Zustandes zu gehen, zeigt Duquesnoys Skulptur mit edlem, virtuos gefaltetem Gewand eine über die Zeit erhabene, reine Schönheit, im klassischen kontrapostischen Standmotiv, voll Anmut und Würde in Haltung und Zügen. Darüber hinaus schafft Duquesnoy einen eigenen, rundlich kindgerechten Putto-Typus mit hoher Stirn, der an antike Vorbilder erinnert.

Alessandro Algardi (1598–1654) erhält seine Ausbildung bei Lodovico Carracci. Ab 1644,

François Duquesnoy, Hl. Susanna, 1629–33, Marmor, Sta. Maria di Loreto in Rom.

Bernini, Hl. Bibiana, 1624–26, Marmor, S. Bibiana in Rom.

François Duquesnoy, Amor mit Köcher, um 1630, Bozzetto, rote Terrakotta, bronzeimitierende Farbfassung, Höhe 29,5 cm, Privatsammlung.

Alessandro Algardi, Innozenz X., Porträtbüste, (mehrfarbig), Rom, Crediop S. p. A.

mit dem Pontifikat Innozenz' x., rückt er für kurze Zeit an die erste Stelle der röm. Bildhauer. Seine Skulpturenauffassung unterscheidet sich deutlich von der Berninis. Ein Vergleich des Grabmals für Papst Leo xi., 1634–44, mit dem Grabmal für Papst Urban viii., 1628–47, von Bernini, beide in St. Peter in Rom, zeigt anschaulich ihre unterschiedliche Formensprache: Beiden Werken liegt der gleiche Grabmal-Typus mit Sarkophag, zwei allegorischen Marmorfiguren und Sitzstatue des Verstorbenen, zugrunde. Neu ist bei Bernini der auf dem Sarg sitzende Tod in Gestalt eines Skeletts, der Urbans Namen schreibt und damit den Papst der Macht des Vergänglichen unterstellt zeigt. Der letzte Strich des Namens ist noch nicht gezogen, noch lebt und herrscht Urban in der Fülle seiner Macht mit erhobener rechter Hand über die Christenheit. Hervorzuheben ist die Natürlichkeit der Allegorien, die mehr als nur Assistenzfiguren sind. Ruhig und feierlich wirken dagegen die beiden Tugenden Algardis in ihrer klassischen Auffassung mit Attributen, sich entsprechenden Körperhaltungen in leichtem S-Schwung und kontrapostischem Standmotiv. Bewegtheit und Lebendigkeit, die Bernini nicht zuletzt über die Variation der Materialien Bronze und Marmor erzielt, scheinen bei Algardi, der ausschließlich weißen Marmor vewendet, zurückgenommen und gemäßigt. Jede Einzelform ist für sich ausgebildet und dann zu den anderen gruppiert, pathetische Gesamtwirkung wird nicht angestrebt.

Seine Bronzegussarbeiten sind von außerordentlicher Feinheit und seine Figuren von leichter Grazie. Algardis herausragende Fähigkeiten treten v. a. in scharf beobachteten Bildnisbüsten, wie in der Papst Innozenz' x., zutage, die ihn als grandiosen Porträtisten mit ungeheurer Betrachtungsgabe ausweisen.

Frankreich

Wie die Malerei stellt sich auch die franz. Plastik ganz in den Dienst des absolutistischen Staates. Während in Italien, Spanien und im südl. und östl. Teil des Alten Reiches die Ausschmückung von Kirchen bedeutende Meister beschäftigt, entfaltet sich in Frankreich vor allem die Denkmal- und Gartenplastik. Unter Leitung der Akademie bildet sich ein getragener Monumental-Stil aus.

V. a. **Jaques Sarrazin** (1592–1660) entwickelt bereits in den 1630 er Jahren eine Richtung des franz. Klassizismus, nachdem er in Rom die Antike und Michelangelos Figuren studiert hat. Zurück in Frankreich ist er an sakralen und profanen Ausstattungsprojekten beteiligt, so an Schloss Maisons, der Maison-Lafitte und am Schlosspark von Versailles. Höchst originell und ein Beispiel für die Bauplastik nach antikem Vorbild sind Sarrazins Karyatiden am Pavillon de l'Horologe am Louvre-Westflügel. Die weiblichen Kolossalfiguren fungieren, wie am Erechtheion auf der Akropolis in Athen, als vertikale Stützen für Architrav, Fries und Gebälk. In Paris allerdings werden

Jaques Sarrazin, Karyatiden am Pavillon de l'Holroge am Louvre-Westflügel, 1636, Marmor, Paris.
Originelles Beispiel für Bauplastik nach antikem Vorbild.

François Girardon, Raub der Proserpina, 1677–99, Marmor, Schlosspark, Versailles.

Bernini, Pluto und Proserpina, 1621, Marmor, Rom, Galleria Borghese.

sie, die antike Säulenordnung spielerisch variierend, zu Doppelpilastern, im Inneren sogar zu verkröpften Pilastern. Kontrapostisches Standmotiv und Gewandbehandlung lassen deutlich antikes Kunstverständnis erkennen.
Die grundsätzlich andersartige Auffassung zwischen röm. Barock (Bernini) und dem v. a. in der **Hofkunst in Versailles** ausgebildeten klassizistischen Barock in Frankreich (auch franz. Klassizismus) kann anhand zweier Gruppenstandbilder, denen beiden das dasselbe Thema zugrunde liegt, nachvollzogen werden: *Pluto und Proserpina*, 1677–99, von **François Girardon** (1628–1715) im Schlosspark von Versailles und ein Werk **Berninis** mit gleichem Thema, geschaffen 1621/22 für Kardinal Scipione Borghese. Breitbeinig stehend, unter Aufwendung seiner körperlichen Übermacht, ist Pluto dabei, die eben geraubte, sich wild sträubende Proserpina festzuhalten. Bernini differenziert deutlich Kampfmoment, Gesten, Haltung, Ausdruck der Empfindungen in den Gesichtern, schließlich auch Mann und Frau, hier gespannte Muskeln, Adern und Sehnen, dort fließende Konturen und Weichheit. Girardons Gruppe scheint dagegen im Naturalismus wieder zurückgenommen. Zwar finden sich raumgreifende Bewegungselemente, doch erscheinen diese nicht aus der Handlung heraus motiviert, sondern nach einem kunstvollen System arrangiert. Innere Spannung und emotionale Lebendigkeit sind durch ordnende Klarheit zurückgenommen und zugunsten rein optischer Ausgewogenheit beruhigt.

François Girardon, Apoll und die Nymphen, 1666–75, Marmor und Grottenfels, Schlosspark, Versailles.

Absolutismus Herrschaftsform, entstanden unter Ludwig XIV. (1661–1715) in Frankreich. Der König vereint die Regierung mit allen Staatsgewalten absolut und uneingeschränkt in seiner Person. »L'Etat c'est moi« (»Der Staat bin ich«) ist charakteristischer Ausspruch Ludwigs XIV. Abbild und Symbol dieses absoluten Königtums ist das Prunkschloss von Versailles, das alle Kunstgattungen (Malerei, Skulptur, Dekoration, Städte- und Gartenbau) einbindet und eine eigene Kultur mit spezifischem Zeremoniell sowie Empfängen, Paraden, Theater, Musik und Feuerwerk etabliert.

Den Franzosen mangelt es weder an Einfällen und Erfindungen wie Girardons wegweisendes Grabmal des Kardinal Richelieu, 1675–94, beweist, noch an Virtuosität und Können wie wieder ein Werk Girardons, die vielfigurige Komposition Apoll und die Nymphen, 1666–75, im Schlosspark von Versailles anschaulich belegt. Offensichtlich besteht in Frankreich eine andere Auffassung von repräsentativer Kunst. In den franz. Werken ist die Auseinandersetzung mit den barocken Prinzipien Berninis genau so deutlich nachvollziehbar wie das bewusste Absetzen davon.

Wie schon Bernini 1665, fertigt der erfolgreiche Hofbildhauer **Antoine Coyzevox** (1640–1720) 1681 eine Porträtbüste König Ludwigs XIV. Der Vergleich veranschaulicht barockes und klassizistisches Vorgehen auch beim Porträtieren: Neben dem kunstvoll bewegten Gewand zeigt Bernini den interessierten Blick und den angeregten Geist des Königs. Coyzevox dagegen schafft ein offizielles Staatsporträt in antikem Habitus mit leicht geneigtem Haupt und militärischer Feldherrentracht in zurückhaltenderer Formensprache.

Zu den Hauptwerken **Pierre Pugets** (1620–94) zählt die für den Schlosspark von Versailles geschaffene Marmorskulptur *Milon von Kroton*, 1672–82, die ganz unter dem Einfluss Berninis steht und bestimmt ist von äußerster Spannung und naturalistischer Darstellung des dramatischen Moments. Wie eine Provokation gegen die elegante Hofkunst erscheinen das schreckensverzerrte Gesicht und die heftige Dehnung des Athleten, dem das Raubtier seine Pranken in den Oberschenkel schlägt. In der franz. Barockplastik bleibt er aufgrund seines Naturalismus und der dramatischen Bewegtheit seiner Figuren eine Ausnahmeerscheinung.

Antoine Coyzevox, Porträtbüste Lugwigs XIV., 1681, Versailles.

Pierre Puget, Milon und Kroton, 1672–82, Marmor, Paris, Louvre.

Hans Krumper, Patrona Bavariae, 1615, Bronze, München, Residenz.
Die Muttergottes erscheint als gekrönte Himmelskönigin mit Szepter, Krone und dem Kind auf dem Arm. Mit klassischen Standmotiv des Kontrapostes und der zurückhaltenden Bewegung verkörpert die Figur mit barocker Körperauffassung, durch Bewegung motivierte voluminöse Gewandbildung, aufgelöstem Kontur und Lebendigkeit des Kindes barocke Merkmale.

Hans Reichle, Erzengel Michael, 1603–06, Bronze, Augsburg, Zeughausfassade.
Überlebensgroß steht der triumphierende Erzengel auf dem Leib des gestürzten Luzifers, dessen Entsetzen sich in einer grausam naturalistischen Grimasse äußert. Ähnlich Berninis Bildwerken wird die Architektur, hier die ganze Fassadenbreite, zur Bühne für das Geschehen.

Niederlande, Deutschland bzw. Bayern, Österreich und Spanien

Diese europ. Länder stehen vor dem 30jährigen Krieg noch gänzlich unter dem Einfluss der manieristischen Bildhauer Ammanati, Giambologna und in der Folge Hubert Gerhart und Adriaen de Vries. Deren Schüler **Hans Krumper** (1570–1634) und **Hans Reichle** (1570–1642) entwickeln erste frühbarocke Tendenzen.

In Spanien bleiben Plastik und Skulptur auf den rein sakralen Bereich beschränkt. Charakteristisch span. ist die polychrom gefasste Holzskulptur mit ihrer das religiöse Volksempfinden ansprechenden exaltierten Emotionalität und krassem Realismus (echte Haare, Glasaugen).

18. JAHRHUNDERT

Die Geschichte der Kunst des 18. Jh. schließt Entwicklungen ein, die sich nicht unter einem Epochenbegriff zusammenfassen lassen. Es ist das Jh. des späten Absolutismus und der Aufklärung, aber auch des Aufstiegs des Bürgertums und revolutionären Umbruchs. Der vielschichtige geistige und gesellschaftliche Hintergrund bestimmt die Aufgabenfelder und Inhalte der bildenden Kunst: Einerseits führt der **Spätbarock** viele Traditionen des 17. Jh. weiter, andererseits wird das Barockpathos von der Feingeistigkeit des Rokoko weitgehend abgelöst. Dieser Wandel vollzieht sich zuerst in Frankreich, das in der Stilentwicklung und in Geschmacksfragen seit dem Ende des 17. Jh. die Führung übernimmt, und strahlt von dort über ganz Europa aus. Die Kunst ist bis in das letzte Drittel des 18. Jh. zum größten Teil von der aristokratischen Kultur des Spätabsolutismus geprägt, was sowohl repräsentative Theatralik als auch den Rückzug ins Intime einschließt. Immer noch kommen die bewährten Mittel des Hochbarock zur Anwendung: Apotheose, Allegorie, Rhetorik, theaterhafte Inszenierung und Prachtentfaltung dienen nach wie vor der Verherrlichung des Regenten oder Gottes. Diese Mittel werden im Spätbarock weiterentwickelt und verfeinert, ja in höchstem Maße gesteigert. Auf der anderen Seite geht man dazu auf Distanz, was ironische Züge annehmen kann, gerade wenn es sich um Kunst handelt, die für das Kabinett oder den Sammler bestimmt ist. V. a. die galanten und erotischen Themen führen weg von der Zweckgebundenheit der Barockkunst, die in erster Linie im Überzeugen des Betrachters besteht, hin zu einem ästhetisch motivierten Kunstgenuss. Aber auch dort, wo dieser Zweck noch Gültigkeit besitzt, also v. a. im Rahmen öffentlicher Repräsentation, bleiben Ironie und Distanz nicht ausgespart. Wo der Hochbarock auf Illusion abzielte, wird diese im **Rokoko** als artifizielles Spiel entlarvt. Freiräume eröffnen sich: Der launische Einfall des Künstlers, das Capriccio, früher nur ein Randgebiet, erhält nun zentrale Bedeutung. In der ornamentalen Leitform, der Rocaille, die eine späte Form der Groteske ist, zieht das Capriccio sogar in die kirchliche Kunst ein. Es kommt so zu einer fragilen Balance zwischen dem hohen inhaltlichen An-

Mit **Rokoko** bezeichnet man die späteste Phase des Barockstils im Zeitraum von ca. 1720–1770. Der Name ist von der **Rocaille**, dem vorherrschenden grazilen und kapriziösen Muschelornament abgeleitet. In Frankreich im höfischen Kontext entstanden, geht dieser Ornamentstil vor allem in Süddeutschland auch in die kirchliche Kunst ein. Eleganz und Verfeinerung werden in der Bildhauerkunst und Malerei ebenfalls als Charakteristikum des Rokoko-Stils verstanden, der sich nahezu über ganz Europa verbreitet.

Giuseppe Galli Bibiena (1696–1756):
Ecce homo, 1740, Kupferstich, 48,8 x 31,5 cm.
Aufwändiger Theaterprospekt als Rahmen einer religiösen Schauspielszene. Die schräggestellte Kulisse (scena per angolo), 1703 in Bologna durch Ferdinando Galli Bibiena eingeführt, distanziert den Betrachter vom Bühnengeschehen.

Wies bei Steingaden, Wallfahrtskirche, Inneres nach Osten, 1746–54, Dominikus und Johann Baptist Zimmermann. Das Gesamtkunstwerk im späten Rokoko: Die prachtvolle Kirche ist Abbild des himmlischen Festsaals; Architektur, Plastik, Malerei und Ornament verschmelzen zu einem einzigartigen Raumbild.

Würzburg, Residenz, Treppenhaus, 1735–53, Balthasar Neumann, Plafondfresko von Tiepolo. Das Treppenhaus als reinster Ausdruck höfischen Zeremonienwesens erreicht hier grandiose Monumentalität. Das Hinaufschreiten wird zum Erlebnis räumlicher Steigerung, in die auch das Deckenbild einbezogen ist.

Franz Xaver Habermann, Gartenbrunnen, Augsburg, um 1746/50, Radierung, 23,5 x 18,6 cm. Rocaille-Groteske: Das Ornament ist zugleich Rahmen und Bildgegenstand. Räumlichkeit wird als Illusion erkennbar, da sie beziehungslos vor flächigem Grund erscheint.

Paris, Hôtel de Rohan-Soubise, oberer Salon, beg. 1732, Germain Boffrand und Charles Joseph Natoire. Die Raumausstattung des franz. Rokoko auf ihrem Zenit. Eleganz und erlesener Geschmack ersetzen im intimen Rahmen des Salons die prunkvolle öffentliche Repräsentation.

spruch der Ausstattungsprogramme und ihrer ungezwungen, heiter anmutenden Umsetzung. Im »Gesamtkunstwerk« aus Architektur und Ausstattung, das im Rokoko seinen Höhe- und Schlusspunkt erreicht, werden diese scheinbaren Gegensätze in einer einzigartigen Synthese aufgehoben.

In das 18. Jahrhundert fällt mit dem Übergang zum **Klassizismus** ein tiefgreifender Epochenumbruch, der sich teils schon in der ersten Jh.-Hälfte ankündigt. Dem Künstler wird ein absolutes Vorbild anempfohlen: Nach **Johann Joachim Winckelmann** kann Unnachahmlichkeit nur durch die Nachahmung der griech. Antike erreicht werden. Gegenüber der »Launenhaftigkeit« des Rokoko wird die Antike zum ewiggültigen Ideal erklärt. Sein Schlagwort von der »edlen Einfalt und stillen Größe«, die das Hauptcharakteristikum der griech. Plastik sei, wird zum Leitbegriff. Neben dem Klassizismus kommen in der zweiten Hälfte des 18. Jh. aber auch realistische und ge-

Entwicklung des Ornaments

Der bedeutendste Vermittler der franz. Rokoko-Ornamentik nach Deutschland war François Cuvillies d. Ä. (1695–1768)

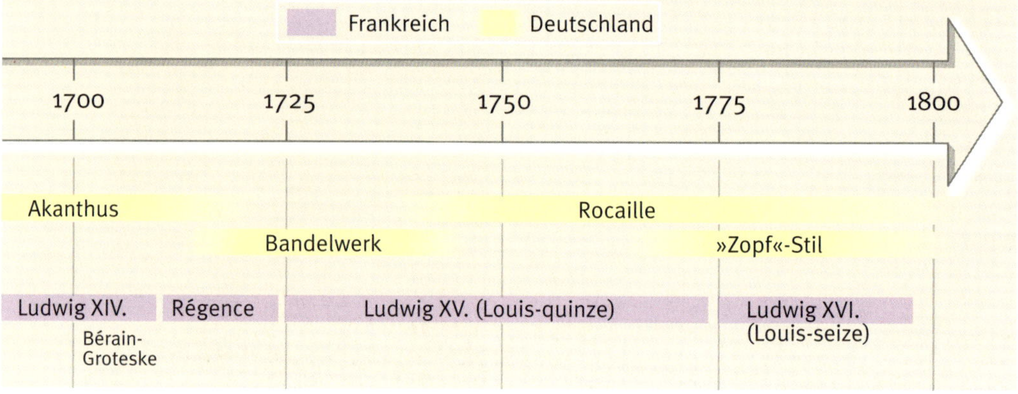

fühlsbetonte Strömungen in der Kunst auf, die zum Idealismus teilweise in Gegensatz treten. Der **Historismus** kündigt sich vor allem durch die zunehmende Wertschätzung der Gotik an. Am Ende des 18. Jh. polarisieren sich die verschiedenen Richtungen, die im 19. Jh. für die weitere Entwicklung bestimmend sein werden.

Das Ende der Barockepoche und ihrer Ausläufer ist Folge der geistigen Umwälzungen der Aufklärung, die auch mit einem neuen Verständnis der Rolle der Kunst und des Künstlers in der Gesellschaft einhergehen. Die enge Bindung an den Auftraggeber und den Zweck wird aufgebrochen, der zuvor als Handwerker angesehene Künstler zunehmend als Genius begriffen. Die seit der Renaissance vorherrschende **rhetorische Kunsttheorie** ging von der Zweckgebundenheit künstlerischer Schöpfungen aus, die **ästhetische Kunsttheorie**, die im wesentlichen auf Baumgarten und Kant zurückgeht, eröffnet der Kunst hingegen einen autonomen Status. Die Folgen dieses kunsttheoretischen Umbruchs prägen bis heute unsere Art der Kunstbetrachtung und unser Verständnis von der Rolle der Kunst in der Gesellschaft.

Rhetorik (bzw. **rhetorische Kunsttheorie**) regelt die Vermittlung von Inhalten der Bildwerke entsprechend ihrem Zweck und der Angemessenheit der Mittel (decorum). Ziel ist es, den Betrachter zu überzeugen, seinen Verstand zu belehren, den Geist zu erfreuen und die Seele zu bewegen. Die **ästhetische Kunsttheorie** trennt dagegen Verstand und sinnliche Erkenntnis, weshalb die Kunst hier nicht mehr an den Zweck der Überredung gebunden ist.

Jean Baptiste Pigalle, Merkur, 1753, Blei, Paris, Louvre. Barocke Nachklänge im Bewegungsmoment, aber betont realistische Körperlichkeit.

SKULPTUR

Frankreich

Frankreich übernimmt im späten 17. Jh. die führende Rolle in der europ. Kunst von Italien. Symbolisch für die Wandlung des Geschmacksideals steht die Ablehnung der für Versailles bestimmten Alterswerke Berninis. Die Hofkunst Ludwigs XIV., ausgerichtet auf die Glorifizierung des Sonnenkönigs, verlangt nach repräsentativen und klassisch-beruhigten Formen, die man so im ital. Hochbarock nicht vorfindet. Dieser Barock-Klassizismus erreicht seinen Höhepunkt im Werk von **François Girardon** und **Antoine Coysevox**. In ihrem Stil zeigen sich jedoch auch Tendenzen zum Graziösen und Dekorativen, die sich nach 1700 verstärken. Zwischen diesen stilistischen Polen, formale Strenge und dekorative Wirkung, entwickelt sich die franz. Plastik des 18. Jh. Am stärksten wird die Körperlichkeit durch die malerische Auflösung der Oberfläche in den 1730er Jahren zurückgenommen (**Robert Le Lorrain und Jean Baptiste Lemoyne**). Die frühe Rokokoplastik nimmt vorübergehend auch spätbarocke Einflüsse aus Italien auf (Brüder Adam). Den Gegenpol dazu bildet eine Richtung, die in ihrer formalen Ausgewogenheit und anatomischen Genauigkeit bereits auf den Klassizismus vorausweist. Hauptvertreter ist **Edme Bouchardon**, dessen Arbeiten eine geschlossene Kontur, glatte Oberfläche und monumentale Erscheinung anstreben. Exemplarisch zeigt sich dies anhand der Reiterstatue Ludwigs XV., über die der Künstler selbst gesagt haben soll, sie sei »einfach, edel und still«. Verwunderlich ist diese Neigung zur Formstrenge nicht, da

Jean-Baptiste Lemoyne, Porträt Noël Nicolas Coypel, um 1728, Terrakotta, H. 63,5 cm, Toledo (Ohio), Museum of Art. Malerisch-belebte Oberflächenbehandlung einer frühen Rokoko-Büste.

Edme Bouchardon, Reiterstatuette Ludwigs XV., Entwurf um 1750, Bronze, H. 71 cm, Versailles, Musée National de Versailles et des Trianons. Das Original auf der Place de la Concorde in Paris 1792 zerstört. Streng-monumentaler Proto-Klassizismus.

Jean-Antoine Houdon, George Washington, 1787–92, Richmond, Kapitol. Klassizistisch-erhabene Porträtstatue im Zeitkostüm, heroisiert, doch lebensnah.

Etienne-Maurice Falconet, Die Badende, 1757, Marmor, Paris, Louvre. Grazile, höchst anmutige Mädchenfigur von unschuldig erotischer Ausstrahlung.

schon seit dem späten 17. Jh. die **simplicité** (Einfalt) in Frankreich zum ästhetischen Ideal erhoben worden ist. Auch **Jean Baptiste Pigalle** strebt monumentale Wirkung an, verbindet diese aber mit ausgeprägtem Realismus, der kaum Gefälliges an sich hat. Der vorherrschende galante Zeitgeschmack um und nach der Jh.mitte wird von **Étienne Maurice Falconet** repräsentiert, dessen graziöser plastischer Stil Beziehungen zur Malerei Bouchers aufweist. Bei seinem Reiterstandbild Peters d. Gr. in St. Petersburg handelt es sich allerdings um ein erhabenes Monumentalwerk. Während des ganzen 18. Jh. ist das **Porträt** eine der wichtigsten Gattungen der franz. Plastik. Ausgeprägter Realismus findet sich schon bei Coysevox, später v. a. bei den Brüdern Coustou. Lemoyne ist der Hofporträtist Ludwigs XV., der den gefälligen Bildnisstil prägt. Die Büsten Bouchardons tragen antikisierende Züge, Pigalle wie auch Falconet sind im Porträt betont realistisch. **Jean Antoine Houdon**, der in Rom eingehend die Antike studiert hat und die endgültige Abkehr vom Barock vollzieht, ist der bedeutendste Meister des Porträts im Frühklassizismus (Louis-seize). Er versteht es, dem Charakter und Geist des Porträtierten lebendigen Ausdruck zu verleihen. Zur Entwicklung einer klassizistischen Monumentalplastik kommt es nach 1789 in Frankreich nicht – dies bleibt dem Italiener Canova überlassen.

Die deutschsprachigen Gebiete

In Deutschland erlangt die Barockplastik erst längere Zeit nach dem 30jährigen Krieg wieder größere Bedeutung. Gegen 1700 steigt sie mit **Andreas Schlüter** in Berlin und **Balthasar Permoser** in Dresden zu europ. Rang auf. Beide sind für Fürstenhöfe tätig, die die besten künstlerischen Kräfte an sich binden. Das wichtigste Aufgabenfeld der in den protestant. Teilen Deutschlands tätigen Bildhauer ist die Ausstattung von Schlössern und v. a. Gärten; Denk- und Grabmäler sind von geringerer Be-

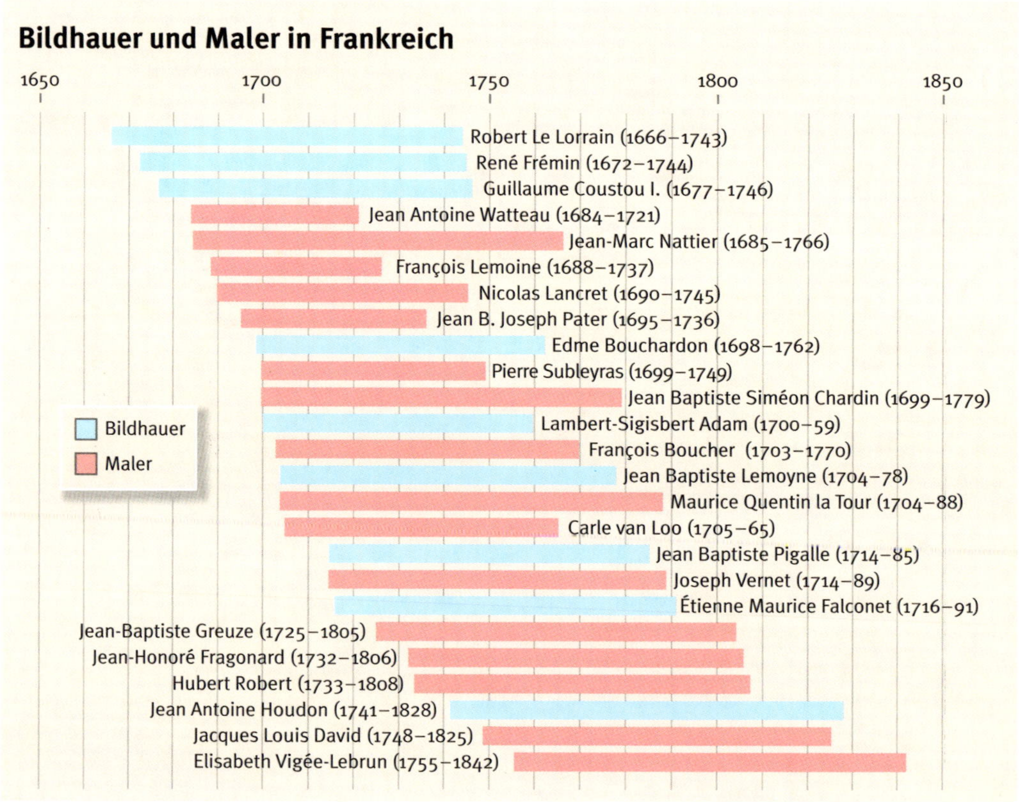

Balthasar Permoser, Prinz Eugen als Türkensieger, 1718–21, Marmor, H. 230 cm, Wien, Österr. Galerie, Belvedere. Barocke Herrscherapotheose, ungewöhnlich reich an Attributen. Stilistisch stark ital. beeinflusst.

Johann Joachim Kändler, Tanzende Columbine, 1764, Porzellan, H. 22,5 cm, Basel, Historisches Museum. Das in der Kleinplastik beliebte Harlekinthema – hier eine graziöse Mädchenfigur, in anmutiger Bewegung erfasst.

Weltenburg, ehem. Benediktiner-Klosterkirche, 1717–21, Brüder Asam. Sakraltheater (Theatrum sacrum) in der Tradition des röm. Hochbarock; der Drachenkampf des Hochaltars (hl. Georg) wird durch den kulissenartigen Architekturrahmen und die dramatische Lichtführung inszeniert.

Ignaz Günther, Pietà, 1774, Holz, farbig gefasst, Nenningen, Friedhofskapelle. Elegische Verklärung des Ausdrucks, feinste Behandlung der Oberfläche und fließende Linien. Höchste Verfeinerung am Ende des Rokoko-Stils.

deutung, ebenso das Porträt. Dagegen ist die Kleinplastik, auf die einige Bildhauer spezialisiert sind, stark vertreten. Seit dem 2. Viertel des Jh. werden Porzellanfiguren mit galanter Thematik immer beliebter; führend sind die Manufakturen in Meißen und Nymphenburg (Meister: Johann Joachim Kändler und Franz Anton Bustelli). Im katholischen Süddeutschland kommt es zu einer beispiellosen Blütezeit der **Sakralplastik**. Die Werke entstehen hier in enger Abstimmung mit der Architektur und Malerei. Häufig entwerfen die Bildhauer auch Altäre, Chorgestühle und andere Ausstattungsstücke oder stuckieren Decken und Wände. Zwei Stilrichtungen herrschen am Anfang des Jh. vor: Die Stuckfiguren **Egid Quirin Asams** sind ganz vom Eindruck des röm. Hochbarock geprägt; das illusionistische Theatrum sacrum wird zum visionären Ereignis. Das Werk Asams bleibt jedoch ohne direkte Nachfolge. Viel größere Wirkung hat dagegen die unter franz. Einfluss stehende Entwicklung, die zum Rokoko führt. **Giulielmus de Grof**, **Aegid Verhelst** und **Johann Baptist Straub** sind ihre wichtigsten Vertreter. Straubs Figuren gelten als der Inbegriff der süddt. Rokokoplastik. Sein Schüler **Ignaz Günther** ist der überragende Meister des späten Rokoko, dessen Werke sublime Feinheit zeigen. In Schwaben wirken ebenfalls exzellente Rokoko-Bildhauer wie Joseph Anton Feichtmayr und Johann Joseph Christian, in Niederbayern Christian Jorhan d. Ä. Vertreter des Frühklassizismus sind Roman Anton Boos und Thomas Schaidhauff, die jedoch nicht das Niveau ihrer Vorgänger halten können. Mit **Georg Raffael Donner** erreicht die österr. Barockplastik in der ersten Hälfte des 18. Jh. ihren Höhepunkt. Sein Werk kennzeichnet eine ausgeprägte Körperlichkeit, was ihn zu einem Wegbereiter des **Klassizismus** macht. Dieser ist in Österreich durch **Franz Xaver Messerschmidt**, berühmt durch seine physiognomischen Porträts, und **Franz Anton Zauner** vertreten. Die herausragendsten Bildhauer Böhmens sind **Ferdinand Maximilian Brokoff** und **Matthias Bernhard Braun**. Während Brokoff die realistischere Richtung vertritt, zeigt sich bei Braun eine geradezu ekstatische Steigerung des Ausdrucks. Die in Franken tätigen Bildhauer Johann Wolfgang van der Auvera und Ferdinand Tietz schaffen v. a. Skulpturen für Schlösser und Gärten. Bedeutend sind auch der Permoser-Schüler Paul Egell, kurpfälzischer Hofbildhauer in Mannheim, und Johann August Nahl d. Ä., tätig in Berlin und Kassel.

Johann Gottfried Schadow, Prinzessinnengruppe, 1796–97, Marmor, H. 172 cm, Berlin, Nationalgalerie. Lebendige, gefühlvolle Darstellung der Charaktere, zwar idealisiert, aber ohne Kälte.

Camillo Rusconi, Grabmal Papst Gregors XIII., 1719–25, Marmor, Rom, St. Peter. Spätbarockes Papstgrabmal der Bernini-Nachfolge, zwar theatralisch, aber nicht so dramatisiert wie die hochbarocken Vorbilder.

Antonio Canova, Perseus, Marmor, 1800, Rom, Vatikanische Museen. Dem Vorbild des Apoll vom Belvedere folgend, der als Inbegriff der klassischen griech. Plastik galt.

Während der dt. Klassizismus der Übergangszeit stark zum Dogmatischen tendiert, wird eine künstlerisch überzeugendere Ausdruckskraft erst wieder von Johann Heinrich Dannecker und Johann Gottfried Schadow an der Wende zum 19. Jh. erreicht.

Italien

Gegen Ende des 17. Jh. wird selbst in Italien der franz. Einfluss spürbar, der die Dramatik und Gefühlsgeladenheit des Hochbarock zurückdrängt. Zwar bleiben hier Bernini und Algardi die bestimmenden Vorbilder, doch wird ihr Stil meist ins Zierliche und Spielerische abgewandelt. Wirklich Neues geht daraus kaum hervor; auch werden die im Hochbarock geprägten Bildtypen v. a. im sakralen Bereich beibehalten. Gegen 1700 erhält selbst in Rom ein Franzose, Pierre Legros II., die bedeutendsten Aufträge. Unter Papst Clemens XI. (1700–21) treten zwar wieder ital. Bildhauer in den Vordergrund, doch beeinflussen weiterhin Franzosen die Entwicklung. Der führende ital. Bildhauer dieser Zeit ist **Camillo Rusconi**, der einen beruhigten spätbarocken Stil mit klassisch-idealen Anklängen vertritt. Einer seiner zahlreichen Schüler, **Pietro Bracci**, ist der produktivste Bildhauer des 18. Jh. in Rom. Nach Rom ist Florenz die bedeutendste ital. Kunstmetropole, in der u. a. die Bronzebildhauer Foggini und Soldani wirken. In Genua sind der Bernini-Schüler Parodi und sein Sohn tätig, letzterer auch in Wien. Der Stil des Bolognesers Giuseppe Mazza ist von der Barockmalerei seiner Heimatstadt geprägt. **Giovanni Maria Morlaiter**, der führende Bildhauer Venedigs, zeigt in der weichen Behandlung der Oberfläche einen für Italien untypischen Rokoko-Stil, der an Süddeutschland erinnert. Giuseppe Serpotta, tätig auf Sizilien, ist vom röm. Hochbarock beeinflusst.
Erst im **Klassizismus** erlangt die ital. Plastik mit **Antonio Canova** wieder europ. Rang. Er erhält Aufträge aus ganz Europa und ist der bedeutendste Bildhauer Napoleons. Sein monumentaler Stil, der ganz dem griech. Ideal der Zeit entspricht, ist von kühler Glätte der Oberfläche geprägt; statt Emotion zeigen die Gestalten konzentrierte Ruhe.

MALEREI

Frankreich

Die franz. Malerei wird am Ende des 17. Jh. vom strengen Reglement der Akademie beherrscht und steht in enger Abhängigkeit zum absolutistischen königlichen Hof. In Porträts und großen Bilderzyklen wird der Herrscher verherrlicht. Als Versailles vollendet ist, tritt in der späten Regierungszeit Ludwigs XIV. und im Régence ein Wandel ein, der vom Rückzug ins Private geprägt ist. Das Zeremoniell wird

Régence Zeit der Regentschaft Philipps von Orléans (1715–23, zwischen Ludwig XIV. und Ludwig XV.), in der sich in der bildenden Kunst und Ornamentik der Übergang von schwerer Pracht zu zierlicher Eleganz vollzieht.

Fête galante Bildgattung in der franz. Malerei des 18. Jhs., in der sich das pastorale Schäferspiel mit der Vorstellung vom arkadischen Leben verbindet. Thematisch anknüpfend an die Tradition der Fête campêtre und der Liebesgärten, doch sind hier ausschließlich zeitgenössische Personen dargestellt.

durch erlesenen Geschmack im intimeren Rahmen ersetzt. Kleinere Bildformate sowie die Zeichnung werden beliebt, Prunk und Pathos der Apotheose weichen der Vorliebe für (mythologische) Themen mit anmutigen Inhalten. Kenner und Sammler treten vermehrt als Auftraggeber und Förderer auf. Die strenge Hierarchie der Bildgattungen, die das Historienbild an erste Stelle setzte, verliert an Bedeutung, nachgeordnete Gattungen treten in den Vordergrund (Porträt, Stillleben, galante Themen).

Am Beginn der franz. Rokokomalerei führt **Antoine Watteau** die Fête galante ein: erträumte Idealwelten von sensibler Poesie und unübertroffener Grazie. Die theaterartigen Szenerien wahren Distanz zum Betrachter. Unter seinen Nachfolgern ragen Pater und Lancret hervor. Der typische Vertreter der Zeit Ludwigs xv., auf dem Höhepunkt des Rokoko, ist **François Boucher**. Sein Werk zelebriert reine Sinnesfreude und zielt auf effektvolle Gesamtwirkung ab, die fern der stillen Melancholie Watteaus bleibt. **Jean-Honoré Fragonard**, ein Schüler Bouchers, ist der überragende Maler des ausgehenden Rokoko. Er stellt das Heitere und Verspielte, häufig auch Frivole in lockerem Malstil dar.

Von den Porträtmalern sind v. a. Nattier und Quentin de la Tour zu nennen, deren Werke brillanten Ausdruck zeigen. Jean Baptiste Greuze ist der Hauptvertreter der peinture morale, welche die neuen Ideale und Tugenden des bürgerlichen Lebens darstellt, oft mit sentimentalem Einschlag. Die Stilllebenmalerei hat in **Jean Baptiste Siméon Chardin** ihren überragenden Meister, der dieser Gattung künstlerische Eigenständigkeit gibt. Die Landschaftsmalerei bekommt seit der Jh.mitte neue Bedeutung, darunter See- und Hafenbilder sowie romantisch anmutende Nachtsze-

Antoine Watteau, Die Einschiffung nach Cythera, um 1717, Paris, Louvre. Inbegriff der Fête galante: Lebendig wirkende Figuren, die in einer verklärten arkadischen Landschaft erscheinen. Ein Liebesreigen, heiter und melancholisch zugleich.

François Boucher, Die Toilette der Venus, 1746, Stockholm, Nationalmuseum. Der Akzent liegt effektvoll auf dem erotischen Sinnesreiz, die mythologische Thematik tritt in den Hintergrund.

Jean-Honoré Fragonard, Der Riegel, 1774, Paris, Louvre. Intime Szenerie, unmissverständlich in der Aussage, doch aufgeladen mit versteckter Symbolik.

Jean Baptiste Siméon Chardin, Der Rochen, gegen 1728, Paris, Louvre. Ungeschönter Realismus und straffe Bildordnung lösen die prächtig arrangierten Stillleben des 17. Jh. ab.

Elisabeth Vigée-Lebrun, Selbstbildnis mit Strohhut, 1782, London, National Gallery. Die in ihrer Zeit hochgeschätzte Porträtistin bringt Frische und ansprechende Natürlichkeit in ihre Bildnisse ein. Bürgerlicher Realismus verdrängt das Standesporträt des Ancien Régime.

nen, wie sie Claude Vernet malt, oder die Ruinenbilder Hubert Roberts am Übergang zum Klassizismus. Mit der erneuten Zunahme der Autorität der Akademie erhält auch die **Historienmalerei** wieder mehr Gewicht (Carle van Loo). Dies wirkt sich wegbereitend für den Klassizismus aus. Im letzten Jh.drittel nimmt darüber hinaus die Kenntnis der Antike stetig zu. Im Werk von Joseph Marie Vien verbinden sich Rokokothemen mit antikisierenden Formen. Erst bei **Jacques Louis David** wird dagegen das antike Formenideal des Klassizismus zum adäquaten Ausdruck eines neuen Zeitgeistes, getragen von der Wertschätzung menschlicher Tugenden und republikanischer Ideen. Das Rokoko als Stil des Spätabsolutismus wird spätestens mit der Revolution gänzlich verdrängt.

Italien

Die bedeutendsten Leistungen Italiens auf dem Gebiet der Malerei werden im 18. Jh. von venez. Künstlern hervorgebracht. Nachdem Venedig im 17. Jh. gegenüber Rom, Neapel und Bologna gänzlich in den Hintergrund getreten ist, gelingt es nun, an die alte Größe der

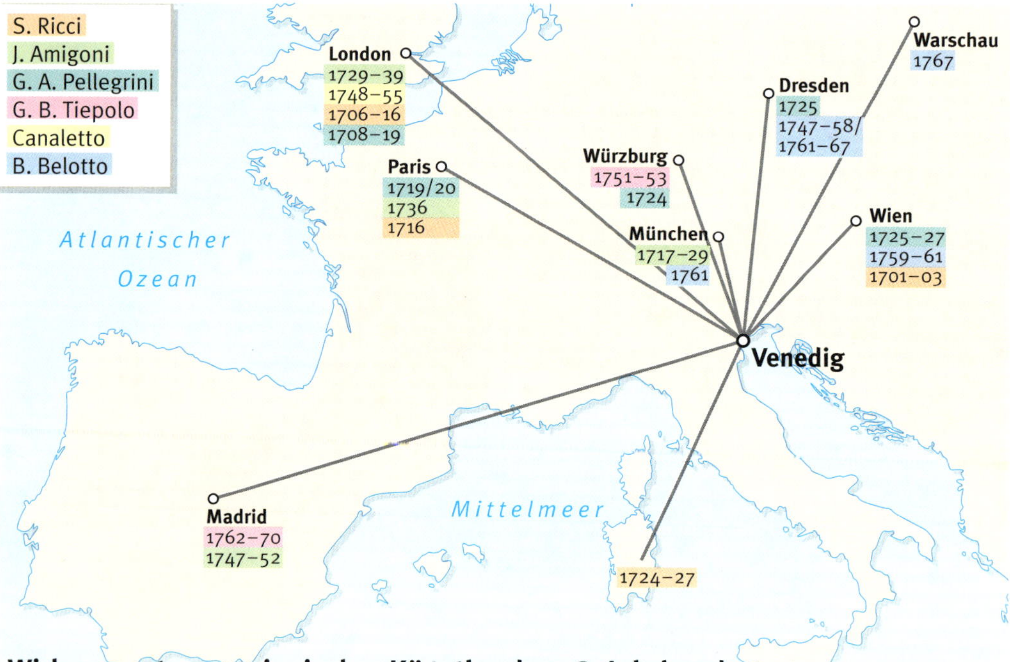

Wirkungsorte venezianischer Künstler des 18. Jahrhunderts (ohne Italienreisen)

Jacques Louis David, Der Schwur der Horatier, 1784, 330 x 425 cm, Paris, Louvre. Die Antike als moralisches und ästhetisches Vorbild: Heroisierung des Patriotismus, ausgedrückt in pathetischer Haltung und kompositorischer Klarheit.

Sebastiano Ricci, Die Bestrafung Amors, 1706/07, Öl auf Holz, Deckenbild, Florenz, Palazzo Marucelli Fensi. Hochbarocke Stilmittel. Figurenbildung und Kolorit weisen jedoch auf die spätere venez. Entwicklung voraus.

Renaissance anzuknüpfen. Es kommt zu einer letzten Blütezeit von großer künstlerischer Vielfalt. In der hochbarocken Malerei Oberitaliens, Roms und Neapels und im gezielten Rückgriff auf die eigene Tradition erschließen sich die Venezianer Quellen und Vorbilder, die sie zunächst nachahmen, bald aber zur Synthese bringen und weiterentwickeln. Das Werk des Neapolitaners Giordano übt anfänglich großen Einfluss aus. Von Veronese werden die wichtigsten Impulse aufgenommen; das helle Kolorit, die opulente Pracht und Erzählfreudigkeit seiner Gemälde werden zum Leitbild für das 18. Jh. Die persönlichen Stile der einzelnen Künstler fallen jedoch recht unterschiedlich aus. Viele venez. Maler des 18. Jh. genießen europaweit große Popularität, da ihre künstlerischen Auffassungen weitgehend dem Zeitgeschmack entsprechen; dies schlägt erst im Klassizismus in Ablehnung um. Obwohl in der Heimatstadt nicht wenige Aufträge an sie ergehen, führen einige Maler ein Wanderleben und werden von einem Auftraggeber zum nächsten weitergereicht.

Die um die Jh.wende tätige Künstlergeneration leitet den Aufschwung ein. Dazu gehört in erster Linie **Sebastiano Ricci**, der die Leistungen der hochbarocken Malerei eingehend studiert. In Veronese findet er aber sein wichtigstes Vorbild. Riccis Werk ist durchsetzt von Eklektizismen, doch wird es zu einer wesentlichen Grundlage für die Stilbildung der Folgezeit. Schon um 1710/20 entsteht eine Art Rokoko-Stil; Grazie, erzählerische Leichtigkeit und das Kolorit sind der zeitgleichen Malerei Frankreichs verwandt. Besonders ausgeprägt zeigt sich das im Werk von **Jacopo Amigoni**, tätig u. a. in Süddeutschland, London und Madrid. Auch der Duktus **Giovanni Antonio Pellegrinis**, europaweit einer der geschätztesten Künstler seiner Zeit, ist vom frühen Rokoko geprägt: skizzenhafte, lockere Malweise und pastellartige Leichtigkeit des Kolorits. Die Malerin **Rosalba Carriera**, spezialisiert auf duftige Porträts in Pastelltechnik, steht dem franz. Rokoko ebenfalls sehr nahe. Im Kontrast dazu ist das Werk **Giovanni Battista Piazzettas**, ausgebildet in Bologna, zu sehen. Sein Kolorit ist vom Helldunkel bestimmt, die Darstellungen haben dramatischen Ernst. Auch wenn er in seiner Reifezeit die Helldunkel-Effekte wieder zurücknimmt, vertritt sein Stil eine spätbarocke Position.

Rosalba Carriera, Junge Dame mit Papagei, 1730, Pastell auf Papier, Chicago, Art Institute. Ein Porträt, ganz auf der Höhe des Rokoko-Geschmacks: Helle, duftige Töne und koketter Charme, aber auch charaktervoller Ausdruck.

Giovanni Battista Tiepolo, Skizze zum Deckenfresko im Treppenhaus der Würzburger Residenz, um 1752, New York, Metropolitan Museum of Art. Der Entwurf (Modello) ist zwar verändert zur Ausführung gekommen und im Kolorit dunkler, zeigt aber schon die grandiose Theatralik und Figurenfülle des Freskos.

Giovanni Battista Piazzetta, Die Glorie des hl. Dominikus, 1724–26, Deckenfresko, Venedig, SS. Giovanni e Paolo. Dramatische Lichtführung und krasse Helldunkel-Effekte, wie sie für das Frühwerk typisch sind.

Bernardo Bellotto, Der Neue Markt in Dresden, ca. 1750, Dresden, Gemäldegalerie. Topografische Stadtansicht von präzisem Detailrealismus, in mildes venez. Licht getaucht.

Giovanni Battista Tiepolo, der bedeutendste Maler Venedigs im 18. Jh., ist in seinen Anfängen noch stark von ihm beeinflusst. Unter dem Eindruck Veroneses entwickelt Tiepolo jedoch in den 1730er Jahren einen Stil, der zu Piazzetta in Gegenposition tritt. Seine Darstellungen sind in jeder Hinsicht prachtvoll; das Licht erstrahlt in gleichmäßiger Helle, die Körper haben plastischen Ausdruck. Das Bild wird als virtuos komponierte Schaubühne mit einer Fülle von Requisiten gestaltet. Effektvolle Theatralik bestimmt geistliche wie profane Themen. Tiepolos Sohn Domenico malt dagegen bevorzugt das Gauklergenre. Der bedeutendste venez. Genremaler ist **Pietro Longhi**. In kleinen Bildformaten schildert er das Alltagsleben in theaterartigen Szenerien eindringlich, aber ohne sozialkritische Tendenz. Antonio Canal, gen. **Canaletto**, sein Neffe **Bernardo Bellotto** und **Francesco Guardi** sind die führenden Meister der Vedute. Canalettos röm. beeinflusstes Frühwerk weist noch hochbarocke Anklänge auf; seinen späteren Stil kennzeichnet dagegen strahlende Helligkeit und nüchterne Präzision. Bellotto, Schüler seines Onkels, löst sich von dessen Stil durch stimmungsvollere Farbwerte. Ein Großteil seines Werks machen Darstellungen neuerbauter Schlösser und Residenzen aus. Auch Guardi knüpft zunächst an Canaletto an, legt dessen exaktes Perspektivgerüst aber bald zugunsten einer stimmungsvolleren und atmosphärischeren Auffassung ab.

Zu den wichtigsten Vertretern der anderen Kunstzentren gehört der Neapolitaner **Francesco Solimena**, der nach dem Vorbild Giordanos mitreißende Dramatik entwickelt. **Giuseppe Maria Crespi** aus Bologna findet zu ausdrucksstarker Helldunkel-Malerei in der Auseinandersetzung mit der barocken Tradition seiner Heimatstadt. Von den röm. Malern sind insbesondere **Giovanni Paolo Pannini** und **Giovanni Battista Piranesi** zu nennen. Pannini schildert das Leben Roms und die antiken Ruinen, Piranesi entwirft in seinen Stichwerken ein topografisches Bild der Stadt und ihrer Altertümer. Ein Vertreter des röm. Klassizismus ist der begabte Porträtmaler **Pompeo Battoni.**

Maler in den deutschsprachigen Gebieten

Künstler	Gattung	hauptsächlicher Wirkungsbereich
Bartolomäus Altomonte (1693–1783)		Österreich
Cosmas Damian Asam (1686–1739)		Altbayern
Johann Wolfgang Baumgartner (1712–61)		Schwaben
Johann Georg Bergmüller (1688–1762)		Altbayern/Schwaben
Johann Christian Brand (1722–1795)	Landschaft	Österreich
Peter Johann Brandl (1668–1735)		Böhmen/Mähren
Philipp Hieronymus Brinkmann	Landschaft, Porträt	Pfalz
Rudolf Byss (1660–1738)		Böhmen/Österreich/Franken
Asmus Jakob Carstens (1754–1798)		Preußen/Italien
Daniel Chodowiecki (1726–1801)	Genre	Preußen
Georg Desmarées (1697–1776)	Porträt	Altbayern
Johann Georg Edlinger (1741–1819)	Porträt	Altbayern
Johann Baptist Enderle (1725–1798)		Schwaben
Franz de Paula Ferg (1698–1740)	Landschaft	Österreich
Friedrich Heinrich Füger (1751–1818)	Porträt	Österreich
Daniel Gran (1694–1757)		Österreich
Gottfried Bernhard Göz (1708–1774)		Schwaben
Anton Graff (1736–1813)	Porträt	Sachsen
Norbert Grund (1717–1767)	Landschaft	Böhmen/Mähren
Matthäus Günther (1705–1788)		Altbayern/Schwaben
Jacob Philipp Hackert (1737–1807)	Landschaft	Preußen/Italien
Johann Evangelist Holzer (1709–1740)		Altbayern/Schwaben
Konrad Huber (1752–1830)		Schwaben
Angelika Kauffmann (1741–1807)		Italien
Martin Knoller (1725–1804)		Österreich/Schwaben/Altbayern/Italien
Ferdinand Kobell (1740–1799)	Landschaft	Pfalz/Altbayern
Johann Lukas Kracker (1717–1779)		Böhmen/Mähren
Franz Martin Kuen (1719–1771)		Schwaben
Johann Kupezky (1667–1740)	Porträt	Böhmen/Mähren
Franz Anton Maulpertsch (1724–1796)		Österreich/Ungarn/Böhmen/Mähren
Anton Raffael Mengs (1728–1779)		Sachsen/Italien/Spanien
Adam Friedrich Oeser (1717–1799)		Sachsen
Franz Palko (1723–1767)		Böhmen/Mähren
Antoine Pesne (1683–1757)	Porträt	Preußen
Johann Georg Platzer (1704–1761)	Genre	Österreich
Wenzel Lorenz Reiner (1683–1743)		Böhmen/Mähren
Michael Rottmayr (1654–1730)		Österreich/Böhmen/Mähren
Martin Johann Schmidt (1718–1801) (gen. »Kremserschmidt«)		Österreich
Christian Georg Schütz d. Ä. (1718–1791)	Landschaft	Hessen
Louis de Silvestre (1675–1760)	Porträt	Sachsen/Frankreich
Franz Joseph Spiegler (1691–1757)	Porträt	Schwaben
Johann Heinrich Tischbein d. Ä. (1722–1789)	Porträt	Hessen
Johann Georg Trautmann (1713–1769)		Hessen
Paul Troger (1698–1762)		Österreich
Christian Wink (1738–1797)		Altbayern
Caspar Wolf (1735–1798)	Landschaft	Schweiz
Johann Jakob Zeiller (1710–1783)		Österreich/Schwaben/Altbayern
Januarius Zick (1732–1797)		Rheinlande/Schwaben
Johann Zick (1702–1759)		Altbayern/Schwaben/Franken/Rheinl.
Johann Baptist Zimmermann (1680–1758)		Altbayern/Schwaben

Freskomaler (überwiegend) · Staffeleimaler · Landschaft · Genre · Porträt

Johann Michael Rottmayr, Krönung Mariens und Heiligenhimmel, 1697, Deckenfresko, Salzburg, Dreifaltigkeitskirche. In der Kuppelrotunde Fischer von Erlachs erfolgt die Ablösung von Stuck als Gliederungselement.

Paul Troger, Allegorie der Religion und der Weisheit (Detail), 1735, Deckenfresko, Seitenstetten, Benediktinerabtei, Abteisaal. In den 1730er Jahren entwickelt sich der charakteristische Figurenstil und das Kolorit des frühen österr. Rokoko.

Johann Baptist Zimmermann (1680–1758) Deckenfresko, Steinhausen, Wallfahrtskirche, 1731. Der Paradiesesgarten als Rokoko-Park, mit Balustraden, die zwischen Fresko und Stukkatur vermitteln. Im Zentrum die Himmelfahrt Mariä.

Deckenfresko Bei der Fresko-Technik wird die Farbe auf den feuchten Putz gemalt und verbindet sich mit diesem (Gegensatz: secco, trockener Putz). Deckenfresken können wie Bilder erscheinen, die lediglich von der Wand an die Decke versetzt wurden (quadro riportato) oder auf den Betrachterstandpunkt Bezug nehmen. Die Verkürzung erfordert v. a. bei Architekturdarstellungen bestimmte perspektivische Methoden, die alle in der Renaissance und im Barock in Italien entwickelt worden sind. Die Untersicht (di sotto in sù) geht von einem ungefähren Standort schräg unterhalb der Bildebene aus, während die exakt auf einen einzigen Standpunkt berechnete Sicht die Darstellung illusionistischer Architektur bzw. Räume ermöglicht (Quadratur). Eine Deckenöffnung, die den Blick in den Himmel freigibt, nennt man Hypäthralraum (griech. hypaithros, unter freiem Himmel).

Die deutschsprachigen Gebiete

Die Malerei der deutschsprachigen Gebiete im 18. Jh. ist überaus vielgestaltig in ihren regionalen Erscheinungsformen und Entwicklungen. Zwar gibt es eine Vielzahl von Kunstzentren, aber Metropolen fehlen. Die stilistische Entwicklung knüpft in Süddeutschland, Österreich und Böhmen an ital. Traditionen des Hochbarock an. Viele der bedeutenden österr. Freskanten erhalten in Italien ihre Ausbildung. Doch gewinnen insbesondere in Süddeutschland schon bald franz. Einflüsse die Oberhand. In Norddeutschland ist die Staffeleimalerei vielfach vom Nachwirken niederl. Traditionen geprägt, die im mittleren Jh.drittel von franz. Einflüssen überlagert werden, bis es zur Ausbildung von überregionalen Stilcharakteristika des Rokoko kommt, die teils bis zum Ende des Jh. fortwirken.

Monumentale Fresken werden seit dem späten 17. Jh. fester Bestandteil der Ausstattung von Kirchen und Schlössern. Waren die Deckenbilder vor 1700 meist noch kleinformatig, so erweitern sie jetzt den Raum und eröffnen einen Blick in den mythologischen oder christlichen Himmel. Im kath. Süddeutschland, Österreich und Böhmen setzt eine Massenproduktion ein, die kaum zu überblicken ist. Die Ausbildung an den Akademien in Augsburg, Wien und Stuttgart sorgt für ein hohes Qualitätsniveau. In der österr. Freskomalerei, von der auch Böhmen, Ungarn und Schlesien abhängig sind, wird es am Anfang des Jh. üblich, die gemalte Architektur auf einen äußeren Rahmen zu beschränken und nicht in das eigentliche Bildfeld eingreifen zu lassen. **Johann Michael Rottmayr** ist der Begründer der österr. Monumentalmalerei, der zuerst ganze Räume mit einem einzigen Deckenbild überspannt. Nachfolger und Hauptmeister der 1. Jh.hälfte sind **Daniel Gran** und **Paul Troger**. Beide sind in Italien geschult, bilden aber stilistische Gegenpole einer formstrengeren spätbarocken Tradition und dem freieren Malstil des frühen Rokoko. Der überragende Freskant der 2. Jh.hälfte ist **Franz Anton Maulpertsch**, dessen reifer Rokoko-Stil durch atmosphärische Auflockerung der Komposition und ekstatische Steigerung des Ausdrucks gekennzeichnet ist. Im Spätwerk wird er phasenweise vom Klassizismus beeinflusst. In Süddeutschland malt der in Rom ausgebildete **Cosmas Damian Asam** als erster raumübergreifende Fresken. Er bringt, auf bühnenartige Effekte abzielend, die gemalte Szenerie in ein Verhältnis zur gebauten Architektur. Sein Schüler Matthäus Günther stellt die Bildarchitektur in bewussten Gegensatz zum realen Raum. Vom Werk des überragenden Johann Evangelist Holzer, Schüler des Augsburger Akademiedirektors Bergmüller, ist kaum noch etwas erhalten geblieben. In den Fresken **Johann Baptist Zimmermanns** breitet sich eine parkartige Szenerie aus. In Schwaben ist der Rokokostil v. a. durch Gottfried Bernhard Göz, Johann Baptist Enderle und Franz Martin Kuen vertreten. Die bedeutendsten Freskanten Süddeutschlands am Übergang zum Klassizismus sind der Trierer Hofmaler **Januarius Zick** und der hochbegabte Troger-Schüler **Knoller**.

Im Gegensatz zu Süddeutschland und Österreich arbeiten in den nord- und mitteldt. Kunstzentren die meisten Künstler ausschließlich als Staffeleimaler. In der Porträtmalerei werden die Schemata des höfischen Repräsentationsbildnisses zugunsten persönlichen Ausdrucks allmählich überwunden. V. a. in dieser Bildgattung setzt nach der Jh.mitte eine Verbürgerlichung ein. Der Böhme Johann Kupezky ist der führende Meister in der 1. Jh.hälfte, der Bildformeln mit empfindsamer Charakteristik zu verbinden weiß. **Joh. Heinrich Tischbein d. Ä.** aus Kassel gleicht in seinen Porträts höfische und bürgerliche Formen einander an. Der Dresdener Anton Graff gilt als der Maler der geistigen und kulturellen Elite der Goethezeit. In der Landschaftsmalerei werden die innovativsten Leistungen erst am Ende des Jh. hervorgebracht. Wichtige Vertreter sind Johann Christian Brand aus Wien, **Ferdinand Kobell** aus Mannheim und der Schweizer Caspar Wolf, in dessen Werk sich Züge der Romantik abzeichnen.

Das Rokoko wird v. a. in Norddeutschland und Sachsen von den idealistischen und realistischen Tendenzen abgelehnt und zurückgedrängt. Die Genrebilder des in Berlin tätigen **Daniel Chodowiecki** schildern die bürgerliche Welt mit nüchternem Blick. Der Klassizismus entsteht im Kreis um Winckelmann, zu dem

Johann Heinrich Tischbein, Bildnis Dr. Schmidt-Capelle, um 1754/60, Kassel, Städt. Kunstsammlungen. Gelehrtenporträt mit den entsprechenden Attributen, würdevoll und realistisch zugleich.

Ferdinand Kobell, Flusslandschaft, 1778, Mannheim, Reiß-Museum. Niederl. Landschaftsauffassung, jedoch mit Zügen des franz. Rokokos, v. a. im Vordergrund.

Angelika Kauffmann, Selbstbildnis am Scheideweg zwischen Malerei und Musik, 1792, Moskau, Puschkin-Museum.
Die Künstlerin nimmt die Stelle des Helden Herkules ein, der sich zwischen Tugend und Laster entscheiden muss. Ausdruck des Selbstbewusstseins einer der wenigen weithin anerkannten Malerinnen des 18. Jh.

Anton Raffael Mengs, Apollo, Mnemosyne und die Musen, 1760/61, Deckenfresko, Rom, Villa Albani-Torlonia, Galerie, Akademischer Klassizismus: Klar angelegte Figurenkomposition und trocken-linearer Malstil nach Vorbild der ital. Hochrenaissance.

Adam Friedrich Oeser, **Angelika Kauffmann** und **Anton Raffael Mengs**, ferner der Porträtmaler Füger zählen. Mengs, dessen Stärken v. a. im Porträt liegen, ist auch in der Theorie der führende Wegbereiter. Die hochtalentierte Kauffmann hat in ihrer Zeit weithin Anerkennung erfahren. Das Werk von Asmus Jacob Carstens aus Schleswig steht ganz unter dem Eindruck Michelangelos und Raffaels.

England und Amerika

Im 17. Jh. hat England nur in geringem Maße an der europ. Kunstentwicklung teilgenommen. Abgesehen von der polit. Isolation hat hier die Barockkunst ital. und franz. Prägung nur partiell Anklang gefunden. Rationalität liegt der engl. Mentalität und den gesellschaftlichen Gegebenheiten viel näher als das rhetorisch aufgeladene Barockpathos. Daher ist es nicht verwunderlich, dass im Jh. der Aufklärung, an der England führend beteiligt ist, auch die Kunst zu neuen Ausdrucksformen findet. Der politische Aufstieg seit der Glorious Revolution (1688) führt zu einem Aufschwung des kulturellen Selbstbewusstseins; ein Freiheitspathos entsteht, das vom Gedankengut der Aufklärung getragen wird. Symbol dafür ist die Idee des Landschaftsgartens, wie ihn v. a. William Kent geprägt hat. Auf dem Gebiet der Malerei steigt England nun zu europ. Geltung auf (Gründung der Royal Academy 1768). In Fragen des Geschmacks beginnt man im letzten Drittel des Jh. sogar Frankreich die Führungsrolle streitig zu machen. Die engl. Malerei findet ihre Sujets vornehmlich in der alltäglichen Erfahrungswelt. Als Ausdruck gesellschaftlicher Verhältnisse wird die Porträtmalerei zur wichtigsten Bildgattung, mit einer Reihe von Spielarten, darunter das beliebte Conversation Piece oder das Sporting Painting.

Der wohl erfolgreichste und vielseitigste Maler Englands im 18. Jh. ist **Sir Joshua Reynolds**, der erste Präsident der Royal Academy. Durch die Einführung dramatischer Elemente in die Porträtkunst erreicht er eine bislang nicht gekannte Lebendigkeit. Dennoch vertritt er die klassisch-akademische Richtung: Seine Männerporträts haben heroischen Charakter, Frauen werden dagegen oft als Göttinnen oder Grazien dargestellt (Historical Portraits). In seiner späten Schaffenszeit malt er zahlreiche Fancy Pictures. Ein bedeutender Porträtmaler ist auch **Allan Ramsey**, bekannt für einfühlsame Frauenbildnisse. Auf Landschaften und Porträts hat sich **Thomas Gainsborough** spezialisiert. Er ist ein Lyriker der Landschaftsmalerei, der Züge arkadischer Idealisierung mit empfindsamen Stimmungswerten und Realismus zu verbinden weiß. Auch in sei-

Fancy (Picture) Fantasie- oder Kostümbild, eingeführt in die engl. Malerei von Philippe Mercier (1689–1760), als Gattung des sentimentalen oder moralisierenden Kinderbilds etabliert von Reynolds. Dargestellt werden namenlose Modelle, oft in psychologisierender Sichtweise.

Joshua Reynolds, Drei Damen verehren Hymen (Die Schwestern Montgomery), 1773, London, Tate Gallery. Grandioses Gruppenporträt dreier Schwestern, die Hymen, den griech. Gott der Ehe, verehren. Symbolische Bezüge auf die reale Lebenssituation der Schwestern (Verlobung, Heirat) verleihen dem Bildnis erzählerische Elemente.

Thomas Gainsborough, Der Erntewagen, um 1767, Birmingham, Barber Institute of Fine Arts. Meisterlich komponierte Landschaft in atmosphärisch aufgelöster, zarter Farbigkeit.

nen Porträts spielt die Landschaft eine bedeutende Rolle. Die Landschaftsbilder von **Richard Wilson** zeigen stille, zuweilen südländisch anmutende Idyllen. **William Hogarth**, der Begründer der gesellschaftspolit. Karikatur in England, versteht seine Kupferstiche als eine Art moralische Schaubühne. Er wendet sich an alle gesellschaftlichen Schichten, greift derb und lebensnah soziale Missstände auf und entlarvt sie. Das in England besonders ausgeprägte empirische Interesse zeigen in erster Linie die Gemälde von **Joseph Wright of Derby**. Seine Darstellungen wissenschaftlicher Experimente sind zwar realistisch, erhalten durch ihre Lichtwirkung aber fast schon mystische Züge.
In der späten Kolonialzeit beginnt die amerik. Malerei mit derjenigen Europas an Bedeutung gleichzuziehen. Zu den hervorragenden Künstlern zählt v. a. **John Singleton Copley**,

Benjamin West, Der Tod des Generals Wolfe, 1768, Ottawa, National Gallery of Canada. Das Historienbild als zeitgenössisches Geschichtsbild, trotz Adaption tradierter Formeln (Pietà).

William Hogarth, Gin Lane, 1751, Kupferstich, 36x30,5 cm. In drastischer Übertreibung werden die schädlichen sozialen Auswirkungen des Verkaufs von billigem Gin angeprangert. Die Karikatur wird als Mittel der gesellschaftlichen Meinungsbildung eingesetzt, ohne dadurch ihren künstlerischen Eigenwert aufzugeben.

Joseph Wright of Derby, Das Experiment mit der Luftpumpe, 1768, London, Tate Gallery. Wissenschaft wird vor einer Gruppe von Laien anschaulich demonstriert. Der Kerzenschein könnte das Licht der Vernunft, das zur Erkenntnis führt, symbolisieren.

Bildhauer und Maler in England, Nordamerika und Spanien

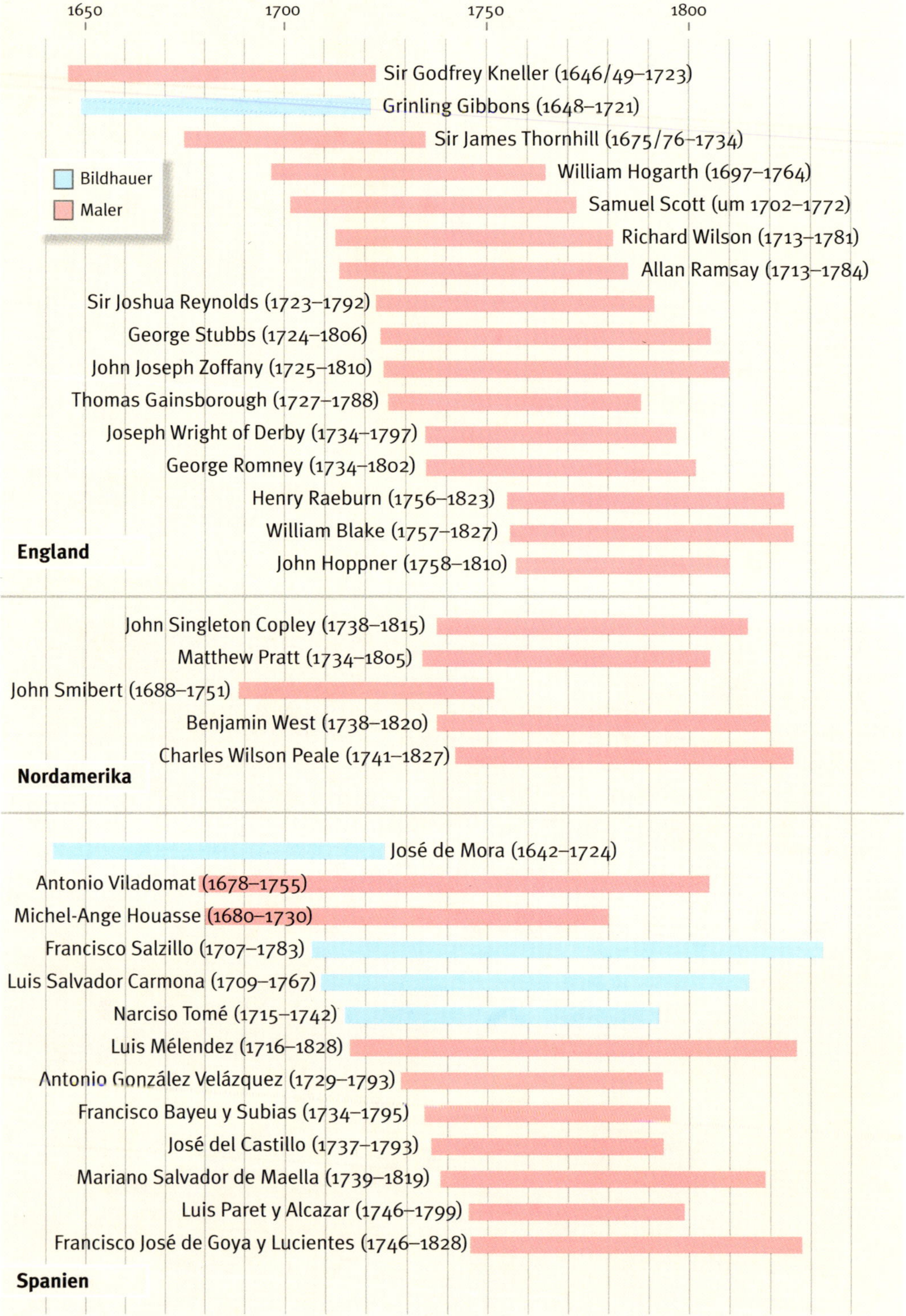

ein Meister des Porträts, der nach einer rokokohaften Frühphase zu einem wirklichkeitsgetreuen Stil findet. Er wird dadurch zum Begründer des empirischen Realismus in der amerik. Malerei. **Benjamin West**, Hauptvertreter des Frühklassizismus, ist beeinflusst von Mengs und Winckelmann. Nach England übergesiedelt, behauptet er sich selbst neben Gainsborough und Reynolds.

Luis Meléndez, Brassen und Orangen, um 1771, Madrid, Prado. Verbindung des span. Küchenstillllebens (bodegón) mit mitteleurop. Auffassungen, eigenwillig in Farbgebung und Malweise.

Spanien

Die span. Malerei des 18. Jh. ist zwar mehr als nur das Vor- und Umfeld **Goyas**, doch kommt ihm kein Maler wirklich an Bedeutung gleich. Erst bei ihm tritt wieder span. Eigenart offen zutage, die während des ganzen 18. Jh. durch fremde Einflüsse überlagert worden ist. Der polit. Niedergang des Landes unter den Habsburgern am Ende des 17. Jh. bringt einen kulturellen Verfall mit sich. Mit der Bourbonenherrschaft (1700–14) kommen franz. Künstler ins Land. Zur Zeit Ferdinands VI. (1746–59) werden bedeutende Italiener wie Amigoni und Corrado Giaquinto an den Hof geholt. Karl III. ernennt 1761 Mengs zum königlichen Hofmaler; ebenso wird Tiepolo berufen. Die Anwesenheit dieser beiden führenden Maler sorgt für künstlerischen Aufschwung. Seit 1770 werden jedoch keine ausländischen Künstler mehr berufen. Nun treten zunehmend span. Maler in den Vordergrund, viele ausgebildet an der 1752 gegründeten Akademie von San Fernando. Die Kunstzentren der Provinzen gewinnen an Bedeutung (v. a. Barcelona, Sevilla, Valencia, Saragossa). Luis Paret ist der erste große span. Maler des 18. Jhs; er bevorzugt das Genre. Der originellste Stillleben-Maler ist **Luis Meléndez**, der auch exzellente Porträts malt. Weiterhin erlangen mehrere Mitglieder der Familie Velázquez größere Bedeutung. Nach der franz. Revolution wird Spanien zusehends kulturell isoliert, die regionalen Malerschulen verlieren ihren Zusammenhalt. Einzig **Francisco de Goya** versteht es, die Errungenschaften seiner Vorgänger fortzusetzen. Zwischen 1780 und 1800 liegt seine reichste Schaffensphase, die teils noch rokokohafte Züge aufweist. Die größten Leistungen liegen jedoch jenseits der Jh.wende: Vor dem Hintergrund schwieriger Lebensumstände wie auch des polit. und geistesgeschichtlichen Umbruchs dringt Goya in bisher unbekannte Bereiche des Abgründigen und Visionären vor. Darin ist er dem Geist des Engländers William Blake oder des Schweizers Heinrich Füssli verwandt, deren Traumwelten und entfesselte Fantastik aus dem Zeitalter der Rationalität in eine neue Epoche überleiten.

Francisco de Goya, Der Sonnenschirm, 1777, Madrid, Prado. Karton (Teppich-Vorlage) für die Manufaktur Santa Barbara. Stilistisch noch von dem ital. Maler Giaquinto beeinflusste Rokoko-Szene, doch zeichnet sich bes. bei den Figuren schon span. Eigenart ab.

19. JAHRHUNDERT

Jahr	Historische/Politische Ereignisse	Kunst und Kultur
1804	Kaiserkrönung Napoleons	
1806	Ende des Heiligen Römischen Reiches Deutscher Nation	
1808	Krieg Napoleons in Spanien und Portugal (bis 1814)	
1813	»Völkerschlacht« bei Leipzig, 16.–19.10.	
1814	Wiener Kongress	Goya, Erschießung der Aufständischen am 3. Mai 1808
1815	Schlacht bei Waterloo (18.6.)	
1823	Verkündung der Monroe-Doktrin	
1827		Niépce, Erste Heliographie
1830	Julirevolution in Frankreich	Delacroix, Die Freiheit führt das Volk an
1837	Queen Victoria auf dem engl. Thron (bis 1901)	
1848	Karl Marx: »Kommunistisches Manifest« in London publiziert Revolution in Wien, Berlin, München; in Ungarn, in Italien	
1849	Scheitern der Revolution in Italien, Österreich und Deutschland	Courbet, Begräbnis in Ornans
1851	1. Weltausstellung in London	
1852	2. Kaiserreich in Frankreich (bis 1870), Kaiser Napoleon III.	
1860	Erfindung des Telefons durch Johann Philipp Reis	
1861	Sezessionskrieg in den USA (bis 1865) Erfindung des Ottomotor durch Nikolaus Otto	
1863	1. U-Bahn in Budapest	Manet, Frühstück im Freien
1870	Deutsch-Französischer Krieg (bis 1871) Proklamation der 3. Republik in Frankreich	
1871	Proklamation Wilhelm I. zum Deutschen Kaiser	
1872		Monet, Impression, Sonnenaufgang
1878		Muybridge, Galoppierendes Pferd
1879	Erfindung der Glühbirne durch Thomas A. Edison	
1893		Munch, Der Schrei
1895	Erfindung des Kinos durch Auguste und Louis Lumière	

Tief greifende Veränderungen in allen Bereichen des privaten und öffentlichen Lebens prägen das 19. Jh. Politische Revolutionen erschüttern die meisten europ. Staaten. Die industrielle Revolution führt zu Massenproduktion und Arbeitsteilung, handwerkliche Traditionen werden zurückgedrängt. Auch Wissenschaftler und Erfinder haben Anteil an Umdenkprozessen: Entwicklung der Evolutionstheorie durch Darwin, Eröffnung der er-

Das **Ereignisbild** zeigt im Gegensatz zum Historienbild polit. und sonstige Begebenheiten oder Ereignisse, die zur Entstehungszeit des Werkes gegenwärtig sind oder als unmittelbar gegenwärtig im Bewusstsein bestehen, daher höhere Authentizität und Dokumentation als das Historienbild. Im 19. Jh. ist es in fast allen europ. Ländern auf seinem Höhepunkt (z. B. Goya, Delacroix, Manet, Menzel).

sten Eisenbahnlinie, Erfindung von Telegrafie und Telefon. Innovationen wie diese ändern das Verständnis von Zeit, Raum und Wahrnehmung.

Der Wandel hat Folgen für Kunst und Künstler. Religiöse und mythologische Themen werden, trotz Rettungsversuchen, bedeutungslos. In der Presse entwickelt sich eine Kunstkritik, die nicht immer zwischen Künstler und Publikum vermittelt, sondern z. T. eher geeignet ist, das gegenseitige Misstrauen zu schüren.

Seit Ende des 18. Jh. wird die individuelle Schöpferkraft des Künstlers gefeiert, dessen Werke Ausdruck seiner Persönlichkeit sein sollen. Die Kehrseite der Aufwertung des Künstlers und der subjektiven Wahrnehmung ist der Verlust einer gemeinsamen Basis, die Künstler und Publikum bisher verbunden hat: Gesellschaft und Künstler verstehen einander nicht mehr. Offizielle, repräsentative Kunst und individuell im Eigenauftrag des Künstlers geschaffene Werke klaffen auseinander.

Anders als in vergangenen Jh. lässt sich die Entwicklung nicht mehr mit ein oder zwei Stilbegriffen fassen; die Zeit der großen Kunstepochen ist vorbei. Verschiedene Tendenzen folgen schneller aufeinander und überlagern sich, z. T. sogar im Werk eines einzelnen Künstlers. Mehr als in früheren Jh. treten, schon gegen Ende des 18. Jh., Künstler auf, die außerhalb der Traditionen stehen.

MALEREI

Die Malerei übernimmt im 19. Jh. die führende Rolle in der bildenden Kunst. Sie wird von den Akademien besonders gefördert und stellt die bevorzugte Gattung in den Ausstellungen dar. Der Stilpluralismus des 19. Jh. kommt besonders deutlich in den Werken der Malerei zum Ausdruck.

Francisco de Goya, Die Erschießung der Aufständischen am 3. Mai 1808, 1814, Madrid, Museo del Prado. Mit der neuartigen Unmittelbarkeit dieses Werkes hat Goya Anteil an der Neukonzipierung des Historienbildes zum Ereignisbild. Farbe und Licht bekommen eine ähnlich dramatische Wirkung wie bei Rembrandt.

Künstler des Übergangs vom 18. zum 19. Jahrhundert

Francisco José de Goya y Lucientes (1746–1828) Hofmaler vieler Herrscher, ab 1786 bei den span. Bourbonenkönigen. 1770/71 Italienreise. 1795 Direktor der Academie de S. Fernando. 1824 unter den Verhältnissen der Restauration nach Bordeaux. Seine Werke der 1770er Jahre ganz in der Tradition der Genrekunst des Rokoko. Ende der 1780er Jahre gewinnt die Kunst zunehmend intensive, realistische Bildsprache. Unter Eindruck des napoleon. Krieges entsteht 1810–13 die Folge *Desastres de la guerra*. 1815 *Disparates* (Torheiten), 1816 *Tauromaquia* (Stierkampf), 1820–23

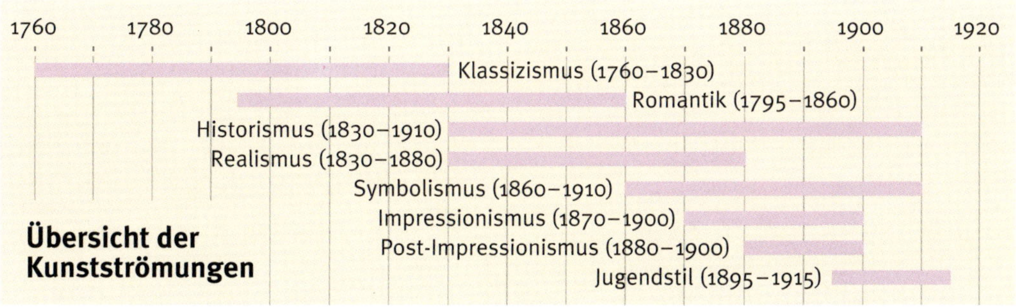

Johann Heinrich Füssli, Der Nachtmahr, 1782, Frankfurt/M., Goethe Museum. Mit einer eigenen, nicht der Tradition verpflichteten Ikonografie setzt Füssli seine Bilder um, hier: die erotischen Albträume einer Frau.

William Blake, Der Schöpfergott, 1794, handkolorierter Reliefdruck, London, British Museum. In der Farbigkeit mit der gewitterhaften Stimmung kommt das Visionäre des Schöpfungsaktes der Erde durch Gottvater zum Ausdruck.

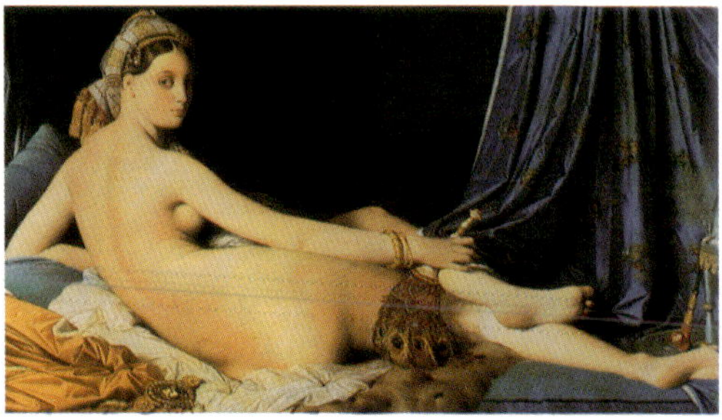

Ingres, Die Große Odaliske, 1814, Paris, Louvre. Anregungen durch Tizians Venus, doch ist statt einer Göttin eine Haremsdame dargestellt. Exotisches Ambiente und Idealisierung der Figur entrücken sie dem Alltäglich-Irdischen, das später Manets Olympia umgibt.

pinturas negras: Bilder der Angst, Visionen des Schreckens und Alpträume.

Eine direkte Nachfolge fand Goya nicht, erst Manet rückt ihn in das europ. Blickfeld.

Johann Heinrich Füssli (1741–1825), schweiz.-engl. Maler, am Beginn der Frühromantik. Er erfindet seine Themen selbst oder entnimmt sie literarischen Vorlagen. Seine Gestaltungsmittel beruhen auf einer klassizist. Grundauffassung, die er durch die Hinwendung zu Signorelli und Michelangelo entscheidend umbildet: Die Bewegung der überlängten Figuren wird intensiviert, das Dramatische z. T. bis zum Karikaturhaften getrieben.

William Blake (1757–1827), Grafiker, tief religiös und ganz in seine Gedankenwelt versunken. Seine Zeichnungen und Radierungen stehen technisch und thematisch außerhalb der Traditionen: Er verachtet die Akademien und die offizielle Kunst.

Frankreich

Der Klassizismus bleibt zu Beginn des Jh. bestimmend, der Romaufenthalt obligatorisch. Napoleon betreibt eine rege Kunstpolitik, die alle Künste umfasst: Vergabe großer, prestigeträchtiger Aufträge, mit denen er sich und seine Taten verherrlichen lässt.

Jacques Louis David bleibt der führende Maler. Ab 1804 Hofmaler Napoleons. Vor und während der Revolution programmatische Ereignisbilder, danach repräsentative – nicht weniger programmatische – großformatige Gemälde. David soll über 400 Schüler gehabt haben. Viele kamen allerdings erst nach oder während ihrer eigentlichen Ausbildung zu Studien in sein Atelier (besonders Bildhauer, z. B. Bartolini und David d'Angers). Für Davids Qualität als Lehrer spricht die Entwicklung vieler Schüler zu selbstständigen Künstlerpersönlichkeiten, z. B. Gros, Ingres und Guerin, der seinerseits Lehrer von Gericault, Delacroix und Fogelberg war.

Jean-Auguste-Dominique Ingres (1780–1867) greift für seine offiziellen Gemälde oft Kompositionsschemata von Raffael auf, die aber z. T. befangen und akademisch trocken wirken. Seine eigentliche Domäne werden Aktdarstellungen sitzender und liegender Frauen. Wie in der *Odaliske* werden anatomische Verzeichnungen zur Bewahrung formaler Klarheit und der Eleganz präziser Linienführung

Orientalismus Schon im 18. Jh. Interesse an Ägypten und Nordafrika. Neue Impulse in Frankreich durch Napoleons Ägypten-Feldzug 1798/99 und die franz. Eroberung Algeriens 1830. Berichte von exotischen Lebensformen, vom bunten Treiben auf Bazaren und dem märchenhaften Luxus beflügeln die Fantasie. Viele Künstler, die oriental. Themen, z.B. Haremsszenen, aufgreifen, waren nie im Orient. Sie beziehen ihr Wissen aus Reiseberichten und Dichtungen. Delacroix reist 1832 nach Marokko – also nach Fertigstellung des *Sardanapal*.

in Kauf genommen. Glatte, oft kühle Flächen und genau kalkulierte Farben stehen in eigenwilligem Kontrast zur sinnlichen, exotischen Atmosphäre der Themen.

Antoine-Jean Gros (1771–1835), wichtigster Schlachtenmaler Napoleons und gefragter Porträtmaler. Malerische Auffassung, lockere Pinselführung und Dynamisierung der Komposition markieren den Beginn der franz. Romantik. Vor der Anfertigung von *Napoleon bei den Pestkranken* genaue Erkundigung über Hergang und Umstände der Ereignisse: Augenzeugen zu befragen wird üblich.

Auch **Théodore Géricault** (1791–1824) informiert sich vor Anfertigung des *Floß der Méduse* genau über das Unglück, betreibt Studien in Hospitälern und Leichenschauhäusern. Dennoch ist sein Bild keine authentische Reportage. Schon die drohenden Wolken (nach den Berichten war der Himmel klar) sind eine pathetische Inszenierung. Monumentalisierung des menschlichen Leids durch die pyramidale Anlage der Komposition und die Wahl des knappen Bildausschnittes.

Eugène Delacroix (1798–1863), zu seiner Zeit von der Kritik wenig begünstigt, aber vom Staat gefördert, wird zum größten Gegner Ingres. Die farbige Konzeption gilt ihm mehr als die schöne Linie. Anregungen sucht er nicht in der Antike und bei Raffael, sondern bei Rubens, Rembrandt, den Venezianern. Im *Tod des Sardanapal* Bruch mit den Gesetzen der Perspektive, Verunklärung räumlicher Bezüge. Das Publikum lehnt das Gemälde ab, es begeistert sich generell für die ab etwa 1830 florierende Salonmalerei.

Paul Delaroche (1797–1856), in Gemälden wie *Hinrichtung der Jane Grey* (1833, London) dramatische Ausleuchtung des Geschehens. Wiedergabe der Details und Requisiten mit gewissenhafter Treue und Bemühen um Authentizität. Die Figuren sind theatralisch wie auf einer Bühne aufgebaut – bevor der Vorhang des Schlussaktes fällt.

Thomas Couture (1815–79) folgt Delaroche nach. Präzise Rekonstruktion vergangener

Antoine-Jean Gros, Napoleon bei den Pestkranken von Jaffa, 1804, 532 x 720 cm, Paris, Louvre. Propaganda: Napoleon berührt einen Kranken. Der Tradition nach galten die franz. Könige als Wunderheiler. Realistische Schilderung der Todesqualen – jedoch nicht als Kritik am Krieg, sondern zur Heroisierung Napoleons in dieser Umgebung.

Théodore Géricault, Das Floß der Méduse, 1819, 491 x 716 cm, Paris, Louvre. Von 149 Passagieren, die nach der Havarie der Fregatte Méduse ein Floß zimmerten, wurden 15 sterbend geborgen. Schonungslos werden Tod, Leid und verzweifelte Hoffnung gezeigt: Am Horizont erscheint ein Schiff.

Romantik Herkunft des Begriffs »romantisch« aus England und Frankreich, wo er ursprüngl. romanhaft im Sinne von fantastisch und erfindungsreich bedeutet. In dieser Bedeutung Einführung in Deutschland bereits um die Mitte des 18. Jh. durch den Kunsttheoretiker und Literaten Johann Jakob Bodmer. Um 1800 Umdeutung des Begriffs: Romantik wird zur Kunst- und Weltanschauung. Bewusstsein des Verlustes eines allumfassenden Weltbildes, das nur noch geahnt wird und für Momente aufscheint. In der romantischen Malerei aufgrund subjektiv-individueller Ausdeutungen Ausbildung verschiedener Richtungen. Ein eigener, einheitlicher Stil wird nicht geprägt; z. T. Weiterführung der klassizistischen und Wiederaufnahme der mittelalterlichen Formensprache, in Frankreich freierer Umgang mit der Farbe und Vorliebe für romanhafte Themen. Insgesamt ist die Romantik weniger als Stil, sondern vielmehr als Weltentwurf zu bezeichnen.

Eugène Delacroix, Der Tod des Sardanapal, 1828, 392 x 496 cm, Paris, Louvre. Frei nach einer Tragödie Lord Byrons. Sardanapal lässt vor dem Angriff der Araber alles töten, was ihm Lust bereitete. Massaker und Erotik als taumelnde Orgie aus Farben und Formen, in der gerade Linien fehlen.

Delacroix, Die Freiheit führt das Volk an, 1830, 260 x 325 cm, Paris, Louvre. Feier der Revolution vom Juli 1830. Verbindung von historischem Ereignis und Allegorie. In der dynamischen, monumentalen Komposition Anschluss an Géricaults Werk.

Salonmalerei Beim Publikum, dessen Schaulust befriedigt wird, äußerst beliebt. Melodramatische, heroische und kulturgeschichtliche Themen in bühnenartiger Inszenierung. Dabei z. T. üppige Ausstattung, illusionistische Genauigkeit bis in die Requisiten, die historisch authentisch sein sollen. Verbreitung in ganz Europa und Amerika. Wichtige Vertreter: Delaroche, Couture, Piloty, Makart. Besonders in Frankreich Anstreben eines Mittelwegs (juste milieu), der malerische Auffassung, klassische Form und gemäßigten Realismus zusammenführt. Die Bezeichnung Salon leitet sich vom Salon d'Apollon ab, dem traditionellen Ausstellungsort im Louvre.

Ereignisse. Seine Werkstatt durchliefen viele Schüler, darunter Manet und Feuerbach.

Realismus An Vorbildern im Louvre und v. a. autodidaktisch durch Naturstudien bildet sich **Gustave Courbet** (1819–1877). Aufgrund der Bildthemen und der scharfen sozialen Sicht stößt er auf Ablehnung. Nachdem 1850 das *Begräbnis in Ornans* und 1855 das *Atelier* im Salon zurückgewiesen worden sind, eröffnet er 1855 in einer Baracke den Pavillon du Realismé mit 41 Werken; 1867 zweiter mit 137 Bildern. Seine auf Naturwahrheit gegründeten freien Bilder, meist in dunklen Tönen, sind keine einfachen Schilderungen von Natureindrücken, sondern haben vielfach gleichnishaften Anspruch.

Freilichtmalerei Seit den 20er Jahren betreibt **Jean-Baptiste Camille Corot** (1796–1875) im Wald von Fontainebleau sowie in der Bretagne und der Normandie Naturstudien. Schon die frühen Bilder zeigen die wesentlichen Merkmale seiner Malerei: genaues Erfassen des Motivs, sicherer Bildaufbau, Lebendigkeit der Handschrift und die für die beginnende Freilichtmalerei typische differenzierte Erfassung des Atmosphärischen.

Théodore Rousseau (1812–1867) malt seit den 20er Jahren neben der Ausbildung im Atelier vor der Natur. Er kopiert niederl. Landschaftsmalerei des 17. Jh. und Werke Lorrains. Seit etwa 1833 sammeln sich Künstler in Barbi-

Thomas Couture, Die Römer der Verfallszeit, 1847, 466 x 775 cm, Paris, Louvre. Akademische, eingängige Komposition. Die Architektur ist ein Zitat aus Veroneses Gastmählern. Darstellung zügelloser Treibens, das mehr faszinieren als abstoßen soll.

Barbizon, im Wald von Fontainebleau bei Paris, ist seit Ende der 40er Jahre Treffpunkt und Arbeitsort einer Gruppe von Künstlern, deren Hauptthema die Darstellung der Natur ist. Ihre Werke entstehen direkt vor dem Motiv. Sie sind schulbildend für eine Generation, deren Bilder auf den unmittelbaren Eindruck gesehener, gegenwärtig erfahrbarer Natur aufbauen. Mit den Werken der Maler von Barbizon ist ein Schlüssel zur Entwicklung einer freien Farbensprache auf der Basis eines subjektiven Naturerlebnisses geschaffen. In der Malerei der Impressionisten finden die Vorstellungen der Maler von Barbizon ihre konsequente Weiterführung.

zon um Rousseau. Seine Gemälde der 1840er zeigen das neue, zeitgemäße Naturgefühl. Die Stimmung der Bilder entstammt der unmittelbaren Naturbeobachtung.

Jean-François Millet (1814–1875) ist seit 1849 in Barbizon. In seinen Gemälden ist das von Arbeit bestimmte Leben auf dem Lande in monumentalisierter und sinnbildhafter Weise dargestellt. Das Kompositionsschema bleibt dabei im wesentlichen immer gleich: Vor einer weiten, in ihrer Formgebung reduzierten Landschaft stehen Figuren, die in ihrer Haltung einerseits völlig auf sich bezogen sind, andererseits aber auch ganz in die Landschaft integriert sind.
Charles François Daubigny (1808–1876) weist über die Landschaftsharmonien seiner Vorgänger in Barbizon hinaus. Die Stimmung seiner Bilder entwickelt sich nicht mehr primär aus der Wiedergabe eines Landschaftsein-

Gustave Courbet, Das Begräbnis in Ornans, 1850, 315 x 668 cm, Paris, Louvre. Der Realismus liegt hier in der Wahrhaftigkeit der Darstellung, des Ortes, der Personen, die alle identifiziert und realistisch, d. h. gewöhnlich und ungeschönt, abgebildet sind. Das Format erhebt das Familienereignis in den Rang eines Historienbildes.

Camille Corot, Tivoli, der Park der Villa d´Este, 1843, Paris, Louvre. Corot fängt das grelle Licht und das dunstige Leuchten des Motivs ein. Ohne von der visuellen Wahrheit abzuweichen, arbeitet er mit einem silbergrauen Grundton, der die Farben nicht ganz schluckt.

Théodore Rousseau, Lichtung im Hochwald von Fontainebleau, 1860–62, Norfolk (Virginia), Chrysler Museum of Art. Die Landschaften Rousseaus sind als gegenwärtig erlebbare Orte geschildert, nicht als unerreichbares Arkadien. Er fängt in seinem Bild das Spiel der Sonne auf der Lichtung, das zum eigentlichen Thema wird, in einem Augenblick ein.

Jean-François Millet, Die Ährenleserinnen, 1857, Paris, Musée d'Orsay. Alles Anekdotische ist ausgeschaltet. Die bäuerlichen Gestalten sind in bedächtiger Bewegung herausgearbeitet. Dem Realismus Courbets nahe stehend.

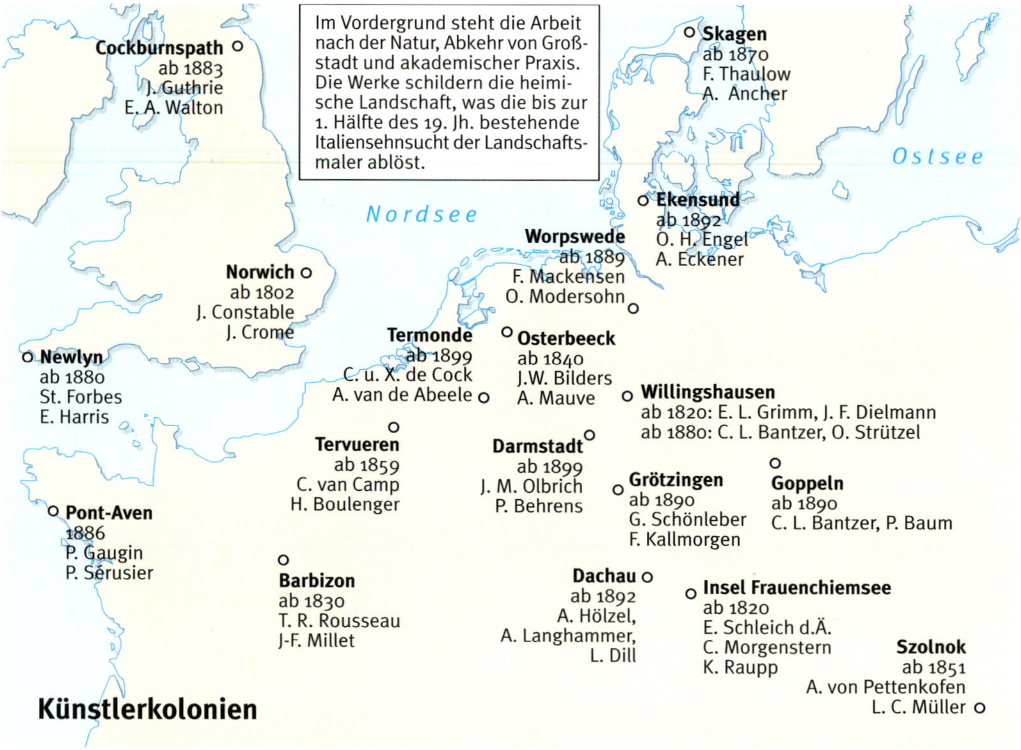

Im Vordergrund steht die Arbeit nach der Natur, Abkehr von Großstadt und akademischer Praxis. Die Werke schildern die heimische Landschaft, was die bis zur 1. Hälfte des 19. Jh. bestehende Italiensehnsucht der Landschaftsmaler ablöst.

Künstlerkolonien

Ausstellungen der Impressionisten und ihrer Vorläufer

1855	Weltausstellung in Paris: im Industriepalast Ausstellung der Bildenden Kunst Courbet veranstaltet den »Pavillon du Réalisme«
1861	Salon: u.a. Manet, Span. Gitarrenspieler
1863	Salon: 4000 Werke zurückgewiesen; durch Napoleon III. Einrichtung des »Salon des Refusés«: Manet, Jongkind, Pissarro, Cézanne u.a.
1865	Salon: Manet, Olympia-Skandal
1867	Weltausstellung in Paris Manet veranstaltet in einer Baracke eine Sonderausstellung
1873	**Gründung der »Société anonyme des artistes peintres, sculpteures, graveurs etc.« mit Monet, Renoir, Sisley, Pissarro, Degas, Morisot u.a.: 8 Ausstellungen zwischen 1874 und 1886**
1874	2. »Salon des Refusés«
1874	**Erste Gruppenausstellung der Impressionisten im Atelier des Fotografen Nadar**
1876	**2. Ausstellung der Gruppe beim Kunsthändler Durand-Ruel**
1877	**3. Ausstellung der Gruppe**
1877	Weltausstellung in Paris
1880	**5. Impressionisten-Ausstellung**
1884	Gründung der »Société des Artistes Indépendants«, besonders durch Post-Impressionisten: Seurat, Signac u.a.
1886	**8. und letzte Ausstellung der Impressionisten**

drucks, sondern auch aus der sich verselbstständigenden, eigenwertigen Farbgebung.

Edouard Manet (1832–1883) lernt an der École des Beaux-Arts bei Thomas Couture. Er fördert den Realismus thematisch und gestalterisch über Courbet hinaus. Die Komposition aus vereinfachten Flächen ist durch japanische Drucke beeinflusst. Er verhilft einer neuen malerischen Auffassung zum Durchbruch: Darstellungen des modernen Großstadtlebens und leuchtende Farben ohne schattierende Übergänge. Er drückt seine Empfindungen spontan aus, löst aber die Gegenstände nicht farbanalytisch auf. Die jungen Maler des Impressionismus bewundern ihn als ihren Wegbereiter, obwohl er selbst an keiner Impressionisten-Ausstellung teilnimmt.

Impressionismus Um 1860 wird das Privatatelier des akademischen Malers Charles Gleyre (1806–1876) in Paris ein Begegnungsort einer Gruppe junger Künstler: Renoir, Bazille, Monet, Sisley. 1873 schließen sich etwa 30 Künstler zusammen, um gemeinsam auszustellen.
Der Begriff Impressionismus stammt von der als Impression betitelten Ausstellung 1877 in Paris, als abwertende Kritik an der Künstlergruppe nach einem Gemälde Monets. Der Impressionismus vollzieht sich als umfassende, faszinierte und zugleich distanzierte Reaktion auf die Entfaltung der Großstadt und ihre neuen Lebensformen. Insofern bildet der Impressionismus eine »erste Moderne«.
Da die Impressionisten stets darauf bedacht sind, den Gegenstand im farbigen Reichtum der natürlichen Beleuchtung zu malen, tritt an die Stelle der Ateliermalerei gänzlich die Freilichtmalerei (plein air). Den Eindruck der jeden Moment wechselnden Erscheinung fixieren die Künstler mit skizzenhafter Handschrift, in hellen, kräftigen, meist reinen Farben und erst im Auge des Betrachters sich mischenden Farbtupfen. Die Farbzerlegung hat ihre Entsprechung in der Tupfentechnik.
Wie sich das Licht in den Farben des Spektrums bricht, in der Atmosphäre verfängt und verfärbt, fasziniert die Impressionisten mehr als der eigentliche Gegenstand. Das Gegen-

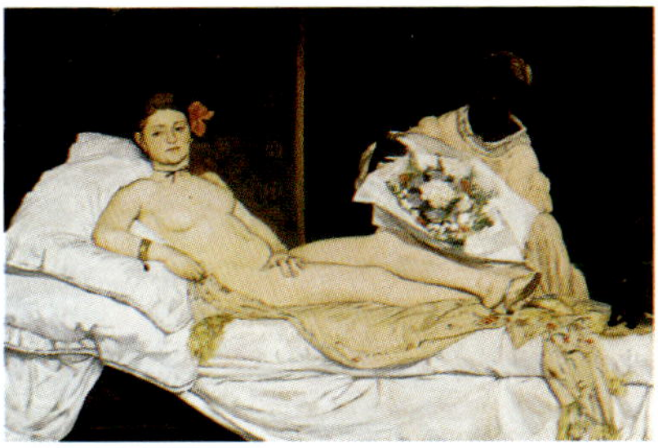

Edouard Manet, Olympia, 1863, Paris, Musée d'Orsay. Manet nimmt Tizians *Venus von Urbino* zum Vorbild, auch der Einfluss Goyas *Nackter Maja* ist wahrnehmbar in der rücksichtslosen Offenheit des Aktes. Die hellen, reich gestuften Farbtöne bereiten Manets Entwicklung zum Kolorismus vor.

Edouard Manet, Bar in den Folies-Bergère, 1881/82, London, Courtauld Institute. Im Spätwerk Manets impressionistische Einflüsse. Die Darstellung verbindet die unmittelbare Beobachtung der Wirklichkeit mit der Erfindung einer bewusst konzipierten formalen Komposition, die aus einer Folge von farbig organisierten Ebenen besteht.

Claude Monet, Der Bahnhof von St. Lazare, 1877, Paris, Musée d'Orsay. Der Bahnhof wird zu einer Festhalle der modernité, erfüllt vom farbigen Rauch der Lokomotiven. Monet interessiert der Bahnhof nicht als Treffpunkt von Reisenden – ihn fasziniert das Licht, das durch das Glasdach auf den Maschinendampf strömt.

Claude Monet, Kathedrale von Rouen, Das Portal, Harmonie in Blau und Das Portal, Harmonie in Blau und Gold, 1892/93, Paris, Musée d´Orsay. Die Kathedralfassade von Rouen zeigt Monet nicht als architektonisches Monument; ihn interessiert vielmehr, wie das Licht zu verschiedenen Zeiten am Steinfiligran zur Erscheinung kommt.

Pierre Auguste Renoir, Tanz in Moulin de la Galette, 1876, Paris, Musée d'Orsay. Renoir wählt Personendarstellungen für seine impressionistische Malweise. Die Form, Personen wie Ort, wird zugunsten der flimmernden Farbe aufgelöst.

ständliche wird bis zu seinem farbigen Schein aufgelöst.

Bevorzugtes Thema ist die Landschaft, Himmel und Wasser; sie zeigen die Lichtphänomene am intensivsten. Auch die Großstadt wird als Landschaft aufgefasst.

Bezeichnend für den Impressionismus ist der Weg, den **Claude Monet** (1840–1926) von 1865 bis etwa 1890 zurücklegt: von der monumentalen Figurenkomposition bis zur menschenleeren Landschaft. Maßgeblich entwickelt er, zusammen mit Renoir, die typische Darstellungsweise. Er studiert vor Ort die Veränderungen der Lokalfarben beim Wechsel der atmosphärischen Bedingungen und setzt möglichst reine Farben in kleinen Tupfen und Strichen nebeneinander.

Auguste Renoir (1841–1919) führt den Impressionismus mit den Werken wie *Loge* (1874) oder *Tanz in Moulin de la Galette* (1876) zwischen 1872 und 1877 zum Höhepunkt. Er huldigt der Schönheit der Frau in der Gestalt der sinnlichen und üppigen jungen Pariserin. Ab Anfang der 1880er Jahre zweifelt er verstärkt an der impressionistischen Methode.

Edgar Degas (1834–1917) hält sich abseits vom eigentlichen Kreis der Impressionisten. Seine Bildnisse zeigen das Modellieren in Licht und Schatten und die feste Körperlichkeit alles Sichtbaren. Die Darstellungen sind von einem ungewöhnlichen Standpunkt aus gewählt, von dem aus sich die Gestalten des Bildes überraschend überschneiden.

Post-Impressionismus **Paul Cézanne** (1839–1906), mit den Impressionisten über Pissarro in Kontakt; bei drei Ausstellungen der Impressionisten beteiligt. Dennoch schafft er mit seinem Werk nicht nur eine Abwendung vom Impressionismus, sondern eine folgerichtige Fortführung. Er bildet seinen eigenen Stil: strenger Aufbau der Bilder, ausgewogene Komposition, Raumtiefe, die Größe der Farbflächen folgt dem räumlichen Aufbau. Wird zum Wegbereiter für die Expressionisten.

Georges-Pierre Seurat (1859–1891) studiert Theorien über das Farbsehen und baut seine Bilder wie ein Mosaik aus gleichmäßigen Pünktchen reiner Farbe auf (Pointillismus). Die Farben vermischen sich im Auge des Betrachters, ohne an Intensität und Leuchtkraft zu verlieren.

Vincent van Gogh (1853–1890) wendet sich unter dem Eindruck Millets der Malerei zu. 1888 zieht er sich nach Arles zurück; 1890 Selbstmord. Er experimentiert mit leuchtenden Farben, die er nicht auf der Palette mischt, sondern mit kleinen Punkten und Strichen auf die Leinwand setzt. Farben und Formen sind für ihn ein Mittel, seine eigenen emotionalen Reaktionen wiederzugeben.

Paul Gauguin (1848–1903) zieht sich 1890 nach Tahiti zurück. In seinen Bildern stellt er die Einwohner dar, dies in Anlehnung an die Kunst der Insel – insbesondere die Bildschnit-

Edgar Degas, Absinth, 1876, Paris, Musée d'Orsay. Aspekte des Arbeitermilieus. Der Raum ist durch dezentrierte Flächenaufteilung und die Tische im Vordergrund eher angedeutet als konstruiert.

Paul Gauguin, Nafea Faaipoipo (Wann heiratest Du?), 1892, Basel, Kunstmuseum. Die Malerei Gauguins ist durch die Reduktion von Flächen reiner, absoluter Farben bestimmt. Das Bild zeigt symbolistische Züge.

Paul Cézanne, Landschaft bei Aix, 1886–90, London, National Gallery. Klare Anordnung der Landschaft. Die Pinselstriche sind so angeordnet, dass sie sich den Hauptlinien der Komposition fügen.

zerei. Er vereinfacht Umrisse und legt große Flächen in starken Farben an.

Symbolismus Der Symbolismus ist eine Gegenströmung gegen Impressionismus und Post-Impressionismus. Er operiert mit okkulten Gedanken und Mythen, mit betont subjektiven, mehrdeutigen, manchmal absichtlich rätselhaften, assoziativen Aussagen, zu denen Thematik, Motivwahl und suggestive Form- und Farbgebung gleichermaßen beitragen.
Gustave Moreau (1826–1898) stellt meist biblische und mythologische Themen dar, mit denen er gegen seine Zeit polemisiert. Reichtum im Kolorit, schmachtende Anmut der Helden, Detailfreudigkeit, zahlreiche Nebenmotive auf den Gemälden.
Odilon Redon (1840–1916) zeigt in seinen Werken Traumgebilde. Ausgehend von der

Georges-Pierre Seurat, Badende in Asnières, 1884, London, National Gallery. Die gesamte Komposition ist aus einzelnen Punkten reiner Farbe zusammengesetzt: radikale Vereinfachung der Formen.

Gustave Moreau, Orpheus, 1866, Öl auf Holz, Paris, Musée d'Orsay. Der Orpheusmythos erscheint in seiner ersten und gültigen Deutung: Illustriert ist das Weiterleben eines Künstlers in seinen Schöpfungen – eines der symbolistischen Lieblingsthemen.

Vincent van Gogh, Landschaft mit Zypressen bei Arles, 1889, London, National Gallery. Kühner, lockerer Pinselstrich, pastoser Auftrag der Farben. Die bewegte, flammenartige Erscheinung der Zypressen zeigt die Emotionen des Künstlers.

Karikatur Das 19. Jh. stellt in der Geschichte der polit. und gesellschaftskritischen Karikatur einen Höhepunkt dar. In überspitzten und verzerrten Darstellungen werden gesellschaftliche Wirklichkeiten wiedergegeben. Zeitungen und Zeitschriften bieten ihr Wirkungsmöglichkeiten: La Caricature, 1830, Le Charivari, 1832, beide Paris; Punch, 1841, London; Düsseldorfer Monatshefte, 1847.
Der führende Künstler von Le Charivari ist **Honoré Daumier** (1808–1879). Seine polit. Sicht und zeichnerische Begabung lassen seine Karikaturen über den aktuellen Anlass zu typischen Bildern der Epoche werden.

Honoré Daumier, Der abgewiesene Maler ruft aus: Und das haben sie nicht angenommen, diese Ignoranten!, 1859, Lithographie.

Natur schafft er symbolistische Bilder voller Fantasie und Rätselhaftigkeit. Vielfach literarische Einflüsse.

Deutsche Malerei

Rom bleibt um 1800 bedeutendes Zentrum der dt. Malerei. Freiraum für Künstler, die sich von der sozialen und künstlerischen Abhängigkeit von Akademien und Fürsten losgesagt haben. Adlige, die ihre Grand Tour absolvieren, stellen ein kaufkräftiges Publikum, das Künstler als Reisebegleiter engagiert und weitere Kontakte herstellt.
Joseph Anton Koch (1768–1839), wichtige Anregung durch die Landschaften Poussins. Vielzahl von Blickpunkten durch Staffelung einzelner Raumparzellen nach hinten und oben. Neutrales, sachliches Licht macht Details auch noch in entrückter Ferne sichtbar. Die Landschaft erscheint zeitlos. Arkadische Staffage und klassische Architektur verbinden sich mit ihr. Daneben Interesse an den Extremen der Natur. Im *Schmadribachfall* (1805–11, Leipzig) Darstellung zerklüfteter Gebirgslandschaft und aufgetürmter Felsmassive. Großer Einfluss auf die Nazarener.

Nazarener Dt. Künstlergruppe. Hauptvertreter: Overbeck, Pforr, Cornelius, Carl Philipp Fohr (1795–1818), Julius Schnorr von Carolsfeld. Der von Zeitgenossen geprägte Spottname zielt auf die lange, gescheitelte Haarfrisur alla nazarena. Die Gruppe bezieht 1810 das Kloster S. Isidoro. Viele Mitglieder konvertieren zum Katholizismus. Angestrebt wird eine Erneuerung der Kunst unter religiösen und moralischen Vorzeichen, angeregt von Schriften Heinrich W. Wackenroders, Ludwig Tiecks und Friedrich Schlegels. Anknüpfungspunkt ist die Kunst Raffaels und Dürers, die als mittelalterlich interpretiert wird. Ablehnung der späteren Entwicklungen der Kunst. Trotz klösterlichen Lebens genügt die Gruppe nicht sich selbst, sondern will durch Bilderbibeln und große Zyklen öffentlich wirken.

Nazarener 1809 gründet **Friedrich Overbeck** (1789–1869) den Lukasbund mit Pforr und vier weiteren Freunden in Opposition zur Wiener Akademie. Vertreter der streng religiösen Richtung der Nazarener. Bevorzugt christliche Themen, die er nach dem Vorbild Raffaels behandelt. Reinheit der Gedanken und Konzept sind ihm wichtiger als die handwerklich, anatomisch und perspektivisch korrekte Ausführung. In der Betonung der Kontur, der Glätte der Maloberfläche und der z. T. strengen Komposition, wie bei anderen Nazarenern, stilistische Gemeinsamkeiten mit dem Klassizismus.
Franz Pforr (1788–1812), konsequente Anlehnung an altdt. Vorbilder und Hinwendung zu Themen der vaterländischen Geschichte. 1810 Einzug Kaiser Rudolfs von Habsburg in Basel 1237 (Frankfurt/M.), klare, helle, kleinteilig gesetzte Lokalfarben lassen das Bild bunt und, zusammen mit der einfachen Komposition, fast naiv wirken. Die Figuren sind flach, bewusster Verzicht auf Virtuosität der Darstellung.

Peter von Cornelius (1783–1867), in seinen frühen Illustrationen (Goethes Faust 1810–16, Nibelungen ab 1811/12) ebenfalls Auseinandersetzung mit altdt. Vorbildern, wie dem eben wieder entdeckten Gebetbuch Maximilians I. (1513–15). In Rom auch Anschluss an die Formensprache der ital. Renaissance, insbesondere Raffaels. Treibende Kraft bei den großen Aufträgen, die die Nazarener als Gruppe ausführten. (u. a. 1815–17 *Josephszyklus* in der Casa Bartholdy, Rom). Das charakteristische des Zeichnerischen ist wichtiger als die farbige Ausführung.

Joseph Anton Koch, Heroische Landschaft mit Regenbogen, 1805, Karlsruhe Staatl. Kunsthalle. Dem fast quadratischen Format ist kompositorisch ein Kreis eingeschrieben. Der Regenbogen spiegelt sich im Wasser; Schatten, Erdformation und Vegetation führen seine ideale Form fort. Wiederaufnahme seiner Farben im Gewand der Figurengruppen. Der Mensch ist im Einklang mit dem göttlichen Zeichen und der Natur.

Johann Friedrich Overbeck, Porträt des Malers Franz Pforr, um 1810, 62 x 47 cm, Berlin, Nationalgalerie. Pforr steht in altdt. Tracht in einem gotischen Fenster. Der Typus des Brustbildes mit aufgestütztem Arm geht auf ital. und altdt. Vorbilder des 15. bzw. frühen 16. Jh. zurück.

Dresden Hochburg der Romantik. Gemäldegalerie, Kirchenmusik und landschaftliche Reize ziehen Künstler an. August W. und Caroline Schlegel führen hier ihre Galeriegespräche, veröffentlicht unter dem Titel *Die Gemälde*, Friedrich Schlegel kommt immer wieder in die Stadt, Tieck wählt sie zum Wohnsitz.

Philipp Otto Runge (1777–1810) verbringt nur wenige, für den Durchbruch der Romantik aber entscheidende Jahre in Dresden. Auseinandersetzung mit den Schriften des barocken Mystikers Jakob Böhme. Versuch, die romantische Idee einer universalen Einheit – der Künste, Sinne, Farben und Töne – umzusetzen. Für sein Hauptwerk *(Die Zeiten*, 1807, nur im Kupferstich fertiggestellt) wünscht er ein eigenes Gebäude mit Musik: Begründung der Idee des Gesamtkunstwerks. Strukturierung der einzelnen Zeiten durch Arabesken. Streng symmetrische Komposition mit mathematisch-musikalischen Proportionen. Die Empfindung der als Chiffrenschrift begriffenen Natur verbindet sich mit christlichem Offenbarungsglauben. Seine Farbtheorie erläutert Runge am Modell einer Farbenkugel (1809/10).

Caspar David Friedrich (1774–1840) versteht Landschaftsgemälde als Ausdruck persönlichen Empfindens. Ziel ist nicht nur Auslösung subjektiver Stimmungen im Betrachter, sondern Sichtbarmachung des Göttlichen, Methaphysischen in der Natur, die Gedanken über Tod und Ewigkeit weckt. Auch nationalpatriotische Anklänge (Motiv des Hünengrabs). Innerbildliche Rahmung und Unterscheidung in Gründe werden oft aufgegeben. Entgegensetzung von Nähe und Ferne, eher flächige Wiedergabe plastischer Formen. 1808 entzündet sich am Landschaftsbild *Tetschener Altar* (Dresden) der öffentlich ausgetragene sog. Ramdohr-Streit (benannt nach dem Verfasser der polemischen Schrift) über Aufgaben und Grenzen der Kunst, insbesondere der Landschaftsmalerei.

Obwohl anregend für ihre Zeitgenossen, bilden Runge und Friedrich keine Schule aus.

Peter von Cornelius. Joseph deutet die Träume Pharaos, 1815/17, Fresko, Berlin, Nationalgalerie. Aus der Casa Bartholdy in Rom. Monumentale Wandmalereien waren das geeignete Medium für die Volkserziehung und Erneuerung einer nationalen Kunst. Die fast vergessene Freskotechnik mussten die Nazarener erst wieder erlernen.

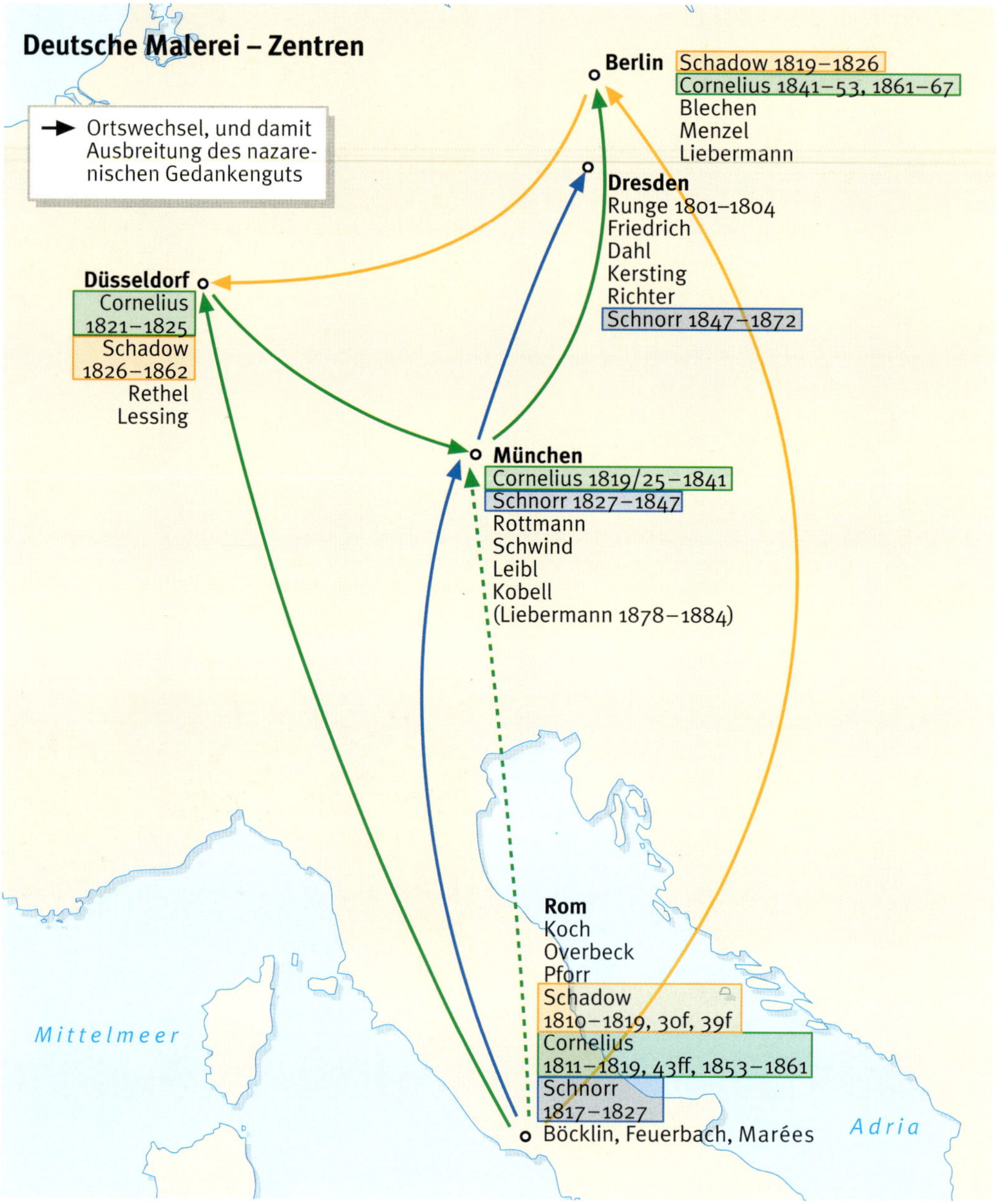

Noch vor 1850 geraten sie in Vergessenheit. Wiederentdeckung 1906 auf der Jahrhundertausstellung.

Der Norweger **Johann Christian Clausen Dahl** (1788–1857) wählt Motive, die im romantischen Sinn die Naturgewalt erfahrbar machen, wie sich auftürmende Wolken. Bei aller Dramatisierung aber realistische Charakterisierung und genaue Beobachtung. Wegweisend sind die vor der Natur entstandenen Ölskizzen mit ungewöhnlichen Bildausschnitten.

Georg Friedrich Kersting (1785–1847) malt mit dünner Farbe und in delikater Farbwahl stille Interieurs. In sich versunken gehen die Bewohner (Einzelfiguren) stillen Tätigkeiten nach. Die Bilder sind Indikator für den Rückzug des Bürgertums in das eigene Heim, ins Privatleben.

Düsseldorf 1819 Neukonstituierung der Akademie mit Cornelius als Direktor. Ihm folgt 1825 mit **Wilhelm von Schadow** (1788–1862) ein weiterer Nazarener im Amt. Einführung der Meisterklasse, auf solide Ausbildung wird größter Wert gelegt. Im Unterschied zu anderen Nazarenern pflegt Schadow in gefühlsbetonten Historiengemälden einen zarten Kolorismus.
Sein Schüler **Alfred Rethel** (1816–59) hinterlässt neben monumentalen Wandmalereien eindringliche Holzschnittfolgen. *Auch ein Totentanz* verarbeitet 1849 resignativ die Erlebnisse der Revolution von 1849: Sinnlosigkeit des Todes, Trauer auf beiden Seiten. Nicht die Freiheit stürmt voraus, sondern ein alter Klepper schleppt den Tod.
Carl Friedrich Lessing (1808–80), Hauptvertreter einer zum Realismus neigenden Landschaftsmalerei, die sich in zunächst tolerantem Klima entwickelt. Zusammen mit Rethel erneuert er auch die Historienmalerei. Anregungen liefern belg. Künstler. Zwei Gemälde von Louis Gallait (1810–87) und Edouard de Bièfve (1808–82) sind 1842/43 in Deutschland zu sehen. Mit ihrer theatralischen Inszenierung, Freude an ausschmückenden Details und der Farbe begeistern sie das Publikum. Lessings realistische, nicht idealisierte Hussitenpredigt bricht 1842 mit der nazarenischen Kunstauffassung und spaltet 1842 nicht nur die Düsseldorfer Akademie. Die Nazarener, einst scharfe Kritiker der Akademien, werden selbst zunehmend als akademisch abgelehnt. 1848 Gründung der unabhängigen Künstlervereinigung Malkasten.

Philipp Otto Runge. Der kleine Morgen, 1808, Hamburg, Kunsthalle. Einziger in Farbe ausgeführter Teil des Zyklus Die Zeiten. Über dem Neugeborenen erhebt sich die Morgenröte, Venus und Maria in sich vereinend. Der Lichtlilie und den Blüten der Rahmung entwachsen kindliche Genien. Vom Künstler gesetzte Symbole lösen die herkömmliche Ikonografie ab.

Caspar David Friedrich, Der Wanderer über dem Nebelmeer, um 1817/18, Hamburg, Kunsthalle. Von einem Gipfel überblickt der Wanderer karge, schier endlose Gebirgszüge. Als Rückenfigur lädt er den Betrachter zur Nachempfindung ein. Der Nebel ist ein Symbol für den begrenzten Blick des Menschen auf das Metaphysische.

Carl Friedrich Lessing, Jan Hus vor dem Scheiterhaufen, 1844/50, ehem. Berlin, Nationalgalerie, seit 1943 verschollen. Dargestellt ist ein historisches Ereignis aus dem 15. Jh. Auf eine Allegorisierung der Bedeutung wird ebenso verzichtet wie auf Idealisierung. Auch einfaches Volk wohnt dem Geschehen bei.

München Um München zur Kunststadt auszubauen, fördert König Ludwig I. alle Künste. Zu den Nazarenern hatte er in Rom Kontakte geknüpft. **Cornelius** erhält Aufträge für große Fresken (Glyptothek, Alte Pinakothek, Ludwigskirche). Obwohl er die Fachmalerei ablehnt und sich als Akademiedirektor für eine Abschaffung der Landschaftsklasse ausspricht, erlebt die Landschaftsmalerei einen Aufschwung.
Julius Schnorr von Carolsfeld (1794–1872), 1827 Auftrag für die Nibelungenfresken in der Residenz (Ausführung durch Schüler). 1860 erscheint sein grafisches Hauptwerk, die Bilder-Bibel, die in einfach lesbaren Illustrationen Ausdruck des Sendungsbewusstseins und der didaktischen Absichten der Nazarener ist.
Carl Rottmann (1797–1850) entwickelt den Typus der Historienlandschaft. Im Griechenlandzyklus geologisches Interesse an Erdformationen, Blick von meist erhöhtem Standort über z. T. unwirtliche weite Ebenen. Keine Einfügung antiker Ruinen oder Städteansichten; Staffagefiguren tragen Zeitkostüm. Allein durch die Darstellung der Natur, deren Macht Antike, Gegenwart und Zukunft zeitlos ver-

Carl Rottmann, Schlachtfeld bei Marathon, 1849, Berlin, Nationalgalerie. Ölstudie für ein Wandbild in den Hofgartenarkaden in München. Der Ort, an dem 490 v. Chr. die Athener die Perser schlugen, ist menschenleer. Dramatische Wolken über der düsteren Ebene erzeugen eine melancholische Stimmung des Untergangs, den allein die Natur überdauert.

Moritz von Schwind, Die Rose, 1846/47, Berlin, Nationalgalerie. Es bleibt dem Betrachter überlassen, eine Verbindung zwischen der Rose, den Musikanten und der Braut auf dem Söller herzustellen. Da es keine literarische Vorlage gibt, reagierte das Publikum irritiert.

Wilhelm Leibl, Drei Frauen in der Kirche, 1878–81, Hamburg, Kunsthalle. Ungeschönte Darstellung einfacher, bäuerlicher Menschen in ruhiger Haltung, ohne Handlung.

bindet, wird die historische Bedeutung einer Stätte erfahrbar gemacht.

Wilhelm von Kobell (1766–1853) gibt die Umgebung Münchens und Tegernsees in geordneten, geradezu besenrein gefegten Landschaftsansichten wieder. Mit mathematischem Kalkül stellt er Jäger, Bauern, Tiere auf. Liebe zum Detail, das mit biedermeierlich minutiöser Sorgfalt geschildert wird.

Moritz von Schwind (1804–71) erweitert, wie der Dresdner Ludwig Richter (1803–84), den romantischen Themenkreis um Märchen und Sagen. Mit Motiven wie Kobolden, Prinzessinnen und Rittern ersinnt er Bildnovellen ohne literarische Vorlagen, nicht ohne ironisches Augenzwinkern. Ungelöst bleibt sein innerer Konflikt, einerseits mit Monumentalmalerei öffentlich wirken zu wollen, was Abhängigkeit von Auftraggebern mit sich bringt, andererseits als sein eigener Herr Bilder zu erfinden.

Karl Theodor von Piloty (1826–86), von Gallais und Delaroche beeinflusst. Wie diese inszeniert er historische Ereignisse pathosgeladen und monumental.

Wilhelm Leibl (1844–1900), bekannt mit Courbet und den Impressionisten, Beschäftigung mit der niederl. Barockmalerei. Findet seine Themen und Modelle in den Bauerndörfern Oberbayerns. Schilderung häuslicher Tätigkeiten der einfachen Landbevölkerung mit technisch vollendetem malerischen Realismus.

Deutschrömer Die Mischwesen und Meerweibchen Arnold Böcklins (1827–1901) stehen thematisch in der Tradition der Romantik, nicht so in der Auffassung. Sinnliche Natureindrücke verdichten sich zu mythologischen Gestalten. Experimente zur psychologischen Wirkung der Farbe, die kontrastreich und effektvoll gesetzt wird. Erst ab 1890 hymnisch gefeiert, werden seine Werke wegweisend für den Symbolismus.

Anselm Feuerbach (1829–80), um Wiederbelebung des klassisch-antiken Ideals bemüht. Anlehnung an Raffael, aber auch Studium des Kolorits der Venezianer, Rubens, Delacroix'. Beschwörung von Sehnsucht nach der Antike und melancholischer Stimmung in friesartigen Kompositionen und monumentalen, unbewegten Einzelfiguren.

Deutschrömer 1. alle deutschsprachigen, vorübergehend oder dauerhaft in Rom ansässigen Künstler, u. a. Mengs, Carstens, Koch, Nazarener. 2. im engeren Sinn die späten Deutschrömer. Neben den Bildhauern Hildebrand und Begas Böcklin, Feuerbach, Marées.

Hans von Marées (1837–87) tritt ebenfalls mit klassischem Bildungsanspruch auf. Häufiges Thema ist der ideale Einklang des Menschen mit der Natur. Nackte Gestalten, die bewegungslos und ohne Handlungszusammenhang vor südl. Landschaften beisammen stehen, lassen u. a. in Motiven und Haltungen Bezüge zur Antike erkennen. Teilweise Verstärkung der feierlichen Stimmung durch die Wahl von Altarbildformen (Triptychon).

Berlin Gegen Ende des Jh. stärkste Rivalin Münchens. Seit Gründung des dt. Kaiserreichs 1871 Reichshauptstadt, rascher wirtschaftlicher Aufschwung, zunehmend realistische Strömungen in der Malerei.

Karl Blechen (1798–1840) ändert seine zunächst von Friedrich und Dahl beeinflusste Auffassung der Landschaft in Italien. In scheinbar willkürlich gewählten Bildausschnitten wird mit teilweise skizzenhaft-spontanem, pastosem Farbauftrag ein Eindruck von der diesseitigen Kraft der Natur vermittelt.

Adolph von Menzel (1815–1905) bereitet seine Gemälde mit umfangreichen Studienzeichnungen vor. Der optische Eindruck des Flüchtigen, von Wärme, Dunst, flackerndem Licht wird jedoch mit rein malerischen Mitteln umgesetzt. Obwohl das Bekenntnis zum Realismus Historienmalerei ausgrenzt, erschließt sich Menzel das Leben Friedrichs d. Gr. als Themenkreis; versteht sich selbst als Historienmaler.

Max Liebermann (1847–1935), Auseinandersetzung mit Courbet, der Schule von Barbizon, der Haager Schule. Bis Mitte der 90er Jahre Themen wie Waisenhäuser, Heime, arbeitende Menschen. Danach Hinwendung zu großstädtischen Themen und Öffnung gegenüber

Arnold Böcklin, Im Spiel der Wellen, 1883, München, Neue Pinakothek. Vitale Sinnlichkeit der Meerwesen und übersteigerte Farbigkeit sollen die Sinne des Betrachters unmittelbar ansprechen und den Mythos neu erfahrbar machen.

Anselm Feuerbach, Iphigenie, 1871, Stuttgart, Staatsgalerie. Iphigenie, »das Land der Griechen mit der Seele suchend«. Akzentverschiebung gegenüber Friedrichs Rückenfiguren: Das Ziel der Sehnsucht wird nicht in die Bildwelt hineingenommen. Thema ist der sehnsüchtige Mensch.

Karl Blechen, Walzwerk Neustadt-Eberswalde, um 1834, Öl auf Holz, Berlin, Nationalgalerie. Eine der frühesten Ansichten von Industrieanlagen. Nebeneinander von modernen und traditionellen Arbeitsstätten: im Vordergrund Fischer und Angler.

Adolph von Menzel, Eisenwalzwerk, 1875, Berlin, Staatl. Museen. Im Großformat der Historienmalerei werden ohne Pathos verschiedene Phasen der Stahlverarbeitung gezeigt, Lichtreflexe, Dunst und flirrende Hitze im Farbauftrag eingefangen.

Max Liebermann, Flachsscheuer in Laren, 1886, Berlin, Nationalgalerie. Vorgang der Flachsverarbeitung – Kinderarbeit in staubiger Atmosphäre. Weniger soziale Kritik als Interesse an der rein optischen Wahrnehmung der Wirklichkeit.

dem Impressionismus. 1898 Mitbegründer der Berliner Secession.

Österreich Anfang des 19. Jh. zieht die Wiener Akademie viele junge Künstler (u.a. Overbeck, Pforr) an, die aber, unzufrieden mit verkrusteten Traditionen, bald nach Italien wandern. In der Folge auch in Österreich Öffnung gegenüber romantischem Gedankengut. Ab 1850 Aufschwung der Malerei: Ausbau der Ringstraße, deren Repräsentationsbauten mit großen Gemälden, u.a. von Schwind, Feuerbach, Makart, ausgeschmückt werden.

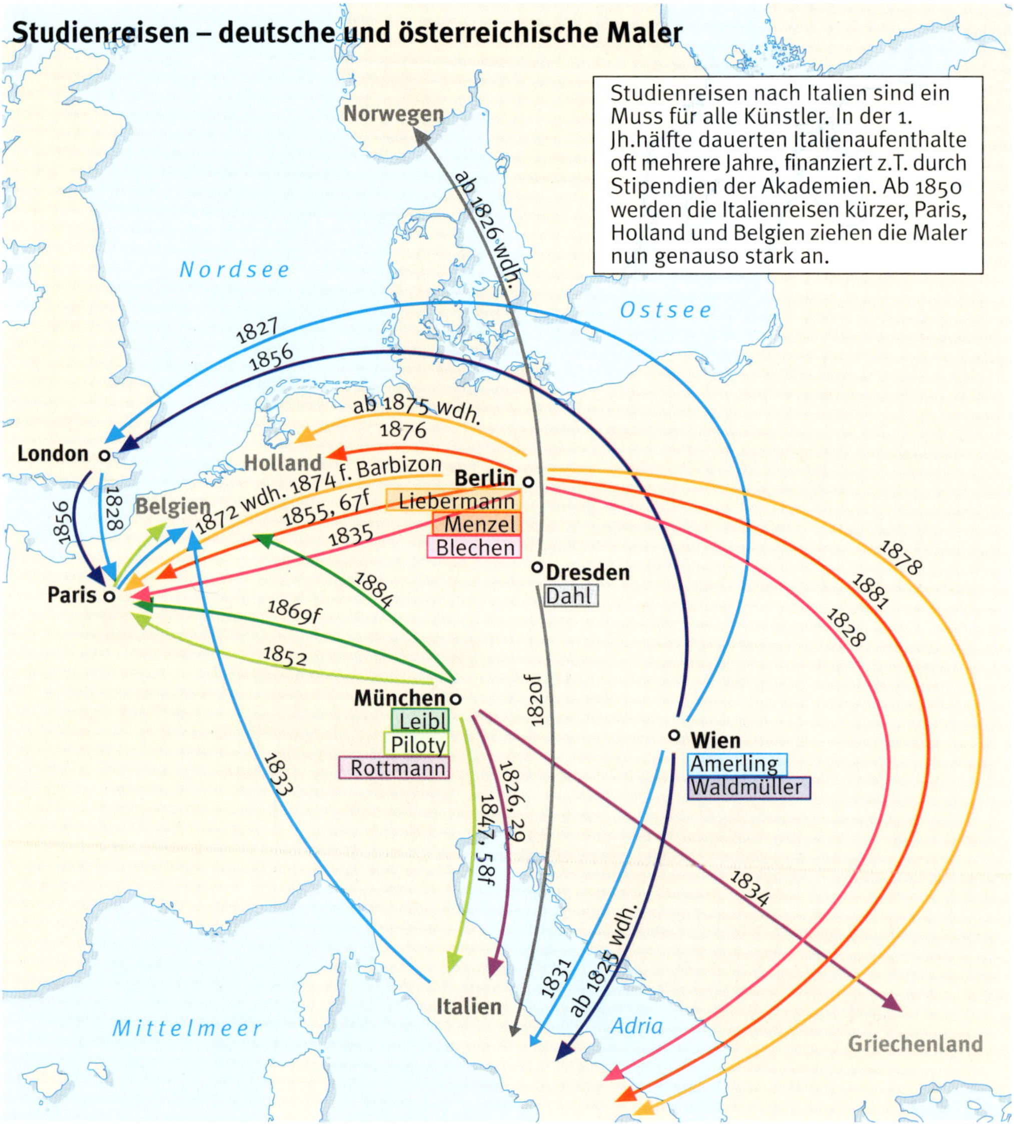

Ferdinand Georg Waldmüller (1793–1865), Vertreter der realistischen Strömung. Bis ca. 1845 überwiegend Porträts und Landschaften (Freilichtmalerei, bei der das Licht die plastischen Körper aber nicht auflöst), danach beschauliche Genrebilder: plastisch modellierte, dralle Bauernkinder.
Friedrich von Amerling (1803–87), erfolgreichster Porträtist der Wiener Hofgesellschaft. Von der engl. Porträtkunst beeinflusst. Repräsentative Porträts, Wiedergabe erlesener Stofflichkeit.
Hans Makart (1840–84), Beschäftigung mit kulturgeschichtlichen Themen, die als üppige, rauschende, exotische Feste theatralisch inszeniert werden (Salonmalerei). In der Farbigkeit Anlehnung an Paolo Veronese.

Vereinigtes Königreich

Im 18. Jh. verändern sich die wirtschaftlichen und sozialen Strukturen und schaffen die Voraussetzung für die sog. industrielle Revolution. England ist industriell führend. Begleitet wird diese Entwicklung von der Zerstörung der Landschaft durch das Vorrücken der Fabriken und Kohlegruben, der Ausbeutung der Arbeiter, der schnellen Fertigung minderwertiger Waren.
Von der neuen Freiheit der Künstler profitiert besonders die Landschaftsmalerei. Bisher hat man diese als einen Nebenzweig der Malerei betrachtet.
Joseph Mallord William Turner (1775–1851) ist einer der frühesten romantischen Landschaftsmaler. 1819 und 1828 Italienreisen. Turner vermittelt die Landschaft nicht als heile Welt, sondern als Dynamik mythologischer und geschichtlicher Ereignisse. Er versteht es, Naturschauspiel und Menschenwerk ereignishaft zu dramatisieren. Er führt den »blot« (Klecks) in das formale Spektrum der Malerei ein.
John Constable (1776–1837) malt seit 1820 fast ausschließlich Landschaften in der Gegend von Hampstead, Salisbury und Brighton. Im Gegensatz zu Turner ist die Malerei Constables von der Sehnsucht nach der intakten Landschaft begleitet. Genauer Beobachter der Natur, die zum Stimmungsträger wird.

Joseph Mallord William Turner, Die Gründung Karthagos, 1815, London, National Gallery. Turner setzt in seinem Bild Motive aus Gemälden Claude Lorrains um. Im Gegensatz zu seinem Vorbild drängt er alles zusammen, was das Bild dramatisieren kann.

Joseph Mallord William Turner, Regen, Dampf und Geschwindigkeit – The Great Western Railway, vor 1844, London, National Gallery. Die Western Railway nähert sich als rasantes Ungetüm auf schnurgerader Brücke, die weniger Bauwerk als Diagramm der Geschwindigkeit ist. Damit kontrastiert hinten links eine steinerne Bogenbrücke, obsolet gewordenes Relikt der Vergangenheit: Geschichtspessimismus.

John Constable, Der Heuwagen, 1821, London, National Gallery. Mit dem Fehlen jeglicher Pose und dem Verzicht, effektvoller zu sein als die Natur, wird Constable zu einem Vorreiter für die Freiluftmalerei. Erhält 1824 im Pariser Salon die Goldmedaille.

Dante Gabriel Rossetti, Die Verkündigung, 1849/50, London, Tate Gallery. Rossetti will im Geiste des Mittelalters arbeiten, doch ist die Verkündigung keine Nachahmung einer mittelalterlichen Darstellung.

James MacNeill Whistler, Nocturno in Blau und Silber: Old Battersea Bridge, 1872–75, London, Tate Gallery. Whistlers Radikalität liegt im Entwurf begründet; er entwickelte eine vereinfachte, abstrakte Darstellung, indem er sich ein Bild in sein Gedächtnis einprägt, bevor er es im Studio malt.

Präraffaeliten Die offizielle Kunst der viktorianischen Ära, wie an der Royal Academy in London, ist geprägt von konservativer Ideologie und historistischer Kunstauffassung. Hiergegen wenden sich die Präraffaeliten.
»Truth to nature«. Aus dieser Überzeugung geben sie die traditionellen, schulmäßigen Prinzipien auf, die akademische Tradition. Für sie besitzt die Kunst keine normgebende Kraft. Die Wirklichkeit soll es sein, die Normen setzt. Minuziös beginnen sie, diese Wirklichkeit zu studieren und ziehen in die Natur, um die Landschaftshintergründe ihrer Bilder zu malen.
Das alles beherrschende Kennzeichen präraffaelitischer Gemälde ist ihre besondere Farbgebung: Die geradezu unnatürlich klaren und grellen Farben der frühen Gemälde erklären sich aus der Ablehnung der klassizistischen Malerei mit ihren Braun- und Ockertönen. Sie sind ein Rückgriff auf die mittelalterliche Farbenpracht, zudem ein bewusster Schockeffekt für den konventionellen Publikumsgeschmack.
Literarische Impulse leisten einen bedeutende Beitrag. Rossetti und Morris sind gleichermaßen Dichter und Maler. Rossetti und seine Schüler greifen auf Dante und die Gralssagen zurück, während Hunt sich an die Geschichte der Bibel hält.
Der Kunstkritiker **John Ruskin** (1819–1900) ist der erste Verteidiger der neuen Künstlergruppe. Sein beredtes Eintreten für die Gotik in *The Stones of Venice* machen ihn zum kongenialen Fürsprecher. 1851 verteidigt er die Gruppe mit zwei Briefen in der Times gegen den Vorwurf der Stilnachahmung.
James MacNeill Whistler (1834–1903), gebürtiger Amerikaner, ist in England und Frankreich tätig. Beeinflusst durch Manet und Courbet. Seit 1860 er Jahren Auseinandersetzung mit japan. Kunst: Dies führt zur Vereinfachung der Linien und fein abgestuften Akkorden neutra-

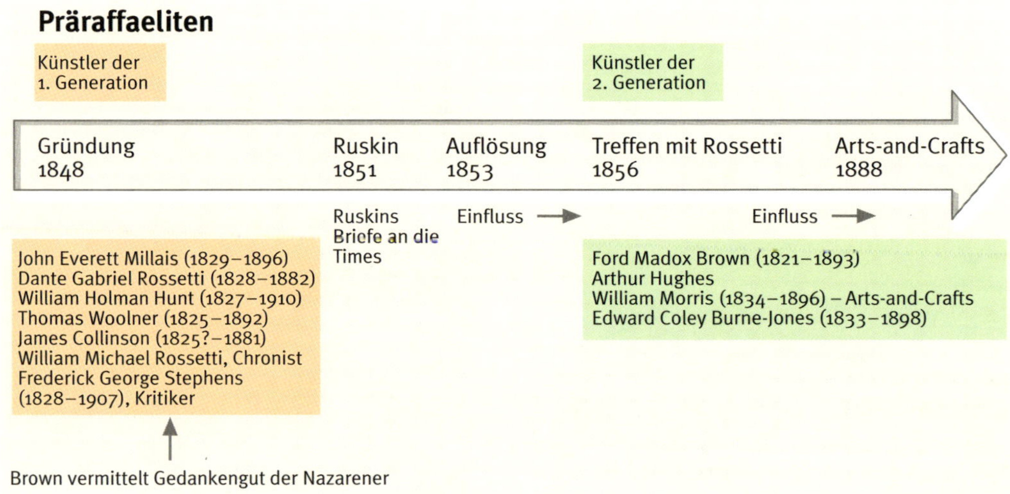

Pre-Raphaelite-Brotherhood (Abkürzung PRB hinter der Signatur) Gründung 1848 durch William Holman Hunt, John Everett Millais und Dante Gabriel Rossetti in London. Vorbild ist der dt. Lukasbund. 1853 löst sich die Gruppe auf, doch wird der Einfluss der Künstler in der Folgezeit eher größer. 1856 lernt Rossetti in Oxford Edward Burne-Jones und William Morris kennen, die eine zweite Generation präraffaelitischer Künstler repräsentieren. Die Zeit vor Raffael, insbesondere die Vor- und Frührenaissance, besitzt für sie jene Unmittelbarkeit, nach der sie streben und die sie als das Wesen echter Kunst betrachten.

John Everett Millais, Ophelia, 1852, London, Tate Gallery. Millais Gemälde zu der bekannten Hamlet-Szene zeigt die Nähe der Präraffaeliten zu den symbolistischen Strömungen des 19. Jh.

Frederick Edwin Church, Mount Katahdin, 1853, Andover (Mass.), Addison Gallery of Art, Philips Academy. Das Bild schildert eine Landschaft des amerikan. Westens. Noch immer bestimmt die Romantik die Landschaftsmalerei.

Theodore Robinson, Seine-Tal, 1892, Andover (Mass.), Addison Gallery of Art, Philips Academy. Trotz des Einflusses Monets bleibt seine Malerei kontrollierter und strukturierter, im Vergleich mit den Freiheiten des franz. Vorbildes. Seine Komposition ähnelt der Cézannes.

ler Farbtöne. Um 1870 entstehen die ersten seiner umstrittenen *Nocturnes*, Whistler wird zum Idol einer Gruppe von Künstlern, die hierin eine neue Möglichkeit der Abstraktion erkennen.

USA

Die nordamerikan. Malerei im 19. Jh. ist geprägt durch die Einflüsse der westeurop. Kunst, die zunächst mit zeitlicher Differenz eintreffen, bis der Impressionismus bereits zeitgleich mit dem franz. seinen Höhepunkt erlebt.
Im frühen 19. Jh. entwickelt sich v.a. die Historien- und Ereignismalerei in Anlehnung an die europ. Salonkunst. Ab den 1830er Jahren nimmt der Eroberung des Landes folgend die Landschafts- und Genrekunst, die sich z.T. durchdringen, einen breiteren Raum ein, v.a. von der **Hudson River School** getragen: **Thomas Cole** (1801–48), **Frederick Edwin Church** (1826–1900), **Thomas Doughty** (1793–1856), die in romantischer Malweise die Landschaft Neu-Englands schildern.
Ab 1865 zeigen sich Erneuerungsbestrebungen, die aber einem mächtigen Akademismus gegenüber stehen. **Winslow Homer** (1836–1910) lernt während einer Frankreichreise die Schule von Barbizon kennen. Er malt Landschaften mit präziser Zeichnung, doch kühlem, pleinairhaftem Kolorit.
Thomas Eakins (1844–1916) studiert 1866–69 in Paris bei J.L. Gérome. Er entwickelt eine realistische Gestaltungsweise mit Schilderung des Psychologischen, was v.a. in seinen Porträts zum Ausdruck kommt.
Theodore Robinson (1852–1896), einer der ersten amerikan. Impressionisten, lebt 1887–92 in Giverny und arbeitet mit Monet. Er widmet sich der Landschaft, entwickelt eine gesteiger-

Gustav Klimt, Beethovenfries (Detail), 1902 in der Wiener Secession ausgestellt (1986 in den Räumen der Secession rekonstruiert). Das Werk weist einen Bruch auf: Sein Programm noch in symbolistischer Denkweise – nach Beethovens 9. Symphonie als Gesamtdarstellung des Lebenszyklus –, zugleich aber die Auseinandersetzung mit Impressionismus und Post-Impressionismus Pariser Herkunft.

Franz von Stuck, Die Sünde, 1893, München, Neue Pinakothek. Im symbolist. Sinn wird hier die Sünde gegeben, doch in jugendstilhafter Umsetzung. Der neoklassizist. Rahmen konstrastiert mit der Malerei.

Edvard Munch, Der Schrei, 1893, Oslo, National-Galerie. Besonders intensiv gestaltete Munch seelische Zustände und – wie im Schrei – Erregungen. Die expressive Malweise verstärkt den Ausdruck.

te Farbgebung und einen sehr feinen, malerischen Pinselstrich.

Sezessionen/Reformbewegungen

Zum Ende des 19. Jh. bilden sich an verschiedenen Orten Sezessionen als Abspaltungen von traditionsreichen Institutionen; sie treten gegen die Akademien und die restriktive Ausstellungspolitik und für die Freiheit des künstler. Schaffens ein, zeitweilig mit beträchtlicher kunstpolit. Radikalität für alles Moderne. Die Flexibilität – u. a. Verzicht auf feste Programme – führt zu erneuten Abspaltungen bald nach 1900.

> **Jugendstil** (Art Nouveau, Decorative Style) Variante einer internationale Bewegung in der Zeit zwischen 1895 bis zum 1. Weltkrieg. Die Hinwendung zur Natur zeigt sich in bewegten, organisch geschwungenen Linien, stilisierten Pflanzenformen, die zum Ornament werden; daneben auch Ausprägungen, die sich eher von geometrischen Formen inspirieren lassen. Das Ornament soll organisch aus der Konstruktion und Funktion des Gegenstandes abgeleitet werden.
> Überwindung der Grenzen zwischen freier und angewandter Kunst soll erreicht werden. Als Antwort auf die industrielle Massenware ist das Ziel eine umfassende künstlerische Gestaltung aller Lebensbereiche.

In **Wien** wird 1893 die Secession (Vereinigung bildender Künstler Österreichs) gegründet, die im gleichen Jahr ihre erste Ausstellung durchführt. Die unter allen Sezessionen hervorragende künstlerische Qualität in Wien resultiert aus der in der österr.-ungar. Monarchie gewachsenen künstlerischen Befruchtung verschiedener Nationalkulturen. Publikationsorgan ist seit 1898 *Ver Sacrum*. Die **Berliner Sezession** wird 1892 als Reaktion auf die Schließung der Munch-Ausstellung gegründet. 1900 bildet sich die »Freie, Neue Sezession« als Abspaltung. 1893 »Freie Vereinigung Dresdner Künstler«. 1896 Karlsruher Künstlerbund. 1903 überregionaler Zusammenschluss der Sezession zum Dt. Künstlerbund.
Gustav Klimt (1862–1918) ist die umstrittenste Persönlichkeit der bildenden Kunst im Habsburger Reich. Studium an der Wiener Kunstgewerbeschule. 1897 Präsident der Wiener Secession, 1905 Austritt. In den Jahren der Secession wird seine Arbeit durch dekorative Ornamentalisierung und Stilisierung von Bild und Figur bestimmt. Sein Stil beruht auf der Verbindung von naturalistischer, zartfarbiger Körperdarstellung mit ornamental gestalteten Flächen aus z.T. hart begrenzten Formen, die sich mosaikartig aneinanderfügen.
Franz von Stuck (1863–1928) gehört zu den Begründern der Münchner Sezession. 1885 Besuch der Münchner Akademie. Seine Werke zeigen die Suche nach bedeutungsvollen Stof-

fen, fast ausschließlich mit mythologischem und allegorischem Inhalt, verbunden mit einer Malweise, die den Realismus in einem symbolischen und dekorativen Sinn nutzt. Stucks Anteil am Jugendstil ist sein Erotismus und psychologisierender Symbolismus.

Edvard Munch (1863–1944), gebürtiger Norweger, lebt mehrere Jahre in Paris und Berlin, bis er 1909 nach Oslo zurückkehrt. Der franz. Impressionismus bestimmt sein Frühwerk. Ab 1890 neigt er in seinen Werken zu angsterfüllter Weltsicht. Dabei geht er zu einer expressiven Gestaltung über. Einflüsse des franz. Post-Impressionismus und Symbolismus und des frühen Jugendstils in einer suggestiven Verwendung der Linie als dem bestimmenden Bildelement.

SKULPTUR

Die **Skulptur** kann der Malerei ihre führende Position im 19. Jh. nicht streitig machen. Marmor oder Bronze sind teuer, ebenso der Herstellungsprozess, der zudem großen Raum erfordert. Modelle können ohne Auftraggeber angefertigt werden, aber für die Ausführung bedarf es der Bestellung durch einen Förderer. Diese Rolle übernimmt bei Denkmalsetzungen ab 1850 immer mehr die bürgerliche Öffentlichkeit. Damit sieht der Künstler sich nicht mehr einer kunstsinnigen Persönlichkeit gegenüber, sondern einer Kommission mit unterschiedlichen Vorstellungen, die zu berücksichtigen sind.

Bis weit ins 19. Jh. Verbindlichkeit des antikisch-klassischen Ideals. Die romantische Kunsttheorie übernimmt die Vorstellung von der Vollendung der Skulptur in der Antike (als moderne Künste, in denen sich romantische Ideen verwirklichen lassen, gelten allein Malerei und Musik). Die neuen Themenkreise, das Nicht-Abgeschlossene, Deutungsoffene, Ausdruck und Evokation von Sehnsucht liegen nach Auffassung der Zeitgenossen nicht in den

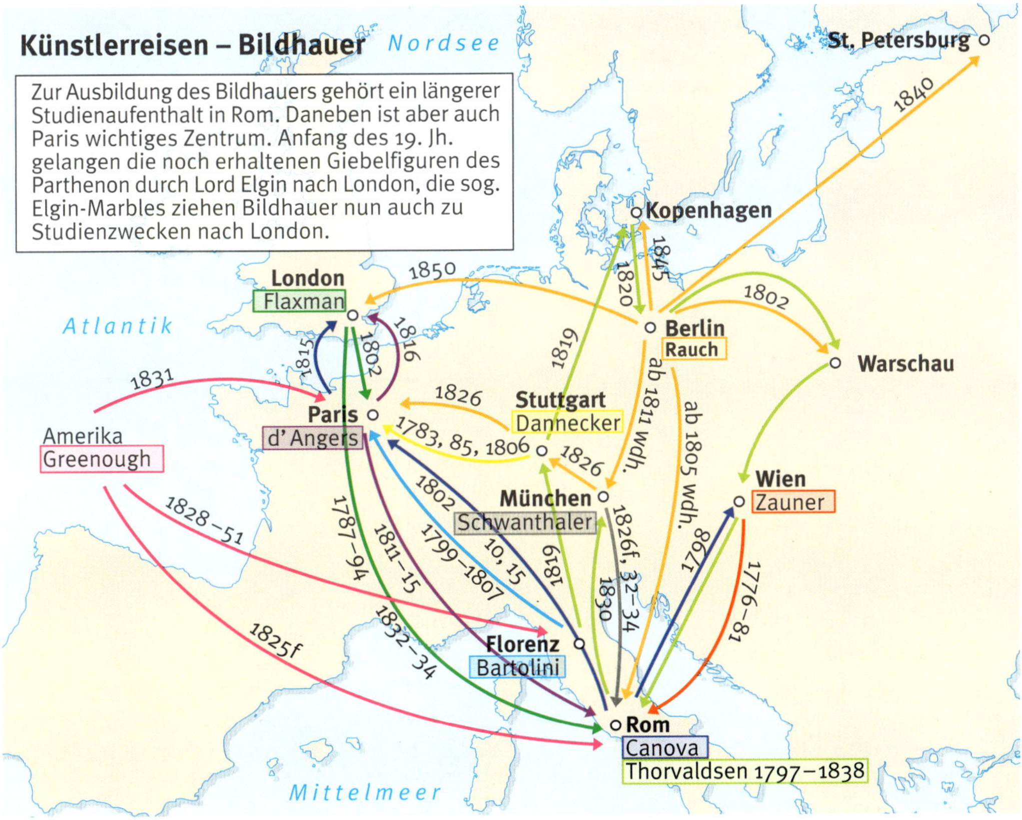

Künstlerreisen – Bildhauer

Zur Ausbildung des Bildhauers gehört ein längerer Studienaufenthalt in Rom. Daneben ist aber auch Paris wichtiges Zentrum. Anfang des 19. Jh. gelangen die noch erhaltenen Giebelfiguren des Parthenon durch Lord Elgin nach London, die sog. Elgin-Marbles ziehen Bildhauer nun auch zu Studienzwecken nach London.

Möglichkeiten der Skulptur. Ähnlich schwierig ist das Verhältnis zu Naturalismus und Realismus, da zu große Stofflichkeit und Abbildcharakter in der Skulptur schnell aufdringlich wirken. Gleichwohl schon um 1800 romantische und naturalistische Tendenzen, aber die klassische Form ist verpflichtend.
Ihre Aufgabenbereiche bleiben der Skulptur erhalten: von der Porträtbüste über das Denkmal zur freien Skulptur und Bauskulptur. Waren bisher meist Herrschern und Feldherrn öffentl. Denkmäler gesetzt worden, werden nun auch Dichter, Denker, Komponisten geehrt. Hinzu kommen (meist kolossale) Nationaldenkmäler.

Skandinavien

Der Däne **Bertel Thorvaldsen** (1768–1844) steigt neben Canova zum führenden Bildhauer auf. Sein Vorbild ist die griech. Antike, die er strenger interpretiert als Canova die röm. Seine Skultpuren sind im Kontur klar und geschlossen. Gruppen werden ruhig und gesammelt reliefartig angeordnet, Ausrichtung auf eine alleinige Ansicht. In der Oberflächenbehandlung Verzicht auf die z. T. sinnlich gespannte Glätte Canovas. Während Canova die Endbehandlung des Marmors selbst vornimmt, wird für Thorvaldsen die künstlerische Idee wichtiger als deren Ausführung. Übertragung des Modells in Marmor mit Hilfe der Punktiermethode, die auch Anfertigung von Repliken ermöglicht, durch spezialisierte Gehilfen. Das *Monument für die Schweizer Gardisten* (1819–21) wird in Luzern von einem Bildhauer vor Ort ausgeführt. Thorvaldsen liefert die Entwurfszeichnungen. Die gedankliche Konzeption, die auf einen Gardisten zurückgeht, ist romantisch: Vor den Toren der Stadt liegt ein sterbender Löwe über einem Teich in einer Felsnische.
Der Schwede **Bengt Erland Fogelberg** (1786–1854) erweitert den Themenkreis seiner Skulpturen um die Götter der altgermanischen Mythologie. Sein *Odin* (1830, Stockholm) trägt allerdings das Gewand eines röm. Feldherrn und steht im klassischen Kontrapost.

Deutschsprachige Länder

Johann Heinrich Dannecker (1758–1841) ist von Canova beeinflusst. Neben Skulpturen Entwürfe für die Ludwigsburger Porzellanmanufaktur und figürliche Tischleuchter, Bauplastik. In Porträtbüsten Ausgewogenheit zwischen Idealisierung zur zeitlosen Erscheinung und realistischen Tendenzen, Naturnähe. *Ariadne* ist eine freie Schöpfung, keine Illustration des Mythos der kretischen Königstochter. Erotisch und hoheitsvoll ruht sie auf dem kraftvollen Panther. Dynamik durch den langgezogenen Kontur mit geschwungenen Schrägen, die in der Binnengliederung wieder aufgenommen und sorgfältig austariert werden.
Franz Anton Zauner (1746–1822) vertritt in Wien einen gemäßigten Klassizismus. Sein Reiterdenkmal Josephs II. strahlt würdevolle Gelassenheit aus. Der Kaiser trägt das antikisierende Gewand eines Feldherrn.
Christian Daniel Rauch (1777–1857), besonders als Porträtbildner geschätzt, der die antike Form mit individuellem Leben erfüllt. Für das Reiterdenkmal Friedrichs des Großen wählt Rauch den Soldatenrock, weigert sich aber, Goethe und Schiller im Zeitkostüm zu verewigen. Schon im 18. Jh. wird diskutiert, ob Persönlichkeiten der jüngeren Zeitgeschichte im antiken oder zeitgenössischen Gewand darzustellen seien. Für das antike Gewand spricht dessen erhabene, zeitlose Ausstrahlung, für das moderne u. a. die historische Genauigkeit. Von Fall zu Fall werden unterschiedliche Entscheidungen getroffen.

Punktiermethode, Verfahren zur maßstabsgetreuen Übertragung des Modells in Marmor. Schon in der Antike sind verschiedene Verfahren bekannt. Seit dem 18. Jh. am gebräuchlichsten: Punktieren mit Lotrahmen. Von einem Rahmen über dem Modell werden Lotschnüre geknüpft, die markante Punkte des Vorbilds berühren. Danach Anbringung eines Rahmens mit Senkloten an den gleichen Stellen über dem Steinblock und Abtrag des Materials, bis die Schnüre senkrecht hängen. Von dort aus Ermittlung weiterer Punkte mit Zirkeln. U. a. in den Werkstätten von Canova, Thorvaldsen, und Johann Gottfried Schadow gebräuchliches Verfahren.

Ludwig von Schwanthaler (1802–48), unter Einfluss eines an der mittelalterl. dt. Geschichte interessierten Literaturkreises Hinwendung zu romantischen Ideen. Dennoch steht seine *Bavaria* (1838–45, München) in der Tradition monumentaler antiker Standbilder von Stadtgöttinnen. Sie eröffnet den Reigen der Kolossalstatuen (weiteres Beispiel: Frédéric Auguste Bartholdi, *Freiheitsstatue*, New York, 1871–84).

Reinhold Begas (1831–1911) verarbeitet Anregungen von Michelangelo, Bernini und G. R. Donner. Kontakte zu Böcklin, dessen Auffassung der Mythologie ihn beeindruckt. Seine neubarocken und repräsentativen Denkmäler und Brunnen (*Neptunbrunnen*, Berlin 1886–91) fanden in der Öffentlichkeit großen Anklang.

Adolf von Hildebrand (1847–1921) hält den neubarocken und naturalist. Weg der Skulptur dagegen für falsch. Er wendet sich wieder der überschaubaren, tektonischen, klassischen Form zu. Seine Skulpturen (*Junger Mann*, 1884, Berlin) ruhen wie die Figuren seines Freundes Marées in sich selbst, haben einfache Umrisslinien und tragen überindividuelle Züge.

Italien

Die Skulptur steht im 19. Jh. unter dem übermächtigen Einfluss Canovas. Wie im übrigen Europa Zunahme naturalistischer Tendenzen.

Lorenzo Bartolini (1777–1850), zunächst Projekte im Dienst Napoleons (u. a. Relief für die Vendôme-Säule), Freundschaft mit Ingres. Belebung des Klassizismus durch genaues Naturstudium, das er der Beschäftigung mit antiken Vorbildern vorzieht. Außerdem Anlehnung an die Florentiner Skulptur der Frührenaissance.

Giovanni Dupré (1817–82) geht mit dem exzessiven Naturalismus seiner Plastiken noch über Bartolini hinaus, was ihm den Vorwurf bloßer, unsublimierter Kopie der Natur einbrachte. Dem *Erschlagenen Abel* (1842, Florenz) gehen Studien am lebenden Modell voraus. 1842 Auftrag für die Statue Giottos und Büsten für die Loggia der Uffizien. In den 50er Jahren Rücknahme des Naturalismus und stärkere Orientierung an der griech. Antike.

Heinrich von Dannecker, Ariadne auf dem Panther, 1803–14, Marmor, Frankfurt, Liebieghaus. Ariadne thront hoheitsvoll auf dem kraftvollen Panther, dem Tier ihres Gatten Dionysos. Die Zeitgenossen sahen in der Skulptur die »Bezähmung der Wildheit durch die Schönheit« verkörpert.

Bertel Thorvaldsen, Jason, 1802, Marmor, Kopenhagen, Thorvaldsen Museum. Vorbild ist weniger der Apoll von Belvedere (wie bei Canovas Perseus) als der *Doryphoros* des Polyklet. Die blockhaft geschlossene Figur greift nicht über die Plinthe hinaus, die auch die strengen Grundrichtungen angibt: frontale Ausrichtung des Oberkörpers und extreme Wendung des Kopfes.

Franz Anton Zauner, Denkmal für Kaiser Joseph II, 1795/1806, Bronze, Wien, Josefsplatz. Orientierung an der Reiterstatue des Marc Aurel. Die Reliefs am Sockel glorifizieren mit Genien und mythologischen Gestalten das Wirken des Kaisers zum Wohl seiner Untertanen.

Daniel Rauch, Denkmal für Friedrich den Großen, 1836–51, Bronze auf Granitsockel, Berlin, Unter den Linden. Anders als Zauner zeigt Rauch den König in zeitgenössischer Tracht. Der Sockel nimmt Inschriften, vollplastische Reiterstandbilder und Standfiguren bedeutender Persönlichkeiten, Allegorien der Herrschertugenden und Hochreliefs auf, die genrehaft das Leben des Alten Fritz schildern.

Lorenzo Bartolini, Grabmal der Comtesse Zamoyska, 1837–44, Florenz, Sta. Croce. Neo-Renaissance: Wiederaufnahme des Wandgrabmaltypus der Florentiner Renaissance.

Richard Westmacott, Denkmal für Charles James Fox, 1810–23, Marmor, London, Westminster Abbey. Gefeierter Bildhauer, von dem Denkmäler in der Westminster Abbey, in der St. Paul's Cathedral und auf den Plätzen Londons stehen. Ungewöhnlich in der Wahl des Moments und seiner Heroisierung.

England

Vorherrschen des Klassizismus nach ital. Vorbild, allerdings sind viele engl. Bildhauer auch für die gotische Formensprache empfänglich. Auffallend viele Aufträge werden für polit. Denkmäler erteilt, bei denen z. T. mehrere Bildhauer zusammenarbeiten.

John Flaxman (1755–1826), zunächst Entwurf von Zierfriesen für die von Josiah Wedgwood (1730–95) produzierten Gefäße. Seinen Ruhm begründen Umrisszeichnungen (zu Dante und Homer), die Anregungen griech. Vasenmalerei verarbeiten. Sowohl klassizistische als auch neogotische Denkmalentwürfe. Im Denkmal für Lord Nelson (1808–18, London) stützt sich der Held in Admiralsuniform auf Tau und Anker, während das Relief des Rundsockels antike Flussgötter zieren.

Sir Richard Westmacott (1775–1856) erhält außerordentlich viele öffentliche Aufträge. Seine Formensprache reicht vom Klassizismus zu Neogotik und Neorenaissance. Im Ehrenmal für General Abercromby Kontrast zwischen den archaischen Sphingen und der bewegten Gruppe in der Mitte.

Sir George Gilbert Scott (1811–78) entwirft als Architekt den Baldachin des Albert Memorial (1864–76, London) im neogotischen Stil. Verschiedene Bildhauer führen Skulpturenschmuck und Sockelfries aus, die allegorisch den Prinzgemahl und, zeitloser, das Königreich mit der Idee des Gottesgnadentums feiern.

Nordamerika

Künstler orientieren sich bis in die 2. Jh.hälfte am europ. Klassizismus, besonders Canovas und Thorvaldsens. Studienaufenthalte in Rom, Paris oder Florenz sind für amerik. Bildhauer obligatorisch. Offizielle, repräsentative Aufträge (Büsten, Reiterstandbilder der Präsidenten u. ä.) ergehen zunächst an europ. Künstler (Houdon, Canova, Rauch).

Horatio Greenough (1805–52), Kontakt zu Bartolini. 1832/41 Statue von George Washington nach einer griech. Zeusstatue, 1843 Reiterstatue desselben Präsidenten in antikischer Halbnacktheit. Der Aufgabe angemessene Feierlichkeit durch Übernahme antiker Muster und Stilprinzipien.

Hiram Powers (1805–73) bevorzugt Sujets, in denen von vornherein größerer Naturalismus möglich ist. Trotzdem folgen z. T. selbst Darstellungen von Indianerinnen dem griech. Ideal. 1851 großer Erfolg auf der Londoner Weltausstellung mit der *Griechischen Sklavin* (1843, New Haven). Die sinnliche, idealisierte Schöne in Ketten schließt an die Themen der Salonmalerei an.

Historismus, mit Entstehung der Geschichtswissenschaft Ausbildung historisch reflektierten Denkens. Rückgriff auf Stile früherer Kunstepochen. Historierende Strömungen schon im 18. Jh., setzen sich in Malerei, Skulptur und Kunstgewerbe im 19. Jh. in ganz Europa und Amerika durch. Der Stil der Bauplastik ist abhängig von den Vorgaben des Architekten, der seinerseits den Stil der Architektur unter Berücksichtigung der Bauaufgabe gewählt hat. Beispiel: Wien, Ringstraße, Burgtheater: im Stil der ital. Hochrenaissance; Votivkirche: Neogotik; Vorbild des Parlaments: griech. Antike.

Frankreich

Mehr als in anderen Ländern Wendung gegen den akademischen Klassizismus. Wie in der romantischen Malerei Wahl exotischer und dramatischer Sujets. Besonders bei Bronzegüssen wird die Oberflächenbehandlung lebhafter, Spuren des Entstehungsprozesses werden nicht mehr unbedingt getilgt.

Pierre Jean David d'Angers (1788–1856), von den sinnlichen Elementen der Skulpturen Canovas beeindruckt. Gelangt 1816 beim Studium des Parthenonfrieses zu der Überzeugung, dass die griech. Skulptur realistisch gewesen sei. Seine Statue des Prinzen Condé (1817, zerst., Modell in Angers) scheint einem historischen Roman entsprungen. Die Figur ist schwungvoll gedreht, ihr Auftritt stolz und dramatisch, das Gewand zeitgenössisch und detailgenau. Der Condé, dem zahlreiche Porträtstatuen bedeutender Persönlichkeiten folgen, verhilft d'Angers zum Durchbruch.

Antoine-Louis Barye (1795–1875), spezialisiert auf Tierbronzen, die ab 1830 in Mode kommen. Anregungen durch die dramatischen Tierbilder Gericaults. Die franz. Romantik ist vom Tier als Verkörperung der gewalttätigen und sinnlichen Natur fasziniert. Entsprechend oft gestaltete Barye das Thema des tödlichen Tierkampfs.

François Rude (1784–1855) macht 1831 mit seinem Neapolitanischen Fischerjungen (Paris) auf sich aufmerksam. Das genrehafte Sujet ist auch bei anderen franz. Bildhauern beliebt. Rudes Fischer ist jugendlich-natürlich, naiv lächelnd beim Spiel mit einer Schildkröte. Arm- und Beinhaltung weisen schon auf die Vorliebe für komplizierte Überschneidungen, die im *Aufbruch der Freiwilligen* besonders deutlich wird: Vielfältig verflochtene Bewegungsrichtungen wechseln in der Gruppe heroischer Figuren, deren räumliche Anordnung verunklärt ist.

Jean-Baptiste Carpeaux (1827–75) steigert die Lebendigkeit der Plastik (er bevorzugt Bronze) und greift Stilelemente des Rokoko wieder auf. Die schwungvolle Dynamik des *Tanzes* wird durch die Wirkung von Licht und Schatten unterstrichen, die auch die bewegte Oberflächenbehandlung malerisch beleben.

François Rude, Der Aufbruch der Freiwilligen von 1792, 1833–36, Stein, Paris, Triumphbogen. Auch *La Marseillaise* genannt, zur Erinnerung an den Aufbruch eines Freiwilligenbattaillons aus Marseille nach Paris. Die Gruppe teils nackter, teils in antike Rüstung gewandeter Figuren sprengt mit ihrer bewegten Formensprache und dem barocken Pathos fast die Anlage des Reliefs.

Jean-Baptiste Carpeaux, Der Tanz, 1865–69, Stein, Paris, Oper. Wie bei Rude werden barocke Stilmittel aufgegriffen. Dem Thema entsprechend wird das Pathos jedoch durch beschwingte, unbeschwerte Lebensfreude ersetzt.

Antoine-Louis Barye, Von einer Schlange gebissener Löwe, 1831, Bronze, 135 x 178 cm, Paris, Louvre. In kleineren Ausführungen wurden solche Tierskulpturen auch als Tischdekoration genutzt. Hier werden minutiös einzelne Haare wiedergegeben.

Honoré Daumier (1810–79) schöpft seine Begabung als Karikaturist auch als Plastiker aus. *Der Ratapoil* (um 1850–91, Paris), Inbegriff des napoleonischen Propagandisten, wirkt wie geknetet, spontan modelliert. Übertriebene Formen und Gebärden charakterisieren den Angeber, der lächerlich, aufgrund seines Agitierens aber nicht zu unterschätzen ist: Die Durchbildung der gesamten Figur ist energiegeladen und nervös.

Auguste Rodin (1840–1917) ist die überragende Gestalt unter den Bildhauern des ausgehenden Jh. Die Oberfläche seiner Arbeiten wird durch reiche Modellierung aufgelöst, die Licht und Schatten ein momenthaftes Spiel erlaubt. Arbeitsspuren werden nicht beseitigt, z. T. bleiben sogar Reste des rohen Steins stehen, aus der die Skulptur gehauen ist. Wegen

Auguste Rodin, Die Bürger von Calais, 1885–95, Bronze, Calais, Place d'Hôtel de Ville. Einen schmachvollen Tod vor Augen, reagiert jeder individuell auf sein Schicksal. Die ausgemergelten, emotional extrem angegriffenen Bürger sind ungeschönt, in unheroischem Büßergewand mit psychologischem Gespür dargestellt.

der Spontaneität und der Kalkulation optischer Phänomene wird Rodin oft als Impressionist bezeichnet. Dass diese Klassifizierung zu kurz greift, zeigt schon ein Blick auf die neuen Inhalte, die er auswählt: von literarisch inspirierten Themen (Rodin unterhielt Kontakte zu den Symbolisten) bis zum historischen Stoff der *Bürger von Calais*: 1347 waren sechs Bürger bereit sich zu opfern, um die Bevölkerung des belagerten Calais' vor dem Hungertod zu retten. Von der Begnadigung wissen sie noch nichts. Statt eine geordnete, klassisch komponierte Prozession, die heroischen Stoizismus ausdrücken könnte, zu bilden, bewegen die Bürger sich aus der offenen kreisförmigen Anordnung voran, die den Betrachter miteinbezieht. Die Gruppe sollte ohne Sockel, also ohne denkmalhafte Erhöhung aufgestellt werden. Die Auftraggeber lehnten dies ab.

Edward Burne-Jones, Das Herz der Rose, 1901, Wirkteppich, Karlsruhe, Badisches Landesmuseum. Der Künstler will durch Schönheit der Form und »Stil« auf die Gesellschaft einwirken, hat besonders an kunstgewerblichen Arbeiten der Morris-Werkstatt Anteil.

Medardo Rosso (1858–1928), 1884 erstmals in Frankreich, ab 1902 franz. Staatsbürger. Als Bildhauer weitgehend Autodidakt, löst unter dem Einfluss Rodins die Oberfläche noch weiter auf. Gleichzeitig werden Formen summarisch zusammengefasst und Konturen verwischt.

Aristide Maillol (1861–1944), Anfangs Gemälde und Wandteppiche, die dem Symbolismus und Jugendstil nahe stehen. Erst ab 1900 widmet er sich ganz der Bildhauerei. Hauptthema sind in sich ruhende, harmonische Frauenakte mit glatter Oberfläche und festen Volumina (*La Méditerranée* 1900–02, New York). Formen und Konturen werden vereinfacht, auf kleinteilige Details wird verzichtet.

KUNSTGEWERBE

Im Übergang vom Handwerk zur Industrie beginnen sich Entwurf und Produktion zu trennen. Zunehmend werden Maschinen zur Produktion eingesetzt. Mappen und Musterbücher entstehen: seit 1821 gibt **Karl Friedrich Schinkel** (1781–1841) seine Vorbilder für Fabrikanten und Handwerker heraus. Die Vorbildersammlungen fördern die Anlehnung an historische Stile und Belebung z.T. vergessener kunstgewerblicher Techniken.

Michael Thonet (1796–1871) gelingt es, aktuelle technische Verfahren im Möbelbau zu nutzen, die zu neuen, einfachen Formen führen. Sein Bugholzverfahren – Biegung von Buchenholzstäben unter Druck und bei Temperatur über 100 °C – kaschiert die industrielle Fertigung nicht, sondern macht diese zum Prinzip der Formgebung; *Stuhl Nr. 14*, 1859, als Prototyp des modernen Massenmöbels.

In England setzt sich John Ruskin ab Mitte der 50er Jahre für ein gegenwartsbewusstes

Kunstgewerbe

1760 1780 1800 1820 1840 1860 1880 1900 1920

Klassizismus

»Biedermeierliche« Wohnkultur zw. 1815–1850

T. Sheraton, The Cabinet Maker and Upholsterer's Drawing Book, 1791
K.F. Schinkel, Vorbilder für Fabrikanten und Handwerker, 1821–37

Design der Shaker (USA): Schlichte, funktionsbestimmte Möbel und Gebrauchsgegenstände, ab 1780

Historismus

Verstärkte Produktion durch Maschinen
Produktion von Papiertapeten mit 24 Farben, 1842

O. Jones, Gammar of Ornaments, 1856
G. Semper, Der Stil in den techn. u. tekton. Künsten, 1860–63

1. Weltausstellung in London, 1851
Weltausstellung in Philadelphia, 1876

Historismus belebt verschollene Techniken:
Frankreich: Ebenisten
Spanien: Lüstrierung der Fayencen nach hispomauresken Mustern
Florenz: Holzschnitzerei
Murano: Glaskunst
Skandinavien: Filigrantechnik
Böhmen: Kristallglasschliff

Erste Bugholzstühle von Thonet, 1854

Reformbewegungen

Als Gegenbewegung gegen historist. Massenproduktion; Rückbesinnung auf handwerkliche Tradition und Fertigung.

1889 Weltausstellung in Paris
1893 Weltausstellung in Chicago

Morris & Co., 1861
Arts-and-Crafts Exhibition Soc., 1888
Glasgow School of Arts, 1896
Münchner Werkstätten für Kunst im Handwerk, 1897
Dresdner Werkstätten für Kunsthandwerk, 1898
Dt. Werkbund, 1907

Jugendstil

Hervorgegangen aus den Reformbewegungen.

1897 Weltausstellung in Brüssel
1901 Ausstellung der Künstlerkolonie in Darmstadt

Victor Horta, Haus Tassel in Brüssel, 1893

Schriften
Werke
Ausstellungen

Kunstgewerbe ein: gegen Historismus und Maschinenproduktion, für Materialechtheit und handwerkliche Qualität. **William Morris** (1834–96), beeinflusst durch die Präraffaeliten, bemüht sich durch Rückbesinnung auf das Mittelalter, als Kunst und Handwerk eng verbunden waren, um eine Reform. Brauchbarkeit und konstruktive Gestaltung, nicht formale Originalität. Mit Rückbesinnung auf das Handwerk und Vorliebe für einfache organische Formen starker Einfluss auf den Jugendstil. 1861 Firma Morris & Co.; 1888 Gründung der Arts and Crafts Exhibition Society, aus der die Arts-and-Crafts Bewegung entsteht.

Brüssel ist bereits in den 80er Jahren Zentrum von Reformkünstlern. **Henry van de Velde**

Henry van de Velde, Einrichtung der Geschäftsräume der Havanna-Compagnie, Berlin, Mohrenstraße 11/12, 1899. Architektur, Regale, Sitzmöbel und Wandbemalung gehen ineinander über und schaffen ein Gesamtkunstwerk. Organisch geschwungene Linien bestimmen den Raumeindruck.

(1863–1957), Maler und Architekt, nimmt sich besonders des Kunsthandwerks an. Er ist ein Verfechter des Handwerks, der Reformen nur gegen die Industrie für möglich hält. Geht 1901 nach Weimar, wo er 1906–14 die Kunstgewerblichen Lehranstalten leitet.

Josef Hoffmann (1870–1956), Mitbegründer der Wiener Secession, gründet 1903 zusammen mit Kolomann Moser die Wiener Werkstätten. Hoffmann vertritt eine sachliche, geometrische Formensprache. In seinen Arbeiten wird der Jugendstil durch strenge Linienführung und Rechtwinkligkeit überwunden.

FOTOGRAFIE

Schon Leonardo da Vinci war die Camera Obscura bekannt. Die technischen und optischen Voraussetzungen für die Fotografie werden wesentlich im 17./18. Jh. gelegt.

Die erste fotografische Aufnahme gelingt 1827 dem Franzosen **Joseph Nicéphore Niépce** (1765–1833): Heliographie. Der Dekorationsmaler **Louis Jacques Mandé Daguerre** (1787–1851) entdeckt 1835, dass durch Quecksilberdämpfe das nur latent vorhandene Bild auf einer schwach belichteten Silberplatte hervorgerufen werden kann, was zur Reduzierung der Belichtungszeit führt: Daguerreotypie.

Der Engländer **William Henry Fox Talbot** (1800–77) arbeitet seit 1834 an Versuchen mit sensibilisiertem Papier. 1839 gelingt Talbot das vergängliche Bild aus der Camera Obscura zu entwickeln, wodurch die Belichtungszeit auf 30-60 Sekunden reduziert werden kann; er hat das heute noch gültige Negativ/Positiv Verfahren der Fotografie entwickelt: Kalotypie.

Neben Bildnissen hat die Fotografie bald alle heutigen Anwendungsbereiche erfasst. Mit den Combination Paintings von **Oskar Gustav Rejlander** (1813–75) beginnt bereits um 1850 die Frühgeschichte der Fotomontage. Schließlich wird die Fotografie vereinzelt zum Arbeitsmittel bildender Künstler neben bzw. anstatt der Skizze (Eakins, Stuck, Lenbach) oder dient unmittelbar als Motivanregung (Ingres, Manet); andere Künstler fotografierten selbst (Degas, Munch, Bonnard, Zille).

Insgesamt dominiert im 19. Jh. die bildhaft arrangierte Fotografie, auch in Folge der langen Belichtungszeiten, banalisiert in Aufnahmen vieler Fotoateliers im letzten Drittel des Jh.

Nadar, eigentlich Gaspard Félix Tournachon (1820–1910) eröffnet 1853 in Paris ein Fotoatelier. Er macht die ersten Aufnahmen bei elektrischem Licht. Große Anzahl von Porträts franz. Intellektueller.

Eadweard Muybridge (1830–1904) fertigt seit 1860 Freilichtaufnahmen im amerikan. Westen an. Ab 1872 Serienaufnahmen von Tieren während des Bewegungsablaufes, seit Mitte der 80er Jahre auch von Menschen. Durch die Konstruktion eines Vorführgerätes für die Serienaufnahmen wird er zum Bahnbrecher der Kinematographie.

Eadweard Muybridge, Galoppierendes Pferd, Fotografische Sequenz, 1872, Kingston-upon-Thames Museum. Für die Serienaufnahmen Verkleidung des Hintergrundes, der in entsprechend nummerierte Abschnitte aufgeteilt wurde. Die Auslösung erfolgte über elektron. Kontakte.

David Octavius Hill (1802–1870), Mrs. Rigby und Tochter, um 1844, Rochester, N.Y., George Eastman House.
Für ein Gemälde der Delegierten der 1843 gegründeten schottischen Freikirche benötigt Hill 470 Einzelporträts, die er nach dem Verfahren Talbot aufnimmt.

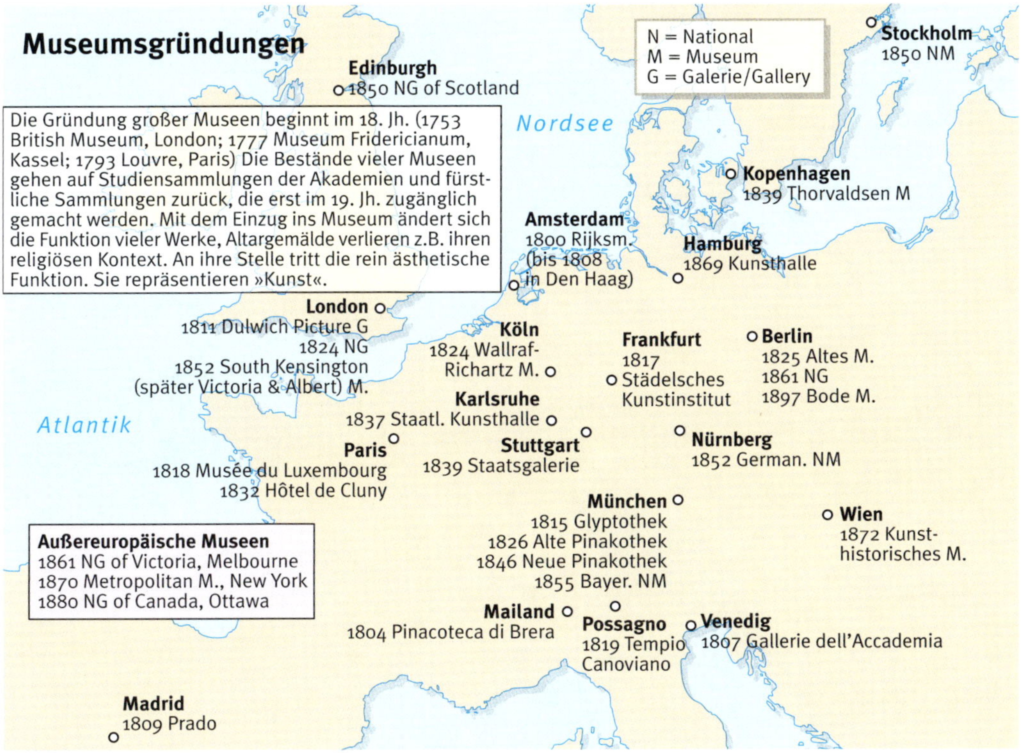

20. JAHRHUNDERT

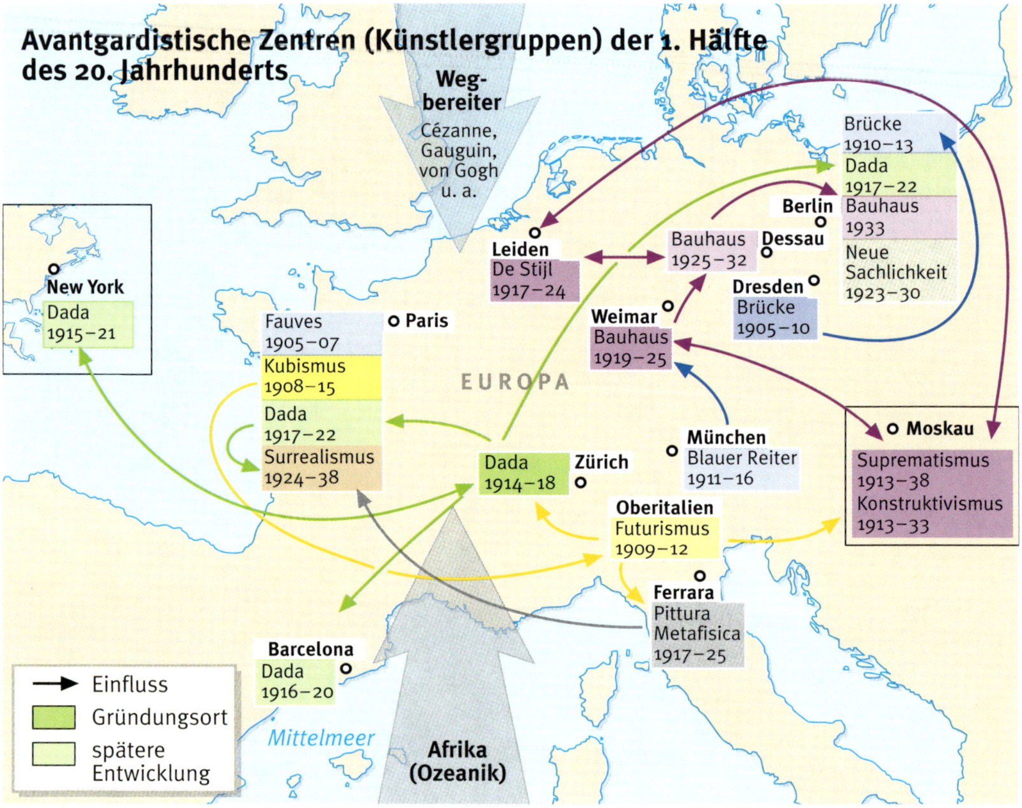

Der Beginn des 20. Jh. ist geprägt von grundlegenden technologischen und naturwissenschaftlichen Erneuerungen (Flugzeug, Radio, TV, Relativitätstheorie, Quantenphysik), die eine Beschleunigung des Alltagslebens und der Kommunikation mit sich bringen. Dies wirkt sich auch auf die Entwicklung der Kunst aus. Freuds Theorie des Unbewussten und sein wegweisendes Buch *Über Träume und Traumdeutung* (1899) ist neben Nietzsche und Baudelaire wichtiger intellektueller Bezugspunkt vieler Künstler. Es entsteht eine Vielzahl z. T. gegensätzlicher Tendenzen, die nicht zwingend in einem logischen oder gar chronologischen Zusammenhang stehen.
Der Vielfalt der einzelnen Kunstströmungen gemein ist primär der Versuch, Wahrnehmungsgewohnheiten zu ändern, Automatismen abzulegen und sich gegen jede Form von Naturalismus aufzulehnen. Diese Suche nach neuen Wegen in der Betrachtung der Welt wird häufig mit dem allgemeinen Begriff **Avantgarde** bezeichnet.
Neue Ausdrucksmittel werden im Bereich der Figuration und v. a. in der Abstraktion entwickelt. Inhaltlich bestimmend ist die Suche nach der reinen Form und der inneren Wahrheit. Die Übergänge der Gattungen in der bildenden Kunst werden durch neue Techniken und Materialien zunehmend fließend.
Die oftmals parallelen Strömungen manifestieren sich durch gemeinsam formulierte Ziele (Futurismus, Dadaismus, Suprematismus) oder werden von Kunstkritikern geprägt (Fauvismus, Kubismus). Die Künstlergruppierungen formieren sich meist in europ.

Avantgarde (franz. Gruppe von Vorkämpfern), ursprünglich Bezeichnung für militant polit. und soziale Kunstrichtungen. Gegen Ende des 19. Jh. Wandlung zur bis heute üblichen Bedeutung künstler. Strömungen, die überlieferte Formen sprengen und neue Entwicklungen einleiten wollen. Als historische Avantgarde-Bewegungen werden Futurismus, Dadaismus, Surrealismus bezeichnet. Durch den Stilpluralismus ab den 60er Jahren gerät der Begriff durch fast inflationäre Verwendung ins Abseits.

Großstädten, entwickeln zunehmende internationale Verflechtungen. Daher lässt sich diese Zeit kaum nach Ländern und zugleich in strenger Chronologie darlegen, ohne Gefahr zu laufen, die einzelnen Strömungen in ihrem Verlauf bruchstückhaft darzustellen.

Primitivismus und Kunst der Naturvölker

Zentrale Anregungsquelle für die Kunst der Moderne als Gegenbewegung zum normativen Anspruch der akademischen Richtlinien werden die archaischen Kult- und Kunstformen der Naturvölker (Afrika/Ozeanien). Dieser Primitivismus, ebenso wie die Volkskunst oder Kinderzeichnungen, erfüllt die romantische Sehnsucht nach dem Ursprünglichen und Unverfälschten. Auf afrik. Stammeskunst und ozean. Masken greifen die Vertreter des Fauvismus, Brücke, Blauer Reiter, Kubismus sowie des Surrealismus zurück.

Pablo Picasso, Akt mit erhobenen Armen – die Tänzerin von Avignon, 1907, Privatsammlung.

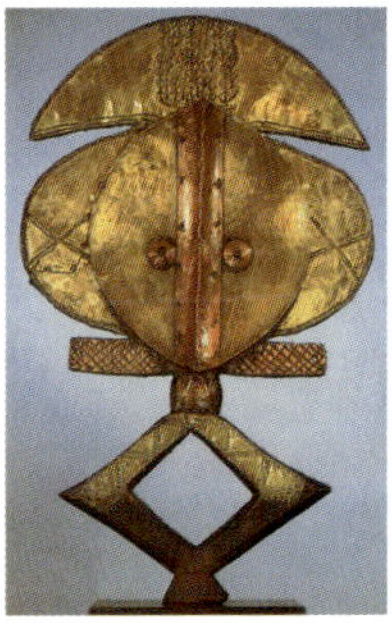

Reliquiarfigur, Kota, Holz, Kupfer/Messing, Privatsammlung.

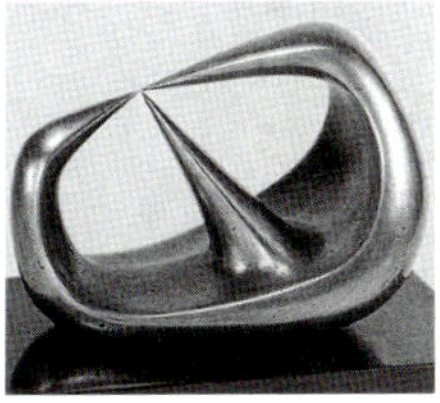

Henry Moore, Drei Spitzen, 1939/40, Bronze, L. 19 cm, Privatsammlung.

Yipwon-Figur (Ausschnitt), Alamblak, H. 215 cm, New York, Sammlung Friede.

Künstler wie Picasso oder Moore besitzen eigene Slg. mit Skulpturen der Naturvölker, deren Formen sie in ihrem Werk umsetzen.

FRANKREICH

Fauvismus

1905 hebt sich eine Gruppe junger Künstler, mit **Henri Matisse** als Hauptvertreter, im Salon d'Automne in Paris von der traditionellen Kunst ab. Der Kunstkritiker Louis Vauxcelles bezeichnet sie als »Wilde Bestien« (franz. Fauves) und prägt damit den Begriff Fauvismus.
Die Bilder von Matisse, Derain und Vlaminck entstehen v. a. in Collioure an der Côte d'Azur. Charakteristisch ist die Verwendung reiner, ungebrochener Farben unabhängig vom Gegenstand und die Spontaneität des Ausdrucks. Dem Beispiel der Wegbereiter van Gogh und Gauguin folgend, soll mit starken Farbkontrasten und Formvereinfachung der Natureindruck mit größtmöglicher gefühlsmäßiger Intensität ausgedrückt werden. Die radikalste Errungenschaft der Fauves ist neben der stürmisch-unnatürlichen Farbzusammenstellung insbesondere die Dekonstruktion der

Ecole de Paris, stilübergreifender, nicht präzise definierbarer Sammelbegriff für Künstler in Paris der 1. Hälfte des 20. Jh., die künstler. Unabhängigkeit den vorherrschenden Schulen vorziehen. Künstler um 1905–25 u.a. Marc Chagall, Moïse Kisling, Amedeo Modigliani, Pascin, Marie Laurencin, Tamara de Lempicka, Chaim Soutine und Maurice Utrillo. Trotz unterschiedlicher Ansätze gilt allen der expressionistische Stil als adäquates Ausdrucksmittel, wobei sie sich deutlich vom Kubismus der Jahre 1910–15 absetzen und später mit Joan Miró und Max Ernst den Übergang vom Fauvismus zum Surrealismus der 30er Jahre bilden.

André Derain, Der »Pool« von London, 1906, London, Tate Gallery.
Satte, teilweise gegenstandsfremde Farben bewirken Disharmonien.

Maurice de Vlaminck, Gärten in Chatou, 1903/04, Chicago, Art Institute.
Die starken Farbkontraste erzielen eine vibrierende Wirkung.

Henri Matisse, Stillleben mit Tanz, 1909, St. Petersburg, Eremitage.

traditionell überlieferten Raumvorstellung (Anleihe bei Cézanne) durch ein Nebeneinandersetzen der Farben in große Flächen, ohne Licht- und Schattenmodellierung.
Im Gegensatz zum dt. Expressionismus verzichten die Fauves auf symbolische Inhalte und gesellschaftliches Engagement. Der Fauvismus, der allg. als erster bedeutender Avantgarde-Stil des 20. Jh. gilt, hat nur eine kurze Blütezeit von 1904 bis 1907.

Henri Matisse, Das maurische Fenster 1921, 90,8 x 74,3 cm, Philadelphia Museum of Art.

Henri Matisse, Der Baum des Lebens, Entwurf für die Klosterkapelle Notre-Dame du Rosaire in Vence, 1949, Gouache/Papier, 515 x 252 cm, Rom, Vatikan. Museum.

Henri Matisse (1869–1954), franz. Maler, Grafiker und Bildhauer, gilt als einer der bedeutendsten Künstler des 20. Jh. und ist Begründer des Fauvismus. Er entwickelt nach einer impressionistischen Phase als einziges Mitglied der Fauves die Methode bildlicher Konstruktion durch Farbe zu seinem persönlichen Stil weiter und leitet daraus ein neues Harmonieverständnis der Farbe als zentralem Faktor der Malerei ab (theoretische Schrift: *Notes d'un peintre*, 1908). Durch orientalische Eindrücke in Marokko und Nizza (Nizza-Periode 1916–29) entstehen Interieurs mit intensiv leuchtendem floralen Dekor und Odalisken-Figuren, die auch in seinen Zeichnungen, geprägt durch eine lineare Kontur, eine neue Einheit bilden. Durch Krankheit ans Bett gebunden, entwickelt er mit ausgeschnittenen, in Gouache bemalten Papierformen einen abstrakt-expressiven Rhythmus, der in Glasfensterentwürfen der Klosterkapelle Notre-Dame du Rosaire in Vence seinen Höhepunkt findet.

Kubismus

Picasso und Braque begründen in enger Zusammenarbeit den Kubismus, der zu den prägendsten avantgardistischen Kunstströmungen Anfang des 20. Jh. gehört. Der Begriff Kubismus entsteht 1908 durch die abfällige Bezeichnung des Kunstkritikers Louis Vauxcelles über Braques Bilder als »kleine Kuben«.

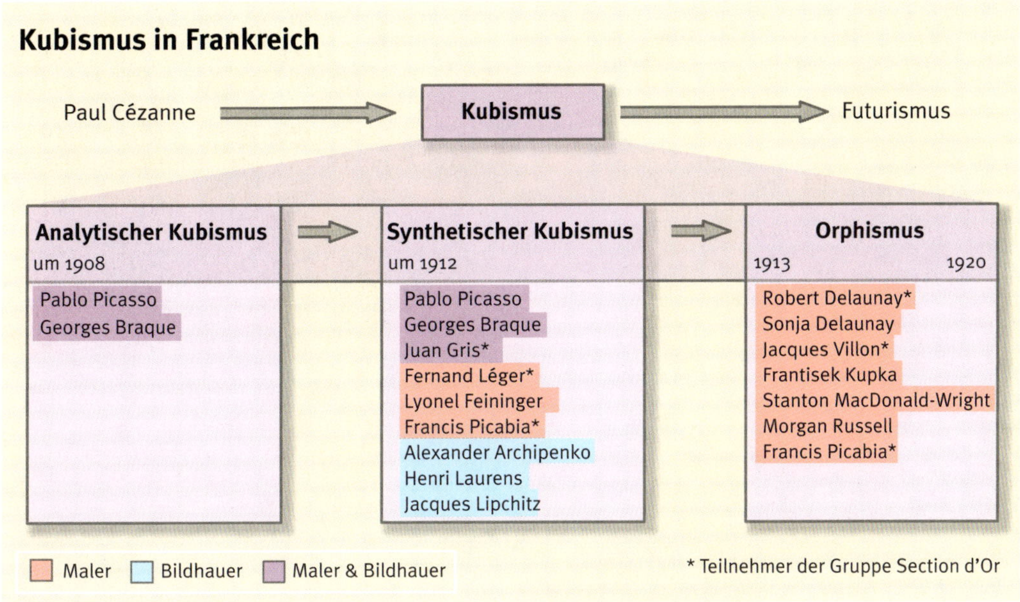

Auf der Grundlage von Cézannes Werken reduzieren sie die Motive (Stillleben, Figur, Landschaft) auf helldunkle, stereometrische Grundformen und entwickeln damit die Formensprache des **Analytischen Kubismus**.
Um die Projektion der Gegenstände von verschiedenen Standpunkten in sich überlagernden und durchdringenden Ansichten zu ermöglichen, wird auf zentralperspektivische Sicht, festen Betrachterstandpunkt, einheitliche Lichtführung und Tiefenraum verzichtet. Die in gedeckten Brauntönen gehaltene Farbe dient der Verdeutlichung der Form. Oft bleibt der Gegenstand hinter den kleinteiligen Formen nahezu verborgen, was zur systematischen Zersplitterung bis hin zur dekorativen Fläche und zur Gegenstandslosigkeit führt.
Ab etwa 1912 bemühen sich v. a. Picasso, Braque und Gris im **Synthetischen Kubismus** wieder um den Aufbau des Gegenstands, ohne die neue Bildauffassung zu missachten. Die Bilder werden aus größeren Flächen, strengen und klaren Umrissen und kräftigen Farben konstruiert, Körperlichkeit wird durch Flächenüberschneidung und Schatten angedeutet, Stofflichkeiten durch überbetonte Nachbildungen (Holzmaserungen) oder durch Einkleben von Dingen (Zeitungsausschnitte, Tapeten) gekennzeichnet.

Georges Braque, Stillleben mit Harfe und Violine, 1912, Düsseldorf, Kunstsammlung Nordrhein-Westfalen.
Analytischer Kubismus: Kleinteilige, facettierte Elemente in grau-braunen Tönen.

Juan Gris, Fantomas, 1915, Washington D.C., National Gallery.
Synthetischer Kubismus: größere Flächen und kräftigere Farben.

Alexander Archipenko, Sitzende Frau (Frau mit Tuch), 1911, Bronze, Duisburg, Wilhelm Lehmbruck Museum. Frühe Plastiken verarbeiten Einflüsse des Kubismus in blockhaften Figuren.

Henri Laurens, Flasche, Glas und Zeitung, 1916/17, Holz/Eisen, bemalt, 5 x 40 x 22 cm, Amsterdam, Stedelijk Museum.
Die Reliefskulptur greift facettierte Flächen und rhythmische Kontraste des Kubismus auf.

Die rhythmische Anordnung prismatischer, weitgehend reinbunter Farbelemente führt ab 1913 zum maßgeblich durch Robert Delaunay geprägten **Orphismus**. Er ist charakterisiert durch immer abstraktere Gestaltungsweisen: Farbzonen werden zu Lichtzonen, das Bild wird nur durch Farbe räumlich und zeitlich erlebbar.
Da die Darstellung von plastischen Gebilden auf zweidimensionalen Flächen in der kubistischen Malerei zentrales Anliegen ist, liegt eine Umsetzung dieses Gestaltungsmodus in der Skulptur nahe und wird in ganz Europa aufgegriffen. Bildhauer wie Archipenko (Skulptomalerei), Lipchitz (anthropomorphe Skulpturen) und Henri Laurens (Reliefskulpturen) entwickeln Picassos und Braques experimentelle plastische Objekte weiter.

Tschechischer Kubismus Entsteht in den ersten Jahren vor dem 1. Weltkrieg in Prag. Die Kulturstadt der österr.-ungar. Monarchie, moderner zeitgenöss. Kunst aufgeschlossen, orientiert sich nach dem Pariser Kubismus.
Mehrere Phasen des Kubismus: Präkubismus: neues Konzept der Raum/Form-Beziehung, das im tschech. Kuboexpressionismus durch existentielle Empfindungen bereichert wird (Motive wie Furcht, Tod, Schmerz); Analytischer Kubismus (1912–14): verdrängt den existentiellen Kontext, Raum und Form behaupten sich in autonomer Struktur aus linearen Elementen, Beschränkung auf Braun-, Grau- und Grüntöne (Oto Gutfreund, Emil Filla, Bohumil Kúbišta, Antonin Procházka, Vincen Beneš, Josef Čapek, Václav Špála). Synthetischer Kubismus: Nur von Filla, Procházka, Beneš, Čapek und Gutfreund aufgegriffen, die den Gegenstand als bestimmendes Element zurückkehren lassen. Ausbruch des 1. Weltkrieges führt zu Ende der Entwicklung des tschech. Kubismus.

Pablo Picasso (1881–1973) Der aus Spanien stammende, in allen Gattungen wirkende Picasso lebt in Frankreich und gilt in seiner Wandelbarkeit, seiner Neigung zum Stilpluralismus und Gestaltungskraft als einer der bedeutendsten und richtungsweisendsten Künstler des 20. Jh.
Nach seiner Blauen Periode (1901–04), gekennzeichnet durch tiefblaue Bilder und

Materialkunst Kunstform, in der alltägliche, banale, gefundene oder industriell vorgefertigte Objekte bzw. Materialien verwendet und künstlerisch bearbeitet werden, wichtigstes Ausdrucksmittel der Kunst im 20. Jh. In der Collage (franz. Kleben, Aufkleben) werden meist flächige Materialien (Buntpapier, Gewebe, Blätter, Zeitungsausschnitte, Tapeten) in das Bild integriert (erstmals bei kubistischen Arbeiten, später u.a. im Konstruktivismus, Dada). Der Begriff Collage beschränkt sich im heutigen Verständnis nicht allein auf das Kleben von Papieren, sondern umfasst alle kombinatorischen Verfahren wie Fotomontage, Decollage, Rollage, Montage, Combine Painting, Assemblage, Objet trouvé, Environment, Installation. Wichtig ist das Zustandekommen neuer, aus den Einzelteilen nicht ersichtlicher Bildzusammenhänge.

schwermütige, betont linear erfasste Figuren, folgt eine Aufhellung der Palette in der Rosa Periode (1904–06), geprägt von müden, ausgezehrten Zirkusleuten als Symbol menschlichen Daseins. Ab 1907 Entwicklung der kubistischen Phase. Neben kubistischen Collagen entsteht ab 1915 ein neuer figuraler Monumentalstil, der unter Einfluss des Surrealismus in neoklassizistische, gegenstandsnahe Bilder mit Figurengruppen voluminöser Körperlichkeit übergeht. Nach dem 2. Weltkrieg setzt er sich in freien Variationen mit Werken alter Meister auseinander. Trotz vorherrschender Grundlage des Kubismus in Picassos zahlreichen Gemälden und Skulpturen entwickelt er noch im hohen Alter geistreiche, oft großzügig-dekorative Neuerfindungen ebenso wie Variationen alter Motive.

Surrealismus

Der Surrealismus entwickelt sich 1921 aus dem Pariser Zweig des Dadaismus mit dem Ziel, Bereiche des Traumhaften, Unbewussten, Irrationalen und Imaginären für die Kunst zu erschließen. Zwei Grundgedanken prägen die surreale Ästhetik: Das Prinzip der Kombination wesensfremder Elemente, aus deren Zusammenführung der poetische Funken entstehen soll, so »schön wie die zufällige Begegnung einer Nähmaschine und eines Regenschirms auf einem Seziertisch«. Das zweite Prinzip ist das des Automatismus, ein von den Surrealisten eingeführter Begriff für spontane Mal- und Schreibtechniken, bei denen die gedankliche Vorarbeit ausgeschaltet ist, um das Unbewusste ohne rationale Kontrolle zum Ausdruck zu bringen.
Im Bereich der Malerei folgt v. a. Masson diesem Verfahren, während die Collagen von Ernst kombinatorische Bildwelten darstellen. Delvaux, Tanguy, Magritte und Dalí arbeiten an der genau kalkulierten Fixierung traumhafter Bilder mittels illusionistischer Gegenständlichkeit, Arp und Miró betonen dagegen das spielerisch-abstrakte Moment im Entstehungsprozess der Werke. Auch wenn primär Malerei und Collagetechniken verwendet werden, spielen dennoch geistreiche surreale Objekte z. B. von Dalí, Giacometti oder Ernst eine bedeutsame Rolle.

Pablo Picasso, Das Leben, 1903, 197 x 129 cm, Ohio, Cleveland Museum of Art.
Das bedeutsame Werk aus der Blauen Periode, in fast monochromatischem Blau gehalten, thematisiert symbolhaft den Selbstmord seines Freundes Carlos Casagema.

Pablo Picasso, Les Demoiselles d'Avignon, 1907, 243,9 x 233,7 cm, New York, Museum of Modern Art.
Gilt als das erste kubistische Bild und ist eines der berühmtesten und umstrittensten Bilder des 20. Jh. Das Bild besitzt kaum Tiefenwirkung, Figuren und Gegenstände sind in die Fläche geklappt, setzen sich aus kubischen Formen zusammen. Anregung gaben neben Cézanne Masken aus Afrika und Ozeanien.

Pablo Picasso, Laufende Frauen am Strand, 1922, Aquarell/Gouache/Papier, 32,5 x 41 cm, Musée Picasso, Paris.
Kam 1924 in stark vergrößerter Fassung als Vorhangmotiv bei der Aufführung von *Le Train Bleu* durch die Ballets Russes zum Einsatz.

Pablo Picasso, Guernica, 1937, 349 x 777 cm, Madrid, Museo del Prado.
Antikriegsbild als Auftragsarbeit der span.-republikanischen Regierung, aus Anlass des Luftangriffs auf die baskische Stadt Guernica durch die Faschisten. Die hilflos der Vernichtung preisgegebenen Menschen und Tiere werden drastisch in synthetisch grau gehaltenem Flächenstil dargestellt.

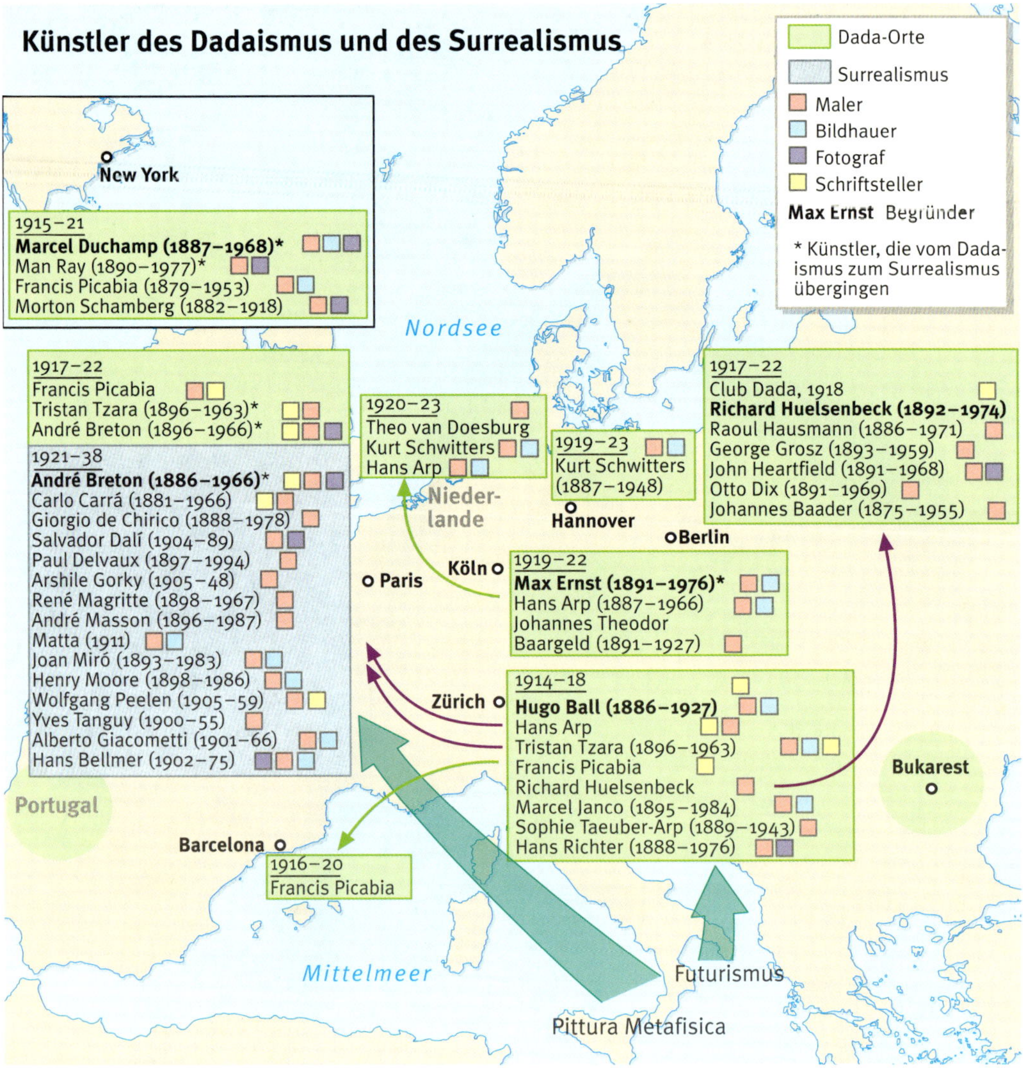

Die Surrealisten sehen sich als Vertreter einer neuen Geisteshaltung, die stark von der Psychoanalyse beeinflusst ist und Ausdruck in ihrer Zeitschrift *La Révolution Surréaliste* (1924–29) findet. Trotz mehrfacher Spaltungen u. a. bedingt durch den 2. Weltkrieg, existieren intern. Surrealistenzirkel bis in die 60er Jahre. **Max Ernst** (1891–1976) entwickelt 1925 die **Frottage,** ein grafisches Verfahren, bei dem die Struktur von Materialoberflächen (Holz, Textilien etc.) mittels Bleistift oder Kohle auf ein darüber gelegtes Papier manuell durchgerieben wird. Die sich dabei ergebenden Formen werden überarbeitet und zu surrealen Gebilden verdichtet.

Als sich **Alberto Giacometti** (1901–66) 1929–34 der Surrealistengruppe anschließt, werden seine kubistisch beeinflussten figurativen Plastiken von surrealistischen, räumlichen Konstruktionen abgelöst, die Traumvorstellungen und Sinnestäuschungen wiedergeben. In den späteren 30er Jahren findet er zur realistischen Darstellungsweise, die schließlich nach 1945 zu den fragilen, schlanken, nahezu entmaterialisierten Gestalten führt, die die Verlorenheit der menschlichen Existenz ausdrücken. Ihn interessiert dabei weniger die Körperlichkeit, als vielmehr das imaginäre Bild der Figur im Kräftefeld des Raumes.

»Reiner psychischer **Automatismus**, durch den man mündlich oder schriftlich oder auf jede andere Weise den wirklichen Ablauf des Denkens auszudrücken versucht. Denkdiktat ohne jede Kontrolle durch die Vernunft, jenseits jeder ästhetischen oder ethischen Überlegung«.
André Breton, *Erstes Manifest des Surrealismus*, 1924

Salvador Dalí, Das Rätsel der Begierde, 1929, 110 x 150 cm, Zürich, Sammlung Oskar Schlag. Verknüpfung von provokanter Bildsprache mit Elementen des Unterbewussten in realistisch gemalten Bildmetaphern.

Der Amerikaner **Man Ray** (1890–1976), zugleich Maler, Fotograf und Filmemacher, pflegt als Mitbegründer der New Yorker Dada-Bewegung auch engen Kontakt zu den Surrealisten in Paris und überträgt typisch surrealistisch-paradoxe Wortspiele in fotografische Darstellungen. Er entdeckt die Herstellung von abstrakten Lichtbildern durch kameralose Belichtung, die er als Rayogramme bezeichnet, nicht wissend, dass bereits vor ihm Schad und Talbot Fotogramme herstellten. Die Fotografie wird beliebtes Darstellungsmittel surrealistischer Ideen, das auch Maler wie Dalí, Magritte oder Ernst nutzen.

Joan Miró, Hund, der den Mond anbellt, 1926, 73 x 92 cm, Philadelphia, Philadelphia, Museum of Art.
Mirós Bilder suggerieren oft einen weiten Raum in dem frei schwebende Farbformen, Zeichen und fantastische Figuren eingebunden sind.

Alberto Giacometti, Schwebende Kugel, 1930/31, Gips und Metall, Basel, Öffentliche Kunstsammlungen.

Alberto Giacometti, Stehende, 1948, Bronze, H. 167,5 cm, Zürich, Alberto Giacometti-Stiftung.

Max Ernst, Der Wald, 1927, 27 x 34,7 cm, Karlsruhe, Staatl. Kunsthalle.

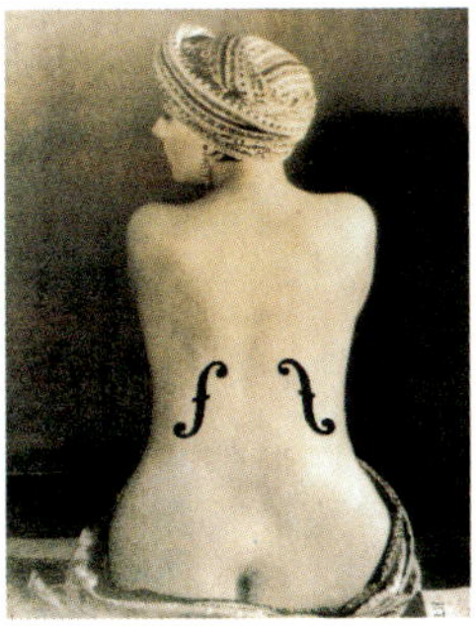

Man Ray, Violon d'Ingres, 1924, Gelatinesilber-Abzug, Köln, Museum Ludwig. Fotografie bedient sich des poetisch-skurrilen Formenspiels des Surrealismus.

Gino Severini, Rotkreuz-Zug, 1915, New York, Solomon R. Guggenheim Museum.

Giacomo Balla, Bewegungsrhythmus eines Hundes an der Leine, 1912, New York, Albright-Knox Art Gallery.
Balla überträgt den Bewegungsrhythmus eines Hundes nach dem fotografischen Prinzip von Bragaglia auf die Malerei.

Umberto Boccioni, Urformen der Bewegung im Raum, 1913, Bronze, 111,4 x 88,6 x 40 cm, London, Tate Gallery.
Bildhauer wie Boccioni und Duchamp-Villon, entwickeln Formen, die wie semi-abstrakte Diagramme der Bewegung anmuten und der futuristischen Forderung nach Dynamik entsprechen.

Giorgio de Chirico, Die große Metaphysik, 1917, New York, Museum of Modern Art.
Typische Motive de Chiricos, wie das der Schneiderpuppe (manichino), werden 1914 zusammen mit Savinio und Apollinaire entwickelt.

ITALIEN

Futurismus

Um sich von alten, festgefahrenen Traditionen in Literatur, Bildender Kunst, Architektur und Musik offiziell loszusagen, formulieren die Futuristen 1909 ihr erstes bahnbrechendes Manifest, dem bis 1914 weitere folgen. Der moderne beschleunigte Lebensrhythmus des Maschinenzeitalters, die vielfältigen, den Menschen durchdringenden Sinneseindrücke wie Lärm, Bewegung und Lichtimpulse werden in der Formensprache des Kubismus wiedergegeben: Prismen und Kuben werden zerlegt, wiederholt; überlagerte, aufgelöste Umrisse und Kraftlinien drücken Dynamik, Geschwindigkeit und Geräusche aus. Aufeinander folgende Bewegungsphasen werden in einem Bild festgehalten. Damit steht nicht mehr unmittelbar der Gegenstand im Mittelpunkt, sondern der reizüberflutete Betrachter. Die Futuristen haben erheblichen Einfluss auf die Dadaisten und Surrealisten.
Die kubistischen Erneuerungen übertragen sich auch auf die Fotografie. Hervorzuheben ist dabei das Werk von Alvin Langdon Coburn. Der Fotograf Bragaglia nimmt an futuristischen Manifestationen teil und thematisiert in *Fotodinamismo futurista* die Visualisierung von Bewegung durch Langzeitaufnahmen (anders als Muybridge: Einzelphasen der Bewegung; Etienne-Jules Marey: Mehrfachbelichtung). Obwohl die Thematik der Bewegung in der Fotografie eine Rolle spielt, haben die Futuristen nur Verachtung für das Medium übrig.

Pittura Metafisica

Giorgio de Chirico und **Carlo Carrá** entwickeln Anfang 1917 in Italien die methaphysische Malerei. Der Aufenthalt in der oberital. Stadt Ferrara und der Einfluss der archaischen Formensprache Giottos veranlasst die Künstler zur Abwendung von der futuristischen Doktrin hin zu dem Ziel, »durch Malerei eine neue methaphysische Psychologie der Dinge zu konstruieren« (de Chirico). Gegenstände werden zu Zeichen eines visuellen Vokabulars, dessen Ziel es ist, die hinter dem Schleier des Sichtbaren verborgenen Welträtsel erfahrbar

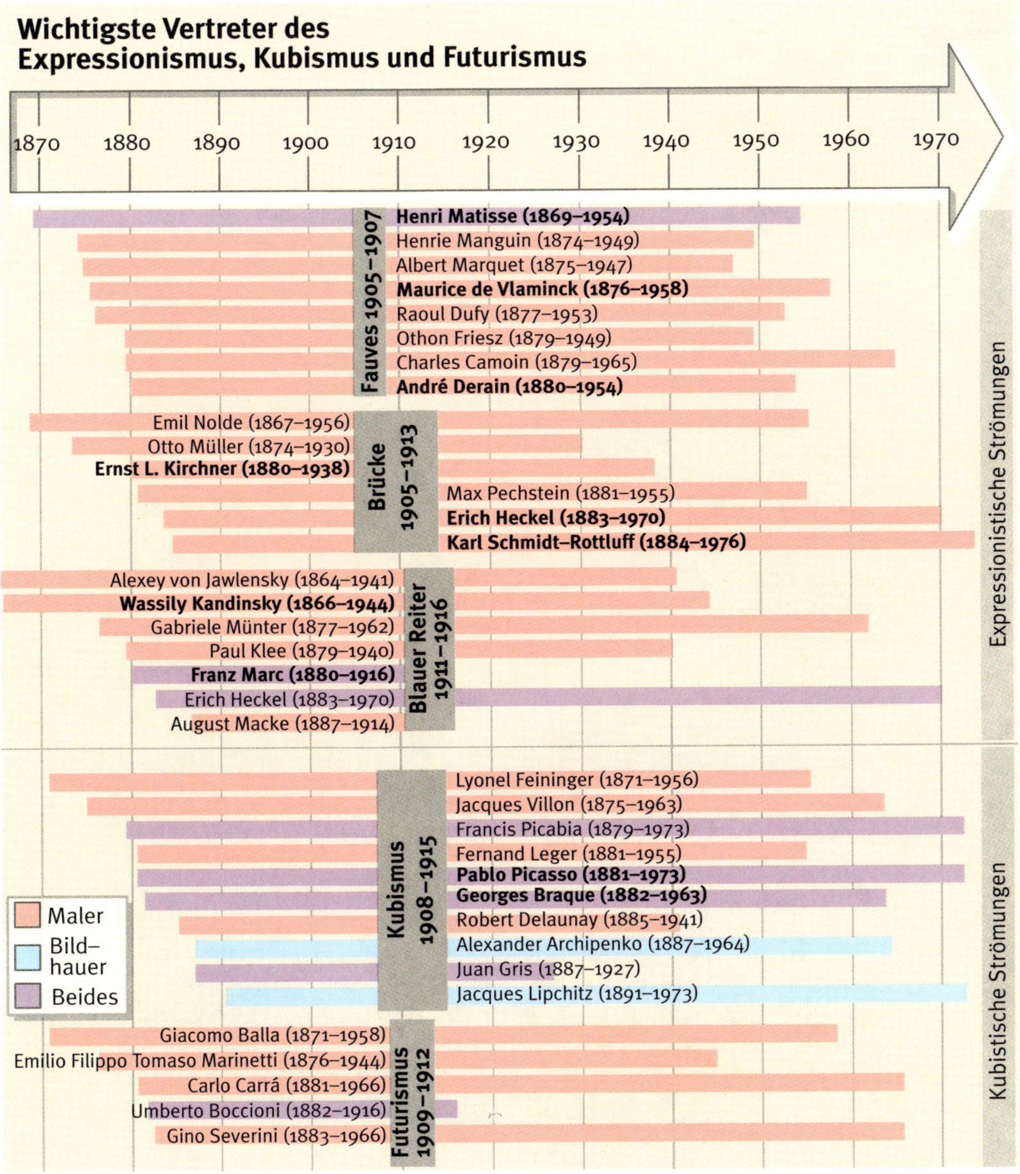

zu machen. Voraussetzung zur Entfaltung des Sinngehaltes der Dinglichkeit ist bei de Chirico die traditionelle altmeisterliche Handwerksvirtuosität in der malerischen Technik. Isolierung der Gegenstände, ihre plastische, aber stark vereinfachte Form sowie harte Schlagschatten bringen eine geheimnisvolle Atmosphäre hervor. Innerhalb der surrealistischen Kunstströmungen nimmt de Chirico eine grundlegende Position ein. Einfluss auf Morandi, Savinio und Carrá. Die Pittura Metafisica läutet das Ende des Futurismus in Italien ein und kann neben Dada als Vorläufer der surrealistischen Malerei gelten. Ab 1918 Veröffentlichung theoret. Texte zur metaphysischen Kunst in der Zeitschrift *Valori Plastici*.

DEUTSCHLAND

Ernst Ludwig Kirchner, Fünf Frauen auf der Straße, 1913, Köln, Museum Ludwig.
Erste berühmte Straßenszene Kirchners, in der auf ironische Weise die teils idolhaften, teils grotsk-ordinären, unpersönlichen Gesichter der Frauen die Anonymität der kalten Großstadt widerspiegeln.

Emil Nolde, Der Herrscher, 1914, Seebüll, Stiftung Adam und Emil Nolde.
Das leicht religiös anmutende Gemälde entwickelt eine reiche Spannung mit den erotischen Gebärden der Akte.

Expressionismus

Erster dt. Beitrag zur Moderne in den ersten Jahrzehnten des 20. Jh. Der Terminus wird von Herwarth Walden eingeführt, dessen Berliner Galerie Sturm zur Plattform des Expressionismus wird. Den Beginn markiert die Gründung der Künstlergruppe Brücke in Dresden (1905) und erreicht seine Hochphase mit dem Blauen Reiter in München (1912). Oft wird auch die mit der Brücke zeitgleiche franz. Strömung des Fauvismus in diesem Zusammenhang genannt, da sie in der Unmittelbarkeit des künstlerischen Ausdrucks gewisse Ähnlichkeiten aufweist. Die Künstler haben aber nachweislich keinen Kontakt zueinander.
Der Expressionismus ist weniger ein einheitlicher Stil als eine sich im fundamentalen Umbruch befindliche beginnende Moderne, gegen das akademische Reglement der Kunst und die Dingwelt der flüchtigen Erscheinung des Impressionismus gewendet. Sie ist damit Ausdruck von Spannung und Gegensätzen. Anliegen ist, emotionale Wirkung zu erzielen, das Wesenhafte, Seelische und Gefühlsmäßige unverfälscht und impulsiv auszudrücken.
Die Malerei setzt sich bewusst über maltechnische Normen hinweg und betont den spontanen Malakt unter Verzicht auf sachlich genaue Wiedergabe, auf Perspektive oder natürliche Farbigkeit. Bezeichnend ist die Alla-prima-Technik: ungebrochene, starke Farbgebung, großflächiger Farbauftrag und ausdrucksstarke Liniensprache. Darüber hinaus beschränkt sich der Expressionismus keinesfalls auf die bildenden Künste, sondern bindet theoretische Schriften, Dramen, Lyrik, Filme, Varieté und Musik (Jazz) mit ein.

Die Brücke Die vier Architekturstudenten Kirchner, Heckel, Schmidt-Rottluff und Bleyl gründen 1905 in Dresden die Künstlervereinigung Die Brücke. Sie sind neben den Wegbereitern van Gogh und Munch v. a. von Holzschnitten der dt. Gotik und afrik. Holzschnitzereien beeinflusst. Ihre Leidenschaft für den Ausdruck von Emotion entleihen sie den Ideen der Romantik Anfang des 19. Jh.
Im Gegensatz zu den Fauves verstehen sich die Brücke-Mitglieder als eine Gruppe mit gemeinsamen Absichten, die Kirchner 1906 in einem in Holz geschnittenen Programm ver-

Der Sturm
Die Kunst- und Kulturzeitschrift wird 1910–32 von dem Kunstkritiker, Musiker und Schriftsteller Herwarth Walden in Berlin herausgegeben. In seiner gleichnamigen Galerie stellt er Vertreter des Expressionismus, Kubismus und Futurismus aus, darunter 1913 den ersten Deutschen Herbstsalon. Später kommen Verlag, Buchhandlung und eine Schule hinzu.

Oskar Kokoschka, Plakatentwurf für die Zeitschrift Der Sturm, 1911, Öl/Leinwand, Budapest, Museum der Bildenden Künste.

Programm der Brücke (1906)
»Mit dem Glauben an Entwicklung, an eine neue Generation der Schaffenden wie der Genießenden [...] wollen wir uns Arm- und Lebensfreiheit verschaffen gegenüber den wohlangesessenen älteren Kräften. Jeder gehört zu uns, der unmittelbar und unverfälscht das wiedergibt, was ihn zum Schaffen drängt«.
Neues wichtiges Stilmittel neben der Radierung und Lithografie wird der Holzschnitt, dessen grob bearbeitete Flächen sich mit dem Einfluss des Primitivismus einen.

Ludwig Kirchner, Künstlergruppe Brücke (Einladung), 1906, Holzschnitt.

Neue Künstlervereinigung München (NKVM, 1909–12), aus dem Kreis des Münchner Salons (Werefkin, Jawlensky) hervorgegangen. Kandinsky und Marc verlassen diese stilistisch dem Expressionismus und Fauvismus nahestehende Vereinigung nach einem Streit um Kandinskys abstrahierende Werke und organisieren parallel zur 3. Ausstellung der NKVM 1911 ihre Erste Ausstellung der Redaktion des Blauen Reiters.

Wassily Kandinsky, Plakat für die erste Ausstellung der NKV München, 1909, Farblithografie, München, Lenbachhaus.

fasst. Bezeichnend ihr Streben nach Homogenität von Kunst und Leben, verdeutlicht durch gemeinsame Ateliers, literarische Darbietungen und philosophische Diskussionen. Dabei geht es nicht so sehr um eine ästhetische Einheit als vielmehr um gemeinsame emotionale Authentizität. Neue expressive Ausdrucksmittel wie Formreduzierung, Farbe als Stimmungsmittel und kräftige Konturen sollen zu einer neuen visionären Bildsprache führen. Steigerung der Ausdruckskraft durch karikierende Elemente, überzeichnete erotische Darstellungen und Schilderungen unbequemer Wahrheiten.
1910 gehören bereits 68 Mitglieder der Gruppe an, Matisse und Munch werden vergeblich zum Beitritt aufgefordert. Wegen besserer Arbeitsbedingungen Umzug der Brücke-Maler nach Berlin, dort weicht der Gruppengedanke immer mehr der persönlichen Entwicklung. Durch Kirchners umstrittene *Chronik der Brücke* kommt es 1913 zum Bruch.

Der Blaue Reiter 1911 schließen sich Kandinsky und Marc mit Macke, Kubin und Münter in München zu der Gruppe Blauer Reiter (benannt nach dem Titel eines Gemäldes Kandinskys, 1903) zusammen. In einer gleichnamigen Programmschrift wenden sie sich gegen die akademische Malweise mit ihrem »seelenlos-materiellen Leben« und fordern die Erneuerung von Kunst und Leben aus dem Geistigen durch Überwindung der Entfremdung der Kunst von der Natur. Im Unterschied zu den Künstlern der Brücke wird hier nicht allein die Konzentration auf wesentliche Formzusammenhänge in heftigen Farbkontrasten und expressiven Linien gelenkt, sondern v. a. auf den spirituellen Gesamtklang der mit der

Franz Marc, Die kleinen gelben Pferde, 1912, Stuttgart, Staatsgalerie.
Marc stellt, von der Beseeltheit der Natur ausgehend, das Tier in der Landschaft und die sich daraus ergebende Formvielfalt in den Vordergrund. Gesplitterte und facettierte Formen entstehen nach dem Vorbild des Orphismus, einer aus dem Kubismus hervorgegangenen abstrakten Kunstrichtung.

August Macke, Promenade, 1913, München, Lenbachhaus. Macke hält am Gegenstand und v.a. am Menschen fest, wobei das Licht eine wichtige Rolle spielt.

Alexej Jawlensky, Bildnis des Tänzers Alexander Sacharoff, 1909, Öl/Pappe, München, Lenbachhaus.
Die intensive Farbigkeit des Bildes baut auf großen, kontrastierenden Flächen auf.

Wassily Kandinsky, Das bunte Leben, 1907, Tempera auf Leinwand, München, Lenbachhaus.

Wassily Kandinsky, Komposition IV, 1911, 160 x 20 cm, Düsseldorf, Kunstsammlung Nordrhein-Westfalen.

Wassily Kandinsky, Parties diverses, Verschiedene Teile, 1940, München, Lenbachhaus.

Naturwirklichkeit nur noch lose bis zur Ungegenständlichkeit korrespondierenden Bildkompositionen gerichtet.
Anregungen werden neben der Kunst von Naturvölkern, den Wegbereitern, auch bei der bayerischen Volkskunst (Hinterglasbilder) und Kinderzeichnung geholt. Obwohl der Schwerpunkt eindeutig in der Malerei liegt, entstehen vereinzelt auch Skulpturen.
Mit dem Ausbruch des 1. Weltkriegs, in dem Macke und Marc fallen, findet die Vereinigung ein frühes Ende.

Wassily Kandinsky (1866–1944). Der ursprünglich aus Russland stammende Maler, Grafiker und Kunsttheoretiker gilt als Vermittler neuer Sehformen und als der Begründer der abstrakten Malerei. Durchläuft zunächst eine von Impressionismus, Jugendstil und russ. Volkskunst geschulte Malweise, entwickelt dann, bereits vor dem 1. Weltkrieg, in München die Grundlagen seines späteren Wirkens in drei wichtigen Werkserien: *Impressionen*, *Improvisationen* und *Kompositionen*. Er bringt die auch theoretisch reflektierte Zerlegung der bildnerischen Elemente zu einer Synthese, zum klingenden Kosmos von frei schwebenden Farben und Formen. Nach einer Auseinandersetzung mit

dem russ. Konstruktivismus und Suprematismus entwickelt er 1922 am Bauhaus ein pädagogisch komplexes Lehrgebäude zu Farbe und Form. Seine Formensprache wird im Vergleich zu den frühen freien, abstrakten Schöpfungen erst sehr streng, dann spielerischer und endet schließlich in der Pariser Zeit ab 1933 in einer Werkphase mit Bildern biomorpher Abstraktion.
Neben der Publikation des Almanach *Der Blaue Reiter* mit Franz Marc (München 1912), veröffentlicht Kandinsky auch die Schriften *Über das Geistige in der Kunst* (München 1912), die eine Wandlung von einer verinnerlichten, von der äußeren Gegenstandswelt sich abkehrenden Linien- und Farbpoesie markiert, und *Vom Punkt über die Linie zur Fläche* (Moskau 1926).

Paul Klee, Rosengarten, 1920, Öl/Karton, 48,2 x 42,3 cm, München, Lenbachhaus. Auch bei zunehmender Abstraktion bleibt die Auseinandersetzung mit der Natur wesentlicher Bestandteil.

Paul Klee (1879–1940) steht der Vereinigung Der Blaue Reiter sehr nahe, ist Mitbegründer der Neuen Sezession in München, lehrt am Bauhaus (1920–31) und wird Professor an der Kunstakademie Düsseldorf, bevor er nach Bern emigriert. Unter Einbezug abstrakter Formenelemente (Delaunay) entsteht ein vielschichtiges Werk mit gedanklicher Tiefe, das in humorvoller und zugleich kritischer Weise Figurativ-Märchenhaftes mit elementaren Naturstudien verbindet. Nimmt Anregungen aus Philosophie, Musik und Literatur auf, entwickelt reichhaltiges Repertoire an Zeichenkürzeln und Formen, entwirft neue Techniken.

Manifeste Während Künstler des Expressionismus in ihren Schriften vordergründig auf den theoretischen, nicht festlegbaren Malerinstinkt hinweisen, werden insbesondere seit dem Futurismus eine Vielzahl theoretischer Schriften zur Formulierung spezifischer Idealismen und zur Öffentlichkeitsvermittlung produziert.
Avantgardistische Manifeste unterschiedlicher nationaler, polit. und künstlerischer Entwicklungen entstehen v. a. während der Revolutionsjahre in Europa. Im Kontext der Oktoberrevolution stehen nahezu zeitgleich Manifeste des Dadaismus neben denen des Bauhauses, konstruktive Forderungen des De Stijl neben denen des Suprematismus.
Im Laufe der 20er Jahre erfolgt eine zunehmend unübersichtliche Zersplitterung, in der zweiten Hälfte des 20. Jh. lässt die Forderung nach Individualität der jeweiligen Künstlerpersönlichkeit Manifeste nur noch bedingt zu.

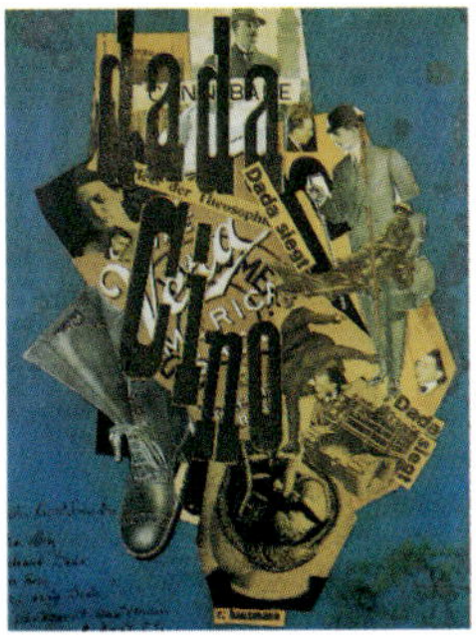

Wassily Kandinsky, Titelbild zum Almanach *Der Blaue Reiter* für das Jahr 1912, Farbholzschnitt, 27,9 x 21,1 cm, München, Staatsbibliothek.

Filippo Tomaso Marinetti, Zang Tumb Tumb, 1912, Buchdeckel des Futuristischen Manifestes.

Raoul Hausmann, dada-Cino, 1921, Gouache/Collage, Phillipe-Guy E. Woog.

Schriften und Manifeste der europäischen Avantgarde (1900–1945)

Gruppe	Initiator	Titel	Datum/Ort	Inhalt/Stichpunkt
Brücke	Ernst Ludwig Kirchner	Programm der Brücke	9.10.1906 Dresden	Aufruf zur unmittelbaren malerischen Wiedergabe geleitet vom intuitiven, persönlichen Drang
Blauer Reiter	Wassily Kandinsky und Franz Marc	Almanach	München 1912, Piper Verlag	Erweiterung der Grenzen künstlerischen Ausdrucksvermögens; Erfassung des Geistigen in der Kunst
Futuristen	1. Emilio Filippo Tomaso Marinetti	Das Erste Manifest des Futurismus	Februar 1909 im Figaro, Paris	Schönheit von Bewegung und Geschwindigkeit steht unter Einfluss der modernen Technologie über den herkömmlichen Kunstidealen
	2. Umberto Boccioni	Erstes Manifest der futuristischen Malerei Technisches Manifest	März 1910, Turin April, 1910	zahlreiche Flugschriften, mind. 4 weitere Manifeste
Suprematisten	Kasimir Malewitsch	Suprematistisches Manifest	Moskau, 1915	Das Quadrat als Ausdruck gegenstandsloser Empfindungen
Dadaisten	1. Hugo Ball	Eröffnungs-Manifest Erster Dada-Abend	Cabaret Voltaire 14. Juli 1916, Zürich	Hinterfragung bestehender Wertbegriffe durch Provokation
	2. Raoul Hausmann und Richard Huelsenbeck	Dadaistisches Manifest	Berlin, 1918	Viele Publikationen folgen (Zeitschrift Dada)
Bauhaus	Walter Gropius	Bauhaus-Manifest	Weimar, 1919	Sammlung allen künstler. Schaffens zur Einheit, die Wiedervereinigung aller werkkünstler. Disziplinen zu einer neuen Baukunst
De Stijl	Theo van Doesburg und Piet Mondrian	Erstes Manifest De Stijl	Veröffentlichung in Zeitschrift De Stijl 1917, Leiden	Formulierung eines universellen, antiindividualistischen, zunächst auch mystisch-philosophischen Ausdruckswillens mit geometrisch-abstrakten Mitteln
Surrealismus	André Breton	Manifest und Zeitschrift La Révolution Surréaliste	Paris, Herbst 1924	Künftige Auflösung der scheinbar gegensätzlichen Zustände von Traum und Wirklichkeit in einer Art absoluten Realität, der Surrealität

Bauhaus

1919 als neu orientierte Kunsthochschule mit dem Leitgedanken der Zusammenführung der freien und angewandten Künste in Weimar gegründet. Inspiriert vom Gemeinschaftswerk der mittelalterlichen Bauhütte und anknüpfend an das Arbeitsethos des 1907 gegründeten Deutschen Werkbundes formuliert der Architekt **Walter Gropius** bereits 1910 seine Vorstellung von der Synthese von Kunst und Handwerk als Leitlinie zeitgemäßen funktionellen Bauens.

Unter Führung der Architektur werden neue ästhetische Normen industrieller Produkte v. a. für den Wohnbereich entwickelt und neben den Grundlagen der Architekturlehre auch neue kunstpädagogische Konzepte von bedeutenden Maler wie Klee, Kandinsky, Feininger, Itten, Muche und Schlemmer erarbeitet und gelehrt. Jeder Werkstatt stehen jeweils ein Künstler und ein Handwerker vor, in die der Student erst nach Besuch des Elementarunterrichts im Vorkurs von Itten eintreten darf. Ab 1923 Entwicklung konstruktivistischer Tendenzen unter Ittens Nachfolger Moholy-Nagy. In dieser sog. Konsolidierungsphase (1923–28) werden die Werkstätten mehr funktionalisiert und kooperieren intensiver mit der Industrie. Nach Eingriff der Rechtsparteien muss das Bauhaus in Weimar schließen, findet aber bald in Dessau Unterstützung für einen Neubau. Unter Meyer, Nachfolger Gropius', der unter Druck rechtskonservativer Kreise und interner Unstimmigkeiten das Bauhaus 1928 verlässt, beginnt die sog. Desintegrationsphase (1928-33), Augenmerk auf der Bauabteilung. Albers wandelt den ganzheitlichen Elementarunterricht des Vorkurses in eine ökonomisch ausgerichtete Materialerprobung um.

Unter der Leitung Mies van der Rohes 1930 entwickelt sich das Bauhaus zu einer reinen Architekturhochschule. Nach Schließung in Dessau 1932 versucht Mies van der Rohe eine eigenverantwortliche Fortführung in Berlin, wird aber von der Gestapo 1933 zur endgültigen Auflösung gezwungen.

Die Lehrmethoden des Bauhauses verbreiten sich durch die Emigration vieler Künstler in die USA. Ehemalige Studenten nehmen als Architekten und Designer nach dem Krieg auch in Europa wichtige Stellungen ein.

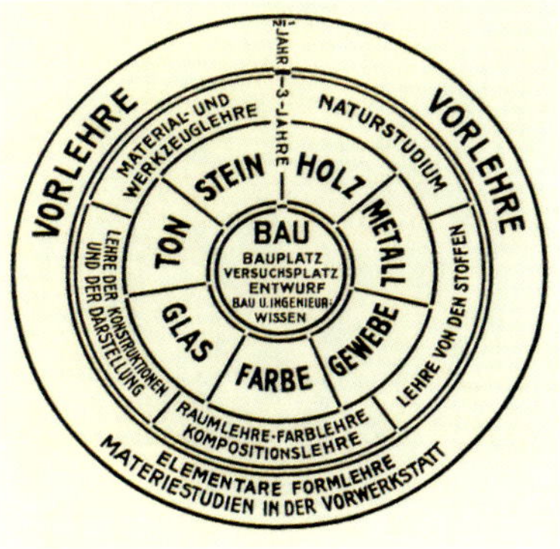

Schema der Lehre am Bauhaus.
Walter Gropius 1922, veröffentlicht in den Satzungen des Bauhauses, Berlin, Bauhaus-Archiv (Bauhausarchiv Museum für Gestaltung Berlin).

Walter Peterhans, Toter Hase, um 1929, Berlin, Bauhaus-Archiv.

Gerrit Rietveld, Rot-Blau-Stuhl, 1918, Holz bemalt, Amsterdam, Collection Stedelijk Museum.

Herbert Bayer, Isometrie des Arbeitszimmers von Walter Gropius im Bauhaus Weimar, 1923, Berlin, Bauhaus-Archiv.

Fotografie Trotz Interesse des Bauhauses am technischen Medium offiziell erst 1929 als Lehrfach in Dessau eingeführt. Angeregt durch Printmedien und Presse wird sie von

Struktur des Bauhauses (1919–1933)

Staatliches Bauhaus	Weimar 1919–1925	Dessau 1925–1931			Berlin 1932–1933
Leiter	Walter Gropius 1919–1925	Walter Gropius 1925–1928	Hannes Meyer 1928–1930	Ludwig Mies van der Rohe 1930–1931	Ludwig Mies van der Rohe 1931–1933
Schwerpunkte	Synthese von Kunst und Handwerk	Industrielle Produktion	Serienproduktion Bauabteilung	Architektur Fotografie	Architektur
Werkstätten					
Vorkurs					
Freie Malklasse (Bildende Kunst)					
Weberei					*
Plast. Werkstatt				*	*
Tischlerei (Möbel)				*	*
Metall					
Wandmalerei					
Bühne (Tanz)					
Graph. Druckerei					
Keramik					
Buchbinderei					
Glasmalerei					
Architektur (Bauabteilung)					
Druck & Reklame					
Fotografie					
Lehrer					
Johannes Itten	1919–1921				
Wassily Kandinsky	ab 1922				bis 1933
Paul Klee	ab 1921			bis 1931	
Lyonel Feininger	ab 1919			bis 1932	
Oskar Schlemmer	ab 1920		bis 1929		
L. Moholy-Nagy	ab 1923	bis 1928			
Josef Albers	ab 1922				bis 1933
Marcel Breuer		1925–1928			
Gunta Stölzl		ab 1927		bis 1931	
Walter Peterhans			ab 1929		bis 1933
L. Hilberseimer			ab 1929		bis 1933
Gerhard Marcks	1919–1925				
Georg Muche	ab 1920	bis 1927			
Lothar Schreyer	1921–1923				
Herbert Bayer		1925–1928			
Lilly Reich					1932–1933

* anderen Werkstätten untergeordnet

Otto Dix, Großstadt (Triptychon), 1927/28, Mischtechnik/Holz, Flügel je 181 x 101 cm, Mitteltafel 181 x 200 cm, Stuttgart, Galerie der Stadt. Dix entwickelt einen kühl-distanzierten und unbarmherzigen Ausdruck, der in seinem bekanntesten, in altmeisterlicher Manier gemalt und mit tiefgreifendem Symbolgehalt behafteten Triptychon zum Ausdruck kommt.

der jüngeren Lehrergeneration wie Moholy-Nagy, Bayer und Albers eingesetzt. Moholy, Befürworter der Integration der Fotografie in die Lehre, wird selbst zum bahnbrechenden Gestalter von Fotomontagen (sog. Fotoplastiken). Walter Peterhans, seit 1929 erster offizieller Lehrer der Fotografie am Bauhaus, vermittelt als ausgebildeter Berufsfotograf zwischen den Traditionen fotografischen Handwerks und der Ästhetik der Neuen Sachlichkeit. Technische Präzision steht bei ihm über subjektiver Kreativität.

George Grosz, Die Stützen der Gesellschaft,1926, Berlin, Neue Nationalgalerie. Grosz' beißend satirische Werke, die wie hier auch phantastische und karikativ verzerrte Ausmaße annehmen, dokumentieren seinen engen Kontakt zu der Berliner Dada-Gruppe.

Max Beckmann, Das Trapez, 1923, Toledo (Ohio), Museum of Art. Figuren wirken wie Marionetten, die als Metaphern für Willenlosigkeit und Sinnlosigkeit menschlicher Existenz eingesetzt werden.

Neue Sachlichkeit

Realistische Malerei gewinnt in Deutschland zur Zeit der Weimarer Republik an Bedeutung. Das Interesse richtet sich auf die distanzierte Darstellung kühler Sachwirklichkeit in glatter, stilisierter Formulierung. Den Begriff Neue Sachlichkeit formuliert erstmals 1923 der Direktor der Mannheimer Kunsthalle Hartlaub in seiner Wanderausstellung (Berlin 1927, Amsterdam 1929). Während in München eine eher neoklassizistische Tendenz mit Malern wie Kanoldt, Schrimpf und Mense entsteht, entwickelt sich in Berlin eine sozialkritische, radikale, antibürgerliche und z. T. links orientierte Richtung, die als **Verismus** (lat. verus, wahr) bezeichnet wird. Die Vertreter Dix, Grosz, Davringhausen und Schlichter verfolgen eine ernüchternde Präzisierung des Blicks angesichts der Grausamkeiten des 1. Weltkriegs und eine emotions- sowie schonungslose Anklage. »Der Verist hält seinen Zeitgenossen den Spiegel vor die Fratze« (Grosz, 1925).
Stilcharakteristika der Neuen Sachlichkeit sind zeichnerische Präzision, Betonung des Konturs, dingbetonter, gegenstandsfarbiger und sachlicher Malduktus. Thematisiert werden primär Großstadtleben, die Rolle der Frau, gesellschaftliche Bedrohung und Menschendarstellungen.
Protagonisten sind **Otto Dix** (1891–1969) und **George Grosz** (1893–1959), die beide ihre prägenden Erfahrungen in der dt. Armee machen. U. a. daraus resultiert ihre Vorliebe für kritische, gesellschaftspolitische Themen sowie eine sarkastische, fast aggressiv antibürgerliche Haltung.

Magischer Realismus Ein seit Mitte der 20er Jahre verwendeter künstler. Stil, der einen harten, nüchternen Realismus mit Empfindungswerten des Surrealismus vereint. Trotz großer stilistischer Analogien zur Neuen Sachlichkeit unterscheiden sich seine Vertreter durch eine Übersteigerung reiner Abbildungen zugunsten von Stimmungswerten. Der Begriff dient heute als Sammelbegriff für Maler unterschiedlicher Tendenzen, die allg. in Werken des Realismus magische Spannung hervorrufen (Radziwill, Balthus, Kisling, Roy, Rousseau, Magritte).

Max Beckmann (1884–1950) weist als figurativ malender Künstler in der kritischen Auseinandersetzung mit Stadtlandschaften und Kriegsgeschehen gewisse Ähnlichkeiten mit der Neuen Sachlichkeit auf, setzt sich aber sonst deutlich ab. Der Symbolgehalt seiner Bilder, z. B. häufig wiederkehrender Zirkusszenen, wird als Metapher für die Sinnlosigkeit menschlicher Existenz, speziell des dt. Gesellschaftszerfalls, gedeutet.
Die Neue Sachlichkeit in der **Fotografie** wendet sich Anfang der 20er Jahre gegen die ausklingende Kunstfotografie und die Experimente von Dada, Konstruktivismus und Surrealismus, um sich der fotografischen Exaktheit und Klarheit des Themas zuzuwenden. **Renger-Patzsch** spricht 1928 allein der Fotografie das meisterliche Abbilden von Realität zu. Mit diesem gleichsamen Manifest des Realismus bildet er einen wichtigen Wendepunkt in den 30er Jahren. In Amerika stand die Straight Photography, begonnen von Sander im Kreis um Stieglitz, für das Anliegen wahrer Aussagen zur Gegenwart.

Eröffnung der 1. Internationalen Dada-Messe in der Buchhandlung Dr. Burchard in Berlin, 1920, Fotografie.

Kurt Schwitters, Merz-Bau, 1933, Hannover, Sprengel Museum.

Hans Arp, Pflanzenhammer, 1916, Holz, bemalt, Den Haag, Gemeentemuseum.

SCHWEIZ

Dadaismus

Ausgangspunkt der künstler. Revoltebewegung **Dada** ist die Sinnlosigkeit des 1. Weltkriegs, mit dem Rationalismus und kulturelle Tradition in Frage gestellt werden. Entwickelt von einer internationalen Gruppe junger Literaten und Maler, die sich in der neutralen Schweiz in Zürich um das Cabaret Voltaire von Hugo Ball sammeln. Durch Skandale, Bluff, Witz und Selbstironie fordern sie ihre Umwelt heraus, wobei als Stilmittel Literatur, Musik, Bildende Kunst und Fotografie gleichwertig verwendet werden. Bezeichnend sind zusammenhanglose Sätze und Klangassoziationen, absurde Bühnenaufführungen und Ausstellungen banaler Industrieprodukte.
Ausgehend von Zürich (1914) und New York (1915) entstehen Dada-Zentren in Berlin, Köln, Hannover und Paris, deren gemeinsame Geisteshaltung zu unterschiedlichen praktischen Umsetzungen führt. Die Ablehnung ästhetischer Regeln in Zürich wird in New York durch die Betonung der Mechanisierung der Kunstwelt (Readymades, Fotografien) auf die Krise des Mimetischen gelenkt. In Berlin entwickelt sich 1918 durch den Club Dada eine

Begriff **Dada** 1916 bewusst als Zufallswort gewählt, entstanden beim wahllosen Blättern im Dictionnaire Larousse: Dada = Kindliche Bezeichnung für ein Steckenpferd. »Was wir Dada nennen, ist eine Harlekinade, gemacht aus Nichts, in der alle höheren Qualitäten im Spiel stehen« (Ball, 1916).

politisierte Richtung, in Paris geht aus der Dadabewegung der Surrealismus hervor. Zwischen den Dada-Zentren herrscht reger Austausch.
Neben den Readymades von Duchamp sind Collagen und Assemblagen wichtige Ausdrucksformen, denen sich v. a. **Kurt Schwitters** (1887–1948) bedient. Er bezeichnet seine Kunst als *Merz* (entstanden durch einen Papierschnitzel mit dem Wort Commerzbank). Abgenutzte Fundstücke werden verbunden, teils unbearbeitet, teils zu einem dichten Bildgefüge verformt. Schwitters hält im Gegensatz zu Duchamp am künstlerischen Schaffensakt fest.

John Heartfield, Der Sinn des Hitlergrußes, 1932, Entwurf für die Arbeiter-Illustrierten-Zeitung (AIZ), Fotomontage, Berlin, Stiftung Archiv der Akademie der Künste.

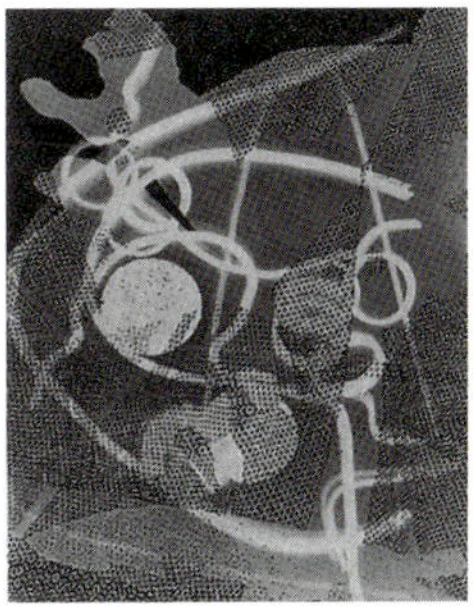

Christian Schad, Schadographie, um 1920, Fotografie.

Blütezeit des Dadaismus bis Anfang der 20er Jahre. Die dadaistische Ablehnung aller Logik und das collagenhafte Montieren von Zufallsprodukten wird in der **Fotografie** schnell aufgegriffen. Der Mitbegründer des Dadaismus in Zürich, **Christian Schad**, entwickelt 1918 seine Schadographien: Photogramme von objets trouvés, die er auf Fotopapier anordnet und dann belichtete (vgl. Man Ray).
Durch die Fotomontage, 1917 in Berlin erstmals von Raoul Hausmann und Hanna Höch angewandt, kann das dadaistische Anliegen zu provozieren, optisch zu experimentieren und die Objektivität des Scheins in Frage zustellen, ideal verfolgt werden. Der Berliner Dadaist John Heartfield schafft v. a. in den 30er Jahren bissige Fotomontagen, z. B. satirische Porträts von Hitler.

Readymade (engl. bereits fertig), 1916 von **Marcel Duchamp** (1887–1968) für eine mit der Tradition in radikalster Weise brechende Werkgruppe geprägt: unbearbeitete Industrieerzeugnisse wie das Gestell eines Flaschentrockners, ein Pissoir, das er als Springbrunnen bezeichnet, oder ein auf einen Hocker montiertes Vorderrad. Ein alltäglicher Gegenstand wird umbenannt, zum Kunstwerk erklärt und damit seines ursprünglichen Sinns beraubt. Duchamp weist damit auf das Kunstwerk als Ware hin, hinterfragt bestehende Wertbegriffe und stellt gleichzeitig die Seh- und Denkgewohnheit des Betrachters in Frage. Er führt mit seinen Readymades einen neuen konzeptionellen Kunstbegriff ein und gilt als Wegbereiter der Concept-Art.

Marcel Duchamp, Fahrrad-Rad, 1913, Eisen/Metall/Holz, H. 60,2 cm, Original verschollen, Replik, Mailand, Sammlung Arturo Schwarz.

Environment Künstlerisch inszenierte Raumgestaltung, wird bereits in den futuristischen Manifesten durch die Einbeziehung des Betrachters in das Kunstwerk avisiert. Die Verschmelzung von Realität und Kunst, Innen- und Außenraum wird zum ersten Mal im *Merz-Bau* von Schwitters, den *Proun-Räumen* von Lissitzky und in der Surrealisten-Ausstellung realisiert. Duchamp bereitet den Boden für die Inszenierung des Kunstwerks im öffentlichen Raum. Später erlangt es große Bedeutung in der Pop Art.

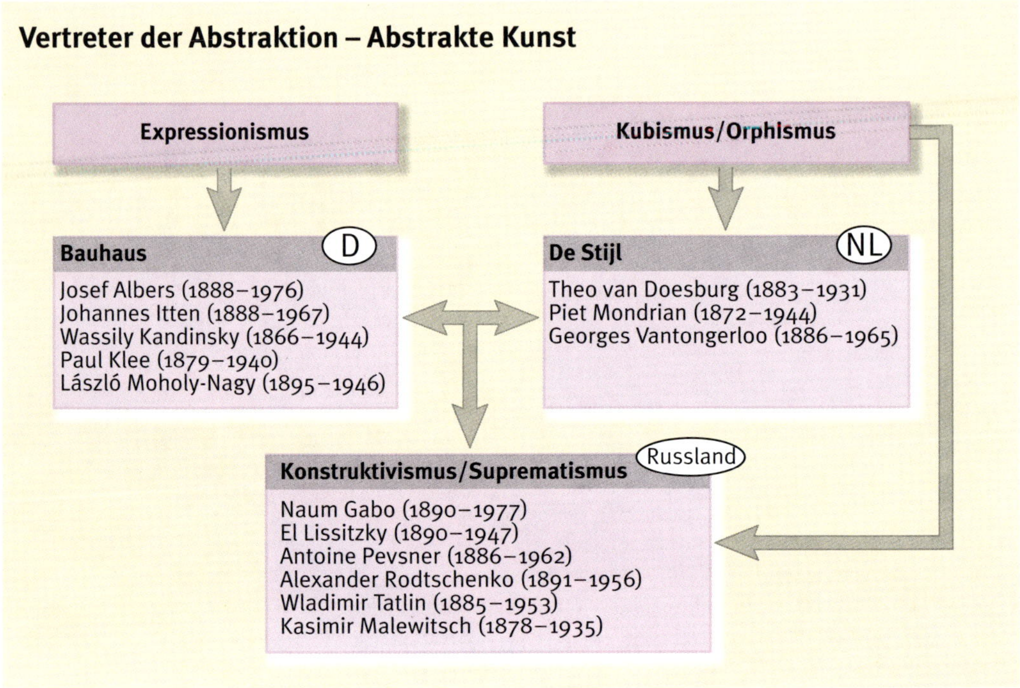

ABSTRAKTE KUNST

Als Gegenbegriff zur klassisch-antiken Vorstellung der Kunst als Mimesis (griech. Nachahmung), ist Abstraktion (lat. abstrahere, Abgehen vom Gegenstand) eine allg. Bezeichnung für Kunstformen, die auf realistische Wiedergabe gegenständlicher Wirklichkeit verzichten und die sich seit etwa 1910 in immer neuen Stilvarianten in der westl. und Teilen der östl. Welt verbreiten.
Die biomorphe Abstraktion ist eine Tendenz der 20er und 30er Jahre, die nicht von geometrischen Formen ausgeht, sondern ihr Formenrepertoire aus der organischen Welt ableitet (Arp, Miró, Matta, Masson, Moore).
Stilistische Vielfalt der abstrakten Kunst entwickelt sich aus zwei Strömungen: aus dem Expressionismus kommende freimalerische Richtung Kandinskys und vom Kubismus ausgehende geometrische Richtung Picassos. Letztere strebt eine Reinigung der bildnerischen Mittel an, um kosmische Gesetzmäßigkeiten, unsichtbare Kräfte und spirituelle Energien wiedergeben zu können. Die abstrakte Plastik entsteht nach Vorstufen im Jugendstil 1912/13 mit Archipenko, Weiterentwicklung im russ. Konstruktivismus.
Nach einer ersten klassischen Phase (1912–32) erfährt die abstrakte Kunst erst nach 1945 einen neuen Aufschwung (Informel, Lyrische Abstraktion, Abstrakter Expressionismus, Tachismus).

KONKRETE KUNST

Dieser Begriff wird von den Künstlern seit Mitte der 20er Jahre zur bewussten Abgrenzung der Abstrakten Kunst verwendet und bezeichnet eine antifigurative und gegenstandslose Malerei, die ein rationales, objektiv-kontrolliertes, wissenschaftliches Verfahren in den Vordergrund stellt. Linien, Farben, geometrische Formen und Oberflächenstruktur sind konkrete Mittel konstruierter Bilder und dienen nicht als abstrahierte Zeichen zur bildhaften Wiedergabe einer Naturempfindung.
Bezeichnung erstmals 1924 von van Doesburg geprägt, der 1930 maßgeblich an dem Manifest und der Gründung der Gruppe **Art Concret** beteiligt ist. Diese Gruppe setzte sich aus Ver-

Piet Mondrian, Komposition mit Schwarz, Blau und Gelb, 1928, Ludwigshafen, Wilhelm-Hack-Museum. Betonung von Horizontalen und Vertikalen und des Farbpurismus auf Basis der Grundfarben Rot, Blau und Gelb.

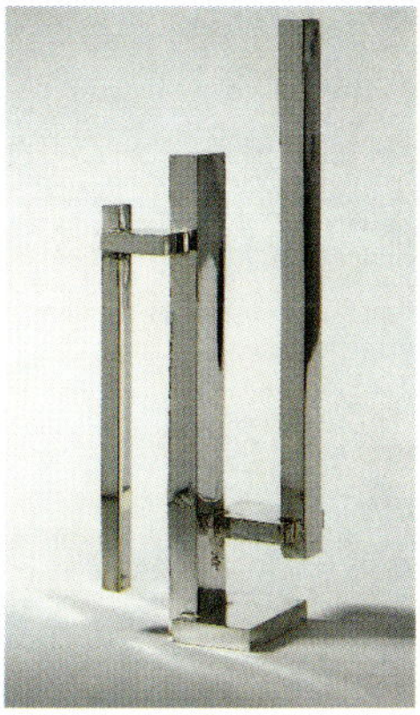

Georges Vantongerloo, Métal: y = ax – bx · cx, 1935, Neusilber, H. 38,5 cm, Basel, Kunstmuseum, Emanuel Hoffmann Stiftung.

Georges Vantongerloo, $\frac{3457}{18} = \frac{\text{jaune}}{\text{bleu}}$, 1936, Basel, Sammlung Inge Gerstner-Höchberg.

Die Plastik verweist auf die graphische Darstellung einer abstrakten mathematischen Formel und vermittelt, so Vantongerloos Überzeugung, dass hinter der oberflächlichen Erscheinung der Natur Gesetze verborgen seien.

tretern verschiedener Kunstströmungen (Konstruktivismus, De Stijl, Bauhaus, Cercle et Carré) zusammen. Ideen werden in der Gruppe **Abstraction-Création** weiterverfolgt und später im **Salon des Réalités Nouvelles** reaktiviert. Weitere Pendants entstehen in Italien (Movimento Arte Concreta, 1948) und in der Schweiz von Bill organisiert (intern. Ausst. Konkrete Kunst, 1944), der auch die Zeitschrift *abstrakt/konkret* gründet. Die Konkrete Kunst erhält in den 60er Jahre großen Einfluss auf die amerik. Kunst.

HOLLAND

De Stijl

1917 in Leiden maßgeblich von **van Doesburg** und **Mondrian** gegründet und in gleichnamiger Zeitschrift manifestiert. Ziel ist die Erneuerung von Malerei, Plastik und Architektur aus elementar reduziertem Formenvokabular heraus, Ableitung der rationalen Bildsprache aus dem Kubismus. Mit geometrisch-abstrakten Mitteln soll ein universeller, antiindividualistischer, zunächst auch mystisch-philosophischer Ausdruckswillen formuliert werden. Die Gemälde Mondrians demonstrieren die Abstraktion und Intensivierung der bildnerischen Mittel. U. a. van Doesburg greift die Elemente De Stijls nachhaltig in der Architektur auf, indem er die strenge Funktionalität, die Rechteckigkeit der Flächen, den Einsatz der reinen Farbe zur Bezeichnung von Raumbeziehungen deutlich artikuliert. *Der Rot-Blau-Stuhl* (1918–23) von Rietveld (Abb. S. 249), vereint in seiner puristischen Strenge und den Primärfarben alle formalen und funktionalen Ideen des De Stijl. Während die dogmatische Strenge in der Malerei bald in andere Richtungen wie Elementarismus und Konkreter Kunst abgeleitet wird, ist die Wirkung auf die europ. Architektur in Verbindung mit dem am Bauhaus entwickelten konstruktivistischen Prinzipien richtungsweisend.

Elementarismus Begriff von van Doesburg geprägt (Zeitschrift *De Stijl*, 1926), steht v. a. für seine bildnerische Gestaltungstechnik, statt des rechten Winkels diagonale Winkelspannungen zur Erhöhung der Dynamik einzusetzen.

Theo van Doesburg, Kontra-Komposition XVI, 1925, Den Haag, Haags Gemeentemuseum.

Kasimir Malewitsch, Dynamischer Suprematismus (Supremus Nr. 57), 1916, London, The Tate Gallery. Aus dem Quadrat entwickelt sich das Formenrepertoire des Suprematismus: Durch Drehung entsteht der Kreis, durch Teilung zwei Rechtecke, aus denen sich das Kreuz bilden lässt, etc.

Kasimir Malewitsch, Schwarzes Quadrat auf weissem Grund, um 1929, St. Petersburg, Staatliches Museum.
Ursprünglich 1913 als Bühnendekoration für die Oper *Sieg über die Sonne* von Krutschenych konzipiert, wird es 1920 in Form eines Tafelbildes, das nach dem Vorbild russ. Ikonen im oberen Eck des Ausstellungsraumes hängt und damit in direkten Vergleich zur christlichen Ikone steht, zur radikalen Herausforderung.

RUSSLAND

Kubo-Futurismus

Neue Phase in der Entwicklung der russ. Avantgarde kündigt sich in der Ausstellung *Eselsschwanz* im März 1912 an: Malewitsch, Larionow, Gontscharowa und Tatlin fordern Bruch mit Europa. Wenngleich starke Einflüsse des franz. Kubismus und ital. Futurismus erkennbar sind, entwickeln v. a. Tatlin und Malewitsch in der Zeit vor der Revolution von 1917 die beherrschenden Kunstströmungen des Konstruktivismus und Suprematismus.

Suprematismus

Suprematie = Vorherrschaft, Überordnung, um 1913 von **Kasimir Malewitsch** für seine abstrakten malerischen Kompositionen aus reinen, kräftigen, geometrischen Farbflächen als Ausdrucksform der gegenstandslosen Empfindung geprägt. Die neue Kunst soll keine Weiterentwicklung alter Kunstformen sein, sondern Ausdrucksträger der reinen Empfindung von Energie als Urzustand hinter der materiellen Welt, und ist stark philosophisch ausgerichtet. Malewitsch propagiert diese Kunstauffassung in zahlreichen Schriften, wie 1915 im Suprematistischen Manifest. Andere russ. Künstler, wie Puni, Rodtschenko, Kljun, Popowa oder Rosanowa übertragen das Formenrepertoire auf Textil- und Designgestaltung sowie Architektur. Neben Bauhaus in Deutschland und De Stijl in den Niederlanden, ist der Suprematismus entscheidend an der Herausbildung eines internationalen Design- und Architekturstils beteiligt.

Konstruktivismus

Wladimir Tatlin (1885–1953) entwickelt nach den kubistischen Assemblagen Picassos eigene, stark geometrische Reliefkonstruktionen aus elementaren Materialien wie Holz, Karton, Metall oder Draht. Aus der Kunst soll al-

Kinetische Kunst Stilrichtung, die Bewegung zur Grundlage der Gestaltung macht: dreidimensionale, sich bewegende Objekte oder Bewegung suggerierende Objekte. Das Mobile ist eine Form der kinetischen Plastik.
Hauptvertreter der Kinetischen Kunst sind Rodtschenko und Gabo mit ihren beweglichen Plastiken um 1917, Moholy-Nagy mit den Licht reflektierenden bewegten Objekten und Tinguely mit seinen Maschinen-Plastiken.
Ab 1934 entstehen die für **Alexander Calder** (1898–1976) charakteristischen Mobiles, die sich von den konstruktivistischen Bewegungsdarstellungen durch sein Ziel unterscheiden, keine konkreten, sondern multidimensionale, simultan ablaufende Bewegungen zu veranschaulichen.

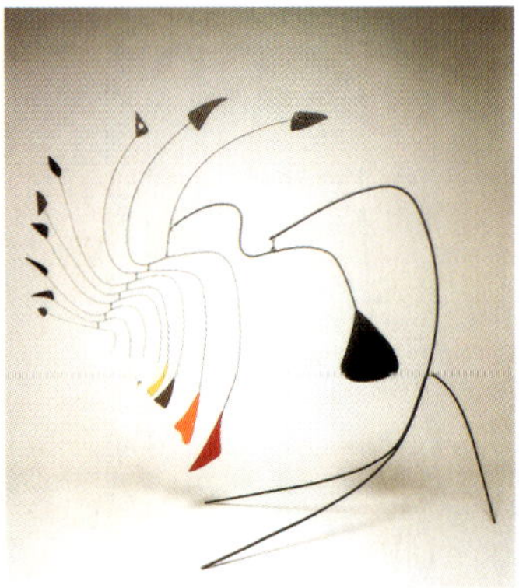

Alexander Calder, Kleine Spinne, um 1940, Mobile aus Draht/Stahl, Washington D. C., National Gallery of Art, Gift of Mr. and Mrs. Klaus G. Perls.

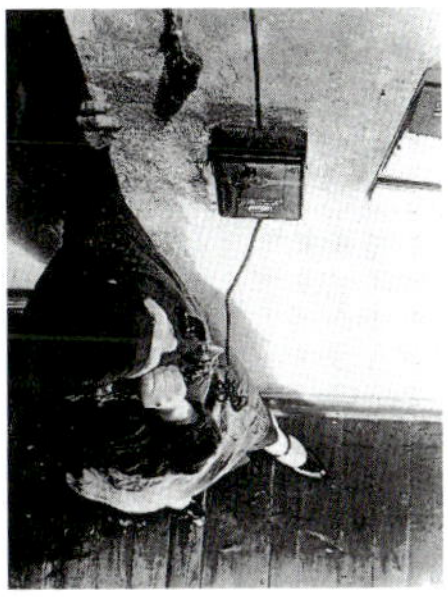

Alexander Rodtschenko, Frau am Telefon, 1928, Gelatine-Silber-Abzug, New York, Museum of Modern Art. Prägend sind die konstruktivistischen Fotomontagen und die stark dynamisierenden Motive aus gewagter Ober- oder Untersicht.

Wladimir Tatlin, Konterrelief, 1914/15, Metal/Holz/Draht, 71 x 118 cm, St. Petersburg, Staatl. Russisches Museum

Naum Gabo, Lineare Raumkonstruktion, 1949/72, Acrylglas, H. 43,51 cm, London, Privatbesitz.
Durch den schwingenden Draht bringt Gabo Bewegung zum Ausdruck und bereitet eine neue Formensprache in der Plastik vor.

Künstlerinnen der Russischen Avantgarde Im Gegensatz zu Westeuropa spielen in der russ. Avantgarde Frauen eine wesentliche Rolle, was an den außer Kraft gesetzten sozialen Normen durch die Revolution und nicht zuletzt auf den erweiterten Kunstbegriff z. B. auf Textildesign zurückzuführen ist. Frauen wie Ljubow Popowa, Olga Rosanowa, Natalya Gontscharowa, Warwara Stepanowa u. a. setzen sich auch in der Malerei durch.

Warwara Stepanowa: Stoffmusterentwurf, 1924, Gouache/Papier, Moskau, Rodtschenko Archiv.

Olga Rosanowa, Kampf von Avenirist mit dem Ozean, Blatt aus dem Album *Der universale Krieg* von Alexander Krutschenych, 1916, farbiges Papier, Transparentpapier und Stoff, Köln, Museum Ludwig.

Alexandra Exter, Kostümentwurf zu Salome von Oskar Wilde, 1917, Gouache/Karton, Moskau, Staatl. Bachruschin-Museum.

les Illusionistische verbannt werden, das die existierende reale Welt transformiert. Kunst soll das gesamte Lebensumfeld durchdringen und nicht Vergnügen einer begüterten Gesellschaft sein. Dem romantischen Bild des visionären Künstlers setzt der Konstruktivismus den rational arbeitenden Gestalter entgegen, das Gefühl weicht dem Verstand, die Subjektivität der Objektivität.

Der Konstruktivismus fordert die Befreiung der Kunst von emotionalen Interpretationen der Wirklichkeit und individuellen Zufälligkeiten durch abstrakte Gesetzmäßigkeiten. Das bildnerische Vokabular sind geo- und stereometrische Primärformen sowie architektonische und technoide Elemente. Die Bildgestaltung erschließt sich über das theoretische Konzept der Künstler. Durch die Aufhebung der Gattungsgrenzen – Einbeziehung von Musik, Film, Fotografie, Theater, Dichtung, Typografie, Buchkunst und Technik – wird eine komplexe gesamtkunstwerkliche Symbiose von Kunst, Wissenschaft, Design und Architektur im Dienste des Industriezeitalters angestrebt. Konstruktivistische Ideen sind grundlegend für die Entwicklung der Konkreten Kunst und der Kinetischen Kunst.

Als die kommunistische Regierung die russ. Avantgarde wesentlich einschränkt, weichen einige Künstler wie Rodtschenko, Kluzis oder El Lissitzky auf die **Fotografie** aus und arbeiten u. a. für die Propaganda-Zeitschrift *UdSSR im Bau*. **Alexander Rodtschenko** (1891–1956) kann als Fotograf, Fotoreporter und Layouter seit 1924 trotz wachsender offizieller Kritik mit seinen konstruktivistischen Fotomontagen eine neue Fotoästhetik entwickeln.

ENGLAND

Henry Moore, Reclining Figure (Liegende Figur), 1929, Stein, Leeds, City Art Galleries.

Charles Sheeler, Oberdeck, 1929, 73 x 55,2 cm, Cambridge (Mass.), Fogg Art Museum.
Die geometrischen Formen menschenleerer Industriebereiche werden präzise und klar dargestellt.

Edward Hopper, Nighthawks, 1942, Chicago, Art Institute.

Der Kunstkritiker Fry konzipiert in England erstmals zwei Ausstellungen mit Vertretern des franz. Postimpressionismus (Manet and the Post-Impressionists, 1910, II. Post-Impressionists Exhibition, 1912, Grafton Galeries, London), die durch heftige Kontroversen das Aufgreifen neuer bildnerischer Ideen in einzelnen Strömungen und Gruppierungen Englands anregen.
1910 orientiert sich die avantgardistische engl. Kunstrichtung **Vortizismus** (engl. vortex = Strudel) am Futurismus, Kubismus und Expressionismus, manifestiert aber v. a. unter Lewis eine eigenständige, das Maschinenzeitalter durch harte, abstrahierende Formen glorifizierende Richtung.
Die **Camden Town Group** trifft sich 1911–13 unter Wortführung Sickerts im Londoner Stadtteil Camden Town. Sie steht in der Tradition des Post-Impressionismus, v. a. Gauguins und van Goghs. 1914 entsteht daraus die **London Group**, gegründet u. a. von Epstein und Lewis. Die Vertreter unterschiedlicher Kunstrichtungen präsentieren in ihren Ausstellungen (erstmals 1914, Galerie Goupil, London) sowohl postimpressionistische, kubistische als auch abstrakte Arbeiten. Sie versteht sich als Forum für progressive engl. Künstler in Reaktion auf die konservative Royal Academy.
1919 Gründung der **Bloomsbury Group**, einer losen Gruppierung von Künstlern, Schriftstellern und Intellektuellen mit dem gemeinsamen Ziel des Kampfes gegen das prüde und konservative viktorianische Kulturleben. Bell und Grant vertreten die Gruppe mit einem farbigen, abstrakt-figürlichen Malstil.
Henry Moore (1898–1986) hält in seinem umfangreichen Œuvre an der menschlichen Figur als Grundlage der Bildhauerkunst fest. Durch seinen Anschluss an engl. Surrealismuskreis werden seine Arbeiten in den 30er Jahren zunehmend abstrakter.

> 1913 wird die Ausstellung **Armory Show** in New York (später Chicago, Boston) mit rund 1600 Werke aus Europa und USA gezeigt. Die präsentierten europ. Werke der Symbolisten und Postimpressionisten, Fauves, Kubisten und der Ecole de Paris bedeute den Durchbruch der Moderne in der bis dahin eher provinziellen amerik. Kunstszene.

USA

Amerikanischer Realismus Der künstler. Rückstand Amerikas gegenüber Europa nimmt in den zwei ersten Jahrzehnten des 20. Jh. stark ab. Während Europa unter den Folgen des 1. Weltkriegs leidet, erfreut sich Amerika am Wirtschaftswachstum, woraus sich u. a. eine eigenständige amerik. Kunstrichtung bildet.

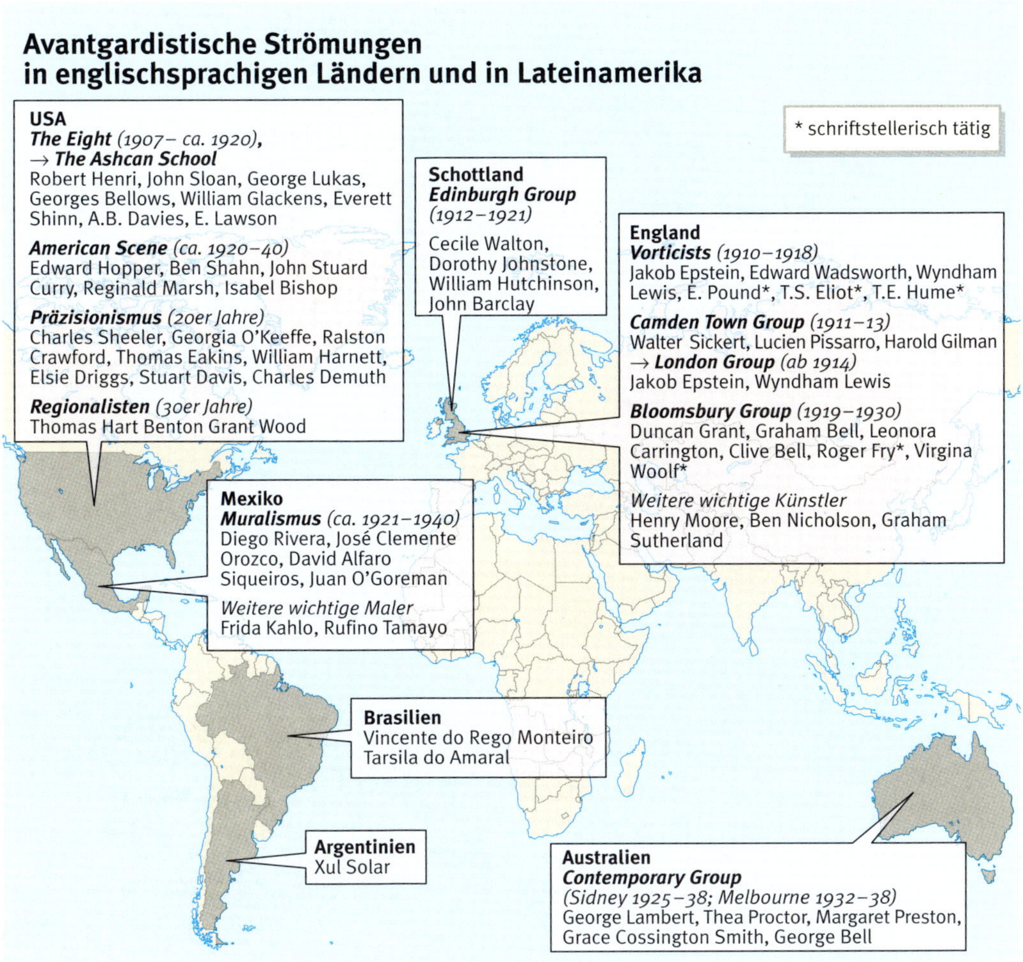

1907 gründen acht amerik. Maler auf Anregung von Henri die Gruppe **The Eight** aus Protest gegen die National Academy of Design und konzentrieren sich auf realistische Darstellungen sozialer Missstände in proletarischen Stadtteilen New Yorks. Diese 1908 in einer programmatischen Ausstellung präsentierten Gemälde reizen Gegner zu dem ironischen Namen **Ashcan School** (Mülltonnen-Schule). Sie ist von großer Bedeutung für die Grundlagen des amerik. Realismus der 20er-30er Jahre der **American Scene,** in der sozialreformerische Ausdrucksformen vordergründig sind. Der kritische und leidenschaftslose Blick wird auf die Trostlosigkeit und Dekadenz des typisch amerik. Lebensalltags der Großstadt wie der Provinz gelenkt.

Der im Hinblick auf seine Nachwirkung bedeutendste Vertreter der American Scene ist **Edward Hopper** (1882–1967), der in unsentimentaler, präziser und authentischer Weise die Einsamkeit und das anonyme Dasein von Menschen und öde, leere Räume zum Thema macht. Die Suche nach neuer Identität entwickelt sich im realistischen **Präzisionismus**, eingeleitet durch mechanischen Kubismus von Picabia und die Readymades von Duchamp. In reduzierten technoiden Formskalen und strukturbetonten Gemälden thematisieren sie die banale Dingwelt städtischer (Hinterhöfe, Schaufenster) und industrieller (Fabriken, Kessel, Schornsteine) Gebiete.

Frida Kahlo, Selbstporträt mit Dornenhalsband und Kolibri, 1940, Öl auf Pressspan, Austin (Texas), Harry Ramsom Humanities Art Collection, University of Texas.
In ikonografisch abgewandelten Selbstporträts entwickelt Frida Kahlo eine analytisch-realistische Malweise, in der sie die schweren Folgen eines Busunfalls verarbeitet.

José Clemente Orozco, Die vier Entwicklungsstufen der Menschheit, 1936, Fresko, Guadalajara, Hospicio Cabanas. Der kraftvolle expressive Stil weist auf Vorbilder Orozcos: Michelangelo, El Greco, Goya und präkolumbianische Kunst. Dargestellt ist die Allegorie der vier Elemente.

LATEINAMERIKA

Die Moderne entwickelt sich zunehmend zu einem globalen Phänomen, das in einigen Ländern Lateinamerikas aufgeschlossen reflektiert wird, v.a. in **Mexiko** eigenständige Entwicklung des **Muralismus** (Escuela Muralista Mexicana). Durch die mexikan. Revolution 1910-17 entwickelt sich eine eigene Form sozialer und polit. engagierter Wandmalerei, führende Protagonisten: Rivera, Orozco und Siqueiros. In expressiv-realistischer Manier wird meist die Geschichte Mexikos, die Conquista mit ihren verheerenden Auswirkungen auf die indigene Bevölkerung dargestellt und die Idee einer polit. und gesellschaftlichen Erneuerung vermittelt. In der Blütezeit der 30er Jahre greift der Muralismus auf andere Länder Lateinamerikas und die USA über.

TOTALITÄRE KUNST

Russland

Sozialistischer Realismus Nachdem sich Mitte der 20er Jahre die konstruktivistischen Impulse aufgrund der Denunziation der modernen Kunst von den neuen Machthabern erschöpft, wird die realistisch-figurative Kunst wiederbelebt, die als Sozialistischer Realismus von Stalin 1934 zur offiziellen Staatsdoktrin erklärt wird. Sie weist stilistische wie inhaltliche Parallelen zur dt. Kunst der 30er Jahre auf. 1932 Auflösung aller unabhängigen Künstlerverbände und -gruppen Russlands durch Erlass Stalins, Gründung des Künstlerverbandes der UdSSR.

Deutschland

Kunst unter den Nationalsozialisten In den 30er Jahren entwickelt sich unter den Nationalsozialisten eine faschistische Kunstrichtung mit Monumentalanspruch und bedingungsloser Kampfhaltung gegen jede zeitgenössische Avantgarde. Vorbildfunktion des faschistischen Realismus ist die altdt. Malerei und die Münchner Schule des 19. Jh., z.B. Leibl und Defregger.
Die totalitäre Kunst ist allegorisch ausgerichtet, nutzt Sinnbilder für polit.-ideologische Absichten um der Bevölkerung die jeweilige Parteipropaganda aufzuzwingen. Ziel ist die Ausgrenzung Andersartiger und Verherrli-

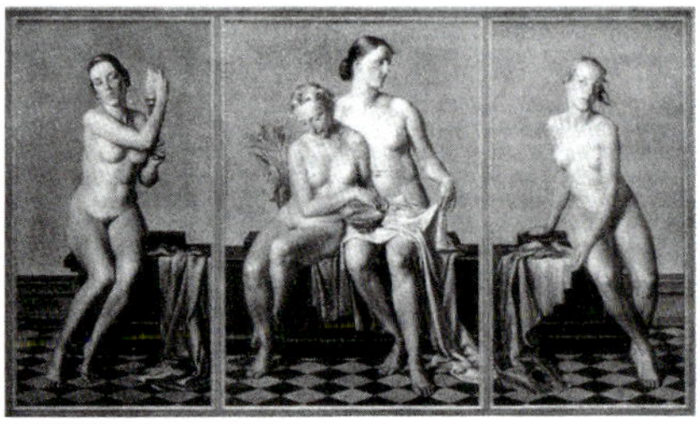

Adolf Ziegler, Die vier Elemente, ausgestellt 1937. Künstler wie Ziegler und Thorak stellen Genres dar, die äußersten Konservatismus, mythologischen Schwulst, süßliche Allegorien und triviale Pathetik widerspiegeln: Der dt. Bauer mit Handpflug, Hammer oder Schwert und die stillende Mutter mit Spinnrocken und Kindern präsentieren vorindustrielle Zustände, die in großem Kontrast zum technisierten Kriegsvorgang stehen. Betonung der Familie als Zelle der Volksgemeinschaft.

Entartete Kunst Die offizielle Haltung der Nationalsozialisten zur modernen Kunst ist zunächst noch undifferenziert, ab 1934 diffamiert Hitler die avantgardistischen Strömungen als »Entartete Kunst« und erlässt 1937 das Edikt zur Beschlagnahmung. Die Werke werden vernichtet oder ins Ausland verkauft. 1937 stellt er gleichzeitig die sog. Schandausstellung *Entartete Kunst* in chaotischer Weise zum Spott der Bevölkerung der *Großen Deutschen Kunstausstellung* gegenüber, in der Kunst als Huldigung ihrer politischen Ideologie instrumentalisiert wird. Die meisten als entartet bezeichneten Künstler sehen sich zur Auswanderung gezwungen.

Entartete Kunst-Ausstellung, 1937, Raum 5, Ansicht eines Abschnitts der nördlichen Wand, Werke von Beckmann, Fuhr, Kirchner, Mueller, Nolde, Rohlfs und Schmidt-Rottluff; Beschriftung der Wand: »... aber auch Museumsbonzen nannten das ›Kunst des deutschen Volkes‹«.

chung der »arischen Rasse« durch mythologische Anleihen, Blut- und Boden-Pathos, Helden und Führerposen.
Das »Haus der deutschen Kunst« in München wird eigens für die Zurschaustellung der faschistischen Kunst nach klassizistischen Vorstellungen in Hitlers Auftrag gebaut.

ENTWICKLUNG DER FOTOGRAFIE

Die Fotografie erhält spätestens seit ihrer Anerkennung als ein den anderen Gattungen gleichwertiges Ausdrucksmittel durch die Dadaisten, Konstruktivisten und Surrealisten einen wichtigen Status. Damit wird die seit der Wende zum 20. Jh. v. a. in den engl.sprachigen Ländern geführte Diskussion um die Kunstwürdigkeit der Fotografie ausgeräumt.
Die 20er Jahre sind geprägt von der Suche nach neuen Mitteln durch experimentelle Techniken wie Fotomontage oder Fotogramm. Nach dieser Phase, in der die Fotografie in Bezug zu den avantgardistischen

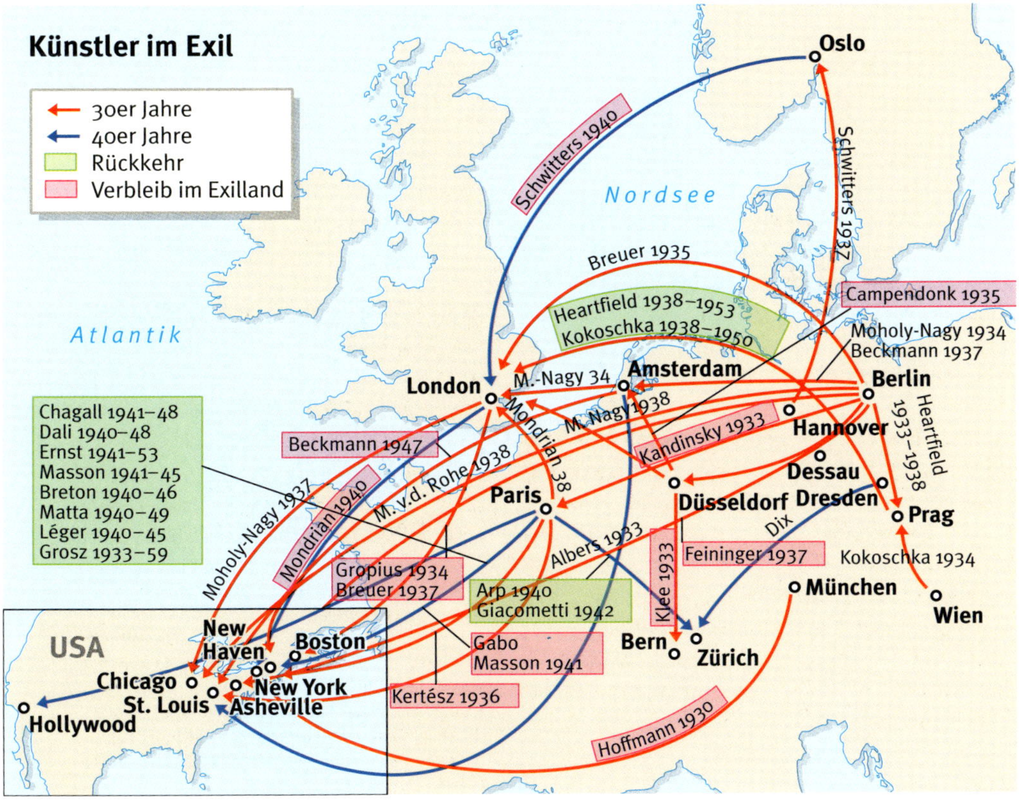

Dorothea Lange, Wanderarbeiterin mit ihren Kindern, Nipomo, Kalofornien, 1936, Gelatine-Silber-Abzug, Oakland (Kalifornien), Oakland Museum, Sammlung Dorothea Lange. Lange schafft damit ein soziales Dokument der Armut, das auch ihre Hochachtung vor individueller Willenskraft ausdrückt (aus einer Serie im Auftrag der FSA).

Robert Capa, The Falling Soldier, near Cerro Murianor/Cordaba-Front, 5.9.1936, Gelatine-Brom-Abzug, Magnum Photo. Berühmte Monumentaufnahme, die einen tödlich getroffenen, loyalistischen Soldaten zeigt, geht als Inbegriff von Authentizität um die Welt.

Strömungen zu sehen ist, entsteht durch die Neue Sachlichkeit eine Neuorientierung in den 30er Jahren zur Dokumentarfotografie und Fotoreportage. Zunehmende Nutzung der Fotografie als Dokument wirklicher Ereignisse mit ihrer scheinbaren Objektivität für den Journalismus. Fotografien entwickeln sich zum Vehikel für ein neues Verständnis von Authentizität. Wesentliche Prägung erhält die Fotoreportage durch die amerik. Zeitschrift Life und die Pariser Agentur Photo Magnum.

USA – Life 1936 veröffentlicht Henry Robinson Luce in New York die erste Nummer der Bildzeitschrift Life mit dem Programm »Das Leben sehen, heißt die Welt erleben«. Für die bis in die 70er Jahre dominierende Bildzeitschrift arbeiten weltweit die besten Fotografen. Lifefotografie wird zum Begriff der Reportage mit geistesgegenwärtigem Zugriff auf das Geschehen.

Farm Security Administration (F. S. A) ist dagegen eine Hilfsorganisation des Staates, deren beauftragte Fotografen wie Lange die Folgen der wirtschaftlichen Depressionen in meisterhaften Aufnahmen eindrücklich festhalten.

Frankreich – Photo-Magnum 1947 schließen sich prominente und freischaffende Fotografen wie Cartier-Bresson, Capa, Seymour, Rodger, Chim und Vandivert zu der Agentur Photo Magnum zusammen und entwickeln in der Nachkriegszeit eine neue Richtung der Lifefotografie, in der sich individuelle Stilrichtungen frei entfalten können. Der neue Geist der Magnum-Fotografie beansprucht für sich, auf dem Weg der Reportage zur modernen Kunstform eines geistigen Realismus gelangt zu sein. Ziel ist, der Wirklichkeit mehr abzugewinnen als den äußeren Schein, Betonung des Besonderen in einem Augenblick.

KUNST NACH 1945

Die Jahre um die Jh.mitte markieren einen wichtigen Zeitabschnitt in der bildenden Kunst: Während die 1. Hälfte des Jh. von Künstlergruppen und deren Idealvorstellungen zur Symbiose von Kunst und Leben geprägt ist, werden in der 2. Hälfte die Forderung nach Freiheit und Individualität zur Grundbestimmung künstlerischer Praxis. Noch bis weit ins 20. Jh. hinein sind amerik. Künstler von Europa beeinflusst, studieren vorzugsweise in Paris, im Laufe der 50er Jahre befreien sie sich aus der europ. Vormundschaft. Paris verliert seine Vorrangstellung in der kulturellen Entwicklung und wird von New York abgelöst, vor allem bedingt durch die Emigrationswellen Intellektueller und Künstler. Europ. Wissenschaftler, Philosophen, Dichter, Architekten, Künstler, Musiker und Filmemacher üben großen Einfluss auf das amerik. Geistesleben aus und tragen zur Entstehung einer einheimischen Avantgarde bei. Gegen Ende des 20. Jh. verlieren die geografischen Grenzen immer mehr an Bedeutung durch den zunehmenden Einfluss moderner Techniken und neuer Medien, die jede Entfernung überwinden. Der Künstler wird mobil, sein Kunstwerk ortsunabhängig.

Jahr	Historische/Politische Ereignisse	Kunst und Kultur
1900	Erster Zeppelinflug u. erste Radioübertragung Siegmund Freud: Über Träume und Traumdeutung	Erste Weltausstellung in Paris
1905	Relativitätstheorie Albert Einsteins Scheitern der Russischen Revolution	Gruppenausst. der Fauves im Salon d'Automne, Paris Gründung der Brücke
1907	Erfindung der Farbfotografie	»Les Demoiselles d'Avignon« von Picasso
1908	Österreich annektiert Bosnien und Herzegowina	Definition des Begriffs Kubismus Ausstellung The Eight (Ashcan School), New York
1909	Erster Flug über den Ärmelkanal	Neue Künstlervereinigung in Berlin und München Manifest des Futurismus
1910	Südafrikanische Union Aufstand in Mexiko	Erste abstrakte Aquarelle von Kandinsky
1911	Revolution in Zentralchina	Gruppe Der Blaue Reiter
1912		Erste Collagen von Picasso und Braque
1913	Erster und zweiter Balkankrieg	Erste Readymades von Marcel Duchamp Armory-Show, New York
1914	Ausbruch des Ersten Weltkriegs	
1915	Albert Einstein: Allgemeine Relativitätstheorie	Suprematistisches Manifest
1916	Schlacht von Verdun	Gründung Dada; Boccioni u. Marc fallen im Krieg
1917	Kriegserklärung USA an Deutschland Oktoberrevolution in Russland	Kunstzeitschrift »De Stijl« Neoplastizismus, Mondrian
1918	Ende des Ersten Weltkriegs Max Planck: Quantentheorie	»Weiß auf Weiß« vom Kasimir Malewitsch Novembergruppe bildet sich in Deutschland
1919	Gründung der Weimarer Republik Bürgerkrieg in Russland	Gründung Bauhaus
1921	Ende der mexikanischen Revolution	Rückkehr Diego Rivera aus USA nach Mexiko
1922	Sowjetstaaten vereinigen sich zur UdSSR	Chagall und Kandinsky gehen nach Deutschland
1923	Hitlers Putschversuch in München scheitert	»Große Berliner Kunstausstellung«
1924	Tod Lenins	Erstes surrealistisches Manifest
1925	Stalin setzt Trotzki ab Erste Fernsehübertragung	Erste Ausstellung der Surrealisten
1926	Gründung der Hitlerjugend in Deutschland	Erste Ausst. der Frottagen von Ernst in Paris
1927	Deutsche Wirtschaft bricht zusammen	
1929	Börsencrash in New York	Eröffnung des MoMA in New York
1931	Europäische Finanzkrise	Gruppe Abstraction Création Whitney Museum of American Art, New York
1932		»Der Krieg« von Dix Verbot unabhängiger Kunstgruppen in der UdSSR
1933	Hitler wird Reichskanzler in Deutschland Boykott von Juden, Bücherverbrennungen	Zwangsschließung des Bauhaus Kandinsky, Grosz, Gropius u.a. emigrieren
1936	Beginn des Spanischen Bürgerkriegs TV-Übertragungen in Deutschland	Internationale Surrealistenausstellung in London Ausst. Kubismus und Expressionismus in New York
1937	Bombardierung von Guernica, Spanien	Pablo Picasso, »Guernica« Ausstellung »Entartete Kunst« in München
1938	Deutscher Einmarsch in Österreich	Internationale Surrealistenausstellung in Paris
1939	Beginn des Zweiten Weltkriegs	Verbrennung von 5.000 Bildern der Moderne
1940	Italien erklärt Frankreich den Krieg Einmarsch deutscher Truppen in Paris	»Der große Diktator« von Charlie Chaplin Varian Fry organisiert Auswanderungen von Künstlern in die USA Henry Moore wird zum Kriegskünstler ernannt Tod von Paul Klee
1942	Erste Atomspaltung, erster Computer	Ausst. »First Paper of Surrealism«, New York
1943	Deutsche Truppen kapitulieren in Stalingrad Aufstand im Warschauer Getto	Calder-Restrospektive im Museum of Modern Art, New York

Jahr	Historische/Politische Ereignisse	Kunst und Kultur
1945	Deutsche Kapitulation Abwurf der Atombombe auf Hiroshima	Gründung der Gruppe Madí in Buenos Aires
1946	erste Generalversammlung der UN	erste internationale Filmfestspiele in Cannes Errichtung des Zentralinstituts für Kunstgeschichte in München
1947	Unabhängigkeitserklärung Indiens, (Teilung in Indien und Pakistan) Marshall-Plan (Wirtschaftsaufbau-programm für Westeuropa)	Le Corbusier, Unité d'Habitation in Marseille
1948	Ermordung Mahatma Gandhis Gründung des Staates Israel Erfindung der Langspielplatte	Gründung der Gruppe Cobra in Paris
1949	Gründung der Kommunistischen Volksrepublik China, Gründung d. NATO, Gründung beider deutscher Staaten	George Orwell, 1984
1950	Beginn des Korea-Krieges, Beginn der Kommunistenverfolgung in den USA durch Senator McCarthy	Le Corbusier, Kapelle in Ronchamp
1951	erste Stromgewinnung aus Atomenergie	erste Biennale in São Paulo
1952	Massenfertigung des IBM-Computers 701	Samuel Beckett: Waiting for Godot, Gründung der Gruppe Dau al Set in Barcelona, Gründung des Black Mountain College in North Carolina durch Josef Albers, Aufführung von »4'33« von John Cage
1953	Tod Stalins, Enträtselung der Doppelhelix das DNS-Raummodell als Träger der genetischen Information, Besteigung des Mount Everest (Hillary, Norgey)	
1954	Erfindung der Silicium-Solarzelle (USA)	Gründung der Gutai-Gruppe in Japan Tod von Henri Matisse
1955	Gründung des Warschauer Paktes	Jasper Johns: erste Flaggenbilder, Einweihung der Kapelle von Ronchamp (Le Corbusier), erste documenta in Kassel, »Family of Man«, MoMA, New York
1956	Aufstände in Polen und Ungarn	Elvis Presley, Heartbreak Hotel
1957	Start des ersten sowjetischen Erdsatelliten Sputnik I, Gründung der EWG als Vorläufer der EG	Gründung der »Situationistischen Internationale« in Paris (Jorn, de Jong, Lausen, Platschek)
1959	erster digitaler Computer (USA) Machtergreifung Castros in Kuba	Alain Resnais: Hiroshima mon amour, Gründung der Groupe de Recherche d'Art Visuel in Paris Allan Kaprow: »18 Happenings in 6 Parts«, Reuben Gallery, New York (Geburtsstunde des Happening)
1960	Gründung der OPEC, Markteinführung der Anti-Baby-Pille (USA), JFK wird Präsident der USA	Yves Klein: Performance »Anthropométrie« in Paris Alfred Hitchcock, Psycho
1961	erster Mensch im Weltall (UdSSR), Analyse des DNA-Molekценüs (USA), amerik. Landung in der Schweinebucht (Kuba), Bau der Berliner Mauer	Gerhard Richter verlässt die DDR
1962	erster Kommunikationssatellit in die Erdumlaufbahn gebracht (USA) Kuba-Krise	erster James Bond-Film Gründung der Gruppe Nueva Presencia in Mexiko als Gegenbewegung zum mexik. Muralismo erste Einzelausstellung Warhols, LA Gründung von Fluxus in Wiesbaden, erste Aktion des Wiener Aktionismus (Hermann Nitsch)
1963	Attentat auf JFK, N. Mandela tritt lebenslange Haftstrafe in Südafrika an	»Leben mit Pop«, Düsseldorf
1964	Gründung der PLO in Jerusalem Bürgerrechtsgesetz zur Aufhebung der Rassentrennung in den USA	»Post Painterly Abstraction«, Los Angeles County Museum
1965	Nahostkrise in Deutschland	Joseph Beuys: »Wie man dem toten Hasen die Bilder erklärt«
1967	6-Tage-Krieg zwischen Israel und den Arabischen Staaten, Tod Che Guevaras in Bolivien	The Beatles: Sergeant Pepper
1968	Studentenproteste in Deutschland und Frankreich, Ende des Prager Frühlings Ermordung Martin Luther Kings	Kubrick: 2001 – Odyssee im Weltraum Tod Marcel Duchamps Attentat auf Andy Warhol

Jahr	Historische/Politische Ereignisse	Kunst und Kultur
1969	Neil Armstrong als erster Mensch auf dem Mond	Woodstock-Festival
1970		Stanley Kubrick: Clockwerk Orange
1973	Rezession in den USA, weltweite Ölkrise, Ende des Vietnam-Krieges, Jom-Kippur-Krieg	Tod Pablo Picassos
1974	Rücktritt Nixons (Watergate-Affäre 1972), Einmarsch der Türkei in Zypern, russ. Raumsonde landet auf dem Mars	Beuys-Performance Coyote in New York
1975	Tod Francos, erster PC im Handel	
1976	Tod Mao Tse-tungs, Beginn des Liniendienstes mit der Concorde	Christo: »Running Fence« in Kalifornien
1978	Geburt des ersten Retortenbabys	
1979		Lyotard: Das postmoderne Wissen Beuys-Retrospektive im Guggenheim Museum, New York
1980	Reagan wird Präsident der USA, erste Veröffentlichung über das Auftreten von AIDS, Tod Titos, Ermordung John Lennons	A.R. Penck verlässt die DDR
1982	Falkland-Krieg zwischen Großbritannien und Argentinien, Einführung des Satellitenfernsehens	»Transavanguardia«, Galleria Civica, Modena »Zeitgeist«, Martin Gropius Bau, Berlin
1983	Reagan verkündet das SDI-Programm, Herstellung des ersten künstlichen Chromosoms	
1984	Ermordung Indira Gandhis, Entdeckung des Aids-Erregers HIV	»Primitivism in the 20th Century Art« im MoMa, New York
1985	Gorbatschow wird Generalsekretär der KpdSU, Versenkung der Rainbow Warrior, CD revolutioniert die Musikindustrie	Neil Postman: »Wir amüsieren uns zu Tode«
1986	Reaktorunglück in Tschernobyl (UdSSR)	Tod von Joseph Beuys
1987	Gorbatschows Politik von Glasnost und Perestroika	Tod Andy Warhols, van Goghs Sonnenblumen für DM 72,5 Mio bei Christie's versteigert
1988	Zusammenbruch des kommunistischen Systems in Osteuropa	Salman Rushdie: Satanische Verse
1989	Massaker auf dem Platz des Himmlischen Friedens in Peking, Fall der Berliner Mauer	Stephen Hawking: Eine kurze Geschichte der Zeit Greenaway: »Der Koch, der Dieb, seine Frau und ihr Liebhaber« »Magiciens de la Terre«, Centre Pompidou, Paris
1990	Wiedervereinigung Deutschlands, Nelson Mandela wird aus der Haft entlassen	
1991	Sturz Gorbatschows, Jelzin wird Präsident d. russ. Föderation, Golf-Krieg, Krieg in Jugoslawien	
1992	Zerfall der UdSSR, Clinton wird Präsident der USA	Tod Francis Bacons
1993		mit der Einweihung des Richelieu-Flügels wird der Pariser Louvre zum größten Kunstmuseum der Welt
1994	erste demokratische Wahl in Südafrika	
94-96	erster Tschetschenien-Krieg	
1995	Ermordung Rabins	»Africa – Art of a Continent«, Royal Academy, London, Christo: »Wrapped Reichstag«, Berlin
1997	Tod Deng-Xiaopings, Hongkong wird an China zurückgegeben	Roberto Benigni, »La Vita e bella«
1998	Gerhard Schröder wird deutscher Bundeskanzler	
1999	Kosovo-Krieg	
2000	George W. Bush wird Präsident der USA	Weltausstellung in Hannover

USA

Arshile Gorky, dessen Familie 1920 aus Armenien in die USA ausgewandert ist, wird zum erfolgreichsten Vermittler zwischen der europ. und der amerik. Malerei; sein Werk zeigt deutlich – ähnlich wie das Mattas oder Lams (vgl. S. 297) den Einfluss des europ. Surrealismus. Ihre biomorphen, vegetabilen Formen mit spontaner, kalligrafischer Linienführung erinnern in ihrem zeichenhaften Surrealismus an Klee, Miró und Masson.

Willem de Kooning und **Hans Hofmann**, beide aus Europa emigriert, übernehmen eine Vermittlungsfunktion: de Kooning zeigt trotz abstrakt-expressionistischer Arbeiten immer wieder Figürliches (Serie der *Women*); Hofmann, der sich von 1904–14 in Paris aufhält, Picasso und Matisse kennt, propagiert in New York die Synthese von Fauvismus und Kubismus, in seinen Bildern begegnen sich europ.-konstruktivistische und amerik. abstrakt-expressionistische Ideen.

Arshile Gorky, Wasserfall, 1943, London, The Tate Gallery.
Gorkys assoziative, biomorphe Bildsprache entwickelt sich in zahlreichen Ölbildern, Zeichnungen, Pastellen, die bereits auf den Abstrakten Expressionismus weisen.

Willem de Kooning, Woman II, 1952, New York, The Museum of Modern Art.
Stark von Gorkys Malerei beeinflusst, konzentrieren sich de Koonings Frauen-Bildnisse nicht auf das exakte Porträt, sondern auf die Wiedergabe der Empfindungen, die beim Malen entstehen.

Abstrakter Expressionismus Im Kontext der modernen amerik. Malerei erstmals 1946 vom Kritiker des *New Yorker*, Robert Coates, genannt, wird in den frühen 50er Jahren Standard-Vokabular. Unter diesem Begriff werden zusammengefasst: Action Painting, Colorfield Painting, Post Painterly Abstraction (Nachmalerische Abstraktion), Hard Edge Painting (Hartkantige Malerei).
Inspiration finden die Künstler in archaischen Mythen und primitiver Kunst, sie bedienen sich auch der surrealistischen Methode des Automatismus. Die Hinwendung zur indianischen Kunst des amerik. Kontinents gilt als Zeichen der Abkehr von der europ. Kultur und ist ein frühes Signal für eine spezifische amerik. Identität in der Malerei (sog. mythische Periode 1942–47). Hauptvertreter: Adolph Gottlieb, Mark Rothko, Willem de Kooning, Clyfford Still, Barnett Newman, Franz Kline, Jackson Pollock, Ad Reinhardt, Robert Motherwell.

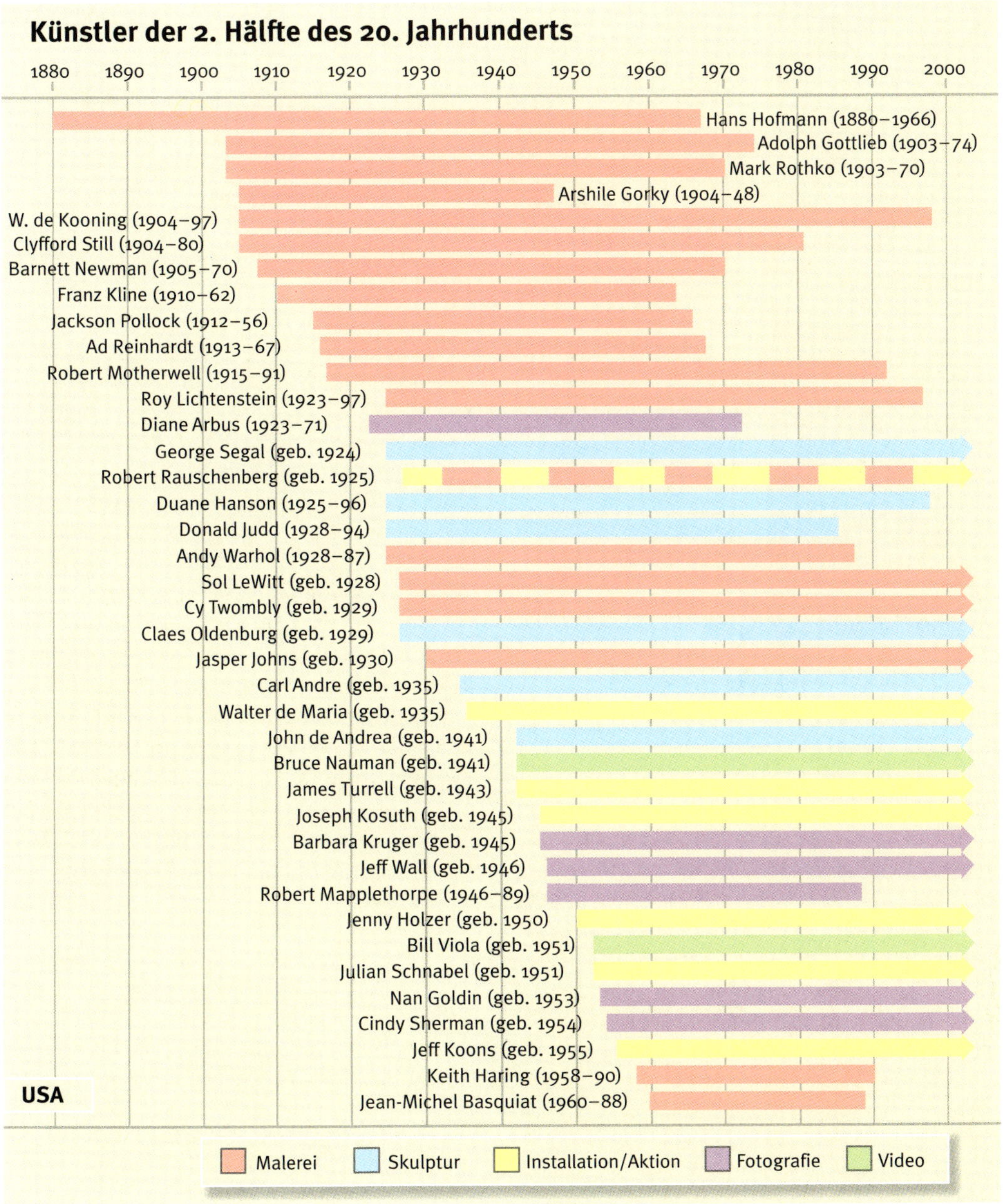

New York School

In den 40er Jahren wird die Malerei in New York betont unbildlich, die New Yorker Kunstszene ist klein, ihre Mitglieder kennen und beeinflussen sich gegenseitig. Die Künstler sind eher anti-akademisch als anti-intellektuell, lesen Literatur zu Psychoanalyse, Anthropologie, Metaphysik und Theologie, sehen die Wurzeln der Kunst im Unbewussten und Transzendenten und die Praxis als solitären Akt. Ab 1947 formulieren zunächst **Jackson Pollock**, der als erster aus der vorgeblich moralischen und künstlerischen Überlegenheit der europ. Künstler ausbrechen kann, und Clyfford Still, bald auch Mark Rothko und Barnett Newman eine radikal neue Auffassung des Bildes: Die vollständig ausgefüllte Bildfläche wird zu einem offenen Feld, das sich von

Hans Namuth, Jackson Pollock in Aktion, Fotografie

Jackson Pollock, Number 2, 1950, 287 x 91,5 cm, Cambridge, Mass., Fogg Art Museum.
In seinen Drip-Paintings schleudert Pollock Farbe aus einer Dose auf die am Boden liegende Leinwand, bis ein dichtes Netz aus Farbspuren ein gestisch-expressives Bild entstehen lässt.

Pollocks getropften Bildern mit linearen Geflechten bis zu den Abstraktionen von Still, Rothko und Newman als weite, reine Farbflächen darstellt. Die repräsentative Auswahl der ersten Generation moderner amerik. Künstler ist im Rahmen einer Überblicksausstellung in den USA zu sehen, die 1955/56 auf Tournee nach Europa geht: Zu diesem Zeitpunkt ist die amerik. Dominanz in der internationalen modernen Kunst in einem Maße gefestigt wie ein halbes Jh. zuvor die franz. Die endgültige Ablösung von Paris als Hauptstadt der Moderne und der parallele Aufstieg New Yorks schaffen ein Bewusstsein für die Notwendigkeit, eine neue Art von Modernität zu repräsentieren. Pollock löst die amerik. Kunst zum richtigen Zeitpunkt (gefördert durch die Marktsituation) aus ihrer Abhängigkeit von Europa, der amerik. Way of Life wird neben Werbung, Film, Popmusik und Architektur auch in der Kunst zum allg. anerkannten Vorbild. Der steigende Wohlstand im Nachkriegsamerika ermöglicht erstmals die Entstehung eines Marktes für zeitgenössische Kunst; eine regelrechte Explosion des Kunstmarktes erfolgt Ende der 70er Jahre auf beiden Seiten des Atlantiks.

Die Arbeiten des Abstrakten Expressionismus zeichnen sich durch eine große Bandbreite aus und lassen sich nur schlecht unter bestimmten Begriffen subsummieren. Sie variieren von Pollocks explosiven **Action Paintings** bis zu Rothkos kontemplativen **Colorfield Paintings**. Trotz dieser Polaritäten gibt es gemeinsame Merkmale: große Formate, Betonung der Zweidimensionalität der Leinwand durch deutliche Oberflächengestaltung, all-over-Technik, d. h. jeder Teil des Bildes ist gleichwertig, der Malakt wird glorifiziert, der Glaube an die absolute Individualität des Künstlers in den Vordergrund gestellt.

Pollock gilt als Befreier der rein lokalen Anliegen, seine Drip-Paintings kombinieren den surrealistischen Automatismus mit Sandmalerei-Ritualen der Indianer des amerik. Südwestens: ein Prozess, der einerseits mit einer internationalen Strömung der Moderne identifiziert wird, andererseits mit einer spezifisch amerik. primitiven Kunst. **Still, Rothko, Newman** konzentrieren sich auf die Farbe als Ausdrucksmittel, verzichten auf figürliche Darstellung und Symbolik, vereinfachen Zeichnung und Gestik, malen weite chromatische Felder, um den Betrachter buchstäblich zu überfluten.

Action Painting (Aktions-Malerei) Begriff von Harold Rosenberg in seinem Artikel »The American Action Painters« in *Art News* im Dezember 1952 eingeführt; lässt das Bild als Ganzes zum sichtbaren Zeugnis des impulsiven und improvisierten Malprozesses werden, allein die Tätigkeit, Farbe auf die Leinwand zu bringen zählt, Emotionen werden nicht dargestellt, sondern vor der Leinwand ausgelebt.

Colorfield Painting (Farbfeld-Malerei) Setzt im Unterschied zum gestischen, vielfarbigen Action Painting die Farbe in großen, oft monochromen Flächen ein; unter Verzicht auf spezifische Formstrukturen sollen nebeneinander gesetzte Farbzonen das Unsagbare und Unendliche ausdrücken (vgl. Abstrakter Expressionismus). Hauptvertreter: Still, Rothko, Newman.

In der Skulptur wird der Abstrakte Expressionismus vor allem durch **David Smith** vertreten, der in den 30er Jahren mit Gorky, Gottlieb und de Kooning zusammenarbeitet. Seine Skulpturen der Nachkriegszeit sind Produkte der Industriegesellschaft, deren improvisatorischer Entstehungsprozess die Parallele zur abstrakt-expressionistischen Malerei zeigt: Stahl- und Eisenplastiken demonstrieren eine vertiefte Kenntnis industrietechnischer Fertigungsmethoden.
Im Laufe der 50er Jahre wird der Abstrakte Expressionismus, unterstützt durch die Kritiker Rosenberg und Greenberg, sowohl in den Augen der Öffentlichkeit als auch finanziell zum Erfolg, vergleichbar nur mit der Bedeutung des Kubismus für die europ. Kunst. Erst in den 60er Jahren wird er durch die **Pop Art** abgelöst.

Barnett Newman, Who's afraid of Red, Yellow and Blue III, 1967/68, 245 x 543, Amsterdam, Stedelijk Museum.

Mark Rothko, o.T. (Gelb, Rot, Orange auf Orange), 1954, 292 x 231 cm, Slg. Kate Rothko Prizel.

Rothko gilt innerhalb der New York School als Hauptvertreter des Colourfield Paintings; Newman wird zum radikalsten Verteter der Abstraktion, konzentriert sich ausschließlich auf die Darstellung von Farbflächen.

Neuer Realismus

Ende der 50er Jahre endet die Vormachtstellung des Abstrakten Expressionismus zum einen durch das Aufkommen der **Pop Art**, zum anderen durch neue Tendenzen innerhalb der strukturell ausgerichteten, geometrischen Ungegenständlichkeit, d.h. die Künstler wenden sich vom Wunsch nach individuellem Ausdruck ab, hin zu konkret fassbaren Werten, bspw. der Optik und Kinetik. Pop Art löst in der Kunstwelt einen Schock aus, von dem sich die New York School nie mehr erholen sollte. **Jasper Johns** und **Robert Rauschenberg** vollziehen einen radikalen Bruch mit der un-

Einfluss des Abstrakten Expressionismus

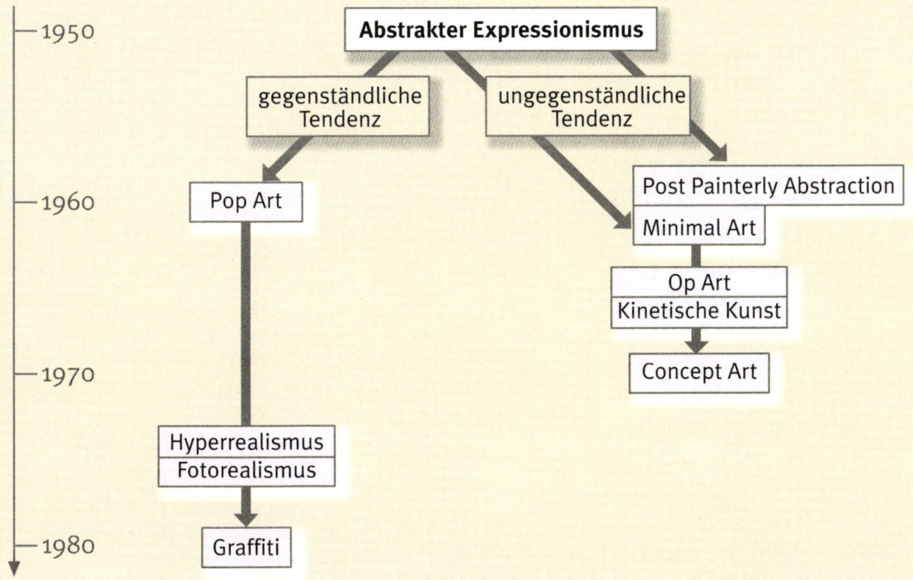

Robert Rauschenberg, Erased de Kooning Drawing, 1953, Spuren von Tinte und Kreide auf Papier, New York, Sammlung des Künstlers. Rauschenberg bittet de Kooning um eine Zeichnung mit der ausdrücklichen Absicht, diese auszuradieren, stellt damit Handschrift und Wert des Künstlers in Frage.

Jasper Johns, Flag, 1954/55, Enkaustik/Öl/Stoff/Sperrholz, 107 x 154 cm, New York, The Museum of Modern Art. Unter sorgfältiger Wahrung von Farbe und Proportion wird die Flagge als Gemälde dargestellt. Johns nimmt damit der vertrauten Erscheinung der amerik. Flagge ihre bisherige Bedeutung und stellt sie scheinbar um ihrer selbst willen dar.

Robert Rauschenberg, Canyon, 1959, Mischtechnik/versch. Objekte, 208 x 178 x 61 cm, New York, Slg. Sonnabend. Rauschenbergs Combine Paintings aus allen greifbaren Materialien berufen sich auf die Tradition Duchamps und Schwitters' und gelten als Vorläufer der Pop Art.

gegenständlichen Kunst und wenden sich der sichtbaren Wirklichkeit des urbanen Alltags zu. Sie machen sich die Ikonografie der neuen Medien und des großstädtischen Alltags zu eigen: Zitat und Reproduzierbarkeit werden zu den wesentlichen Stilmitteln. Sie hinterfragen das überwältigende Selbstbewusstsein und das ambitionierte Selbstverständnis der Malerei, das ihrer Ansicht nach dem Abstrakten Expressionismus zugrunde liegt.

Jasper Johns ist in diesem Prozess die hervorstechende Künstlerfigur, deutlich erkennbare Motive und Symbole in seinen Gemälden und Objekten persiflieren die Realität. Er steht vor allem dem emotionalen Pathos des Abstrakten Expressionismus skeptisch gegenüber: Seine Malerei wird zum Zeugnis dieser Verweigerung, er sucht eine wertfreie Verbindlichkeit und findet sie in der neutralen Struktur von Zeichen und Emblemen, deren typische, klar definierte und allg. gültige Gestalten zu Repräsentanten des Objektiven, zu Vertretern von Maß und Ordnung werden (*Flag*, *Target*, *Number*). Seine Bilder führen den erkennbaren Gegenstand wieder in die Malerei ein (grandioser Erfolg nach der Ausstellung bei Leo Castelli 1958).

Robert Rauschenberg fügt in seinen Combine Paintings unterschiedliche Fragmente der Alltagswirklichkeit (abgerissene Plakatfetzen, Zeitungsausschnitte, Fotografien, dreidimensionale Objekte etc.) zu großformatigen Assemblagen zusammen, die er anschließend ganz oder teilweise mit billiger Industriefarbe scheinbar ohne jede ästhetische Absicht übermalt: Die bildnerischen Elemente seiner Gestaltungen sind keinem hierarchischen Prinzip unterstellt, jedes Detail ist gleichermaßen bedeutungsvoll.

Die alltäglich sichtbare Wirklichkeit in der 2. Hälfte des 20. Jh. ist die der großstädtischen Konsumgesellschaft, deren Erscheinungsbild durch industrielle Produktionsmittel, Design, Werbung und neue Kommunikationsmedien geprägt wird. **Andy Warhol** überträgt verschiedenartige Vorlagen im einfachen, groben Siebdruckverfahren einzeln bis hundertfach aneinandergereiht in mehreren Varianten auf die rohe oder eingefärbte Leinwand: Serialität wird zum Identifikationsmerkmal der Gegenwart. Die Idee des Künstlers steht weit über der Durchführung (Gründung der Factory),

Pop Art Bezeichnet den Versuch einer Aufhebung der strengen Unterscheidung zwischen hoher Kunst und Pop-Kultur, Elemente populärer Kultur werden zur kritischen Kommentierung der modernen Gesellschaft verwendet. Begriffsprägung durch den brit. Kritiker und Ausstellungskurator Lawrence Alloway Ende der 50er Jahre. Erste moderne Kunstrichtung seit dem Surrealismus, die in der Öffentlichkeit breite Akzeptanz findet, v. a. durch die Nutzung der unmittelbar zugänglichen Bildsprache und Verbreitung alltäglicher Eindrücke. Tritt für die Alltagssprache und gegen die Ambitionen der New York School, für die Glorifizierung gewöhnlicher Dinge des Alltagslebens ein (Cornflakes, Dosensuppen, Putzschwämme, Abbildungen von Leinwandidolen). Wichtigste Vertreter der amerik. Pop Art: New York: Johns, Rauschenberg, Lichtenstein, Warhol, Wesselmann, Rosenquist; Westküste: Mel Ramos, Wayne Thiebaud, Ed Ruscha.

Andy Warhol, Brillo-Boxes, 1964, Siebdruck/ Holz, Köln, Museum Ludwig.
Hier führt Warhol vor Augen, dass sich das, was den Unterschied zwischen Kunst und Wirklichkeit ausmacht, nicht sichtbar bestimmen lässt: Nichts gleicht so sehr einem Kunstwerk wie das Pendant aus dem Supermarkt. Umwandlung von Pollocks All-over-Methode in eine Supermarktästhetik.

Jackson Pollock, Number 4, 1950, Öl, Email, Aluminiumfarbe auf Lw., 124 x 94,3 cm, Pittsburgh, Carnegie Museum of Art.

Roy Lichtenstein, Weißer Pinselstrich #1, 1965, 122 x 142 cm, New York, Irving Blum.

Andy Warhol, Do it Yourself: Landscape, 1962, Acryl auf Lw., Köln, Museum Ludwig.
Spontaneität der Abstrakten Expressionisten wird mit der detaillierten Wiedergabe einzelner Pinselstriche bzw. der Vorgabe des Motivs in Frage gestellt. Warhol unterläuft die Vorstellung, dass eine Verbindung zwischen künstlerischem Impuls und spontaner Emotion besteht.

Warhol integriert seine Werke bewusst dem standardisierten, mechanischen Arbeitsprozess der modernen Produktionsmaschinerie, die künstlerische Reflexion verzichtet gänzlich auf die Erfindung individueller Sujets. Warhol verändert den Begriff der Originalität, indem er die Rolle des Handschriftlichen minimiert.
Roy Lichtenstein spiegelt die totale Entindividualisierung der industriellen Gesellschaftsstruktur mit ihren Kommunikationsmethoden Reklame und Trivialliteratur in sorgfältig durchkomponierten, überdimensionalen Comic-Strips. Er verhöhnt mit seinen Pinselstrich-Gemälden mit stark vergrößerten Vereinfachungen den Kult der persönlichen Handschrift und den Mythos des spontan gesetzten Zeichens (Credo der Abstrakten Expressionisten). Er nimmt eine bestehende, an sich banale Vorlage, um sie aus ihrem üblichen Zusammenhang isoliert und scheinbar unverändert wiederzugeben, und verändert zu diesem Zweck die Dimension der Vorlagen. Gefühlsbetonte Szenen in den Comic-Strips (meist Liebe, Tod, Gewalt) werden durch die distanzierte, mechanische Darstellungsweise ihrer individuellen Bedeutung beraubt und als stereotype Klischees entlarvt.
In Tradition und Nachfolge der Pop Art stehen verschiedene Künstler, die die realistischen Tendenzen populärer Massenkultur auf unterschiedliche Art und Weise in ihren Werken thematisieren: Eine Demonstration der Relativität des Monumentalen in der Manipulation und Überdimensionierung von Gebrauchsgegenständen vollzieht **Claes Oldenburg**, dessen Thematik ausschließlich um das Metaphorische und Assoziative kreist. **George Segal** setzt sich mit der menschlichen Figur in ihrer Dreidimensionalität auseinander, seine ausgearbeiteten Kulissen machen die Werke zu Environments (von Rothko als »Hoppers zum Reingehen« bezeichnet). In Segals Nachfolge ist auch der Hyperrealismus von **John de Andrea** und **Duane Hanson** zu sehen.

Post Painterly Abstraction

Das ungegenständliche Gegengewicht zur Pop Art bildet als besondere Ausprägung des Abstrakten Expressionismus die **Post Painterly Abstraction**, zu der in erster Linie Barnett Newman zu rechnen ist (weitere Künstler: Ad Reinhardt, Kenneth Noland, Frank Stella, Ellsworth Kelly). Sie richtet sich gegen die gestischen oder malerischen Qualitäten des Abstrakten Expressionismus mit einer Fortsetzung der Ideen Albers, der die Wechselwirkung von Farbe in vielfältigen Variationen an der Form des Quadrats veranschaulicht. Anstoß geben auch die monochromen Bilder Rauschenbergs. Zu Beginn der 60er Jahre entstehen die *Shaped Canvas* (Frank Stella, Kenneth Noland), deren äußere Bildform mit in den Gestaltungsprozess eingebunden wird, um die völlige Übereinstimmung von Bildinhalt und Bildform zu erreichen (Weiterführung der *Flags* von Jasper Johns).

Minimal Art

Die Minimal Art prägt den Stil der 60er Jahre. Sie entsteht als Reaktion auf den Abstrakten Expressionismus, der beherrschenden Kunstrichtung der 40er und 50er Jahre, zeitgleich mit der Pop Art. 1960 zeigt die Überblicksausstellung *Sixteen Americans* im MoMA verschiedene Arbeiten als autonome, nichts darstellende Objekte in elementarer Formensprache. Minimal Art zeichnet sich durch rechtwinklige und kubische Formen und deren meist serielle Anordnung aus sowie durch industrielle Materialien und Fertigungsweisen im Bereich der Skulptur. Die Grundbedingungen der Malerei werden neu diskutiert, es erfolgt eine Loslösung von jeglichem Illusionismus. Im Unterschied zu Post Painterly Abstraction bezieht Minimal die dritte Dimension mit ein und schließt Farbe als Gestaltungsmittel weitgehend aus. Die Rigorosität des Minimalismus, die Selbstauflösung des Künstlers und die entsprechende Distanz zu jeglicher inhaltlichen Aussage oder handwerklichen Tradition tragen dazu bei, die Attraktivität dieser Richtung einzuschränken. Als Vertreter der Minimal Art werden bezeichnet: Carl Andre, Dan Flavin, Donald Judd, Robert Ryman, Sol LeWitt und Robert Morris, die ihre Werke mit theoretischen Konzepten untermauern.

Donald Judd strebt eine Kunst an, die zwischen Malerei und Plastik angesiedelt ist. Seine Skulpturen fertigt er bald nicht mehr selbst an, sondern erarbeitet nur noch Entwürfe für die industrielle Fertigung. Die von ihm gewählten Materialien Aluminium, rostfreier Stahl und Plexiglas unterstützen den Wunsch nach Klarheit, z. B. *Slacks* ab 1975. Judd folgt der grundsätzlichen Vorstellung, dass das Ganze eines Kunstwerks wichtiger ist als seine Komponenten, jede Form des Kontrasts zwischen den Elementen soll ausgeschlossen werden. Er verbindet die formalen Eigenschaften der zeitgenössischen Malerei mit denen der Skulptur. **Carl Andre** zeigt in seinen Skulpturen, die Masse und Volumen negieren, neue Ansätze eines formalen Ausdrucks. **Dan Flavin** führt diesen Ansatz weiter und verzichtet zugunsten des Environments auf das Objekt. Er sagt sich früh von der Malerei los und entwickelt objektlose Environments aus fluoreszierendem Licht, befasst sich mit der Artikulation von Raum unter der Maxime, dass die Wahrnehmung des Lichts die des Raumes be-

Abstrakter Expressionismus	Post Painterly Abstraction
Vertrauen in die schöpferische Kraft des Unbewussten, Triebhaftigkeit und Spontaneität	keine Darstellung von Idealen und Ambitionen, sondern objektiv gegebene Struktur wird zu unpersönlichen, nicht mehr relativierbaren und absoluten Werten überhöht
innere Wahrheit, individuelle Empfindung	Verbannung alles Persönlichen
Einswerden mit der eigenen inneren Empfindung durch leidenschaftliche Hingabe an den Malakt	bildnerische Konzepte, die den Eigenwert der Farbe zur Geltung bringen, Hinwendung zur Monochromie
all-over-Technik	Glorifizierung der Leere
unwiederholbare expressiv-exhibitorische Gesten	Kunst erhält Modellcharakter

Concept Art (Konzeptkunst) Oberbegriff für verschiedene Formen der Kunst seit Mitte der 60er Jahre, bei der das Kunstwerk nicht mehr in einer konkret fassbaren Form existiert. Ideenskizzen und Konzepte ersetzen das ausgeführte Kunstwerk. Auf Materialisierung der künstlerischen Idee wird verzichtet, statt dessen stellt der Künstler Skizzen, Schriften, Anleitungstexte aus, die den Betrachter zum Handeln oder Nachdenken anregen sollen. Sol LeWitt verwendet den Begriff erstmals 1967 in einem Artikel der Zeitschrift Artforum, in dem er die Ausführung der Ideen und Konzepte als untergeordnete mechanische Tätigkeit beschreibt und damit das Hauptaugenmerk auf das Konzept legt. Vorläufer ist Marcel Duchamp, dessen Readymades (s. S. 253) einen neuen konzeptuellen Kunstbegriff propagieren.

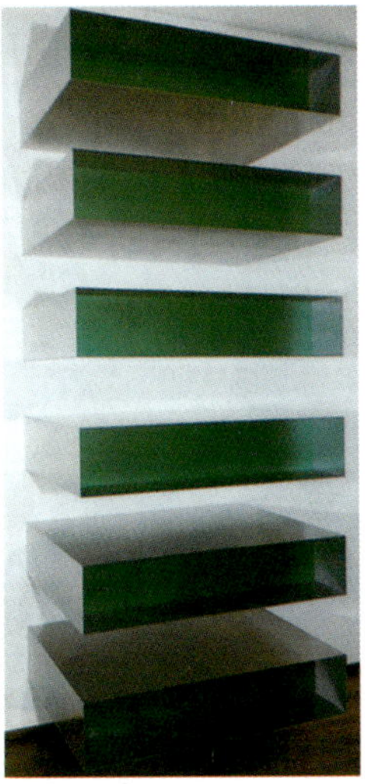

Donald Judd, Ohne Titel, 1968, Rostfreier Stahl/eloxiertes Aluminium, 10 Teile, London, ehem. Saatchi Collection.
Um 1965 entstehen die ersten Slacks, seriell gefertigte konsolenartige Kästen, die in gleichmäßigen Abständen übereinander an der Wand befestigt werden: gleiche geometrische Formen in serieller Anordnung mit einer von der Form untrennbaren Farbigkeit.

Dan Flavin, Untitled (To Virginia Dwan) I, 1971, Leuchtstoffröhre, Städtische Galerie im Lenbachhaus, München
Bringt in seinen Installationen den sinnlichen Reiz des Lichts zum Ausdruck.

einflusst. Der wichtigste und einflussreichste Formbeitrag **Sol LeWitts** sind die seit 1967 entstehenden Wandzeichnungen (Farbe und dynamische Strukturen vom Boden bis zur Decke und um Ecken herum, Ausführung durch geschulte Assistenten): Die konzeptuell fortschrittlichsten Arbeiten der 60er Jahre zeigen eine Inszenierung beispielhafter Ordnungsmuster, die Wiederholung identischer Elemente und bilden damit den ersten Entwurf einer Idee zur seriellen Kunst.
Weitere Strömungen der 60er Jahre sind u. a. **Op Art** (vgl. S. 280), die den abstrakten Gegenpol zur Pop Art bilden soll. Sie setzt sich mit den Gesetzmäßgkeiten und Eigenschaften der visuellen Wahrnehmung und den Phänomenen der optischen Täuschung auseinander. Die Op Art entsteht zeitgleich mit der Kinetischen Kunst, mit der sie die z. T. wissenschaftstheoretischen Reflexionen über Raum, Körper, Zeit und Bewegung teilt, ohne deren Konzentration auf Lichtphänomene zu verfolgen. Diese Form der Bildauffassung hat eine Tradition, die bis zum Bauhaus zurück reicht: Theoretische Schriften von Josef Albers bilden Grundlage für die Arbeiten der Hauptvertreter Bridget Riley, Vasarely, Agam, Anuszkiewicz, Cruz-Diez und Soto.
Die Entwicklung zur Eliminierung der künstlerischen Handschrift kulminiert in den späten 60er Jahren in der **Concept Art.**
In der Concept Art werden die Ideen des Minimalismus weiter geführt, die Betonung liegt aber auf der Darstellung des Wechselverhältnisses von Begriff und Anschauung. **Joseph Kosuth** wird mit der These, Kunst sei Philosophie-Ersatz, zum Hauptvertreter dieser Richtung. Sprache, Bild und Gegenstand sowie architektonischer, gesellschaftlicher und kultureller Kontext bilden ein Beziehungsgefüge, in dem Bedeutung konstituiert wird.

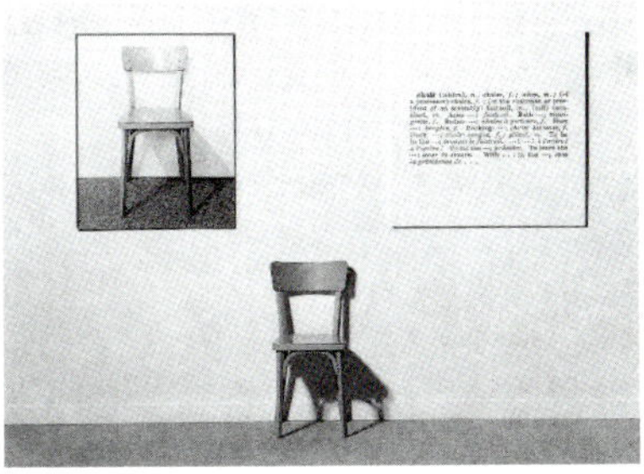

Joseph Kosuth, One and Three Chairs, 1965, Installation mit Holzstuhl und Fotos, Paris, Centre Georges Pompidou.

Jenny Holzer, Under A Rock, 1986, Elektronische Anzeigetafel, 14 x 117 cm, Köln, Galerie Monika Sprüth. Rhythmische Sprachzeichen mit schockierenden Inhalten im öffentlichen Raum gezeigt.

Bill Viola, Die Begrüßung, 1995, Videobild, Hannover, Kestner-Gesellschaft. Quälend langsame Zeitlupengeschwindigkeit lässt den Betrachter jede Pose der zwischenmenschlichen Begegnung detailgenau beobachten.

Eine im weiteren Sinne Spielart der Konzeptkunst ist die **Land Art**, die die Natur nicht abbildet, sondern durch Aktionen und Eingriffe eine Naturerfahrung zu vermitteln sucht, und darauf abzielt, die eingespielten Vorgänge in Galerien und Museen zu verlassen. Die z.T. vergänglichen Werke entziehen sich der kommerziellen Verwertung und werden deshalb durch Fotos, Film und Video dokumentiert. Bekanntester Vertreter ist **Walter de Maria**, der in seinen Installationen Landschaft und Natur, Licht und Wetter zu einem intensiven physisch-psychischen Erlebnis verbindet (*Lightning Field*, 1973–77).
Konzeptuelle Environments entstehen bei **Jenny Holzer**, die mit Reklameflächen, TV-Spots und Leuchtschrifttafeln auf den ersten Blick allg., pauschal anmutende Aussagen macht, deren kühle, gleichgültige Sprache in schockierendem Kontrast zu den geschilderten Erlebnissen steht.
Disparate Entwicklungen zeigen eine breit gefächerte künstlerische Produktion: Pattern und Decoration Art bilden das amerik. Gegenstück zur ital. Transavanguardia und weisen den Einfluss europ. Vorbilder auf. **Julian Schnabel** zeigt in seinen *Bad Paintings* einen offen zur Schau gestellten Dilettantismus als Bekenntnis zum eigenen Unvermögen und stellt brutalen Primitivismus und pathetisches Sendungsbewusstsein in den Vordergrund. Eine andere Richtung schlagen **Keith Haring** und **Jean-Michel Basquiat** mit ihrer Graffiti-Kunst ein, die eine Kommunikation zwischen der Avantgarde-Kunst und dem Massenpublikum erlaubt. Basquiats Werk ist gekennzeichnet durch die Kombination der Magie schwarzafrik. Traditionen und dem modernen Motivrepertoire der New Yorker Großstadt.
Ausschließlich auf das Massenpublikum ausgerichtet ist das Werk von **Jeff Koons**, der in seinen Arbeiten die konventionellen Vorstellungen über Anstand und Würde in Frage stellt und die Mechanismen in der Kunstwelt parodiert. Die Aktivität des Künstlers beschränkt sich nur noch auf die finanzielle Organisation. Die Objekte werden monumentalisiert, in Bronze oder Edelstahl gegossen und symbolisieren so die zum Marktwert erstarrte künstlerische Fantasie, die zwischen Kitsch und Kommerz angesiedelt ist.

Video

Die Gattung des bewegten Bildes wird in den aktuellen Diskurs zur Kunst einbezogen, das Video wird zur Paradegattung der Fiktion, bei dem das reale Leben durch das illusionistisch gelieferte Weltbild ersetzt wird, das die Wirklichkeit als vollkommene Illusion darstellt. In der Video-Installation verhindert die Interaktion die gewohnt kontemplative Haltung gegenüber dem Kunstwerk, z. B. bei **Bill Viola**, der in geschlossenen Video-Kreisläufen (Closed-Circuit) die Grundlagen der menschlichen Existenz, die Zusammenhänge von Denken und Handeln, untersucht, oder bei **Bruce Naumans** Installation *Feed Me – Help Me – Eat Me – Hurt Me* von 1992, die den Betrachter zur aktiven Teilnahme am Zustandekommen des Kunstwerkes zwingt.

1880 1890 1900 1910 1920 1930 1940 1950 1960 1970 1980 1990 2000

Edward Steichen (1879–1973)

knüpft während des 2. Weltkriegs mit zwei Ausstellungen, die er für das New Yorker MoMA betreut, an seine Tätigkeit als Ausstellungsorganisator an. 1947 Direktor der Fotografie-Abt. des MoMA, 1955 Wanderausst. »The Family of Man« (503 Bilder aus 68 Ländern), die weltweit populärste Fotografieausst., die je veranstaltet wurde; Gegenposition zur idealisierten Welt dieser Ausstellung bilden Robert Franks vermeintlich zufällig aufgenommene gesellschaftskritische Fotos

Martin Munkacsi (1896–1963)

nach seiner Emigration aus Siebenbürgen in die USA einer der gefragtesten Fotoreporter, der einen neuen, von Dynamik, Natürlichkeit und Spontaneität geprägten Fotojournalismus kreierte

Berenice Abbott (1898–1991)

ihre Bilder New Yorks gelten als klassische Darstellung der Metropole und haben als umfassende Dokumentation bis heute Bestand

Weegee (1899–1968)

nennt sich selbst »The Famous«, hat sich als eine Art Polizeifotograf in New York großes Ansehen erworben. Fasziniert von Verbrechen, verborgenen Lüsten, entdeckt er als Voyeur den noch versteckten Exhibitionismus in der sich allmählich entfaltenden Ära der Massenmedien. Ungefilterte, brutale Bilder in der Tradition der Dokumentarfotografie üben scharfe Kritik an der amerikanischen Gesellschaft

Ansel Adams (1902-84)

macht in den 40er Jahren die wahrscheinlich beliebtesten Landschaftsaufnahmen in der Geschichte der amerik. Fotografie, in bestechender Präzision und mit unnachahmlichem Blick für Struktur und Ausschnitt des gewählten Motivs

Walker Evans (1903-75)

Gegenposition zum künstlerischen Stil Steichens und Stieglitz', vertritt eine auf Realismus und klarem Bildaufbau beruhende Auffassung

Irving Penn (geb. 1917)

seine vielseitige Karriere ist nicht nur der Mode, sondern auch dem Künstlerporträt, ethnografischen Bildnis, Akt und Stillleben gewidmet

William Eugene Smith (1918-78)

trägt zu einer Entwicklung bei, die Mitte des Jh. zu einem grundlegenden Wandel im Fotojournalismus führt, legt Fotoserien als zusammenhängende, informative Essays an, als Mittel, gesellschaftlichen Wandel herbeizuführen

Arnold Newman (geb. 1918)

entwickelt einen spezifischen Porträtstil, der ihn weltberühmt macht, die soziale, berufliche oder private Umgebung der Porträtierten wird konstituierender Bestandteil seiner Bilder

Diane Arbus (1923-71)

stellt die von ihr porträtierten Personen thematisch in den Kontext der Aufnahmesituation, ihre Fotos sind Gemeinschaftsarbeiten, die die Beziehung zwischen Fotografin, Kamera und Modell reflektieren, stellen keine anziehend wirkenden Personen dar, sondern eher unrepräsentative Menschen des Alltagslebens. Ihre Fotografien verbinden das quälende Sujet mit einer ruhigen und sachlichen Aufmerksamkeit, die dem Betrachter eine gewisse Distanz zu den Bildern erlaubt. Arbus hat jedes ihrer einzelnen Modelle persönlich kennengelernt und mit deren Einverständnis in bestimmten Posen fotografiert

Duane Michals (geb. 1932)

poetisch angelegte Fotosequenzen, seit 1974 mit integriertem Text

Robert Mapplethorpe (1946-89)

gilt als Klassizist mit manieristischen Neigungen, der in seinen kühlen Bildern enthüllt, was zuvor auf die Privatsphäre beschränkt war

Jeff Wall (geb. 1946)

komponiert seine Fotografien wie ein Maler, verdichtet in ihnen Wirklichkeitsausschnitte mosaikartig zu erzählerischen Bildwelten – oft mit Bezug auf hist. Werke der Malerei –, in denen Menschen wie Figuren sowie Orte als private oder öffentliche Räume inszeniert werden. Seine Bilder werden oft monatelang vorbereitet, um sie schließlich als vermeintliche Schnappschüsse zu präsentieren, die Inszenierung des Geschehens offenbart sich dabei oft erst auf den zweiten Blick

Nan Goldin (geb. 1953)

raue, nichts beschönigende Darstellungen ihres eigenen Milieus, der dem Drogenkonsum und dem Nachtleben verfallenen jungen Leute in Downtown New York

Cindy Sherman (geb. 1954)

hinterfragt geläufige Rollenbilder der Frau in Vergangenheit und Gegenwart sowie den damit zusammenhängenden Druck, den diese Bilder auf die Individualität der Menschen in einer Mediengesellschaft ausüben

Fotografen in den USA

EUROPA

Im größten Teil des 20. Jh. besitzen Ost und West keine gemeinsame Geschichte der Kunst, die unterbrochene Moderne in Ländern wie Russland, dessen Avantgarde eine Zeit lang auch die des Westens beeinflusst, hinterlässt den Eindruck, die Moderne habe ausschließlich im Westen stattgefunden. Im Osten zählt die Moderne häufig zur nicht offiziellen Kunst, die immer wieder unterdrückt wird. Zwei Hauptfaktoren prägen die europ. Erfahrung der Nachkriegszeit: Zum einen genießt die Linke aufgrund ihrer Rolle in den Widerstandsbewegungen einiges Ansehen, zum anderen ist Europa verwüstet. Als Konsequenz bleibt Europas Individualismus Teil einer entschieden antibürgerlichen Haltung, während er sich in Amerika eher zu einer Form der Depolitisierung entwickelt. Die Betonung des Primitiven, Unmittelbaren und Unverbildeten wird beispielsweise in Frankreich von Dubuffets Art Brut deutlich charakterisiert. Der Surrealismus entfaltet sich in Europa in einer Vielgestaltigkeit, die in Amerika weniger offenkundig ist.

Wichtige Ausstellung amerik. Künstler in Europa:
1958/59 Die neue amerik. Malerei, Wanderausstellung des International Council des MoMA durch Europa.

Bedeutende Ausstellungen:
1956 This is Tomorrow, Whitechapel Art Gallery, London
1959 New American Painting, Tate Gallery (Rothko, Still, Newman, Kelly)
1960 Situation, Marlborough New London Gallery, eigene brit. Antwort auf amerik. Großformate und radikale Abstraktionsformen (Ayres, John Hoyland, Bob Law, Robin Denny, Richard Smith) mildern die Konsequenz der Amerikaner Newman, Noland und Stella
1972 The New Art, Hayward Gallery, London

England

Der rege Austausch mit Paris in der 1. Hälfte 20. Jh. wird durch den Krieg unterbrochen, es besteht auch kein Kontakt zu den neuen Entwicklungen in den USA. In der Nachkriegszeit setzt eine beispiellose Begeisterung für die bildenden Künste ein, unterstützt durch eine verbesserte Infrastruktur sowie öffentliche und private Bemühungen (Arts Council, Institut of Contemporary Arts). Mit den 60er Jahren haben die Amerikaner Pollock, Rothko und de Kooning die Franzosen Picasso, Matisse und Bonnard als Vorbilder abgelöst, wobei Jackson Pollock den unmittelbarsten und nachhaltigsten Einfluss ausübt. Seine Werke geben den frühen Experimenten im Bereich der freien Abstraktion in Großbritannien neuen Auftrieb. Die kohärente Entwicklung in England wird durch die führenden Vertreter

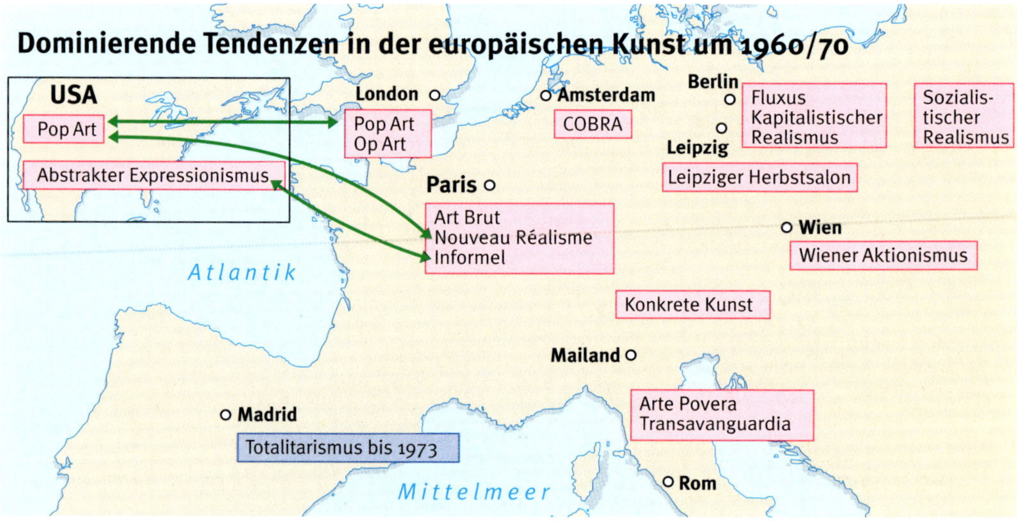

Wegweisende Manifeste und theoretische Schriften

Künstler/ Kritiker	Titel	Jahr	Inhalt
Pablo Picasso (E)	Was ist ein Künstler?	1945	Glaube an die Untrennbarkeit von Kunst und Politik.
Lucio Fontana (I)	Weißes Manifest (Manifesto blanco)	1946	Forderung einer neuen, dynamischen Kunst, die alle technischen Neuerungen und die damit verbundene Erweiterung der menschlichen Erkenntnisse berücksichtigt.
Barnett Newman (USA)	Der erste Mensch war ein Künstler (The first man was an artist)	1947	Postulat, dass die ästhetische Handlung immer der sozialen vorausgeht.
Barnett Newman (USA)	Das Erhabene ist jetzt (The Sublime is now)	1948	Unterscheidung der amerik. Malerei von der europ. Abstraktion, Rückgriff auf europ. Tradition nicht mehr notwendig.
Jean Dubuffet (F)	Art Brut: Vorzüge gegenüber der kulturellen Kunst (L'Art brut préferé aux arts culturels)	1949	Manifest für die Kunst von Personen, die von der allg. kulturellen Entwicklung unberührt geblieben sind.
Harold Rosenberg (USA)	Die amerikanischen Action Painter (The American Action Painters)	1952	Befreiung vom Gegenstand als Befreiung von der Natur, der Gesellschaft und der bereits existierenden Kunst (v.a. der europ. Immigranten), Kunst als Aktion, d.h. der Künstler akzeptiert nur das als wirklich, was er selbst gerade erschafft.
Michel Tapié (F)	Eine andere Kunst (Un art autre)	1952	Eintreten für die Tendenz zur informellen Abstraktion.
Alfred H. Barr (USA)	Ist moderne Kunst kommunistisch? (Is modern art comunistic?)	1952	Moderne Kunst ist als Propagandavehikel unbrauchbar, da sie zu wenig Anklang bei den Massen findet.
Henry Moore (GB)	Der Bildhauer in der modernen Gesellschaft (The sculptor in modern society)	1952	Künstler soll erkennen, wie abhängig er von der sich wandelnden Sozialstruktur ist und wie notwendig es ist, dass er sich dieser Entwicklung anpasst; Mittelweg zwischen staatl. Kunstaufsicht in der Sowjetunion und den Verhältnissen im Kapitalismus.
Lawrence Alloway (GB)	Kunst und Massenmedien (The Arts and the Mass Media)	1958	Positive Auseinandersetzung mit den Konsequenzen der neuen Massenmedien und ihrer Produkte, Erweiterung der Definition von Kultur über die Grenzen der von der Renaissance geprägten Hochkunst hinaus: umfasst den ganzen Komplex menschl. Tätigkeiten.
Pierre Restany (F)	Die Neuen Realisten (Les Nouveaux Réalistes)	1960	Manifest zur Auseinandersetzung mit der Realität (moderne Konsumwelt und Massenmedien), Absage an die klassische Staffeleimalerei.
Clement Greenberg (USA)	Modernistische Malerei (Modernist Painting)	1960	Modernismus bedeutet keinen Bruch mit der Vergangenheit, entsprechend ist der Maßstab der Kunstkritik nicht die zutreffende Repräsentation des modernen Lebens, sondern die voraus gegangene Kunst.
Georg Baselitz (D)	Pandämonische Manifeste	1961 /62	Entstehen parallel zur Auseinandersetzung amerik. Künstler mit der Konsumgesellschaft, lehnen sich thematisch aber eher an den gepeinigten Individualismus der Nachkriegszeit an.
Clement Greenberg (USA)	Nach dem Abstrakten Expressionismus (After Abstract Expressionism)	1962	Ablösung der ersten Generation des Abstr. Expr. durch Post Painterly, Kunstkritik soll die Konzeption der Künstler würdigen, um die Abstraktion der Gegenwart beurteilen zu können.
Joseph Kosuth (USA)	Kunst nach der Philosophie (Art after philosophy)	1969	Kunst als Idee; Manifest einer analytischen Tendenz innerhalb der allg. Konzept-Kunst-Bewegung.

Gillian Ayres und John Hoyland ohne Unterbrechung bis in die 80er Jahre fortgesetzt.
Victor Pasmore wendet sich nach naturalistischen Gemälden der 30er Jahre 1948 radikal der Abstraktion zu, in den 50er Jahren entwickelt er einen persönlichen Stil der geometrischen Abstraktion, der dauerhafte Leitlinie für die Avantgarde der Nachkriegszeit wird. Die 50er Jahre sind geprägt durch den sozialen Realismus der **Kitchen Sink School** (John Bratby, Edward Middleditch, Jack Smith) mit kraftvollen, sowohl realistischen als auch expressionistischen Zeichnungen. Die Themen sind ungeschönte Szenen des Arbeits- und Alltagslebens der middle class. Am Rande dieser Bewegung nehmen Francis Bacon, Frank Auerbach, Leon Kossoff, Michael Andrews, R.B. Kitaj und Lucian Freud ihre extremen und kompromisslosen Positionen ein. Sie werden auch als **School of London** bezeichnet, deren Kunst wenig stilistische Gemeinsamkeiten aufweist, eine Verbindung besteht v. a. durch die Passion für die menschliche Gestalt. Ihre Kunst ist nahezu unbeeinflusst geblieben von den Entwicklungen des Abstrakten Expressionismus, der Pop, Minimal oder Concept Art. Sie repräsentiert den Widerstand gegen den akademischen Naturalismus und einen politisch ausgerichteten Realismus sowie die allg. anerkannten Erscheinungsformen der internationalen Avantgarde. Der Widerwille gegen das Illustrative und die große Wertschätzung der Individualität werden in den Vordergrund gestellt.
Francis Bacon verweigert seinen Figuren, die durch Verletzungen, Verzerrungen, Schrumpfungen charakterisiert sind, den Schauplatz, der Illusion eines zusammenhängenden Raumes wird nicht stattgegeben. Sein Werk wird in der Regel losgelöst vom brit. Kontext betrachtet. Er steht der Abstraktion offen ablehnend gegenüber und malt nur selten nach dem Modell, mehr aus dem Gedächtnis und nach Fotografien (anders Lucian Freud, der nur nach Modell arbeitet). Bacon beharrt darauf, dass Malerei Tatsachen berichtet, will kein Illustrator sein und lehnt narrative Mittel ab, er will mit Farbe Bedeutung mitteilen: Auch in seinen Anspielungen auf Poussin, Velàzquez, van Gogh, Matisse und Picasso erschließt er

Francis Bacon, Two Studies for a Portrait of George Dyer, 1968, 198 x 147,5 cm, Tampere, Sara Hildén Art Museum. Auch in den persönlich gefärbten Bildnissen seiner Freunde zeigt Bacon die Verwundbarkeit des Menschen durch expressiven Pinselduktus, der die Köpfe bis zur Unkenntlichkeit verwischt.

Lucian Freud, Rose, 1978/78, 91,5 x 78,5 cm,Tokio, Sukejiro Irani.
Im Gegensatz zu Bacon legt Freud großen Wert auf die Ausgewogenheit der Komposition, die auch kleine Details harmonisch dem Ganzen einfügt.

der figurativen Malerei einen neuen Bereich. Bacon wird bereits in den 60er Jahren als Vorläufer der Neuen Figuration gefeiert. **Lucian Freud** regt den Betrachter zu Spekulationen an, da er keinerlei Informationen biografischer oder autobiografischer Art anbietet, seine Arbeiten weisen methodische Gemeinsamkeiten zu Kossoff und Auerbach auf. Freud untergräbt sämtliche westliche Traditionen idealisierender Aktdarstellungen, er zeigt entblößte Menschen in ungeschminkter Direktheit. **Frank Auerbach** führt in seinen menschenlosen Stadtansichten Londons den brit. Expressionismus Sickerts und Bombergs fort. Er gehört zu einer quasi-expressionistischen Gruppe brit. Maler, die bei David Bomberg studiert hat und legt großen Wert auf die Zeichnung.

Skulptur Henry Moores Einfluss begünstigt zunächst eine gemäßigte Figuration, erst Anthony Caro lässt in den frühen 60er Jahren alle figurativen Andeutungen fallen und führt die Skulptur in die Abstraktion. Jüngere Bildhauer begehren gegen die alles beherrschende Stellung Moores auf: **Reg Butler** und **Lynn Chadwick** verarbeiten geschnittenes und geschmiedetes Metall zu Skulpturen, stellen damit Moores Betonung monumentaler Masse die Leichtigkeit von Drahtformen entgegen. **William Turnbull** zeigt starkes Interesse an prähistorischer Plastik, sein Werk entwickelt sich von surrealistischen und primitivistischen Arbeiten zu geometrischen Stahlkonstruktionen. Er arbeitet als Maler als einer der ersten brit. Künstler in der Art des amerik. Colorfield Paintings. **Anthony Caro** ist eine der einflussreichsten Figuren in der brit. Kunst der Nachkriegszeit, inspiriert durch das Werk David Smiths, aber eher bodenorientiert, horizontal ausgerichtet, abstrakter. Wie Smith verzichtet er auf Sockel oder Plinthen und belegt damit einen radikal neuen Ansatz in der Skulptur Großbritanniens, seine Arbeiten sind fließende Arrangements in der Horizontalen, Vertikalen und Diagonalen, additiver Aufbau der Figuren. Eine Gegenposition nimmt **Eduardo Paolozzi** ein, der den Schwerpunkt seiner Themen auf die kurzlebigen Massenprodukte der westl. Gesellschaft legt, entwirft Collagen, die die Ikonografie der Pop Art antizipieren. Apokalytische Visionen der Gesellschaft, die durch ihre eigenen technologischen Heldentaten geplündert wird.

Die englische **Pop Art** (vgl. USA S. 270) beginnt in den frühen 50er Jahren in London mit der Gründung der Independent Group, entsteht gleichzeitig, aber unabhängig von der amerik. Pop Art. Paolozzi und **Richard Hamilton** verwerten die Bilderwelt der Massenkultur für Collagen. Hamilton charakterisiert die Pop Art als: »Populär (für ein Massenpublikum entworfen); Vorübergehend (kurzfristige Lösung); Verbrauchbar (schnell vergessen); Billig; In Massen produziert; Jung (auf Jugendlichkeit ausgerichtet); Witzig; Sexy; Trickreich; Glamourös (bezaubernd, bestrickend); Big Business«. Er vollzieht den Schritt

Independent Group, 1952/53 am Institute of Contemporary Arts in London gegründet. Mitglieder: Lawrence Alloway, Richard Hamilton, Eduardo Paolozzi, Reyner Banham und versch. Architekten. Diskussion der Gedanken zur Einbeziehung der Trivialkultur (Werbung, Medien) in die Kunst. Erste Phase der brit. Pop Art entsteht aus dieser Gruppe. 1956 Organisation der Ausst. This is Tomorrow in der Whitechapel Art Gallery, London.

Anthony Caro, Veduggio-Sound, 1972/73, Stahl, gerostet und lackiert, 231 x 203,5 x 132 cm, Zürich, Kunsthaus.

Eduardo Paolozzi, Wittgenstein at Casino, 1963/64, Aluminium, bemalt, 183 x 138,8 x 49,5 cm, Leeds, City Art Gallery.

Richard Hamilton, What is it that makes today's homes so different, so appealing?, 1956, Collage/Papier, 26 x 25 cm, Tübingen, Kunsthalle, Sammlung Prof. Dr. Georg Zündel. Hamiltons Collage gilt als erstes Werk der Pop Art, gezeigt 1956 in der Ausstellung This is Tomorrow.

zur eigentlichen Pop Art erst Mitte der 60er Jahre, nach seinem ersten Besuch in den USA (Duchamp-Retrospektive 1963, Pasadena Art Museum); lernt in New York Warhol, Lichtenstein, Dine, Rosenquist und Oldenburg kennen.

Im Gegensatz zur amerik. Pop Art, die aus der Auseinandersetzung mit dem Abstrakten Expressionismus hervorgegangen ist, und zur Kunst Hamiltons, die sich am Vorbild Duchamp orientiert, ist die englische Pop Art Teil einer viel allg. Bewegung, die sich gegen die Vorurteile und das elitäre Klassenbewusstsein des kulturellen Establishments richtet. Erstes breites Bekanntwerden durch die Ausstellung *Young Contemporaries* 1961 (Derek Boshier, David Hockney, Allen Jones, R.B. Kitaj, Peter Phillips). Neue Figuration, der Abstrakte Expressionismus und die Skulptur der New Generation prägen die 60er und 70er Jahre.

David Hockney trägt mit nur wenigen Werken, die vor allem die narrativen Elemente betonen, zur brit. Pop Art bei. Übergang in den 60er Jahren von Öl- zu Acryl- und fotorealistischen Arbeiten. Lebt seit 1976 dauerhaft in Los Angeles. Das Licht Südkaliforniens, die

David Hockney, Mr. and Mrs. Clark and Percy, 1970, Acryl auf Lw., 214 x 305 cm, London, The Tate Gallery.
Gehört zu einer Reihe Doppelporträts, die Hockney von Freunden anfertigt, und die sich durch virtuose Leichtigkeit in Raum- und Lichtkonstellation auszeichnen.

R.B. Kitaj, An Early Europe, 1964, 152,4 x 213,4 cm, Privatbesitz.
Die unverbundene vertikale oder horizontale Reihung von Bildelementen, das in die Malerei übertragene Prinzip der Collage, demonstrieren die technische Versiertheit Kitajs.

Damien Hirst, The Physical Impossibility of Death in the Mind of Someone Living, 1991, Installation aus Glas/Stahl/Silikon/Haifisch in 5%iger Formaldehydlösung, 213 x 640 x 213 cm, London, Saatchi Collection.
Diese monumentale Arbeit zeigt Hirsts kritische Auseinandersetzung mit der Museumskultur.

Architektur, die Gärten und Swimming-Pools prägen seine Arbeiten, die Jet-Set-Ambiente und Homoerotisches mit fein abgestimmter, kühler Farbpalette in realistischer Manier thematisieren. Enge Freundschaft zu **R. B. Kitaj**, der wie Hockney im Unterschied zu amerik. Pop Art Sinn für Romantik und Interesse am Erzählerischen hat. Die Bevorzugung des Gegenständlichen ist ein Beispiel für eine Moderne, die mit der vorherrschenden Abstraktion konkurriert.
Parallel zur Pop Art entstehen erste Werke der **Op Art**: Neben Vasarely zählt **Bridget Riley** zu den bekanntesten Vertretern, in den 60er Jahren Schwerpunkt auf schwarz-weißen Gemälden in präziser, strenger Farbanordnung mit optisch irritierenden Effekten.
Konsequente Schritte in Richtung Abstraktion unternimmt die Gruppe **Art & Language**, Gründung 1968 (Terry Atkinson, David Bainbridge, Michael Baldwin, Charles Harrison, Harold Hurrell, Mel Ramsden): Gespräch, Diskussion und Ideenklärung sollen zur Kunstausübung werden, Ergebnisse werden in der gleichnamigen Zeitschrift veröffentlicht. Worte fungieren als Waffe gegen die etablierte Kunst, das sprachliche Konzept ersetzt das Kunstobjekt (vgl. Concept Art, S. 273). Gleichermaßen zeitentsprechendes Phänomen ist die Einführung alternativer Medien in die Kunst, weg von den Konventionen der Bildhauerei und Malerei. Performance und in geringem Umfang auch Film und Video sind in den 70er Jahren die ausdrucksfähigsten künstlerischen Mittel, um den Zustand der Entfremdung zu dokumentieren.
Gilbert & George (Gilbert Proesch, geb. 1943; George Passmore, geb. 1942) zählen zu den berühmtesten brit. Avantgarde-Künstlern ihrer Generation. Sie stellen sich selbst und ihre alltägliche Erfahrung in den Mittelpunkt ihres Werks, nennen sich *Living Sculptures*, drängen die Unterscheidung zwischen Kunst und Leben in den Hintergrund: Anwendung auf jede Form künstlerischer Schöpfung oder Aktivität, Erklärung, dass alle ihre Tätigkeiten im Alltag als skulpturale Tätigkeiten gelten. Zwischen 1969–72 entstehen Begegnungs-, Gesangs-, Mahlzeit-, Vortrags-, Steh-, Zeitschriften-, Posen- und Postkartenskulpturen.

Danach erste Fotoserien mit eigenen Fotos aus dem Londoner East End, die Spannungen und Aggressionen spürbar werden lassen, vielfach tabuisierte Themen werden aufgegriffen und zu überdimensionalen Bildgegenständen stilisiert.
Der junge **Damien Hirst** gilt dagegen als der umstrittenste Künstler seiner Generation: fasziniert vom Tabuthema Tod, inszeniert er spektakuläre Installationen mit konservierten Tierkadavern. Seine skandalträchtigen Werke decken Lebensängste auf und prangern Zerstörungswahn an. Hirst zählt zu den Begründern des Brit-Pop. Ähnlich kontrovers diskutiert wird das Werk von **Rachel Whiteread,** die mit einer Negativform eines Abrisshauses 1993 die Umkehrung von Innen und Außen, Negativ und Positiv und den Grenzbereich zwischen Form und Raum definiert.

Gilbert & George, Underneath the Arches – Singende Skulptur, 1970, Performance, Düsseldorf, Kunsthalle.

Rachel Whiteread, o.T. (Haus), 1993, Baumaterial/Gips, Höhe ca. 10 m, Grove Road London (wieder abgebrochen).
Der Abguss der Innenräume fungiert als Denkmal für die Erinnerungen und Befindlichkeiten der Menschen, die das Haus bewohnt haben.

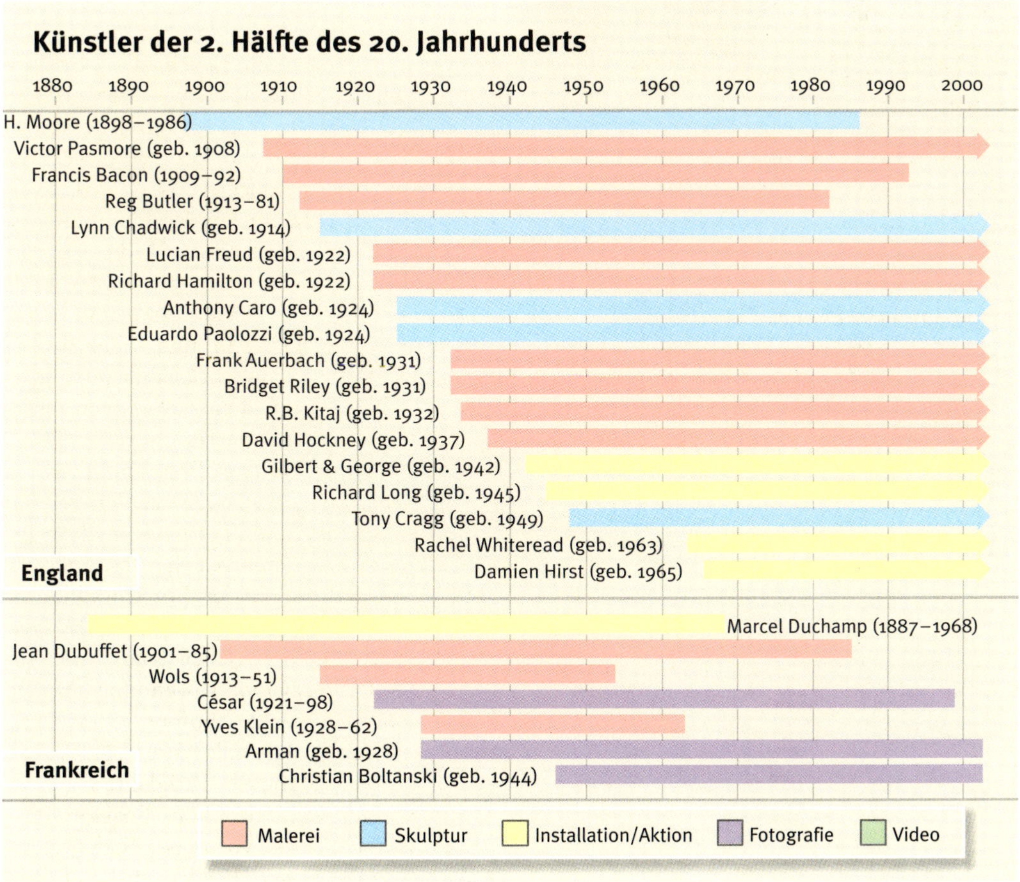

Richard Long bringt Skulptur, Concept- und Land Art zusammen: *A Line made by walking* (1967), Fotografie einer durch wiederholtes Auf- und Abgehen im Gras entstandenen Linie, das Gehen und die persönliche Erfahrung in der Natur werden zur Grundlage seiner Kunst. Dokumentation seiner Aktionen durch Fotos und Texte.

Tony Cragg nimmt mit seinen Werken der 80er Jahre Anleihen bei der Arte Povera. Stapel aus urbanem Müll werden zu Kunstwerken erklärt, Cragg erkundet damit das Verhältnis der Menschheit zu ihrer Umwelt. Zivilisationsmüll wird zu einem zeitgemäßen Bedeutungsträger.

Frankreich

Engagierte theoretische Auseinandersetzungen zwischen Verfechtern realistischer, surrealistischer und abstrakter Gestaltung prägen die unmittelbare Nachkriegszeit.

Wols emigriert 1933 aus Deutschland nach Paris, wird bei Kriegsbeginn interniert und lebt nach seiner Freilassung hauptsächlich in Südfrankreich. Kompositionen aus den 40er Jahren weisen Ähnlichkeiten zu Pollocks Action Paintings auf, obwohl Wols diese Entwicklung und die einzelnen Kunstwerke nicht kennt, bereitet er so den Weg für die Akzeptanz des

Informel (franz., formlos) Bekenntnis zur irrationalen Formlosigkeit, spontane Inspiration aus dem Unterbewusstsein (vergleichbar mit amerik. Action Painting). Begriff 1951 in Frankreich von dem Kritiker Michel Tapié eingeführt, der in der Ausstellung *Signifiants de l'Informel* führende Vertreter dieser Kunst vorstellt: Jean Fautrier, Jean Dubuffet, Henri Michaux, Georges Mathieu und Jean-Paul Riopelle. Unterscheidet sich vom amerik. Abstrakten Expressionismus durch die stärkere Betonung der stofflichen Qualitäten der Farbe, deren plastischer Charakter durch Zugabe von Materialien (Stroh, Asche etc.) noch unterstrichen wird. Stellt bewusst Gegensatz zur geometrischen Abstraktion (Konstruktivismus, Neoplastizismus) dar.

Abstrakten Expressionismus in Europa. Die Entwicklung der Abstraktion wird v. a. geprägt durch den **Tachismus** (von franz. tache, Fleck), eine in den 50er Jahren entstandene Sonderform des Abstrakten Expressionismus, die mimetische (gegenständlich lesbare) Elemente nicht völlig negiert, geometrische Konstruktion strikt ablehnt, Bedeutung der Farbmaterie als Ausdrucksträger hervorhebt und spontanen Charakter des Malaktes betont. Fließende Übergänge zum **Informel**, zur Lyrischen Abstraktion und zur Art Brut.

Großen Einfluss auf die Kunst der 50er und 60er Jahre hat **Jean Dubuffet**, bei dem eine Zuspitzung surrealistischer Ideen sichtbar wird. Er führt die figurative Kunst der Nachkriegszeit in eine neue Richtung, die jeglicher Form der Feinheit oder Vollendung feindlich gegenüber steht. Betonung der unmittelbaren Sinnlichkeit grober Malpasten, in die archaisch anmutenden Figuren geritzt werden, die jeden bekannten ästhetischen Wert zu unterlaufen scheinen. Dubuffet sammelt Bilder von Geisteskranken, Kindern, sog. Primitiven (Angehörigen außereurop. Kulturkreise) und bezeichnet diese als **Art Brut** (rohe Kunst).

Eine etwas andere Richtung schlägt **Pierre Restany** 1960 mit der Gründung der Pariser Künstlergruppe **Nouveau Réalisme** ein: Yves Klein, Jean Tinguely, Martial Raysse, Daniel Spoerri, Arman, Christo, Raymond Hains, François Dufrêne, später stoßen Mimmo Rotella, César, Jacques Villeglé und Niki de Saint Phalle hinzu. Bekennen sich in ihrem Manifest zur dadaistischen Tradition: Welt als Bild, dessen fragmentarische Präsentation Allgemeingültigkeit besitzt. Der propagierte Neue Realismus besteht in der Orientierung auf die tatsächliche Realität und die Einbeziehung der Formen und Objekte dieser Alltagswelt.

Yves Klein schafft die Grundlagen einer monochromen Malerei, die nicht zur Demonstration von Farbwerten dient, sondern zum Ausdruck höchster Spiritualität wird. Lässt sich eigenes Ultramarinblau patentieren (IKB = International Klein Blue), das keinen objektiven, allg., autonomen Wert darstellt, sondern für die Einzigartigkeit seines Erfinders steht. Klein befindet sich damit im Gegensatz zur Geistehaltung der amerik. Post Painterly Abstraction, die eine zunehmende Versachlichung und Entindividualisierung des künstlerischen Prozesses anstrebt. **César** verbindet in eigenständigen Verknüpfungen von Materialexperimenten und Alltags- und Massenartikeln die künstlerische Positionen von Nouveau Réalisme und Pop Art. Entwickelt ab 1960 sog. Kompressionen, maschinell zusammengepresste Karosserien oder Metallteile, die als kompakte Quader präsentiert werden, als Gegenstück entstehen später Expansionen, Vergrößerungen von einzelnen Körperteilen.

Wols, Das blaue Phantom, 1951, 73 x 60 cm, Köln, Museum Ludwig.
Wols gilt als Ahnherr des Tachismus, seine Bilder betonen Spontaneität, Emotion und Irrationalität.

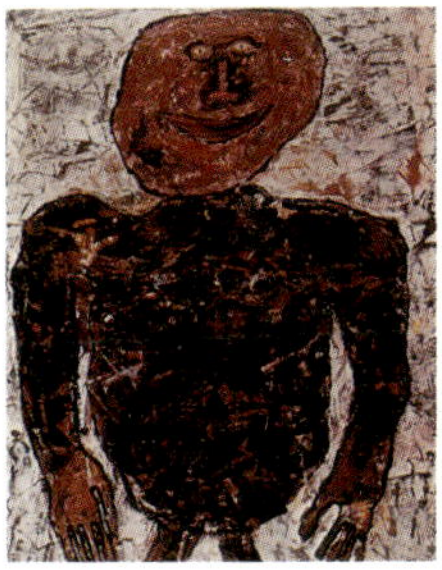

Jean Dubuffet, Der Hingeschmierte, 1955, Privatbesitz. Dubuffets Kunst schwebt virtuos zwischen Abstraktion und Gegenständlichkeit, das Alltägliche, Banale wird gegenüber dem Perfekten bevorzugt.

Yves Klein, RE 16, Do-Do-Do blau, 1960, Schwämme/Kieselsteine/reines Pigment in synthetischer Verbindung /Holz, 200 x 165 x 18 cm, Privatsammlung. Monochromie ist für Klein der Versuch, Farbe zu entpersonalisieren, indem ihr jegliche subjektive Emotion entzogen wird, um ihr eine metaphysische Qualität zu verleihen.

Art Brut Umfasst nach Dubuffet die rohe, von Kultur und Zivilisation freie Kunst der gesellschaftlichen Außenseiter, die alle Werke von Menschen ohne künstlerische Ausbildung und Zugehörigkeit zusammenfassen soll. Wurzeln der Art Brut-Künstler liegen in Mythen, Märchen und Träumen einer irrealen Welt, die der Realität gleichberechtigt gegenüber steht.

Arman, Anhäufung von Kannen, 1961, Emailkannen in Plexiglasvitrine, 83 x 142 x 42 cm, Köln, Museum Ludwig.

Antoni Tàpies, Metalltür mit Violine, 1956, Farbe und Violine auf Metalltür, 200 x 150 x 113 cm, Barcelona, Fundació Antoni Tàpies. Das Materialbild fungiert als geistige Landkarte, auf der Bruchstücke einer Wirklichkeit zu finden sind, die in der technokratischen Alltagswelt verloren gegangen sind.

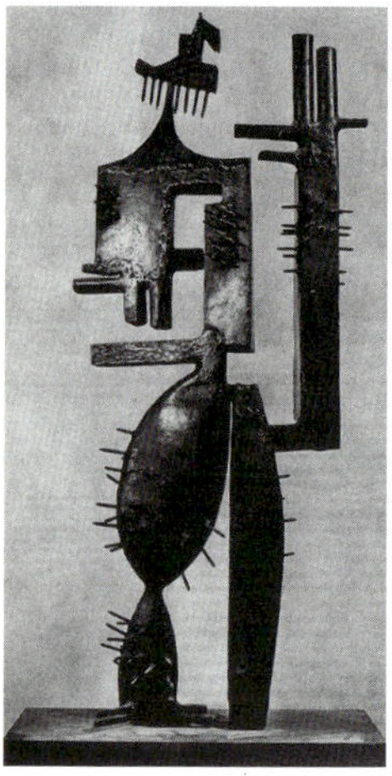

Julio Gonzáles, Kaktusmann I, 1939, geschmiedetes Eisen, 65,5 x 27,5 x 15,5 cm, Paris, Privatbesitz.
Diese Serie der Homme cactus gilt als Parabel für den durch Krieg geschundenen Menschen.

Eduardo Chillida, Windkämme, 1977, Stahl, Küste von San Sebastián.

Arman gehört neben César, Klein und Tinguely zu den wichtigsten Vertretern des Nouveau Réalisme, radikale Neuinterpretation des Readymades: Akkumulationen, Verbindung gleichartiger Gegenstände, meist in Plexiglaskästen angeordnet, die in geballter Ordnung ihrem Gebrauchszweck enthoben, die kritische Dimension des Konsums aufdecken.
Als Gegenposition zum Objektivitätsbedürfnis von Minimal und Concept Art setzen die Individuellen Mythologien ein dezidiertes Bekenntnis zur Subjektivität (Begriff 1972 von H. Szeemann zur documenta 5 eingeführt). Zu nennen ist hier **Christian Boltanski**, der Inventare aus Fotografien, gesammelten Gegenständen und Textkommentaren bildet, um bestimmte Zeitsituationen als Ereignis festzuhalten. In Fotosequenzen und Rauminstallationen werden Lebensläufe rekonstruiert.

Spanien

Das totalitäre Franco-Regime (bis 1973) fördert traditionalistische Auffassungen und einen Pseudo-Realismus. Beispiel der religiösverbrämten Kunst: Denkmal im Valle de los Caidos (Tal der Gefallenen) in der Nähe des Escorial, das 1959 vollendet wurde, erst mit Tàpies erhält die Abstraktion Einfluss auf die span. Kunst.
1948 Gründung der Gruppe **Dau al Set** (Stirb um sieben), die für eine Erneuerung des Surrealismus eintritt. Aus Opposition gegen die Akademie und die Staatskunst wird eine neue katalanische Kunst gefordert, die aus den Quellen des Unbewussten, der Fantasie und der Magie schöpft. Mitglieder: J. Brossa (Dichter), A. Puig (Philosoph), M. Cuixart, J. Ponc, Tàpies, J. J. Tharats (Maler).
Antoni Tàpies erarbeitet sowohl abstrakte als auch teils gegenständliche Bilder, modelliert aus Sand und gefärbtem Zement rauen Bildgrund, in den Graffiti-artige Spuren wie magische Zeichen geritzt werden. Seine differenzierte und detaillierte Ausarbeitungsqualität steht in starkem Kontrast zur Spontaneität der Abstrakten Expressionisten (vergleichbar mit Alberto Burri in Italien), Aufhebung der Trennung von Bildträger und -inhalt durch objekthafte Bildauffassung.
Die **Skulptur** der 40er und 50er Jahre zeigt nach den fantastischen Metamorphosen der Dinge von Surrealisten und Dadaisten eine verstärkte Neigung zur expressiven Aussage. Auslöser ist Picassos Antifaschismus- und Antikriegsbekenntnis (*Guernica*), das sich nach dem Sieg Francos in Spanien vehement äu-

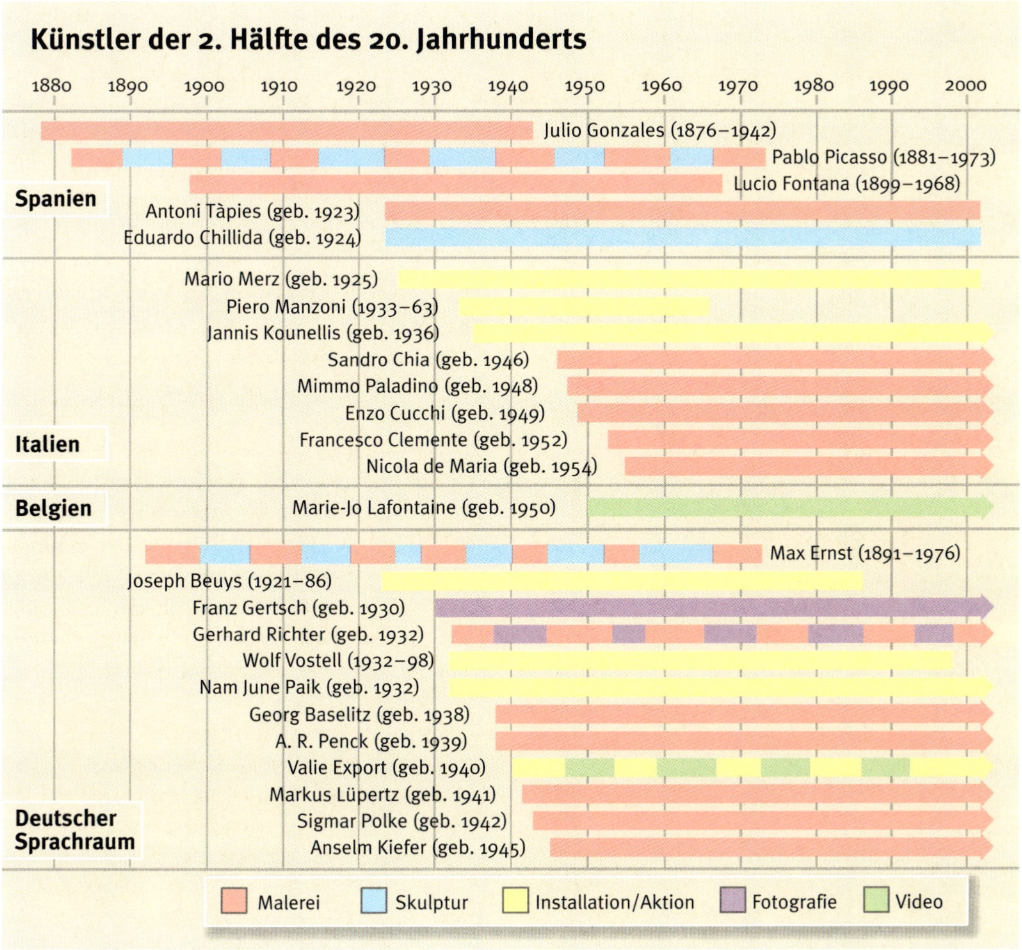

ßert. **Julio González'** naturalistische Werke rekurrieren ebenfalls auf seine Erfahrungen im Span. Bürgerkrieg. Seine Skulpturen üben wesentlichen Einfluss auf die Entwicklung der Metallplastik in der 2. Hälfte des 20. Jh. aus. **Eduardo Chillida** setzt die von Julio González begründete Tradition fort, seine Skulpturen tragen jedoch keine figurativen Züge mehr: Eisen in dynamischen Formen, die statt Volumen Leere assoziieren, in raumgreifenden Formen den biegsamen Widerstand des Materials demonstrieren.

Italien

Konkrete, abstrakte Kunst beherrscht die ital. Kunstszene der Nachkriegszeit: Emilio Vedova ist – zusammen mit R. Guttuso, G. Turcato, R. Birolli, B. Cassinari, A. Pizzinato u. a. – 1947 Gründungsmitglied der linksorientierten **Fronte Nuovo delle Arti.** Entstehung abstrakt-expressionistischer Bilder nach amerik. Vorbild, 1948 entwickelt sich daraus **Movimento Arte Concreta** (1951 Ausst. Arte astratta e concreta in Italia, Rom).

Piero Manzoni unterzeichnet zusammen mit anderen Künstlern 1957 das Manifest *Contro lo Stile* (Gegen den Stil), eine radikale Absage gegen die traditionelle Ästhetik der Inhaltlichkeit zugunsten der Reinheit und Autonomie von Materialstrukturen. Manzoni tritt ein für die Tendenz zur Mystifikation des Immateriellen (Linien auf zusammengerolltem Papier), seine Kritik am modernen Personenkult (*Merda d'artista*) zeigt seine deutliche Ablehnung jeglicher bürgerlicher Normen und Kunstvorstellungen. Ähnlich wie der Spanier Tàpies

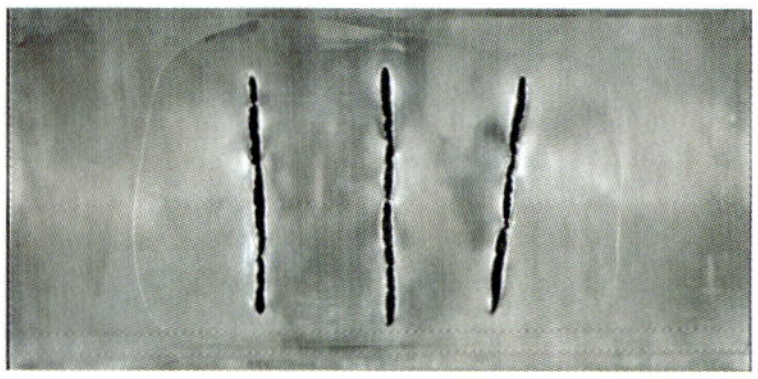

Lucio Fontana, Concetto spaziale, 1962, aufgerissener Stahl und Graffitotechnik, Privatsammlung.
Die mit einem Locheisen durchstoßenen, meist monochromen Bilder radikalisieren surrealistische Bildexperimente und eröffnen neue Bildräume.

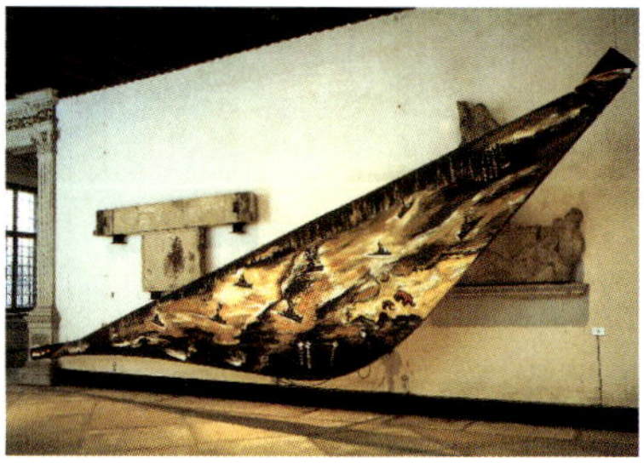

Enzo Cucchi, Im Jahre 1984 setzt sich ein tausendjähriger Transport durch die Prähistorie in Bewegung, 1984, Öl auf Lw. mit Lampe, 185 x 800 cm, Zürich, Galerie Bruno Bischofberger.
Die Beschwörung der archaischen Kraft vergangener mythischer Welten soll gegen die fortschreitende Zerstörung der Kultur eingesetzt werden.

Jannis Kounellis, o.T., 1975, Fragment eines Gipskopfes, Propangasflasche, Stahlsockel, Privatbesitz.
Kounellis beschäftigt sich mit der Frage nach dem Ursprung der Kultur, stellt das kulturelle Erbe von der Antike bis zur Renaissance der Entfremdung des Menschen in der zunehmend technisierten Welt gegenüber.

Arte Povera Begriff 1967 von Germano Celant geprägt für Mario Merz, Jannis Kounellis, Giuseppe Penone, Giulio Paolini, Michelangelo Pistoletto, Luciano Fabro. Ablehnung der klassischen Darstellungsmethoden der Malerei und Plastik, stattdessen Verwendung neuer Werkstoffe (arme oder banale Materialien): Filz, Sand, Blei, Stein, Eisen; Environment-Charakter. Gegenbewegung zu der aus Amerika importierten, technisch perfektionierten Minimal Art.

widmet sich **Lucio Fontana** mit seinen zerschnittenen und aufgerissenen Leinwänden der 50er Jahre den Gestaltungsmöglichkeiten des Materialbildes. Er führt ein neues Konzept in die Kunst ein, das er Spazialismo nennt (veröffentlicht im *Weißen Manifest*, 1946), das für eine Zusammenarbeit mit Wissenschaftlern und eine Synthese der Gattungen eintritt, um neue Ideen und Materialien schaffen zu können. Die Verletzung der reinen Oberfläche seiner Bilder durch Schlitzung und Durchlöcherung des Bildträgers (Leinwand, Keramik, Metall) ermöglicht der Malerei eine Ausdehnung in die Dreidimensionalität.
Bei **Jannis Kounellis**, der 1969 in einer röm. Galerie lebende Pferde ausstellt, spielt das Zitat geschichtskultureller Konventionen eine zentrale Rolle. Er geht davon aus, dass bestimmte ruinenhafte Relikte der kulturellen Vergangenheit und symbolische Zeichen in einen allg. verständlichen Zusammenhang gestellt werden und als Chiffre zitiert werden können. **Mario Merz** sucht Metaphern für den Zusammenhang von Natur und Kunst. Neonlicht wird isoliert oder in Kombination mit alltäglichen Dingen zum Ausdrucksträger eines Kunstverständnisses, das mit einfachen Mitteln elementare Bedürfnisse zu artikulieren sucht (betrachtet das Iglu – Hauptbestandteil seiner Werke – als Urzelle menschlicher nomadischer Behausung).

Transavanguardia
Unter dem Titel Transavanguardia Italiana stellt Achille B. Oliva 1979 in der Zeitschrift Flash Art u. a. die Künstler Sandro Chia, Enzo Cucchi, Francesco Clemente, Mimmo Paladino und Nicola de Maria vor. Er beschreibt die Befreiung der Kunst von den Zwängen der Arte Povera und Minimal Art, propagiert eine Kunst, die befreit ist, ihren Weg findet, ohne auf ein Ziel gerichtet zu sein, Rückkehr zu traditionellen Medien Malerei und Zeichnung, zur gegenständlichen Darstellungsweise und expressiver Kraft des freien Pinselduktus. Chia, Cucchi und Clemente entwickeln eine subjektive, individuell verrätselte Kunst mit Rückgriffen und Zitaten auf die Vergangenheit (Arte Cifra), Vorliebe für antike und christlich-mythologische Heldenfiguren, deren Geschichte auf erfundenen Schauplätzen neu inszeniert wird.

Nordeuropa

Das Verlangen nach einer neuen, undogmatischen Art von Abstraktion, das Vertrauen auf die Freiheit der unbewussten Fantasien führt 1948 zur Gründung der Gruppe COBRA. Deutliche Parallelen zur Entwicklung des amerik. Expressionismus in den USA, der Unterschied liegt in der starken Kontinuität einer figurativen Abstraktion in Nordeuropa, die ein Gegengewicht zum Abstrakten Expressionismus in den USA bildet. Die Bilder der 30er Jahre von Picasso und Miró hinterlassen Spuren in den Werken der Gruppe COBRA, Künstler orientieren sich mehr an der expressionistischen Tradition

COBRA 1948 Gründung durch Asger Jorn (Dänemark), Christian Dotremont (Belgien), Karel Appel (Niederlande); Anfangsbuchstaben der Hauptstädte formieren den Namen (COpenhagen, BRüssel, Amsterdam). Weitere Mitglieder: Corneille, Pierre Alechinsky, Constant. Ausst. 1958 Copenhagen, 1949 Amsterdam, 1951 Lüttich, Auflösung 1951.

Asger Jorn, Dovre Gubben, 1959, Paris, Centre Georges Pompidou. Der expressive, schon fast formzerstörerische Malgestus greift den ästhetischen Perfektionismus der Nachkriegskunst an, hält die Balance zwischen Abstraktion und Gegenständlichkeit.

Deutschsprachige Länder

Nach Kriegsende wird die **Schweiz** zum europ. Zentrum konstruktiver Kunst. Hauptvertreter der als **Konkrete Kunst** bezeichneten Strömung: Max Bill, Paul Lohse, die eine eigenständige Form geometrischer Ungegenständlichkeit entwickeln, die auf mathematischen Prinzipien beruht. Konkrete Kunst ist antifigurative und gegenstandslose Malerei, deren rein visuelle Struktur einer vorgegebenen Logik folgt und nicht als Ausdruck subjektiver Gefühle zu begreifen ist. Übt Einfluss auf amerik. Künstler wie Newman und Judd aus.
Durch die Aktion und Ausstellung »Entartete Kunst« unterscheidet sich die Nachkriegssituation in **Deutschland** wesentlich von der im übrigen Europa; von den Meistern der 1. Hälfte des 20. Jh. kehrt niemand aus dem Exil nach Deutschland zurück (z. B. Beckmann, Schwitters, Klee, Feininger, Kandinsky, Kirchner, Kokoschka). Die Bildende Kunst entwickelt sich in den beiden 1949 entstehenden deutschen Staaten gemäß der jeweiligen polit. Ausrichtung unterschiedlich. In der Bundesrepublik folgt eine Rezeption der Bauhaus-Ideen, keine Wiederaufnahme von Dada, die als Reaktion auf den Krieg denkbar gewesen wäre, keine spürbare Integration surrealistischer Ansätze (bedeutendster dt. Protagonist Max Ernst arbeitet in Frankreich und den USA). Grund: totalitäre Vereinnahmung des Figürlichen durch die Nationalsozialisten, ungegenständliche Malerei als Demonstration der Freiheit. Künstler formieren sich nicht zu Gruppen oder formulieren Manifeste, einzelne Persönlichkeiten arbeiten konsequent und zurückgezogen an ihrem individuellen Stil weiter: die Bildhauer Uhlmann und Mataré, die Maler Nay, Oelze, Goller, Gilles, Schumacher. Realismus wird von den Propagandafiguren des sozialistischen Realismus in Ostdeutschland vereinnahmt, die gegenstandslose Kunst im Westen wird zum Ausdruck von Fortschritt und Freiheit.
Um 1951 Ausstellung amerik. Kunst in Deutschland, Bekanntmachung des *Drip Paintings* von Pollock, Entstehung der dt. Form des Tachismus (K. O. Götz, Sonderborg, Platschek).
Die Künstlergruppe **Zero** (1958–66) hat als erste deutsche Künstlergruppe der Nachkriegszeit ein positives Verhältnis zur technisch-industriellen Zivilisation und versucht damit, die Entfremdung zwischen Kunst und Publikum abzubauen. Lehnt jegliches Anknüpfen an die Tradition des Tafelbildes ab, um wieder bei Null (Zero) zu beginnen, und einen Neuanfang der bildnerischen Tätigkeit zu proklamieren. Mitglieder: Otto Piene, Heinz Mack, Günter Uecker. Der Künstler ist nicht mehr allein Hersteller handwerklicher Artefakte

Joseph Beuys, Zeige deine Wunde, 1974/75, 5 Doppelobjekte: Leichenbahren, Werkzeuge, Forken, Zeitungen, Schultafeln, München Lenbachhaus.
Der direkte Verweis auf den Tod löst Abwehr und Aggression gegen die vom Künstler gezeigte Vorstellung aus, eine Todeszone sichtbar zu machen, auf die sich die Gesellschaft zubewege.

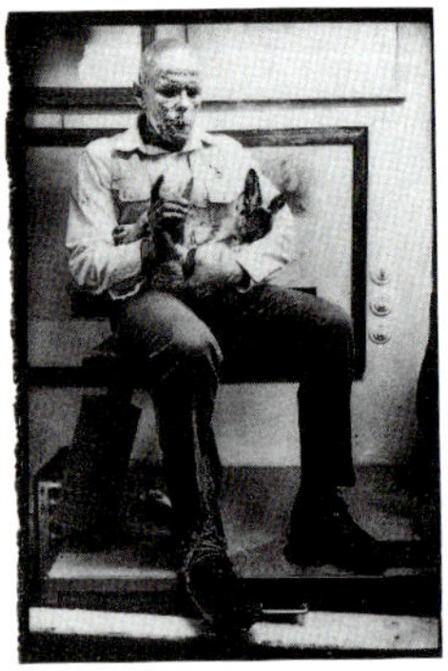

Joseph Beuys, Wie man dem toten Hasen die Bilder erklärt, Fluxus-Veranstaltung 1965, Düsseldorf. Den Kopf mit Honig und Blattgold bedeckt, ein Schuh mit Filz, der andere mit Blei besohlt, spricht Beuys drei Std. auf einen toten Hasen ein, »Ich erklärte sie [die Bilder] ihm, weil ich sie den Menschen nicht erklären mag. Ein Hase versteht mehr als viele Menschen mit ihrem sturen Rationalismus.« (Beuys)

sondern vielmehr selbstbewusster Produzent grenzenloser Ideen. Überwindung des subjektivistischen Ausdrucks.
Der einflussreichste dt. Künstler der Nachkriegszeit ist **Joseph Beuys**. Er lässt sich keiner Stilrichtung zuordnen, greift aber die unterschiedlichsten Entwicklungen der modernen Kunst auf und bedient sich nahezu aller Kunstgattungen und Techniken (Zeichnung, verschiedenste grafische Techniken, Ölmalerei, Performance, Environment, Happening, Fluxus u. a.). Sein Werk kann in vier Bereiche unterteilt werden: Aktionen (z. B. Aktivitäten der Fluxus-Bewegung oder *Wie man einem toten Hasen die Bilder erklärt*, Düsseldorf, 1965), plastisches Werk (Objekte, Installationen), Kunsttheorie (erweiterter Kunstbegriff, in dem Erklärungen als künstler. Produktion angesehen werden) und pseudopolitische Aktivität (*Soziale Plastik*). Handlungen sind kultische Zeichen, magische Rituale, der Aktionsraum wird zur Kultstätte, die Kunst soll zum ganzheitlichen Erlebnis werden (Einbezug aller Sinne). Erfahrungen während des 2. Weltkriegs (1943 Flugzeugabsturz auf der Krim, Lebensrettung durch nomadische Tartaren) werden zu Schlüsselerlebnissen, in seinen Werken immer wiederkehrende elementare Stoffe wie Fett und Filz stehen im Zusammenhang mit einfachen Techniken der Lebenserhaltung, können Energie speichern und spenden. Beuys will in utopischem Gesellschaftsmodell eines »freien demokratischen Sozialismus« den Gegensatz von Kunst und Leben überwinden: erklärt jeden Menschen zum Künstler und die Politik zur Kunstform, ruft damit zur Gestaltung der *Sozialen Plastik* auf (Einrichtung des »Büros für direkte Demokratie« während der documenta 1972).
Eine spezifisch österr., gegen die polit., religiösen und kulturellen Machtstrukturen gerichtete Kunstform ist der in den 60er Jahren entstandene **Wiener Aktionismus**, angesiedelt zwischen Happening und Action Painting. Die Künstler zielen auf eine Erweiterung des Bewusstseins durch den Tabubruch mit der Tradition. Bürgerliche Moral und Sexualität wird in Frage gestellt, der künstler. Akt wird zur Kulthandlung. Vertreter: Otto Muehl, Günter Brus, Hermann Nitsch, Arnulf Rainer, Rudolf Schwarzkogler.
Mit Beginn der sechziger Jahren kehrt die Gegenständlichkeit zurück, die rein abstrakte Malerei wird nicht fortgesetzt: **Georg Baselitz** löst die Malerei durch eine Betonung der Gegenständlichkeit aus der Unverbindlichkeit der abstrakten Form, führt zunächst mit einer genrehaften Motivik (Landschaft, Porträt, Akt) den Gegenstand in seine Bilder ein, löst

Fluxus, (lat. flux, fließend), lose internationale Künstlergruppe, gegr. 1962, aktiv bis in die frühen 70er Jahre, Wiederbelebung der Ideen des Dadaismus, wehrt sich gegen jegliche künstlerische Tradition und Professionalisierung der Kunst. Auseinandersetzung mit den zeitgenössischen experimentellen Formen von Musik, Literatur und Bildender Kunst. Vertreter: u. a. Joseph Beuys, Robert Filliou (1926–87), Dick Higgins (geb. 1938), Yoko Ono (geb. 1933), Wolf Vostell (geb. 1932), Nam June Paik (geb. 1932).

Gerhard Richter, Ema (Akt) auf einer Treppe, 1966, 200 x 130 cm, Köln, Museum Ludwig. Fotos mit Grautönen und Alltagsthematik werden zum Ausgangspunkt seiner Malerei, inspiriert durch die Ideen von Fluxus »Ich male ein Foto«.

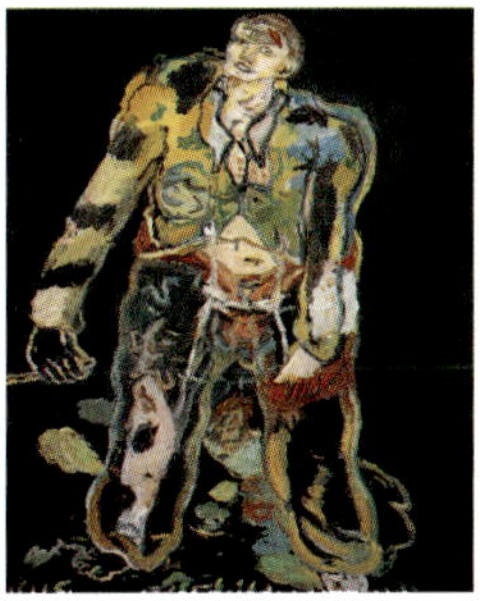

Georg Baselitz, Der Rebell, 1965, 162 x 130 cm, London, The Tate Gallery.
Figuren in wuchtiger Körperlichkeit nehmen Bezug auf Themen der dt. Vergangenheit.

Hermann Nitsch, Szene aus einer Aufführung des Orgien-Mysterien-Theaters, 50. Aktion, 1975, Prinzendorf.
Zentraler Gedanke des O.M.-Theaters, ein orgiastisches, alle Sinne erfassendes Fest, ist, unbewusst gestaute Energien nach außen gelangen und formal bewusst werden zu lassen; Tabuverletzung resultiert in erster Linie aus dem extrem konservativen gesellschaftlichen Umfeld.

ihn aber durch die Motivumkehr gleich wieder auf und hebt den Malakt damit in den Vordergrund. Seine Darstellung extremer Körperhaftigkeit steht der emotional distanzierten Pop Art diametral entgegen. Die Erfindung der *Dithyrambe* (griech., Loblied) gibt **Markus Lüpertz** die Freiheit, die Malerei als Lobgesang ihrer selbst über die Gegenständlichkeit zu erheben. Ein erfundenes Gebilde, das weder von der realen Gegenstandswelt ausgeht, noch abstrakte Komposition ist, zeigt Anzeichen einer Vergegenständlichung des Abstrakten. Ähnlich wie Baselitz stellt er sich damit in Opposition sowohl zum Informel als auch zur Pop Art.

Als Oppositionserklärung gegen den Abstrakten Expressionismus wie auch gegen die Pop Art veranstalten Gerhard Richter und Konrad Lueg in Düsseldorf eine Demonstration für den Kapitalistischen Realismus.

Der **Kapitalistische Realismus** bezeichnet eine kurze Phase der Zusammenarbeit Richters, Luegs und Polkes. Ironisches Wortspiel mit dem Sozialistischen Realismus der DDR. Bilder von Konsum, Lebensstil und Freiheit zeigen kritisch hinterfragte Realität des westl. Kapitalismus. 1962, nach Verlassen der DDR, überträgt **Gerhard Richter** banale Schnappschüsse aus Zeitungen und private Fotovorlagen auf Leinwand, untersucht damit die

Markus Lüpertz, Baumstamm – dithyrambisch, 1966, Leimfarbe auf Lw., 113 x 146 cm, Regensburg, Museum Ostdeutsche Galerie.
Ein an sich wirklichkeitsgetreuer Gegenstand wird durch entsprechende perspektivische und monumentale Präsentation pointiert und verfremdet.

Aufgabe der Malerei zwischen reiner Abbildungsfunktion und Selbstreflexion. Unschärfe und bewusst eingesetzte Verwischungen potenzieren die Flüchtigkeit des Mediums der Fotografie und beugen der Gleichsetzung des Bildes mit der Wirklichkeit vor. Auch **Sigmar Polke** lenkt das Augenmerk wieder verstärkt auf den Malakt, wenn er ab Anfang der 60er Jahre triviale Motive (Pressefotos, Pin-up-Girls, Kleidungsstücke, Lebensmittel oder Tiere) in Rasterbildern zitiert, in denen er die Punkt-für-Punkt-Technik Lichtensteins radikalisiert. Durch extreme Banalisierung des Sujets wird die inhaltliche Bedeutung seiner Bil-

Sigmar Polke, Bunnies, 1966, 150 x 100 cm, Washington, Hirshhorn Museum and Sculpture Garden.
Massenmedien und Triviales der Massenkultur werden ebenso hinterfragt wie Bildtraditionen und Herstellungsprozesse.

A. R. Penck, Der Übergang, 1963, 94 x 120 cm, Aachen, Neue Galerie der Stadt. Sammlung Ludwig.
Ein Bild tiefer psychischer Verunsicherung, das die persönliche Situation des Künstlers spiegelt.

Anselm Kiefer, Noch ist Polen nicht verloren, 1978, 211 x 272 cm, Regensburg, Museum Ostdeutsche Galerie.
Hintergrund ist der Einmarsch dt. Truppen in Polen 1939, der mit einer Reihe zeichenhafter Attribute (Pferd, Panzer, Text zur poln. Freiheitshymne) symbolisiert wird.

der in den Hintergrund gedrängt. Zunehmend spielt der Zufall eine Rolle, seit den 80er Jahren verwandelt er seine Bilder in chemische Laboratorien, die noch am fixierten Platz im Museum ihr Erscheinungsbild verändern und treibt das (postmoderne) Prinzip der Stillosigkeit auf die Spitze.
Der Umgang mit dem historischen Erbe wird vor allem in den individuellen Historienbildern **Anselm Kiefers**, einem Schüler Beuys', beschrieben. Seit den frühen 70er Jahren thematisiert er die dt. Geschichte: Die Imagination des Heroischen prangert den ideologischen Missbrauch von Mythen und Geschichten in kritiklos weitergegebenem Bildungsgut an. **A. R. Penck** setzt sich bis zu seiner Ausreise aus der DDR 1980 unbefangen und kritisch mit dem System und den Auswirkungen des Sozialismus auseinander, in seinen Systembildern analysiert er in zeichenhaft verknappter, symbolhafter Bildsprache die Gesellschaften in Ost und West. Entwicklung einer konzeptuellen Malerei, die eine universelle Bildsprache zur Gestaltung der gesellschaftlichen Wirklichkeit und den Möglichkeiten des Zusammenlebens anstrebt; systemverändernde Absicht in *Quo vadis Germania*, 1984.

DDR Nach Gründung der Deutschen Demokratischen Republik (DDR) 1949 sieht die Kulturpolitik ihr wichtigstes Ziel in der Förderung einer antifaschistischen, realistischen und sozialistisch inspirierten Kunst, die dem Fernziel des Staates, dem umfassenden Aufbau des Sozialismus, dienlich sein soll. Man umwirbt die während des Nationalsozialismus verfolgten und besonders die ins Exil gegangenen Künstler und Intellektuellen. Im Gegensatz zu den Schriftstellern kehren nur wenige bildende Künstler in die DDR zurück, unter ihnen Lea Grundig, Max Lingner, John Heartfield und Theo Balden. Um so dringlicher

Documenta, Ausst. internationaler, vorwiegend aktueller Kunst, die seit 1955 alle 4 bzw. 5 Jahre für jeweils 100 Tage in Kassel stattfindet. Erste documenta, organisiert von Arnold Bode und Werner Haftmann, dokumentiert die Entwicklung europ. Kunst von 1905–55 mit dem Ziel der Rehabilitierung der während des Nazi-Regimes als entartet diffamierten Künstler, seitdem als eine der international meist beachteten Ausst. Einleitung kritischer Diskurse, Steuerung von Rezeptionshaltungen und Erhöhung der Popularität teilnehmender Künstler.
Leitung der documenta:
d1–d4 Arnold Bode (1955, 1959, 1964, 1968)
d5 Harald Szeemann (1972)
d6 Manfred Schneckenburger (1977)
d7 Rudi Fuchs (1982)
d8 Manfred Schneckenburger (1987)
d9 Jan Hoet (1992)
d10 Catherine David (1997)
d11 Okwui Enwezor (2002)

erscheint die Heranbildung einer jungen Künstlergeneration. Der Künstlerverband (VbK) und die Hochschulen in Berlin, Leipzig, Dresden sollen diese Aufgabe lösen, der Kulturbund zur demokratischen Erneuerung Deutschlands kümmert sich um die Verbreitung eines neuen Kulturverständnisses und um die Förderung der Laienkunst. Die späten 50er Jahre sind durch eine immer stärkere Einbeziehung der Kunst in die Auseinandersetzung des Kalten Krieges geprägt. Der bildenden Kunst wird Parteilichkeit abverlangt, sie wird vorrangig als Waffe im Klassenkampf begriffen, als ihr Hauptziel die Heroisierung der Arbeiterklasse formuliert. Günter Brendels *Braunkohletagebau* und Walter Womackas *Rast bei der Ernte* illustrieren diese Forderung. Die DDR-Kunst der 60er Jahre ist durch den **Bitterfelder Weg** gekennzeichnet. Zwei Konferenzen im Kulturpalast des Elektrochemischen Kombinats in Bitterfeld (1959, 1964), initiiert durch Walter Ulbricht und Alfred Kurella, sollen eine neue Etappe der Kulturrevolution einleiten. Da der Sozialismus als Gesellschaftsordnung in der DDR gesiegt habe, müsse nun auch die Kunst den neuen Verhältnissen angepasst werden. Kurt Hager – oberster Kulturfunktionär bis fast zum Ende der DDR-Zeit – plädiert für die Ausweitung des künstler. Laienschaffens sowie die »Vereinigung von Kunst und Leben, von Künstler und Volk«. Die Werke, die aus diesem Geist entstehen und zu Leitbildern erklärt werden, entsprechen in ihrer dekorativen Oberflächlichkeit und ihrem überzogenen Pathos ähnlichen Entwicklungen in allen sozialistischen Bruderstaaten und sind für die weitere Kunstentwicklung nicht von Belang. Außerhalb offizieller Kunst- und Kulturinstitutionen gibt es bereits in den 60er Jahren Künstler von Qualität und Gewicht, die sich entweder an progressiver Kunst der Vorkriegszeit orientieren oder versuchen, an Entwicklungen in Westeuropa teilzunehmen (Hermann Glöckner, Ernst Hassebrauk, Albert Wigand, Willy Wolff). In Dresden trifft sich seit 1968 ein Kreis von Künstlern um den progressiven Maler und Filmemacher Jürgen Böttcher-Strawalde, zu dem Peter Herrmann, Peter Graf und A. R. Penck gehören.

Wolfgang Mattheuer,
Jahrhundertschritt, 1984/87
Bronze, Halle, Staatl. Galerie Moritzburg, Halle, Landeskunstmuseum Sachsen-Anhalt.
Halb SA-Mann, halb Kämpfer des Thälmann-Bataillons: Deutschland marschiert kopflos in den Untergang.

Die 70er Jahre sind durch das Schlagwort von der »Breite und Vielfalt des Sozialistischen Realismus« geprägt, das 1971 auf dem VIII. Parteitag der SED fällt und von vielen Künstlern als Lockerung massiver formaler und inhaltlicher Zwänge interpretiert wird. Selbst der Malerfunktionär Willi Sitte stellt 1974 fest, dass »auch unter kapitalistischen Bedingungen...Künstler leben und lebten..., die für unser Schaffen wertvoll und interessant sind« und nennt Kokoschka, Beckmann, Hofer, Chagall, Moore und Marini. Wichtigstes Ergebnis dieses Prozesses ist die Bildung der Leipziger Schule mit den Professoren **Bernhard Heisig, Wolfgang Mattheuer, Werner Tübke**. Sie sind bemüht, die formalen Möglichkeiten zu erweitern, jeder von ihnen bezieht sich jedoch auf andere Quellen und treibt seine Bildsprache in eine andere Richtung voran: Tübke stützt sich v. a. auf die Kunst der Renaissance und des Manierismus, Heisig auf die expressiv-gestische Malerei Corinths und Beckmanns. Die Wurzeln Mattheuers sind eher in der Neuen Sachlichkeit und im Magischen Realismus zu suchen. Die formalen Dogmen des Sozialistischen Realismus erfahren so eine wesentliche Ausweitung, die der nachfolgenden Künstlergeneration größeren Spielraum bietet. Bestehen bleibt die führende Rolle der Partei auch in künstler. und kulturellen Angelegenheiten. Die Mittel dafür reichen von der Auftragspolitik über die Steuerung des Künstlerverbandes bis zur brutalen Anwendung geheimdienstlicher Methoden gegen einzelne Künstler (Ralf Kerbach, Penck) oder Gruppen (Clara Mosch).

In den 80er Jahren stellen vor allem jüngere Künstler den Führungsanspruch der Partei

Harald Metzkes, Herkules erwürgt die Schlange, 1988, 150 x 180 cm.
Die von Hera gesandte Schlange, die den jungen Herkules töten soll, wird von dem kräftigen Knaben mit bloßen Händen erwürgt. Irritierend: Die mythologische Szene ereignet sich in einer Berliner Altbauwohnung.

Günter Firit, Marionetten, 1978, Öl auf Hartfaser, Privatbesitz.
Die Künster des »Ersten Leipziger Herbstsalons« forderten lautstark künstlerische Autonomie: Eingezwängt in hart konturierte, schwarze Architekturen zeigen marionettenhafte Wesen ihre Verletzungen und Verstümmelungen vor.

Klaus Weidensdorfer, Straßenbahn II, 1975, Lithografie, 35 x 49 cm, im Besitz des Künstlers.
Die Straßenbahnszenen des Dresdener Grafikers zeigen in subtilen Variationen die Einsamkeit des Großstadtmenschen: auch im »real existierenden Sozialismus«.

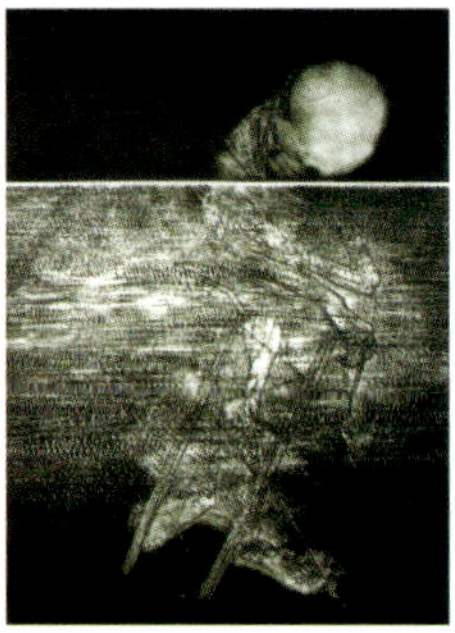

Rolf Münzner, passé, 1990, Schablithografie und Feder, Privatbesitz.
Eine bedrückende Szene in virtuoser Technik: Schlaff liegt der Arm auf dem Zeichenbrett, die Hand mit dem Pinsel hängt im Leeren, es ist zu Ende.

generell in Frage, fordern völlige Autonomie der Kunst. Bereits am 30.5.1977 erfolgt die Gründung der Produzentengalerie **Clara Mosch** in einem Chemnitzer Vorort durch Claus (CLA), Thomas Ranft (RA), Michael Morgner (MO), Dagmar Ranft-Schinke (SCH) sowie Gregor Torsten Schade (später Kozik) und den Fotografen Rainer Wasse (nach der Wende als Mitarbeiter der Staatssicherheit entlarvt). Die dichte, fast monochrome Bildsprache Morgners formuliert immer wieder die Frage nach dem Sinn menschlichen und künstler. Tuns. In dieser philosophisch-moralischen Grundhaltung ist ihm Ranft in seiner kleinteiligen, filigran-nervösen Bildsprache verwandt, die er ausschließlich in Zeichnungen und druckgrafischen Techniken umsetzt. Auch in Leipzig und Berlin Entwicklung zahlreicher Aktivitäten außerhalb des Künstlerverbandes zu Beginn der 80er Jahre. Umgehung der Zensur, Herstellung von Künstlerbüchern und Zeitschriften in Kleinauflagen, Organisation von sog. Pleinairs, Veranstaltung von Ausstellungen und Aktionen in Privaträumen. Größte und folgenreichste: **Erster Leipziger Herbstsalon** 1984. Sechs Leipziger Künstlern (Lutz Dammbeck, Günter Firit, H. Hendrik Grimmling, Frieder Heinze, Günter Huniat, Olaf Wegewitz) gelingt es, unter Umgehung der Kulturbürokratie ihre neuesten Arbeiten öffentlich und unzensiert zu zeigen. Sie arbeiten während der Ausstellung weiter an ihren Bildern, spontane Diskussionen mit dem Publikum: zunehmend aktioneller Charakter der Ausstellungen. Der Damm ist gebrochen, die nach 1960 Geborenen (letzte Künstlergeneration der bereits von Agonie erfassten DDR) lassen sich nicht mehr instrumentalisieren, einige rücken in den 90er

Vom Westen aus wird die DDR-Kunst bis in die 80er Jahre als weitgehend homogener Block gesehen, der einer genauen Betrachtung nicht würdig erscheint. Nur wenige Sammler (Ludwig), Galeristen (Brusberg) und Kritiker (Beaucamp) suchen und finden unter der offiziellen Einheitskunst Künstlerpersönlichkeiten von europ. Rang, die, oft unbeobachtet und unter schwierigen Lebensumständen, Wesentliches zur europ. Kunstentwicklung beigetragen haben.

Berlin Altmeister der Grafik Herbert Tucholski und Charlotte Pauly, Maler Willy Wolff. Mittelpunkt der mittleren Generation: sensualistischer Maler Harald Metzkes. Zu den innovativsten Köpfen zählen Robert Rehfeld (Mail Art), Walter Libuda mit seiner gestisch-informellen Bildsprache sowie Manfred Butzmann mit seiner provokativ-humanistischen Grafik.

Leipzig Die sog. Leipziger Schule, die sich bewusst in die symbolist. Tradition der Stadt (Max Klinger) stellt, tritt in den 70er Jahren mit dem Professoren-Dreigestirn Heisig/Mattheuer/Tübke in den Mittelpunkt des offiziellen Kunstgeschehens. Der malerisch-expressive Stil Heisigs wird durch Hartwig Ebersbach fortgeführt und erweitert, Rolf Münzner findet zu virtuos grafischer Bildsprache, Volker Stelzmann folgt seiner aus dem Verismus kommenden kritischen Malerei, die Künstler des Ersten Leipziger Herbstsalons beeindrucken durch ihre mutige Eigenständigkeit.

Dresden Lebendige Tradition gepflegter Landschafts- und Genremalerei (Theodor Rosenhauer, Josef Hegenbarth), das lange verkannte Werk Hermann Glöckners gehört zu den besten Leistungen spätkonstruktivist. Kunst in Deutschland. 1978 Gründung der unabhängigen Künstlerwerkstatt, Verlag und Galerie Obergrabenpresse durch Eberhard Göschel, Peter Herrmann, Ralf Winkler (A. R. Penck), Jochen Lorenz und Bernhard Theilmann. Zu den wegweisenden Leistungen zählt das dem Informel nahe stehende Werk Max Uhligs. Stark verdichtete Menschen- und Landschaftsdarstellungen bei den Grafikern Claus Weidensdorfer und Werner Wittig.

Chemnitz (Karl-Marx-Stadt) 1977 Etablierung der Produzentengalerie Clara Mosch, wichtigstes Mitglied: Carlfriedrich Claus, eigenwilliger Philosoph unter den DDR-Künstlern, in dessen Sprachblättern sich eigene handschriftliche Texte zu gespinstartigen grafischen Sprachlandschaften verdichten.

Altenburg Gerhard Ströch (später Gerhard Altenbourg) lässt scheinbar unberührt von den Wirren und Auseinandersetzungen der DDR-Kulturpolitik in sensiblen Zeichnungen und Druckgrafiken ein fantastisch-poetisches Werk entstehen.

Jahren in die internationale Avantgarde auf (Neo Rauch). Als **Ausgebürgert** verzeichnet eine Forschungsgruppe der Freien Universität Berlin im Jahr 2000 mehr als 1500 Künstler, die von 1949–89 die DDR verlassen, darunter Georg Baselitz, Hartmut Bonk, Thomas Florschütz, Lutz Friedel, Peter Herrmann, Ralf Kerbach, Helge Leiberg, A.R. Penck, Gerhard Richter, Karl Hermann Roericht, Klaus Staeck. Wie stark dieser Aderlass ist, wird deutlich, wenn man bedenkt, dass im gleichen Zeitraum die Leipziger Hochschule ca. 1100 Künstler ausbildet.

LATEINAMERIKA

Die verschiedenen Strömungen der 50er und 60er Jahre (Konkrete Kunst, Kinetische Kunst, Op Art, Body Art und verwandte Erscheinungen) bilden einen großen Sprung in der Entwicklung der modernen Kunst Lateinamerikas. Die Errichtung von Militärdiktaturen in vielen Ländern während der 60er und 70er Jahre zwingt zahlreiche Künstler und Intellektuelle ins Exil. Die späteren Entwicklungen werden analog zum europ. Kontinent und zu Nordamerika zunehmend pluralistisch.

Joaquín Torres-García (gest. 1949) ist als Veteran des Konstruktivismus die führende Persönlichkeit von Cercle et Carré, er sieht in der präkolumbischen Kunst eine Alternative zur kulturellen Orientierung an Europa.

Die Künstlergruppen **Madí** und **Arte Concreto-Invención** (Gründung 1945 in Buenos Aires) leiten sich beide aus dem europ. Konstruktivismus ab und sind Vorreiter für Entwicklungen, die in Europa und den USA nicht vor dem Auftauchen von Fluxus in den 50er Jahren thematisiert werden sowie Vorboten der kinetischen Kunst der 60er Jahre. Treten gegen Provinzialismus und für Internationalisierung ein. Das Madí-Manifest von 1946 ist ein Aufruf zur allumfassenden Aktion, die

1880 1890 1900 1910 1920 1930 1940 1950 1960 1970 1980 1990 2000

Deutschland/Österreich/Schweiz

August Sander (1876–1964)
seine »exakten Fotografien« (Zitat Sander) drängen das Individuelle in den Hintergrund, Fotografien sind sorgfältig geplant und inszeniert

Raoul Hausmann (1886–1961)
enge Verbindung zu Dada, seine Fotomontagen und Collagen werden wegweisend für die Pop Art

Christian Schad (1894–1982)
Maler der Neuen Sachlichkeit, entwickelt als Fotograf die »Schadographie«, bei der (ähnlich wie bei Man Rays Rayogrammen) Gegenstände auf lichtempfindlichen Platten ohne Kamera abgebildet werden

Albert Renger-Patzsch (1897–1966)
Meister der sog. Sachfotografie, der sich bewusst dagegen wehrt, mit Fotografie Kunst machen zu wollen

Alfred Eisenstaedt (1898–1995)
etabliert die Fotoreportage als eigenständige journalistische Disziplin

Heinz Hajek-Halke (1898–1983)
Vertreter der experimentellen Fotografie

Umbo (1902–80)
neben Moholy-Nagy bedeutendster Fotograf des Bauhauses, berühmte Frauenporträts der 20er Jahre

Andreas Feiniger (geb. 1906)
Architekt und Architekturfotograf, kühl kalkulierte Bildkonstruktionen

Gisèle Freund (1912–2000)
Fotojournalistin, Entstehung intimer Porträts von Literaten, Maler und Poeten

Wols (1913–51)
Verbindung der Einflüsse der Bauhausfotografie mit der des Surrealismus, emotionslose Aufnahmen verschiedener Objekte, die auf ihre nackte Dinglichkeit reduziert werden

Helmut Newton (geb. 1920)
Akt- und Modefotografie in beklemmend kühler Distanz

Stefan Moses (geb. 1928)
Porträt als facettenreiches psychologisches Abbild der dt. Gesellschaft

Bernd (geb. 1931) und Hilla (geb. 1934) Becher
dokumentarische Bestandsaufnahme industrieller Bauten des 19. und 20. Jh.

Bernhard und Anna Blume (geb. 1937)
Thema ist die skurril-befremdliche Begegnung mit der Welt der Objekte

Katharina Sieverding (geb. 1945)
Thematisierung der Fragen nach Identität, Individualismus sowie sozial und politisch aktuelle Fragen

Thomas Ruff (geb. 1958)
monumentalisiert die Normalität in überlebensgroßen Porträts junger nichtprominenter Menschen; seit Mitte der 90er Jahre entstehen fiktive Porträts am Computer erzeugter Personen

England

Cecil Beaton (1904–80)
Mode- und Porträtfotograf, seine Fotografien sind eine Huldigung an den Luxus der engl. Genusskultur, die das viktorianische Zeitalter nahtlos in die Postmoderne übergehen lässt

Bill Brandt (1904–83)
vielseitiger Fotograf (Porträts, Landschaftsaufnahmen, sozialdokumentarische Bilder), berühmter Fotoband »The English at Home«, der einen kritischen Blick auf die verschiedenen gesellschaftlichen Schichten Englands wirft

Fotografen in Europa und Lateinamerika

1880 1890 1900 1910 1920 1930 1940 1950 1960 1970 1980 1990 2000

Frankreich

Eugène Atget (1857–1927)
seine Aufnahmen (oft Pariser Straßenmilieu), z. T. als Motivvorlage für Maler angefertigt, werden zu Vorläufern der sozialdokumentarischen Fotografie

Henri Cartier-Bresson (geb. 1908)
reportageartige Fotografie, Betonung liegt auf der ästhetischen Gestaltung des Bildes, weniger auf dem dargestellten Sujet

Robert Doisneau (1912–95)
erzählerische Qualität seiner Fotografien, Chronist der Vororte von Paris (Fotos von Liebespaaren für die Zeitschrift Life)

Tschechien

Frantisek Drtikol (1883–1961)
Jugendstil und Symbolismus beeinflussen seine Aktaufnahmen

Josef Sudek (1896–1976)
Großteil seiner Bilder alltäglicher Thematik entstehen im Atelier oder in und um Prag

Ungarn

André Kertész (1894–1985)
avancierter Fotograf mit poetischer Begabung und einer Neigung zu surrealen Effekten

Brassai (1899–1984)
von Henry Miller »das Auge von Paris« genannt, berühmte Aufnahmen des Pariser Nachtlebens

Robert Capa (1913–54)
Kriegsfotograf (berühmtes Bild vom Tod des Soldaten im Spanischen Bürgerkrieg, 1937), herausragende Fähigkeit, Gewalt, Leiden, Zerstörung, Schrecken des Kriegs in einem einzigen Bild auf den Punkt zu bringen, zeichnet ihn als Meisterfotografen aus

Sowjetunion

Alexander Rodtschenko (1891–1956)
gibt 1928 die Malerei zugunsten der Fotografie auf, reiht diese in die künstlerische Avantgarde der Zeit, Konstruktivismus und Kubofuturismus, ein

Jewgeni Chaldei (1917–98)
seit 1936 als Fotoreporter tätig, Bild der russischen Soldaten auf dem Reichstag in Berlin 1945 als inszenierter Augenblick höchster Dramatik

Lateinamerika

Martín Chambi (1891–1973)
erster indianischer Fotograf in der Geschichte der lateinamerikanischen Fotografie, im Laufe der Jahre ist eine fotografische Enzyklopädie der Gesellschaft in und um Cuzco (Peru) entstanden

Manuel Alvarez-Bravo (geb. 1902)
Begründer der fotografischen Moderne in Lateinamerika, Menschen in der Metropole Mexiko-City oder in den ländlichen Gegenden stehen im Mittelpunkt seiner Fotos

Alberto Korda (geb. 1928)
offizieller Fotograf der kubanischen Revolution, berühmtes Porträt Che Guevaras, 1959

Sebastião Salgado (geb. 1944)
Reporter und Dokumentarfotograf, der mit Bildern der Arbeiter in den Goldminen von Serra Pelada auf die unmenschlichen Arbeitsbedingungen aufmerksam macht

Jesús Rafael Soto, Virtuelles Volumen, 1987, Hängeplastik, Paris, Centre Georges Pompidou. Dünne Metallstäbe, die sich bereits bei geringem Luftzug bewegen, bilden einen umgekehrten Kuppelraum; ohne mechanische oder motorische Hilfsmittel entsteht eine kinetische Plastik.

Fernando Botero, Der Brief, 1976, 149 x 194 cm, Privatsammlung. Boteros Bilder schweben zwischen Ironie und Übertreibung, zitieren Malereigeschichte und kosmopolitische Avantgarde.

plastische Künste, Architektur, Musik, Dichtung und Theater einbezieht, stellt den ersten zusammenhängenden einflussreichen Beitrag Lateinamerikas zu einer Kunst von höchster konstruktivistischer Strenge dar, jegliche Figürlichkeit soll verbannt werden.

Der Brasilianer **Alfredo Volpi** lernt während der Biennale in São Paulo 1953 De Stijl, europ. Konstruktivismus und ital. Futurismus kennen, entwickelt daraus eine persönliche Vorstellung geometrischer Kunst. **Lygia Clark** ist zusammen mit **Hélio Oiticica** Mitglied der brasilian. Gruppe Neo-Concreto; Clarks Werk zeigt ständig wechselnde Spannung zwischen strenger Abstraktion und Andeutung des Organischen. Oiticicas frühe Arbeiten stehen ebenfalls in der Tradition der Konkreten Kunst, in den 60er Jahren entstehen Happenings und Environments, die den Konflikt zwischen Tradition und Technologie seines Landes reflektieren.

Jesús Rafael Soto und **Carlos Cruz-Diez**, die beide in Frankreich leben (Soto seit 1950, Cruz-Diez seit 1960), sind Hauptvertreter der Op Art

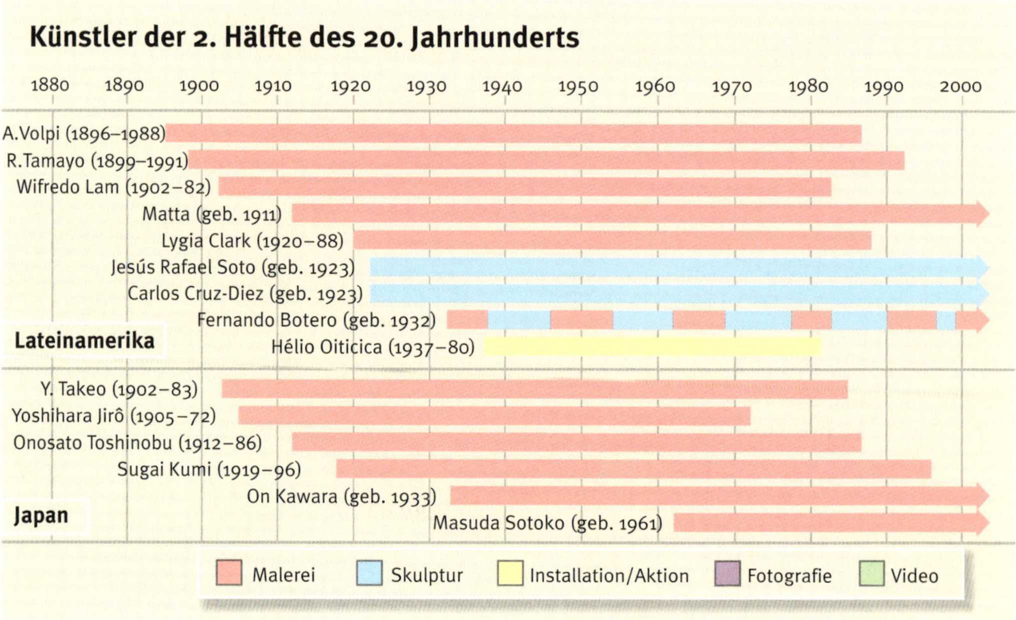

und Kinetischen Kunst, deren Höhepunkt von Künstlern Lateinamerikas getragen wird.
Der Chilene Roberto Matta Echaurren, gen. **Matta** steht in unmittelbarer Verbindung zum europ. Surrealismus, siedelt 1939 nach New York über und freundet sich dort mit Duchamp, Gorky und Motherwell an. Wird zum Vorreiter des Surrealismus in den USA und übt nachhaltigen Einfluss auf die New York School aus (vgl. S. 267). Der Kubaner **Wifredo Lam** bezieht in seine Bildschöpfungen Elemente karib. Mythen und Rituale ein, die mit denen des Kubismus und Surrealismus verbunden werden.
Rufino Tamayo, in Mexiko geboren, lebt überwiegend in New York, Ablehnung des Muralismo, für ihn ist Malerei vorrangig ein visuelles Phänomen, das Thema ist nur Vorwand, die Formen sprechen zu lassen, nicht die Absicht oder Gedanken der Künstlers. Merkmale der präkolumb. Plastik (bestimmt durch Logik der Formen, Linien und Körper) werden auf die Malerei übertragen. Tamayos Symbolik ist nicht abstrakt, trotzdem zeigen seine Arbeiten der 40er und 50er Jahre Parallelen zum Abstrakten Expressionismus in New York und zum Tachismus in Paris.
In den 60er Jahren bildet sich die argent. Gruppe **Nueva Figuración** (Jorge de la Vega, Luis Felipe Noé, Ernesto Deira, Rómulo Macció), die als Gegenbewegung zur Abstraktion für eine Rückkehr des Figürlichen eintritt, das Individuum wird zum Paradigma der Gesellschaft im Ganzen. Mischung aus traditionellem Expressionismus mit Elementen de Koonings, Bacons und Dubuffets.
Fernando Botero, beeinflusst durch kolumb. Malerei und Plastik der kolonialen Ära, lebt 1960–70 in New York (Einfluss der Pop Art spürbar), legt seinen Schwerpunkt der Gesellschaftskritik auf die Darstellung des Menschen in unzähligen Porträts von Musikanten, Politikern, Bischöfen, aber auch auf teils frivole Varianten von Werken alter Meister.

JAPAN

Manche Werke bedeutender japan. Künstler sind offensichtlich von westl. Kunstformen inspiriert, trotzdem zeichnen sie sich durch Bewahrung ihrer Eigenständigkeit aus. Beispiel **Onosato Toshinobu**: Ähnlichkeiten zu Vasarely, seine über- und nebeneinander gereihten geometrischen Formen weisen aber über die Bildfläche ins Unendliche hinaus. Trotz Auseinandersetzung mit europ. Stilen bleibt eine ästhetische, formale und geistige Grundlage japan. Sehweise bestehen.

Matta, X-Raum und das Ego, 1945, 202,2 x 457,2 cm, Paris, Centre Georges Pompidou.
Matta beschäftigt sich mit der Vision der Einheit von Mensch und Welt, der Vorstellung von einer anthropomorphen Struktur des Kosmos und der Identität von Innen- und Außenwelt.

Wifredo Lam, Der Dschungel, 1943, Gouache, Papier auf Lw., 239 x 229 cm, New York, Museum of Modern Art.
Polymorphe Bildsprache in gedrängter, friesähnlicher Komposition.

1947 Inkrafttreten der japan. Verfassung
September 1951 Unterzeichnung des Friedensvertrages sowie des Sicherheitsabkommens zwischen Japan und den USA
April 1952 Inkrafttreten beider Verträge: Japan erhält wieder Selbstständigkeit

Surrealismus

Höhepunkt des japan. Surrealismus vor und während des Krieges und in den ersten Nachkriegsjahren, geht von einer anderen Ausgangs-

position aus als der des internationalen Surrealismus.
Während bspw. Breton Surrealismus als psychischen Automatismus ansieht, in dem Traum und Wirklichkeit sich in einer Superwirklichkeit auflösen sollen, werden in Japan überraschende Gegensätze (Natur/Übernatur, Realität/Überrealität) einander gegenüber gestellt, die die eigentliche Natur sichtbar machen sollen: Ai-Mitsu (1907–46), Kitawaki Noborus (1901–51).
Wichtiges Element der japan. Malerei der Nachkriegszeit ist die Abstraktion. Daneben zeigt sich die Bewältigung der Kriegs- und Nachkriegsprobleme auch in figürlichen Darstellungen des Schmerzes und der Zerstörung. Minimal und Concept Art finden Niederschlag in der japan. Tuschmalerei und zeigen starke Beeinflussung durch amerik. Kunst.

Gutai (japan., konkret) Gegr. 1954 in Osaka von Jirô Yoshihara, dessen Bilder anspruchsvolle Mischungen östl. und westl. Stilelemente sind (traditionelle Kalligrafie und Abstrakter Expressionismus), Mitglieder: Shiraga Kazuo, Motonaga Sadamasa, Murakami Saburo, Shimamoto Shozo, Sumi Yasui und Tanaka Atsuko.
Neben Performances wird die Gruppe auch mit Malaktionen in Anlehnung an das amerik. Action Painting bekannt. Zentrales Thema: Exponieren des Materials. Weitere Tätigkeitsfelder wie Op Art und Kinetische Kunst bringen die Gruppe in Kontakt mit der europ. Avantgarde (Zero, Nul), aus dem eine rege Ausstellungstätigkeit in Europa erwächst. Nach Tod Yoshiharas 1972 Auflösung der Gruppe.

Jirô Yoshihara, Sakuhin (Werk), 1959, 162 x 130 cm, Paris, Galerie Stadler.

Yamaguchi Takeo, ab 1948 zunehmende Reduktion der Farbe, Verschmelzung von Figur und Bildgrund, nicht vergleichbar mit dem zeitgleich auftretenden Colourfield Painting in den USA. Für ihn ist Natur der Ausgangspunkt, Landschaft und japan. Felder als konkrete Vorstellung im Inneren, ostasiat. Haltung manifestiert sich in der Betonung der vollkommenen Landschaft durch Verletzung der Bildfläche und Unvollkommenheit der Darstellung.
Sugai Kumi emigriert 1952 nach Paris, sein lyrisch gehaltener Abstrakter Expressionismus steht in enger Beziehung zur Malerei der Ecole de Paris, japan. Tradition des kalligrafischen Zeichenduktus scheint wiederholt durch.
In den frühen 50er Jahren spielt Aktionskunst eine bedeutende Rolle: Gründung der **Gutai**-Gruppe, die mit Hilfe ihrer gleichnamigen Zeitschrift und versch. Ausst. auch in den USA Aufsehen erregt, bevor dort die Happening-Bewegung einsetzt, kann als erste Vereinigung japan. Künstler die Grenzen des Landes überwinden.
Von den 60er bis zu den 70er Jahren auch in Japan große Bedeutung von Neo-Dada und Pop Art, abgelöst von reduzierten, das Material in den Mittelpunkt stellenden Werken. Gegen Reduktion und Abstraktion setzt sich ab Mitte der 70er Jahre expressionistische, realistische, farbenfrohe Darstellungsweise durch, z. B. *Shaped Canvas* von **Masuda Sotoko** als Parallelerscheinung zur ital. Transavanguardia, Gemeinsamkeiten: Befreiung vom übermäßigen Intellektualismus.
Zeitgenössische japan. Kunst beschäftigt sich in erster Linie mit der Frage nach der kulturellen Identität, die auch in der westl. Kultur hohe Aktualität besitzt. Postmoderne Erfahrungen der allg. Identitätskrise des Menschen, Gleichzeitigkeit von Erfahrungen und Ausdrucksformen, die auf einer allen gemeinsamen Sprache beruhen reflektieren auch in der japan. Kunst der 80er Jahre Widersprüche und Probleme der komplexen japan. Gesellschaft. Der westl. Begriff von einer Kunst als Ausdruck des Individuums wurde in Japan erst Ende des 19. Jh. eingeführt, d. h. Begriff der Individualität besitzt keine ähnlich lange Tradition wie im Westen.

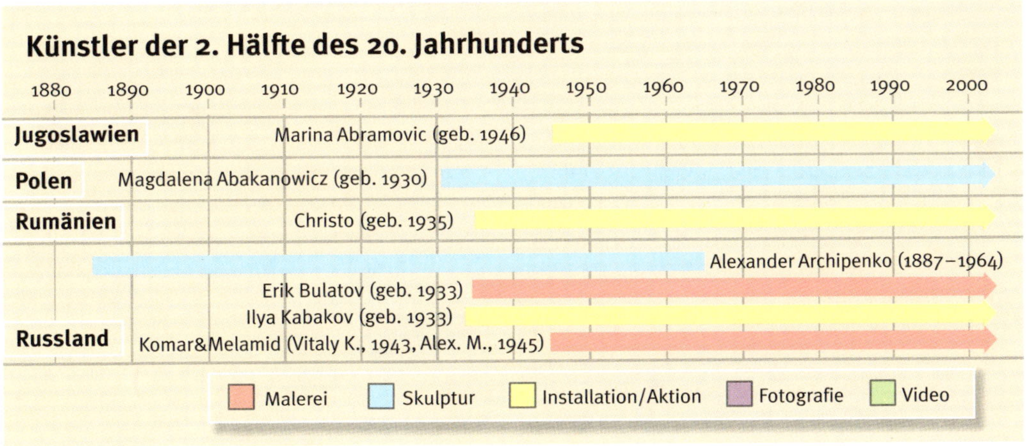

CHINA

1942 formuliert Mao Tse-tung zwei Prinzipien zur Bewertung der Kunst: 1. Kunst soll der Politik dienen, 2. Kunst soll für die Arbeiter- und Bauernmassen unterhaltsam und verständlich sein. 1949 übernimmt die Kommunistische Partei die Macht und fördert eine Vermischung des politisierten und von der Volkskunst Chinas beeinflussten Realismus mit dem Sozialistischen Realismus sowjet. Herkunft. Die 50er bis 70er Jahre sind durch eine Entwicklung des revolutionären Realismus, in dessen Werken revolutionäre Figuren die glänzende Seite des Sozialismus besingen, gekennzeichnet. Während der **Kulturrevolution** 1966–76 wird die künstlerische Individualität zugunsten eines kollektiven Engagements für eine Ideologie unterdrückt; die Rolle des Künstlers scheint so bedeutsam, dass er mit der gleichen Wachsamkeit beobachtet wird, wie Intellektuelle und Schriftsteller. Seit Ende der 70er Jahre erhält die westl. Kunst zunehmenden Einfluss, der die Bedeutung des Realismus allmählich zurücktreten lässt.

1979 findet ein erster erfolgreicher Protestmarsch der Künstlergruppe Xingxing (Sterne) gegen das Regime am 30. Jahrestag der Proklamation der Volksrepublik statt. Generelles Merkmal der Kunst der späten 70er und 80er Jahre ist das Aufbegehren gegen die Tyrannei der Ideologie. Höhepunkt um 1985: *85 New Wave*, Sturm kreativer Aktivitäten als Reaktion auf künstler. Idiome des Westens. Die polit. Wende im Juni 1989 verändert den optimistischen Enthusiasmus der 80er Jahre, literarisch-intellektuelle Persönlichkeit des Malers wird weitgehend unterdrückt, es herrscht Desillusionierung gegenüber dem ausgeprägten Idealismus der 80er Jahre. Bis heute werden an Chinas Kunstakademien die Methoden des sowjet. Sozialistischen Realismus gelehrt.

1985 erregt Robert Rauschenbergs Wanderausst. ROCI – Rauschenbergs Overseas Cultural Exchange – mit eigenen, dem Weltfrieden gewidmeten Werken in Peking große Aufmerksamkeit. Chin. Künstler lernen in den folgenden Jahren Ideen und Ausdrucksmittel des Westens kennen: Freiwerden großer künstler. Energien, die durch die offizielle Politik unter Mao unterdrückt worden sind.

1989 Eröffnung der Ausst. China/Avant-garde:

Huang Yongping, Reptiles, 1989, Waschmaschine und Papiermaché, 14 x 7 x 4 m, Installation der Ausstellung in Les Magiciens de da Terre, Centre Georges Pompidou, Grande halle de la Villette, Paris.

Präsentation aktueller nicht-akademischer künstler. Tendenzen (Installation, Fotografie, Performance, Feder-, Tuschzeichnung, Ölgemälde), Beispiel **Huang Yongpin**: Begründer der Dada-Gruppe von Xiamen, emigriert 1989 nach Paris, Aneignung der Ideen der europ. Dada-Bewegung (Kritik am bürgerlichen Materialismus) in anderem gesellschaftlichen Klima, angeregt durch Irrationalismus des Taoismus und den Chen- oder Zen-Buddhismus; zeigt in Ausst. *Magiciens de la Terre* in Paris 1989 Aufstellung von Waschmaschinen, die Papierhaufen aus chin. und franz. kommunistischen Zeitungen vor sich errichten, in Form von Riesen-Schildkröten (in China Symbol der Unsterblichkeit).

SOWJETUNION

Nach Stalins Tod 1953 kommt die sowjet. Kunst erstmals wieder regelmäßig in Kontakt mit künstler. Entwicklungen außerhalb des eigenen Landes.

Mitte der 50er Jahre führt der unter Nikita Chruschtschow einsetzende Entstalinisierungsprozess (Tauwetter-Periode) zur ersten Abkehr von apologetischen und beschönigenden Tendenzen in der bildenden Kunst, das Postulat der Hegemonie der Arbeiterklasse und der KPdSU bleibt aber unangetastet, polit. unbequeme Künstler werden als Dissidenten diffamiert und ausgebürgert; durch Abschottungspolitik der Sowjetunion kaum Einfluss internationaler Strömungen.

Außerhalb des Landes (v. a. in USA und Israel) arbeiten russ. Künstler, die ihre Identität aus der unterschiedlichen Auseinandersetzung mit dem Sowjet-Mythos und der dort gelebten Realität gewinnen (Kabakov, Komar & Melamid, Bruskin).

1954 Eröffnung des Pushkin-Museums in Moskau: erstmals wieder Ausst. franz. impressionistischer Meisterwerke.

Oktober 1956 in Moskau Ausst. Picassos: gesellschaftliches Ereignis ersten Ranges.

1957 Welt-Jugend-Festival in Moskau zeigt große Ausst. internationaler Kunst (4500 Arbeiten aus 52 Ländern): Wendepunkt in der Geschichte dissidenter sowjet. Kunst (Kontakt zu amerik. Abstraktem Expressionismus und europ. Informel).

In den 70er Jahren Entwicklung eines einzigartigen konzeptuellen Stils durch Künstler wie Bulatov, Kabakov, Komar & Melamid, Victor Piwowaro, Dimitri Prigow, teilweise aus Ideen und Methoden der klassischen Avantgarde, aber auch auf Grundlage der Dekonstruktion der zeitgenössischen sowjet. Realität und der Ästhetik des Sozialistischen Realismus

Ilya Kabakov, ausgearbeitete Environments, um die alltägliche Realität der späten Sowjetunion zu vergegenwärtigen, ist als Künstler Archivar, Ordner und Bewahrer. Seine Blätter sind Teil eines Rituals gegen das Verschwinden: subtile Umsetzung der Unsicherheit eines sowjet. Lebens. Thema ist der ungelöste Konflikt zwischen dem Wunsch nach einer rationalen und dabei wohl utopischen Gesellschaftsordnung und der Sehnsucht nach unbegrenzter und dabei evtl. auch selbstzerstörerischer persönlicher Freiheit. 1988 Ausreise aus der Sowjetunion, lebt seit 1992 in den USA.

Komar & Melamid, Antipoden der westl. »Zwillinge« Gilbert & George, Dekonstruktion des offiziellen realistischen Stils, werden durch Parodien der offiziellen sowjet. Kunst bekannt (Kritik am Personenkult Stalins), 1977 Emigration in die USA. In den 80er Jahren entstehen Gemälde, in denen die Spaltung der Kunst zwischen Ost und West thematisiert wird. Kitsch und Hochkultur, Bilderkryptik und Comic, Zitat und Kommentar sind die Elemente, die ihre Bilder zu postmodernen Werken machen.

Komar & Melamid, Der Ursprung des Sozialistischen Realismus, 1982/83, 183 x 122 cm, New York, Sammlung Frayda und Ronald Feldman.
Machen sich die künstler. Stile und Techniken ebenso verfügbar wie die Geschichte, hier die Kritik am Personenkult Stalins in klassizistischer Manier.

Non-konformistische Kunst (inoffizielle Kunst), Kunst, die nicht mit den offiziellen Idealen des stalinistischen Sozialistischen Realismus konform geht, ab ca. 1960 nach Tauwetter-Periode Chruschtschows, variiert in Stil und Ausprägung, individualistisch, reflektiert westl. avantgardistische Strömungen, Schaffung einer kulturellen Opposition zum offiziellen sowjet. Kitsch.
Höhepunkt in den 60er und 70er Jahren bis etwa 1985 (1977 Ausst. in London Institute of Contemporary Arts).
Auffälligste und originellste Richtung: Soz Art, Nutzung und Umdeutung der Ideen und Methoden der Pop Art, um die ideologischen Fetische des Kommunismus zu demystifizieren, zu desakralisieren, z. B. Gegenüberstellung der Fetische mit den Machtsymbolen des Kapitalismus auf spielerische und parodiehafte Weise.
Ende der 80er Jahre unter Gorbatschow allmähliche Öffnung, Ausstellungsmöglichkeiten der inoffiziellen Künstler, bedeutende Sammlung: George Costakis (heute aufgelöst).
Künstler: Edward Stejnberg, Ernst Neizvestny, Erik Bulatov (geb. 1933), Aleksandr Kosolapov (geb. 1943), Komar & Melamid (Vitaly Komar, Alexander Melamid), Igor Sacharow-Ross (geb. 1947)

Ilya Kabakov, Healing with Painting, 1996, Rauminstallation, Hamburg, Kunsthalle.
In zwei Behandlungszimmern stehen je ein Bett und ein Landschaftsgemälde, untermalt mit Barockmusik, angeschlagener Text informiert über eine Therapie, bei der Nervenkranke durch Kunst geheilt werden sollen. Seine Installationen sind Gesamtkunstwerke im Diskurs über Kunst, Politik und Gesellschaft, die den Betrachter mit einer fiktiven Objektsprache des sowjet. Alltags konfrontieren.

REGISTER

KARTEN

Vorgeschichte

Frühe Hochkulturen

Antike

Byzanz

Romanik

Gotik

Renaissance

Barock

18. Jahrhundert

19. Jahrhundert

20. Jahrhundert

ÜBERSICHTSGRAFIKEN

(in chronologischer Reihenfolge)

GRAFIKEN MIT LEBENSDATEN DER WICHTIGSTEN KÜNSTLER

STICHWORTREGISTER

NAMENREGISTER

ABKÜRZUNGSVERZEICHNIS

afrik.	afrikanisch
allg.	allgemein
amerik.	amerikanisch
asiat.	asiatisch
Ausst.	Ausstellung
babylon.	babylonisch
bayer.	bayerisch
belg.	belgisch
bes.	besonders
bspw.	beispielsweise
brit.	britisch
burgund.	burgundisch
byzant.	byzantinisch
chin.	chinesisch
d. Gr.	der Große
dän.	dänisch
dt.	deutsch
ebd.	ebenda
ehem.	ehemals/ehemalig
etc.	et cetera
europ.	europäisch
f.l.m.	fuori le mura
fläm.	flämisch
franz.	französisch
Fsm.	Fürstentum
Ghzm.	Großherzogtum
H.	Höhe
hellenist.	hellenistisch
historist.	historistisch
holl.	holländisch
intern.	international
ital.	italienisch
japan.	japanisch
Jh.	Jahrhundert
Jh.drittel	Jahrhundertdrittel
Jh.mitte	Jahrhundertmitte
Jh.wende	Jahrhundertwende
Jt.	Jahrtausend
kath.	katholisch
Kgr.	Königreich
klassizist.	klassizistisch
künstler.	künstlerisch
Lw.	Leinwand
mesopotam.	mesopotamisch
mittelalterl.	mittelalterlich
n. Chr.	nach Christus
naturalist.	naturalistisch
niederl.	niederländisch
nördl.	nördlich
öffentl.	öffentlich
oriental.	orientalisch
österr.	österreichisch
östl.	östlich
poln.	polnisch
portug.	portugiesisch
protestant.	protestantisch
röm.	römisch
skandinav.	skandinavisch
sog.	so genannt
span.	spanisch
staatl.	staatlich
städt.	städtisch
südl.	südlich
sumer.	sumerisch
symbolist.	symbolistisch
u.a.	unter anderem
ungar.	ungarisch
ursprüngl.	ursprünglich
v. a.	vor allem
v. Chr.	vor Christus
venez.	venezianisch
westl.	westlich
z. B.	zum Beispiel
z. T.	zum Teil
zeitgenöss.	zeitgenössisch
zerst.	zerstört

Wenn nicht anders angegeben, sind die Gemälde in Öl auf Leinwand entstanden.

LITERATUR

ALLGEMEINE LITERATUR

Braunfels, Wolfgang, Lexikon der christlichen Ikonographie, Rom 1968–76
Darmstaedter, Robert und Ulrike von Hase-Schmundt, Reclams Künstlerlexikon, Stuttgart 1995
Gombrich, Ernst H., Die Geschichte der Kunst, Frankfurt/M. 1996
Honour, Hugh und John Fleming, Weltgeschichte der Kunst, München 2001
Lexikon der Kunst, München 1996
Pelican History of Art, Yale University Press
Propyläen Kunstgeschichte, Frankfurt/M. 1984
Reallexikon zur deutschen Kunstgeschichte, beg. v. Otto Schmidt, hg. v. Zentralinstitut für Kunstgeschichte in München, Stuttgart und München
Thieme, Ulrich und Friedrich Becker, Allgemeines Lexikon der bildenden Künstler von der Antike bis zur Gegenwart, Leipzig 1907–50
Universum der Kunst, begr. v. André Malraux, München 1960ff.
Wetzel, Christoph, Das Reclam-Buch der Kunst, Stuttgart 2001
Wilckens, Leonie von, Grundriss der abendländischen Kunstgeschichte, Stuttgart 2000
Wundram, Manfred, Kleine Kunstgeschichte des Abendlandes, Stuttgart 2000

ZU DEN EINZELNEN EPOCHEN

Vorgeschichte

Clottes, Jean und David Lewis-Williams, Schamanen. Trance und Magie in der Höhlenkunst der Steinzeit, Sigmaringen 1997
Guilaine, Jean, La mer partagée, La méditerranée avant l'ecriture, Paris 1994
Müller-Beck, H. und H. Albrecht, Die Anfänge der Kunst vor 30000 Jahren, Stuttgart 1987
Piggott, S., Vorgeschichte Europas – Vom Nomadentum zur Hochkultur, München 1972

Frühe Hochkulturen

Länder der Bibel. Archäologische Funde aus dem Vorderen Orient, Mainz 1981
Malek, Jaromir, Egyptian Art, London 1999
Marinatos, Spyridon, Kreta und das Mykenische Hellas, München 1959
Schulz, Regine und Matthias Seidel (Hg.), Ägypten. Die Welt der Pharaonen, Köln 1997
Strommenger, Eva, Fünf Jahrtausende Mesopotamien, Die Kunst von den Anfängen um 5000 v.Chr. bis zu Alexander dem Großen, München 1962

Griechenland

Fuchs, Werner, Die Skulptur der Griechen, München 1993
Lullis, Reinhard und Max Hirmer, Griechische Plastik, München 1979
Scheibler, Ingeborg, Griechische Malerei der Antike, München 1994
Simon, Erika, Die griechischen Vasen, München 1981

Rom

Brenk, Beat, Spätantike und Frühes Christentum (Propyläen Kunstgeschichte Supplementband I, 1980)
Effenberger, Arne, Frühchristliche Kunst und Kultur, München 1986
Volbach, Wolfgang Fritz, Frühchristliche Kunst. Die Kunst der Spätantike in West- und Ostrom, München 1958
Zanker, Paul, Augustus und die Macht der Bilder, München 1990

Byzanz

Grabar, André, Die Kunst im Zeitalter Justinians, München 1967
Wessel, Klaus, Byzanz, München 1979
Kitzinger, Ernst, Byzantinische Kunst im Werden. Stilentwicklungen in der Mittelmeerkunst vom 3. bis zum 7. Jahrhundert, Köln 1984
Cutler, Anthony und Jean Michel Spieser, Das mittelalterliche Byzanz, München 1996

Romanik

Demus, Otto, Romanische Wandmalerei, München 1968
Durliat, Marcel, Romanische Kunst, Freiburg 1983
Eberlein, Johann Konrad und Christine Jakobi-Mirwald, Grundlagen der mittelalterlichen Kunst. Eine Quellenkunde, Berlin 1996
Petzold, Andreas, Romanische Kunst, Köln 1995
Rupprecht, Bernhart, Romanische Skulptur in Frankreich, München 1984
Toman, Rolf (Hg.), Die Kunst der Romanik, Architektur – Skulptur – Malerei, Köln 1996

Gotik

Camille, M., Die Kunst der Gotik. Höfe, Klöster und Kathedralen, Köln 1996
Eberlein, Johann Konrad und Christine Jakobi-Mirwald, Grundlagen der mittelalterlichen Kunst. Eine Quellenkunde, Berlin 1996
Eco, Umberto, Kunst und Schönheit im Mittelalter, München/Wien 1991

Jantzen, Hans, Die Gotik des Abendlandes, 1961, Neuaufl. Köln 1997

Toman, Rolf (Hg.), Die Kunst der Gotik, Architektur – Skulptur – Malerei, Köln 1998

Renaissance Italien

Baxandall, Michael, Die Wirklichkeit der Bilder. Malerei und Erfahrung im Italien des 15. Jahrhunderts, Frankfurt/M. 1984

Kuhn, Rudolf, Erfindung und Komposition in der Monumentalen Zyklischen Historienmalerei des 14. und 15. Jahrhunderts in Italien, Frankfurt/M. 2000

Huse, Norbert und Wolfgang Wolters, Venedig. Die Kunst der Renaissance, München 1986

Freedberg, Sydney J., Painting in Italy 1500-1600, Harmondsworth 1983

Poeschke, Joachim, Die Skulptur der Renaissance in Italien, 2 Bde., München 1990 und 1992

Renaissancezeit nördlich der Alpen

Baxandall, Michael, Die Kunst der Bildschnitzer, München 1985

Belting, Hans und Christiane Kruse, Die Erfindung des Gemäldes, München 1994

Huizinga, Johan, Herbst des Mittelalters, Stuttgart 1987

Pächt, Otto, Altniederländische Malerei, München 1991

Panofsky, Erwin, Das Leben und die Kunst Albrecht Dürers, München 1977

Barock

Bauer, Hermann, Barock. Kunst einer Epoche, Berlin 1992

Braunfels, Wolfgang, Die Kunst im Heiligen Römischen Reich, München 1979–89

Cogniat, R., Die Malerei im 17. Jahrhundert (Epochen der Kunst), Gütersloh 1964

Krapf, Michael, Triumph der Phantasie. Barocke Modelle von Hildebrandt bis Mollinarolo, Wien 1998

Toman, Rolf, Die Kunst des Barock, Köln 1997

18. Jahrhundert

Bauer, Hermann und Hans Sedlmayr, Rokoko. Struktur und Wesen einer europäischen Epoche, Köln 1991

Brinckmann, A.E., Barockskulptur (Handbuch der Kunstwissenschaft), Potsdam-Wildpark 1931

Kimball, Sydney Fiske, The creation of the Rococo, New York 1964

Photaides, V., Die Malerei im 18. Jahrhundert (Epochen der Kunst), Gütersloh 1964

19. Jahrhundert

Börsch-Supan, Helmut, Deutsche Romantiker. Deutsche Maler zwischen 1800 und 1850, München 1972

Boime, Albert, A social history of modern art, Chicago o.J.

Czymmek, Götz (Hg.), Landschaft im Licht. Impressionistische Malerei in Europa und Nordamerika 1860–1910, Köln 1990

Hofmann, Werner, Das Irdische Paradies, Kunst im 19. Jahrhundert, München 1991

Rosenblum, Robert und Horst W. Janson, Art of the Nineteenth Century, Painting and Sculpture, London 1984

Toman, Rolf (Hg.), Klassizismus und Romantik 1750–1848, Köln 2000

Vaughan, William, Europäische Kunst im 19. Jahrhundert, 2 Bde, Freiburg 1990/91

20. Jahrhundert

Haftmann, Werner, Malerei im 20. Jahrhundert, München 1980

Harrison, Charles und Paul Wood (Hg.), Kunsttheorie im 20. Jahrhundert, Stuttgart 1998

Hofmann, Werner, Grundlagen der modernen Kunst, Stuttgart 1966

Joachimides, Christos und Norman Rosenthal (Hg.), Die Epoche der Moderne. Kunst im 20. Jahrhundert, Stuttgart 1997

Lucie-Smith, Edward, Visual Arts in the 20th Century, London 1996

Oxford Dictionary of 20th Century Art, Oxford 1998

Prestel Lexikon Kunst und Künstler im 20. Jahrhundert, München 1999

Auf dem Umschlag: Leonardo da Vinci, Proportionsschema der menschlichen Gestalt, 1485–1490, Feder, 34,4 x 24,5 cm, Galleria dell'Accademia, Venedig, Foto: Scala, Florenz

Die Deutsche Bibliothek – CIP-Einheitsaufnahme
Ein Titeldatensatz für diese Publikation ist bei der Deutschen Bibliothek erhältlich.

Prestel Verlag
Mandlstr. 26
D-80802 München
Telefon 089/381709-0
Telefax 089/381709-35
info@prestel.de
www.prestel.de

Redaktion: Stefanie Penck und Victoria Salley
Bildredaktion: Claudia Bauer
Gestaltung und Herstellung: Ulrike Schmidt
Kartografie: Jörg Mair
Reproduktion: Gloor Cross Media, München
Druck und Bindung: Graspo, Zlìn

ISBN 3-7913-2636-8
Printed in Czech Republic

Soweit nicht anders angegeben, stammen die Bildvorlagen aus den jeweiligen Museen sowie aus dem Archiv des Verlages, mit Ausnahme von: G. Böhm, Bildnis und Individuum, München 1985: 122 l.o., Purrmann, Frank: 192 u.r., 196 M., 198 u.; G. Robins, Egyptian Painting and Relief, 1986, s. 30: 26 l.